Rechtliche Zulässigkeit sogenannter DNA-Massentests
zur Ermittlung des Täters einer Straftat

Europäische Hochschulschriften
Publications Universitaires Européennes
European University Studies

Reihe II
Rechtswissenschaft

Série II Series II
Droit
Law

Bd./Vol. 3731

PETER LANG
Frankfurt am Main · Berlin · Bern · Bruxelles · New York · Oxford · Wien

Matthias Wüsteney

# Rechtliche Zulässigkeit sogenannter DNA-Massentests zur Ermittlung des Täters einer Straftat

PETER LANG
Europäischer Verlag der Wissenschaften

**Bibliografische Information Der Deutschen Bibliothek**
Die Deutsche Bibliothek verzeichnet diese Publikation in der Deutschen Nationalbibliografie; detaillierte bibliografische Daten sind im Internet über <http://dnb.ddb.de> abrufbar.

Zugl.: Bielefeld, Univ., Diss., 2002

D 361
ISSN 0531-7312
ISBN 3-631-50588-4



www.peterlang.de

Meinen Eltern

Toni und Johann-Friedrich Wüsteney

Mein Dank gilt in besonderem Maß zunächst Frau Prof. Dr. Regina Harzer, die die Dissertation als Erstgutachterin in mustergültiger Weise betreut hat. Sie stand mir in allen Stadien der Arbeit – vielfach auch sehr kurzfristig - mit großem Engagement und zahlreichen Anregungen zur Seite. Die Zuverlässigkeit mit der sie die einzelnen Teile der Arbeit stets in kurzer Zeit kommentierte, hat mir ganz wesentlich die Motivation gegeben, die Arbeit „voranzutreiben".

Frau Prof. Dr. Britta Bannenberg danke ich für die rasche Begutachtung der Arbeit als Zweitgutachterin.

Allen voran meiner Lebensgefährtin Ricarda sowie meinem Freund cand. jur. David Osterloh gilt mein Dank für die Unterstützung bei den zahllosen Hilfstätigkeiten und nicht zuletzt auch für den Umstand, dass sie mich während dieser Zeit ertragen haben.

Gewidmet ist die Arbeit meinen Eltern Toni und Johann-Friedrich Wüsteney.

Nicht vergessen werden dürfen in diesem Zusammenhang die Eltern meiner Lebensgefährtin Karl und Linchen Remmerbach, die mir die Arbeit ermöglicht haben.

Die Arbeit hat im Sommersemester 2002 der Fakultät für Rechtswissenschaft der Universität Bielefeld als Dissertation vorgelegen.

Literatur und Rechtsprechung konnten bis Februar 2002 berücksichtigt werden.

Minden (Westf.), im Dezember 2002

Matthias Wüsteney

*Inhaltsverzeichnis*

***Literaturverzeichnis***

*Achenbach*, Hans: Polygraphie pro reo?, NStZ 1984, S. 350

*Albrecht*, Peter-Alexis: Das Strafrecht auf dem Weg vom liberalen Rechtsstaat zum sozialen Interventionsstaat, KritV 1988, S. 182

*Albrecht*, Peter-Alexis: Erosionen des rechtsstaatlichen Strafrechts, KritV 1993, S. 163

*Albrecht*, Peter-Alexis: Das Strafrecht im Zugriff populistischer Politik, in: Institut für Kriminalwissenschaften, Vom unmöglichen Zustand des Strafrechts, Frankfurt am Main u.a. 1995, S. 429

*Albrecht*, Peter-Alexis: Das Kriminaljustizsystem und seine konstruierten Realitäten, KritV 1997, S. 229

*Albrecht*, Peter-Alexis: Kriminologie, München 1999

*Albrecht*, Peter-Alexis: Vom Unheil der Reformbemühungen im Strafverfahren, StV 2001, S. 416

*Altendorfer*, Reinhold: Rechtsprobleme der DNA-Analyse im Strafverfahren, Diss. jur. München 2001

*Amelung*, Knut: Die Einwilligung in die Beeinträchtigung eines Grundrechtsgutes, Berlin 1981

*Amelung*, Knut: Anmerkung zu BVerfG, Beschluss vom 18. August 1981, 2 BvR 166/ 81, in: NStZ 1982, S. 38

*Amelung*, Knut: Anmerkung zu BGH vom 17. Dezember 1998, 1 StR 156/ 98, in: JR 1999, S. 382

*Artkämper*, Heiko: Anmerkung zu BGH, Urteil vom 17. Dezember 1998, Az.: 1 StR 156/ 98, in: NJ 1999, S. 153

*Arzt*, Gunther: Begründung der Beschuldigten-Eigenschaft, Kriminalistik 1970, S. 379

*Arzt*, Gunther: Ein Rationierungsmodell zur Begrenzung schwerer strafprozessrechtlicher Eingriffe, in: Festschrift für Theodor Lenckner, München 1998, S. 663

*Asbrock*, Bernd: „Zum Mythos des Richtervorbehalts" als wirksames Kontrollinstrument im Zusammenhang mit besonderen polizeilichen Eingriffsbefugnissen, KritV 1997, S. 255

*Bannenberg*, Britta u.a.: Alternativ-Entwurf Reform des Ermittlungsverfahrens (AE-EV), München 2001

*Bannenberg*, Britta: Wiedergutmachung in der Strafrechtspraxis, Bonn 1993

*Barton*, Stephan: Strafverteidigung und Kriminaltechnik, StV 1988, S. 124

*Benfer*, Jost: Anmerkung zu BVerfG, Beschluss vom 02. August 1996, 2 BvR 1551l/ 96, in: NStZ 1997, S. 397

*Benfer*, Jost: Die molekulargenetische Untersuchung (§§ 81e, 81g StPO), StV 1999, S. 402

*Benfer*, Jost: Rechtseingriffe von Polizei und Staatsanwaltschaft, 2. Auflage, München 2001

*Beste*, Hubert/ *Voß*, Michael: Verformungen des Strafrechts durch private Sicherheitsdienste, in: Institut für Kriminalwissenschaften (Hrsg.), Vom unmöglichen Zustand des Strafrechts, Frankfurt am Main u.a. 1995, S. 313

*Beulke*, Werner: Die Vernehmung des Beschuldigten – Einige Anmerkungen aus Sicht der Prozessrechtswissenschaft, StV 1990, S. 180

*Beulke*, Werner: Strafprozessrecht, 5. Auflage, Heidelberg 2001

*Bishop*, Jerry/ *Waldholz*, Michael: Landkarte der Gene – Das Genomprojekt, München 1996

*Bleckmann*, Albert: Probleme des Grundrechtsverzichts, JZ 1988, S. 57

*Böckerstette*, Heinrich: Aporien der Freiheit und ihre Aufklärung durch Kant, Stuttgart-Bad Cannstadt 1982

*Bohnert*, Joachim: Die Abschlussentscheidung der Staatsanwaltschaft, Berlin 1992

*Bosch*, Nikolaus: Aspekte des nemo-tenetur-Prinzips aus verfassungsrechtlicher und strafprozessualer Sicht, Berlin 1998

*Bringewat*, Peter: „Der Verdächtige" als schweigeberechtigte Auskunftsperson?, JZ 1981, S. 289

*Brinkmann*, B./ *Wiegand*, P.: DNA-Analysen – Neue Entwicklungen und Tends, Kriminalistik 1993, S. 192

*Brinkmann*, B./ *Wiegand*, P.: DNA-Technologie in der medizinischen Kriminalistik, Lübeck 1997

*Brodag*, Wolf-Dietrich: Strafverfahrensrecht, Stuttgart u.a. 1998

*Bruns*, Hans-Jürgen: Anmerkung zu BGH, Beschluss vom 26. Juni 1981, 3 StR 83/ 81, StV 1982, S. 18

*Burhoff*, Detlef: Handbuch für das strafrechtliche Ermittlungsverfahren, 2. Auflage, Herne, Berlin 1999

*Burr*, Kai: Das DNA-Profil im Strafverfahren unter Berücksichtigung der Rechtsentwicklung in den USA, Diss. jur. Bonn 1995

*Busch*, Ralf: Anmerkung zu LG Hamburg, Beschluss vom 17.11.1999 – 611 QS 102/ 99, StV 2000, S. 661

*Busch*, Ralf: Zur Zulässigkeit molekulargenetischer Reihenuntersuchungen, NJW 2001, S. 1335

*Calliess*, Christian: Sicherheit im freiheitlichen Rechtsstaat, ZRP 2002, S. 1

*Cramer*, Stephan: Genom- und Genanalyse – rechtliche Implikation einer prädikativen Medizin, Frankfurt am Main u.a. 1991

*Dencker*, Friedrich: Verwertungsverbote und Verwendungsverbote im Strafprozess, in: Festschrift für Lutz Meyer-Goßner, München 2001, S. 237

*Denninger*, Erhard: Über das Verhältnis von Menschenrechten zum positiven Recht, JZ 1982, S. 225

*Denninger*, Erhard: Das Recht auf informationelle Selbstbestimmung und Innere Sicherheit, KJ 1985, S. 215

*Denninger*, Erhard: Verfassung und Gesetz, KritV 1986, S. 291

*Denninger*, Erhard: Verfassungsrechtliche Grenzen polizeilicher Datenverarbeitung insbesondere durch das Bundeskriminalamt, CR 1988, S. 51

*Dingeldey*, Thomas: Das Prinzip der Aussagefreiheit im Strafverfahren, JA 1984, S. 407

*Dix*, Alexander: Das genetische Personenkennzeichen, DuD 1989, S. 235

*Dix*, Alexander: Der genetische Fingerabdruck vor Gericht – Wege aus der Wüste in die Oase, DuD 1993, S. 281

*Dörr*, Dieter: Faires Verfahren: Gewährleistung im Grundgesetz der Bundesrepublik Deutschland, Kehl am Rhein, Straßburg 1984

*Dohna*, Alexander Graf zu: Das Strafprozessrecht, 3. Auflage, Berlin 1929

*Donner*, Hartwig/ *Simon*, Jürgen: Genomanalyse und Verfassung, DÖV 1990, S. 907

*Dünnebier*, Hanns: Zweifelsfragen zu § 81c StPO, GA 1953, S. 65

*Dürig*, Günter: Der Grundsatz der Menschenwürde. Entwurf eines praktikablen Systems der Grundrechte aus Art. 1 Abs. I in Verbindung mit Art. 19 Abs. II des Grundgesetzes, AöR 81 (1956), S. 117

*Eisenberg*, Ulrich: Beweisrecht der StPO, 3. Auflage, München 1999

*Eisenberg*, Ulrich: Informationelle Selbstbestimmung und gesetzgeberische Unbestimmtheiten in § 81g Abs. 1 StPO, in: Festschrift für Lutz Meyer-Goßner, München 2001, S. 293

*Ewe*, Thorwald: Aktuelle Begriffe – Gentechnologie, Biberach a.d. Riss o.J.

*Fincke*, Martin: Zum Begriff des Beschuldigten und den Verdachtsgraden, ZStW 95 (1983), S. 918

*Fisahn*, Andreas: Ein unveräußerliches Grundrecht am eigenen genetischen Code, ZRP 2001, S. 49

*Fluck*, Peter: Anwendung und Auslegung der DNA-Identifizierung, NJW 2001, S. 2292

*Foldenauer*, Wolfgang: Genanalyse im Strafverfahren, Berlin 1995

*Frieß*, Knut: Der Verzicht auf Grundrechte, Diss. jur. Würzburg 1968

*Frister*, Helmut: Schuldprinzip, Verbot der Verdachtsstrafe und Unschuldsvermutung als materielle Grundprinzipien des Strafrechts, Berlin 1988

*Frister*, Helmut: Zur Bedeutung der Unschuldsvermutung (Art. 6 Abs. 2 MRK) und zum Problem „gerichtskundiger" Tatsachen – BGH-Urt. vom 30.10.1986 – 4 StR 499/ 86, Jura 1988, S. 356

*Frommel*, Monika: Zum Abbau der Bürgerrechte in der Strafprozessreform der Bundesrepublik Deutschland, KritV 1990, S. 279

*Geerds*, Friedrich: Strafrechtspflege und prozessuale Gerechtigkeit, SchlHA 1964, S. 61

*Geerds*, Friedrich: Über strafprozessuale Maßnahmen, insbesondere Entnahme von Blutproben bei Verdacht der Trunkenheit am Steuer, GA 1965, S. 321

*Gerlach*, Jürgen von: Die Begründung der Beschuldigteneigenschaft im Ermittlungsverfahren, NJW 1969, S. 776

*Gössel*, Karl Heinz: Gentechnische Untersuchungen als Gegenstand der Beweisführung im Strafverfahren, in: Gedächtnisschrift für Karlheinz Meyer, Berlin New York 1990, S. 121

*Gössner*, Rolf: Mutation zum „gläsernen Menschen"?, Neue Kriminalpolitik 4/ 2001, S. 5

*Golembiewski*, Claudia: Entbehrlichkeit einer richterlichen Anordnung der DNA-Analyse bei Einwilligung des Betroffenen?, NJW 2001, S. 1036

*Graalmann-Scheerer*, Kirsten: Zur Zulässigkeit der Einwilligung in die Entnahme von Körperzellen (§§ 81g Abs. 3, 81a Abs. 2 StPO, § 2 DNA-Identitätsfeststellungsgesetz) und die molekulargenetische Untersuchung (§§ 81g Abs. 3, 81f Abs. 1 StPO, § 2 DNA-Identitätsfeststellungsgesetz), JR 1999, S. 453

*Graalmann-Scheerer*, Kirsten: Molekulargenetische Untersuchung im Strafverfahren, ZRP 2002, S. 72

*Grimm*, Dieter: Verfassungsrechtliche Anmerkungen zum Thema Prävention, KritV 1986, S. 38

*Grünwald*, Gerald: Anmerkung zum Urteil des BGH vom 22.10.1975, 1 StE 1/ 74, in: JZ 1976, S. 767

*Grünwald*, Gerald: Menschenrechte im Strafprozess, StV 1987, S. 453

*Grünwald*, Gerald: Das Beweisrecht der Strafprozessordnung, Baden-Baden 1993

*Gusy*, Christoph: Sittenwidrigkeit im Gewerberecht, DVBl 1982, S. 984

*Gusy*, Christoph: „Gute Sitten" als Grenze der Gewerbefreiheit, GewArch 1984, S. 151

*Gusy*, Christoph: Anmerkung zu BVerfG, Beschluss vom 02. August 1996, 2 BvR 1511/ 96, in: JZ 1996, S. 1176

*Gusy*, Christoph: Polizeirecht, 4. Auflage, Tübingen 2000

*Hamm*, Rainer: Bürger im Fangnetz der Zentraldateien, NJW 1998, S. 2407

*Harzer*, Regina: Der Naturzustand als Denkfigur moderner praktischer Vernunft, Frankfurt am Main u.a. 1993

*Harzer*, Regina: Die Selbstständigkeit und ihre straftheoretische Bedeutung, in: Institut für Kriminalwissenschaften (Hrsg.), Vom unmöglichen Zustand des Strafrechts, Frankfurt am Main u.a. 1995, S. 31

*Harzer*, Regina: Der provozierende Helfer und die Beihilfe am untauglichen Versuch, StV 1996, S. 336

*Harzer*, Regina: Anmerkung zu BGH, Beschluss vom 06. März 1996, Az.: 2 StR 683/95, in: StV 1997, S. 230

*Harzer*, Regina: Die tatbestandsmäßige Situation der unterlassenen Hilfeleistung gemäß § 323 c StGB, Ein Beitrag zu einer Theorie des Besonderen Teils des Strafrechts, Frankfurt am Main 1999

*Harzer*, Regina: Die Verletzung von Spielregeln und das Strafrecht – Sanktionsmöglichkeiten und Sanktionsverfahren im Profifußball, KritV 1999, S. 114

*Harzer*, Regina/ *Vogt*, Thomas: „Mitarbeit" von Banken an Steuerhinterziehungen: Ein Problem der Beihilfekausalität, StraFO 2000, S. 39

*Hassemer*, Winfried: Einführung in die Grundlagen des Strafrechts, München 1981

*Hassemer*, Winfried: Die „Funktionstüchtigkeit der Strafrechtspflege" – ein neuer Rechtsbegriff?, StV 1982, S. 275

*Hassemer*, Winfried: Menschenrechte im Strafprozess, KritV 1988, S. 336

*Hassemer*, Winfried: Unverfügbares im Strafprozess, in: Festschrift für Werner Maihofer, Frankfurt am Main 1988, S. 183

*Hassemer*, Winfried: Symbolisches Strafrecht und Rechtsgüterschutz, NStZ 1989, S. 553

*Hassemer*, Winfried: Das Schicksal der Bürgerrechte im „effizienten" Strafrecht, in: Albrecht, Peter-Alexis/ Backes, Otto (Hrsg.), Verdeckte Gewalt, Frankfurt am Main 1990, S. 191

*Hassemer*, Winfried: Grundlinien eines rechtsstaatlichen Strafverfahrens, KritV 1990, S. 260

*Hassemer*, Winfried: Telefonüberwachung und Gefahrenabwehr, ZRP 1991, S. 121

*Hassemer*, Winfried: Perspektiven einer neuen Kriminalpolitik, StV 1995, S. 483

*Hassemer*, Winfried: Sicherheit – vom Strafprozess her gesehen, in: Sicherheit, Vielfalt, Solidarität. Ein neues Paradigma des Verfassungsrechts?, Symposium zum 65. Geburtst6ag Erhard Denningers, Baden-Baden 1998, S. 23 ff.

*Hassemer*, Winfried: Das Symbolische am symbolischen Strafrecht, in: Festschrift für Claus Roxin, Berlin New York 2001, S. 1001

*Hefendehl*, Roland: Die neue Ermittlungsgeneralklausel der §§ 161, 163 StPO: Segen oder Fluch?, StV 2001, S. 700

*Heitborn*, Harry/ *Steinbild*, Frank: Ein (fast) unlösbarer Sexualmord, Kriminalistik 1990, S. 185

*Herzog*, Felix: Wider den „kurzen Prozess", Plädoyer für die Abschaffung der beschleunigten Verfahrens nach §§ 212, 212a, 212b StPO, ZRP 1991, S. 125

*Herzog*, Felix: Anmerkung zu BGH, Urteil vom 24. November 1992, 5 StR 500/ 92, in: StV 1993, S. 343

*Hettinger*, Michael: Entwicklungen im Strafrecht und Strafprozessrecht der Gegenwart, Heidelberg 1997

*Hilger*, Hans: Über den „Richtervorbehalt" im Ermittlungsverfahren, in: Gedächtnisschrift für Karlheinz Meyer, Berlin, New York 1990, S. 209

*Hillgruber*, Christian: Der Schutz des Menschen vor sich selbst, München 1992

*Hippel*, Reinhard von: Anmerkung zu BGH, Urteil vom 12. August 1992, 5 StR 239/ 92, in: JR 1993, S. 124

*Horstkotte*, Hartmuth: Kuppelei, Verführung und Exhibitionismus nach dem Vierten Gesetz zur Reform des Strafrechts, JZ 1974, S. 84

*Hother*, Marc: Die DNA-Analyse, Diss. jur. Gießen 1995

*Hund*, Horst: Der Einsatz technischer Mittel in Wohnungen, ZRP 1995, S. 334

Institut für Kriminalwissenschaften (Hrsg.): Vom unmöglichen Zustand des Strafrechts, Frankfurt am Main 1996

*Isensee*, Josef: Das Grundrecht auf Sicherheit, Zu den Schutzpflichten des freiheitlichen Verfassungsstaates, Berlin New York 1983

*Jähnke*, Burkhard u.a.: Leipziger Kommentar zum StGB, 25.Lieferung zur 11. Auflage, Berlin New York 1997, §§ 324 ff. bearbeitet von *Steindorf*

*Jung*, Heike: Straffreiheit für den Kronzeugen?, Köln u.a. 1974

*Jung*, Heike: Zum genetischen Fingerabdruck, MSchrKrim 72 (1989), S. 103

*Kant*, Immanuel: Über den Gemeinspruch: Das mag in der Theorie richtig sein, taugt aber nicht für die Praxis, Berlin 1793, in: ders., Werke in sechs Bänden, hrsg. von W. Weischedel, Band VI, Darmstadt 1964, S. 125

*Keller*, Christoph/ *Hülsmann*, Ulrich: Der genetische Fingerabdruck: Hinweise für die polizeiliche Praxis, Stuttgart, München u.a. 2001

*Keller*, Rainer: Die Genomanalyse im Strafverfahren, NJW 1989, S. 2289

*Keller*, Rolf: Anmerkung zu BGH, Urteil vom 12. August 1992, Az.: 5 StR 239/ 92, in: JZ 1993, S. 103

*Kersting*, Wolfgang: Wohlgeordnete Freiheit. Immanuel Kants Rechts- und Staatsphilosophie, Berlin, New York 1984

*Kimmich*, H./ *Spyra*, W./ *Steinke*, W.: Das DNA-Profiling in der Kriminaltechnik und der juristischen Diskussion, NStZ 1990, S. 318

*Klein*, Eckart: Grundrechtliche Schutzpflichten des Staates, NJW 1989, S. 1633

*Kleinknecht*, Theodor/ *Meyer-Goßner*, Lutz: Strafprozessordnung und Gerichtsverfassungsgesetz, 44. Auflage, München 1999

*Klumpe*, Birgit: Der „genetische Fingerabdruck" im Strafverfahren, Freiburg im Breisgau 1993

*Koch*, Gerd: Ein Beitrag zur Lehre vom Verzicht auf Grundrechte, Diss. jur. Heidelberg 1983

*Kondziela*, Andreas: Täter-Opfer-Ausgleich und Unschuldsvermutung, MSchrKrim 1989, S. 177

*Kopf*, Verena Angela: Selbstbelastungsfreiheit und Genomanalysen im Strafverfahren, Aachen 1999

*Koppernock*, Martin: Das Grundrecht auf bioethische Selbstbestimmung: Zur Rekonstruktion des allgemeinen Persönlichkeitsrechts, Baden-Baden 1997

*Koriath*, Heinz: Ist das DNA-Fingerprinting ein legitimes Beweismittel?, JA 1993, S. 270

*Kramer*, Bernhard: Grundbegriffe des Strafverfahrensrechts, 4. Auflage Stuttgart u.a. 1999

*Krause*, Dietmar: Alte Fragen zum neuen § 81c StPO, JZ 1976, S. 124

*Krauss*, Detlef: Der Grundsatz der Unschuldsvermutung, in: Müller-Dietz, Heinz (Hrsg.): Strafrechtsdogmatik und Kriminalpolitik, Köln u.a. 1971, S. 153

*Kühl*, Kristian: Freie Beweiswürdigung des Schweigens des Angeklagten und der Untersuchungsverweigerung eines angehörigen Zeugen – BGHSt 32, S. 140 – JuS 1986, S. 115

*Kühne*, Hans-Heiner: Strafprozessrecht, 5. Auflage, Heidelberg 1999

*Kunz*, Karl-Ludwig: Innere Sicherheit und Kriminalitätsvorsorge im liberalen Rechtsstaat, in: ders., Bürgerfreiheit und Sicherheit, Bern u.a. 2000, S. 53

*Lesch*, Heiko: Der Beschuldigte im Strafverfahren – über den Begriff und die Konsequenzen der unterlassenen Belehrung, JA 1995, S. 157

*Lesch*, Heiko: Zu den Rechtsgrundlagen des V-Mann-Einsatzes und der Observation im Strafverfahren, JA 2000, S. 725

*Lindemann*, Michael: Die Straftat von erheblicher Bedeutung, Von der Karriere eines unbestimmten Rechtsbegriffs, KJ 2000, S. 86

*Lisken*, Hans: Polizei zwischen Recht und Politik, KritV 1988, S. 314

*Lisken*, Hans: Über Aufgaben und Befugnisse der Polizei im Staat des Grundgesetzes, ZRP 1990, S. 15

*Lisken*, Hans/ *Denninger*, Erhard: Handbuch des Polizeirechts, 3. Auflage, München 2001

*Littwin*, Frank: Grundrechtsschutz gegen sich selbst, Frankfurt am Main 1993

*Löwe*, Ewald/ *Rosenberg*, Werner: Die Strafprozessordnung und das Gerichtsverfassungsgesetz, Großkommentar, Erster Band [Einleitung; §§ 1 bis 111n], 24. Auflage, Berlin, New York 1988

*Löwe*, Ewald/ *Rosenberg*, Werner: Die Strafprozessordnung und das Gerichtsverfassungsgesetz, Großkommentar, Zweiter Band [§§ 112 bis 197], 24. Auflage, Berlin, New York 1989

*Löwe*, Ewald/ *Rosenberg*, Werner: Die Strafprozessordnung und das Gerichtsverfassungsgesetz, Großkommentar, Sechster Band, 2. Teilband, 24. Auflage, Berlin, New York 1996

*Löwe*, Ewald/ *Rosenberg*, Werner: Die Strafprozessordnung und das Gerichtsverfassungsgesetz, Großkommentar, 2. Lieferung zur 25. Auflage [§§ 112 bis 136a], Berlin, New York 1997

*Lorenz*, Frank Lucien: „Formalismus, Technizismus, Irrealismus“: Das argumentative Dreigestirn gegen die Einhaltung strafprozessualer Garantien, StV 1996, S. 172

*Luf*, Gerhard: Freiheit und Gleichheit. Die Aktualität im politischen Denken Kants, Wien, New York 1978

*Lührs*, Wolfgang: Genomanalyse im Strafverfahren, MDR 1992, S. 929

*Malek*, Klaus/ *Wohlers*, Wolfgang: Zwangsmaßnahmen und Grundrechtseingriffe im Ermittlungsverfahren, 2. Auflage, Heidelberg 2001

*Markwardt*, Manfred/ *Brodersen*, Kilian: Zur Prognoseklausel in § 81g StPO, NJW 2000, S. 692

*Marxen*, Klaus: Medienfreiheit und Unschuldsvermutung, GA 1980, S. 365

*Maunz*, Theodor/ *Dürig*, Günter: Grundgesetz, Kommentar, Band I, Art. 1 – 10, München 1998

*Maurer*, Hartmut: Allgemeines Verwaltungsrecht, 11. Auflage, München 1997

*Meyer*, Karlheinz: Grenzen der Unschuldsvermutung, in: Festschrift für Herbert Tröndle, Berlin, New York 1989, S. 61

*Meyer-Mews*, Hans: Die „in dubio contra reo“-Rechtsprechungspraxis bei Aussage-gegen-Aussage-Delikten, NJW 2000, S. 916

*Morlok*, Martin: Selbstverständnis als Rechtskriterium, Tübingen 1993

*Mrozynski*, Peter: Die Wirkung der Unschuldsvermutung auf spezialpräventive Zwecke des Strafrechts, JZ 1978, S. 255

*Mückenberger*, Ulrich: Datenschutz als Verfassungsgebot, KJ 1984, S. 1

*Müller*, Egon: Der Grundsatz der Waffengleichheit im Strafverfahren, NJW 1976, S. 1063

*Müller-Tuckfeld,* Jens Christian: Traktat für die Abschaffung des Umweltstrafrechts, in: Institut für Kriminalwissenschaften (Hrsg.), Vom unmöglichen Zustand des Strafrechts, Frankfurt am Main u.a. 1995, S. 461

*Münch*, Ingo von: Grundrechtsschutz gegen sich selbst?, in: Festschrift für Hans Peter Ipsen, Tübingen 1977, S. 113

*Naucke*, Wolfgang: Festnahmerecht aus § 81a StPO?, SchlHA 1963, S. 183

*Naucke*, Wolfgang: Der Kausalzusammenhang zwischen Täuschung und Irrtum beim Betrug, in: Festschrift für Karl Peters, Tübingen 1974, S. 109

*Naucke*, Wolfgang: Auf der Grenze zwischen Strafbarkeit und Straflosigkeit, Jura 1979, S. 426

*Naucke*, Wolfgang: Versuch über den aktuellen Stil des Rechts, KritV 1986, S. 189

*Naucke*, Wolfgang: Über die Zerbrechlichkeit des rechtsstaatlichen Strafrechts, KritV 1990, S. 244

*Naucke*, Wolfgang: Schwerpunktverlagerungen im Strafrecht, KritV 1993, S. 135

*Naucke*, Wolfgang: Ausnutzen einer Fehlbuchung kein Betrug durch Unterlassen, NJW 1994, S. 2809

*Naucke*, Wolfgang: Rechtsphilosophische Grundbegriffe, 3. Auflage, Neuwied u.a. 1996

*Naucke*, Wolfgang: Die Legitimation strafrechtlicher Normen – durch Verfassungen oder durch überpositive Quellen?, in: Klaus Lüderssen (Hrsg.), Aufgeklärte Kriminalpolitik oder Kampf gegen das Böse?, Band 1: Legitimationen, Baden-Baden 1998, S. 156

*Naucke*, Wolfgang: Kants Rechtslehre im Alltag, in: Freiheit, Gleichheit, Selbstständigkeit: Zur Aktualität der Rechtsphilosophie Kants für die Gerechtigkeit in der modernen Gesellschaft, Veröffentlichungen der Joachim-Jungius-Gesellschaft der Wissenschaften, Göttingen 1999, S. 89 ff.

*Naucke*, Wolfgang: Kants Straftheorie, in: ders., Über die Zerbrechlichkeit des rechtsstaatlichen Strafrechts, Baden-Baden 2000, S. 61

*Naucke*, Wolfgang: Vom Vordringen des Polizeigedankens im Recht, d.i.: vom Ende der Metaphysik im Recht, in: ders., Über die Zerbrechlichkeit des rechtsstaatlichen Strafrechts, Baden-Baden 2000, S. 379

*Naucke*, Wolfgang: Strafrecht, 9. Auflage, Neuwied u.a. 2000

*Nelles*, Ursula: Kompetenzen und Ausnahmekompetenzen in der StPO, Berlin 1980

*Newnham*, John: Weltweit erste DNA-Datenbank in Großbritannien, Kriminalistik 1996, S. 646

*Nothelfer*, Martin: Die Freiheit von Selbstbezichtigungszwang, Heidelberg 1989

*Oberlies*, Dagmar: Genetischer Fingerabdruck und Opferrechte, StV 1990, S. 469

*Oberwetter*, Peter: Die DNA-Analyse als medizinisch-kriminalistischer Sachverständigenbeweis, Hamburg 1997

*Olshausen*, Henning von: Menschenwürde im Grundgesetz: Wertabsolutismus oder Selbstbestimmung, NJW 1982, S. 2221

*Ossenbühl*, Fritz: Verkehr, Ökonomie und Ökologie im verfassungsrechtlichen Spannungsfeld, NuR 1996, S. 53

*Ostendorf*, Heribert: Bewährungswiderruf bei eingestandenen, aber nicht rechtskräftig verurteilten neuen Straftaten, StV 1992, S. 288

*Otto,* Harro: Grenzen und Tragweite der Beweisverbote im Strafverfahren, GA 1970, S. 289

*Paeffgen,* Hans-Ullrich: Vorüberlegungen zu einer Dogmatik des Untersuchungshaft-Rechts, Köln u.a. 1986

*Pasker*, Hans-Uwe: Erläuterte Entscheidungen – BGHSt 37, S. 157 ff., in: JA 1992, S. 96

*Pawlik*, Michael: Verdeckte Ermittlungen und das Schweigerecht des Beschuldigten, GA 1998, S. 378

*Perschke*, Stefan: Die Zulässigkeit nicht spezialgesetzlich geregelter Ermittlungsmethoden im Strafverfahren, Köln u.a. 1997

*Peters*, Karl: Eine Antwort auf Undeutsch: Die Verwertbarkeit unwillkürlicher Ausdruckserscheinungen bei der Aussagenwürdigung, ZStW 87 (1975), S. 663

*Peters*, Karl: Strafprozess, 4. Auflage, Heidelberg 1985

*Pfeiffer*, Gerd (Hrsg.): Karlsruher Kommentar zur Strafprozessordnung, 4. Auflage, München 1999 [§§ 81a bis 81g bearbeitet von *Senge*]

*Pfeiffer*, Gerd, Strafprozessordnung und Gerichtsverfassungsgesetz, 3. Auflage, München 2001

*Pieroth*, Bodo/ *Schlink*, Bernhard: Grundrechte, Staatsrecht II, 17. Auflage, Heidelberg 2001

*Pietzcker*, Jost: Die Rechtsfigur des Grundrechtsverzichts, Der Staat 1978, S. 527

*Präve*, Peter: Das Recht des Versicherungsnehmers auf geninformationelle Selbstbestimmung, VersR 1992, S. 279

*Prittwitz*, Cornelius: Der Lügendetektor im Strafprozess, MDR 1982, S. 886

*Rademacher*, Christine: Zur Frage der Zulässigkeit genetischer Untersuchungsmethoden im Strafverfahren, StV 1989, S. 546

*Rademacher*, Christine: Verhinderung der genetischen Inquisition, ZRP 1990, S. 380

*Rademacher*, Christine: Zulässigkeit der Gen-Analyse?, NJW 1991, S. 735

*Rademacher*, Christine: Die Zulässigkeit genetischer Analysemethoden im Strafverfahren, Diss. jur. Frankfurt am Main 1992

*Rebmann*, Kurt: Der Einsatz verdeckt ermittelnder Polizeibeamter im Bereich der Strafverfolgung, NJW 1985, S. 1

*Redeker*, Martin: Peep-Show und Menschenwürde, Ein Beitrag zur Interpretation von Art. 1 Abs. 1 Satz 1 GG, BayVBl 1985, S. 73

*Riedel*, Eibe: Gentechnologie und Embryonenschutz als Verfassungs- und Regelungsproblem, EuGRZ 1986, S. 469

*Riegel*, Reinhard: Inhalt und Bedeutung des neuen Paragraph 111 StPO, NJW 1979, S. 147

*Riepl*, Frank: Informationelle Selbstbestimmung im Strafverfahren, Tübingen 1998

*Rinio*, Carsten: Anmerkung zu LG Hamburg v. 17. November 1999, Az. 611 Qs 102/ 99, in: JR 2001, S. 168

*Ritter*, Stefan: Genomanalyse und Strafverfolgung, Diss. jur. Tübingen 1997

*Rittner*, Christian/ *Schnacker*, Ulrike/ *Schneider*, Peter: Zum gegenwärtigen Stand des DNA-Gutachtens (sog. genetischer Fingerabdruck) in der Bundesrepublik Deutschland, MedR 1989, S. 12

*Robbers*, Gerhard: Sicherheit als Menschenrecht, Aspekte der Geschichte, Begründung und Wirkung einer Grundrechtsfunktion, Baden-Baden 1987

*Rogall*, Klaus: Der Beschuldigte als Beweismittel gegen sich selbst, Berlin, New York 1977

*Rogall*, Klaus: Informationseingriff und Gesetzesvorbehalt im Strafprozessrecht, Tübingen 1992

*Rogall*, Klaus: Rezension von Schneider, H.: Grund und Grenzen des strafrechtlichen Selbstbegünstigungsprinzips auf der Basis eines generalpräventiv-funktionalen Schuldmodells, StV 1996, S. 63

*Rogall*, Klaus: Anmerkung zu BGH, Beschluss vom 28. Februar 1997, in: NStZ 1997, S. 399

*Ronellenfitsch*, Michael: Mobilität: Vom Grundbedürfnis zum Grundrecht?, DAR 1992, S. 321

*Ronellenfitsch*, Michael: Verfassungsrechtliche und verwaltungsrechtliche Vorbemerkungen zur Mobilität mit dem Auto, DAR 1994, S. 7

*Rossmanith*, Werner: Die Verfassungsmäßigkeit von körperlichen Eingriffen nach Paragraph 81a StPO, Würzburg 1969

*Roxin*, Claus: Strafverfahrensrecht, 25. Auflage, München 1998

*Rudolphi*, Hans-Joachim (Hrsg.): Systematischer Kommentar zur Strafprozessordnung und zum Gerichtsverfassungsgesetz (SK-StPO), 20. Aufbau-Lieferung, Neuwied u.a. 2000

*Rüping*, Hinrich: Mitwirkungspflicht des Beschuldigten und Angeklagten, JR 1974, S. 135

*Rzepka*, Dorothea: Zur Fairness im deutschen Strafverfahren, Frankfurt am Main 2000

*Sangenstedt*, Christof: Gesetzessystematische und verfassungsrechtliche Probleme der strafprozessualen Kontrollstellenuntersuchung (§ 111 StPO), StV 1985, S. 117

*Satzger*, Helmut: DNA-Massentests – kriminalistische Wunderwaffe oder ungesetzliche Ermittlungsmethode?, JZ 2001, S. 639

*Sautter*, Bruno: Die Pflicht zur Duldung von Körperuntersuchungen nach § 372a ZPO. Zugleich ein Beitrag zur Verfassungsmäßigkeit des § 81a StPO, AcP 161 (1962), S. 215

*Sax*, Walter: Grundsätze der Strafrechtspflege, in: Bettermann/ Nipperdey/ Scheuner (Hrsg.), Die Grundrechte, Band III, 2. Auflage, Berlin 1972, S. 909 ff.

*Schatzschneider*, Wolfgang: Rechtsordnung und Prostitution, NJW 1985, S. 2793

*Schmidt*, Eberhard: Ärztliche Mitwirkung bei Untersuchungen und Eingriffen nach StPO §§ 81a und 81c, MDR 1970, S. 461

*Schnarr*, Karl Heinz: Zur Verknüpfung von Richtervorbehalt, staatsanwaltschaftlicher Eilanordnung und richterlicher Bestätigung, NStZ 1991, S. 209

*Schneider*, Harald: Sexualmord z.N. Elora McKemy, Kriminalistik 1995, S. 725

*Schnorr*, Stefan: Big Brother zur Verbrechensbekämpfung, ZRP 2001, S. 291

*Schober*, Liebgart: Genomanalyse an Stellenbewerbern – Schutz oder soziale Waffe?, in: Arno Bamé/ Peter Baumgartner/ Wilhelm Berger/ Ernst Kotzmann (Hrsg.), Klagenfurter Beiträge zur Technikdiskussion, Heft 76, 1995

*Scholz*, Rupert/ *Pitschas*, Rainer: Informationelle Selbstbestimmung und staatliche Informationsverantwortung, Berlin 1984

*Schubarth*, Martin: Zur Tragweite des Grundsatzes der Unschuldsvermutung, Basel, Stuttgart 1978

*Schulz*, Lorenz: Normiertes Misstrauen, Der Verdacht im Strafverfahren, Frankfurt am Main 2001

*Schwabe*, Jürgen: Rechtsprobleme des „Lügendetektors“, NJW 1979, S. 576

*Schwabe*, Jürgen: Der „Lügendetektor“ vor dem Bundesverfassungsgericht, NJW 1982, S. 367

*Sendler*, Horst: Wundersame Vermehrung von Grundrechten – insbesondere zum Grundrecht auf Mobilität und Autofahren, NJW 1995, S. 1468

*Senge*, Lothar: Strafverfahrensänderungsgesetz – DNA-Analyse, NJW 1997, S. 2409

*Senge*, Lothar: Gesetz zur Änderung der Strafprozessordnung (DNA-Identitätsfeststellungsgesetz), NJW 1999, S. 253

*Siebrecht*, Michael: Rasterfahndung, Berlin 1997

*Siolek*, Wolfgang: Verständigung in der Hauptverhandlung, Baden-Baden 1993

*Sprenger*, Wolfgang/ *Fischer*, Thomas: Zur Erforderlichkeit der richterlichen Anordnung von DNA-Analysen, NJW 1999, S. 1830

*Steinke*, Wolfgang: Die Rechtmäßigkeit von polizeilichen Fahndungsmaßnahmen unter Berücksichtigung des Datenschutzes, DVBl 1980, S. 433

*Steinke*, Wolfgang: DNA-Analyse gerichtlich anerkannt, MDR 1989, S. 407

*Steinmüller*, Wilhelm: Genetisches Selbstbestimmungsrecht, Eine Skizze zur sozialen Bewältigung der Genomanalyse, DuD 1993, S. 6

*Stern*, Klaus: Das Staatsrecht der Bundesrepublik Deutschland, Band I: Grundbegriffe und Grundlagen des Staatsrechts, Strukturprinzipien der Verfassung, 2. Auflage, München 1984

*Sternberg-Lieben*, Detlev: „Genetischer Fingerabdruck“ und § 81a StPO, NJW 1987, S. 1242

*Stober*, Rolf: Die Entwicklung des Gewerberechts in den Jahren 1982/ 1983, NJW 1984, S. 2499

*Störzer*, Hans Udo: DNA-Analyse bei anonymen Tatortspuren, Probleme beim Richtervorbehalt, Kriminalistik 2001, S. 169

*Strate*, Gerhard: Stellungnahme des Strafrechtsausschusses des DAV zum StVÄG 1988, StV 1989, S. 406

*Stuckenberg*, Carl-Friedrich: Untersuchungen zur Unschuldsvermutung, Berlin, New York 1998

*Stümper*, Alfred: Prävention und Repression als überholte Unterscheidung?, Kriminalistik 1975, S. 49

*Stümper*, Alfred: Wie soll es denn weitergehen?, Zum Thema: Datenschutz und innere Sicherheit, Die Polizei 1987, S. 159

*Sturm*, Gerd: Probleme eines Verzichts auf Grundrechte, in: Festschrift für Willi Geiger, Tübingen 1974, S. 173

*Taschke*, Jürgen: Hoffnungen und Befürchtungen des Strafverteidigers bei der Genomanalyse im Strafverfahren – Ein weiterer Schritt bei der Preisgabe unverfügbarer Positionen im Strafprozess?, in: Taschke, Jürgen/ Breidenstein, Felix, Die Genomanalyse im Strafverfahren, Baden-Baden 1995, S. 198

*Taupitz*, Jochen: Privatrechtliche Rechtspositionen um die Genomanalyse: Eigentum, Persönlichkeit, Leistung, JZ 1992, S. 1089

*Tjaden*, Markus: Genanalyse als Verfassungsproblem, Frankfurt am Main u.a. 2001

*Tupy*, Hans: Das Erbgut des Menschen – Wissen und humaner Gebrauch, Köln u.a. 1996

*Undeutsch*, Udo: Die Verwertbarkeit unwillkürlicher Ausdruckserscheinungen bei der Aussagenwürdigung, Eine Anfrage von psychologischer Seite, ZStW 87 (1975), S. 650

*Velten*, Petra: Befugnisse der Ermittlungsbehörden zu Information und Geheimhaltung, Berlin 1995

*Verrel*, Torsten: Nemo-tenetur – Rekonstruktion eines Verfahrensgrundsatzes, NStZ 1997, S. 361

*Verrel*, Torsten: Die Selbstbelastungsfreiheit im Strafverfahren, München 2001

*Vogel*, Hans-Jochen: Strafverfahrensrecht und Terrorismus – eine Bilanz, NJW 1978, S. 1217

*Vogler*, Theo: Die strafschärfende Verwertung strafbarer Vor- und Nachtaten bei der Strafzumessung und die Unschuldsvermutung, in: Festschrift für Theodor Kleinknecht, München 1985, S. 429

*Vogelgesang*, Klaus: Grundrecht auf informationelle Selbstbestimmung?, Baden-Baden 1987

*Vogt*, Thomas: Anmerkung zu BGH, Urteil vom 12. August 1992, 5 StR 239/ 92, in: StV 1993, S. 174

*Volk*, Elisabeth: Gesetz zur Änderung der Strafprozessordnung (DNA-Identitätsfeststellungsgesetz) – Anspruch und Wirklichkeit, NStZ 1999, S. 165

*Wächtler*, Hartmut: Auf dem Weg zur Gen-Bank?, Diskussionsentwurf des BMdJ zum genetischen Fingerabdruck im Strafverfahren, StV 1990, S. 369

*Wagner*, Ute: Das „genetische Fingerabdruckverfahren" als Hilfsmittel bei der Verbrechensbekämpfung, Diss. jur. Tübingen 1993

*Wanner*, Stephan: Die negative Rasterfahndung, München 1985

*Wassermann*, Rudolf (Hrsg.): Alternativkommentar zum Grundgesetz für die Bundesrepublik Deutschland, 2. Auflage, Neuwied u.a. 1989

*Wassermann*, Rudolf (Hrsg.): Alternativkommentar zur Strafprozessordnung, Band 2/ Teilband 1 (§§ 94 – 212b), Neuwied u.a. 1992

*Watson*, James/ *Gilman*, Michael/ *Witkowsky*, Jan/ *Zoller*, Mark: Rekombinierte DNA, 2. Auflage, Heidelberg 1993

*Wellbrock*, Rita: Genomanalysen und das informationelle Selbstbestimmungsrecht, CuR 1989, S. 204

*Welp*, Jürgen: Überwachung und Kontrolle: Telekommunikationsdaten als Gegenstand strafprozessualer Ermittlungen, Berlin 2000

*Wenzel*, Rainer: Mit DNA-Datei auf Einbruchsserien reagiert, Kriminalistik 1998, S. 419

*Weßlau*, Edda: Vorfeldermittlungen, Berlin 1989

*Weßlau*, Edda: Neue Methoden der Gewinnabschöpfung? – Vermögensstrafe, Beweislastumkehr, StV 1991, S. 226

*Wiegand*, P./ *Kleiber*, M./ *Brinkmann*, B.: DNA-Analytik – Zum aktuellen Stand der forensischen DNA-Analytik, Kriminalistik 1996, S. 720

*Wiese*, Günther: Genetische Analysen und Rechtsordnung, Neuwied u.a. 1994

*Winnacker*, Ernst Ludwig: Das Genom – Möglichkeiten und Grenzen der Genforschung, Frankfurt am Main 1996

*Wollweber*, Harald: Der genetische Fingerabdruck auf dem Prüfstand, NJW 2001, S. 2304

*Wolter*, Jürgen: Menschenwürde und Freiheit im Strafprozess, in: Gedächtnisschrift für Karlheinz Meyer, Berlin, New York 1990, S. 493

*Würkner*, Joachim: Prostitution und Menschenwürdeprinzip – Reflexionen über die Ethisierung des Rechts am Beispiel des gewerblichen Ordnungsrechts, NVwZ 1988, S. 600

*Zimmermann*, Georg: Staatliches Abhören, Frankfurt am Main u.a. 2001

## *1. Abschnitt: Einleitung*

Kaum ein anderes Thema hat in den vergangenen Jahren Strafprozessrechtswissenschaft und –praxis so sehr beschäftigt wie die Genomanalyse. Nachdem der sog. genetische Fingerabdruck Ende der 1980er Jahre Einzug in die Kriminalistik und von dorther notwendigerweise auch in den Strafprozess i.e.S. gehalten hatte, wurde damit eine ganze Flut gerichtlicher Entscheidungen und literarischer Stellungnahmen ausgelöst[1]. Auch der Gesetzgeber wollte und konnte sich der ungeheuren Dynamik dieser offenbar vielversprechenden neuen Ermittlungsmethode nicht entziehen und schuf mit den §§ 81e ff. StPO und dem DNA-IFG neue strafprozessuale Befugnisnormen, die die Anwendung der DNA-Analyse auf einen rechtsstaatlich sicheren Boden stellen sollten. Gleichwohl sorgten auch diese neuen Bestimmungen allenfalls in Teilbereichen tatsächlich für Klarheit, ließen aber im Übrigen mehr Fragen offen, als sie beantworten konnten und stellten Wissenschaft und Praxis wiederum vor ganz neue Schwierigkeiten[2]. Und obwohl sich die gesetzgeberischen Bemühungen um eine adäquate Regelung dieser Materie – ganz im Gegensatz zum heute sonst üblichen Gang übereilter und von zunehmender Hektik geprägten Strafgesetzgebung – durchaus auf einen langen Vorlauf und z.T. sorgfältige Erörterungen der problematischen Gesichtspunkte stützen konnten[3], waren sie dann doch tatsächlich einmal mehr „mit heißer Nadel gestrickt", verlangten schon bald nach Nachbesserungen und ließen – was besonders besorgniserregend erscheint – wichtige Teilbereiche gänzlich ungeregelt.

Einer dieser ungeregelten Teilbereiche soll den Gegenstand vorliegender Untersuchung bilden: Die Praxis der sog. DNA-Massenuntersuchungen. Dass der Gesetzgeber sich dieser Problematik ausdrücklich überhaupt nicht angenommen hat, ist eigentlich höchst erstaunlich, standen solche Untersuchungen doch seit dem Beginn der Diskussion um die Zulässigkeit der DNA-Analyse im Strafprozess stets ganz oben auf der Tagesordnung und gerieten – insbesondere im Zusammenhang mit spektakulären Sexualverbrechen, namentlich solchen, die an Kindern begangen wurden – immer wieder auch in den Fokus des öffentlichen Interesses. Gleichwohl wurden damit verknüpfte rechtsstaatliche Bedenken zwar durchaus gesehen, zum Teil auch ausdrücklich anerkannt, vermochten in der kriminalpolitischen Diskussion jedoch bislang kaum Bedeutung zu erlangen.

Exemplarisch sei insofern auf die Stellungnahme der Niedersächsischen Landesregierung zum Bericht des Landesbeauftragten für den Datenschutz hinge-

---

[1] Vgl. die Nachweise bei Rogall, in: SK-StPO, § 81a, Rn. 62, 72 ff.

[2] Für einen ersten Überblick vgl. die Erläuterungen von Rogall a.a.O., § 81a, Rn. 63 ff., § 81g, Rn. 10 ff. und Anhang zu § 81 g, Rn. 1 ff.

[3] Dazu einstweilen Rogall a.a.O., § 81a, Rn. 72 ff. und Protokoll der Öffentlichen Anhörung des Rechtsausschusses des Deutschen Bundestags vom 12. Oktober 1988.

wiesen[4]: In seinem Bericht[5] hatte dieser insbesondere auf das Problem der – vermeintlichen – Freiwilligkeit von DNA-Massentests hingewiesen. Insofern räumt die Landesregierung zwar ein, dies sei in der Tat ein problematischer Gesichtspunkt, der Beachtung verdiene; gleichwohl müsse aber Berücksichtigung finden, dass „besondere Situationen im Einzelfall auch besondere Maßnahmen erforderlich" machten. Es sei – wie von Landesbeauftragten angeregt – auch keineswegs sinnvoll, künftig von gesetzlich nicht geregelten Ermittlungsmaßnahmen Abstand zu nehmen, denn diese Forderung müsse das Ende der Fortentwicklung der Kriminalistik sowie der Kriminalwissenschaft und –technik darstellen; wäre in der Vergangenheit dieser Forderung Folge geleistet worden, gäbe es bis heute noch keine DNA-Analyse für Zwecke des Strafverfahrens[6]. Damit ist – in dieser Deutlichkeit durchaus überraschend, andererseits aber durchaus realitätsnah – der Weg vor- bzw. nachgezeichnet, den die Kriminalpolitik in den vergangenen Jahren ganz allgemein gegangen ist: Im Mittelpunkt stand und steht das Streben nach einem Höchstmaß an „Sicherheit" – wobei über den Inhalt des Zustandes, der mit diesem Begriff gekennzeichnet werden soll, ein Höchstmaß an Unsicherheit herrscht. Mit Recht ist darauf hingewiesen worden, dass sich dieser Begriff in der öffentlichen Diskussion zunehmend verselbstständigt und gleichsam symbolhaften Charakter angenommen hat[7]: Die Bürger fühlen sich von den unzähligen Risiken der modernen Industriegesellschaft bedroht, und als ein Teil dieser Risiken erscheint ihnen die Kriminalität – sowohl in ihren klassischen, überkommenen Formen als auch in ihren erst in der Gegenwart sichtbar gewordenen Ausprägungen (Wirtschafts-, Umweltkriminalität). Insofern erwartet die Öffentlichkeit auch vom Strafrecht einen entscheidenden Beitrag zur Bewältigung jener Risiken; Strafrecht wird zum Medium einer „Politik der Risikobegrenzung[8]". Die Frage, ob Strafrecht (und Strafprozessrecht als Mittel seiner Verwirklichung) insofern überhaupt ein taugliches Konzept zur Problemlösung darstellt, wird in diesem Zusammenhang zwar insbesondere von der Wissenschaft immer wieder gestellt[9], in der öffentlichen Auseinandersetzung aber allenfalls am Rande diskutiert.
So erschien im Jahre 1995 ein von dem Institut für Kriminalwissenschaften der Johann Wolfgang Goethe-Universität Frankfurt am Main unter dem Titel „Vom unmöglichen Zustand des Strafrechts" herausgegebener Sammelband. Darin

---

[4] Vgl. Nds. LT-Drs. 14/ 831 vom 18. Juni 1999, S. 23.
[5] 14. Bericht über die Tätigkeit des Landesbeauftragten für den Datenschutz Niedersachsen, Nds. LT-Drs. 14/ 425; s. dazu auch Kleine Anfrage der Abgeordneten Frau Stokar von Neuforn (GRÜNE) an die Niedersächsische Landesregierung, Nds. LT-Drs. 14/ 903.
[6] Vgl. Fn. 4.
[7] Albrecht, Kriminologie, § 1, II 3 a) (S. 3 f.).
[8] Albrecht ebda.
[9] Für einen ersten Überblick etwa Hettinger, Entwicklungen im Strafrecht und Strafprozessrecht der Gegenwart; Naucke, KritV 1990, S. 244 ff.

liest man bei Peter-Alexis Albrecht Folgendes: „Es kann als verbreitete Neigung aller politischen Parteien angesehen werden, auf öffentlich diskutierte gesellschaftliche Probleme stets und sofort mit dem Ruf nach dem Strafrecht zu reagieren: Aktuelle Kriminalisierungsforderungen werden und wurden erhoben im Zusammenhang mit der Debatte um den Datenschutz, der Bedrohung der Natur durch die zerstörerische Bewirtschaftung von Boden, Luft und Wasser, den Gefahren der Gentechnik, der Verschleppung ausländischer Frauen in die Prostitution etc. Selbst die in den Medien verbreiteten Bilder über Opfer von Kampfhunden führten alsbald zu einem Gesetzentwurf über ein strafbewehrtes Züchtungsverbot für Kampfhunde. Dopingaffairen von Spitzensportlerinnen hatten sogleich Bemühungen zur Folge, Doping unter Strafe zu stellen. Obwohl es mehr als fraglich ist, ob das Strafrecht diesen und anderen komplexen gesellschaftlichen Problemlagen überhaupt gerecht werden kann, kann man unstreitig feststellen: das Strafrecht hat als politische Scheinwaffe Konjunktur[10]."

Man muss nicht einmal den neu geschaffenen § 143 StGB in den Blick nehmen, um Albrecht eine wahrhaft treffende Analyse des gegenwärtigen Diskussionsstandes um den Einsatz von Strafrecht und Strafverfahrensrecht zur (scheinbaren) Lösung nahezu sämtlicher Gesellschaftsprobleme zu bescheinigen – dies jedenfalls, solange sie eine gewisse Medienpräsenz behalten. Zweifelsohne haben Strafrecht und Strafverfahrensrecht sowohl in ihrer gesetzlichen Ausgestaltung als auch in ihrer öffentlichen Wahrnehmung einen Paradigmenwechsel vollzogen, der sich in dieser Form lange Zeit sicher nicht vorhersehen ließ. Eine tendenziell wahllos erscheinende Ausweitung von Straftatbeständen und strafprozessualen Befugnisnormen kennzeichnet die kriminalpolitische Entwicklung der vergangenen 25 Jahre.

All dies hat mit dem Bemühen um einen rationalen Einsatz von Strafrecht insbesondere in den 1960er Jahren und der ersten Hälfte der 1970er Jahre nichts mehr gemein, einer Zeit also, in der die wissenschaftliche wie gesellschaftlich-politische Diskussion um das „richtige" Strafrecht von dem Bestreben geleitet war, liberales und rechtsstaatliches Gedankengut zu stärken und die im Wesentlichen noch aus dem 19. Jahrhundert stammenden Kerngesetze StPO und StGB an die Erfordernisse eines modernen und freiheitlichen Staatswesens anzupassen. Zahlreiche Reformvorhaben noch aus der Phase der Weimarer Republik wurden aufgegriffen und aktualisiert; hinzu kamen neue Erkenntnisse etwa aus der Kriminologie, die halfen, Strafrecht weniger als Mittel zur Bekämpfung eines als Gegner oder Feind angesehenen Verbrechers, sondern vielmehr als eine staatliche Reaktion auf elementare Rechtsverstöße zu begreifen. Der Durchbruch des Resozialisierungsgedankens in der Wissenschaft[11] fand Eingang auch in den politischen Diskurs und ebnete einer Reformgesetzgebung den Weg, die

---

[10] Albrecht, in: Institut für Kriminalwissenschaften, Vom unmöglichen Zustand des Strafrechts, S. 429 (429).

[11] Vgl. Naucke, Strafrecht, § 1, Rn. 152. S. auch Albrecht, Kriminologie, § 4 A II (S. 52 f.).

sich in ihrem Bemühen um Rechtsstaatlichkeit gegenüber den Auseinandersetzungen der Gegenwart ganz sicher nicht zu verstecken braucht: So etwa die Befreiung des materiellen Strafrechts von solchen Normen, die ausschließlich dem Schutz einer – vermeintlich – moralisch richtigen Lebensordnung dienten und seine – freilich bis heute unvollendet gebliebene – Ausrichtung an dem Gedanken des strafrechtlichen Schutzes der Selbstständigkeit bzw. Selbstbestimmung und -verantwortung des Einzelnen[12]. Insofern war der Widerstand gegen den konservativ geprägten E-StGB 1962, der ganz nachdrücklich an einer solchen „Wertorientierung" des Strafrechts festhielt, prägend auch für die weitere Straf- und Strafverfahrensgesetzgebung, die sich prinzipiell dem Gedanken der Resozialisierung des Täters und der Rückführung des Strafrechts auf seine ultima-ratio-Funktion verpflichtet sah. Als Beispiele genannt seien in diesem Zusammenhang etwa die grundsätzliche Abschaffung der kurzen Freiheitsstrafen, die Streichung der sog. „Übertretungen" und ihre Herausnahme aus dem Strafrecht, die Neuorientierung des Strafregisterrechts mit dem BZRG oder auch – bereits in der ersten Hälfte der 1960er Jahre – die sog. kleine Strafprozessrechtsreform mit ihrer tiefgreifenden Umgestaltung des Rechts der Untersuchungshaft durch die Betonung des Verhältnismäßigkeitsgrundsatzes, der Verbesserung der Rechtsstellung des Verteidigers, der Ausweitung der Belehrungspflicht zugunsten des Beschuldigten und seiner Aussagefreiheit und nicht zuletzt mit der Stärkung des rechtlichen Gehörs vor Gericht.

Demgegenüber hat sich die gesellschaftliche „Atmosphäre", in der Kriminalpolitik in Strafrecht und Strafverfahrensrecht umgemünzt, und sich spätestens seit den Gesetzesänderungen im Zusammenhang mit dem Terrorismus der späten 1970er Jahre grundlegend gewandelt[13]. Das Straf- und Strafprozessrecht erscheint dem Gesetzgeber, insbesondere aber auch den Strafverfolgungsbehörden und der Strafjustiz, als ein durchaus probates Mittel, zur Steigerung der von der Öffentlichkeit ersehnten Sicherheit – wobei an dieser Stelle zunächst nur angedeutet sei, dass es sich dabei in aller Regel mehr um die Steigerung des Sicherheitsgefühls handeln dürfte[14]. Denn – und darauf ist in der Literatur mit Recht immer wieder hingewiesen worden: An einer empirischen Untersuchung neuer Straftatbestände und Ermittlungsbefugnisse auf ihre tatsächliche Wirk-

[12] Hierzu Harzer, in: Institut für Kriminalwissenschaften, Vom unmöglichen Zustand des Strafrechts, S. 31 ff.

[13] Zunächst das Gesetz zur Ergänzung des 1. StVRG vom 20. Dezember 1974 [Bader-Meinhof-Ermittlungsverfahren], dann insbesondere das Gesetz vom 18. August 1976 und das sog. Kontaktsperregesetz von 30. September 1977 und schließlich das Gesetz zur Änderung der StPO vom 14. April 1978. Dazu z.B. Vogel, NJW 1978, S. 1217. Zur Ausweitung strafprozessualer Eingriffsbefugnisse in den 1980er/ 1990er Jahren – Stichworte: Schleppnetzfahndung, Kronzeugenregelung, OrgKG, Verbrechensbekämpfungsgesetz – vgl. einstweilen den Überblick bei Roxin, Strafverfahrensrecht, § 72, Rn. 17 ff.

[14] Zu diesem Problemkreis vgl. z.B. Kunz, in: ders., Bürgerfreiheit und Sicherheit, S. 53 ff., insb. S. 71 ff.

samkeit zur Bekämpfung (vermeintlicher) Kriminalität fehlt es in aller Regel; es besteht zwar grds. durchaus ein derartiges Bedürfnis nach Erforschung von Kriminalitätsrisiken, den Ursachen ihrer Entstehung und den Möglichkeiten ihrer Bekämpfung[15], in aller Regel werden aber neue Eingriffsbefugnisse geschaffen und fest etabliert, ohne dass deren tatsächliche Effizienz zur Erreichung der eigentlich anvisierten Ziele aber jemals geprüft worden wäre[16].
Um ein ganz ähnliches Phänomen dürfte es sich bei den DNA-Reihenuntersuchungen handeln. Insbesondere bei einem sehr großen Kreis potenzieller Tatverdächtiger dürfte schon der Erfolg einer derartigen Maßnahme durchaus fraglich sein. Gleichwohl: Den aktuellen Bedürfnissen einer – insbesondere nach sexuellen Übergriffen auf Kinder und Jugendliche letzten Endes auch nicht zu Unrecht aufgebrachten, emotionalisierten Öffentlichkeit[17] – kommt ein der Tat auf dem Fuße folgender DNA-Massentest fraglos entgegen. Es entsteht der Eindruck, der Staat „unternehme etwas", wobei gar nicht mehr so sehr im Mittelpunkt des Interesses steht, um was es sich bei diesem „etwas" eigentlich handelt. Damit ist bereits angedeutet, in welch schwierigem Spannungsfeld sich eine Untersuchung dieser Problematik bewegt: Einerseits – und dies hebt Karl-Ludwig Kunz durchaus zutreffend hervor – ist die Sorge der Bevölkerung vor Straftaten eine durchaus ernst zu nehmende. Denn auch wenn die Kriminalitätsfurcht von bestimmten Politikern und Medien gezielt geschürt worden ist, auch wenn die Gefahr insofern überschätzt wird und nur wenige Bürger ihr tatsächlich und unmittelbar ausgesetzt sind – eine latente Besorgnis der Bevölkerung vor kriminellen Angriffen besteht in der Tat und verlangt in gewissem Umfange auch nach staatlichen Gegenmaßnahmen[18]. Die freiheitssichernde Autorität des Staates würde untergraben, wenn der Glaube der Bürger an dessen Friedensfunktion erschüttert würde und gerieten sie daher in Versuchung, ihre Sicherheitsbedürfnisse selbst in die Hand zu nehmen. Der Boom des privaten Sicherheitsgewerbes, dessen Bindung an rechtsstaatliche Grundsätze sich kaum wird sicherstellen, geschweige denn: effektiv überprüfen lassen, ist ein erster Fingerzeig auf die hier lauernden Gefahren[19].
Indes: Andererseits muss klar sein, dass ein übersteigertes Sicherheitsbedürfnis, dem letztlich auch keine wirklich greifbaren Gefahren-Szenarien mehr zugrunde

---

[15] Vgl. Abrecht, Kriminologie, § 1 III 2.

[16] So lautet das Fazit der Untersuchung von Zimmermann, Staatliches Abhören, S. 325 ff. zu den verschiedenen Formen polizeilicher „Lauschangriffe".

[17] Denn eines darf man bei allen Bedenken gegen die z.T. hysterischen Reaktionen auf derartige Taten nicht vergessen: Gerade Verbrechen gegen die sexuelle Selbstbestimmung von Kindern und Jugendlichen wurden in der Vergangenheit nicht selten unter den Tisch gekehrt oder als „Kavaliersdelikte" toleriert. Dass insofern ein weit reichender und tiefer Bewusstseinswandel in der Öffentlichkeit eingesetzt hat, stellt mit Sicherheit keinen Nachteil dar.

[18] Kunz, in: ders., Bürgerfreiheit und Sicherheit, S. 53 (71 f.).

[19] Dazu etwa Beste/ Voß, in: Institut für Kriminalwissenschaften, Vom unmöglichen Zustand des Strafrechts, S. 313 ff.

liegen, von vornherein nicht dazu führen darf, dass der liberale Rechtsstaat seine freiheitlichen Grundlagen aufgibt. Es kann nicht Anliegen eines rechtsstaatlichen Strafrechts sein, Freiheit zugunsten eines Gefühls von Sicherheit gänzlich aufzugeben oder auch nur infrage zu stellen. Dies umso mehr, als mittlerweile kaum mehr infrage stehen kann, dass das Strafrecht die Erwartung, es sei ein tatsächlich wirksames Instrument zur Steuerung und Gegensteuerung, insofern ein vielfältig einsetzbares Mittel zur Gestaltung der Innenpolitik, kaum wird erfüllen können. Zwar war die Politik in den vergangenen Jahren durchaus bereit, die überkommenen Zielbeschreibungen des Strafrechts zu verabschieden, die lauteten, Strafrecht solle Freiheitsverbürgung und Rechtsschutz gerade auch für den Rechtsbrecher leisten, dürfe stets nur subsidiär, als ultima ratio eingesetzt werden und sei auf wenige, besonders drastische Verletzungen zu beschränken[20]. Andererseits hat der konsequente Ausbau des Straf- (verfahrens-)rechts kaum die erhofften Wirkungen gezeigt; alle Erfahrungen mit Vollzugsdefiziten des modernen Strafrechts und symbolischem Strafrecht[21] lehren, dass Verschärfungen des straf (verfahrens-) rechtlichen Instrumentariums kaum dazu angetan sind, die anvisierten Ziele tatsächlich zu erreichen[22]. Dies könnte nicht zuletzt daran liegen, dass die rechtsstaatliche Begrenzung des Straf- (verfahrens-) rechts auch ganz praktischen Gesichtspunkten Rechnung trägt: Strafrechtliche Mittel taugen nur für wenige Problemlagen[23]. Und Strafrecht, das nicht vollzogen wird und in Teilbereichen auch gar nicht vollziehbar ist, wird kaum zur Stärkung des allgemeinen Rechtsbewusstseins und damit zur Steigerung des individuellen Sicherheitsgefühls beitragen.

Ein Weiteres kommt hinzu: Die Entgrenzung des Einsatzes strafprozessualer Ermittlungsmethoden trägt stets die Gefahr in sich, das eigentliche Ziel rechtsstaatlichen Strafrechts – die Ahndung bereits *begangenen* Unrechts – aus den Augen zu verlieren. Je mehr das Strafrecht ein Mittel zur Herstellung von „Sicherheit" im umfassendsten Sinne werden soll, desto mehr läuft es Gefahr, letztlich ein Bestandteil des allgemeinen Gefahrenabwehrrechts zu wehren, nicht zuletzt mit der Folge, dass dessen – im Ansatz vollkommen abweichenden – Aufgaben Leitlinie auch bei der Interpretation strafprozessualer Eingriffsbefugnisse

---

[20] Vgl. Hassemer, in: Albrecht/ Backes, Verdeckte Gewalt, S. 191 (197).

[21] Hassemer, NStZ 1989, S. 553 ff.

[22] Besonders eindrucksvoll lässt sich dies anhand des Umweltstrafrechts nachvollziehen, dessen praktische Wirkungslosigkeit mittlerweile zu einem Standardbeispiel in dieser Diskussion geworden ist. Die Beiträge zu diesem Problemkreis sind mittlerweile Legion, vgl. daher einstweilen nur die Zusammenfassung bei Steindorf, in: LK-StGB, vor § 324, Rn. 4 ff. m.w.N. Insofern ist auch immer wieder – und dies wohl nicht zu Unrecht – die Forderung nach einer gänzlichen Abschaffung des Umweltstrafrechts erhoben worden, vgl. etwa Müller-Tuckfeld, in: Institut für Kriminalwissenschaften, Vom unmöglichen Zustand des Strafrechts, S. 461 ff.

[23] Hassemer (Fn. 20), S. 200.

werden könnten[24]. Strafprozessrecht degeneriert zum Polizeirecht. Beredtes Beispiel für diese Entwicklung ist die Etablierung des Begriffs „vorbeugende Bekämpfung von Straftaten" in den Polizeigesetzen der Länder (vgl. § 1 Abs. 1 Satz 2 NW PolG). Mit dieser – in ihrer Zuordnung bis heute umstrittenen[25] – Rechtsfigur hat der Gesetzgeber eine Grauzone ausdrücklich anerkannt, in der die Grenzen zwischen präventivem und repressivem Polizeihandeln völlig zu verwischen drohen, und in der mithin rechtsstaatlich unentbehrliche Prinzipien ohne Not geopfert werden[26]. Als Beispiel mag an dieser Stelle der Hinweis auf den Bedeutungsverlust des Verhältnismäßigkeitsgrundsatzes genügen[27]. Denn dort, wo noch gar kein konkreter Tatverdacht vorliegt, also im „Vorfeld" traditioneller Strafverfolgung, ist eine Güter- und Interessenabwägung noch gar nicht möglich, denn: Die eigentliche Rechtsgutsverletzung steht schließlich noch gar nicht fest, mithin erscheint es ausgeschlossen, die mit der Ermittlung verbundenen Freiheitsbeschränkungen dazu ins Verhältnis zu setzen. Strafverfahrensrecht degeneriert zu einem Hilfsmittel bei der „operativen" Beseitigung der „Kriminalität schlechthin". Dieses entgrenzte Streben nach Sicherheit im umfänglichen Sinne hat aber mit einer freiheitlichen, rechtsstaatlichen Gesellschaft von vornherein nichts mehr gemein. Ein solchermaßen eingesetztes Strafverfahrensrecht dient nicht mehr dem Schutz bürgerlicher Freiheitsrechte, sondern hebt sie auf.

Vor diesem Hintergrund sollen nunmehr die DNA-Massentests auf ihre Vereinbarkeit mit rechtsstaatlichen Prinzipien des Strafverfahrensrechts überprüft werden:

Nach einer Darstellung der naturwissenschaftlichen Grundlagen der DNA-Analysemethoden soll zunächst der Blick auf die praktische Anwendung der Reihenuntersuchungen gelenkt werden. Insofern ist zunächst auf die Geschichte dieser Ermittlungsmethode einzugehen; sodann wird die gegenwärtige Diskussion um den Beweiswert der entsprechenden Analysen für den Strafprozess dargelegt.

Anschließend ist der Frage nachzugehen, ob sich in der StPO tragfähige gesetzliche Grundlagen für DNA-Reihenuntersuchungen finden lassen. Sodann wird untersucht, welche verfassungsrechtlichen Grenzen von vornherein für solche Untersuchungsmethoden bestehen, wobei etwa zu erörtern sein wird, inwieweit sie überhaupt mit den Grundrechten der Betroffenen und grundgesetzlich garantierten Mindeststandards des Strafverfahrens vereinbart werden können. In diesem Kontext geht es insbesondere auch darum, ob derartige Tests tatsächlich

---

[24] Vgl. Lisken/ Denninger, in: dies., Handbuch des Polizeirechts, Abschnitt D, Rn. 10, 25 f., die von einer „Gemengelage" von Prävention und Repression sprechen.

[25] S. z.B. Gusy, Polizeirecht, Rn. 187.

[26] Vgl. Lisken/ Denninger (Fn. 24), Abschnitt D, Rn. 26 ff.

[27] Zu diesem Denninger, ebda., Abschnitt E, Rn. 163.

auf „freiwilliger“ Basis durchgeführt werden, und welche Anforderungen an die Freiwilligkeit des in eine derartige Maßnahme Einwilligenden zu stellen sind.
In einem weiteren Schritt soll dann der Versuch unternommen werden, aufgrund der gewonnenen Erkenntnisse eine unter rechtsstaatlichen Gesichtpunkten tragfähige Lösung der Problematik zu finden. Von Bedeutung ist insofern namentlich die Frage, ob der Beschuldigtenbegriff hier weiterzuhelfen vermag, oder ob nach anderen Möglichkeiten einer für ein liberales Strafverfahrensrecht zwingenden Eingrenzung solcher Untersuchungen Ausschau zu halten ist. Dabei lassen sich insbesondere Parallelen finden zu der Diskussion um die Errichtung der DNA-Datei nach § 81g StPO bzw. § 2 DNA-IFG.
Den Abschluss der Arbeit bildet dann die Untersuchung der Frage, ob und inwieweit eine Zulassung der DNA-Massentests kriminalpolitisch überhaupt sinnvoll erscheint. Insoweit wird namentlich den oben bereits dargelegten Bedenken gegen ein nur noch symbolisches Straf- (verfahrens-)recht nachzugehen sein, das – unter Inkaufnahme einer Einschränkung elementarer Bürgerrechte – Eingriffsgrundlagen schafft, die sich im Alltagsgeschäft der Strafverfolgungsbehörden allenfalls bedingt verwirklichen lassen, die also Erwartungen wecken, zu deren Erfüllung das Straf (verfahrens-) recht zwar als ein rechtlich noch zulässiger, rechtspolitisch aber kaum sinnvoller und daher nicht wünschenswerter Lösungsweg erscheint. Insofern sei abschließend, gleichsam als Leitgedanke der weiteren Überlegungen, noch auf Folgendes hingewiesen:
Knut Amelung berichtete im Jahre 1981 über einen Fall, in dem es um die Aufklärung eines Doppelmordes in einer kleinen saarländischen Gemeinde ging. Die Kriminalpolizei vermutete, dass der Täter ebenfalls aus jenem Ort stammte. Daher forderte sie 750 männliche Einwohner auf, sich freiwillig Fingerabdrücke abnehmen zu lassen, die mit einem an dem Tatort vorgefundenen Abdruck verglichen werden sollten. Allerdings sei diese Aktion sehr rasch wieder abgesagt worden, weil Bedenken gegen die Freiwilligkeit der Einwilligung bestanden hätten[28]. Demgegenüber ist die *DNA*-Massenanalyse heute bereits eine durchaus verbreitete Methode zur Ermittlung des Täters bei spektakulären, im Fokus des öffentlichen Interesses stehenden Verbrechen[29]. Der Weg von einer schlichtweg undenkbaren hin zu einer nahezu allgemein akzeptierten Ermittlungsmethode dauerte also etwa zehn Jahre. Vergleicht man dies mit der Diskussion um den sog. Großen Lauschangriff ergibt sich insofern eine wichtige Parallele: Auch die Tatsache, dass der Staat seine Bürger heimlich abhören könnte, erschien lange Jahre schlichtweg undenkbar[30]. Mittlerweile ist die entsprechende Befugnisnorm in der StPO bereits über drei Jahre in Kraft. Zunächst Undenkbares

[28] Amelung, Einwilligung, S. 90.
[29] Vgl. zur Bedeutung des Medieninteresses an einer Straftat: Kunz, in: ders., Bürgerfreiheit und Sicherheit, S. 53 (66).
[30] Vgl. zu der Entwicklung der Diskussion Zimmermann, Staatliches Abhören, S. 9 ff., 32 ff., 63 ff., 153 ff., 169 ff.

wurde zum Standardinstrument polizeilicher Ermittlungstätigkeit – der Weg dorthin beanspruchte allerdings mehr als 25 Jahre. Die entscheidende Frage in rechtspolitischer Hinsicht wird also sein, ob sich die Geschichte des Großen Lauschangriffs beim DNA-Massentest in weitaus kürzerer Zeit wiederholen, und so die Halbwertszeit des Verfalls all dessen, was für den rechtsstaatlichen Strafprozess eigentlich unverzichtbar bleibt[31], weiter beschleunigt werden sollte.

[31] Vgl. über „Unverfügbares im Strafprozess" ausführlich Hassemer, in: FS für Maihofer, S. 183 ff.

## 2. Abschnitt: Die DNA-Analysemethode(n) – naturwissenschaftliche Grundlagen

Die Auseinandersetzung mit der bzw. den DNA-Analysemethode(n) erfordert, auch im Hinblick auf die hier interessierenden Reihenuntersuchungen die Vorstellung der wissenschaftlichen Grundlagen dieser Methode(n). Aufgrund der hohen fachspezifischen Ausprägungen dieser Grundlagen soll die Darstellung daher so kurz wie möglich, aber doch so detailreich wie nötig erfolgen.

### A. Historie der DNA-Analytik

DNA bzw. DNS ist die Abkürzung für den international gebräuchlichen Namen des in jedem Zellkern enthaltenen Erbgutes (DNA [engl.]: *D*esoxyribo*n*ucleic *a*cid; DNS [deutsch]: Desoxyribonukleinsäure). Mittlerweile haben DNA- Analysen eine überragende Bedeutung für die Bearbeitung kriminalistischer und vor allem Kriminaltechnischer Fragestellungen. Die Technik der DNA-Analyse ist aufgrund des wissenschaftlichen Fortschritts zu einem unverzichtbaren Instrument bei der Aufklärung von Straftaten (noch) vornehmlich aus dem Bereich der Tötungs- und Sexualdelikte geworden.

Kriminalisten weisen insoweit speziell darauf hin, dass

- die Art der auszuwertenden körperzellhaltigen Spuren nahezu keinen Einschränkungen mehr unterliegt. Für die Technik der DNA-Analyse ist es (inzwischen) unerheblich, ob es sich bei dem zu untersuchendem Körpermaterial um Blutzellen, Epithelzellen oder Speichel handelt,
- selbst geringste Mengen an Spurenmaterial ausgewertet werden können. Moderne Analysetechniken (PCR-Methode) begnügen sich bereits mit wenigen Ausgangs-DNA-Molekülen,
- die Erstellung eines DNA-Identifizierungsmusters bei ordnungsgemäßer Asservierung und Lagerung des Körpermaterials selbst viele Jahre später noch möglich ist.

Durch die Technik der DNA-Analyse hat aber vor allem auch der Bereich der sog. Tatortspuren eine höhere Bedeutung erlangt. Das Auffinden von körperzellhaltigem Spurenmaterial an Tatorten nahezu jeder Art ist kein Ausnahmefall. Anders gewendet: Das Verlassen eines Tatortes oder das Benutzen von Tatwerkzeugen ohne DNA-haltiges Spurenmaterial zu hinterlassen bzw. zu verlieren erscheint unwahrscheinlich. Gerade dieser Umstand macht den DNA-Massentest – aus kriminalistischer Sicht – ja auch so interessant.

Als geeignete Zellmaterialien kommen im Wesentlichen in Betracht:

Blut, Speichel, Sperma, Vaginalsekret, Schweiß, Nasensekret, Epithelzellspuren (Handkontaktspuren), Körpergewebe (innere Organe, Muskulatur, Zähne, Knochen), Haut und Haare.

Vor allem Haut- und Schleimhautzellen haben als DNA-Spurenträger insoweit eine überragende Bedeutung. Die Täter-DNA wird insbesondere durch Würgen,

Beißen und Schlagen auf den Körper und/ oder Kleidungsstücke des Opfers übertragen. Auf Tatwerkzeugen können sich sowohl Opfer-DNA als auch Täter-DNA befinden. Epithelzellspuren lassen sich in benutzen Handschuhen und Schuhwerken finden, dies sogar teilweise dann, wenn Strümpfe oder Socken getragen wurden[1].
Die Nutzbarmachung der beschriebenen kriminaltechnischen Möglichkeiten der DNA-Analyse für die Verbrechensaufklärung setzt aber (zwingend) voraus, dass das gefundene Spurenmaterial in auswertbarer Form in ein entsprechend ausgestattetes Labor gelangt. Damit wird deutlich, dass der Spurensicherung und Spurenbehandlung seitens der Beamten, die die Tatortarbeit leisten, eine ganz wesentliche Bedeutung zukommt. Kurz: Letztlich hängt der mittels DNA-Analyse ermöglichte Aufklärungserfolg also entscheidend von der Qualität der Spurensuche, der Spurenbehandlung sowie der Spurensicherung ab.
Dies gilt schon allein aufgrund der Vielzahl der zu sichernden (Täter-)Spuren und der damit zwangsläufig verbundenen erhöhten Fehlerquote auch und gerade für die hier in Rede stehenden DNA-Massentests. In diesem Zusammenhang ist noch darauf hinzuweisen, dass eine zentrale Bedeutung auch dem Zustand zukommt, in dem das DNA-Spurenmaterial das Untersuchungslabor erreicht. Wenn DNA-Spuren unsachgemäß gesichert, behandelt oder übersandt werden, liegt auch hierin wieder eine Fehlerquelle für die korrekte Erstellung des DNA-(Vergleichs-)Identifizierungscodes. Diese Fehler bei der Erstellung des Identifizierungscodes können sich grundsätzlich dergestalt auswirken, dass ein Teilnehmer (zunächst) zu unrecht in (weiteren) Tatverdacht gerät, bzw. dass ein Teilnehmer zu unrecht aus dem Tatverdacht ausscheidet. Folge: Zumindest in der letzten Konstellation wäre dann das Ermittlungsinstrument dieser DNA-Reihenuntersuchung endgültig fehlgeschlagen, mit der Konsequenz, dass auch alle vorherigen und nachfolgenden DNA-Analysen und die damit verbundenen Grundrechtseingriffe nutzlos und überflüssig durchgeführt worden sind bzw. weiterhin durchgeführt werden. Auf andere Fehlerquellen des DNA-Massentests, insbesondere die der Identitätstäuschung gegenüber den ermittelnden Personen sei hier nur am Rande aufmerksam gemacht, da diese Fehlerquelle kein Spezifikum der naturwissenschaftlichen Grundlagen der DNA-Analysetechnik darstellt.
Festzuhalten bleibt aber, dass die Technik der DNA-Analyse – ihre fehlerfreie Anwendung unterstellt – die Möglichkeit bietet einer (nahezu) sicheren Zuordnung oder eines ebenso sicheren Ausschlusses von Tatort- und/ oder Täterspuren beziehungsweise von entsprechenden Vergleichsspuren.
Die DNA-Analytik hat sich von daher – in der polizeilichen Praxis – zu einem der effizientesten Werkzeuge des forensischen Sachbeweises entwickelt[2].

---

[1] Keller/ Hülsmann, Der genetische Fingerabdruck, S. 15.
[2] Keller/ Hülsmann, Der genetische Fingerabdruck, S. 9.

Die Untersuchungsdauer beträgt – bezogen auf das Jahr 2001 - in Routinefällen ca. vier Wochen, kann in dringenden Fällen aber auch in ca. 48 Stunden abgeschlossen sein. Zu den Kosten für eine DNA-Analyse lässt sich anmerken, dass sich diese – ebenfalls im Jahr 2001 - für eine vollständige Analyse pro Spur und Vergleich auf ca. 500 Euro belaufen. Die Kosten für eine bloße Vorsortierung pro Spur und Vergleich, die gerade bei Reihenuntersuchungen eine besondere Bedeutung hat, betragen demgegenüber nur ca. 75 bis 225 Euro. Bei einer Suche nach auf die jeweilige DNA zu analysierenden Spuren (z.B. Blut-, Sperma- und Speichelproben) entstehen Kosten in Höhe von ca. 75 bis 125 Euro. Hinsichtlich der, wiederum für Reihenuntersuchungen bedeutsamen Frage der Kostentragungspflicht, ist darauf hinzuweisen, dass soweit das jeweilige LKA mit der Durchführung der DNA-Analysen beauftragt wird, diese als „Vormerkung von Auslagen im Strafverfahren" der auftraggebenden, bzw. der ermittlungsführenden Behörde lediglich mitgeteilt werden; d.h. Rechnungen werden insoweit also nicht erstellt[3].

Als Marksteine in der naturwissenschaftlichen und rechtlichen Entwicklung der DNA-Analyse lassen sich für einen kurzen Überblick nennen:

- 1985 entdeckte der aus England stammende Wissenschaftler Alec Jeffreys sog. „hochvariable Regionen" in den Bereichen des menschlichen Erbguts, die zwar ein für jeden Menschen charakteristisches Aussehen besitzen, aber keine genetischen Informationen enthalten.
- Für die Kriminaltechnik wurde diese Entdeckung in den nachfolgenden Jahren nutzbar gemacht. Dies geschah in Zusammenarbeit mit dem Forensic Science Service (FFS) in Großbritannien/ Birmingham.
- 1990 kam es zur bundesweiten Einführung des „genetischen Fingerabdrucks" in die forensische Praxis mithilfe der sog. „RFLP-Technik".
- 1990 erklärte der 5. Strafsenat des Bundesgerichtshofs in einem (ersten) Grundsatzurteil (Urteil vom 21.08.1990 – 5 StR 145/ 90) die Anwendung der DNA-Analysetechnik zwecks Aufklärung von Straftaten für grundsätzlich zulässig[4].
- 1992/ 1993 kam es zur Weiterentwicklung der sog. „PCR-Methode". Durchsetzung dieser Methode in der Praxis. Die DNA-Analyse etablierte sich zunehmend als Routinemethode zur Untersuchung von Tatortspuren.
- 1995 richtet Großbritannien eine erste PCR-gestützte DNA-Datenbank ein.
- 1996 richtet das Bundesland Rheinland-Pfalz eine DNA-Datei ein.
- 1997 tritt das StVÄG „DNA-Analyse" vom 17.03.1997 in Kraft (BGBl. I S. 534). Einfügung der §§ 81e und 81f in die Strafprozessordnung.

---

[3] Keller/ Hülsmann, a.a.O., S. 50 f.

[4] BGH, NJW 1990, S. 2328.

- 1998 wird beim Bundeskriminalamt in Wiesbaden die DNA-Analyse-Datei eingerichtet.
- 1998 tritt das „DNA-IdentitätsfesstellungsG“ vom 07.09.1998 in Kraft (BGBl. I S. 2646). Einfügung des § 81g in die Strafprozessordnung ebenfalls mit Gesetz vom 07.09.1998 (BGBl. I S. 2646).

## B. Genetische Grundbegriffe

### I. Die DNA

Die DNA bzw. die Desoxyribonucleinsäure ist das Molekül des Lebens. Sie entspricht einem bio-chemisch relativ schlicht konstruierten Molekülfaden, auf dem die einzelnen Gene wie Perlen auf einer Kette hintereinander aufgereiht sind. Beim Menschen erreicht ihre Länge eine Größe von ca. zwei Metern, wobei diese Länge auf die einzelnen Chromosomen verteilt ist. Die Struktur der DNA enthält die notwendigen Informationen sowohl für die Entstehung als auch für die Funktionsfähigkeit des Organismus. In der DNA sind des Weiteren die Gene enthalten (Die Bezeichnung stammt aus dem griechischen: genos = Gattung, Geschlecht)[5].

Im Rahmen der DNA-Analyse wird die Desoxyribonucleinsäure untersucht. Die Analyse beruht auf dem Umstand, dass die gesamten Erbinformationen eines Organismus in einem Molekül jeder einzelnen – kernhaltigen - Zelle festgehalten werden. Jede Zelle enthält die gesamten Erbinformationen auf 23 Chromosomenpaaren, zu denen jeweils 22 Körperchromosomen und ein Geschlechtschromosom gehören. Die Weitergabe der Erbinformationen bei einer Zellteilung von der Mutterzelle auf eine Tochterzelle wird durch die DNA gewährleistet. Dies ist die wesentliche Aufgabe der DNA[6].

#### 1. Die Entdeckung der DNA

Die Desoxyribonucleinsäure als Träger der Erbinformationen wurde im Jahr 1944 durch den englischen Mikrobiologen Avery entdeckt. Im Jahr 1953 wurde die Raumstruktur der DNA als Doppelhelix – ähnlich einer Wendeltreppe mit Geländer – von J. D. Watson und F. Crick entschlüsselt. Räumlich ist das DNA-Molekül spiralig gebunden. Fortan kannte man den Übersetzungsschlüssel, d.m. die Art und Weise wie die DNA als Vorlage für die identische Zellvermehrung (Reduplikation) dient. Erst mit dieser Erkenntnis konnte die Zeit der eigentlichen Gentechnologie beginnen. Man lernte nicht nur die DNA zu vervielfältigen, sondern auch Neukombinationen von Genen zu erstellen. Es erfolgten erste Genübertragungen auf einzelne Bakterien, die ebenso wie alle anderen Organismen die DNA als Träger der Erbinformationen nutzen[7].

---

[5] Ewe, Aktuelle Begriffe – Gentechnologie, S. 27.
[6] Winnacker, Das Genom, S. 20 ff.
[7] Cramer, Genom- und Genanalyse, S.1.

Seit Mitte der 1990er Jahre arbeiten zahlreiche Wissenschaftlergruppen am sog. „Human-Genom-Project", d.m. der Aufschlüsselung und anschließenden Kartierung der vollständigen menschlichen Erbinformationen. Der Abschluss dieses Projekts wird ca. für das Jahr 2003 erwartet[8].

**2. Aufbau und Struktur der DNA**

Die beschriebene Entdeckung der Doppelhelix-Struktur des DNA-Moleküls durch Watson und Crick im Jahr 1953 hat seine Bedeutung nicht zuletzt darin, dass über dieses Modell die Funktion der DNA erklärt werden konnte. Mit anderen Worten: Es kann erklären, wie sich ein solches Molekül einerseits zu vermehren vermag und dabei andererseits zugleich die Erbinformationen duplizieren und erhalten kann. Gerade in seiner Struktur lag also das Geheimnis dieses Moleküls.

Der Aufbau der DNA ähnelt in der Form dem einer Strickleiter bzw. besser dem einer Wendeltreppe, wobei die vier Grundbausteine, die Basen Cytosin, Guanin, Agenin und Thymin die Sprossen oder Stufen der Leiter bilden. Als Basenpaar steht das Thymin jeweils dem Adenin und das Cytosin jeweils dem Guanin gegenüber. Quasi die Holme der Leiter bestehen wiederum aus Zuckermolekülen mit entsprechenden gebundenen Phosphaten. Die Verbindung zwischen einer Base und dem Zucker-/ Phosphatmolekül wird als Nukleotid bezeichnet.

Der beschriebene Grundaufbau der DNA ist bei allen Organismen gleich. Ausschlaggebend für den jeweiligen Organismus ist aber die Anordnung der Basenpaare, deren jeweilige Abfolge als Basensequenz bezeichnet wird. Die enorme Variabilität der Erbinformationen wird letztlich erreicht durch die wechselnde Abfolge von Nukleotiden mit den nur vier verschiedenen Grundbausteinen, den Basen.

**II. Das menschliche Genom**

Als Genom wird die gesamte genetische Information eines Organismus bezeichnet. Das Genom des Menschen enthält mindestens 60.000 bis 80.000 Gene, von denen bis heute ca. neun von zehn in einer „Genkarte" lokalisiert werden konnten. Ihre genaue Position auf den Chromosomen konnte also bestimmt werden[9]. Definiert wird ein Gen als funktioneller Abschnitt einer DNA-Sequenz, der ein Protein codiert[10]. Die DNA des menschlichen Organismus besteht aber nicht vollständig aus einzelnen Genen. Die Gene nehmen nur ca. 97 Prozent des Raumes des Genoms ein. Der verbleibende Raum setzt sich aus informationslosen Zwischenräumen sog. nicht-codierenden Sequenzen zusammen. Folglich enthalten nur ca. 3 Prozent des menschlichen Genoms sog. codierende DNA-

[8] Dt. Ärzteblatt 1998, S. 1948.
[9] Dt. Ärzteblatt 1998, S. 1948.
[10] Brinkmann/ Wiegand, DNA-Technologie, S. 9.

Sequenzen[11]. Im Rahmen der Analyse nicht-codierender Bereiche der DNA stellte sich heraus, dass sich die Anzahl der Basensequenz-Wiederholungen von Individuum zu Individuum unterscheidet. Auf dieser Feststellung basierend konnten u.a. Verfahren zur Identitätsfeststellung von Personen gewonnen werden[12].

Der weit überwiegende Teil der nicht-codierenden DNA-Sequenzen besteht molekularbiologisch regelmäßig aus einfachen, sich wiederholenden Basenkombinationen, sog. repeats. Die biologische Funktion der zwischen den codierenden DNA-Sequenzen liegenden nicht-codierenden Sequenzen der DNA ist wissenschaftlich bislang noch nicht abschließend geklärt. Zum Teil wird davon ausgegangen, dass die nicht-codierenden Bereiche der DNA für das Funktionieren des Organismus ohne Bedeutung seien. Es wird angenommen, dass diese Bereiche keinerlei Aufschluss über genetisch bedingte Persönlichkeitsmerkmale des Menschen geben. Sie werden daher - bis heute - von einem Teil der Wissenschaftler als persönlichkeitsneutral eingestuft. Bishop/ Waldholz bezeichnen diese Bereiche schlicht als Evolutionsmüll[13]. Diese – aus heutiger Sicht – wohl unzutreffend unterstellte Persönlichkeitsneutralität der nicht-codierenden Bereiche der DNA ließ sodann gleichsam als erfreulicher Nebeneffekt auch die Analyse dieser Bereiche der DNA nicht nur aus verfassungsrechtlicher Perspektive, sondern auch kriminalpolitisch erträglicher erscheinen[14]. Unter dem Gesichtspunkt der Evolution stellt sich die Frage, warum durch die stattfindende stetige natürliche Selektion ein derartiger „Evolutionsmüll" nicht schlicht ausgeschieden worden ist. Eine Beseitigung der nicht-codierenden DNA-Bereiche wäre unter diesem Gesichtspunkt eher zu erwarten, als ihre Beibehaltung. Demzufolge wird dann auch über die biologische Bedeutung dieser Bereiche zunehmend die Auffassung vertreten, dass lediglich ihre Funktion noch nicht ausreichend zu erkennen ist. So wird zum Teil angenommen, dass Mutationen, also Veränderungen in der Basensequenz der DNA die zu schweren Krankheiten des davon betroffenen Organismus führen können, aufgrund der jeweiligen Struktur des informationslosen Teiles der DNA möglicherweise eher in diesen Bereichen ablaufen, damit die codierenden Sequenzen der DNA - vor Mutationen - geschützt werden. Denn bei dem codierenden Bereich handelt es sich funktionell um denjenigen Abschnitt der DNA der u.a. für die Vererbung von Bedeutung ist[15]. Darüber hinaus gibt es auch Anzeichen dafür, dass im Laufe der Evolution nicht-codierende DNA-Sequenzen einerseits eliminiert worden sind, andererseits aber auch entsprechende Bereiche neu erworben wurden. Ferner konnte auch nachgewiesen werden, dass vollständig funktionsfähige Gene auch in nicht-codierenden Berei-

---

[11] Brinkmann/ Wiegand, DNA-Technologie, S. 11.
[12] Tupy, Das Erbgut des Menschen, S. 9.
[13] Bishop/ Waldholz, Landkarte der Gene, S. 262.
[14] Vgl. dazu nur Keller/ Hülsmann, Der genetische Fingerabdruck, S. 7.
[15] Schober, Genomanalyse an Stellenbewerbern, S. 26.

chen der DNA vorhanden sind[16]. Mithin bedarf die Frage, ob diese Bereiche also (endgültig) „persönlichkeitsneutral" sind zumindest weiterer Forschung.
Für juristische Fragestellungen im Zusammenhang mit dem genetischen Fingerabdruckverfahren ist die Antwort auf die Frage nach der Persönlichkeitsneutralität bzw. anders gewendet nach dem genetischen Informationsgehalt der nicht-codierenden Bereiche der DNA von erheblicher Bedeutung[17]. Nicht nur verfassungsrechtlich, sondern auch kriminalpolitisch macht es nämlich einen großen Unterschied, ob das genetische Fingerabdruckverfahren mit DNA-haltigem Spurenmaterial durchgeführt wird, dass tatsächlich vollkommen persönlichkeitsneutral ist oder ob das (nicht-codierende) Material nicht doch genetische Informationen enthält, wie beispielsweise über (Erb-)Krankheiten oder körperliche Konstitution des Untersuchten.

## C. Genomanalyse und genetischer Fingerabdruck

Die Sequenzierung des gesamten menschlichen Genoms wird mit dem Wort Genomanalyse umschrieben. Am Ende einer vollständigen Analyse des menschlichen Genoms stände nicht nur die Kenntnis von der Struktur und der Lokalisation, sondern auch die der Bedeutung aller DNA-Basen in den 2 mal 23 menschlichen Chromosomen.

### I. Bezeichnung

Nicht nur im Rahmen der hier im Vordergrund stehenden genetischen Reihenuntersuchungen, sondern stets bei genetischen Untersuchungen geht es um den individualspezifischen Vergleich von Tatortspuren mit – zumindest im Rahmen eines Massentests – zeitlich nachfolgend entnommenem DNA-haltigem Körpermaterial von Personen. Zentrales Problem ist damit auch bei der genetischen Untersuchung von Spurenmaterial im Rahmen eines strafrechtlichen Ermittlungsverfahrens das der Zuordnung einer vorhandenen (biologischen) Tatortspur zu einer bestimmten individuellen Person beziehungsweise – umgekehrt – das des Ausschlusses einer bestimmten Person als Spurenleger[18].
Im Zusammenhang mit genetischen Analysen wird zwar die Bezeichnung „Genomanalyse" regelmäßig verwandt, diese beschreibt aber die genannte Untersuchungsmethode wohl nicht ganz zutreffend. Wie eingangs erwähnt steht der Ausdruck „Genomanalyse" für die Gesamtheit der Erbinformationen eines Organismus. Auch die Bezeichnung der Untersuchungsmethode als „Genanalyse" ist begrifflich ungenau, da – wie ebenfalls oben beschrieben – die Gene sich ganz überwiegend (von einigen Wissenschaftlern wird sogar angenommen: ausschließlich[19]) in dem codierenden Bereich der DNA befinden. Dieser Bereich

---

[16] Watson/ Gilman/ Witkowski/ Zoller, Rekombinierte DNA, S. 132 ff.
[17] Siehe dazu ausführlich unten 5. Abschnitt.
[18] Pflug, Anhörung des Rechtsausschusses, 52. Sitzung der 13. WP, S. 2.
[19] Siehe oben die Auffassung von Bishop/ Waldholz, Landkarte der Gene, S. 262.

der DNA wird aber im Rahmen eines strafrechtlichen Ermittlungsverfahrens gerade nicht untersucht. Selbst die Bezeichnung als „DNA-Analyse“ ist letztlich zumindest missverständlich, denn auch sie umfasst vom Grundsatz her Analysen im codierenden und im nicht-codierenden DNA-Bereich. Wissenschaftlich genauer erscheint es daher die beschriebene Untersuchung als „DNA-Analyse im nicht-codierenden Bereich“ zu bezeichnen. Auch die Bezeichnung der beschriebenen Untersuchungsmethode als „genetischer Fingerabdruck“, angelehnt an den im englischsprachigen Raum verwandten Begriff des „DNA fingerprinting“, ist in der Sache begrifflich genau. Der Begriff des genetischen Fingerabdrucks steht – ebenso wie der Begriff des (klassischen) daktyloskopischen Finger(-beeren)abdrucks – auch sprachlich für die Individualität einer bestimmten Person. Obwohl der Gesetzgeber in § 81e StPO die Bezeichnung „Molekulargenetische Untersuchungen“ benutzt, stellt er doch in Abs. 1 Satz 3 dieser Vorschrift klar, dass zwar eine bestimmte Person individualisierende Eigenschaften der DNA untersucht werden dürfen, aber nur soweit sie „persönlichkeitsneutral“ sind[20].

Der individuelle DNA-Identifizierungscode einer Person stellt das Resultat der durchgeführten DNA-Analyse bzw. des genetischen Fingerabdrucks dar. Zum Zweck des erleichterten und auch des genaueren Abgleichs hinsichtlich des Grades der Übereinstimmung von Tatort- und Vergleichsspur kann der DNA-Identifizierungscode nicht nur als Bandenmuster, sondern auch in digitalisierter Form dargestellt werden.

### II. Voraussetzungen

Die Existenz von DNA-haltigem Spurenmaterial ist notwendige Voraussetzung einer DNA-Analyse.

#### 1. Spurenmaterial

Der zunehmenden Verbesserung der DNA-Analyseverfahren ist es zu verdanken, dass inzwischen grundsätzlich jede menschliche Spur auf ihre DNA untersucht werden kann. Neben den klassischen Spurenmaterialien wie vor allem Blut, Sperma und Speichel können nunmehr grundsätzlich auch Haarzellen oder Hautzellen auf ihre DNA untersucht werden. Gerade ist letztgenannten Spurenmaterialien sind kriminalistisch von Bedeutung, weil zumindest Epithelzellen nicht selten an z.B. zur Tatausführung getragenen Handschuhen oder Kopfmasken anhaften.

Für die hier im Mittelpunkt stehenden DNA-Massenuntersuchungen zur Eingrenzung eines als Täter in Betracht kommenden Personenkreises sind aber vor allem menschliche Zellen in Form von Speichelspuren – als Vergleichsspuren - von großer praktischer Bedeutung. Speichelspuren haben aber auch als Tatort-

---

[20] BT-Drs. 13/ 667, S. 11.

spuren forensische Bedeutung: Speichelzellen werden von einem Täter als Spurenmaterial häufig unbewusst am Tatort hinterlassen, etwa wenn dieser eigene Kleidungsstücke (Kopfmaske, Schal, etc.) oder fremde Kleidungsstücke (z.B. solche des Opfers) bespeichelt. Speichelspuren finden sich aber auch an Gegenständen wie Zigarettenkippen oder Briefumschläge und Briefmarken. Selbst bei einem Knutschfleck am Opfer hinterlässt der Täter seine DNA in Form von Speichelzellen[21].
Biologisch gesehen handelt es sich bei dem DNA-Molekül um ein überaus widerstandsfähiges, das selbst nach Jahrzehnten aus vorhandenem Körpergewebe noch extrahiert werden kann. Die kriminaltechnische Verwertbarkeit von biologischen Spuren hat durch die fortschreitende DNA-Analytik somit erheblich zugenommen[22]. Aber auch die Zell-DNA wird natürlich letztlich sowohl durch den Tod der Zelle als auch durch Umwelteinflüsse wie Bakterien und Hitze zunächst geschädigt und dann auch zerstört[23].
Die modernen Analysetechniken haben aber auch noch weitere Vorteile gebracht: Zu Beginn der DNA-Analysetechnik war ca. 1 Mikrogramm DNA für eine entsprechende Untersuchung erforderlich. Seit Nutzung der PCR-Methode[24] ist die erforderliche Menge auf ca. 1 Nanogramm DNA gesunken[25]. Mit dem PCR Verfahren (engl.: polymerase chain reaction) ist es möglich selbst geringste Mengen DNA im Reagenzglas über die Polymerasekettenreaktion identisch zu vermehren[26]. Das PCR-Verfahren läuft kurz beschrieben wie folgt ab: Zunächst wird ein extrahierter DNA-Doppelstrang erhitzt, wodurch er sich in zwei Stränge spaltet. Durch Hinzufügen von Polymerase, einem Enzym, das DNA-Moleküle aufbaut, wird sodann an den DNA-Einzelsträngen jeweils ein neuer Gegenstrang gebildet. Dieser Vorgang kann beliebig oft wiederholt werden[27]. Auf diese Weise können auch Spuren ausgewertet werden, wenn nur geringe Mengen an Spurenmaterial bzw. DNA zur Verfügung stehen. Die PCR-Methode ist inzwischen so verfeinert worden, dass es als Spurenmaterial - zur Analyse der DNA - nicht einmal mehr vollständig intakter Körperzellen bedarf, was zur Folge hat, dass unter Umständen auch geschädigte DNA (z.B. bakteriell befallene Spuren) einer Analyse noch zugänglich sind[28]. Von überragender Wichtigkeit ist aber auch bei der PCR-Methode, dass unter absolut sterilen Bedingungen analysiert wird, um jede Verunreinigung des Materials zu vermeiden.

---

[21] Wiegand/ Kleiber/ Brinkmann, Kriminalistik 1996, S. 720 (722 f.).
[22] Wiegand/ Kleiber/ Brinkmann, Kriminalistik 1996, S. 720 ff.
[23] Wiegand/ Kleiber/ Brinkmann, a.a.O.
[24] Ausführlich hierzu: Brinkmann/ Wiegand, Kriminalistik 1993, S. 192 (192 f.).
[25] Das PCR-Verfahren wird vom BKA seit 1995 angewandt, vgl. Brodag, Strafverfahrensrecht, Rn. 353.
[26] Kimmich/ Spyra/ Steinke, NStZ 1993, S. 23 (23).
[27] Kimmich/ Spyra/ Steinke, NStZ 1990, S. 318 (321).
[28] Brinkmann, Anhörung des Rechtsausschusses, 52. Sitzung der 13. WP, S. 33.

Kurz: Die Nachweisempfindlichkeit der DNA-Analysemethoden haben sich mit jeder neuen Generation um ein Vieltausendfaches verbessert – wechselseitig dazu hat sich die zur Analyse erforderliche DNA-Menge jeweils reduziert[29].
Die Voraussetzungen für ein korrektes Analyseergebnis beginnen bereits mit der fachgerechten Asservierung sowohl der Tatortspuren, als auch Vergleichsspuren. Schon in diesem Stadium können Fehler das Ergebnis der Analyse irreparabel verfälschen. Als Fehlerquellen bereits bei der Spurensicherung kommen namentlich in Betracht, die Übertragung von DNA der mit der Spurensicherung befassten Person auf die zu sichernde Spur beziehungsweise auf den Träger der DNA-Tatortspur. Aber auch bei der Sicherung von DNA-Vergleichsspuren ist eine Kontamination der Spur mit Fremd-DNA möglich. Dies ist gerade für die hier im Vordergrund stehenden Reihenuntersuchungen von Bedeutung. Der im Rahmen von Massentests regelmäßig benutzte Speichelstab kann so, z.B. mit Speichelsekret des Asservierenden durch entsprechende eigene Ausscheidungen aus dem Mund des Asservierenden oder durch Anhaftungen von Epithelzellen des Asservierenden am Speichelstab im Rahmen der Speichelung der zu testenden Person, kontaminiert werden[30]. Ansonsten sollten natürlich auch DNA-Spuren – wie grundsätzlich alle biologischen Spuren – weder Wärme noch Feuchtigkeit ausgesetzt sein, denn diese Umwelteinflüsse führen zu einer exponentiellen Vermehrung von Bakterien, die zu einer Schädigung oder gar Zerstörung der DNA führen können. Selbst vor dem Hintergrund der neuen Analyseverfahren sollte dieses vermieden werden[31]. Nach der Sicherung sollten die Spuren daher unverzüglich möglichst trocken und kühl aufbewahrt werden[32].
Ein weiterer Vorteil der DNA-Analytik ist, dass diese auch dann noch zu kriminalistisch verwertbaren Ergebnissen führen kann, wenn die typischen Untersuchungsmaterialien – egal ob als Tatort- oder als Vergleichsspur – wie Blut, Sperma und Speichel nicht mehr vorhanden sind, weil sie z.B. durch extreme Umwelteinflüsse vernichtet worden sind. Man denke in diesem Zusammenhang nur etwa an eine Brandleiche. Erst durch die Möglichkeit der Untersuchung von Spurenmaterial auch auf der Ebene der DNA können auch eher „untypische" Untersuchungsmaterialien wie Zähne oder Knochengewebe entsprechend analysiert werden. Eine ganz wesentliche Verbesserung brachte die DNA-Analysetechnik auch in den Fällen, die zunächst eine Trennung und anschließend eine individuelle Zuordnung von so genannten „Mischspuren" erfordern. Dieses Problem stellt sich nahezu regelmäßig nach (Mehrfach-) Vergewaltigungen durch mehrere Täter. Die etwa durch einen Abstrich beim Opfer gesicherte Tatortspur besteht in derartigen Fällen aus einem Gemisch von (verschiedenen) Sperma- und Scheidenepithelzellen. Die „konventionellen" Untersuchungstech-

[29] Brinkmann, a.a.O.
[30] Vgl. Wiegand/ Kleiber/ Brinkmann, Kriminalistik 1996, S. 720 (721).
[31] Vgl. Wiegand/ Kleiber/ Brinkmann, a.a.O.
[32] Vgl. Wiegand/ Kleiber/ Brinkmann, a.a.O.

niken führten in derartigen Fällen nicht selten zu keinem weiterführenden Ergebnis. Es fehlte an Unterscheidungsmöglichkeiten die eine ausreichende und gleichzeitig sichere Individualisierung der „beteiligten Personen" gewährleisten konnten[33].

### 2.Berechnung der Wahrscheinlichkeit

Bereits im Jahr 1992 hat der BGH in einem Urteil darauf hingewiesen, dass dem Ergebnis einer DNA-Analyse lediglich eine statistische Aussagekraft im Hinblick auf die Täterschaft eines Angeklagten zukommt[34]. Ein positives Ergebnis eines DNA-Vergleichs macht eine Würdigung der übrigen Beweismittel seitens des Gerichts nicht entbehrlich[35]. Trotz dieser Vorgabe kann nicht in Abrede gestellt werden, dass dem Ergebnis eines DNA-Gutachtens in der Praxis ein ganz erheblicher Beweiswert zukommt. Obwohl jedermann bekannt ist, dass dem Ergebnis eines DNA-Gutachtens stets nur relative und keine absoluten Feststellungen zur Übereinstimmung von Spuren entnommen werden können, ist es doch gerade diese statistische Aussagekraft des Gutachtens, die ihm den beschriebenen Beweiswert vermittelt.
Grundlage jeder statistischen Berechnung ist zunächst das Wissen über die Frage, mit welcher Häufigkeit sich bestimmte DNA-Konstellationen innerhalb einer Population verteilen. Aufgrund vergleichender populationsgenetischer Untersuchungen musste folglich für jedes DNA-Merkmal die Häufigkeit seines Vorkommens erforscht werden.
In Abhängigkeit von der jeweiligen gutachterlichen Fragestellung werden mehrere Analysesysteme zur Ermittlung der Häufigkeit bestimmter DNA-Konstellationen angewandt. Diese Verfahrensweise wird als Multiplexmethode bezeichnet. Die Vorteile dieser Methode können mit folgendem Beispiel verdeutlicht werden: Unterstellt die Häufigkeit einer zu analysierenden Spur bzw. bestimmter DNA-Konstellationen errechnet sich in drei PCR-Verfahren in einer Größenordnung von jeweils 10 % und in zwei weiteren PCR-Verfahren in einer Größenordnung von jeweils 1 %, so folgt daraus eine kombinierte Häufigkeit von 0,0000001 (0,1 x 0,1 x 0,1 x 0,01 x 0,01). Anders gewendet: Die analysierte Spur kommt einmal unter zehn Millionen Individuen der untersuchten Population vor[36]. Dieses Beispiel macht anschaulich deutlich, dass erst die Kombination der Analysesysteme zu entsprechenden Resultaten führt, die dem DNA-Gutachten den oben beschriebenen Beweiswert vermitteln. Das Beispiel macht aber auch deutlich, dass die Durchführung der DNA-Analyse mit nur einem System – bei einer unterstellten Häufigkeit der DNA-Konstellation von 10 Prozent - nur eher dürftig zur individuellen Zuordnung des Spurenmaterials beisteuert.

---

[33] Vgl. Rittner/ Schnacker/ Schneider, MedR 1989, S. 12 (14 f.).
[34] BGH, NJW 1992, S. 2976.
[35] BGH, a.a.O.
[36] Vgl. Wiegand/ Kleiber/ Brinkmann, Kriminalistik 1996, S. 720 (721).

Die vergleichenden populationsgenetischen Untersuchungen haben allerdings auch gezeigt, dass erhebliche Differenzen in der Verteilung der DNA-Konstellationen zwischen den ethnischen Gruppen (z.B. Europäern, Asiaten, Schwarzafrikaner) auftreten können[37].Bestimmte DNA-Konstellationen könnten sich nahezu unverändert in diesen Gruppen von Generation zu Generation vererben. Aussagen zur Übereinstimmungswahrscheinlichkeit von Tatortspur und getesteter Person müssen daher zur jeweiligen ethnischen Gruppe in Bezug gesetzt werden. Mithin ist es für Aussagen zur Wahrscheinlichkeitsbestimmung auch von Einfluss, aus welcher ethnischen Gruppe die zu vergleichenden DNA-haltigen Spuren stammen.

**III. Die Analysemethode**

Die technische Ausführung der DNA-Analyse wird seit Mitte der neunziger Jahre mittels der Polymerasekettenreaktion betrieben. Über das PCR-Verfahren (engl.: polymerase chain reaction) wird eine bestimmte DNA-Sequenz in einem zyklischen Vervielfältigungsprozess gezielt millionenfach kopiert und anschließend entsprechend dargestellt[38]. Diesem Verfahren entspringen vollständig identische Nachbildungen der Ausgangs-DNA. Das PCR-Verfahren, das Anfang der neunziger Jahre von Mullis entwickelt wurde, ist letztlich nichts anderes als die „künstliche Nachahmung" der natürlichen DNA-Vermehrung, wie sie auch im Rahmen der Zellteilung im Organismus selbst stattfindet. Das Prinzip der Vervielfältigung von DNA-Sequenzen ermöglicht – als wesentlicher Vorteil dieser Methode – die Untersuchung auch geringer Mengen an Spurenmaterial auf die DNA.

Die auf diese Weise vervielfältigten DNA-Sequenzen, z.B. einer Tatortspur, werden sodann mittels eines bildgebenden Verfahrens (Bandenmuster) dargestellt und gegebenenfalls mit ebenfalls über die PCR-Methode vervielfältigten DNA-Sequenzen, z.B. eines Tatverdächtigen, verglichen. Auf diese Weise wird eine Zuordnung der Tatort-DNA zu einem bestimmten Individuum ermöglicht. Aufgrund des Umstandes, dass das PCR-Verfahren inzwischen computerunterstützt ablaufen kann, können die gewonnenen DNA-Identifizierungsmuster nicht mehr nur in der bekannten Bandenform, sondern auch digital, z.B. in einer Tabelle, umgesetzt werden.

---

[37] Brinkmann/ Wiegand, DNA-Technologie, S. 68.

[38] Brinkmann/ Wiegand, a.a.O., S. 33.

### *3. Abschnitt: Der DNA-Massentest: Ein geschichtlich-kriminalistischer Abriss*

Massenuntersuchungen potenziell Tatverdächtiger im Vorfeld des eigentlichen Strafverfahrens sind keine Erfindung des „DNA-Zeitalters". Bereits in der Einleitung wurde auf einen bei Amelung referierten Fall hingewiesen, bei dem man bereits vor über 20 Jahren daran dachte, zur Aufklärung dieser Straftat 750 Personen Fingerabdrücke abzunehmen. Während man damals allerdings noch von solchen Universalermittlungen absah, gerieten derartige Bedenken – nicht zuletzt wohl auch im Gefolge ausländischer Impulse und der kriminaltechnischen Entwicklung – mehr und mehr in den Hintergrund. Gerade die DNA-Analyse erscheint manchem als „Wunderwaffe[1]" im Kampf insbesondere gegen die sexuell motivierte Kriminalität. So war etwa in der Zeitschrift „Kriminalistik" im Zusammenhang mit einem Bericht über die Errichtung der DNA-Datenbanken in Großbritannien die Rede davon, der Polizei werde damit „ein brillantes und geschliffenes Ermittlungs- und Informationsbeschaffungsinstrument an die Hand" gegeben[2]. Angesichts derartiger Verheißungen gerieten auch in Deutschland alsbald sämtliche Vorbehalte in den Hintergrund, und zwar sowohl, was die DNA-Analyse als solche angeht, als auch, was die dieser nicht selten vorgelagerten Reihenuntersuchungen betrifft. Es liegt insofern die Vermutung nahe, dass die Möglichkeit der DNA-Analyse im Strafverfahren nahezu zwingend die Einführung der Reihenuntersuchung nach sich zieht, bietet diese Ermittlungsmethode doch ein probates Instrumentarium, auch aus einer sehr großen Zahl potenziell Tatverdächtigter einen Täter herauszufiltern.

Indes: Dass die DNA-Analyse durchaus Schwächen aufweist, und dass auch mit ihrer Hilfe ein Täter nicht stets sicher überführt oder entlastet werden kann, ist eine mittlerweile durchaus gesicherte Erkenntnis[3]. Insofern besteht durchaus Anlass dazu, die geradezu überschwänglich gefeierte DNA-Analytik einer kritischen Betrachtung zu unterziehen. Bestehen aber bereits gegen die Analysemethode bzw. ihre Aussagekraft im Strafprozess gewichtige Einwände, so muss dies erst recht für die durch sie provozierten Reihenuntersuchungen gelten. In dem nun folgenden Abschnitt soll insofern ein Überblick über die Praxis der Durchführung des DNA-Reihentests gegeben werden. Zu diesem Zweck sollen zunächst einige besonders spektakuläre Fälle dargestellt werden, in denen die Strafverfolgungsbehörden auf diese Ermittlungsmethode zurückgegriffen haben (A.). Sodann wird zu untersuchen sein, in welcher Form die gewonnenen Er-

---

[1] Wagner, Das „genetische Fingerabdruckverfahren", S. 1.

[2] Newnham, Kriminalistik 1996, S. 646 (646).

[3] Für einen ersten Eindruck vgl. nur BGHSt 38, S. 320; Satzger, JZ 2001, S. 639 (641 f.). Besonders eindrucksvoll ist der z.B. bei Burr, DNA-Profil, S. 67 ff. geschilderte US-amerikanische Fall „People versus Castro".

gebnisse vor Gericht *tatsächlich* verwertet werden können (B.), mithin, wie es um ihren Beweiswert im Strafverfahren steht. Dabei soll die Frage, ob die entsprechenden Untersuchungen *rechtlich* überhaupt zulässig sind, an dieser Stelle vorläufig noch offen bleiben.

### *A. Die Geschichte des DNA-Massentests – dargestellt anhand der bekanntesten Anwendungsfälle*

Der wohl erste dokumentierte *Massentest* fand allerdings nicht in Deutschland, sondern in Großbritannien statt, und zwar bereits im Jahre 1948:
Ein vierjähriges Mädchen war aus einem Krankenhaus in Blackburn entführt und sodann vergewaltigt und ermordet worden. Im Zuge des eingeleiteten Ermittlungsverfahrens gelang es der Polizei, Finger- und Daumenabdrücke sowie den Abdruck einer Handfläche sicherzustellen[4]. Nachdem diese jedoch ergebnislos mit den in Großbritannien vorhandenen Fingerabdrucksammlungen verglichen worden waren, verfiel man dem Gedanken, von allen männlichen Bewohnern der Stadt Fingerabdrücke zu nehmen und diese mit den vorgefundenen Spuren zu vergleichen. Um etwaigen Widerständen – ausgelöst durch eine Kollektivverdächtigung der Bewohner durch die Polizei – von vornherein vorzubeugen, ging der Aufruf zur Teilnahme an diesem Test ganz bewusst nicht von der Polizei selbst, sondern von dem Bürgermeister der Gemeinde aus. Dieser versicherte insbesondere, dass die genommenen Abdrücke nicht in die polizeilichen Karteien aufgenommen, sondern ausschließlich für einen Abgleich mit den Spuren des Täters verwendet würden. Bei diesem ersten Reihentest gelang es schließlich, mithilfe des freiwillig abgegebenen Fingerabdrucks den Täter zu überführen[5].
Die eingangs geäußerte Vermutung, dass die Zulassung des DNA-Tests als solchem offenbar beinahe zwangsläufig auch die Massenuntersuchung nach sich zieht, wird bestärkt, wenn man sich den überhaupt ersten – dokumentierten – Anwendungsfall einer *DNA-Untersuchung* in einem Strafverfahren vor Augen hält. Dieser wurde Mitte der 1980er Jahre im „Mutterland" der DNA-Analyse, mithin wiederum in Großbritannien[6], durchgeführt: In dem Ort Leicestershire waren in den Jahren 1983 und 1986 zwei Mädchen vergewaltigt und getötet worden. Die Polizei folgerte aus den Umständen der jeweiligen Tatbegehung, dass derselbe Täter beide Verbrechen begangen haben müsste. Diese Vermutung wurde dadurch bestätigt, dass die an beiden Opfern genommenen Sperma-Proben nach Durchführung der DNA-Analyse denselben Code aufwiesen. Des

---

[4] Wenig erstaunlich ist insoweit, dass der Massentest später ausgerechnet bei der DNA-Analyse wieder auftauchte, gilt diese doch als wichtigste Fortschreibung bzw. Neu-Entdeckung der Kriminaltechnik seit Einführung der Daktyloskopie.

[5] Der Fall ist z.B. geschildert bei Rademacher, Zulässigkeit, S. 1 f.

[6] Zur Vorreiterrolle Großbritanniens im Rahmen des Einsatzes der DNA-Analyse im Strafverfahren vgl. etwa Newnham (Fn. 2).

Weiteren ging sie von der Prämisse aus, der Täter stamme aus der Gegend, in der die Taten tatsächlich begangen worden waren. Bereits einen Monat nach der zweiten Tat nahm die Polizei einen jungen Mann als Tatverdächtigen fest, der den zweiten Mord als seine Tat tatsächlich gestand, die Verantwortung für die erste Tat jedoch hartnäckig bestritt.
Dies konnte jedoch mit dem DNA-Analyseergebnis, das an den beiden Mordopfern genommen worden war, nicht in Übereinstimmung gebracht werden: Entweder der Beschuldigte hatte keine der beiden Taten begangen, oder er war eben doch für beide verantwortlich. Nachdem die Polizei schließlich eine Blutprobe des Beschuldigten genommen hatte, gelangte man zu dem Ergebnis, er komme als Täter nicht in Betracht, weil seine DNA mit derjenigen des Spurenlegers nicht in Übereinstimmung gebracht werden konnte. Später ließ er sich dahin ein, das Geständnis bzgl. der zweiten Tat habe er nur aufgrund intensiven Drucks und Einschüchterung durch die ermittelnden Polizeibeamten abgegeben.
Für die Polizeibehörde erwies sich die Anwendung der DNA-Analyse also zunächst als Pyrrhus-Sieg: Zwar war die Methode ganz offensichtlich dazu angetan, potenziell Tatverdächtige zu *entlasten*, sie half aber nicht, den tatsächlich Schuldigen ausfindig zu machen, mithin jemanden zu *belasten*. So ist es wenig überraschend, dass man sich – insbesondere angesichts des von der Öffentlichkeit ausgeübten Drucks, die Taten nunmehr endlich aufzuklären – für eine neuartige Anwendung dieser Ermittlungsmethode entschied. Man besann sich auf die weitere Ermittlungsprämisse, dass der Täter offenbar aus der Gegend von Leicestershire stammen müsse und forderte sodann alle Männer zwischen 13 und 30 Jahren[7] auf, die in dieser Gegend wohnten, sich Blut abnehmen und die DNA bestimmen zu lassen: Der DNA-Massentest war aus der Taufe gehoben.
5511 Männer wurden von der Polizei angeschrieben; von ihnen fanden sich 97 Prozent dazu bereit, eine entsprechende Probe abzugeben und analysieren zu lassen. Schließlich haben aber alle in Betracht kommenden Männer eine entsprechende Probe abgegeben, mit Ausnahme zweier Personen, die aber auch nach Erkenntnissen der Polizei als Täter ausgeschlossen werden konnten. Es gelang, die meisten Männer bereits mithilfe der herkömmlichen Blutgruppen-Untersuchungen als Täter sicher auszuscheiden. Schließlich wurde von 496 Blutproben eine DNA-Analyse genommen. Es stellte sich jedoch heraus: Kein Abdruck stimmte mit dem aus dem Sperma des Spurenlegers gewonnenen Identifizierungsmuster überein.
Später konnte die Polizei aber ermitteln, dass ein gewisser Colin Pitchfork einen Arbeitskollegen gegen Zahlung von £ 200 dazu veranlasst hatte, an seiner Statt und unter Zuhilfenahme eines gefälschten Ausweises eine Blutprobe ab-

---

[7] Ältere Männer konnten aufgrund einer Analyse des bei den Opfern gefundenen Spermas als Täter ausgeschlossen werden: Dies wies nämlich so viele Spermaköpfe auf, wie sie nur bei jüngeren Männern zu finden sind; mit zunehmendem Alter nimmt die Zahl der DNA-haltigen Spermaköpfe ab, vgl. Klumpe, Der genetische Fingerabdruck, S. 49 mit Fn. 113.

zugeben. Pitchfork wurde festgenommen und willigte schließlich darin ein, ihm eine Blutprobe abzunehmen; sein genetischer Fingerabdruck war mit demjenigen des Spurenlegers identisch, dessen Sperma bei den beiden Tatopfern vorgefunden und analysiert worden war. Daraufhin räumte Pitchfork die Taten ein und wurde im Januar 1988 zu zweimal lebenslänglicher Haft und zweimal zehn Jahren Haft für die beiden Vergewaltigungen verurteilt[8].

Angesichts dieses Ermittlungserfolges konnte es nur noch eine Frage der Zeit sein, wann ähnliche Untersuchungen auch in Deutschland zum Zuge kommen sollten.

Im Jahre 1989 war es schließlich soweit: Im Dezember 1987 wurde die unbekleidete Leiche einer 22jährigen Verkäuferin in deren Schlafzimmer in Telgte bei Münster aufgefunden. Die vor Ort tätigen Polizisten stellten fest, dass aus der Scheide des Opfers eine sekretähnliche Substanz auf das Bettlaken floss, die aus einem Gemisch von Vaginalsekret und Sperma bestand. Letzteres wurde einer DNA-Analyse unterzogen, mit deren Hilfe bereits zwei der Tat zunächst beschuldigte junge Männer als Tatverdächtige ausgeschieden werden konnten.

Ende März 1989 wurde die Leiche einer 19jährigen Schülerin in Telgte gefunden, die einen Monat zuvor als vermisst gemeldet worden war. Allem Anschein nach war sie ebenfalls vergewaltigt worden, die todesursächlichen Verletzungen entsprachen demjenigen Muster, das man bereits bei dem ersten Telgter Mordfall vorgefunden hatte.

Nachdem die Polizei mit ihren klassischen Ermittlungsmethoden zunächst nicht vorangekommen war, sie aber von verbesserten DNA-Analysemethoden erfahren hatte, ermittelte sie nach den üblichen kriminalistischen Kriterien 92 Männer, die die Tat womöglich begangen haben konnten. Von diesen willigten 89 in die Entnahme und DNA-mäßige Untersuchung einer Blutprobe ein, für die übrigen drei Männer konnten – wie es in dem Bericht der in diesem Fall ermittelten Polizisten heißt – „relativ problemlos" Beschlüsse nach § 81a StPO erwirkt und vollstreckt werden. Mitte Juni 1989 wurde aufgrund der DNA-Analyse als Spurenleger im ersten Fall der 23jährige Soldat André F. aus Telgte identifiziert. Nach längeren Vernehmungen gestand er schließlich beide Taten. Dabei berichten die Ermittlungsbeamten noch Folgendes: Zwar habe André F., als er zur „freiwilligen" Blutentnahme erschienen sei, wohl befürchtet, dass er mithilfe der DNA-Analyse als Täter überführt werden könnte. Eine Alternative habe er jedoch nicht gesehen, zumal auch seine drei Brüder freiwillig an der Blutprobe teilgenommen hätten. Er habe jedoch an dem Abend vor der Blutentnahme extrem viel Alkohol in der Hoffnung getrunken, dadurch das Untersuchungsergebnis noch verfälschen zu können. Obwohl er sein Geständnis später widerrief, wurde André F. im Januar 1990 von dem LG Münster wegen Mordes und Totschlags zu einer lebenslangen Freiheitsstrafe verurteilt; dabei stützte die Straf-

[8] S. die Darstellung bei Klumpe a.a.O., S. 49 f. Der Fall ist ebenfalls erwähnt bei Rademacher (Fn. 5), S. 2.

kammer ihren Schuldspruch nicht zuletzt auch auf das Ergebnis der DNA-Analyse[9].

Mit diesem Ermittlungserfolg war der Damm offenbar gebrochen. Ein weiterer DNA-Massentest fand Ende 1993 im Landkreis Darmstadt-Dieburg statt. Dabei ging es um den Sexualmord an einem zweieinhalbjährigen Mädchen unweit einer US-amerikanischen Kaserne. Dieses war nachts aus seinem Schlafzimmer entführt und sodann sexuell missbraucht und getötet worden; in den Morgenstunden des Folgetages fand man seine unbekleidete Leiche in der Nähe einer Eisenbahnstrecke. Zwar gelang es nicht, serologisch verwertbare Spermaspuren im Genitalbereich des Kindes ausfindig zu machen: dagegen konnten solche auf seiner – später entdeckten – Bekleidung ausgemacht und sodann auch analysiert werden. Anhand dieser Spuren gelang es, ein DNA-Profil zu erstellen, wie es biostatistisch bei weniger als einer unter 500.000 Personen festzustellen ist.

Nachdem die Ermittlungen in der Folgezeit ergebnislos verliefen, besann man sich einmal mehr des DNA-Massentests als Untersuchungsmethode der Wahl. Im Umfeld der US-Kaserne wurden 1899 Vergleichsblutproben genommen und ausgewertet. Zum damaligen Zeitpunkt handelte es sich um die weltweit umfangreichste DNA-Vergleichsuntersuchung. Mit ihrer Hilfe gelang es schlussendlich, einen 22jährigen US-Soldaten als Verursacher der Spur ausfindig zu machen, der die Tat auch gestand[10].

Der Aufsehen erregendste Fall bislang war allerdings der Mord an der elfjährigen Christina Nytsch. Im Zuge des Ermittlungsverfahrens wurden im Raum Cloppenburg in Niedersachsen 18.000 Männer zur Abgabe einer Speichelprobe zwecks Durchführung einer DNA-Analyse aufgefordert – unter den 15.000 Männern, die der Aufforderung vermeintlich freiwillig nachkamen, war auch der Täter Ronny Rieken. Offenbar in Unkenntnis der Fangfestigkeit des DNA-Datei-Netzes war er davon ausgegangen, seine Chancen auf Nicht-Entdeckung stünden besser, wenn er in seinem sozialen Umfeld nicht begründen müsse, warum er den Gang zur Abgabe der Speichelprobe gescheut habe[11].

Mittlerweile gehört der DNA-Reihentest ganz offensichtlich zum Standardrepertoire polizeilicher Ermittlungsarbeit in schwierigen Fällen. So berichtet Satzger u.a. von einem Reihentest im niedersächsischen Wunstorf an 4.000 Männern wo zur Aufklärung einer Vergewaltigung dreier Schülerinnen entsprechende Proben entnommen wurden[12]. Die Untersuchung von 200 Bewohnern eines kleinen Ortes in Oberschwaben mit dem Ziel der Ermittlung des Täters

---

[9] Der Fall wird von dem ermittelnden Beamten (Heitborn/ Steinbild) ausführlich dargestellt in Kriminalistik 1990, S. 185; eine bündige Zusammenfassung findet sich auch bei Oberwetter, Die DNA-Analyse, S. 9 f. und Rademacher (Fn. 5), S. 3.

[10] Vgl. Schneider, Kriminalistik 1995, S. 725 ff.

[11] Der Fall ist knapp zusammengefasst bei Hamm, NJW 1998, S. 2407 (2408) und Satzger (Fn. 3), S. 640.

[12] Satzger a.a.O.

eines Raubmordes an einer Hausfrau mutet angesichts der mittlerweile logistisch offenbar weitgehend problemlos zu bewältigen Massentests beinahe schon bescheiden an. Auch der Einwand, dass nur typische „Männerkriminalität", mit anderen Worten Sexualstraftaten wie Vergewaltigung, sexuelle Nötigung und Tötungsdelikte mit entsprechendem Bezug, der Aufklärung mittels DNA-Massentests zugänglich ist[13], und dass der männliche Teil der Straftäter so ganz besonders in die Defensive gerät, kann bereits als widerlegt angesehen werden. Denn im Dezember 2000 wurden zur Aufklärung eines Tötungsdeliktes an einem Säugling im ostwestfälischen Rahden 1000 junge Frauen im gebährfähigen Alter zu einer *freiwilligen* Massenuntersuchung gebeten; 700 leisteten diesem Aufruf bereits in der ersten Woche Folge[14].

Die Karriere des DNA-Massentests scheint nach alldem unaufhaltsam. Angesichts der mit dieser Untersuchungsmethode zu erzielenden spektakulären Aufklärungserfolge geraten kritische Stimmen von vornherein in die Defensive. Zweifel daran, dass es sich dabei tatsächlich noch um *freiwillige* Untersuchungen im eigentlichen Sinne handelt, wurden bereits frühzeitig von namhaften Stimmen geäußert[15] und werden nicht zuletzt durch die zuvor geschilderten Beispiele zum Teil bedrückend eindeutig belegt. Nur: Diesem Gesichtspunkt wird in der öffentlichen Diskussion bisher kaum merkbar Aufmerksamkeit geschenkt[16], auch die Strafrechtspraxis kennt keine Bedenken. Das bisher vorhandene Instrumentarium strafprozessualer Ermächtigungsgrundlagen wird ohne Problematisierung als tragfähig erachtet – insofern bleibt zunächst nur der Hinweis auf die Duplizität der Ereignisse: Obwohl auch gegen die Zulassung der DNA-Analyse auf Grundlage des § 81a StPO von Beginn an in der Literatur gewichtige Einwände erhoben worden sind (dazu unten im 4. Abschnitt), und obwohl auch der Gesetzgeber sich schließlich zum Handeln veranlasst sah und die §§ 81e ff. als – insofern spezielle – Ermächtigungsgrundlage in die StPO einfügte, ließen die deutschen Strafgerichte einen Rückgriff auf den bestehenden § 81a StPO als Ermächtigungsgrundlage zunächst ohne weiteres zu.

Ganz offenbar war die verführerische Wirkung einer neuen und vermeintlich fehlerfreien Ermittlungsmethode so groß, dass man sich ohne längeres Zögern dazu bereit fand, auch rechtsstaatlich fundamentale Grundsätze hintanzustellen

---

[13] Was etwa in der Forderung von Teilen der Union endete, sämtliche männliche Einwohner Deutschlands in einer DNA-Datei zu registrieren.

[14] Alle Beispiele nach Satzger a.a.O.

[15] Eindrucksvoll etwa Hamm (Fn. 10).

[16] Anders noch in der Anfangsphase der DNA-Massenuntersuchungen (1989), als die Fraktion DIE GRÜNEN im Deutschen Bundestag den Antrag einbrachte, dieser möge die Bundesregierung auffordern, binnen der folgenden drei Monate einen Entwurf zur Änderung der StPO vorzulegen, mithilfe dessen die Genomanalysen im Strafverfahren gänzlich untersagt werden soll. Tragend war in diesem Kontext insbesondere die Besorgnis, dass gerade die Massenuntersuchungen tatsächlich keineswegs aufgrund einer *freiwillig* i.e.S. abgegebenen Einwilligung erfolgten, dazu: BT-Drs. 11/ 6092, insb. S. 8.

und einer entsprechenden Diskussion durch Verschweigen der Einwände bereits im Vorfeld das Wasser abzugraben.
Etwas ganz Ähnliches vollzieht sich nun im Zusammenhang mit den DNA-Reihentests: Eine so erfolgreiche Ermittlungsmethode mit derart spektakulären Fahndungserfolgen kann schon allein wegen dieser Erfolge nicht unzulässig sein. Eine Diskussion findet allenfalls in der Wissenschaft statt, und dort auch nur ganz am Rande[17]. Ein weiteres Mal bestätigte sich eine Erkenntnis, die Wolfgang Naucke bereits im Rahmen der Analyse der Strafrechtsentwicklung und der „Verpolizeilichung" des Strafrechts im frühen 19. Jahrhundert gewonnen hatte: „Der Rechtsstaat wird [...] ein Bedürfnis wie andere Bedürfnisse. Da das Bedürfnis nach Rechtsstaat nicht häufig und nicht stark ist, weniger häufig und weniger stark jedenfalls als das Bedürfnis nach Sicherheit, Ordnung und Wohlfahrt, vermehrt sich das polizeiliche Recht immer mehr und nimmt schließlich überhand[18]."
In einer ganz ähnlichen Situation befinden wir uns offenbar in der Gegenwart[19]: Das bereits in der Einleitung benannte Bedürfnis nach Sicherheit verdrängt mehr und mehr dasjenige nach Freiheit und Rechtsstaatlichkeit. Alles, was Sicherheit oder auch nur ein Gefühl von Sicherheit verstärkt, wird von der Mehrheit begeistert angenommen, ohne dass überhaupt noch die dem Rechtsstaat eigentlich wesenseigene Frage nach der Legitimation staatlichen Handelns gestellt wird. Die Legitimation bildet ein Gefühl, nämlich das Gefühl, dass „etwas" – nämlich die DNA-Massenuntersuchung – die Sicherheit erhöht, und dass dieses Gefühl richtig ist, wird wiederum durch die vermeintlich unabweisbaren Aufklärungserfolge dieser Ermittlungsmethode bewiesen.
Auch insofern haben wir es indes nicht mit einem völlig neuen Phänomen zu tun, auch hier bestätigen sich im Grunde nur die Tendenzen, die für die Strafrechtsentwicklung im umfassendsten Sinne[20] schon seit Jahren und Jahrzehnten

---

[17] Vgl. die nur sehr vorsichtige und knappe Kritik etwa bei Beulke, Strafprozessrecht, Rn 242; Rogall, in: SK-StPO, § 81c, Rn. 15; Roxin, Strafverfahrensrecht, § 33, Rn. 25a. Ausführlicher neuerdings jedoch Satzger a.a.O.

[18] Naucke, in: ders., Über die Zerbrechlichkeit des rechtsstaatlichen Strafrechts, S. 379 (389).

[19] Zum Vordringen des Polizeigedankens in das Strafrecht in der heutigen Gesetzgebung und zur Verwischung der Trennlinie zwischen (präventivem) Polizeirecht i.e.S. und (repressivem) Strafrecht etwa durch die Aufnahme der sog. vorbeugenden Verbrechensbekämpfung in die Polizeigesetzes (vgl. § 1 Abs. 1 Satz 2 NW PolG) s. noch ausführlich unten den 7. Abschnitt.

[20] Strafrecht wird hier verstanden in einem ganz umfassenden Sinne und zwar unter Einbeziehung des Verfahrens- wie des Sanktionsrechts. Denn nur aus dieser Gesamtschau lässt sich ermitteln, welche (kriminal-)politischen Aufgaben das Strafrecht i.w.S. in der modernen Gesellschaft einnehmen kann und einnehmen darf. Vgl. dazu zusammenfassend: Harzer, Die tatbestandsmäßige Situation, S. 245 ff., weiterführend: Hassemer, Einführung; Naucke, Strafrecht, § 7, Rn. 80 ff.; ders., Jura 1979, S. 426 ff.

prägend geworden sind. Dies hat Regina Harzer etwa für den § 323c StGB eindrucksvoll dargelegt[21]:
Betrachtet man nämlich die historische Entwicklung des Straftatbestandes der unterlassenen Hilfeleistung, dann lassen sich – so Harzer – im Wesentlichen zwei nebeneinander stehende und miteinander konkurrierende Grundhaltungen ausmachen[22]:
Ausgehend von der ersteren lässt sich eine *strafrechtlich* sanktionierte allgemeine Hilfspflicht entweder gar nicht oder jedenfalls kaum legitimieren – es ist dies der Standpunkt des klassischen Liberalismus[23]. Denn diese Haltung begründet das Strafrecht vom Einzelnen aus und weist dem Recht ausschließlich die Aufgabe zu, die Freiheitssphären der Bürger nach bestimmten Regeln voneinander abzugrenzen. Echte Unterlassungsdelikte stellen sich dann stets nur als *ethische* Verstöße, nicht aber als Verletzungen eines *rechtlichen* Sollens dar. Strafrecht i.w.S. hat allein den Zweck, den einen Bürger von Übergriffen in die Freiheitssphäre des anderen abzuhalten.
Oder aber man folgt der Gegenauffassung, bei deren Zugrundelegung sich die Richtigkeit einer Bestimmung wie der des § 323c StGB gleichsam von selbst ergibt[24], mit der Folge, dass sich insofern die eigentliche Frage nach der Legitimation staatlichen Strafens gar nicht mehr stellt. Sie rückt die Aufrechterhaltung der bestehenden Ordnung, die Vermittlung von *Sicherheit* in den Mittelpunkt. Diesem Zweck ist auch das Strafrecht verpflichtet, es dient einem allgemeinen Bedürfnis nach Sicherheit und Ordnung: Ausgehend von der Erkenntnis, dass der Einzelne unselbstständig ist, d.h. zur Sicherung seines Daseins der Unterstützung anderer bedarf, wird das Strafrecht ein Mittel der Absicherung dieser Unterstützung, zum Garanten der gesicherten Existenz des Einzelnen. Die Solidarpflicht der Bürger verlässt also den Bereich des bloß Ethischen und wird – zwangsläufig – zu einer Rechtspflicht.
Gerade dieses Phänomen ist charakteristisch für die bisherige Praxis der DNA-Massenuntersuchungen. Auch diese „Ermittlungsmethode" erscheint kaum mehr begründungsbedürftig, sondern wird tatsächlich praktiziert, ohne dass insofern nach der Legitimationsfähigkeit gefragt wird. Es geht bei diesen Untersuchungen auch keineswegs mehr um die Funktion, der der Strafprozess i.w.S. im liberalen Strafrecht dient, nämlich der Feststellung der individuellen Schuld[25] im Rahmen eines öffentlichen und transparenten Strafverfahrens[26]. Aus der Perspektive des Einzelnen lassen sich (DNA-)Massenuntersuchungen

---

[21] Harzer a.a.O., insb. S. 33 ff. und 221 ff.
[22] Die keineswegs bloß historisch bedeutsame Positionen darstellen, sondern bis in die heutige Zeit ständig miteinander in Konkurrenz stehen, vgl. Harzer a.a.O., S. 66.
[23] Harzer a.a.O., S. 39 ff.
[24] Harzer a.a.O., S. 48 ff.
[25] Im Sinne eines Übergriffs in Rechtsgüter eines anderen.
[26] Hierzu etwa Naucke, KritV 1990, S. 244 (248 f.).

schon ganz offensichtlich deshalb nicht rechtfertigen, weil bei einem Massentest mit z.B. 5000 Teilnehmern, von denen letztlich nur einer die Tat wirklich begangen hat[27], von vornherein 4999 völlig zu Unrecht in einen Generalverdacht geraten und der tatsächliche – eine (1) – Spurenleger letztlich nur durch den Druck der öffentlichen Diskussion dazu genötigt wird, sich selbst zu überführen. Insofern lässt sich der Massentest nur überindividualistisch erklären, und allein eine solche Erklärung wird in der Tat geliefert: Die Untersuchung des Einzelnen erfolgt nicht mehr mit dem Zweck, *gerade ihn* einer bestimmten Tat zu überführen und *gerade ihn* dafür zur Rechenschaft zu ziehen. Er steht nur noch im Dienst der Ermittlungsarbeit der Polizei und soll helfen, einen Verdächtigen i.e.S. überhaupt erst auszumachen; jeder Teilnehmer soll helfen, den Täter leichter oder schneller überführen zu können. Daher steht der Massentest von vornherein nicht mehr mit etwaigen Übergriffen der *Getesteten* in Rechtsgüter ihrer Mitbürger in Zusammenhang, vielmehr dient er allein der Erhöhung oder schlicht der Wiederherstellung von *Sicherheit*. Mindestens aber dem Gefühl von Sicherheit, denn: Es geschieht schließlich etwas. Etwas ethisch vermeintlich Sinnvolles erstarkt – jedenfalls de facto, über den für den Einzelnen nicht mehr zu ertragenden gesellschaftlichen Druck – zu einer Verpflichtung, die zwar so im Gesetz nirgends geregelt ist, der er sich gleichwohl aber nicht entziehen kann. Man könnte insofern von einer *Rechtspflicht im materiellen Sinne* sprechen. Dass dies – gleichsam offensichtlich – mit den Anforderungen eines rechtsstaatlichen Strafverfahrens[28] nichts mehr gemein hat, sei vorläufig nur am Rande erwähnt.

### *B. Die Verwertung der DNA-Massenanalyse im Strafprozess*

Seit dem Aufkommen der DNA-Analyse als Ermittlungsmethode steht die Frage im Raum, wie deren Ergebnisse insbesondere in der Hauptverhandlung verwertet werden können, und inwieweit auf die solchermaßen gewonnenen Erkenntnisse ein Schuldspruch gestützt werden kann. Weil dies naturgemäß gerade auch ein bedeutender Gesichtspunkt bei der Frage nach der Zulässigkeit der *DNA-Reihenuntersuchung* darstellt, soll im Folgenden ganz allgemein dargelegt werden, welche Bedeutung die Resultate der DNA-Analyse im Strafprozess haben und welche Schwierigkeiten damit im Einzelnen etwa hinsichtlich des Beweiswertes verknüpft sein können.

Dabei soll zunächst die Entwicklung der Rechtsprechung des BGH zum Beweiswert der DNA-Analyse dargestellt werden (dazu I.). Dies ist schon deshalb besonders aufschlussreich, weil sich insofern erweisen wird, welche Folgen es nach sich ziehen kann, wenn die Instanzgerichte den Verlockungen eines zunächst wissenschaftlich unangreifbar scheinendenden Täteridentifizierungsver-

---

[27] Was schließlich im Voraus keineswegs sicher feststeht.

[28] Vgl. Naucke a.a.O.: „Das Ermittlungsverfahrens ist scharf geregelt. Der Beginn eines Ermittlungsverfahrens ist für den Beschuldigten deutlich dokumentiert."

fahrens verfallen, das gleichsam im Sinne eines naturwissenschaftlich-mathematisch fundierten Beweises mit Sicherheit den Täter zu liefern verspricht: Die freie richterliche Beweiswürdigung – eine der größten Errungenschaften des modernen Strafverfahrens – drohte insbesondere in der Frühphase des Einsatzes der DNA-Analyse im Strafverfahren in Gefahr zu geraten. Mit Recht weist Vogt darauf hin, einige Instanzgerichte seien dem Glauben erlegen, nun endlich eine wissenschaftliche Methode zur Feststellung der Täterschaft im Bereich der Sexual- und Gewaltdelikte zum Einsatz bringen zu können, die wegen ihres hohen Beweiswertes jede weitere Beweiswürdigung entfallen lassen könne[29]. Sodann sollen die zum Teil noch deutlich weiter reichenden Bedenken in der Literatur dargestellt (II.) und schließlich die Gesamtdiskussion einer kritischen Würdigung unterzogen werden (III.).

### *I. Die Rechtsprechung des Bundesgerichtshofs zum Beweiswert der DNA-Analyse im Strafverfahren*

Der BGH hat soweit ersichtlich erstmals in seinem Urteil vom 21. August 1990 zu der Bedeutung der DNA-Analyse bei der Überführung eines Spurenlegers Stellung genommen[30]. Insofern hat er zunächst ausgesprochen, dass er keine Bedenken dagegen habe, die Ergebnisse einer derartigen Untersuchung grds. zur Feststellung der Schuldfrage heranzuziehen[31]. Denn auch wenn Einwände gegen die wissenschaftliche Absicherung dieses Verfahrens laut geworden seien, sei bislang jedenfalls nicht geltend gemacht worden, dass es gänzlich untauglich sei. In Zweifel gezogen werde lediglich, ob den insofern gewonnenen Ergebnissen ein unumstößlicher Beweiswert beigemessen werden könne; insbesondere werde auch auf Fehlerquellen hingewiesen.

Derartigen Bedenken habe das Landgericht in ausreichender Weise Rechnung getragen, weil es sich davon überzeugt habe, dass die angewendeten Analysemethoden den Sicherheitsanforderungen entsprochen hätten. Insofern werde das Urteil den Grenzen des Beweiswertes einer DNA-Analyse gerecht. Denn das Gericht habe die bei dieser Untersuchung gewonnenen Ergebnisse neben anderen Beweisanzeichen *nur ergänzend* zur Überführung des Angeklagten herangezogen. Zunächst habe nämlich berücksichtigt werden können und müssen, dass dieser gestanden habe, in der Tatnacht durchaus am Tatort gewesen zu sein und nur die Tat als solche leugne. Und *nur insoweit* habe das Gericht die Bekundungen des Sachverständigen zu der DNA-Analyse bei der Beweiswürdi-

[29] Vogt StV 1993, S. 175 (175).

[30] BGHSt 37, S. 157 ff.

[31] Was allerdings durchaus keine unproblematische Annahme darstellte, fehlte es im Zeitpunkt der Entscheidung doch noch an einer speziellen Ermächtigungsgrundlage in der StPO, die die DNA-mäßige Analyse einer bei dem Täter gewonnenen Blutprobe zugelassen hätte, vgl. dazu noch unten den 4. Abschnitt.

gung berücksichtigt – *neben* anderen Beweisanzeichen, die ebenfalls für die Täterschaft des Angeklagten sprachen[32].
Deutlich mehr Aufmerksamkeit als diese erste Entscheidung hat das Urteil desselben 5. Strafsenats vom 12. August 1992 erregt[33]. Dies mag damit zusammenhängen, dass der BGH hier Anlass hatte, ein Urteil des LG Hannover aufzuheben, das den Angeklagten wegen Vergewaltigung zu einer Freiheitsstrafe von fünf Jahren verurteilt hatte und dabei den eingangs bereits skizzierten Verlockungen des vermeintlich unfehlbaren DNA-Tests in besonders eklatanter Weise erlegen war. Es musste sich nicht nur eine weitgehend verfehlte Beweiswürdigung vorhalten lassen, sondern insbesondere – und dies wiegt noch schwerer – dass es bereits bei der Bewertung der DNA-Analyse von falschen Parametern ausgegangen war. Im Einzelnen:
Das Landgericht hatte seine Überzeugung von dem Geschlechtsverkehr des Angeklagten mit der Geschädigten *nur* mit dem Ergebnis einer DNA-Analyse begründet. Insofern wies der BGH zunächst – erneut – auf seine Auffassung hin, deren Beweiswert müsse stets einer kritischen Würdigung unterzogen werden; dieser Verpflichtung sei das LG nicht ausreichend gerecht geworden. Zunächst müsse beanstandet werden, dass Erörterungen zu der Frage völlig fehlten, auf welcher Datenbasis der Sachverständige seine Aussagen zur Häufigkeit des Auftretens der genetischen Merkmale des Angeklagten und des Spurenlegers in der Gesamtpopulation erhoben habe. Denn auch auf anderen Gebieten verlange der BGH, dass ihm die Grundlagen der von dem Sachverständigen gezogenen wissenschaftlichen Schlussfolgerungen mitgeteilt würden; dies gelte insbesondere dann, wenn die wissenschaftliche Entwicklung – gerade wie im Falle der DNA-Analytik – noch in vollem Fluss sei und noch keine abschließende, allgemein anerkannten Erkenntnisse wie etwa bei der Bestimmung der BAK vorlägen. Des Weiteren habe der Sachverständige eine Wahrscheinlichkeit der Identität des Spurenlegers mit dem Angeklagten von 99,986 % ermittelt. Das bedeute nichts anderes, als dass 0,014 % der Bevölkerung dieselbe DNA aufwiesen wie der Angeklagte und der Spurenleger; bei einer zugrunde gelegten Zahl von 250.000 männlichen Einwohnern Hannovers ergebe dies, dass immerhin 35 männliche Personen in Hannover diese Merkmale besäßen. Angesichts dessen müsse das Gericht bei der Beweiswürdigung beobachten, dass auch die 99,986-prozentige Täteridentität eben nur eine Aussage über die *abstrakte Belastungswahrscheinlichkeit* enthalte. Angesichts dessen sei es dem LG verwehrt gewesen, seine Überzeugung von der Täterschaft des Angeklagten ausschließlich auf das Ergebnis der DNA-Analyse zu stützen. Vielmehr wäre es allenfalls dazu berechtigt gewesen, den Angeklagten durch dieses Ergebnis als einen *stark belasteten Tatverdächtigen* anzusehen und hätte sodann weitere Indizien prüfen müssen, die ggf. zu einer Erhärtung des Tatverdachts gerade in Bezug

---

[32] BGH a.a.O., S. 159 f.; Hervorhebungen von mir M.W.
[33] BGHSt 38, S. 320.

auf den Angeklagten Anlass gegeben hätten. Demgegenüber habe sich das LG *ausschließlich* aufgrund der DNA-Analyse davon überzeugt, dass der Angeklagte mit der Geschädigten – entgegen seinen Angaben – Geschlechtsverkehr gehabt habe, und die weiteren Beweismittel und Indizien bloß bei seiner Überzeugungsbildung zum Tathergang im Einzelnen herangezogen. Damit aber habe es der Analyse einen zu hohen Beweiswert beigemessen.
Vor diesem Hintergrund musste der Senat das Urteil des Landgerichts aufheben, denn es war nicht auszuschließen, dass die Strafkammer etwa den Beweiswert der Aussagen der Geschädigten anders beurteilt hätte, wenn sie die Ergebnisse der DNA-Analyse nicht als für sich bindend, sondern allenfalls als ein bedeutsames Indiz herangezogen hätte[34].
Diese Entscheidung hat in der Literatur nicht nur – wie bereits angedeutet – relativ breite Aufmerksamkeit, sondern auch breite Zustimmung erfahren. So hebt Keller in seiner Besprechung des Urteils hervor, die praktischen Probleme der DNA-Analyse lägen ganz offenbar darin, dass die Tatsacheninstanzen dazu neigen würden, bei deren Einsatz die allgemeinen Regeln der Beweisführung zu vernachlässigen und geradezu kurzschlüssig auf den vermeintlich absoluten Beweiswert der DNA-Analyse zu vertrauen; zu Recht habe der BGH darauf hingewirkt, dass das Landgericht auch in solchen Fällen seiner Verpflichtung zu einer kritischen Beweiswürdigung nachkommen müsse[35]. Auch von Hippel stimmt den Ausführungen des BGH im Ergebnis zu, weist jedoch auf Folgendes hin: Man müsse sich stets vor Augen halten, dass – sofern man nicht tatsächlich eine 100 %-ige DNA-Identität zwischen dem Spurenleger und einem Angeklagten nachweisen könne - , der 99,9-Prozent-Wert eine wirklich sichere Aussage nur insofern enthalte, als dass all die 99,9 % der Gesamtpopulation, die diese Merkmale nicht aufwiesen, als Täter *ausscheiden* würden. Der Schluss auf die Täterschaft bedeute insofern immer nur einen Rückschluss, der, weil er mit statistischen Unsicherheiten und eben nicht mit 100 %-iger Sicherheit zu führen sei, immer nur ein Indiz biete. Insofern betont von Hippel im Weiteren, dass auch die vom BGH verfolgte Inbezugnahme der männlichen Gesamtbevölkerung Hannovers mit dem Ziel, eine bestimmte denkbare Täterzahl zu ermitteln, nicht zulässig sei, und dies schon allein deshalb, weil die Population einer Großstadt schon an nur einem Tage keineswegs konstant sei; insofern habe man es bei der verbliebenen Zahl theoretisch möglicher Täter von vornherein mit unbekannten Wahrscheinlichkeiten zu tun[36].
Mit Urteil vom 27. Juli 1994 schließlich hatte der BGH über die Revision der Staatsanwaltschaft gegen ein Urteil des Landgerichts Osnabrück zu entscheiden, das einen Angeklagten vom Vorwurf der Vergewaltigung freigesprochen

[34] BGH a.a.O.; Hervorhebungen von mir, M.W.
[35] Keller, JZ 1993, S. 103 (103).
[36] v. Hippel, JR 1993, S. 124 (124).

hatte[37]. Aufgrund eines Vergleichs der DNA des Spurenlegers, die bei dem Opfer gesichert worden war, und derjenigen des Angeklagten war der gerichtliche Sachverständige zu dem Ergebnis gelangt, dass die Wahrscheinlichkeit, eine andere nicht mit dem Angeklagten verwandte Person besitze dieselbe DNA wie dieser und der Spurenleger bei 0,000026% anzunehmen ist. Daraus ergab sich, dass unter einer Millionen Menschen der Weltbevölkerung sich 26 Personen befinden, die dieselbe DNA-Ausprägung besitzen wie der Angeklagte, und dass – unterstellt jede zweite Person der Bevölkerung sei ein für eine Vergewaltigung in Betracht kommender Mann – außer dem Angeklagten noch zwölf weitere Personen auf eine Million als Täter infrage kämen. Gleichwohl hatte das Gericht den Angeklagten freigesprochen. Dieses Urteil bestätigte der BGH mit der Bemerkung, es sei keineswegs zu beanstanden, sondern rechtlich geboten, dass die Strafkammer trotz der damit bestehenden hohen Wahrscheinlichkeit der Identität zwischen Täterspur und Vergleichsspur des Angeklagten weitere Beweiserwägungen angestellt habe. Denn weil die DNA-Analyse bloß eine statistische Wahrscheinlichkeit für die Identität zwischen Angeklagtem und Spurenleger enthalte, dürfe nicht jener allein der ausschlaggebende Beweiswert zuerkannt werden, die Würdigung aller Beweisumstände werde durch sie keineswegs überflüssig.
Ganz offenbar hatten also die vorangegangenen Entscheidungen des BGH zum Beweiswert der DNA-Analyse bei den Instanzgerichten doch Wirkung gezeigt; die Gefahr der Vernachlässigung einer angemessenen Beweiswürdigung durch das Tatgericht scheint jedenfalls vorläufig gebannt.

### *II. Der Meinungsstand in der Literatur*

Auch die meisten literarischen Stellungnahmen gehen zunächst ausführlich der Frage nach, welche Voraussetzungen das Gericht bei der Würdigung der Ergebnisse einer DNA-Analyse nach § 261 StPO zu erfüllen hat. Im Mittelpunkt der Kritik steht insofern ganz zu recht die – ursprüngliche – Entscheidungspraxis der Instanzgerichte, die nicht nur – wie der BGH – keine rechtliche Bedenken gegen die Erhebung und Analyse des DNA-Identifizierungsmusters hatten, sondern auch dessen Beweiswert und der Technik seiner Feststellung völlig unkritisch gegenübergetreten sind. Exemplarisch hingewiesen sei an dieser Stelle etwa auf die Feststellung des LG Berlin, bei der DNA-Analyse handele es sich um eine allgemein anerkannte Methode, die seit mehreren Jahren speziell in Amerika und England angewandt werde[38] oder auf die Begründung des LG Darmstadt, das die beweismäßige Überzeugungskraft der DNA-Analyse daraus herleiten zu können glaubte, dass diese in Theorie und Praxis anerkannt sei, und dass Tausende solcher Gutachten inzwischen erstellt worden seien; weltweit

[37] BGH StV 1994, S. 580 f.
[38] LG Berlin NJW 1989, S. 787 (788).

arbeiteten mittlerweile 400 Labors an dieser Methode[39]. Noch weiter ging das LG Heilbronn, das nicht einmal selbst den Sachverständigen hörte, der das infrage stehende DNA-Identifizierungsmuster erstellt hatte, sondern einen anderen Sachverständigen lud, dessen Darlegungen aufschrieb und mit der Feststellung endete: „Diesen überzeugenden Ausführungen schloss sich die Kammer nach eigener Überprüfung an[40]."

Es ist nun in der Literatur richtigerweise darauf hingewiesen worden, dass derart lapidare Feststellungen schon den elementarsten Anforderungen an die richterliche Beweiswürdigung nach § 261 StPO nicht genügen[41], dass sie zum Teil schlichtweg falsch waren[42] und insgesamt von einem – in der Sache kaum gerechtfertigten – Vertrauensvorschuss für die beteiligten Kriminaltechniker[43] geprägt waren. Angesichts der deutlichen und klärenden Worte, die der BGH insofern mittlerweile gefunden hat (oben I.), besteht allerdings Anlass zur Hoffnung, dass derartige Probleme nunmehr weitgehend bewältigt sind. Jedenfalls kann man in der einschlägigen Kommentarliteratur mittlerweile allenthalben lesen, dass die Genomanalyse als Beweismittel (nur) ein Indiz darstelle, und dass der Richter sich insofern bewusst sein müsse, dass diese Analyse bloß eine statistische Aussage enthalte, die jedoch die Notwendigkeit der Würdigung aller Beweisumstände nicht fortfallen lasse[44].

Weil im Übrigen die Abhandlungen zu dieser Problematik kaum mehr überschaubar sind[45], soll der Schwerpunkt der folgenden Darstellung nicht mehr auf die Problematik einer den Voraussetzungen des § 261 StPO genügenden Begründung der richterlichen Beweiswürdigung gelegt werden, sondern auf die weiteren von der Literatur herausgearbeiteten Schwachstellen der DNA-Analyse, die in der Rechtsprechung bis dato kaum Widerhall gefunden haben. Mit Recht wird nämlich darauf aufmerksam gemacht, dass eine entsprechende Auseinandersetzung – insbesondere auch des BGH – mit den ganz grundlegenden Bedenken gegenüber dem Einsatz der DNA-Analyse im Strafverfahren schlichtweg nicht stattgefunden hat; der BGH hat es insofern mit einem bloßen

---

[39] LG Darmstadt, NJW 1989, S. 2339.

[40] LG Heilbronn, NJW 1990, S. 784 (785).

[41] Zu diesen anschaulich Eisenberg, Beweisrecht, Rn. 88 ff.

[42] So weist etwa Burr, Das DNA-Profil, S. 172 darauf hin, dass zum damaligen Zeitpunkt (Ende der 1980er/ Anfang der 1990er Jahre) erhebliche Zweifel in den USA und Großbritannien an der Zuverlässigkeit der DNA-Analyse und der Brauchbarkeit ihrer Ergebnisse im Strafverfahren entstanden. Dazu auch Rademacher, Zulässigkeit, S. 18 ff. Vgl. auch die bei Hother, Die DNA-Analyse, S. 112 ff. geschilderten Fälle; zu diesen noch sogleich im Text.

[43] Dazu und zu den daraus resultierenden Schwierigkeiten für die Strafverteidigung anschaulich Klumpe, Der „genetische Fingerabdruck", S. 222.

[44] Vgl. nur Eisenberg, Beweisrecht, Rn. 1687b; Pfeiffer, StPO, § 81e, Rn. 1.

[45] Zum Problem s. z.B. Burr, Das DNA-Profil, S. 171 ff.; Hother, Die DNA-Analyse, S. 106 ff.; Klumpe, Der „genetische Fingerabdruck", S. 224 ff.; Kopf, Selbstbelastungsfreiheit, S. 135 ff.; Ritter, Genomanalyse, S. 139 ff.

Hinweis auf deren Existenz bewenden lassen[46], was selbstverständlich nicht genügen kann[47].
Das Kernproblem der Berücksichtigung der DNA-Analyse im Strafverfahren besteht darin, dass sie letztlich vollkommen überhastet und nicht selten ohne einen erkennbaren Ansatz an kritischer Würdigung als Beweismittel im Strafprozess anerkannt worden ist. Insbesondere Rademacher[48] gebührt das Verdienst, auf diesen Umstand besonders nachdrücklich aufmerksam gemacht zu haben:
So standen etwa noch zehn Jahre nach Einführung der Daktyloskopie im Strafverfahren die meisten Richter und Geschworenen dieser äußerst kritisch gegenüber. Ganz anders dagegen die heutige Reaktion auf das ja ungemein viel kompliziertere DNA-Analyseverfahren.
Nur wenige Jahre nach der „Entdeckung" der Möglichkeit einer DNA-Analyse durch den englischen Arzt Jeffreys im Jahre 1985[49] wurde das Verfahren von Polizei, Kriminaltechnikern und Justiz zur Überführung des Täters im Strafverfahren weitgehend unbedarft eingesetzt, ohne auf die zahllosen Fehlerquellen überhaupt einzugehen[50]. Insofern weist Rademacher völlig zu Recht auf die sehr bedenklich stimmende Äußerung zweier französischer Genetiker bzw. Molekularbiologen hin, nämlich dass die Justizapparate allem Anschein zufolge mehr an die Unfehlbarkeit des DNA-Fingerprinting-Verfahrens glauben als die Molekularbiologen selbst[51]. Auch wenn seit dieser Zeit etwa zehn Jahre vergangen sind und das Verfahren mittlerweile jedenfalls als ausgereifter gelten kann als zu dem damaligen Zeitpunkt, so bleiben bestimmte Fehlerquellen doch bestehen[52]. Und zwar unabhängig davon, ob und inwieweit das Analyseverfahren als solches immer weiter perfektioniert werden kann; wovon angesichts der rasenden Fortentwicklung der naturwissenschaftlichen Möglichkeiten und – damit einhergehend – der Naturwissenschaften eigentlich mit Sicherheit auszugehen ist.
So kam es bereits zur Feststellung unrichtiger DNA-Identifizierungsmuster etwa dadurch, dass die am Tatort vorgefundene Spur mit dem Blut des Verdächtigen vermischt wurde, oder zu Fehl-Interpretationen des DNA-Codes durch vermeintliche „Verunreinigungen". In den USA wurde des Weiteren ein Fall bekannt, in dem eine Frau als Mörderin eines Säuglings identifiziert wurde, der laut DNA-Analyse von ihr geboren sein sollte. Der Geburtstermin wurde auf

[46] S. oben I.
[47] So zutreffend Burr, a.a.O., S. 173.
[48] S. insbesondere Rademacher, ZRP 1990, S. 380 (382); dies., Zulässigkeit, S. 21 f. Ihr folgend: Burr, a.a.O., S. 172.
[49] Vgl. Wenzel, Kriminalistik 1998, S. 419 (419).
[50] Worauf Rademacher, StV 1989, S. 546 (548) frühzeitig hingewiesen hat.
[51] Rademacher, Zulässigkeit, S. 22.
[52] Überblick bei Kühne, Strafprozessrecht, Rn. 488.

den 04. Februar 1988 bestimmt. Später – nämlich im Oktober 1988 – brachte diese Frau dann tatsächlich ein Kind zur Welt; der Zeugungszeitpunkt wurde auf den 19. Januar 1988 festgestellt[53]. Erstaunlich ist, dass diese ja z.T. spektakulären Fehlentscheidungen aufgrund der DNA-Analyse in der Praxis praktisch überhaupt keine Resonanz gefunden haben. Dies umso mehr – auch darauf macht Rademacher aufmerksam -, als es bei der DNA-Analyse regelmäßig nicht möglich ist, das einmal ermittelte Ergebnis gegenzuprüfen[54]. Denn am Tatort werden oftmals nur verhältnismäßig geringe Mengen analysefähigen Materials gefunden, das bei der ersten Untersuchung meist vollständig aufgebraucht wird. Eine zweite Analyse zur Kontrolle ist dann ausgeschlossen. Liegt es aber nun so – wie in einem bei Hother geschilderten Fall -, dass diese am Tatort aufgefundene Spur mit dem Blut des Verdächtigen verunreinigt wird[55], wird es für diesen naturgemäß sehr schwer, seine Unschuld noch zu beweisen. Insbesondere angesichts der großen Indizwirkung, die dem Ergebnis der DNA-Analyse nach heute h.M. zukommt, wird er nur in Ausnahmefällen eine Verurteilung noch abwenden können. Diese Überlegung beweist aber, dass es gerade bei der DNA-Analyse unerlässlich ist, noch eine Gegenprobe zu nehmen. Dass man darauf aber aus praktischen Gründen verzichtet (besser: verzichten muss), gleichwohl am Beweiswert der DNA-Analyse aber kaum Zweifel laut werden, verwundert umso mehr, wenn man bedenkt, dass bei der Bestimmung der BAK mindestens zwei der drei derzeit anerkannten Verfahren durchgeführt werden müssen, um zu einem verwertbaren Ergebnis im Strafprozess zu gelangen[56].
Schließlich bleibt auf zwei Probleme hinzuweisen, die ganz unmittelbar mit der am Tatort vorgefundenen Spur verbunden sind. So kann der zu erstellende Strichcode dadurch unrichtig werden, dass das Genmaterial Verunreinigungen aufweist. Diese können sich zum Beispiel dadurch ergeben, dass die Blut- oder Spermaspur durch Bakterien befallen wird, die die DNA nach und nach zersetzen. Weil auch Bakterien selbst DNA-haltig sind, läuft man überdies Gefahr, dass das darin enthaltene DNA-Muster durch Fäulniseinfluss verändert wird[57]. Diese Problematik ist deshalb so schwerwiegend, weil es ja in der Praxis nicht selten vorkommt, dass bei Tötungsdelikten die Leiche gewisse Liegezeiten aufweist[58], mit der Folge, dass insofern die einsetzende Verwesung von der Lei-

[53] Beispiele nach Hother, Die DNA-Analyse, S. 112 f. Diese Fälle werden u.a. auch ausführlicher erörtert von Kopf, Selbstbelastungsfreiheit, S. 116 f.; Rademacher, Zulässigkeit, S. 18 f.; Ritter, Genomanalyse, S. 130 ff.

[54] Rademacher, Zulässigkeit, S. 20 f.; dies. StV 1989, S. 546 (548); s. auch Kopf, a.a.O., S. 121 f.

[55] Hother, Die DNA-Analyse, S. 113.

[56] Rademacher, Zulässigkeit, S. 21 f. Dazu noch unten III.

[57] Vgl. etwa Hother, Die DNA-Analyse, S. 115 ff.; Kopf, Selbstbelastungsfreiheit, S. 120.

[58] Vgl. oben A. das Beispiel der Leiche der Schülerin in Telgte, die erst nach einem Monat gefunden wurde.

che etwa auch auf eine vom Täter hinterlassene Sperma- oder Blutspur übergreift, oder dass dieses Material für sich genommen allmählich verfault.
Noch gravierender erscheint indes die Missbrauchsgefahr, auf die insbesondere Gössner nachdrücklich aufmerksam gemacht hat[59]: So kann ein Täter ohne weiteres Sorge dafür tragen, den Verdacht auf einen Unschuldigen zu lenken, indem er absichtlich bestimmte „Tatspuren" wie Haare oder Zigarettenkippen mit Speichelanhaftungen an den Tatort verbringt oder dort hinterlässt. Der gezielten Beschuldigung unliebsamer Personen ist damit Tür und Tor geöffnet, ihnen droht die Vernichtung ihrer gesamten Existenz, ohne dass man diesen Gefahren im Rahmen des Ermittlungsverfahrens auch nur annähernd Rechnung trägt. Dasselbe würde etwa gelten, wenn ein Raucher Stunden oder gar Tage zuvor an dem späteren Tatort vorbeigekommen ist und dort eine Zigarettenkippe zurückgelassen hat. Auch hier besteht die Gefahr, dass Unschuldige unversehens in den Verdacht schwer wiegender Verbrechen geraten. Dasselbe gilt für Personen, die vor Jahren mit dem späteren Tatwerkzeug – z.B. mit einem Messer – in Berührung geraten sind, die mit der Tat indes absolut nichts zu tun haben. Sie sehen sich aufgrund derartiger „Kontaminierungen" unversehens in einer Lage, in der sie einen qualifizierten Tatvorwurf gegenüber den Ermittlungsbehörden zu entkräften haben[60].

### *III. Stellungnahme*

Bereits die Diskussion um den Beweiswert der DNA-Analyse im Allgemeinen verstärkt die vorhandenen Bedenken: So deuten die Entscheidungen des Bundesgerichtshofs aus den frühen 1990er Jahren darauf hin, dass eine völlig neue, vermeintlich absolut sichere, weil technisch standardisierte und von menschlicher Beurteilung weitgehend losgelöste Ermittlungsmethode für das freiheitliche Strafverfahren ganz erhebliche Risiken birgt. Es ist schon bemerkenswert, mit welcher Deutlichkeit der BGH – der seinerseits den durchaus berechtigten, grundsätzlichen Einwänden gegen die DNA-Analyse als solchen von Beginn an nur wenig Aufmerksamkeit schenkte[61] – hier Veranlassung sah, die Instanzgerichte auf den Boden des geltenden Strafverfahrensrechts zurückzuholen, denn: „Offensichtlich war bei Tatgerichten die Tendenz eingerissen, unter dem Eindruck des kriminaltechnischen Fortschritts die Beweiswürdigung als stochastisches Verfahren misszuverstehen[62]."

---

[59] Vgl. Gössner, Neue Kriminalpolitik 4/ 2001, S. 5 (6).
[60] Gössner, a.a.O.
[61] Zu den frühen Bedenken gegen die Zulässigkeit der DNA-Analye als Ermittlungsmethode vgl. unten den 4. Abschnitt und für einen ersten Überblick die bündigen Zusammenfassungen von Vogt, StV 1993, S. 175 f. und Rademacher StV 1989, S. 546 ff.
[62] Herzog, StV 1993, S. 343 (343).

Insofern zeigte sich einmal mehr die „Zerbrechlichkeit" des rechtsstaatlichen Strafverfahrens[63], auf die Naucke in etwa zur derselben Zeit, als die DNA-Analysetechnik im Strafprozess an Popularität gewann, so nachdrücklich hingewiesen hatte. Offenbar ohne größeres Zögern fanden sich Gerichte dazu bereit, den Grundsatz freier richterlicher Beweiswürdigung[64], eine der bahnbrechenden Errungenschaften des freiheitlichen Strafprozesses, preiszugeben und in die Zeit der Beweisregeln zurückzufallen. Der formalisierte und durch seine strenge Justizförmigkeit gekennzeichnete Strafprozess, der dem strafenden Staat stets mit Misstrauen begegnet und mit Rechtsstaatlichkeit Zurückhaltung und Prinzipientreue assoziiert, was uns sonst – worauf Hassemer richtig aufmerksam macht – als „Erbe der Aufklärung[65]" teuer ist, geriet in einem ganz wesentlichen Teilbereich in Gefahr, ohne dass – so scheint es jedenfalls – sich weite Teile der Justiz dieses Umstandes überhaupt bewusst wurden. Insofern kommt der früheren BGH-Rechtsprechung zu der DNA-Analyse das nicht gering zu schätzende Verdienst zu, hier wenigstens den gröbsten Ausfällen Einhalt geboten zu haben. Unbefriedigend war und ist es allerdings, dass der BGH und Teile der ihm folgendenden Literatur die grundsätzlichen Bedenken gegen die DNA-Analyse kaum zur Kenntnis genommen habe. Dadurch haben sie sich nämlich von Beginn an den Blick für eines der Hauptprobleme dieser Ermittlungsmethoden verstellt. Die DNA-Analyse zieht nämlich Folgen nach sich, die letztlich durch das freiheitliche Strafverfahrensrecht kaum mehr einzufangen sind. Es ist schließlich schon beunruhigend genug, dass der Grundsatz der freien richterlichen Beweiswürdigung quasi nebenbei aufgegeben wird und vom BGH durch beherztes Eingreifen erst wieder etabliert werden musste. Damit ist aber nur ein Schlaglicht auf die eigentliche Problematik geworfen[66]. Kaum weniger schwer wiegt nämlich die bereits mehrfach geäußerte Vermutung, die sich hier ein weiteres Mal zu bestätigen scheint, dass die Zulassung der DNA-Analyse als solche offenbar nahezu unweigerlich zu einer ungeheuren Ausweitung des Kreises potenziell Tatverdächtiger führt, und dass ihr insofern die Tendenz zur massenhaften Untersuchung bestimmter Bevölkerungsteile nahezu zwingend immanent ist. Denn ohne eine Inbezugnahme des „Bevölkerungsrestes" kann das Ergebnis einer DNA-Analyse niemals fruchtbar gemacht werden; die Wahrscheinlichkeit, mit der Angeklagte und der Spurenleger personenidentisch sind, kann stets nur

---

[63] Naucke, KritV 1990, S. 244 ff.

[64] S. insofern nur den knappen Überblick bei Roxin, Strafverfahrensrecht, § 15, Rn. 11 ff.

[65] Hassemer, KritV 1988, S. 336 (338).

[66] Wobei hier – wie in der gesamten Arbeit – die weitere, äußerst problematische Frage ausgeklammert bleiben soll, ob die auch von der Rechtsprechung immer wieder betonte Unterscheidung zwischen der Analyse des codierten und des nicht-codierten Teils der DNA so überhaupt zutreffend ist, und ob hier nicht weitere Gefahren lauern, die bisher von der Praxis noch gar nicht erörtert worden sind, im Zuge der weiteren Entwicklung der Kriminaltechnik aber über kurz oder lang auf uns zukommen. Zu diesen kriminalistischen Begehrlichkeiten vgl. etwa Gössner, Neue Kriminalpolitik 4/ 2001, S. 5 (7).

dadurch ermittelt werden, dass man die Häufigkeit seines DNA-Codes und der DNA-Muster der übrigen Bevölkerung miteinander vergleicht. Folge: Die Wahrscheinlichkeit, den Täter zu ermitteln, erhöht sich dramatisch, wenn man möglichst auf sämtliche Personen zurückgreifen kann, die dieselbe DNA-Struktur aufweisen wie der Angeklagte und der Spurenleger. Um an diese heranzukommen, ist es aber erforderlich, möglichst zahlreiche DNA-Identifizierungsmuster zur Verfügung zu haben, das bedeutet im Idealfall diejenigen der Gesamtbevölkerung. Dies mag zwar zurzeit technisch noch nicht ohne immensen Aufwand zu realisieren sein, nimmt man jedoch die Entwicklung der Kriminaltechnik in den vergangenen Jahren in den Blick, erscheint die Erwartung jedenfalls nicht völlig unbegründet, dass die Ermittlung und Speicherung der DNA auch der Gesamtbevölkerung über kurz oder lang technisch realisierbar sein wird. Insofern erscheint der in dieser Arbeit erörterte Massentest anlässlich eines konkreten Falles noch keineswegs der Schlusspunkt der Entwicklung zu sein. Denn – und insofern sind die Ausführungen oben A. durchaus aufschlussreich – auch die Durchführbarkeit der DNA-Massenuntersuchungen im hier interessierenden Sinne wurde technisch in nahezu atemberaubendem Tempo immer weiter verbessert. Die Dynamik dieser Untersuchungsmethode scheint unaufhaltsam, ihre Gefahren sind aber bereits frühzeitig – nämlich im Zusammenhang mit der freien richterlichen Beweiswürdigung – nur allzu drastisch zutage getreten.

Von daher sind auch größte Bedenken gegenüber Bestrebungen in der Literatur angezeigt, aus den mit der DNA-Analyse (noch) verknüpften Problemen und Unsicherheiten Folgerungen gerade in entgegengesetzter Richtung zu ziehen. So konnte man etwa bei Keller 1993 Folgendes lesen: „Wenn die DNA-Analyse den Spurenvergleich nicht revolutioniert, wenn sie sich kaum von jenen Eingriffen unterscheidet, die den Beschuldigten schon bisher zur passiven Duldung körperlicher Untersuchungen verpflichteten (§ 81a StPO), erscheinen die Zweifel an ihrer verfassungsmäßigen Zulässigkeit überzogen und die Bemühungen um eine besondere gesetzliche Regelung fragwürdig[67]."

Fragwürdig erscheint nämlich vielmehr der Versuch, aus den Schwächen der Untersuchungsmethode zu schlussfolgern, diese sei nicht gefährlicher als etwa eine auf § 81a StPO gestützte Kontrolle der BAK. Vielmehr besteht die eigentliche Gefahr doch darin, dass man die Unzulänglichkeiten, die die DNA-Analyse offenbar nach Auffassung nahezu aller an der Diskussion Beteiligten noch immer aufweist, dadurch auszugleichen versucht, dass man sie immer weiter perfektioniert, ihre Erkenntnisse immer besser ausnutzt und ggf. die Beschuldigtenrechte einschränkt, wenn diese einer effizienten Auswertung der Ergebnisse entgegenstehen könnten. Kellers Standpunkt ignoriert die bereits erwähnte Dynamik der Materie vollkommen und lässt insofern das Bewusstsein dafür vermissen, welch immensen Gefahren der freiheitliche Strafprozess durch

[67] Keller, JZ 1993, S. 103 (103).

seine weiter voranschreitende Technisierung ausgesetzt ist. Angesichts dessen bestätigt sich einmal mehr die Eigenschaft des Strafprozessrechts als empfindlicher Indikator für den Zustand der rechtlichen und politischen Kultur. Denn es regelt ein Verfahren, in dem unter Einsatz staatlicher Drohung und staatlichen Zwanges gegen einen verdächtigen Menschen ermittelt und verhandelt wird, der bis zum Verfahrensende nicht als schuldig behandelt werden darf. Dieses Verfahren agiert an der prekären Grenze zwischen Verbrechensbekämpfung und dem Schutz der Menschenrechte[68]. Diese Grenze droht bereits durch die Zulassung der DNA-Analyse als solcher gefährlich weit zulasten der Menschenwürde verschoben zu werden.

Diese Bedenken vergrößern sich noch weiter, nimmt man in den Blick, dass eine Überprüfung der mithilfe der DNA-Analyse gewonnenen Ermittlungsergebnisse kaum vorgenommen wird. Allein der Umstand, dass eine zweite (Kontroll-) Untersuchung der am Tatort sichergestellten Spuren nicht erfolgt, macht deutlich, dass wir es hier mit einer rechtsstaatlich kaum tragfähigen Ermittlungsmethode zu tun haben. Rademacher weist in diesem Kontext vollkommen zu Recht auf die Parallele zur Ermittlung der BAK hin[69]:

Hier ist anerkannt, dass die Messung der BAK nach mindestens zwei der bekannten Analysemethoden zu erfolgen hat, und dass sodann der Mittelwert ausschlaggebend ist[70]. Ausgeschlossen werden soll dadurch, dass der Beschuldigte durch Zugrundelegung nur einer bestimmten Messmethode zu Unrecht benachteiligt wird; insofern wird z.T. die Auffassung vertreten, dass eine Verwertung eines mit einer zu geringen Zahl an Proben durchgeführten Analyseergebnisses im Strafverfahren von vornherein ausscheidet; andere gestehen dem Beschuldigten dann einen größeren Sicherheitszuschlag zu[71].

Demgegenüber ist für solche, im rechtsstaatlichen Strafverfahren eigentlich selbstverständliche Bedenken bei der DNA-Analyse offenbar kein Raum – und dies ganz offensichtlich deshalb, weil eine zweite Untersuchung infolge des vollkommenen Verbrauchs der Spur technisch unmöglich ist. Die Tatsache, dass man ein Analyseergebnis nicht absichern kann, hat nunmehr – was man im rechtsstaatlichen Strafprozess eigentlich für selbstverständlich halten sollte – aber nicht zur Folge, dass man auf diese Untersuchungsmethode gänzlich verzichtet; vielmehr verzichtet man auf die Kontrolle. Was bei jeder beliebigen BAK-Untersuchung – völlig zu recht – als rechtsstaatlich unerlässlich angesehen wird, erscheint ausgerechnet bei der DNA-Analyse plötzlich überflüssig. Und dies, obwohl diese Methode regelmäßig dann angewendet wird, wenn der Verdacht einer Begehung schwerster Straftaten im Raume steht, im Vergleich zu dem die mögliche Verwirklichung etwa eines Vergehens nach § 316 StGB

---

[68] Hassemer, KritV 1988, S. 336 (338).

[69] Rademacher, Zulässigkeit, S. 21 f.

[70] Vgl. mit umfassender Nachweisen Eisenberg, Beweisrecht der StPO, Rn. 1851, 1851b.

[71] Mit Nachweisen Eisenberg, a.a.O., Rn. 1851.

geradezu eine Lappalie darstellt. Folge: Je schwer wiegender der Tatverdacht, je einschneidender also im Ergebnis die dem möglichen Täter drohenden Konsequenzen, desto geringer werden die seinem Schutz dienenden Anforderungen. Das rechtsstaatliche Strafverfahren bleibt nur so lange ein herausgehobener Belang, wie seine Voraussetzungen ohne größeren Aufwand (wie etwa bei der Analyse der BAK) eingehalten werden können. Wächst der nötige Aufwand jedoch oder ist er gar nicht zu leisten, wird das Schutzniveau zulasten des Beschuldigten aufgehoben: Beschuldigten-Schutzrechte greifen nur so weit, wie das faktisch Machbare sie zulässt. Die vermeintlich unverzichtbare Erhöhung der Effektivität[72] eines Strafverfahrens[73] erhält den Vorzug vor dem rechtsstaatlichen Verfahren, zu dessen entscheidenden Merkmalen eben auch und gerade der wirksame Schutz des Beschuldigten vor ungerechtfertigter Strafverfolgung gehört[74], und in dem Zweifel bei der Beweisführung nicht zu seinen Lasten gehen[75].

Verknüpft mit dieser fehlenden Überprüfbarkeit des Ergebnisses der DNA-Spur ist noch ein weiterer rechtsstaatlich untragbarer Umstand: Eine effiziente Verteidigung wird dem Beschuldigten nahezu unmöglich gemacht, denn wie soll er durch den Antrag auf Erstellung eines – ergänzenden – Sachverständigengutachtens über die DNA-Analyse durchdringen, wenn ein solches schon technisch unmöglich ist? Der Beschuldigte bleibt dem einmal festgestellten Ergebnis ausgeliefert; er kann sich nicht Erfolg versprechend dagegen wehren[76].

Überdies verschärft sich diese Problematik noch durch die leichte Manipulierbarkeit der DNA-Spuren. Es ist bereits darauf aufmerksam gemacht worden, wie leicht eine unvorsichtig fortgeworfene Zigarettenkippe oder die Jahre zurückliegende Benutzung eines nun als Mordwaffe verwendeten Messers einen völlig unbescholtenen Bürger in die Gefahr bringen kann, sich gegen den Vorwurf der Begehung eines Kapitaldeliktes wehren zu müssen. Nun ist es ja schon schlimm genug, dass sich Betroffene in der bürgerrechtswidrigen Situation befinden, ihre Unschuld gegenüber den Ermittlungsbehörden nachweisen zu müssen. Dabei beraubt man sie nun noch zusätzlich der Möglichkeit, die DNA-Analyse der Spur als solche anzugreifen, die – worauf ebenfalls schon aufmerksam gemacht wurde – sich durch Umwelteinflüsse durchaus verändern kann. Kurz zusammengefasst lautet der Befund: Der Bürger wird in eine Situation ge-

---

[72] Hierzu etwa Hassemer, KritV 1988, S. 336 (339 ff.).

[73] Die nicht selten nur ein anderer Ausdruck ist für den politischen Willen eines schnellen und harten Strafens. Hierzu wiederum Naucke, KritV 1990. S. 244 (247): „Die Rechtsfolgen [eines rechtsstaatlichen Strafverfahrens, M.W.] bekämpfen nicht den Gegner, sie gleichen Unrecht in Würde aus. Das Gerede von der Bekämpfung des Verbrechens durch Strafen ist nicht rechtsstaatlich."

[74] Dazu Hassemer, KritV 1990, S. 260 ff.

[75] S. Naucke, KritV 1990, S. 244 (248).

[76] Zu den eingeschränkten Verteidigungsmöglichkeiten s. nur Klumpe, Der „genetische Fingerabdruck", S. 238 ff.

drängt, in der nicht mehr ihm die Schuld, sondern er seine Unschuld zu beweisen hat, und bei dieser Verteidigung wird er bestimmter Handlungsalternativen dann auch noch von Vornherein gleich beraubt.

### *4. Abschnitt: Die Rechtliche Zulässigkeit der Erhebung und Analyse von DNA-Material in sog. Massentests – Stand der Diskussion in Rechtsprechung und Literatur*

Standen im 3. Abschnitt die *praktischen* Probleme der DNA-Analyse insbesondere mit Blick auf die Verwertbarkeit ihrer Ergebnisse im Strafprozess im Mittelpunkt, wird es im Folgenden um ihre *rechtliche* Zulässigkeit gehen. Es wird der Frage nachzugehen sein, welche Rechtsgrundlagen für die Erhebung des DNA-Identifizierungsmusters zur Verfügung stehen, und unter welchen Bedingungen sodann in einem zweiten Schritt die Auswertung des vorhandenen Materials erfolgen darf.
Auch insofern lassen sich die Schwierigkeiten, die die DNA-Analyse ganz generell mit sich bringt, naturgemäß nicht von den besonderen Problemen des DNA-*Massentests* lösen. Angesichts dessen wird es erforderlich sein, ganz grundsätzliche Fragen zu stellen, nach einer Antwort zu suchen und diese sodann mit ihren spezifischen Bezügen zu den Massenuntersuchungen weiter zu vertiefen.
Bevor insofern jedoch ein eigenständiger Lösungsansatz erarbeitet werden kann (dazu Abschnitte 5 bis 7), soll im 4. Abschnitt zunächst ein ausführlicher Überblick über den derzeitigen Meinungsstand in Rechtsprechung und Literatur gegeben werden. Insofern bietet es sich an, eine Grobgliederung in drei unterschiedliche Phasen vorzunehmen, und dabei nach dem Bestand der vorhandenen gesetzlichen Ermächtigungsgrundlagen zu differenzieren.
So wird zunächst die überkommene Diskussion um die Zulässigkeit der DNA-Analyse vor Einfügung der §§ 81e ff. StPO dargestellt (dazu A.). Insofern liegt der Schwerpunkt der Erörterungen darauf, ob die bekannte Regelung des § 81a StPO hier bereits zu tragfähigen Ergebnissen führen konnte. Auch wenn sich diese Auseinandersetzung durch die §§ 81e ff. StPO mittlerweile für die Praxis erledigt haben mag, so bleibt sie doch für die wissenschaftliche Auseinandersetzung höchst aufschlussreich (nicht zuletzt auch aus dem Umstand heraus, dass auch die §§ 81e, 81f, 81g StPO insoweit keinen spezifischen Bezug zu DNA-Massentests aufweisen). Dies verdeutlicht allein schon die Überlegung, dass der Gesetzgeber selbst eigentlich davon ausging, mit § 81a StPO bereits eine tragfähige Grundlage für die DNA-Analyse zur Verfügung gestellt zu haben, dass er §§ 81e ff. StPO also ausschließlich mit dem Ziel einer – vermeintlichen – Klarstellung der Rechtslage geschaffen hat – wobei die genauen Gründe, die er insofern für das Bedürfnis nach Klarstellung angeführt hat, völlig unklar gebliebenen sind. Zudem haben sich viele Bedenken, die gegen die rechtliche Zulässigkeit der DNA-Analyse und gerade auch gegen diejenige der Massenuntersuchungen, mit Blick auf § 81a StPO als Ermächtigungsgrundlage geäußert worden sind, durch die neu eingefügten §§ 81e ff. StPO keineswegs erledigt.

Hinzu kommt: Eine spezifische Ermächtigungsgrundlage gerade für die hier schwerpunktmäßig interessierenden Reihenuntersuchungen fehlt nach wie vor.
In einem zweiten Schritt (B.) ist dann das Gesetzgebungsverfahren zu §§ 81e ff. StPO zu analysieren und auch ein Überblick über die dieses begleitende rechtspolitische Diskussion mit ihren verschiedenen Stellungnahmen aus Wissenschaft und Praxis zu geben. Insofern wird insbesondere der bereits angedeuteten Frage nachzugehen sein, inwieweit die neuen Regelungen überhaupt eine rechtsstaatlich erhebliche Verbesserung gegenüber der zuvor bestehenden Situation mit sich gebracht haben. Denn: Allein die Festschreibung neuer Eingriffstatbestände im Gesetz kann dies mit Sicherheit nicht leisten.
Dieser Gesichtspunkt soll im dann folgenden Abschnitts (C.) anhand der gegenwärtigen Diskussion weiter vertieft werden. Es geht ganz vorrangig darum herauszufinden, ob mit dem gegenwärtigen status quo der bestehenden Ermächtigungsgrundlagen die DNA-Massenanalyse in einem rechtsstaatlich geordneten Verfahren durchgeführt wird, oder ob die bestehende Diskussion hier noch Verbesserungsbedarf erkennen lässt. Die Gesamtproblematik wird abschließend (D.) einer Kommentierung unterzogen, die dann auch die Leitlinien für den weiteren Gang der Untersuchung aufzeigen soll, insbesondere mit Bezug auf die Frage, ob eine DNA-Massenuntersuchung überhaupt in rechtsstaatlich vertretbarer Weise geregelt werden kann, und ob man dies – rechtspolitisch – tatsächlich tun sollte.

### *A. Die Diskussion vor Einfügung der §§ 81e ff. StPO*

Die folgenden Erörterungen sollen – getrennt in zwei Schritten – die Auseinandersetzungen um die generelle Zulässigkeit der DNA-Analyse im Strafverfahren vor Schaffung selbstständiger Ermächtigungsgrundlagen in §§ 81e ff. StPO nachzeichnen (I.) und diese sodann unter dem spezifischen Gesichtspunkt der Reihenuntersuchungen vertiefen (II.).

#### *I. Der Streit um § 81a StPO als Ermächtigungsgrundlage für einzelne DNA-Untersuchungen*

In der Frühphase des Einsatzes der DNA-Analyse als Mittel zur Überführung eines Straftäters waren die Meinungen über dieses Ermittlungsinstrument noch kontroverser als heute. Angesichts des Umstandes, dass eine klare gesetzgeberische Entscheidung noch fehlte, wurden die Auseinandersetzungen zunächst viel grundsätzlicher geführt als heute, da sich die wissenschaftliche Diskussion mehr um die einzelnen Regelungen der Speicherung von DNA-Identifizierungsmustern dreht (insbesondere um die Interpretation des § 81g StPO und einzelner Bestimmungen des DNA-IFG). Schwerpunktmäßig ging es zunächst darum, ob man diese Technik im Strafprozess überhaupt einsetzen sollte, und ob man sie – so man diese Frage positiv beantwortet hatte – auf die bekannte Regelung in § 81a StPO stützen konnte, oder ob insofern ein Tätigwerden des Gesetzgebers angezeigt war.

### *1. Der Standpunkt der h.M.*

Nach h.M. genügte § 81a StPO als Ermächtigungsgrundlage auch für die Untersuchung von Blutproben auf ihr DNA-Identifizierungsmuster.

#### *a) Die Rechtsprechung*

Die Rechtsprechung zeigte sich besonders aufgeschlossen gegenüber dieser Untersuchungsmethode und widmete der ganz grundsätzlichen Kritik in Bezug auf die Risiken der DNA-Analyse bis heute kaum Aufmerksamkeit. Gebilligt von den Instanzgerichten und nach kurzer Zeit auch vom Bundesgerichtshof entwickelte sich die DNA-Untersuchung in rasender Geschwindigkeit zu einem durchaus anerkannten Ermittlungsinstrument[1]. Unsicherheiten gab es in der Frühzeit allein mit Blick auf eine angemessene Beweiswürdigung gem. § 261 StPO[2].

Eine Vorreiterrolle nahm insofern das LG Berlin ein, von dem die erste zu dieser Problematik veröffentlichte Entscheidung herrührte, und aus der sich noch die zu Beginn mit der DNA-Analyse allerorten verbundenen Ungewissheiten ablesen lassen[3]:

Rechtsgrundlage für die Entnahme einer Blutprobe bei dem Beschuldigten und ihre Untersuchung auf den DNA-Identifizierungscode sei § 81a StPO. Zwar regele die Bestimmung nicht die Untersuchungsmethode selbst, jedoch sei zu berücksichtigen, dass diese Eingriffsermächtigung unter dem Vorbehalt wissenschaftlich anerkannter Methoden stehe. Um eine solche handele es sich bei der DNA-Analyse allerdings, weil diese in England und Amerika bereits seit mehreren Jahren angewendet werde. Auch unter Berücksichtigung verfassungsrechtlicher Implikationen, nämlich der Menschenwürde aus Art. 1 Abs. 1 GG und des allgemeinen Persönlichkeitsrechts gem. Art. 2 GG bzw. des daraus abgeleiteten Rechts auf informationelle Selbstbestimmung ergebe sich – jedenfalls, soweit besonders schwere Straftaten im Raume stünden – nichts anderes. Denn die Untersuchung nicht codierter DNA-Sequenzen stelle keinen Eingriff in den Kernbereich der Persönlichkeit dar, und es sei von vornherein auch kein schützens-

---

[1] Ein geraffter Überblick über die Rechtsprechung findet sich bei Wiese, Genetische Analysen, S. 23 ff.

[2] Ausführlich dazu oben im 3. Abschnitt B.

[3] LG Berlin, NJW 1989, S. 787.

wertes Interesse des Betroffenen daran zu erkennen, nicht einer derart gravierenden Tat überführt zu werden[4].

Angesichts dessen könne auch offen bleiben, ob § 81a StPO tatsächlich eine ausreichende gesetzliche Ermächtigungsgrundlage für die DNA-Untersuchung darstelle, was durchaus umstritten sei. Denn das BVerfG habe entschieden, dass zur Aufklärung schwerster Straftaten sogar unter Verstoß gegen das Gesetz zustande gekommene Beweismittel ausnahmsweise dann verwertet werden dürften, wenn alle anderen Beweismittel erschöpft seien. Nichts anderes aber könne gelten, wenn die Erhebung eines Beweises nicht verboten, sondern lediglich noch nicht ausdrücklich im Gesetz geregelt sei[5].

Diese Entscheidung ist in der Literatur zwar grundsätzlich begrüßt worden, insbesondere Steinke ging der soeben dargestellte Beschluss aber noch nicht weit genug[6]. Erfreulich sei zwar zunächst, dass das LG Berlin dadurch, dass es die Ergebnisse der DNA-Analyse für im Strafverfahren verwertbar hielt, alle Spekulationen in Bezug auf einen langwierigen gerichtlichen Anerkennungsprozess beseitigt habe. Demgegenüber sei aber bedenklich, dass das Gericht sensibilisiert durch die *perfektionierte Datenschutzdiskussion* bereichsspezifische Regelungen für notwendig halte und die Methode nur bei schweren Straftaten zulassen wolle. Dies sei nämlich deshalb nicht nachvollziehbar, weil es sich bei dem neuen verfeinerten Verfahren *nur um eine Fortentwicklung* der bisher in jedem Fall angewendeten und geradezu selbstverständlich zugelassenen Differenzierungsverfahren handele[7].

Auch wenn die Kommentierung der hier zunächst darzustellenden Diskussion einer abschließenden Stellungnahme vorbehalten bleiben soll (dazu unten D.), erscheint es doch bemerkenswert, mit welcher Blauäugigkeit interessierte Kreise der Fachöffentlichkeit zu Beginn der Diskussion um den Einsatz der DNA-Analyse diese Technik zu verkaufen suchten. Hält man sich die weitere Entwicklung bis hin zur Errichtung der Gen-Datei nach § 81g StPO und § 2 DNA-IFG vor Augen, ist es kaum zu glauben, dass es bei der hier relevanten Problematik bloß um eine Fortentwicklung bekannter Ermittlungsmethoden gehen soll. Das damit für den Betroffenen verbundene Gefährdungspotential und die entsprechenden kriminalistischen Begehrlichkeiten erreichen hier nämlich ein Ausmaß, das mit allen bisher üblich gewesenen Ermittlungsarten nicht einmal im Ansatz auf ein und dieselbe Stufe gestellt werden kann, insbesondere wenn man sich einmal vor Augen hält, dass heute selbst schon über die Einbeziehung der codierten Bereiche der DNA ernsthaft nachgedacht wird, und dass auch

[4] Im diesem Fall ging es u.a. um den Vorwurf, der Angeklagte habe die 21jährige C. vergewaltigt und sie sodann aus Habgier und zur Ermöglichung und Verdeckung einer anderen Straftat getötet.

[5] LG Berlin, a.a.O., S. 788.

[6] Steinke, MDR 1989, S. 407.

[7] Steinke a.a.O., Hervorhebungen von mir M.W.

schon entsprechende Vorschläge gemacht worden sind[8]. Auch diese Untersuchung stellt sich selbstverständlich nur als eine Fortentwicklung schon bekannter Ermittlungsmethoden dar – nämlich der jetzt etablierten Analyse der nichtcodierten DNA-Frequenzen. Wäre also die „Fortentwicklung" einer Ermittlungstechnik ein Argument dafür, neue Ermächtigungsgrundlagen für entbehrlich zu erklären, dann ließe sich auch die Untersuchung der codierten Bestandteile sicher ohne Probleme auf § 81e StPO stützen, oder, wenn sich Steinkes Meinung durchgesetzt hätte, auch auf § 81a StPO. Dass man, sofern man wenigstens noch Grundzüge eines rechtsstaatlich ausgerichteten Strafverfahrens bewahren will, so nicht argumentieren kann, bedarf keiner weiteren Erörterung.
In seinem Urteil vom 03. Mai 1989 erklärte das LG Darmstadt die Durchführung der DNA-Analyse im Strafverfahren für zulässig[9]. Hierzu führte es aus, man dringe mit der DNA-Analyse – wie dies zum Teil behauptet werde – keineswegs in den Kernbereich der Persönlichkeit eines Menschen ein. Vielmehr werde ausschließlich der persönlichkeitsneutrale Bereich der DNA untersucht, der ebenso wenig Rückschlüsse auf die Persönlichkeit des Untersuchten zulasse wie eine normale Fingerabdruck-Untersuchung. Auch etwaige Missbrauchsmöglichkeiten gäben keinen Anlass zu einer abweichenden Beurteilung. Denn diese bestünden auch bei einer herkömmlichen, auf die Feststellung der BAK gerichteten Blutuntersuchung. Auch hier könne keineswegs sicher ausgeschlossen werden, dass in dem zuständigen Institut nicht nur die BAK des Beschuldigten bestimmt werde, sondern – darüber hinausgehend – ebenfalls versucht werde, etwaige Krankheiten zu ermitteln. Diese theoretische Möglichkeit des Missbrauchs habe nun aber noch niemanden dazu veranlasst, die Zulässigkeit der Klärung der BAK infrage zu stellen. Im Übrigen müsse berücksichtigt werden, dass die DNA-Analyse nicht nur zum Nachweis der Schuld des Betroffenen eingesetzt werden kann, sondern auch dazu, um ihn vom Verdacht einer Täterschaft zu entlasten[10].
In eine ganz ähnliche Richtung tendieren die Ausführungen des LG Heilbronn in seinem Urteil vom 19. Januar 1990[11]: § 81a StPO bilde eine ausreichende gesetzliche Ermächtigungsgrundlage zur Blutentnahme beim Verdächtigen zum Zweck einer anschließenden Gen-Analyse. Insofern bedürfe es einer ausdrücklichen gesetzlichen Zulassung dieser Untersuchungsmethode nicht. Denn § 81a StPO gestatte – ganz umfassend – die Blutentnahme zur Feststellung von verfahrensrelevanten Tatsachen. Dies beinhalte die Gewinnung der relevanten Tatsachen durch die Untersuchung des Blutes u.a. darauf, ob sich aus ihm Merkmale gewinnen ließen, die Rückschlüsse auf die Verursachung der Spur durch den Verdächtigen zuließen. So wie dies für die „klassische" Blutgruppenuntersu-

---

[8] Zu diesen: Gössner, Neue Kriminalpolitik 4/ 2001, S. 5 ff.
[9] LG Darmstadt, NJW 1989, S. 2338.
[10] LG Darmstadt, a.a.O., S. 2339.
[11] LG Heilbronn, NJW 1990, S. 784.

chung unstreitig sei, könne für die Gen-Analyse im Hinblick auf die Menschenwürde, das allgemeine Persönlichkeitsrecht und die informationelle Selbstbestimmung aber nur dann etwas anderes gelten, wenn durch diese Untersuchung qualitativ stärkere Befunde erzielt werden oder zumindest als Nebenprodukt anfallen könnten. Dies sei jedoch nicht der Fall, weil zur Identifizierung eines Tatverdächtigen nur die für seine Persönlichkeit völlig belanglosen Abschnitte der DNA untersucht würden. Im Kern sei der Informationsgehalt der Gen-Analyse bzgl. der Persönlichkeit des Untersuchten geringer zu veranschlagen als bei der klassischen Blutgruppenuntersuchung. Nach alldem bilde diese keinen qualitativ schwer wiegenderen Eingriff in die Persönlichkeitsrechte des Einzelnen als herkömmliche Untersuchungsmethoden mit der Folge, dass für den entsprechenden Eingriff auch im Hinblick auf die Wesentlichkeitstheorie des BVerfG keine über § 81a StPO hinausgehende neue gesetzliche Grundlage erforderlich sei. Schließlich liege es so, dass einem möglichen Missbrauch gentechnischer Untersuchungsmethoden dadurch Rechnung zu tragen sei, dass man eben diesen Missbrauch unterbinde, nicht aber dadurch, dass man den Einsatz einer derart sinnvollen Untersuchungsmethode gänzlich verhindere[12].

Kurze Zeit später, nämlich in seinem Urteil vom 21. August 1990, hatte erstmals der BGH Gelegenheit, zur Frage der Ermächtigungsgrundlage für eine DNA-Analyse Stellung zu nehmen[13]. Er stellte sich ebenfalls auf den Standpunkt, die Vorschrift des § 81a StPO sei auch unter Berücksichtigung der Rechtsprechung des BVerfG zum Grundrecht auf informationelle Selbstbestimmung eine ausreichende Grundlage für die körperliche Untersuchung eines Beschuldigten und die DNA-Analyse des gewonnenen Materials, denn diese Regelung sehe keine Einschränkungen für bestimmte Untersuchungszwecke vor[14]. Die Blutentnahme zum Zwecke einer Analyse nichtcodierender DNA-Anteile sei deshalb grundsätzlich zulässig. Schließlich sei auch dem Grundsatz der Verhältnismäßigkeit, dem nach der Rechtsprechung des BVerfG und des BGH bei der Anwendung des § 81a StPO Rechnung getragen werden müsse, genüge getan: Denn zum einen habe die DNA-Analyse hier der Aufklärung eines Mordes gedient. Zum anderen sei der unantastbare Bereich der Persönlich-

---

[12] LG Heilbronn, a.a.O., S. 785 f.

[13] BGHSt 37, S. 157 ff. mit Bespr. von Pasker, JA 1992, S. 96.

[14] Bemerkenswert ist, dass der BGH verkennt, dass in der fehlenden Umschreibung klarer Tatbestandsvoraussetzungen verfassungsrechtlich die eigentliche Brisanz dieser Vorschrift liegt. Es ist ja gerade das Verdienst des Volkszählungsurteils, herausgearbeitet zu haben, dass die staatliche Datenverwaltung nur innerhalb gesetzlich genau festgeschriebener Grenzen zulässig sein kann. Im Kern unternimmt der BGH hier den Versuch, die Verfassungsmäßigkeit einer auf eine verfassungsrechtlich problematische Vorschrift gestützten Untersuchungsmaßnahme gerade mit deren verfassungsrechtlichen Unzulänglichkeiten zu legitimieren, dazu noch unten D. Vgl. insofern auch die zutreffenden Ausführungen von Klumpe, Der „genetische Fingerabdruck", S. 173, Rademacher, ZRP 1989, S. 546 (549) und Wagner, Das „genetische Fingerabdruckverfahren", S. 105 ff.

keit des Angeklagten durch die Blutentnahme und die mit ihrer Hilfe erstellte DNA-Analyse nicht berührt worden, weil die Begutachtung sich auf solche Bereiche der DNA beschränkt habe, denen Erbinformationen nicht entnommen werden könnten. Im Übrigen sei darauf hinzuweisen, dass Bedenken im Hinblick auf die rechtspolitischen Folgen einer Anerkennung der DNA-Analyse nicht die Unzulässigkeit solcher Untersuchungen begründen könnten, auch wenn sie wohl eine besondere gesetzliche Regelung nahe legten[15].
Diese Rechtsprechung der Strafgerichte wurde schließlich mit Beschluss vom 18. September 1995 auch vom BVerfG in einer Kammerentscheidung[16] als verfassungsgemäß abgesegnet[17]. Einleitend betont das BVerfG, es habe die unabweisbaren Bedürfnisse einer wirksamen Strafverfolgung wiederholt anerkannt, das Interesse an einer möglichst umfassenden Wahrheitsermittlung im Strafverfahren betont und die Aufklärung schwerer Straftaten als wesentlichen Auftrag eines rechtsstaatlichen Gemeinwesens bezeichnet[18]. Das öffentliche Interesse an der Aufklärung von Verbrechen wurzele in dem rechtsstaatlich besonders wichtigen Legalitätsprinzip des § 152 Abs. 2 StPO.
Des Weiteren sei darauf hinzuweisen, dass es seit jeher zu den Methoden der Verbrechensaufklärung gehöre, am Tatort oder beim Tatopfer entdeckte Spuren, die zur Überführung des Täters führen könnten, zu untersuchen. Daran ändere sich auch dadurch nichts, dass sich durch neue kriminalistische Methoden die Erkenntnismöglichkeiten weiter verbesserten. Denn die Strafprozessordnung zeige sich für Fortentwicklungen und Neuerungen im Bereich der Kriminalistik offen; eine wirksame Strafverfolgung ohne den Einsatz solcher wissenschaftlicher und technischer Hilfsmittel wäre heute undenkbar.
In Anbetracht dessen enthalte § 81a StPO für eine Blutentnahme mit dem Ziel der Durchführung einer DNA-Analyse eine ausreichende Ermächtigungsgrundlage. Denn zu den darin zugelassenen Untersuchungen gehöre auch diejenige der Blutproben des Beschuldigten daraufhin, ob sich am Tatort aufgenommene Blut- oder Spermaspuren gerade diesem zuordnen ließen. Dabei sei auch die Anwendung noch neuer oder auch verbesserter Untersuchungsmethoden keinesfalls ausgeschlossen. Eine Beschränkung auf bestimmte Untersuchungsmethoden gehe aus den Vorschriften über die Blutentnahme nicht hervor. Im Übrigen spreche gegen eine solche Beschränkung auch der Aufklärungsgrundsatz gem. § 244 Abs. 2 StPO. Mithin könnten sowohl auf der Basis des § 81a StPO als auch durch Einwilligung des Betroffenen erlangte Blutproben im nicht-codierten Be-

---

[15] BGH, a.a.O., S. 158 f.
[16] Wobei sich die Frage stellt, ob es angesichts der Bedeutung der hier infrage stehenden Problematik nicht allemal angezeigt gewesen wäre, eine Senatsentscheidung herbeizuführen.
[17] BVerfG, NStZ 1996, S. 45.
[18] S. z.B. BVerfGE 77, S. 65 (76). Vgl. dazu die trefflichen Ausführungen von Hassemer, StV 1982, S. 275. S. des Weiteren unten D.

reich der DNA untersucht und mit dem am Tatort vorgefundenen Spurenmaterial verglichen werden.
Sofern man darin einen Eingriff in das Grundrecht auf informationelle Selbstbestimmung erblicke, finde dieser seine Grundlage in § 81a StPO, denn der der öffentlichen Gewalt schlechthin entzogene unantastbare Kernbereich privater Lebensgestaltung werde durch die DNA-Analyse nicht berührt. Nach allen bisher vorliegenden Erkenntnissen handele es sich bei der praktizierten Art der DNA-Analyse nur um eine von dem Normzweck des § 81a StPO mit umfasste „Verfeinerung kriminalistischer Untersuchungsmethoden".
Angesichts des dem zu entscheidenden Fall zugrunde liegenden Sexualverbrechens sei auch der Grundsatz der Verhältnismäßigkeit gewahrt worden. Bei solchen Taten seien der geringfügige Eingriff in die körperliche Unversehrtheit und in das Recht auf informationelle Selbstbestimmung angesichts des öffentlichen Aufklärungsinteresses nämlich eher als gering zu bewerten. Schließlich sei auch der Zweck, für den die so erlangten Untersuchungsergebnisse verwertet werden dürften, in § 81a StPO hinreichend klar umschrieben: Zulässig sei die Verwertung zur Feststellung von Tatsachen, die für das Verfahren von Bedeutung sind. Ob es darüber hinaus angezeigt sei, durch spezielle gesetzliche Maßnahmen dafür Vorsorge zu treffen, dass eine Verwendung des Untersuchungsmaterials und der gewonnenen Erkenntnisse für andere Zwecke ausgeschlossen ist, sei angesichts des Umstandes, dass Missbräuche nicht bekannt geworden seien, fraglich, bedürfe aber keiner Entscheidung. Denn jedenfalls hindere das Fehlen solcher gesetzlicher Vorkehrungen angesichts der nur theoretischen Missbrauchsmöglichkeiten, die ja auch nicht nur bei den DNA-Analysen bestünden, nicht die Verwertung der Untersuchungsergebnisse im Strafverfahren[19].

***b) Die Literatur***

Sternberg-Lieben, der sich als erster eingehender mit der Zulässigkeit der DNA-Analyse im Strafprozess beschäftigt hat und insofern auch als Entdecker dieser Thematik für die strafrechtliche Literatur gelten kann, gelangte in seiner grundlegenden Abhandlung zu der Erkenntnis, derartige Analysen könnten durchaus auf § 81a StPO gestützt werden[20]. Diese Bestimmung lasse solche Untersuchungen sowohl nach ihrem Wortlaut als auch nach ihrem Normzweck zu. Denn es handele sich beim DNA-Analyse-Verfahren zwar um eine Verfeinerung kriminalistischer Untersuchungsmethoden, nicht aber um einen qualitativen Sprung[21]: Anders als etwa bei der Genom-Analyse im Arbeitsleben, gehe es im Strafverfahren schließlich nicht um die vorzeitige Erkennung von Krank-

---

[19] BVerfG, NStZ 1996, S. 45 (46).
[20] Sternberg-Lieben, NJW 1987, S. 1242 (1244).
[21] So auch Burr, Das DNA-Profil, S. 132, der insofern Parallelen zur Genauigkeit der AB0-Blutgruppenuntersuchung zieht.

heitsanlagen oder Dispositionen einer besonderen Empfindlichkeit gegenüber schädlichen Umweltstoffen am Arbeitsplatz; es solle vielmehr lediglich eine – außerhalb des reinen Täterschaftsnachweises – völlig unerhebliche körperliche Eigenschaft des Täters festgestellt werden.
Im Übrigen ändere auch der im Rahmen der Vorschrift des § 81a StPO stets zu berücksichtigende Grundsatz der Verhältnismäßigkeit an dieser Erkenntnis nichts. Zwar seien nach allgemeiner Meinung um so größere Anforderungen an das Gewicht der aufzuklärenden Tat sowie an das Ausmaß des Tatverdachtes zu stellen, je schwerer die Maßnahme den Beschuldigten beeinträchtigt. Allerdings sei der für die Genomanalyse erforderliche körperliche Eingriff als solcher geringfügig. Aber auch die sich daran anschließende molekularbiologische Untersuchung stelle keinen – erst recht keinen schwer wiegenden – Einbruch in den Innenbereich des Menschen dar. Es würden nämlich lediglich für seinen Phänotyp irrelevante Abschnitte seines Genoms untersucht; es handele sich eben nicht um die Aufdeckung der genetischen Anlagen für zukünftige Gesundheitsbeeinträchtigungen, sondern lediglich um die Feststellung einer außerhalb des konkreten Tatnachweises irrelevanten körperlichen Beschaffenheit.
Auch die „naturgemäß“ nie völlig auszuschließende Missbrauchsmöglichkeit dieses Verfahrens zwänge keineswegs dazu, diese Form der genetischer Untersuchung auf Kapitalverbrechen zu beschränken und auf einen bestimmten Verdachtsgrad hin zu konzipieren. Denn diese Gefahr sei kein Spezifikum der Genomanalyse auf DNA-Ebene, sondern wohne bereits heute jeder Blutprobe inne, weil völlig unabhängig von einer direkten Genomanalyse bereits im Blut eine Reihe von im Phänotyp noch nicht erkennbaren Krankheitsbildern festgestellt werden können[22].
Zusammenfassend gelangt Sternberg-Lieben zu dem Ergebnis, ein gesetzgeberischer Handlungsbedarf hinsichtlich der nach § 81a StPO zulässigen DNA-Analyse bestehe nicht; es handele sich eben nur um eine zusätzliche neue Methode der sicheren Täteridentifizierung im Strafverfahren[23].
Später dann hat sich besonders vehement Lührs dafür ausgesprochen, die Untersuchung der DNA eines Beschuldigten bereits auf der Grundlage der §§ 81a, 81c StPO zuzulassen[24]. Die Strafverfolgungspraxis könne sich nämlich neuen Erkenntnissen und Methoden bei der Erforschung der Wahrheit nicht verschließen. Insofern sei pragmatischerweise die Auffassung entwickelt worden, die vorhandenen Bestimmungen stellten auch für die Gewinnung und Analyse des DNA-Materials eine ausreichende und zugleich praxisgerechte gesetzliche Grundlage dar. Diese Überlegung gelte umso mehr, wenn man berücksichtige, dass die Eröffnung dieser Beweismöglichkeit gerade auch in dem Interesse des

---

[22] Sternberg-Lieben, NJW 1987, S. 1242 (1244). Zustimmend: Burr, a.a.O. und Ritter, Genomanalyse, S. 98.
[23] Sternberg-Lieben, a.a.O., S. 1246.
[24] Lührs, MDR 1992, S. 929 f.

Beschuldigten liege, weil diesem damit eine Möglichkeit an die Hand gegeben werde, sich ggf. bereits in einem frühen Verfahrensstadium vom Tatverdacht zu entlasten.
Angesichts des Umstandes, dass sich die Untersuchung der DNA des Beschuldigten auf die nicht codierten Bereiche beschränke, erscheine diese neue Ermittlungsmethode auch unter dem Gesichtspunkt des Grundrechts auf informationelle Selbstbestimmung ungefährlich. Denn angesichts dessen habe zu keinem Zeitpunkt die Gefahr einer unzulässigen Ausforschung der genetischen Disposition des Materialspenders bestanden. Gerade insofern zeige sich auch die Brauchbarkeit der §§ 81a, 81c StPO, die durch ihre enge strafverfahrensbezogene Ausrichtung dies auch sicherstellten, da die Analyse des codierenden Bereichs der DNA für die bloße Feststellung der Täterschaft – und nur insofern legitimierten diese Vorschriften Ermittlungsmaßnahmen – von vornherein nicht von Interesse sei. Die Entbehrlichkeit ergänzender Vorschriften ergebe sich in Anbetracht dessen schon daraus, dass der vorausschauende Gesetzgeber in den §§ 81a, 81c StPO Regelungen geschaffen habe, mit deren Hilfe sich auch zukünftige Sachverhalte vernünftig, d.h. interessengerecht und unbeeinflusst von tagespolitischen Entscheidungen erfassen ließen[25].
Aus etwaigen Missbrauchsmöglichkeiten der DNA-Analyse vermag Lührs ebenfalls kein Bedürfnis nach einer ausdrücklichen gesetzlichen Regelung dieser Ermittlungsmethode herzuleiten, denn: Auch andere Untersuchungsmethoden enthielten das Risiko zusätzlicher über den Strafverfahrenszweck hinausgehender Erkenntnisse und ihres Missbrauchs, ohne dass damit die grundsätzliche Zulässigkeit einer derartigen Beweiserhebung infrage zu stellen sei[26].
Hinzu komme Folgendes: Die Diskussion um den „genetischen Fingerabdruck" spiegele lediglich die Probleme wieder, die Dynamik wissenschaftlicher Erkenntnismöglichkeiten gesellschaftspolitisch zu assimilieren. Insofern solle der Gesetzgeber gesellschaftspolitische Anpassungsprobleme an wissenschaftlichen Fortschritt nicht zu frühzeitig kanalisieren, um damit nicht kontraproduktiv zu wirken, zumal sich die Rechtsprechung innerhalb kurzer Zeit zutreffend den wissenschaftlichen Aufklärungsmöglichkeiten, die der genetische Fingerabdruck im persönlichkeitsneutralen Bereich biete, zugewandt und in diesem Zusammenhang §§ 81a, 81c StPO – nach sorgfältiger Analyse – als vollkommen ausreichende Rechtsgrundlage anerkannt habe[27].
Auch Foldenauer hält DNA-Analysen auf der Grundlage des § 81a SPO für zulässig[28]: so sei zunächst nicht zu bestreiten, dass § 81a StPO den körperlichen Eingriff zur Gewinnung des für die DNA-Untersuchung erforderlichen Blutes zulasse. Problematisch könne allenfalls die Frage sein, ob sich auch die tatsäch-

---

[25] Lührs, a.a.O., S. 930.
[26] Lührs, a.a.O., S. 929.
[27] Lührs, a.a.O., S. 930.
[28] Foldenauer, Genanalyse, S. 46 ff.

liche Durchführung der DNA-Analyse mithilfe der auf diese Weise gewonnenen Probe auf die Vorschrift des § 81a StPO stützen lasse. In diesem Zusammenhang müsse zunächst bedacht werden, dass der Gesetzgeber bei Schaffung dieser Befugnisnorm davon ausgegangen sei, dass die größten Gefahren bei den dadurch zugelassenen Untersuchungen aus dem körperlichen Eingriff als solchem herrührten, dass er aber kaum bedacht habe, dass die weitaus größeren Probleme eines Tages aus der tatsächlichen Verwendung des solchermaßen gewonnenen Materials resultieren könnten.
Angesichts dessen sei es aber weder angängig, § 81a StPO als offen für jede neue Form der Analysemethode anzusehen, noch dürfe man diese in jedem Fall für unzulässig halten. Es sei vielmehr eine gesonderte Untersuchung einer jeden neu aufkommenden Analysemethode daraufhin erforderlich, ob sie in § 81a StPO noch eine taugliche Grundlage finden könne oder nicht. Insofern müsse immer wieder eine Abwägung zwischen den Interessen des Beschuldigten einerseits und denjenigen der Strafverfolgungsorgane andererseits vorgenommen werden. Als aufseiten des Beschuldigten heranzuziehende Rechtspositionen seien vor allem seine Grundrechte in diesen Abwägungsvorgang einzubeziehen, und hier insbesondere das Grundrecht auf informationelle Selbstbestimmung[29]. Denn dass die Analyse und ggf. Speicherung der DNA eines Beschuldigten einen Eingriff in dessen Schutzbereich darstelle, lasse sich kaum von der Hand weisen. Allerdings könne in § 81a StPO eine Schranke dieses Grundrechts erblickt werden. Zwar müsse dieser nach der Rechtsprechung des BVerfG insbesondere unter Berücksichtigung des Grundsatzes der Verhältnismäßigkeit verfassungskonform ausgelegt werden; diese Voraussetzungen seien in Bezug auf die DNA-Analyse allerdings in der Regel erfüllt. Denn die Bestimmung des § 81a StPO diene zunächst dem legitimen Zweck der Datenerhebung zum Zwecke der Aufklärung einer Straftat[30]. Weil sich mithilfe dieser Technik der Nachweis der Zugehörigkeit der Tatortspur zu dem Täter führen lasse, sei der genetische Fingerabdruck prinzipiell auch ein zu diesem Zweck geeignetes und mangels anderweitiger Möglichkeit, die vorgefundene Spur dem Verdächtigen zuzuordnen, auch erforderliches Aufklärungsmittel. Die Zumutbarkeit der Untersuchung ergebe sich daraus, dass durch ihre Beschränkung auf die nicht-codierten Bestandteile der DNA auch nur das absolut erforderliche Minimum an Daten erhoben werde.
Da § 81a StPO also eine zulässige Schranke des Grundrechts auf informationelle Selbstbestimmung darstelle, würden die Interessen der Strafverfolgungsorgane an einer entsprechenden Zulassung der DNA-Analyse das Interesse des Beschuldigten an ihrer Verhinderung überwiegen mit der Folge, dass diese Be-

---

[29] Foldenauer, Genanalyse, S. 48, 51 ff.
[30] Foldenauer, Genanalyse, S. 52 f.

stimmung als Befugnisnorm auch für eine Untersuchung der DNA des Beschuldigten anzuerkennen sei[31].
Einen ähnlichen Ansatzpunkt wie Foldenauer wählt auch Oberwetter. Auch seiner Auffassung nach bildet § 81a StPO eine ausreichende Schranke für etwa betroffene Grundrechte des Beschuldigten und stellt auf diese Weise eine geeignete Ermächtigungsgrundlage für die DNA-Analyse dar[32]. Denn dass diese Bestimmung die Ermittlungsorgane zu Eingriffen in die körperliche Unversehrtheit des Betroffenen ermächtige, werde von kaum jemandem bestritten.
Des Weiteren sei seit langem anerkannt, dass das solchermaßen gewonnene Material auch zur Informationserhebung – etwa bzgl. der Feststellung der BAK – genutzt werden dürfe. Daraus lasse sich – insbesondere in Anbetracht der Tatsache, dass § 81a StPO keine Beschränkung auf ganz bestimmte Untersuchungszwecke vorschreibe – schlussfolgern, dass die danach zulässige Blutentnahme zur Feststellung von „verfahrensrelevanten Tatsachen" eben auch die Erlangung gerade dieser Tatsachen dadurch beinhalte, dass das Blut – unabhängig von der jeweils angewandten Methode – auch daraufhin untersucht werde[33]. Dies umso mehr, als die DNA-Analyse der nicht-codierten Bereiche keine Rückschlüsse auf die Persönlichkeit des Beschuldigten zulasse und noch weniger Rückschlüsse auf etwaige Erbkrankheiten als etwa die klassischerweise zulässigen Blutgruppen-Analysen[34].

---

[31] Foldenauer, Genanalyse, S. 54 und 66. Allerdings scheint Foldenauer (ebda.) selbst von diesem Ergebnis nicht wirklich überzeugt zu sein. Denn kaum, dass er – wie er selbst es bezeichnenderweise nennt – *mühselig* die Bestimmung des § 81a StPO zur ausreichenden Ermächtigungsgrundlage für DNA-Analysen erklärt hat, schlägt er vor, die StPO um entsprechende Spezialvorschriften für diese Untersuchungen zu ergänzen. Bezeichnenderweise hält er § 81a StPO für *durchaus ergänzungswürdig*. Zu denselben Ergebnissen wie Foldenauer gelangt Hother, Die DNA-Analyse, S. 70 ff. Auch er gehört zu denen, denen man attestieren konnte, dass sie § 81a StPO gleichsam „mit schlechtem Gewissen" für eine taugliche Ermächtigungsgrundlage für DNA-Analysen hielten. Denn Hother erkennt die Argumente der Kritiker durchaus an und vermag diesen so recht auch wenig entgegenzusetzen. Gleichwohl meint er bei der Abwägung der Rechte des Beschuldigten und der Strafverfolgungsinteressen des Staates aber beachten zu müssen, dass die Risiken der DNA-Analyse – insbesondere die Ausforschung der nicht-codierten Bereiche – derzeit (Stand: 1995) Zukunftsmusik sei. Insofern sei mit Recht darauf hingewiesen worden, dass so etwas wie „man weiß nicht, wie sich das entwickelt" oder „allgemeiner Unmut" keine Argumente beinhalteten (a.a.O., S. 73). Dass dieser Gedanke tatsächlich zur Legitimation einer Stützung der DNA-Untersuchung auf § 81a StPO herangezogen werden kann, scheint allerdings zweifelhaft, weil ja gerade ein problemorientiertes Denken dazu zwingt, auch Zukunftsrisiken in die Überlegungen mit einzubeziehen. Im Übrigen ist es auch bemerkenswert, dass Hother genauso wie Foldenauer die Schaffung spezieller Ermächtigungsgrundlagen gleichwohl für „angebracht" hielt (a.a.O., S. 74).
[32] Oberwetter, Die DNA-Analyse, S. 28 ff.
[33] Oberwetter, a.a.O., S. 31.
[34] Oberwetter, a.a.O., S 31 f.

Angesichts dessen bestünden auch gegen die Untersuchung solchen Materials, das der Beschuldigte unbewusst verloren hat, keine Bedenken. Zunächst liege es ja so, dass überhaupt kein praktisches Bedürfnis für die heimliche Erlangung untersuchungsfähigen Materials bestehe, weil die Polizei bei jedem halbwegs fundierten Tatverdacht ohne weiteres einen Beschluss nach § 81a StPO herbeiführen und sich so auch auf dem „offiziellen Wege" untersuchungsfähiges Material beschaffen könne.
Im Übrigen sei ein derartiges heimliches Vorgehen aber auch in analoger Anwendung des § 81a StPO zulässig, denn wenn die DNA-Analyse sogar an solchem Material zulässig sei, das mithilfe eines Eingriffs in die körperliche Unversehrtheit erlangt wurde, müsse dies erst recht für Material gelten, das ohne körperlichen Eingriff gewonnen wurde. Dagegen könne auch nicht ins Feld geführt werden, dies sei schon deshalb nicht zulässig, weil der Beschuldigte solches Material ja unwillkürlich abgesondert habe und sich – mangels Wissens um die Erlangung der Probe durch die Strafverfolgungsorgane – gegen dessen Analyse gerichtlich nicht zur Wehr setzen könne. Denn die zwangsweise Entnahme einer Blutprobe habe nicht den Sinn, den Betroffenen quasi im Wege des rechtlichen Hinweises darauf aufmerksam zu machen, dass nun weitere Untersuchungen in Form einer Blutanalyse folgen werden, und dass angesichts dessen darüber nachzudenken sei, Rechtsmittel einzulegen. Vielmehr sei gesetzlicher Regelungsgegenstand der Vorschrift des § 81a StPO nur das Recht, die Weigerung eines Verdächtigen mittels Zwanges zu überwinden. Und schließlich sei es ja so, dass der Betroffene im Falle des Bekanntwerdens einer an heimlich beschafften Material durchgeführten Analyse noch im weiteren Laufe des Strafverfahrens Gelegenheit erhalte, ihre rechtliche Zulässigkeit überprüfen zu lassen[35].
Einen etwas anderen Weg bei der Begründung der Tauglichkeit des § 81a StPO als Ermächtigungsgrundlage für DNA-Analysen geht Ritter[36]. Zwar muss auch er einräumen, dass sich aus § 81a StPO keine ausdrückliche Regelung für den Eingriff in das informationelle Selbstbestimmungsrecht des Beschuldigten herleiten lasse. Daraus könne aber nicht per se die Unzulässigkeit von Analysen des gewonnen Untersuchungsmaterials gefolgert werden, denn dass sich an den körperlichen Eingriff eine Untersuchung anschließen müsse, ergebe sich schon aus dem Sinn und Zweck der Vorschrift, weil sonst die Gewinnung der Blutprobe überflüssig wäre. Von jeher werde daher die Feststellung der BAK auf der Grundlage der Vorschrift des § 81a StPO zugelassen, obwohl bekanntermaßen auch dabei weitere Erkenntnisse über etwaige Krankheiten des Betroffenen gleichsam als „Nebenbefund" gewonnen werden könnten. Demgegenüber würden bei der DNA-Analyse von vornherein und gezielt nur die für das Individuum belanglosen Abschnitte der DNA untersucht. Daher müsse die DNA-

---

[35] Oberwetter, Die DNA-Analyse, S. 35.
[36] Ritter, Genomanalyse, S. 95 ff.

Analyse im Umkehrschluss ebenfalls von § 81a StPO gedeckt sein, denn der erzielte Informationsgewinn, der nicht über die Identifizierung eines Menschen hinausgehe, sei geringer als bei den nach § 81a StPO zulässigen klassischen Blutgruppenuntersuchungen[37].

Die Zulässigkeit der DNA-Analyse nach § 81a StPO lasse sich im Übrigen auch mit dem Wortlaut dieser Bestimmung begründen, wonach Blutentnahmen zur Feststellung verfahrensrelevanter Tatsachen gestattet seien. Darunter fielen auch die mithilfe der DNA-Untersuchung herausgefunden Umstände, die ihrerseits einen Rückschluss auf die Täterschaft des Beschuldigten zuließen. Weil weitere Beschränkungen sich aus § 81a StPO nicht entnehmen ließen, sei zunächst davon auszugehen, dass jede Information, die für das Verfahren womöglich Bedeutung gewinnen könne, aus dem Material erhoben werden dürfe, was nun aber insofern Probleme bergen könnte, als nach einer solchen Auslegung naturgemäß auch die Ermittlung codierter DNA-Bestandteile als zulässig angesehen werden müsse. Denn dies wäre – auch nach Auffassung Ritters – mit dem Grundsatz der Verhältnismäßigkeit kaum in Einklang zu bringen[38].

Allerdings findet Ritter eine Lösung in seinem Sinne nun dadurch, dass er einen bekannten Kunstgriff des BVerfG als Rettungsanker nutzt: Die verfassungskonforme Auslegung[39].

Mithilfe dieses Instituts hatte das BVerfG nämlich bereits in einer 1963 getroffenen Entscheidung den offensichtlich zu weit reichenden § 81a StPO verfassungsrechtlich „gezähmt", indem es feststellte, der Grundsatz der Verhältnismäßigkeit müsse in diese Bestimmung gleichsam hineingelesen werden mit der Folge, dass er fortan auch nur noch zu verhältnismäßigen Eingriffen berechtige[40]. Danach darf eine Maßnahme nur dann angeordnet werden, wenn nicht eine weniger stark eingreifende Maßnahme ausreicht; im Übrigen ist zu prüfen, ob die Maßnahme in angemessenem Verhältnis zur Schwere der – mutmaßlichen – Tat steht[41]. Diese Überlegung, die im Hinblick auf schwer wiegende Eingriffe in die körperliche Unversehrtheit dem § 81a StPO „den Hals gerettet" hatte, nutzt Ritter nunmehr sozusagen auf der anderen Seite, nämlich bei der Analyse des gewonnenen Materials:

Die Vorschrift des § 81a StPO berechtige von vornherein nur zu einer Analyse der „ungefährlichen" also nicht codierten Bestandteile der DNA, wohingegen – entgegen dem viel weiter reichenden Wortlaut – andere Untersuchungen nicht statthaft sein sollen. Denn der insofern dem § 81a StPO inkorporierte Verhält-

---

[37] Ritter, a.a.O., S. 96.

[38] Ritter, a.a.O., S. 96 f.

[39] Ritter, a.a.O., S. 97

[40] BVerfGE 16, S. 194 (202); weitergeführt in BVerfGE 17, S. 108 (117) und BVerfGE 27, S. 211 (218 f.).

[41] S. dazu m.w.N. auch aus der Rechtsprechung der Strafgerichte: Eisenberg, Beweisrecht der StPO, Rn. 1622.

nismäßigkeitsgrundsatz verbiete dem Staat, Daten von grundsätzlichem Belang – etwa der körperlichen Beschaffenheit – zu erheben, ohne dass hierfür bereits eine konkrete Notwendigkeit bestehe. Da aber mithilfe der Analyse des nichtcodierten Bereichs der Normzweck – Datenererbung zur Täterermittlung – ohne weiteres erreicht werden könne, die dafür erforderliche Analyse aber nicht gefährlicher sei, als eine übliche Blutuntersuchung, sei diese aufgrund des durch den Grundsatz der Verhältnismäßigkeit begrenzten § 81a StPO zulässig. Eine weiter gehende Konkretisierung des § 81a StPO als Verwendungsbestimmung sei zudem auch in Anbetracht der vom BVerfG im Volkszählungsurteil dargelegten Anforderungen nicht erforderlich, weil aus der Analyse der nichtcodierten Bereiche der DNA eben nur eine geringe Gefahr für den Beschuldigten erwachse: die gewonnenen Informationen gingen eben nicht über die Zuordnung der Spur zu dem Beschuldigten hinaus; der Umfang der Datenerhebung sei also relativ gering[42].

### *2. Kritische Stimmen*

Obwohl sich also rasch eine breite h.M. in Rechtsprechung und Literatur herausbildete, die Einwände gegen eine Zulässigkeit der DNA-Analyse und ihre Legitimation zu § 81a StPO ablehnte, wurde die Diskussion doch von Beginn an von einer Vielzahl kritischer Stimmen aus der Literatur begleitet, die z.T. eindrucksvoll auf die Begründungsdefizite der h.M. aufmerksam machten, und die – dies wurde bereits angedeutet – bis heute nichts von ihrer Aktualität verloren haben.

Vorreiter bei der kritischen Betrachtung des Einsatzes der Genanalyse im Strafprozess waren Keller und Rademacher, die bereits Ende der 1980er/ Anfang der 1990er Jahre mit ganz grundsätzlichen Bedenken auf sich aufmerksam machten. Keller differenziert zunächst zwischen Untersuchungsmaterialien, die von dem Beschuldigten nach § 81a StPO durch einen körperlichen Eingriff (z.B. durch Blutentnahme) gewonnen werden (müssen) und solchen, die die Strafverfolgungsbehörden ohne einen derartigen Eingriff erlangen (können), wie dies etwa bei einem verlorenen Haar oder einer Zigarettenkippe der Fall ist[43].

Eine Untersuchung in letzteren Fällen hält Keller von vornherein für unzulässig; eine solche komme auch nicht mithilfe eines „Erst-recht-Schlusses“ auf der Grundlage einer analogen Anwendung des § 81a StPO in Betracht. Zwar erscheine eine derartige Materialgewinnung auf den ersten Blick für den Beschuldigten weniger gravierend als eine solche durch einen körperlichen Eingriff. Jedoch sei Folgendes zu bedenken: Einen der Analyse vorausgehenden körper-

---

[42] Ritter, Genomanalyse, S. 97 f. Bemerkenswerterweise hält es auch Ritter trotz dieser Erkenntnis und natürlich nur „aus Gründen der Klarstellung“ *rechtspolitisch* für angezeigt, „den § 81a StPO zu ergänzen und eine speziell auf die DNA-Analytik zugeschnittene Regelung in die Strafprozessordnung einzuführen, a.a.O., S. 100.

[43] Keller, NJW 1989, S. 2289 (2295).

lichen Eingriff könne der Betroffene immerhin bemerken, allein durch dieses Wissen bleibe ihm dann die Möglichkeit, ein Minimum an Kontrolle zu behalten und ggf. auch um Rechtsschutz dagegen nachzusuchen. Werde aber Material ohne einen solchen vorhergehenden körperlichen Eingriff und damit eben ohne Wissen des Betroffenen verwertet, so sei er den Gefahren der Genanalyse vollends ausgeliefert; das Gefährdungspotenzial durch eine derartige gleichsam „unkörperliche“ Materialerlangung sei ungleich größer als bei dem klassischen Eingriff auf der Grundlage des § 81a StPO[44].

Aber auch eine durch einen Zwangseingriff nach § 81a StPO gewonnene Materialprobe dürfe einer DNA-Analyse nicht unterzogen werden. Insofern müsse man nämlich beachten, dass § 81a StPO seinem Wortlaut nach nur zur Gewinnung der Materialprobe, nicht jedoch auch zu deren Analyse berechtige. Wenn dies nach nahezu allgemeiner Auffassung zulässig sei, rühre dies daher, dass eine Bestimmung wie § 81a StPO bei einer anderen Auslegung schlichtweg sinnlos sei, denn wenn man eine Probe nicht auswerten dürfe, dann müsse man sie gar nicht erst gewinnen. Demnach lasse sich der Existenz einer derartigen Bestimmung ohne weiteres auch der Wille des Gesetzgebers entnehmen, dass darauf gestützt auch die Analyse des somit gewonnenen Materials zulässig sein müsse. Dieser Schluss lasse sich allerdings von vornherein nur für solche Analysemethoden aufrecht erhalten, um die der Gesetzgeber bei Einführung der Bestimmung auch gewusst habe – wie etwa um die Möglichkeit der Bestimmung der BAK.

Demgegenüber handele es sich bei der Genomanalyse um eine völlige abweichende Ermittlungsmethode, die mit dem ursprünglichen Sinn und Zweck des § 81a StPO schlechthin nichts mehr zu tun habe. Denn die Nebenwirkungen oder das Ausforschungspotenzial der Genanalyse reichten über die herkömmlichen Verfahren etwa zur Ermittlung der BAK weit hinaus[45]. Eine entsprechende Interpretation des § 81a StPO sei mithin von vornherein ausgeschlossen – dies

---

[44] Keller, a.a.O. Vgl. zur entsprechenden Situation im Rahmen des § 81c StPO aufseiten des Opfers Oberlies, StV 1990, S. 469 (471), die diese Problematik in solchen Fällen noch dadurch verschärft sieht, dass die analysierte Opferspur diesem in aller Regel unmittelbar zugeordnet werden kann und infolgedessen auch die aus dieser Spur mithilfe der DNA-Analyse gewonnenen Erkenntnisse. Daher könne aus § 81c StPO, der nur die unmittelbar körperlichen Eingriffe regelt, nicht geschlossen werden, dass alle körperfernen Eingriffe zulässig seien; gerade das Gegenteil sei richtig: Hierfür bedürfe es erst recht einer gesetzlichen Ermächtigungsgrundlage.

[45] Keller, a.a.O. Übereinstimmend: Jung, MSchrKrim 72 (1989), S. 103 (104), der in der Genanalyse gegenüber den herkömmlicherweise auf § 81a StPO gestützten Untersuchungsmaßnahmen ein aliud erblickt, weil mit ihr nicht nur eine Steigerung der Erkenntnisqualität verbunden ist – wie dies mitunter auch etwa bei verbesserten Untersuchungsmethoden zur Feststellung der BAK der Fall sein kann - , sondern darüber hinaus auch persönlichkeitsrelevante Aspekte betrifft. Vgl. dazu auch Wellbrock CR 1989, S.204 (206).

gelte im Übrigen auch für eine Genanalyse bei sonstigen Personen nach § 81c Abs. 2 StPO[46].

Rademacher hält § 81a StPO unter zwei Gesichtspunkten nicht für eine taugliche Ermächtigungsgrundlage:

Zum einen habe das BVerfG schon frühzeitig herausgearbeitet, dass alle Untersuchungseingriffe im Rahmen des § 81a StPO dem Grundsatz der Verhältnismäßigkeit unterliegen würden. Dies führe dazu, dass ein Eingriff in die körperliche Integrität des Betroffenen jeweils dann nicht zulässig sei, wenn es mildere Mittel gebe, um an die gewünschten Informationen heranzukommen[47]. Insofern komme gerade bei einer ins Auge gefassten DNA-Analyse eine Venenpunktion als zulässige Gewinnungsmethode nicht in Betracht, weil sich das insofern erforderliche Material unschwer auch mithilfe jedes anderen zellkernhaltigen Materials beschaffen lasse, etwa durch eine Mundspülung mit der ausreichende Zellproben gewonnen werden könnten. Eine solche Maßnahme stelle aber zweifelsohne einen gegenüber der Venenpunktion milderen Eingriff dar[48].

Entscheidender erscheint aber noch ein weiterer von Rademacher herausgearbeiteter Aspekt: Früher sei die Problematik der Blutentnahme ausschließlich unter dem Gesichtspunkt des Eingriffs in die körperliche Integrität des Betroffenen beurteilt worden. Völlig aus dem Blick sei dabei die Frage geblieben, mit welchem Zweck ein solcher Eingriff denn durchgeführt wurde, also das *Ziel der Informationserhebung*. Angesichts der rasant voranschreitenden Kriminaltechnik und dem daher möglichen intensiven und ungeheuer weit reichenden Informationsgewinn über das Körperinnere könne die Zulässigkeit einer Zwangsmaßnahme nach § 81a StPO daher nicht allein von der *körperlichen* Eingriffsmaßnahme und der *körperlichen* Eingriffsintensität aus beurteilt werden. Vielmehr sei das Schwergewicht auf die dem eigentlichen körperlichen Eingriff nachfolgenden Analysen zu legen; weniger komme es auf die Informationserhebung als vielmehr auf die Informationsverarbeitung an[49].

Entsprechende Bestimmungen über die weitere Verwendung der mithilfe der Blutentnahme gewonnenen Informationsgrundlage enthalte § 81a StPO jedoch nicht. Es sei auch nicht zulässig, darin gerade den entscheidenden Vorteil dieser Regelung zu sehen, der durch den Verzicht auf die genaue Umschreibung der zulässigen Untersuchungsmethode auf diese Weise gleichsam ein „dynamisierendes Element" zugeschrieben werde: Allein aus dem Umstand, dass § 81a StPO keine konkrete Art der zulässigen Untersuchungsmaßnahme benenne,

[46] Keller, a.a.O., S. 2296.

[47] Rademacher, Zulässigkeit, S. 55 ff.

[48] Rademacher, a.a.O., S. 57.

[49] Rademacher, Zulässigkeit, S. 58. Ebenso: Klumpe, Der „genetische Fingerabdruck", S. 172. S. dazu auch Dix, DuD 1989, S. 235 (236). Dieselbe Differenzierung nimmt Oberlies, StV 1989, S. 469 (470) für den § 81c StPO vor; auch dieser regele ausschließlich den körperlichen Eingriff, wohingegen es an der auch insofern gebotenen Datenverwendungsregelung fehle.

könne gerade *nicht* gefolgert werden, dass jede aufgrund immer schneller fortschreitender wissenschaftlicher Erkenntnisse mögliche neue Untersuchungsmethode an Blutproben generell von § 81a StPO gedeckt sei; dies werde der aus der Wesentlichkeitstheorie fließenden Verpflichtung des Gesetzgebers offensichtlich nicht gerecht, Art und Umfang zulässiger Grundrechtseingriffe selbst festzulegen[50].
Vielmehr zeigt Rademacher eine bemerkenswerte Parallele zu einer altbekannten Problematik[51] auf: So steht die h.M.[52] nämlich auf dem Standpunkt, § 81a StPO ermächtige die Strafverfolgungsorgane nicht nur zu der eigentlichen Blutentnahme, vielmehr sei es – wenn der Beschuldigte sich gegen die Entnahme aktiv zur Wehr setze – aufgrund dieser Bestimmung auch zulässig, ihn mit Zwang zu der Blutentnahme zu verbringen. Zulässig sein soll also nicht nur der eigentliche Akt der Verletzung der körperlichen Integrität durch die Venenpunktion, sondern auch die Festsetzung, ggf. Fesselung des Beschuldigten, also auch ein Eingriff in seine persönliche Freiheit gem. Art. 2 Abs. 2 Satz 2 GG.
Bereits dagegen bestehen jedoch erhebliche Bedenken: Denn aus der Lehre vom Vorbehalt des Gesetzes folgt, dass der Gesetzgeber dazu verpflichtet ist, jeden Eingriff in Grundrechte der Bürger durch förmliches Gesetz selbst zu regeln. Dieser Grundsatz gilt insbesondere für die staatliche Strafverfolgungstätigkeit uneingeschränkt, sodass Ermittlungsmaßnahmen rechtmäßigerweise in Grundrechte der Bürger eben nur so weit eingreifen können wie die konkrete gesetzliche Ermächtigungsgrundlage reicht; eine gleichsam konkludente Einschränkung ist nicht möglich. Demnach bildet § 81a StPO nach seinem eindeutigen Wortlaut ausschließlich eine Ermächtigung für einen Eingriff in die körperliche Unversehrtheit (Art. 2 Abs. 2 Satz 1 GG), nicht jedoch für einen solchen in die Freiheit des Einzelnen[53].
Bereits deshalb kann eine Freiheitsbeschränkung nach Art. 2 Abs. 2 Satz 2, 104 GG nicht – gleichsam im Wege der ergänzenden Auslegung – auf § 81a StPO gestützt werden; wollte man verfahren wie die h.M. dies tut, könnte der Schutzzweck der Verfassung durch nahezu jede Ermächtigungsnorm der StPO ausgehebelt werden, denn in irgendeine Richtung wird deren extensive Interpretation in jedem Falle möglich sein[54].
Diese Überlegung macht Rademacher nunmehr auch für die hier in Rede stehende Problematik fruchtbar. Wenn nämlich bereits solche Maßnahmen nicht von § 81a StPO gedeckt seien, die die Blutentnahme gleichsam vorbereiten (wie dies ja bei einer entsprechenden Freiheitsentziehung der Fall ist), könne auch für die sich anschließende DNA-Analyse nichts Abweichendes gelten: Diese

---

[50] Rademacher, StV 1989, S. 546 (549). Ebenso: Dix, a.a.O., Vogt, StV 1993, S. 175 (175).
[51] Rademacher, Zulässigkeit, S. 62 ff.
[52] Vgl. dazu m.w.N. Eisenberg, Beweisrecht der StPO, Rn. 1646.
[53] Rademacher, Zulässigkeit, S. 63. S. auch dies., StV 1989, S. 546 (549).
[54] Vgl. schon Naucke, SchlHA 1963, S. 183 ff.; Geerds, GA 1965, S. 321 (329 ff.).

greife nämlich in das Grundrecht des Betroffenen auf informationelle Selbstbestimmung ein[55]. Zulässige Eingriffe in dieses Grundrecht setzten nach dem Volkszählungsurteil des BVerfG[56] jedoch voraus, dass Art, Umfang und Zweck der Datenerhebung hinreichend deutlich im Gesetz selbst festgelegt seien. Aufgrund der allgemein gehaltenen Regelung der Blutprobenentnahme in der Bestimmung des § 81a StPO sei aber nun weder der konkrete Zweck der Entnahme im Einzelfall, noch die konkret beabsichtigte Analysemethode am Blut für den Beschuldigten erkennbar. Da aber die Analysemethoden einen Zugriff auf Daten über das Innenleben durch einen als harmlos geltenden Eingriff in die körperliche Unversehrtheit erlaubten, liege schon in der Entnahme einer jeden Blutprobe ein Eingriff in das Grundrecht auf informationelle Selbstbestimmung. Angesichts dessen müsse der Zweck der Blutentnahme sowie der Untersuchungsumfang schon vor der Venenpunktion feststehen. Nur so könne dem Recht des Beschuldigten Rechnung getragen werden, den Umfang der Datenerhebung zu kennen und die Zwangsmaßnahme anschließend durch Rechtsmittel überprüfen zu lasse[57].

Alles in allem lasse sich der StPO also keine Ermächtigungsgrundlage zur Durchführung gentechnischer Analysen entnehmen, sodass gentechnische Untersuchungsmaßnahmen unzulässig seien[58].

Rademachers Gedanken werden von Wagner weitergeführt, die den Schwerpunkt ihrer Überlegungen noch mehr auf die Frage konzentriert, ob § 81a StPO den vom BVerfG in seinem Volkszählungs-Urteil[59] aufgestellten Voraussetzungen für eine verfassungsmäßige Datenverwendung genügt[60]. Insofern sei nämlich mittlerweile unumstritten, dass der Staat zwangsweise erhobene Informationen nur auf der Grundlage einer gesetzlichen Ermächtigungsgrundlage verarbeiten dürfe. Um den Schutzzweck des Vorbehalts des Gesetzes nicht auszuhebeln, sei der erforderliche Konkretisierungsgrad einer entsprechenden gesetzlichen Befugnisnorm davon abhängig, welches Gefahrenpotenzial für den Betrof-

---

[55] Hierzu Rademacher, Zulässigkeit, S. 59 ff., dies., StV 1989, S. 546 (550); dies. NJW 1991, S. 735 (736). S. auch Vogt, StV 1993, S. 175 (175 f.).

[56] BVerfGE 65, S. 1 ff.

[57] Rademacher, Zulässigkeit, S. 67 f.

[58] Rademacher, Zulässigkeit, S. 86. Übereinstimmend: Dix, DuD 1989, S. 235 (237) und ders., DuD 1993, S. 281. Zum selben Ergebnis gelangt Oberlies, StV 1989, S. 3469 (470) für die Regelung des § 81c StPO; auch dieser ermächtige die Strafverfolgungsorgane nicht zu einer DNA-Analyse des bei dem Tatopfer gewonnenen Spurenmaterials. Dies zumal § 81c StPO den Eingriff durch Zumutbarkeitsgesichtspunkte begrenze, sodass den Persönlichkeitsrechten des Opfers ausreichend Rechnung zu tragen sei. Diese Abwägung kann nach Oberlies' Auffassung in keinem Fall dazu führen, dass zur Aufklärung einer Vergewaltigung gegen oder ohne den Willen der Frau eine Analyse ihrer eigenen Körperzellen durchgeführt werden dürfe. Gerade entgegengesetzter Auffassung ist Oberwetter, Die DNA-Analyse, S. 48 f.

[59] BVerfGE 65, S. 1 ff.

[60] Wagner, Das „genetische Fingerabdruckverfahren", S. 105 ff.

fenen die erhobenen Daten bergen würden. Angesichts des Umstandes, dass die mithilfe einer DNA-Analyse gewonnenen Daten ein relativ hohes Maß an Sensibilität aufwiesen, bedürfe es insofern exakter Verwendungsbestimmungen. Denn auch wenn nur die nicht-codierten Bereiche der DNA analysiert würden, mit der Folge, dass jedenfalls nach dem derzeitigen Stand der Wissenschaft daraus keine Rückschlüsse auf die Persönlichkeit des Betroffenen gezogen werden könnten, ermöglichten es die gewonnen Informationen jedoch ohne weiteres, diesen dauerhaft zu kennzeichnen, ihn damit stets wieder zu individualisieren und ihn damit auch zu kontrollieren[61].
Nun stelle die Vorschrift des § 81a StPO angesichts ihrer Weite und Unschärfe schon in ihrem klassischen Anwendungsfeld eine verfassungsrechtlich ohnedies eher problematische Bestimmung dar, bei der es an nahezu sämtlichen rechtsstaatlich gebotenen Einschränkungen fehle: Sie enthalte keine Beschränkung der Untersuchungsverfahren auf persönlichkeitsneutrale Datenerhebungen, treffe weder Regelungen über die Verwertung von Zufallsfunden, noch verhindere sie solche, sie enthaltene keine Zweckbestimmung für die durch die entsprechende Untersuchung gewonnenen Daten und letztlich fehle es auch an einer ausdrücklichen Festschreibung der Verpflichtung zu Beachtung des Verhältnismäßigkeitsgrundsatzes[62].
Daraus lasse sich jedenfalls schlussfolgern, dass § 81a StPO derart sensible Eingriffe wie sie mit der DNA-Analyse verbunden seien, nicht zu legitimieren in der Lage sei[63], zumal angesichts der immensen Defizite dieser Bestimmung auch eine verfassungskonforme Auslegung nicht infrage komme[64]. Dieselbe Überlegung gelte im Übrigen auch für § 81c StPO, weil auch dieser keine präzisen Datenverwendungsregeln enthalte[65].

### *II. Die Zulässigkeit von Reihenuntersuchungen*

#### *1. Ausgangspunkt: Die Situation vor der Entdeckung der DNA-Analyse*

Während der Zeit vor der Entdeckung der DNA-Analyse für den Strafprozess schienen Massenuntersuchungen zum Zwecke der Ermittlung eines Täters bzw. zur Spurensuche im weitesten Sinne gleichsam undenkbar. Nur so erklärt es sich letztlich auch, dass man zu dieser Problematik überhaupt keine Rechtspre-

---

[61] Wagner, a.a.O., S. 121 f. Vgl. auch Dix, DuD 1989, S. 235 (236), Klumpe, Der „genetische Fingerabdruck", S. 173.
[62] Wagner, a.a.O., S. 124 ff. Vgl. dazu auch Burr, Das DNA-Profil, S. 135 ff., Hother, Die DNA-Analyse, S. 60.
[63] Wagner, a.a.O., S. 129. Übereinstimmend: Klumpe, Der „genetische Fingerabdruck", S. 172 ff., 184 f.
[64] Wagner, a.a.O., S. 134 f. Vgl. zur verfassungskonformen Auslegung insbesondere Naucke, KritV 1986, S. 189 (204 ff.).
[65] Wagner, a.a.O., S. 180.

chung findet; auch in der Literatur gab es kaum Stellungnahmen. Allerdings: Nach einigem Suchen wird man hier immerhin fündig und stößt zunächst auf eine Abhandlung von Dünnebier aus dem Jahre 1953[66]. Dieser befasst sich mit der Interpretation des damals frisch novellierten § 81c StPO und geht in diesem Zusammenhang insbesondere der Frage nach, welches der Personkreis ist, der Ermittlungsmaßnahmen nach dieser Vorschrift zu dulden hat. Er gelangt zu folgender Feststellung: Man werde, wenn man § 81c Abs. 1 StPO sinnvoll auslegen wolle, in den Worten: „wenn sie als Zeugen in Betracht kommen" nur ein einschränkendes Prinzip in dem Sinne erblicken können, dass die Untersuchung auf Personen beschränkt ist, bei denen Spuren oder Folgen einer strafbaren Handlung zu erwarten, dass aber *Reihenuntersuchungen nach Spurenträgern unzulässig* sind[67]. Die Einschätzung wird gut 20 Jahre später von Krause – in seinen Anmerkungen zum damals wiederum neu gefassten § 81c StPO – bestätigt: Übereinstimmend mit Dünnebier geht er davon aus, dass – vergleichbar mit dem Verbot des Ausforschungsbeweises im Zivilprozess – nur *Reihenuntersuchungen nach Spurenträgern ausgeschlossen* werden sollten[68]. Mehr als diese kurzen Feststellungen schienen beiden Autoren, die – wohlgemerkt – beide als Staatsanwälte tätig waren, nicht erforderlich.
Ganz in diesem Sinne heißt es bei Dahs in seiner Kommentierung des § 81a StPO: „Die Maßnahmen sind nicht zulässig, wenn durch sie erst herausgefunden werden soll, ob überhaupt ein Tatverdacht besteht[69]." Und wie sehr die heutige DNA-Massenanalyse noch 1987 undenkbar erschien, verdeutlichen seine Erläuterungen zu § 81c StPO, wo er ausführt: „Er [§81c StPO, M.W.] hindert nicht, jede tatunverdächtige Person, bei der Spuren oder Tatfolgen zu vermuten sind, ohne ihre Einwilligung zu untersuchen, und verbietet lediglich Reihenuntersuchungen nach Spurenträgern, *die allerdings wohl auch ohne das Verbot niemand vornehmen würde*[70]." Demnach stellt Dahs sodann fest, die Vermutung, dass überhaupt irgendwelche Spuren oder Tatfolgen durch die Untersuchung zutage gefördert werden können, genüge nicht. Auch der Spurengrundsatz stehe demnach Reihenuntersuchungen nach Spurenträgern entgegen[71].
Als Zwischenfazit lässt sich also festhalten: Seit den frühesten Anfängen des Strafprozesses in der Bundesrepublik Deutschland bis hin in die späten 1980er Jahre erschienen umfassende Reihenuntersuchungen ohne die konkrete Vermutung, ganz bestimmte Spuren bei einer ganz bestimmten Person auffinden zu können, gleichsam undenkbar. Dass derartige Maßnahmen mit einem rechts-

---

[66] Dünnebier, GA 1953, S. 65 ff.
[67] Dünnebier, a.a.O., S. 68, Hervorhebungen von mir, M.W.
[68] Krause, JZ 1976, S. 124 (124 f.), Hervorhebungen von mir, M.W.
[69] Dahs, in: Löwe/ Rosenberg, § 81a, Rn. 7.
[70] Dahs, a.a.O., § 81c, Rn. 12, Hervorhebungen von mir, M.W.
[71] Dahs, a.a.O., Rn. 16.

staatlichen Strafprozess unvereinbar sind, ließ sich ohne weiteres in wenigen Zeilen abhandeln, sofern man sie denn überhaupt für erwähnungsbedürftig hielt.

***2. Die weitere Fortentwicklung des Meinungsstandes***

Dies änderte sich schlagartig mit der Entdeckung der DNA-Analyse als Ermittlungsmethode im Strafprozess. Die literarischen Stellungnahmen vervielfachten sich binnen kürzester Zeit, wohl insbesondere auch deshalb, weil die spektakulärsten Anwendungsfälle dieser Methode gerade die frühen Massentests waren (dazu oben im 3. Abschnitt A.). Und erneut nimmt die Diskussion einen bemerkenswerten Verlauf: Als offensichtlich wurde, dass ein Massentest nun tatsächlich sinnvoll durchgeführt werden konnte, wurden mehr und mehr Stimmen laut, die diesen auch für zulässig hielten, m.a.W.: Die Grenze des Zulässigen verschiebt sich offenbar mit der Grenze des Machbaren.

Angesichts dessen ist es wenig erstaunlich, dass die Trennlinien dieser Diskussion nahezu parallel zu denen im Zusammenhang mit der generellen Zulässigkeit der DNA-Analyse verliefen. Auch deren Grundlinien sollen im Folgenden nachgezeichnet werden.

***a) Den DNA-Massentest befürwortende Auffassungen***

***aa) Die Rechtsprechung***

Ganz ähnlich wie bei der grundlegenden Entscheidung über das „Ob“ der DNA-Analyse im Strafprozess zeigte sich die Rechtsprechung auch gegenüber den sog. Massenuntersuchungen offen.

Erstmalig hatte sich das BVerfG in einem Nicht-Annahmebeschluss vom 27. Februar 1996 mit der Zulässigkeit der Verwertung von Erkenntnissen zu befassen, die mithilfe einer DNA-Reihenuntersuchung gewonnen worden waren[72]. Dabei ging es insbesondere um die Frage, inwieweit die vonseiten des Verurteilten gegebene Einwilligung in die Untersuchung seiner DNA im Rahmen eines Massentests Wirksamkeit entfaltete und die insofern gewonnenen Erkenntnisse zum Nachweis seiner Schuld genutzt werden durften. Das BVerfG sah hier keinen Anlass, an der Freiwilligkeit dieser Einwilligung zu zweifeln. Denn sogar der Beschwerdeführer selbst habe nicht behauptet, dass sich die Kriminalpolizei unlauterer Mittel bedient habe, um diese (d.m. seine) Zustimmung zu erhalten[73]. Allein sein Bestreben, sich nicht durch eine Weigerung verdächtig zu machen, bewirke noch nicht die Unwirksamkeit seiner Zustimmungserklärung. Denn es handele sich nur um ein Motiv der Erklärung, das für sich genommen die Freiwilligkeit als solche nicht tangiere. Auch eine etwaige Befürchtung des Beschwerdeführers, dass im Falle der Weigerung die Blutentnahme und sodann die DNA-Analyse gem. § 81a StPO gerichtlich angeordnet würden, lasse die

---

[72] BVerfG, NJW 1996, S. 1587.

[73] Wobei das BVerfG offenbar übersieht, dass bereits der DNA-Massentest an sich ein unlauteres Mittel zur Wahrheitsfindung darstellen könnte.

Wirksamkeit seiner Zustimmungserklärung unberührt. Denn dieses hätte er in Kauf nehmen und sich sodann ggf. mit der Beschwerde nach § 304 Abs. 1 StPO dagegen zur Wehr setzen müssen. Weil er dies unterlassen, also durch die Zustimmung gleichsam auf die Erlangung von Rechtsschutz verzichtet habe, könne er nunmehr – wegen Versäumung des ordentlichen Rechtsweges – nicht mit Erfolg versuchen, seine Rechte mithilfe der Verfassungsbeschwerde tatsächlich durchzusetzen[74].

Weit mehr Aufmerksamkeit erregte in der Fachöffentlichkeit ein weiterer Beschluss, den das BVerfG kaum sechs Monate später fasste[75]. Es ging dabei um den sog. Münchner-Porschefahrer-Fall. Der Entscheidung liegt im Wesentlichen folgender Fall zugrunde: In einem Mordfall gelang es der Polizei längere Zeit nicht, den Täter ausfindig zu machen. Im Zusammenhang mit dieser Tat hatte sie aber wiederholt Hinweise aus der Bevölkerung erhalten, dass ein Pkw Typ Porsche mit einem Münchner Kennzeichen mehrfach im Tatortbereich gesichtet worden war. Daraufhin wurden die Ermittlungen auf sämtliche männliche Personen ausgeweitet, die zur Tatzeit einen derartigen Pkw besessen hatten. An diese versandten die Ermittler einen Fragebogen, in denen sie nähere Fragen zu dem Pkw, dessen Benutzern und dem Aufenthalt des Besitzers in der Tatnacht stellten. Mithilfe dieser Fragebögen wurden alle Personen ausgeschieden, die ersichtlich als Täter nicht infrage kamen. Von den verbliebenen Personen versuchte die Polizei auf freiwilliger Grundlage Blutproben für eine DNA-Vergleichsuntersuchung zu erlangen. Darunter befand sich auch der Beschwerdeführer; das an ihn gerichtete Aufforderungsschreiben enthielt u.a. auch die Hinweise, es seien bereits etwa 750 Blutentnahmen durchgeführt worden, und die Polizei werde über die zuständige Staatsanwaltschaft einen Beschluss nach § 81a StPO erwirken, wenn er die Probe freiwillig nicht abgebe.

Nachdem sich der Beschwerdeführer daraufhin weigerte, sich Blut zwecks Durchführung einer DNA-Analyse abnehmen zu lassen, ordnete das zuständige Amtsgericht gem. § 81a StPO die Entnahme einer entsprechenden Blutprobe an. Zur Begründung führte es aus, dass der Beschwerdeführer nach dem derzeitigen Stand der Ermittlungen als Täter infrage komme; die Anordnung der Blutentnahme sei geboten, um den Täter eines Mordes zu ermitteln oder diesen sicher ausschließen zu können. Die dagegen gerichtete Beschwerde wurde vom Landgericht als unbegründet verworfen, weil die Entnahmeanordnung zu Recht erfolgt sei. Denn der Beschwerdeführer sei Beschuldigter im Sinne des § 81a StPO und gehöre allein schon deshalb dem Kreis der Tatverdächtigen an, weil er 30 Jahre alt sei und nach eigenen Angaben zur Tatzeit einen Porsche 928 S4 mit einem Münchner Kennzeichen besessen habe. Der weitere Umstand, dass ein Porsche gerade dieses Typs allem Anschein nach nicht am Tatort gesichtet worden sei, bedürfe im Weiteren noch der Aufklärung, weil der genaue Typ von

---

[74] BVerfG, a.a.O., S. 1588.

[75] BVerfG, NJW 1996, S. 3071.

den Zeugen wegen des ähnlichen Aussehens der Fahrzeuge mitunter nicht zutreffend erkannt worden sei. Die Beschuldigteneigenschaft des Beschwerdeführers rühre schon allein daher, dass gegen ihn eine Maßnahme nach § 81a StPO angeordnet worden sei.
Das BVerfG nahm die Verfassungsbeschwerde nicht zur Entscheidung an, weil sie keine hinreichende Aussicht auf Erfolg habe.
Zunächst sei zu beachten, dass die Interpretation des § 81a StPO nicht Sache des BVerfG sei, sondern den Fachgerichten obliege. Diese hätten zu klären, ob die Voraussetzungen einer strafprozessualen Befugnisnorm erfüllt seien oder nicht. In diesem Zusammenhang müsse sich das BVerfG darauf beschränken, zu überprüfen, ob eine derartige von den Fachgerichten vorgenommene Auslegung gegen Verfassungsrecht verstoße. Nur wenn dies der Fall sei, könne eine Verfassungsbeschwerde Aussicht auf Erfolg haben.
Hier liege es indes so, dass die Entscheidung des Beschwerdegerichts aus verfassungsrechtlicher Perspektive nicht zu beanstanden sei. Denn das Landgericht habe im Einzelnen dargelegt und begründet, warum es den Beschwerdeführer für einen Beschuldigten im Sinne des § 81a StPO hielt: Zum einen sei es zutreffend davon ausgegangen, dass ein Verdächtigter allein dadurch zum Beschuldigten werde, dass die Strafverfolgungsbehörden tatsächlich Ermittlungen gegen ihn richteten. Im Übrigen habe es aber auch ausgeführt, warum eine Täterschaft des Beschwerdeführers infrage kommt, und dass der Verdacht letztlich nur durch die DNA-Analyse eindeutig geklärt werden könne. Darauf, ob diese Beschlussbegründung strafverfahrensrechtlich richtig sei, komme es nicht an; entscheidend sei allein, dass die Erwägungen des Landgerichts nicht gegen das verfassungsrechtliche Willkürverbot verstießen. Auch rechtsstaatliche Grundsätze seien nicht verletzt, weil das Landgericht zur Begründung des Tatverdachts gerade nicht den Umstand herangezogen habe, dass der Beschwerdeführer eine freiwillige Teilnahme an dem DNA-Test abgelehnt habe, denn eine derartige Begründung – und insofern nimmt das BVerfG ausdrücklich seinen Beschluss aus dem Februar 1996 in Bezug – wäre rechtsstaatlich nicht tragbar gewesen[76].
Zudem sei auch der Grundsatz der Verhältnismäßigkeit nicht verletzt, weil es sich bei der DNA-Analyse um ein taugliches Mittel handele, die Täterschaft einer bestimmten Person sicher zu bejahen oder aber diese sicher auszuschließen. Auch stehe der Eingriff in den Grundrechtsbereich des Beschwerdeführers keineswegs außer Verhältnis zur Bedeutung der Sache oder zur Schwere des gegen ihn bestehenden Tatverdachts. Denn insofern sei das Landgericht richtigerweise davon ausgegangen, dass es maßgeblich auf die Schwere der in Rede stehenden Straftat ankomme. Diese sei hier ein Tötungsdelikt gewesen, mithin eines der schwersten Verbrechen überhaupt. Ihr gegenüber habe lediglich die Blutentnahme auf Seiten des Beklagten gestanden, also einer der geringst möglichen

[76] BVerfG, a.a.O., S. 3072.

Eingriffe in die körperliche Integrität überhaupt. Bei einer derartigen Sachlage bedürfe die Anordnung der Blutentnahme keines besonders schweren Tatverdachts[77].
In seiner Anmerkung zu dieser Entscheidung weist Gusy darauf hin, dass der Fall durchaus Anlass zu vertiefter Würdigung der damit verbundenen Probleme gegeben hätte[78], zumal es sich – worauf auch hier bereits mehrfach hingewiesen wurde – bei dem DNA-Massentest um eine Ermittlungsmaßnahme handelt, die bei den Strafverfolgungsbehörden zunehmend an Popularität gewinnt.
Er macht zunächst darauf aufmerksam, dass für die Fragebogenaktion der Münchner Polizei jedenfalls in der StPO kaum eine Ermächtigungsgrundlage gefunden werden könne, denn auch §§ 136, 163a StPO setzten voraus, dass es sich bei den dort vernommenen Personen um Beschuldigte, Sachverständige oder Zeugen handele, um die es sich bei den angeschriebenen Porschefahrern sicher (noch) nicht handelte. Dies insbesondere, weil bereits mit Beginn der Aktion festgestanden habe, dass die ganz überwiegende Mehrzahl von ihnen diesen Gruppen auch niemals angehören würde. Demnach müssten die Fragebögen als polizeiliche Informationserhebung qualifiziert werden, die noch konkreten strafprozessualen Eingriffen vorgelagert war – die ihrerseits allerdings einer eigenen Ermächtigungsgrundlage bedürften, an der es hier fehle[79].
Auch die „Freiwilligkeit" der Beteiligung an der Fragebogenaktion werde vom BVerfG zu Unrecht unterstellt. Denn wenn an – aus Sicht der Polizei – unzureichende Antworten auf die Fragen Rechtsnachteile geknüpft würden – nämlich die (spätere) Behandlung als Beschuldigter in einem Strafverfahren wegen eines Tötungsdeliktes – könne die Mitwirkung der Angeschriebenen nicht mehr als freiwillig angesehen werden. Denn der Betroffene sei vor die Wahl gestellt, entweder selbst entlastende Umstände vorzutragen oder aber deren zwangsweise Feststellung durch die Polizei zu dulden.
Angesichts des in jedem Fall vorliegenden Zwangscharakters einer Massenbefragung und – sodann – -untersuchung bedürften solche Ermittlungsmaßnahmen also in jedem Fall einer gesetzlichen Ermächtigung, unabhängig davon, ob die Beantwortung „freiwillig" erfolge oder gleich zwangsweise durchgesetzt werde. Dabei handele es sich nicht bloß um ein rein formales Erfordernis; vielmehr müsse der Gesetzgeber die Entscheidung darüber treffen, welche Voraussetzungen derartige Ermittlungsmaßnahmen erfüllen müssen und wie weit sie im Einzelnen gehen dürften. Denn es gebe schließlich keine allgemeine Alibilast der Bürger; es müssten insofern klare Grenzen gezogen werden. Derartige Grenz-

[77] BVerfG, a.a.O., S. 3073.
[78] Gusy, JZ 1996, S. 1176.
[79] Zu der Frage, ob und inwieweit die mittlerweile neu gefassten §§ 161, 163 StPO insofern eine tragfähige Ermächtigungsgrundlage bilden, s. noch unten im 6. Abschnitt. S. dazu vorläufig Hefendehl, StV 2001, S. 700 ff. und Albrecht, StV 2001, S, 416 ff.

ziehungen dürften nicht einfach den Gerichten in eigener Verantwortung überlassen bleiben[80].

Des Weiteren wäre es erforderlich gewesen, ausführlicher der Frage nachzugehen, wer denn eigentlich „Beschuldigter“ im Sinne des § 81a StPO sei, und ob, bzw. unter welchen Voraussetzungen im Einzelnen ermittlungstechnische (Zwangs-)Maßnahmen gegen eine im Kern kaum noch überschaubare Anzahl von Personen angewendet werden dürften. Denn in der typischen Beschuldigtensituation befanden sich die Porschefahrer in dem hier zu entscheidenden Fall nicht. Man könne sie daher allenfalls dann als „Beschuldigte“ ansehen, wenn man sich auf den Standpunkt stelle, wer Beschuldigter sei, hänge allein von dem Willen der Ermittlungsbehörde ab, gegen eine bestimmte Person strafrechtliche Untersuchungen zu führen. Diese Auffassung müsse aber Folgendes im Blick behalten: Während es im Allgemeinen für einen potenziell Beschuldigten eher günstig ist, diesen Status auch im technischen Sinne möglichst frühzeitig zu erlangen, da damit seine Rechte gestärkt werden (hinzuweisen ist etwa auf § 136 Abs. 1 S. 2 StPO), liege es hier gerade umgekehrt: Im Zusammenhang mit den strafprozessualen Eingriffsbefugnissen wie § 81a StPO erwüchsen den Strafverfolgungsbehörden durch die Verleihung des (möglichst frühzeitigen) Beschuldigtenstatus Rechte gegenüber dem Beschuldigten; praktisch münde dies in die Frage, wann denn *frühestens* die Beschuldigteneigenschaft einer Person bejaht werden dürfe. Hier sei das Strafprozessrecht gefragt, als „konkretisiertes Verfassungsrecht“ für eine angemessene Abgrenzung Sorge zu tragen[81].

Diesen Gesichtspunkt hat Rogall aufgenommen und – anknüpfend an die Überlegungen Gusys – hervorgehoben, eine missbräuchliche Inkulpation der Mitglieder der potenziell verdächtigen Gruppe müsse grds. als unwirksam angesehen werden[82], um sie nicht allzu früh der Gefahr auszusetzen, Untersuchungsmaßnahmen nach § 81 a StPO dulden zu müssen. Insofern hänge die Frage, ob ein Tatverdacht *zu Recht* bestehe entscheidend davon ab, ob es sich lediglich um statistisch begründete Annahmen handele, oder ob der Indizienwert über der Einschreitensschwelle liege. Dabei sei zu berücksichtigen, wie groß der Personenkreis sei, der zu einem sog. Massentest herangezogen werde. Richtigerweise habe das BVerfG zudem betont, dass der Umstand, dass jemand die freiwillige Teilnahme an einer DNA-Massenanalyse ablehne, für sich genommen noch nicht für die Verdachtsgewinnung herangezogen werden dürfe.

Im Übrigen seien die Einschränkungsmöglichkeiten der Massenuntersuchungen über den Beschuldigtenbegriff freilich nur in sehr begrenztem Umfange möglich, denn zum einen könne eine Probenentnahme nach § 81c Abs. 2 StPO infrage kommen, wenn dem Betroffenen der Beschuldigtenstatus nicht vermittelt werden könne. Zum anderen müsse auch in Rechnung gestellt werden, dass die

[80] Gusy, a.a.O., S. 1177.
[81] Gusy, a.a.O., S. 1177 f.
[82] Rogall, NStZ 1997, S. 399 (400).

Inkulpation einen prozessualen Gestaltungsakt darstelle, der allein in der Kompetenz des zuständigen Organs liege und dessen Anerkennung als wirksam im Interesse der Rechtssicherheit geboten sei. Daher werde man den Missbrauch der Inkulpationsbefugnis nicht als aus sich selbst heraus unwirksame Maßnahme betrachten dürfen. Doch müsse die Verfehlung der gesetzlichen Vorgaben immerhin zu dem Verbot führen, allfällige Beweisergebnisse im Strafverfahren zu verwerten[83].

Heftige Kritik an dem Beschluss des BVerfG vom 02. August 1996 äußert auch Benfer[84]. Zunächst bestreitet er, dass § 81a StPO überhaupt taugliche Ermächtigungsgrundlage für die Blutentnahme und DNA-Analyse im Rahmen einer Massenuntersuchung sein könne. Denn bei der Durchführung eines DNA-Massentests gehe es den Ermittlungsbehörden stets um die Ermittlung des Täters. Die *Tätermittlung* durch Identifizierung und Überführung eines Menschen sei allerdings legislatorischer Sinn des § 81b StPO, wohingegen § 81a StPO darauf ziele, tatbegründende Merkmale im Rahmen eines konkreten bereits anhängigen oder durch die Untersuchung anhängig werdenden Strafverfahrens zu sichern. Mithin komme als Befugnisnorm für derartige Untersuchungen nur § 81b StPO infrage.

Dieser setze nun aber als Adressaten der Ermittlungsmaßnahme einen Beschuldigten voraus. Dieser Status erfordere nach nahezu einhelliger Auffassung, dass sich gegen eine konkrete Person die Anhaltspunkte dafür, dass sie eine Straftat begangen hat, so wesentlich erhärtet haben, dass die Strafverfolgungsorgane nunmehr Maßnahmen treffen, die erkennbar darauf abzielen, diese Person in ein laufendes oder einzuleitendes Ermittlungsverfahren als den mutmaßlichen Täter einzubinden. Wenn das BVerfG in seinem Beschluss demgegenüber die Behauptung aufstelle, diese Voraussetzungen seien schon dann erfüllt, wenn kein besonders starker Tatverdacht gegeben sei und es lediglich darum gehe, die bisher vorliegenden nur sehr vagen Hinweise auf die Täterschaft des Betroffenen aufzuheben oder zu erhärten, so weiche es den bisher in der Rechtsprechung der Strafgerichte anerkannten schärfer konturierten Beschuldigtenbegriff auf und verwische die Grenze zu dem „nur" Tatverdächtigen.

Denn gerade am Merkmal der bereits erfolgten oder ernsthaft zu erwartenden Einbindung in ein Strafverfahren fehle es im Falle der Reihenuntersuchungen, weil das eigentliche Verfahren zunächst einmal gegen Unbekannt betrieben werde. Erst die Auswertung des Ergebnisses der Reihenuntersuchung erlaube es, ein Ermittlungsverfahren gegen eine konkrete Person einzuleiten.

Schließlich bestünden auch gegen die Wirksamkeit einer etwaigen Einwilligung in die Entnahme der Blutprobe erhebliche Bedenken. Zwar befreie nach h.M. die Einwilligung in die Durchführung einer Blutprobe die Behörde davon, die jeweiligen Tatbestandsvoraussetzungen der Befugnisnorm einzuhalten. Dies

---

[83] Rogall, a.a.O.

[84] Benfer, NStZ 1997, S. 397.

könne jedoch von vornherein nur dann gelten, wenn der Betroffene für den Fall seiner Weigerung auch einen tatsächlichen *Unterlassungsanspruch* gegen die Behörde habe, d.h. wenn er also davon ausgehen könne, dass eine entsprechende Probe bei seiner Weigerung durch die Strafverfolgungsorgane auch nicht (mehr) erlangt werden kann. Davon könne jedoch bei den Reihenuntersuchungen keine Rede sein, denn die Behörde verbinde ihre „Bitte" um Einwilligung stets mit der Androhung von Zwang für den Fall der Weigerung, sodass man von einer aufgrund autonomer Entscheidung gegebenen Einwilligung nicht mehr sprechen könne. Daher entbinde (auch) eine Einwilligung die Behörde nicht von der Beachtung der Tatbestandsmerkmale der Eingriffsnorm[85].

***bb) Die Literatur***

In der Literatur hat sich insbesondere Oberwetter gegenüber den DNA-Massenuntersuchungen aufgeschlossen gezeigt[86]: Zwar äußert auch er grds. Zweifel daran, ob Massenuntersuchungen in klassischer Weise mit Befehl und Zwang auf der Grundlage des § 81a StPO durchgesetzt werden können. Denn ein hinreichender Tatverdacht als Voraussetzung der für Maßnahmen nach § 81a StPO erforderlichen Beschuldigteneigenschaft werde bei den einzelnen von einer Massenuntersuchung Betroffenen in aller Regel nicht bestehen, m.a.W. der Verdacht gründe insofern auf zu vagen Kriterien[87].

Demgegenüber hält er aber Reihenuntersuchungen auf „freiwilliger Basis" in sehr weitem Umfang für zulässig. Immer dann, wenn ein Betroffener seine Zustimmung zu einem solchen Vorhaben der Strafverfolgungsorgane erkläre, scheide die Bestimmung des § 81a StPO ohnedies von vornherein als Beurteilungsmaßstab aus. Auch aus § 136a StPO könne insofern nichts hergeleitet werden, weil es sich bei der Blutentnahme bzw. der Abgabe einer Speichelprobe zwecks DNA-Analyse nicht um eine Vernehmung im eigentlichen Sinne handele[88].

Auch sei es insofern zulässig, für den Fall der fehlenden freiwilligen Teilnahme mit der Einholung eines Beschlusses nach § 81a StPO zu drohen. Denn auch dadurch ändere sich – anders etwa als bei einer Vernehmung im technischen Sinne – nichts an der Freiwilligkeit der Einwilligung, selbst dann, wenn man davon ausgehen müsse, dass die Voraussetzungen des § 81a StPO im Zeitpunkt der Drohung nicht vorlägen. Der um seine Zustimmung Gebetene befinde sich nämlich in einer grundsätzlich anderen Situation als der im Sinne des § 136a StPO Vernommene:

Während diesem ganz unmittelbar der Abschluss des Ermittlungsverfahrens und die Einleitung des gerichtlichen Hauptverfahrens, damit aber auch die mögliche

[85] Benfer, a.a.O., S. 398.
[86] Oberwetter, Die DNA-Analyse, S. 21 ff.
[87] Oberwetter, a.a.O., S. 23 f.
[88] Oberwetter, a.a.O., S. 22.

Bestrafung unmittelbar bevorstehe und er damit naturgemäß in seiner freien Willensbildung beeinträchtigt sei, liege all dies bei den potenziellen Teilnehmern des Massentests noch in eher weiter Ferne. Bevor sie eine Blutprobe zwangsweise abgeben müssten, könnten sie immer noch von einer Überprüfung der Zulässigkeit dieser Zwangsmaßnahme durch einen unabhängigen Richter ausgehen. Angesichts dessen sei ihre positive Entscheidung, den genetischen Fingerabdruck erstellen zu lassen, trotz etwaigen Drucks aus ihrem sozialen Umfeld noch als freiwillig zu bezeichnen. In Kenntnis ihrer Rechte hätten sie die Möglichkeit, das Ansinnen der Ermittlungsbehörden abzulehnen und den Erlass eines entsprechenden richterlichen Beschlusses abzuwarten[89].

Wenn Ermittlungsbeamte die „Verdächtigen" auf die bestehende Möglichkeit hinwiesen, im Falle der Weigerung eventuell einen Beschluss nach § 81a StPO zu beantragen, so könne hierin kein unzulässiges Verhalten erblickt werden; es handele sich vielmehr nur um eine erlaubte Drohung mit einer zulässigen Maßnahme. Denn wenn nach BGH-Rechtsprechung bereits die Verletzung der Voraussetzungen des § 81a StPO nicht zur Unverwertbarkeit der somit gewonnenen Erkenntnisse führe, könne erst recht nicht die Drohung, einen nach überschlägiger Prüfung eigentlich unzulässigen diesbezüglichen Beschluss zu beantragen, zu einem Verwertungsverbot führen[90].

***b) Kritische Stimmen***

Koriath differenziert wie allgemein üblich zwischen den zwangsweisen und den freiwilligen Massenuntersuchungen[91]. Erstere könnten schon allein deshalb nicht auf § 81a StPO gestützt werden, weil dieser stets einen Beschuldigten i.e.S. voraussetze. Insofern komme eine auf diese Bestimmung gestützte Untersuchung nur dann infrage, wenn gewisse Tatsachen dafür sprächen, dass der Betroffene die aufzuklärende Tat begangen hat. Schon daraus folge, dass ein „generelles Ermittlungsverfahren" im Sinne einer Reihenuntersuchung nicht gegen einen Betroffenen zwangsweise durchgeführt werden dürfe; erforderlich sei stets ein individueller Tatverdacht. Aber auch bei Zustimmung der Betroffenen komme eine derartige Vorgehensweise nicht in Betracht. Zwar werde eine solche Zustimmung dadurch „verführerisch motiviert", dass der Betroffene sich auf diese Art leicht vollständig exkulpieren könne; dadurch aber werde die Unschuldsvermutung desavouiert, weil das Argument der freiwilligen Zustimmung die Beweislast vom Staat auf den Betroffenen verlagere, indem ihm *zunächst* die harmlose Möglichkeit eröffnet werde, sich gleichsam „en passant" zu exkulpieren. Jedoch falle es nicht schwer, sich Situationen vorzustellen, in denen die Verweigerung einer kaum noch „freiwillig" zu nennenden Zustimmung praktisch einer Selbstbezichtigung gleichkomme[92]; die Verwertung eines sol-

[89] Oberwetter, Die DNA-Analyse, S. 27 f.
[90] Oberwetter, a.a.O., S. 28.
[91] Koriath, JA 1993, S. 270 (271).
[92] Koriath, a.a.O. im Anschluss an Rademacher, ZRP 1990, S. 380 (383).

chermaßen erlangten Analyseergebnisses müsse dann ohnedies nach § 136a StPO ausgeschlossen sein.
Denselben Ansatzpunkt wie Koriath wählt Foldenauer. Auch er befasst sich zunächst einmal mit der Frage, ob es möglich ist, eine Beteiligung an einer Massenuntersuchung auf der Grundlage der Vorschrift des § 81a StPO zu erzwingen[93]. Voraussetzung dafür sei jedoch die Beschuldigteneigenschaft des Betroffenen, und diese könne erst dann bejaht werden, wenn gegen ihn ein Ermittlungsverfahren bereits anhängig ist oder durch die Anordnung nach § 81a StPO gerade eingeleitet werde. Jedenfalls setze diese Vorschrift voraus, dass zumindest ein Anfangsverdacht im Sinne des § 152 Abs. 2 StPO bestehe; dieser Verdacht müsse durch konkrete Tatsachen belegt und durch kriminalistische Erfahrung begründbar sein. Keinesfalls könne es angehen, eine Maßnahme auf § 81a StPO zu stützen, wenn mit ihrer Hilfe erst festgestellt werden soll, ob überhaupt ein Tatverdacht besteht.
Nun werde aber gerade dies mit den Massenuntersuchungen in aller Regel bezweckt, zumal die Einleitung eines Ermittlungsverfahrens gegen alle zur Teilnahme an einer solchen Untersuchung Aufgerufenen nicht zulässig sei: Denn aus den in aller Regel sehr allgemein gefassten Merkmalen, die zu einer Einbeziehung in einen solchen Test führten, lasse sich ein für einen Anfangsverdacht tauglicher Anhaltspunkt nicht gewinnen. Zwangsweise Massentests könnten demnach nicht auf § 81a StPO gestützt werden.
Auch die Vorschrift des § 81c Abs. 2 StPO komme als Ermächtigungsgrundlage nicht in Betracht. Denn zum einen sei ein körperlicher Eingriff den potenziellen Untersuchungsteilnehmern nicht zumutbar, weil ja bei praktisch allen (in der Regel mit der Ausnahme nur eines Einzigen) Betroffenen *von vornherein* feststehe, dass sie mit der Tat zu keinem Zeitpunkt etwas zu tun hatten[94]. Einen solchen rechtsstaatlich bedenklichen Vorgang und das entgegen gerichtete Interesse des Betroffenen könne auch das sehr hohe Aufklärungsinteresse in diesen Fällen nicht kompensieren; die Wahrung des Grundsatzes der Verhältnismäßigkeit sei hier geradezu von vornherein ausgeschlossen. Des Weiteren müsse auch die gesetzgeberische Intention bei der Schaffung des § 81c StPO Berücksichtigung finden. Diese Bestimmung habe ursprünglich zur Abklärung von Abstammungsfragen bzw. zum Nachweis von Krankheiten gedient, sodass die Untersuchung der Betroffenen noch durch eine gewisse Nähe zu der Tat habe gerechtfertigt werden können. An einer solchen Nähe fehle es aber bei den allermeisten potenziellen Untersuchten eines Reihentests[95].
Demgegenüber will Foldenauer einen freiwilligen DNA-Massentest aber unter engen Voraussetzungen zulassen. Grds. bestünden nämlich gegen eine die fehlende gesetzliche Grundlage ersetzende Zustimmung des Betroffenen keine Be-

[93] Foldenauer, Genanalyse, S. 77.
[94] Foldenauer, Genanalyse, S. 78, Hervorhebung im Original.
[95] Foldenauer, Genanalyse, S. 79.

denken. Diese rührten vielmehr daher, dass – wie auch im Fall der Telgter Massenuntersuchung (zu ihr oben im 3. Abschnitt A.) – aus Sicht der Strafverfolgungsorgane die Verweigerung einer solchen Zustimmung einen Tatverdacht begründe und dann zur Anordnung der Blutprobenentnahme nach § 81a StPO führe. Denn durch eine solche Vorgehensweise werde die Unschuldsvermutung unterlaufen, zumal unter derartigen Umständen von einer freiwilligen Einwilligung nicht mehr gesprochen werden könne.
Die von ihm selbst gesehene Konsequenz, dass diese Vorgehensweise der Polizei eigentlich ein gesetzliches Verbot der Massenuntersuchungen nahe legt, möchte Foldenauer jedoch nicht ziehen. Angesichts der hohen Aufklärungschancen, die eine derartige Maßnahme biete und angesichts der offenbar in der Bevölkerung doch auf breiter Basis vorhandenen Bereitschaft zur Mitwirkung an solchen Tests, müsse ein Kompromiss gefunden werden, der die Strafverfolgungsinteressen einerseits und das Schutzinteresse des potenziellen Testteilnehmers andererseits zu wahren imstande sei[96]. Für Erfolg versprechend hält Foldenauer es insofern, die Anforderungen für einen möglichen Beschluss nach § 81a StPO zu erhöhen, wenn jemand die freiwillige Beteiligung an dem Test ablehne. Dieser dürfe erst dann ergehen, wenn die Ermittlungsbehörden zusätzliche, über die bloße Teilnahmeverweigerung hinausgehende Anhaltspunkte für die Täterschaft des Verweigernden liefern könnten. Eine solche Regelung impliziere überdies, dass die Polizei den Massentest erst als letztes Mittel ansieht und insofern den Kreis der möglichen Adressaten eines derartigen Ersuchens von vornherein eher klein hält[97].
Bedenken gegen „freiwillige" Massenuntersuchungen äußert auch Jung, der es für zweifelhaft hält, ob man dabei solche Rahmenbedingungen schaffen könnte, dass die mit derartigen Situationen stets verbundenen Pressionen oder Pressionsgefühle sicher ausgeschlossen werden könnten, sodass man tatsächlich noch von einer wirksamen Einwilligung in die Untersuchungsmaßnahme sprechen könne. Denn der Druck, dass man sich im Weigerungsfall dem Verdacht einer Straftat und damit strafprozessualen Zwangsmaßnahmen aussetzt, laste geradezu übermächtig auf dem jeweils Betroffenen. Eine Einwilligung in Massenuntersuchungen müsse daher von vornherein ausscheiden[98].

---

[96] Einen solchen Kompromiss hält Hother, Das DNA-Verfahren, S. 52 für ausgeschlossen.
[97] Foldenauer, Genanalyse, S. 79 f.
[98] Jung, MSchrKrim 72 (1989), S. 105. Zustimmend: Hother, Die DNA-Analyse, S. 52. S. auch Oberlies, StV 1990, S. 469 (473), die auch einer „freiwilligen" Zustimmung des Opfers in eine DNA-Analyse des bei ihm entnommenen Spurenmaterials kritisch gegenübersteht. Denn auch das Opfer könne in der Regel keine wirklich freiwillige Entscheidung treffen. Allein etwa der Wunsch der vergewaltigten Frau, ihr möge die Tat geglaubt werden, werde die meisten Betroffenen dazu veranlassen, eine entsprechende Einwilligung zu erteilen, weil – wenn sie diese Untersuchung ablehnten – ihnen ohne weiteres unterstellt werden könnte, sie hätten sich die Tat nur ausgedacht. Der freie Wille werde durch eine solche Situation jedoch grds. ausgeschlossen.

Wie Recht Jung mit seinen Bedenken hat wird deutlich, wenn man sich den oben im 3. Abschnitt A. geschilderten Fall des Massentests in Telgte bei Münster wieder ins Gedächtnis ruft, in dem ja tatsächlich einige Männer den „freiwilligen" Test verweigert haben, und in dem sodann – worauf die ermittelnden Beamten geradezu selbstverständlich hinweisen – „relativ problemlos Beschlüsse nach § 81a StPO erwirkt werden konnten".
Gerade auf diese Problematik macht auch Klumpe eindringlich aufmerksam[99]. Denn das Verhängnisvolle der „freiwilligen" Massentests liegt ihrer Auffassung nach gerade darin, dass gegen die eine Mitarbeit verweigernden Personen unversehens ein Beschluss nach § 81a StPO erwirkt werde. Hier mache sich der Betreffende erst durch seine Weigerung tatverdächtig, obwohl vorher außer der zufälligen Zugehörigkeit zu einer bestimmten Gruppe keinerlei Anhaltspunkte für einen konkreten Tatverdacht vorlagen. Von einem solchen könne in diesen Fällen ohnehin nicht gesprochen werden. Denn schließlich treffe den sich Weigernden keinerlei Rechtspflicht, der Polizei zu helfen, und er möge gute Gründe für sein Verhalten haben, die er der Polizei nicht offenbaren wolle – und dies schließlich auch nicht müsse. Zwangsmittel gegen Bürger anzuordnen, deren einzig „auffälliges Verhalten" es sei, der Polizei nicht helfen zu wollen, widerspreche nicht nur der StPO, sondern sei schlicht mit dem Rechtsstaatsprinzip und dem Grundrecht auf freie Entfaltung der Persönlichkeit unvereinbar. Der Polizei bleibe in einem solchen Fall nur die Möglichkeit, weiter gegen die Person zu ermitteln. Erst wenn die Ermittlungen weitere Hinweise auf einen Tatverdacht ergäben, komme die Anordnung eines Zwangsmittels in Betracht[100].
Ergänzend macht Hother darauf aufmerksam, dass eine derartige Vorgehensweise auch dazu führen müsste, dass die Unschuldsvermutung in praxi umgekehrt würde; dem Betroffenen bleibe faktisch keine Wahlmöglichkeit, er müsse sich dem Test unterziehen, weil er andernfalls einen Tatverdacht gegen sich begründe. Bestehe jedoch erst einmal ein solcher Verdacht, dann sei es für die Strafverfolgungsbehörden ein Leichtes, richterliche Beschlüsse für weitere Ermittlungsmaßnahmen zu erwirken, eine Gefahr, die Hother gerade auch durch den Telgter Fall bestätigt sieht[101].

### *B. Das Gesetzgebungsverfahren zu §§ 81e f. StPO – das StVÄG vom 17. März 1997*

Das Gesetzgebungsverfahren zu den §§ 81e f. StPO war Gegenstand zum Teil scharfer Kritik. Dies ist wenig überraschend, hatte sich die Praxis – wie sich aus den soeben gemachten Ausführungen doch nur allzu deutlich ergab – mit dem zuvor bestehenden Rechtszustand – aus ihrer Sicht durchaus zufriedenstellend – arrangiert. Demgemäß lautete die Einschätzung von Senge zur gesetzlichen

---

[99] Klumpe, Der „genetische Fingerabdruck", S. 177 ff.
[100] Klumpe, a.a.O., S. 177 f.
[101] Hother, Die DNA-Analyse, S. 51 f.

Neuregelung: „Die Spruchweisheit ‚weniger ist oft mehr' findet ihre Bestätigung. Die strafrechtliche Praxis hätte mit dem seitherigen Rechtszustand gut weiterleben können[102]."
Auch Rogall ist der Auffassung, der Gang der Gesetzgebung zeuge nicht gerade von Gradlinigkeit und klarem Einschätzungsvermögen[103]. Den Vorwurf fehlender Gradlinigkeit kann man der vorher verbreiteten Praxis der Strafgerichte und Staatsanwaltschaften sicher nicht machen. Ohne große Bedenken sahen sie die DNA-Untersuchungen von § 81a StPO gedeckt, was – dies wurde bereits angedeutet[104] - allerdings in Bezug auf die Rechtsstellung der davon Betroffenen mit nicht unerheblichen Problemen verknüpft war. Dass in Anbetracht all dessen eine klare gesetzliche Regelung unumgänglich war, wird man daher kaum bestreiten können, denn zu hohe Wellen hatte diese Problematik zuvor schon im rechtspolitischen Bereich geschlagen. Man kann hier sicher nicht sagen, dass die entsprechenden Regelungen in der StPO – wie dies im Übrigen immer wieder an der Tagesordnung ist – sozusagen im Schweinsgalopp durch die Beratungen gejagt wurden. Vielmehr gehen die ersten Beratungen zu einer möglichen Regelung dieses Problemkreises bis in die Mitte der 1980er Jahre zurück. Angesichts dessen war die Erwartung der Justiz, das Parlament würde sich hier eines Tätigwerdens enthalten und die weitere Entwicklung ihr überlassen, ganz offensichtlich verfehlt. Alles andere wäre übrigens auch angesichts der Wesentlichkeitslehre eine schlichtweg unvertretbare Vorgehensweise gewesen.
Die Vorarbeiten zu den tatsächlich Gesetz gewordenen Bestimmungen sollen im Folgenden (dazu I.) soweit nachgezeichnet werden, wie sie für das Verständnis der Gesamtproblematik und insbesondere der dann tatsächlich Gesetz gewordenen Bestimmungen Ertrag bringen können. In diesem Zusammenhang soll dann auch auf die begleitenden Stellungnahmen aus Literatur und Rechtspraxis eingegangen werden. Sodann wird der Inhalt der gesetzlichen Regelung dargestellt, soweit er für die hier infrage stehende Problematik überhaupt von Belang ist (II.).

### *I. Die Vorarbeiten zum Gesetz*

Schon in der 10. Legislaturperiode beschäftigte die Problematik der DNA-Analyse im Strafverfahren den Deutschen Bundestag.
Der am 06. Januar 1987 vorgelegte Bericht der von Bundestag eingesetzten Enquêtekommision „Chancen und Risiken der Gentechnologie" erkennt die Möglichkeit an, mithilfe der DNA-Analyse einen Straftäter zu überführen. Jedoch erschien es der Enquêtekommission fraglich, ob außer der bloßen Blutabnahme

[102] Senge, NJW 1997, S. 2409 (2412).
[103] Rogall, in: SK-StPO, § 81a, Rn. 74.
[104] Ausführlicher dazu unten D.

auch deren genetische Untersuchung auf § 81a StPO gestützt werden konnte[105]. Ihre Auffassung war es, dass die Frage, inwieweit im Strafverfahren genetische Analysen zulässig sein sollten und gegebenenfalls gegen den Willen der Betroffenen angeordnet werden können, einer ausdrücklichen gesetzlichen Regelung bedurfte[106]. Die Problematik der Bestimmung des § 81a StPO wurde insbesondere darin gesehen, dass er die zulässigen Untersuchungsmethoden in keiner Weise beschränkt, und dass sich auf seinen Wortlaut die Aufklärung von verfahrenserheblichen Tatsachen durch jede technisch mögliche Untersuchung stützen lässt. Zwar möge dies für die bisher üblichen Methoden zur Feststellung etwa der BAK noch hinzunehmen sein; die Problematik sei aber dann anders gelagert, wenn Analysemethoden zur Diskussion stünden, die möglicherweise weit in den Kernbereich der Persönlichkeit eines Betroffenen hineinreichen könnten. So erscheine als unbedenklich ausschließlich eine Untersuchung der nicht codierenden Bereiche der DNA[107].

Bemerkenswert aus Sicht der im Rahmen dieser Arbeit besonders interessierenden Problematik der DNA-Reihenuntersuchungen erscheint die Bemerkung der Enquêtekommission, dass genetische Analysen nur dann durchgeführt werden sollten, wenn die zu untersuchenden Personen „Beschuldigte" sind, also ein konkretes Ermittlungsverfahren gegen sie geführt wird, und wenn die Analyse der Feststellung verfahrenserheblicher Tatsachen diene. Sie sollte also insbesondere weder zur Feststellung der Identität einer bloß *verdächtigen* Person, noch im Rahmen erkennungsdienstlicher Maßnahmen zulässig sein[108].

In der 11. Legislaturperiode fand sodann am 12. Oktober 1988 eine öffentliche Anhörung zu den Ergebnissen der Enquêtekommission vor dem Rechtsausschuss des Deutschen Bundestages statt[109]. Auch im Rahmen dieser Anhörung bestand zwischen den Sachverständigen und den Abgeordneten weithin Einigkeit darüber, dass die bestehende gesetzliche Regelung in § 81a StPO nicht ausreichend war, um die mit der DNA-Analyse verbundenen Risiken einer angemessenen Regelung zu unterwerfen[110]. Vielmehr war es gerade Sinn und Zweck der Anhörung, auszuloten, welche *inhaltlichen* Anforderungen an eine gesetzliche Regelung dieser Untersuchungsmethode zu stellen wären, insbesondere auch um etwaigen Risiken in datenschutzrechtlicher Hinsicht Rechnung zu tra-

---

105 Bericht der Enquêtekommission „Chancen und Risiken der Gentechnologie" – im Folgenden: Bericht –, BT-Drs. 10/ 6775, S. 175.

106 Bericht, a.a.O., S. 176.

107 Bericht, a.a.O.

108 Bericht, a.a.O.

109 Protokoll der 31. Sitzung des Rechtsausschusses des Deutschen Bundestages (11. Wahlperiode 1987) vom 12. Oktober 1988, im Folgenden: – Protokoll –

110 Einwag, Protokoll, S. 31/ 4; Dahs, ebda., S. 31/ 6 ff; Gössel, ebda., S. 31/ 18; besonders prononciert Jung, ebda., S. 31/ 21 und Keller, ebda., S. 31/ 31. Abg. Seesing, ebda., S. 31/ 75.

gen, auf die die Bestimmung des § 81a StPO nun nicht einmal ansatzweise zugeschnitten ist[111].
Als Erster machte der Sachverständige Dahs im Rahmen seiner Erläuterungen überdies auf die im Rahmen dieser Arbeit relevante Problematik aufmerksam: Denn ihm war aufgefallen, dass in der Diskussion stets nur die Rede davon war, DNA-Analysen bei *Beschuldigten* durchzuführen. Dies stehe aber in Widerspruch zu seinen praktischen Erfahrungen, denen zufolge solche Untersuchungen gerade dann durchgeführt werden, wenn man einen konkreten Beschuldigten noch gar nicht habe, das Verfahren gegen Unbekannt geführt werde oder mehrere Personen als mögliche Täter oder Tatbeteiligte zur Debatte stehen. Jemand, der zunächst Beschuldigter gewesen sei, könne am Ende der Falsche sein; andere, die zunächst als Zeugen vernommen wurden, könnten sich später als Täter herausstellen. Dahs gab also zu erwägen, eine auf Verdächtige zugeschnittene Eingriffsnorm in die StPO einzufügen[112]. In diesem Sinne sah der Sachverständige Keller in der generellen Zulassung der DNA-Analyse im Strafverfahren auch die Gefahr begründet, dass solche Untersuchungen *reihenweise* durchgeführt werden[113]. An diese Überlegungen knüpfte der Sachverständige Deutsch an, der die Überlegung, weitere Personen (also: auch bloß Tatverdächtige) über die Beschuldigten hinaus in den Kreis der potenziellen Adressaten einer DNA-Analyse einzubeziehen, für ein „sehr schwieriges Gebiet" hielt. Denn aus dem Arztstrafrecht sei ihm bekannt, dass man bestimmte Ärzte nur deshalb zu Beschuldigten mache, um Gelegenheit zu erhalten, deren Unterlagen zu beschlagnahmen. Dies stelle ein gängiges Verfahren dar, und man solle sich überlegen, ob derartige Missbräuche nicht vielleicht auch hier möglich seien[114], wenn man DNA-Analysen bei bloß Verdächtigen zulasse[115]. Vor diesem Hintergrund hat sich der Sachverständige Jung ganz nachdrücklich gegen Massenuntersuchungen – auch auf freiwilliger Basis – gewandt und pointiert formuliert, dass das, was nicht zwangsweise angeordnet werden könne, auch nicht auf freiwilliger Basis durchgeführt werden solle[116].
In der 12. Legislaturperiode präsentierte die Bundesregierung sodann einen entsprechenden Gesetzentwurf zur Ergänzung der StPO[117], der mit der Stellung-

---

[111] Dazu insbesondere Einwag, Protokoll, S. 31/ 4 ff.; Deutsch, ebda., S. 31/ 12. Vgl. auch Gössel, ebda., S. 31/ 18, der eine Befugnisnorm verlangt, die den Vorgaben des BVerfG aus dem Volkszählungsurteil in ausreichender Weise Rechnung trägt.
[112] Dahs, , Protokoll, S. 31/ 8.
[113] Keller, Protokoll, S. 31/ 28. – Insofern stimmt seine Annahme mit der hier zugrunde gelegten These überein, dass sich die DNA-Untersuchung als solche und die Massenuntersuchung voneinander kaum trennen lassen.
[114] Oder – anders ausgedrückt – ihnen weiterer Vorschub geleistet wird.
[115] Deutsch, Protokoll, S. 31/ 11. Kritisch auch Jung, ebda., S. 31/ 26.
[116] Jung, Protokoll, S. 31/ 27; ausführlicher S. 31/ 76 ff.
[117] BT-Drs. 12/ 7266.

nahme des Bundesrates[118] am 02. Mai 1994 in den Bundestag eingebracht, dort aber bis zum Ablauf der Legislaturperiode nicht mehr beraten wurde. Daraufhin wurde der Entwurf unverändert in der 13. Legislaturperiode zusammen mit der ebenfalls unveränderten Stellungnahme des Bundesrates erneut eingebracht[119] und gemeinsam mit einem entsprechenden Gesetzentwurf der SPD-Fraktion[120] an den Rechtsausschuss verwiesen. Im Anschluss an eine weitere Sachverständigenanhörung wurde eine überarbeitete Fassung des ursprünglichen Regierungsentwurfs in den Bundestag eingebracht und in dieser Form auch verabschiedet.

In der Begründung ihres Gesetzentwurfes hatte sich die Bundesregierung dann allerdings der in der Praxis vorherrschenden Auffassung angeschlossen, die Vorschriften der §§ 81a, 81c StPO reichten als Rechtsgrundlage für den Einsatz der DNA-Analyse aus. Allerdings legten die in weiten Teilen der Bevölkerung anzutreffenden und mit der Gentechnik ganz allgemein verbundenen Ängste und Befürchtungen vor übermäßigen, den Kern der Persönlichkeit berührenden Eingriffen eine gesetzliche Regelung der DNA-Analyse für die strafprozessuale Nutzung nahe, die die Voraussetzungen und Beschränkungen, die sich für den Einzelnen aus der Durchführung einer solchen Untersuchung ergeben, klar festschreiben; überdies seien im Hinblick auf die verfassungsgerichtliche Rechtsprechung zum Grundrecht auf informationelle Selbstbestimmung auch Regelungen von Fragen der Zweckbindung und Vernichtung des Untersuchungsmaterials geboten[121]. Zu der hier besonders interessanten Frage der Zulässigkeit von DNA-Massenuntersuchungen äußert sich die Begründung eher kryptisch. So heißt es dort, der Entwurf regele *nur die hoheitliche Anordnung* von molekulargenetischen Untersuchungen; die Behandlung von Untersuchungen, denen sich der Betroffene *freiwillig* unterzieht, folge den allgemeinen Regeln. Danach dürften die Ermittlungsbehörden die gesetzlichen Voraussetzungen insbesondere nicht dadurch umgehen, dass sie – *mittelbar oder unmittelbar* – *„Druck" ausübten*, um Betroffene dazu zu bewegen, sich einer molekulargenetischen Untersuchung „freiwillig" zu unterwerfen. Gebe jedoch ein Betroffener aus eigenem Antrieb ein Gutachten in Auftrag und reiche es dann freiwillig zu den Akten, so könne es – sofern es den dem gesetzlichen Standard entsprechenden Qualitätsanforderungen entspreche und auch sonst *im Einzelfall keine Bedenken* bestünden – für die Ermittlungen verwendet werden[122]. Konsequenterweise

[118] BR-Drs. 729/ 93.
[119] BT-Drs. 13/ 667.
[120] BT-Drs. 13/ 3116.
[121] BT-Drs. 13/ 667, S. 1.
[122] BR-Drs. 729/ 93, S. 5. Hervorhebungen von mir M.W. Kritisch zu der bewussten Nicht-Regelung des DNA-Massentests bereits im ersten Referentenentwurf aus dem Bundesjustizministerium Rademacher, ZRP 1990, S. 380 (383). Sie hielt es für rechtsstaatlich unvertretbar, es bei der Regellosigkeit in Bezug auf derartige Maßnahmen zu belassen, weil dadurch die

wurde dann auch auf eine entsprechende Regelung verzichtet. Erwähnenswert erscheint im hier relevanten Kontext noch eine weitere Passage der Gesetzesbegründung. Darin wird dargelegt, es sei auf eine bestimmte Einsatzschwelle für die Zulässigkeit der DNA-Analyse mit der Überlegung verzichtet worden, dass gerade die Möglichkeit, einen Beschuldigten mithilfe molekulargenetischer Untersuchungen sicher auszuschließen, es sachgerecht erscheinen lasse, diese Methode bereits in der Frühphase eines Ermittlungsverfahrens einzusetzen, und zwar noch vor der Ausschöpfung weiterer Erkenntnismöglichkeiten; auf diese Weise könnten möglicherweise eingriffsintensivere Maßnahmen vermieden werden[123].

Wie eingangs bereits vorsichtig angedeutet, sind die Regelungen des StVÄG 1997 genauso wie seine Begründung Gegenstand von z.T. scharfer Kritik gewesen. Nichts anderes gilt für die ihm vorausgehenden Gesetzentwürfe und Diskussionspapiere:

So hält es Burr für wenig befriedigend, dass das Gesetz keine Aussage zu der Zulässigkeit von DNA-Reihenuntersuchungen enthält und diese noch dadurch gleichsam unterstützt habe, dass auf eine besondere Einsatzschwelle für die Erstellung eines DNA-Profils gänzlich verzichtet wurde[124]. Gegen den von der Bundesregierung insofern aufgebrachten Gedanken, der Verzicht auf diese Schwelle sei erforderlich, damit ein Betroffener schon frühzeitig als Verdächtiger aus einem Strafverfahren ausgeschlossen werden kann, wendet er ein, wenn

---

Position des Betroffenen zu wenig geschützt werde. Denn es sei schließlich in dem Telgter Mordfall ohne weiteres möglich gewesen, Beschlüsse nach § 81a StPO gegen die Testverweigerer zu beschaffen. S. zu diesem Referentenentwurf auch die eingehende Darstellung von Wächtler (StV 1990, S. 369 ff.), der auf weitere Mängel dieses Entwurfs aufmerksam macht.

[123] BR-Drs. 729/ 33, S. 10.

[124] Vgl. Burr, Das DNA-Profil, S. 142 f. Eine andere Regelung hat hier insbesondere der Gesetzentwurf der SPD-Fraktion (BT-Drs. 12/ 3981, S. 7) vorgesehen: Danach sollten genanalytische Untersuchungen nur an Beschuldigten zulässig sein, gegen die ein *dringender Tatverdacht* besteht. Durch diese besondere Einsatzschwelle sollte verhindert werden, dass bei freiwilligen Massentests Testverweigerer als einfache Beschuldigte zwangsweise untersucht werden können, wie dies in der Praxis schon damals üblich war (s. dazu im 3. Abschnitt, A.).Denn es habe schließlich wenig Sinn, sich gegen die Entnahme einer Blutprobe für einen „freiwilligen" Massentest zu wehren, wenn ansonsten eine Blutprobe – jetzt von dem Beschuldigten – erzwungen werden könne. Daher sei nicht bei allen Teilnehmern an „freiwilligen" Massentests davon auszugehen, dass sie tatsächlich aus freien Stücken handelten. Dagegen meint Hother (Die DNA-Analyse, S. 98), eine derartige Besorgnis sei unbegründet, weil eine DNA-Analyse nach Auffassung des BGH ohnedies einen die Beschuldigteneigenschaft begründenden Tatverdacht voraussetze. M.E. ist diese Überlegung nicht tragfähig, denn dann würde man im Rahmen der Gesetzgebung ein Primat der Rechtsprechung anerkennen. Die Frage, ob bestimmte gesetzliche Regelungen erforderlich sind oder nicht, kann sich ja nicht danach bestimmen, wie die Rechtsprechung das ein oder andere bereits bestehende gesetzliche Merkmal auslegt, zumal sich diese Rechtsprechung ja auch ändern kann. Die Rechtsprechung hat sich gem. Art. 20 Abs. 3 GG nach der Gesetzgebung zu richten, nicht umgekehrt.

dieser eine entsprechende Entlastung für erforderlich halte, bleibe ihm immerhin die Möglichkeit, sich freiwillig einem entsprechenden Test zu unterziehen. Gleichwohl hält er diese Überlegung der Bundesregierung letztlich schon für überzeugend, weil auch die Staatsanwaltschaft nach dem Aufklärungsgrundsatz die Möglichkeit haben müsse, einen Verdächtigen aus ihren Ermittlungen auszuscheiden, der sich einer freiwilligen Untersuchung verweigere. Insofern will es Burr zwar bei dem Verzicht auf die Einsatzschwelle belassen, schlägt aber vor, als Ergänzung in das Gesetz eine Bestimmung einzufügen, der zufolge die bloße Verweigerung der Teilnahme an einem Massentest eine Beschuldigteneigenschaft im Sinne des § 81a StPO nicht begründen könne.
Im Ton deutlich schärfer fällt die Kritik Oberwetters an dem dann tatsächlich Gesetz gewordenen Entwurf der Bundesregierung zur Regelung der DNA-Analyse im Strafverfahren aus. Er ist der Auffassung, der Vorschlag habe in relevanten Punkten sein Ziel, mehr Rechtssicherheit zu schaffen, eindeutig verfehlt und dabei zudem die mit einer erstmaligen Kodifizierung der Materie einhergehenden Chancen zur richtigen Weichenstellung ungenutzt gelassen. Insbesondere den Rückzug des Gesetzgeber auf die Geltung „allgemeiner Regeln" bei der Problematik – vermeintlich – freiwilliger DNA-Massentests hält Oberwetter für verfehlt[125]:
Zunächst liege es ja keinesfalls so, dass die Beachtung des Verbots, im Strafverfahren Druck auf die Betroffenen auszuüben, sich einer freiwilligen molekulargenetischen Untersuchung zu unterziehen, derart selbstverständlich sei, dass sich eine explizite gesetzliche Regelung von vornherein verböte. Denn man müsse in Betracht ziehen, dass diejenigen, die sich einer derartigen Analyse im Stadium der Freiwilligkeit verschlössen, sich allein durch diese Weigerung in den Kreis der Verdächtigen begäben. Wenn sich etwa von 100 angesprochenen Personen 99 einer freiwilligen DNA-Untersuchung unterzögen und sich dadurch entlasten könnten, so ergäben sich ausreichende Verdachtsgründe gegen die 100. Person allein aufgrund der Resultate der anderen 99, ohne dass noch Druck vonseiten der Strafverfolgungsbehörden auf jene Person ausgeübt werden müsste, sich „freiwillig" einer Untersuchung zu unterziehen. Die allgemeinen Regeln – insbesondere § 136a StPO – müssten von vornherein ins Leere laufen. Das Dilemma der freiwilligen Untersuchungen lasse sich nur umgehen, indem man Massenuntersuchungen verbiete, soweit nicht in jedem Einzelfall eine richterliche Anordnung vorliege[126]. Anstatt derartige Regelungen überhaupt in Betracht zu ziehen, würden in dem Gesetzentwurf die – im Gesetz selbst mit keinem Wort erwähnten – freiwilligen Massentests als Ergänzung zu den zwangsweise angeordneten Untersuchungen gerne und bereitwillig akzeptiert.

---

[125] Oberwetter, Die DNA-Analyse, S. 143 ff.
[126] Oberwetter, a.a.O.

Auch bei den Praktikern und dem ihnen verbundenen Teil der Literatur treffen die neuen Bestimmungen auf wenig Gegenliebe, insbesondere die Eingrenzung der Anordnungsbefugnisse wird kritisch beurteilt. Während das Plädoyer im Vorfeld des Gesetzes dahin ging, auf eine Regelung möglichst ganz zu verzichten[127], weil §§ 81a, 81c StPO doch ausreichende Befugnisnormen enthielten, geht die Tendenz nunmehr dahin, den §§ 81e f. StPO einen bloß klarstellenden Charakter zu attestieren. Im Kern wird die These aufgestellt, diese Bestimmungen hätten nichts verboten, was nicht schon vorher unerlaubt war, und nichts erlaubt, was nicht auch schon zuvor zulässig gewesen wäre. Als Beispiel mag die pointierte Zusammenfassung der Funktion des § 81e StPO durch Rogall angeführt werden: „Der Zweck der Norm besteht nach der Gesetzesbegründung in der Verdeutlichung, dass die Untersuchung mit molekulargenetischen Methoden als zusätzliche neue Untersuchungsmethode eine ausdrückliche Regelung erfahren soll. Das ist ebenso nichtssagend wie zirkulär und bedarf daher keiner weiteren Reflexion. In Wahrheit regelt § 81e zunächst einmal Selbstverständlichkeiten und teilt damit den klarstellenden Charakter des gesamten Gesetzes[128]."

Beklagt werden vor allem die vermeintlich aufwändigen Verfahrensvorschriften, die die praktische Handhabung der DNA-Analyse nicht unerheblich behinderten[129]. Alles in allem bleibe rechtspolitisch ein übler Nachgeschmack, denn es wirke befremdlich, die Notwendigkeit einer Gesetzesnovelle mit einem „angeblichen" Angstsyndrom in der Bevölkerung zu legitimieren und der Vorstellung Vorschub zu leisten, dass mit dem Missbrauch staatlicher Befugnisse überall und ganz konkret gerechnet werden müsse[130]. Eine Auseinandersetzung mit den Versäumnissen des Gesetzgebers in Bezug auf die (fehlende) Regelung des DNA-Massentests sucht man in diesen Diskussionsbeiträgen freilich vergeblich. Hält man sich die Motive für deren Kritik vor Augen, ist dies aber auch kaum erstaunlich, denn hier hat der Gesetzgeber schließlich gerade das getan, was er aus Sicht dieser Kritiker am besten insgesamt getan hätte: Nichts.

Zustimmung haben die sich dann auch in dem tatsächlich realisierten Gesetzentwurf niederschlagenden Vorentwürfe aus dem Justizministerium insbesondere bei Ritter gefunden. Dieser teilt die Auffassung der Bundesregierung, die gesetzliche Festschreibung der DNA-Analyse sei aus Klarstellungsgründen im Sinne einer Bestätigung der Rechtsprechung des BGH geboten, obwohl die Vorschrift des § 81a StPO grds. eine ausreiche Befugnisnorm auch für sie enthalte, und zudem auch deshalb sinnvoll, weil sie helfen könne, Vorbehalte ge-

---

[127] Exemplarisch Lührs, MDR 1992, S. 929 f.
[128] Rogall, in: SK-StPO, § 81e, Rn. 2.
[129] Senge, NJW 1997, S. 2409 (2412). Vgl. auch Rogall, a.a.O.
[130] Rogall, a.a.O., § 81a, Rn. 79.

gen diese Untersuchungsmethode in der Bevölkerung abzubauen[131]. Im Übrigen sei auch der Verzicht auf eine bestimmte Einsatzschwelle zum Einsatz der DNA-Analyse nur gutzuheißen, weil damit den Strafverfolgungsbehörden die Möglichkeit gegeben werde, ihre Kräfte sinnvoll einzuteilen, indem zunächst Tatverdächtige rasch aus den Ermittlungen ausgeschlossen werden könnten. Dies helfe, das Ermittlungsverfahren zu beschleunigen und insgesamt auch effizienter zu gestalten. Im Übrigen sorge ja bereits der jeder strafprozessualen Befugnisnorm immanente Grundsatz der Verhältnismäßigkeit dafür, dass niemand auf die Idee komme, die DNA-Analyse zur Aufklärung von Bagatelldelinquenz einzusetzen[132].

### *II. Der Inhalt der Regelungen*

In den einleitenden Bemerkungen wurde schon eine vorsichtige Formulierung gewählt: Die gesetzlichen Neuerungen sollen dargestellt und kommentiert werden, soweit sie für die hier relevanten Probleme von Belang sind. Im Anschluss an die vorstehende Darstellung des Gesetzes und des vorangehenden Gesetzgebungsverfahrens dürfte klar sein, dass es hier nicht viel zu sagen gibt, denn die Massenuntersuchungen entbehren ja gerade einer entsprechenden Regelung. Der Gesetzgeber hielt sie ganz offenbar für so unproblematisch und mithilfe der „allgemeinen" Regeln angemessen zu bewältigen, dass er insofern keinen Anlass sah, überhaupt etwas zu regeln. Erwähnungsbedürftig ist insofern allein die Vorschrift des § 81e StPO, die sich – wie dies auch von Anfang an von der Bundesregierung beabsichtigt war – der Errichtung einer erhöhten Eingriffsschwelle bewusst enthielt. Vielmehr entspricht es ganz h.M., dass bereits aufgrund eines Anfangsverdachts Maßnahmen nach §§ 81a Abs. 1, 81e Abs. 1 StPO getroffen werden dürfen[133]. Unklarheit besteht demgegenüber, was daraus für die DNA-Massenverfahren folgt: Darf nach wie vor „relativ unproblematisch" gegenüber allen, die ihre freiwillige Teilnahme an einer solchen Untersuchung verweigern, eine entsprechende Materialabnahme und –analyse gerichtlich angeordnet werden, oder setzt die Beschuldigteneigenschaft im Sinne der §§ 81a, 81e StPO sozusagen als weiteres *materielles* Kriterium voraus, dass sich der Tatverdacht auf konkrete Anhaltspunkte und nicht nur auf statistische Wahrscheinlichkeiten stützt[134]? Offen bleibt dabei im Übrigen die Frage, worin denn der genaue Unterschied zwischen solchen „konkreten Tatsachen" und bloßen Vermutungen liegt. Jedenfalls der Beschuldigtenbegriff dürfte durch diese gesetzgeberische Nicht-Regelung nicht vereinfacht worden sein. Und dass der

---

131 Ritter, Genomanalyse, S. 107. Diesen Gedanken hält offenbar auch Hother, Die DNA-Analyse, S. 102 für tragfähig.

132 Ritter, Genomanalyse, S. 112 f.

133 Kleinknecht/ Meyer-Goßner, StPO, § 81e, Rn. 7; Rogall, in: SK-StPO, § 81e, Rn. 7; Senge, NJW 1997, S. 2409 (2411), ders., in: KK-StPO, § 81e, Rn. 3 m.w.N.

134 Rogall, in: SK-StPO, § 81a, Rn. 7.

Teilnahmeverweigerer hier letzten Endes nach wie vor schlechte Karten hat, darauf dürfte bereits die Feststellung hindeuten, letzten Endes bedeute die Inkulpation, also der Erwerb der Beschuldigtenstellung durch einen Verdächtigen, einen prozessualen Gestaltungsakt, der allein in der Kompetenz des zuständigen Organs liege[135].

### *C. Der Stand der aktuellen Diskussion*

Angesichts des soeben erlangten Befundes, dass der Gesetzgeber sich einer ausdrücklichen Regelung der Problematik von DNA-Massenuntersuchungen absichtlich enthalten und dabei seine Untätigkeit mit einer allzu knappen Begründung legitimiert hat, ist es wenig erstaunlich, dass – auch wenn die DNA-Analyse als solche mittlerweile in § 81e StPO fest etabliert ist – die Zulässigkeit der Reihenuntersuchungen weiterhin höchst umstritten bleibt.

#### *I. Den DNA-Massentest befürwortende Meinungen*

Beulke vertritt die Auffassung, die DNA-Massenuntersuchungen, die er als „informatorischen" genetischen Fingerabdruck bezeichnet, seien zulässig. Zwar komme eine Anwendung des § 81a StPO nicht infrage, weil mangels Konkretisierung des Tatverdachts auf bestimmte Personen keiner der Aufgeforderten als Beschuldigter angesehen werden könne. Gleichwohl hätten die Strafverfolgungsorgane die Möglichkeit, die Teilnahme an einer derartigen Untersuchung zu erzwingen, weil § 81e Abs. 1 S. 2 StPO auch die Auswertung von Blutproben zulasse, die einem Nichtbeschuldigten nach der Vorschrift des § 81c Abs. 2 StPO entnommen wurden. Auf den Rechtsgedanken des § 55 StPO könnten sich die Betroffenen dabei nicht berufen. Allerdings müsse der Personenkreis aus rechtsstaatlichen Gründen überschaubar sein[136].

#### *II. Die vermittelnde Ansicht Buschs*

Einen vermittelnden Lösungsansatz hat insbesondere Busch zu entwickeln versucht[137]. Auch seiner Auffassung zufolge ist es zwar grundsätzlich möglich, eine zwangsweise Massenanalyse auf §§ 81c Abs. 2, 81e Abs. 1 StPO zu stützen. Jedoch müsse bei der Anwendung der Vorschrift des § 81c StPO stets die in dessen Absatz 4 verankerte Zumutbarkeitsschranke beachtet werden, die maß-

---

[135] Rogall, in: SK-StPO, § 81a, Rn. 8

[136] Beulke, Strafprozessrecht, Rn. 242. Beulkes Berufung auf Kleinknecht/ Meyer-Goßner, StPO, § 81c, Rn. 21 geht aber fehl, weil sich die in Bezug genommene Fundstelle nur auf Untersuchungen einer konkreten Person, nicht aber auf Reihenuntersuchungen bezieht, zumal letztere nach der dort vertretenen Auffassung ohnedies unzulässig sind (vgl. Kleinknecht/ Meyer-Goßner, a.a.O., Rn. 14). Einen Massentest für zulässig halten auch Markwardt/ Brodersen, NJW 2000, S. 692 (693), ohne dies allerdings näher zu begründen. Krit. dazu Graalmann-Scheerer, ZRP 2002, S. 72 (75).

[137] Busch, NJW 2001, S. 1335 ff.

geblich vom Grundsatz der Verhältnismäßigkeit geprägt werde. Es müsse also stets eine Abwägung der Interessen des Betroffenen, nicht getestet zu werden, gegen das staatliche Strafverfolgungsinteresse vorgenommen werden. Bei dieser Abwägung komme es auf das Gewicht der aufzuklärenden Straftat, die Bedeutung der Maßnahme für den Betroffenen und dessen Stellung im Verfahren an. So werde man dem Opfer einer Straftat mehr zumuten können als einem Dritten, der dem aufzuklärenden Vorgang sachlich ferner steht.
Im Rahmen der Zumutbarkeitserwägungen nach § 81c Abs. 4 StPO sei einerseits zwar zu berücksichtigen, dass der Zeugen- und Spurengrundsatz des Abs. 1, der Reihenuntersuchungen auf dieser Grundlage von vornherein ausschließt, im Rahmen des Abs. 2 seit dem 3. StÄG von 1953 keine Geltung mehr habe. Andererseits sei es dem Gesetzgeber bei der Reform des § 81c Abs. 2 StPO aber *nicht* darum gegangen, mit diesem für Reihenuntersuchungen eine Ermächtigungsgrundlage zu schaffen. Vielmehr habe die Änderung auf dem Gedanken beruht, dass die Verknüpfung der Eigenschaft als Zeuge mit derjenigen als Spurenträger sinnlos sei; auch wer von vornherein nicht als Zeuge infrage komme, könne doch gleichwohl Spurenträger sein. Daher müsse der dem Zeugen- und Spurengrundsatz des § 81c Abs. 1 StPO inhärente Gedanke, dass zwischen der Tat und dem zu Untersuchenden eine gewisse Nähebeziehung bestehen muss, auch bei der Auslegung des § 81c Abs. 2 und 4 StPO berücksichtigt werden. Dem stehe auch die Regelung des § 81e Abs. 1 Satz 2 StPO nicht entgegen, die ohne inhaltliche Beschränkung molekulargenetische Untersuchungen an Material für zulässig erkläre, das durch Maßnahmen nach § 81c StPO erlangt wurde. Denn der Gesetzgeber habe diese Frage überhaupt nicht bedacht, jedoch deutlich gemacht, dass die dem Schutz des Betroffenen dienenden Vorkehrungen, unter anderem die des Abs. 4 anzuwenden seien[138].
Daraus ergebe sich nunmehr, dass je näher die Betroffenen dem Tatgeschehen stünden, das mithilfe der DNA-Analyse aufgeklärt werden solle, je mehr Tatsachen dafür vorhanden seien, dass die Betroffenen „potenziell verdächtig" seien, an der Straftat beteiligt zu sein, und je gewichtiger die Tat sei, es ihnen umso eher zuzumuten sei, entsprechende Feststellungen zu dulden. Das gelte z.B. für die 138 Betroffenen, die mit dem Tatopfer gemeinsam einen Feuerwehrball besucht hätten, sei – im Gegensatz dazu - aber für 1899 Bewohner einer Kaserne oder gar 17.900 Männer einer ganzen Region zu verneinen. Denn abgesehen von dem Alter und ihrem Wohn- und Aufenthaltsort gebe es keine Tatsachen, die geeignet seien, eine engere Verbindung zu der aufzuklärenden Tat herzustellen, zumal dieser Personenkreis einer steten Fluktuation unterliege.
Insgesamt lasse sich daher mithilfe des Prinzips der Zumutbarkeit das maßgebliche Kriterium finden, das der Zulässigkeit molekulargenetischer Reihenuntersuchungen gem. §§ 81c Abs. 2, 81e Abs. 1 StPO Grenzen ziehe[139].

---

[138] Busch, a.a.O., S. 1336.
[139] Busch, a.a.O., S. 1337.

### *III. Die Zulässigkeit des DNA-Massentests ablehnende Meinungen*

Demgegenüber hält Benfer zwangsweise DNA-Reihenuntersuchungen generell für unzulässig, weil die potenziellen Beteiligten in aller Regel unter keinem denkbaren Gesichtspunkt als Beschuldigte im Sinne der §§ 81a, 81e StPO bezeichnet werden könnten[140]. Die Reihenuntersuchungen hätten nämlich einzig die Aufgabe, aus der Vielzahl der Eingriffsadressaten den einen herauszufiltern, gegen den dann als wahrscheinlichen Täter das Strafverfahren zu führen sein wird. Seien aber im Zeitpunkt der Anordnung der Blutprobe noch keinerlei Hinweise auf eine bestimmte Person als Täter vorhanden, könne man die Adressaten des Grundrechtseingriffs keinesfalls als Beschuldigte bezeichnen. Jedenfalls nach klassischer Definition verlange die Verleihung des Beschuldigtenstatus' weitreichende Kenntnisse dahingehend, dass der Eingriffsadressat mit großer Wahrscheinlichkeit als Täter infrage komme. Gerade in den Fällen, in denen bisher Massentests durchgeführt worden seien, sei auch bereits fraglich, ob überhaupt von einem Verdacht in Bezug auf die Mitglieder der Gruppe gesprochen werden könne, wenn diese allein nach bestimmten statistischen Kriterien zusammengefasst würden. Denn dabei werde übersehen, dass diese Personen weder durch rational nachvollziehbare Gesichtspunkte verbunden sind, noch werde dem Gedanken einer etwaigen Fluktuation Rechnung getragen. Räumliche Festlegungen (oder auch die Festlegung Münchner Porschefahrer) seien als rein zufällig anzusehen. Rechtseingriffe nach „dem Prinzip der Gießkanne" ließen sich nicht auf §§ 81a, 81e StPO stützen.

Am ausführlichsten hat sich in jüngster Zeit Satzger mit der Problematik auseinandergesetzt[141]. Er unterscheidet zunächst – wie dies schon vor der Änderung des StPO üblich war – zunächst zwischen zwangsweisen und freiwilligen Untersuchungen.

Im Rahmen seiner Ausführungen zum zwangsweisen DNA-Massentest befasst er sich zunächst mit der Frage, unter welchen Voraussetzungen Maßnahmen gegen Beschuldigte i.e.S. zulässig sein können. Insofern sieht auch er sich vor eine Problematik gestellt, auf die als Erster Gusy[142] in dieser Schärfe aufmerksam gemacht hat: Zum Schutze des Betroffenen gehe die h.M. grds. davon aus, dass es für diesen günstig ist, den Beschuldigtenstatus möglichst frühzeitig zu erhalten, wohingegen dies im Rahmen der §§ 81a, 81e StPO wiederum misslich sein könne, weil – lässt man insofern den Willen der Strafverfolgungsbehörden ausreichen, jemanden als Beschuldigten zu verfolgen – dies dazu führen könne,

---

[140] Benfer, StV 1999, S. 402 (403.); ders., Rechtseingriffe, Rn. 960. So auch Kramer, Grundbegriffe, Rn. 263; Kühne, Strafprozessrecht, Rn. 490.

[141] Satzger, JZ 2001, S. 639 ff.

[142] Gusy, JZ 1996, S. 1176 f.

dass auch ein u.U. völlig Unverdächtiger entsprechende Zwangsmaßnahmen dulden müsste[143].

Daraus folgt nach Satzgers Auffassung nunmehr die Notwendigkeit, den Beschuldigtenbegriff in unterschiedlichen Verfahrensstadien auch unterschiedlich auszulegen. Dies sei insbesondere nicht durch einen vermeintlich einheitlichen Sprachgebrauch der StPO ausgeschlossen; der Blick in andere Rechtsbereiche verdeutliche, dass auch dort derselbe Begriff in unterschiedlichen Zusammenhängen je eine eigene Bedeutung habe. Entsprechend zu verfahren, liege hier nahe, weil es eben ein Unterschied sei, ob man als Beschuldigter bestimmte Zwangsmaßnahmen zu dulden habe, oder aber ein Subjekt der eigentlichen Hauptverhandlung vor Gericht sei. Daraus zieht Satzger – in Anlehnung an Fincke[144] – den Schluss, das Prozesssubjekt in dem „Nebenprozess" der Zwangsmittelanwendung autonom zu definieren[145].

Diese autonome Definition des Beschuldigtenbegriffs für die Duldung strafprozessualer Untersuchungsmaßnahmen nach den Vorschriften der §§ 81a, 81e StPO möchte Satzger nun mithilfe des Begriffs des hinreichenden Tatverdachts gewinnen. Zwar handele es sich auch dabei um einen subjektiv gefärbten Rechtsbegriff, der genauso von subjektiven Einschätzungsprärogativen der Strafverfolgungsorgane abhängig sei wie derjenige des Beschuldigten im Allgemeinen. Jedoch habe auch eine solche Prärogative Grenzen, und auf diese komme es im hiesigen Kontext gerade an: Einen positiven Anhaltspunkt für solche Grenzen findet Satzger nun in § 152 Abs. 2 StPO, dem er zunächst entnimmt, dass konkrete Tatsachen in Bezug auf die Begehung einer Straftat vorliegen müssten. Der sich darauf gründende Tatverdacht einer Straftat als solcher müsse nunmehr um eine individualisierende Komponente ergänzt werden. Denn erst wenn „zureichende tatsächliche Anhaltspunkte" für die Tat einer bestimmten Person vorlägen, könne von einem Beschuldigten gesprochen werden.

Eine derartige Individualisierung des Tatverdachts fehle bei den DNA-Reihenuntersuchungen nun aber in aller Regel, weil die potenziellen Testpersonen hier nur nach mehr oder minder allgemeinen, statistischen Kriterien zusammengestellt würden. Es handele sich nur um einen gruppenbezogenen Tatverdacht. Die Angehörigen dieser Gruppe aber seien nicht Beschuldigte; vielmehr gehe die Maßnahme erst dahin, aus der Gruppe einen individuell Verdächtigen noch herauszufinden[146].

Folglich könnten zwangsweise DNA-Massentests nicht auf §§ 81a, 81e StPO gestützt werden.

In einem zweiten Schritt wendet sich Satzger sodann der Frage zu, ob man zwangsweise Untersuchungen, wenn schon §§ 81a, 81e StPO als Ermächti-

---

[143] Satzger, JZ 2001, S. 639 (643).
[144] Fincke, ZStW 95 (1983), S. 918 (920).
[145] Satzger, JZ 2001, S. 639 (644).
[146] Satzger, a.a.O.

gungsgrundlage ausschieden, nicht wenigstens auf § 81c i.V.m. § 81e StPO stützen könnte. Dabei sei zu differenzieren zwischen der *Gewinnung* analysefähigen Materials nach § 81c Abs. 2 StPO und deren *Analyse* nach § 81e Abs. 1 S. 2 StPO[147].

Bereits in Bezug auf die Materialgewinnung hat Satzger mit Blick auf die Verhältnismäßigkeitsklausel des § 81c Abs. 4 StPO erhebliche Bedenken. Man dürfe insoweit nicht den Fehler machen, das Aufklärungsinteresse an der Tat nur gegen das Interesse jedes *einzelnen* potenziellen Testteilnehmers an der Wahrung seines allgemeinen Persönlichkeitsrechts und seiner körperlichen Unversehrtheit abzuwägen. Denn dann sei das Überwiegen des Aufklärungsinteresses kaum in Abrede zu stellen[148]. Richtigerweise müsse man bei groß angelegten Untersuchungsaktionen aber auf das *Gesamtinteresse* aller an dem Test Beteiligten abstellen und dieses zu dem staatlichen Aufklärungsinteresse in Beziehung setzen. Daraus aber ergebe sich, dass ab einer gewissen Anzahl von in Anspruch Genommenen die Maßnahme unverhältnismäßig werde und damit auch unzumutbar im Sinne des § 81c Abs. 4 StPO[149].

Soweit man die Entnahme einer entsprechenden Probe nach § 81c Abs. 2 StPO gleichwohl für zulässig halte, scheitere aber spätestens deren Analyse an § 81e Abs. 1 Satz 2 StPO. Denn danach seien Untersuchungen nur für die dem Satz 1 dieser Vorschrift „entsprechende[n] Feststellungen“ zulässig. Gemeint sei damit im hiesigen Kontext, die Frage, „ob aufgefundenes Spurenmaterial von dem Beschuldigten oder dem Verletzten stammt.“ Eher unbewusst habe der Gesetzgeber durch diese Formulierung des § 81e Abs. 1 StPO dessen Heranziehung für zwangsweise DNA-Massentests ausgeschlossen:

Denn bei Reihenuntersuchungen gehe es stets darum, bei jedem Einzelnen festzustellen, ob das Spurenmaterial *von ihm* stammt, sodass *er* als Tatverdächtiger ausgeschlossen werden kann. § 81e Abs. 1 StPO lasse die DNA-Analyse aber nur zu, um festzustellen, ob das Spurenmaterial *von dem Beschuldigten oder dem Verletzten* stamme. Im hier relevanten Fragenkreis sei aber weder ein Beschuldigter vorhanden, noch seien die Eingriffsadressaten die durch die Tat Verletzten. Die Feststellung, ob Spurenmaterial von einem Unbeteiligten stammt – sodass dieser als Tatverdächtiger ausgeschlossen werden kann – sei im Sinne dieser Vorschrift also keine zulässige Ermittlungsrichtung[150].

Schließlich geht Satzger noch der Frage nach, inwieweit *freiwillige* DNA-Massenuntersuchungen zulässig sein können. In Übereinstimmung mit den bis-

---

[147] Satzger, a.a.O., S. 645 ff.

[148] Vgl. zu den mit einer Abwägung von Beschuldigtenrechten und staatlichem Strafverfolgungsinteresse verbundenen Gefahren insbesondere Hassemer, StV 1982, S. 275 (277).

[149] Satzger, a.a.O., S. 645 f.

[150] Satzger, a.a.O., S. 646. Hervorhebungen im Original. Vgl. auch Graalmann-Scheerer, ZRP 2002, S. 72 (76).

herigen Abhandlungen über diese Problematik sieht Satzger das Kernproblem bei dem Begriff der „Freiwilligkeit" und dem mittelbaren Zwang, der sich aus der Verweigerungshaltung gegenüber einem solchen Ansinnen ergeben kann[151]. Diese Problematik lasse sich im Gegensatz zu der Auffassung des BVerfG[152] auch nicht dadurch umgehen, dass man sich auf den Standpunkt stelle, schließlich dürfe die Nicht-Teilnahme für sich genommen nicht zur Begründung eines Anfangsverdachts herangezogen werden und daher sei es jedem unbenommen, in freier Abwägung über seine Teilnahme an dem Massentest zu entscheiden. Denn diese Prämisse von der Tatverdachtsneutralität des Weigerungsverhaltens stehe der Realität und Funktionsweise der DNA-Massentests diametral entgegen. Diese seien schließlich gerade auf die Schlussfolgerung hin angelegt, dass die Verweigerer als verdächtig angesehen und somit als Beschuldigte nach §§ 81a, 81e Abs. 1 Satz 1 StPO in Anspruch genommen werden könnten. Wolle man die Ermittler dieser Schlussfolgerungsmöglichkeit berauben – was im Übrigen für einen erfolgsorientierten Ermittlungsbeamten gänzlich unrealistisch sei – werde die gesamte Ermittlungsmethode ihres Sinns entkleidet. Alle Aktionen mit DNA-Massenuntersuchungen seien bisher darauf angelegt gewesen, jedenfalls faktisch eine Zwangssituation zu kreieren, in der eine wirklich freiwillige Einwilligung nicht mehr möglich sei. Als Folge daraus ergebe sich nunmehr, dass es „freiwillige" Massentests i.e.S. gar nicht gebe, sodass es sich auch dabei um unzulässige Zwangsmaßnahmen handele[153].
Insgesamt gelangt Satzger nach allem zur Auffassung, dass auch – oder besser gerade – unter Einbeziehung der neuen Vorschriften, insbesondere der Bestimmung des § 81e Abs. 1 StPO der DNA-Massentest de lege lata in all seinen Ausprägungen keine erlaubte Ermittlungsmaßnahme darstellt.
Was die Zulässigkeit „freiwilliger" DNA-Analysen angeht, gelangt Fisahn zu demselben Ergebnis wie Satzger, allerdings auf einem gänzlich anderen Wege. Fisahn nimmt an, es existiere ein unveräußerliches Grundrecht am eigenen genetischen Code, dessen sich der Besitzer auch freiwillig nicht begeben könne[154]. Denn Grundrechte hätten insoweit zwei Dimensionen: Zum einen dienten sie gerade der Sicherung der Selbstbestimmung des Einzelnen, sie sollen einen spezifischen Bereich autonomer Entscheidungen gewährleisten, in den einzudringen, der öffentlichen Gewalt verwehrt ist. Wolle man nun aber zulassen, dass

[151] Satzger, a.a.O., S. 747. Exemplarisch erscheinen insofern die Beweggründe eines 19jährigen Schlossers, sich an dem DNA-Massentest im Falle Christina Nytsch zu beteiligen, und die Satzger nach der BILD-Zeitung vom 11. April 1998 zitiert: „Eigentlich hatte ich gar keine Zeit. Aber ich will nicht, dass die Polizei plötzlich vor meiner Tür steht. Den Image-Schaden bei den Nachbarn kriegst du nie wieder weg." Vgl. zu diesem Problem auch Hamm, NJW 1998, S. 2407 (2408).
[152] BVerfG NJW 1996, S. 1587 (1588).
[153] Satzger, a.a.O., S. 648.
[154] Fisahn, ZRP 2001, S. 49 ff.

sich ein Grundrechtsträger dieses Rechts auf Autonomie – in autonomer Entscheidung – entäußere, ergebe sich daraus das Problem, dass er infolgedessen in höchstem Maße unautonom leben müsse, insbesondere diese Entscheidung niemals mehr rückgängig machen könne. Dadurch laufe man aber Gefahr, dass sich die Verzichtenden dauerhaft bestimmter Mitwirkungsrechte begäben, die ihrerseits für das Funktionieren eines demokratischen Gemeinwesens wesenstypisch seien, nämlich insbesondere die Prinzipien der gleichen Rechte und der gleichen politischen Teilhabe aller Bürger. Insofern dienten unveräußerliche Grundrechte auch Interessen, die über diejenigen des Einzelnen hinausgingen und für den Bestand und das Funktionieren des modernen Staates unabdingbar seien. So meint Fisahn etwa, das Solidarprinzip als Grundlage des modernen Sozialstaates drohe ausgehöhlt zu werden, wenn einige Bürger sich dazu bereit fänden, gegenüber der Sozialversicherung ihren genetischen Code offen zu legen, mit der Folge, dass etwaige Krankheitsrisiken für den Versicherer von vornherein kalkulierbar würden[155]. Folge der von Fisahn angestellten Überlegungen: Man muss Abgrenzungskriterien dafür finden, wann einerseits eine Einwilligung in die Preisgabe des genetischen Codes noch die gerade grundrechtlich geschützte Ausübung persönlicher Autonomie darstellt, und wann andererseits dadurch übergeordnete Werte infrage gestellt werden, die den Grundrechtsverzicht unzulässig erscheinen ließen. Als ein solches Kriterium erkennt Fisahn Situationen, die zumindest den „bösen Schein" erwecken, dass es sich nicht um eine autonome Entscheidung handelt, dass also heteronome Beweggründe nicht ausgeschlossen werden können. Dies sei bei den DNA-Massenuntersuchungen der Fall. Denn wer hier nicht einwillige, mache sich verdächtig und sei bei öffentlichkeitswirksamen Delikten einem erheblichen sozialen Druck ausgesetzt; die Dominanz heteronomer Motive lasse sich kaum übersehen. Einen Verzicht auf das Grundrecht am genetischen Code hält Fisahn unter diesen Bedingungen nur dann für zulässig, wenn es präzise gesetzliche Bestimmungen darüber gibt, in welchen Fällen und unter welchen verfahrensrechtlichen Voraussetzungen der genetische Code offenbart werden darf[156].

## *D. Stellungnahme*

### *I. Die Debatte um § 81a StPO als Eingriffsgrundlage*

Angesichts der zügigen Anerkennung des § 81a StPO als Ermächtigungsgrundlage für DNA-Analysen bei Beschuldigten und selbst für Reihenuntersuchungen zur Ermittlung des Tatverdächtigen, meint Rogall bei einer Nachbetrachtung

---

[155] Vgl. Fisahn, ZRP 2001, S. 49 (53).
[156] Fisahn, a.a.O., S. 54.

dieser Debatte bzgl. der Gegenstimmen aus der Literatur um das „Verdikt einer erheblichen Fehleinschätzung" nicht herumzukommen[157].

Es soll an dieser Stelle zunächst der Frage nicht weiter nachgegangen werden, ob ein derartiges Verständnis von Strafrechtswissenschaft nicht an deren Aufgabe vorbeigeht, die Strafrechtspraxis autonom und vor allem auch kritisch zu begleiten[158]. Denn Rogalls Bemerkung impliziert jedenfalls, dass eine wissenschaftliche Auseinandersetzung nur dann von Wert ist, wenn sie mit ihren Ergebnissen von der Strafrechtspraxis aufgenommen wird. Dies erscheint schon deshalb fragwürdig, weil die Richtigkeit einer Überlegung nicht davon abhängen kann und muss, dass die Rechtsprechung diese aufnimmt.

Im Übrigen scheint eine kritische Durchsicht des Diskussionsstandes vor der Reform der StPO auch eher Anlass zu geben, nicht der literarischen Kritik, sondern der Rechtsprechung und dem ihr folgenden Teil der Literatur erhebliche Fehleinschätzungen zu attestieren. Diese These soll im Folgenden weiter begründet werden, indem die verschiedenen Argumente noch einmal einer abschließenden Würdigung unterzogen werden. So war das erste Argument der Befürworter der DNA-Analyse stets, bei dieser handele es sich lediglich um eine Verfeinerung der bereits bekannten Methoden zur Untersuchung des Blutes; im Übrigen dürften darin auch deshalb keine übermäßigen Gefahren gesehen werden, weil ja „nur der nicht-codierte Bereich" analysiert werde; alles andere sei Zukunftsmusik. Allein die Befürchtung, dass eines Tages auch weitergehende Analysen möglich würden, könne der gegenwärtig eingesetzten Technik ihre Zulässigkeit nicht nehmen. Dies umso mehr – worauf das LG Berlin gleich in der ersten veröffentlichten gerichtlichen Entscheidung[159] zu dieser Problematik glaubt hinweisen zu können – als die DNA-Analyse in den USA und Großbritannien bereits eine etablierte Technik darstelle.

Bereits dieser Ausgangspunkt ist in der Sache – und darauf haben die Kritiker völlig zu Recht immer wieder aufmerksam gemacht – verfehlt. Denn abgesehen davon, dass die DNA-Analyse aufgrund ihrer zahlreichen Fehlerquellen[160] im anglo-amerikanischen Bereich schon (wieder) umstritten war, als sie in Deutschland erst richtig aufkam, verkennt eine solche Sichtweise zudem die mit dieser Technik zur Verfügung stehen Erkenntnismöglichkeiten. Allein aufgrund des Risikos, auch in den codierten Bereich der DNA vorzudringen und auf diese

---

[157] Rogall, in: SK-StPO, § 81a, Rn. 73.

[158] S. etwa Naucke, KritV 1990, S. 244 (249); vgl. auch Harzer, Die tatbestandsmäßige Situation, S. 266, die in Übereinstimmung mit Naucke die Aufgabe der Strafrechtswissenschaft vor allem darin erblickt, gegenüber der Kriminalpolitik die Mindestbedingungen eines rechtsstaatlichen Strafrechts immer wieder einzufordern. Es liegt auf der Hand, dass dieser Gedanke nicht nur für das materielle Strafrecht, sondern auch für das Strafprozessrecht Gültigkeit beanspruchen muss.

[159] Die aus dem Jahre 1989 datiert!

[160] S. dazu oben, 3. Abschnitt, B.

Weise sämtliche Details einer Person auszuforschen, wird deutlich, dass es sich dabei eben nicht – wie es beschwichtigend immer wieder heißt – um eine bloße Verfeinerung der Methoden zur Bestimmung der BAK handelt, sondern um ein gänzliches aliud; die Genom-Analyse ermöglicht die Gewinnung einer völlig neuen Art von Informationen und kann schon allein von daher mit den herkömmlichen Blutuntersuchungsverfahren eben nicht auf dieselbe Stufe gestellt werden[161]. In Anbetracht dessen erscheint es geradezu bedrückend, mit welcher Sorglosigkeit man eine auf § 81a StPO gestützte DNA-Analyse schon in der Frühphase zulassen wollte, obwohl man – wie etwa Sternberg-Lieben – ausdrücklich erkannt hatte, dass diese Technik noch in den Kinderschuhen steckte!
Eine weitere Überlegung tritt hinzu: Die DNA-Analyse, und insbesondere die durch sie nahezu zwangsläufig hervorgerufenen Massenuntersuchungen stellen eine Ermittlungsart dar, die naturgemäß mit den bei Schaffung des § 81a StPO bekannten Methoden nichts mehr gemein hat. Auf die damit verbundenen Risiken ist diese Ermächtigungsgrundlage in keiner Weise zugeschnitten, denn wer hätte es vor nahezu 70 Jahren für denkbar gehalten, dass mithilfe der DNA jeder Täter relativ sicher überführt werden kann, und dass es auf diese Art und Weise möglich ist, bestimmte Menschenmengen binnen verhältnismäßig kurzer Zeiträume entsprechend zu testen. Angesichts dessen wirkt die Überlegung Hothers geradezu alarmierend bedenkenfrei, dass es aufgrund der zurzeit eher virtuellen Risiken einer Untersuchung auch der codierenden Bereiche der DNA nicht angehen könne, diese einstweilen – jedenfalls gestützt auf § 81a StPO – nicht zuzulassen. Denn damit verkehrt Hother die Perspektive: Es liegt ja keinesfalls so, dass in einem rechtsstaatlichen verfassten Gemeinwesen *im Zweifel* jede Ermittlungsmaßnahme erst einmal zulässig ist und sie erst dann verboten werden muss, wenn mit ihr – ganz unmittelbar – völlig unkalkulierbare Risiken verknüpft sind. Vielmehr muss die Legitimationsfrage umgekehrt gestellt werden: Ermittlungseingriffe sind immer unzulässig, solange sie von dem Gesetzgeber nicht ausdrücklich zugelassen sind. Denn wäre Hothers Ansatzpunkt richtig, dann wäre das ausdifferenzierte Instrumentarium der StPO an verschiedenen Eingriffsbefugnissen ja unverständlich; die Ermittlungsorgane dürften (danach) zunächst einmal alles, bis es ihnen ausdrücklich verboten wird.
Ein rechtsstaatlich ausgestalteter Strafprozess muss also – ganz im Gegensatz zu Hother – im Zweifel auf eine Eingriffsbefugnis verzichten. Dies gilt umso mehr, wenn eine Analysemethode für den Kernbereich der Person des Betroffenen so immense Gefahren entfalten kann wie die DNA-Analyse. In derartigen Fällen liegt die spezifische Aufgabe des Gesetzgeber schließlich gerade darin, die Bürger auch vor womöglich erst künftig auftretenden Risiken zu schützen und nicht abzuwarten, bis es für die Bürgerrechte zu spät ist. Jede andere Vorgehensweise wäre mit dem Prinzip des gesetzlichen Strafverfahrens unvereinbar

---

[161] S. auch Vogt, StV 1993, S. 175 (176).

und würde somit dazu führen, dass die den Beschuldigten drohenden Eingriffsbefugnisse für diese nicht mehr erkennbar sind[162].
Besonders deutlich wird die Abwegigkeit einer derartigen Vorgehensweise, wenn man sich der Gesamtproblematik einmal aus der Gegenrichtung nähert, nämlich aus der Perspektive des materiellen Strafrechts. Hier hat der Präventionsgedanke nämlich Konjunktur und begegnet uns in immer wieder neuen Formen. Auch das Strafrecht soll sein Scherflein beitragen zur Lösung, wenigstens aber zur Minimierung der Gefahren, die uns heute so sehr bedrücken[163]. Als taugliches Mittel erscheint dem Gesetzgeber hier das abstrakte Gefährdungsdelikt, das in immer neuen Ausprägungen fröhlich Urständ feiert; als jüngster – aber ganz sicher nicht letzter – Höhepunkt dieser Entwicklung erscheint nunmehr § 143 StGB. Ohne dass hier tatsächlich eine Verletzung eingetreten wäre, ohne dass auch nur von einer unmittelbar bevorstehenden Verletzungsgefahr gesprochen werden könnte, werden hier weitgehend virtuelle Risiken pönalisiert, ohne dass bereits eine „tatbestandliche Situation" im eigentlichen Sinne überhaupt absehbar wäre[164]. Dieses lediglich abstrakte Risiko einer Rechtsgutsverletzung hält den Gesetzgeber gleichwohl nicht davon ab, mit z.T. empfindlichen Strafdrohungen die Freiheitssphäre der Bürger zu verkürzen.
Folge: Soweit es um Risiken für den Bürger geht, die aus einer bestimmten Ermittlungsmethode herrühren, soll dieser sie zunächst in Kauf nehmen; erst wenn sich die abstrakten Risiken weiter verdichten, dann soll Anlass zu einem Eingreifen des Gesetzgebers bestehen. Umgekehrt aber, wenn bestimmte Risiken vom Bürger ausgehen, die – womöglich – zu einer Rechtsgutsbeeinträchtigung führen könnten, werden diese sogleich mit der ganzen Härte des materiellen Strafrechts bekämpft. Die Beschränkung der Freiheitsrechte des Bürgers fällt offenbar wesentlich leichter als eine Beschränkung strafprozessualer Eingriffsbefugnisse.
In Anbetracht dessen trägt auch die Verharmlosung der der DNA-Analyse innewohnenden Missbrauchmöglichkeiten geradezu merkwürdige Züge: Denn wenn das BVerfG entsprechende Schutzvorkehrungen mit dem Argument für entbehrlich hält, jedenfalls bei den bisher durchgeführten Blutuntersuchungen seien derartige Missbräuche nicht aufgetreten, wenn die Literatur hinzufügt, diese bestünden auch schon bei der klassischen BAK-Untersuchung, so besagt all dies ja sehr wenig. Denn die Tatsache, dass bereits bei den traditionellen Blutuntersuchungen erhebliche Missbrauchsmöglichkeiten bestehen, streitet schließlich eher dafür, auch bei diesen Analysen wirksame Vorkehrungen dagegen zu treffen, als nunmehr, noch darüber hinaus, auch bei der DNA-Analyse

[162] Vgl. zu den Anforderungen an einen rechtsstaatlichen Strafprozess Naucke, KritV 1990, S. 244 (248 f.). S. zu den Risiken einer Preisgabe der schützenden Formen des Strafverfahrens auch Hassemer, StV 1982, S. 275, insb. S. 277 ff.
[163] S. etwa Hassemer, ZRP 1991, S. 121 (122).
[164] Vgl. etwa Harzer, Die tatbestandsmäßige Situation, S. 89 ff.

auf entsprechende Sicherungen zu verzichten. Ansonsten läuft man Gefahr, eine defizitäre Regelung mit der anderen zu begründen; je unpräziser die eine Befugnisnorm erscheint, desto unpräziser dürfte die andere sein.
Völlig abwegig erscheint angesichts dessen auch das von der Rechtsprechung und Teilen der Literatur vorgebrachte Argument, die DNA-Analyse müsse schon auf Grundlage des § 81a StPO zulässig sein, weil dieser eine Beschränkung der zulässigen Untersuchungsmethode nicht kenne; *pragmatischerweise* passe § 81a StPO ja auch auf die DNA-Untersuchung. Denn – und darauf wurde bereits hingewiesen[165] – argumentiert man in dieser Weise, dann gereicht dem § 81a StPO die eigene Schwammigkeit zum Vorteil: Die Tatsache, dass schon die bisherige Fassung dieser Bestimmung den Anforderungen, die das BVerfG im Volkszählungsurteil an Datenverarbeitungsregeln gestellt hat, nicht erfüllt, ermöglicht es nunmehr, darauf außer der BAK-Bestimmung auch die DNA-Analyse zu stützen. Diese Sichtweise verkennt offensichtlich, dass es im Kern nicht um die Frage der Reichweite des § 81a StPO geht, sondern um die Legitimation eines Eingriffs in das Grundrecht auf informationelle Selbstbestimmung. Erst wenn man diese Frage geklärt hat, geht es darum festzustellen, ob § 81a StPO den Anforderungen der dadurch erforderlich gemachten Ermächtigungsgrundlage entspricht oder nicht. Insofern ist in der Literatur völlig zutreffend darauf aufmerksam gemacht worden, dass es schon äußerst fraglich ist, ob die Bestimmung des § 81a StPO eine taugliche Befugnisnorm für die klassische BAK-Analyse darstellt, und dass die von der h.M. vertretene These, § 81a StPO ermächtige auch zu Eingriffen in die persönliche Freiheit, eigentlich nicht haltbar ist. Dies, zumal der Umstand, dass man BAK-Untersuchungen gestützt auf § 81a StPO „schon immer" zugelassen hat, für die Zulässigkeit auch der DNA-Analyse nichts besagt, weil ja auch diese Praxis durchaus falsch sein kann und bereits zu einer Zeit etabliert war, als man von verfassungsrechtlich verbürgtem Datenschutz jedenfalls in der Strafrechtspraxis noch nichts hören wollte.
Vielmehr streitet einiges dafür, dass man schon für die BAK-Analyse eine präzisere Befugnisnorm in der StPO bräuchte; *insofern* kann gleichsam erst recht die DNA-Untersuchung *nicht* auf die Vorschrift des § 81a StPO gestützt werden. Daher erscheint auch die in die entgegengesetzte Richtung weisende Auffassung unhaltbar, es sei gerade das besondere Verdienst eines vorausschauenden Gesetzgebers, in den §§ 81a, 81c StPO Regelungen geschaffen zu haben, mit deren Hilfe sich auch zukünftige Sachverhalte – also neue Untersuchungsmethoden – „interessengerecht" erfassen ließen. Abgesehen davon, dass „interessengerecht" in diesem Zusammenhang offenbar bedeuteten soll, in möglichst leicht zu handhabender Weise den Strafverfolgungsorganen ein möglichst breit angelegtes Arsenal an strafprozessualen Eingriffsbefugnissen zur Verfügung zu stellen, ermutigen derartige Stellungnahmen den Gesetzgeber naturgemäß, möglichst unpräzise Eingriffstatbestände zu schaffen, aus denen nahezu alles he-

[165] S. oben Fn. 14.

rausgelesen werden kann. Die rechtsstaatlich unerlässliche scharfe Begrenzung des Strafprozessrechts und seiner Eingriffsnormen bleibt dabei allerdings auf der Strecke[166].

Noch deutlicher wird dies, wenn man sich vergegenwärtigt, dass ein wörtliches Verständnis des § 81a StPO sogar die Analyse des codierenden Bereiches der DNA zulassen würde. Darüber, dass dies nicht sein darf, besteht nunmehr zwar auch unter den Befürwortern der Heranziehung dieser Bestimmung als Ermächtigungsgrundlage für DNA-Analysen Einigkeit[167]. Jedoch retten sich diese in die sog. verfassungskonforme Auslegung und lesen – ganz in der Tradition der Argumentation des BVerfG zur Legitimation des Eingriffs in die körperliche Unversehrtheit – den Grundsatz der Verhältnismäßigkeit in diese Bestimmung hinein, um (so) eine rechtsstaatlich gebotene Begrenzung ihrer Reichweite herbeizuführen. Dass dies eine kaum überzeugende Vorgehensweise ist, liegt auf der Hand[168], denn auf diese Art und Weise lässt sich letztlich jede noch so unbrauchbare und noch so weit gefasste Befugnisnorm „retten". Mit Recht ist den Ausführungen des BVerfG zur verfassungskonformen Auslegung der Bestimmung des § 81a StPO attestiert worden, es handele sich um eine „schwächliche Begründung[169]". Auch diese Begründung wird durch ihre Transformationen sozusagen auf die Analyseseite des § 81a StPO nicht stärker und bekräftigt einmal mehr die generellen Vorbehalte gegen diese Argumentationsfigur, die mehr zur Verwirrung der Beteiligten als zu der – rechtsstaatlich gebotenen – Klarheit der Befugnisnormen beiträgt.

Diese Klarheit vergrößert sich auch nicht gerade, wenn man es – wie Teile der Literatur – sogar für möglich hält, unwillkürlich von Betroffenen verlorenes DNA-Analyse-fähiges Material in analoger Anwendung des § 81a StPO in Besitz zu nehmen und dann zu untersuchen. Dabei kann die Frage offen bleiben, ob die zwangsweise Abnahme einer Materialprobe nach § 81a StPO nun dazu dient, dass der Betroffene davon überhaupt etwas erfährt oder nicht. Denn dass eine heimliche Materialbeschaffung und –analyse mit den Grundsätzen eines an rechtsstaatlichen Prinzipien orientierten Strafverfahrens unvereinbar ist, lässt sich kaum bestreiten[170]. Insoweit lässt sich unschwer eine – erste –Parallele zum Polygraphentest ziehen: Es ist in Rechtsprechung und Literatur nach wie vor nicht bestritten, dass ein Polygraphentest *ohne Zustimmung* des Beschuldigten

[166] Vgl. Naucke, KritV 1990, S. 244 (248).

[167] Wobei man gespannt sein darf, wie lange diese ursprünglich einhellige Auffassung noch die überwiegende bleibt, angesichts des Umstandes, dass Kriminalistenkreise bereits Interesse auch an einer Untersuchung der codierenden Bereiche der DNA angemeldet wurden. Bislang war die Entwicklung ja stets so, dass sobald etwas technisch möglich wurde, es alsbald auch für zulässig erklärt wurde.

[168] Vgl. zur verfassungskonformen Auslegung Naucke, KritV 1986, S. 189 (204 ff.).

[169] Eb. Schmidt, MDR 1970, S. 461.

[170] Zur Offenheit des Vorgehens als Merkmal eines rechtsstaatlichen Strafverfahrens vgl. etwa Frommel, KritV 1990, S. 279 ff.

in jedem Falle unzulässig ist. Denn dessen Entschließungsfreiheit – nicht erst seine Aussagefreiheit! – wird dadurch insofern beeinträchtigt, als Entäußerungen des Getesteten erlangt werden können, die seiner Willenssteuerung völlig entzogen sind[171]. Ein heimlicher Polygraphentest müsste dem unfreiwilligen demnach ohne weiteres gleichgestellt werden, sodass auch dieser gegen die Bestimmung des § 136a StPO verstoßen würde. Genauso wie bei einem heimlichen Polygraphentest würden sich die Strafverfolgungsorgane aber auch durch die heimliche Analyse des vom Beschuldigten unwillkürlich verlorenen Untersuchungsmaterials einen Zugriff auf Informationen verschaffen, die dieser ihnen nicht bewusst zugänglich machen wollte, und gegen deren Erlangung er sich auch nicht durch Inanspruchnahme von gerichtlichem Rechtsschutz wehren konnte. Auch wenn man einer zu großzügigen Erweiterung des Anwendungsbereichs der Vorschrift des § 136a StPO nicht das Wort reden will[172], ist doch anerkannt, dass sie jedenfalls dann zum Zuge kommen muss, wenn eine Maßnahme aus anderen als den in ihr unmittelbar genannten Gründen gegen rechtsstaatliche Grundsätze verstößt[173].
Angesichts des bis hierher aufgezeigten eher sorglosen Umgangs der Strafrechtspraxis mit den Bürgerrechten des Beschuldigten erscheint es auch nur wenig erstaunlich, dass das BVerfG zur Legitimation der DNA-Untersuchung wiederum einen Topos mobilisiert hat, der seit Beginn der 1970er Jahre eine scheinbar unaufhaltsame Karriere in der Rechtsprechung zum Strafverfahrensrecht gemacht hat: Die „Funktionsfähigkeit der Strafrechtspflege[174]".
Danach legitimiert das BVerfG eine – auf § 81a StPO gestützte – DNA-Analyse bereits damit, es habe die unabweisbaren Bedürfnisse einer wirksamen Strafverfolgung wiederholt anerkannt, das Interesse an einer möglichst umfassenden Wahrheitsermittlung im Strafverfahren betont und die Aufklärung schwerer Straftaten als wesentlichen Auftrag eines rechtsstaatlichen Gemeinwesens angesehen. Allerdings: auch hier wird ein schon in anderem Kontext schwaches Argument nicht dadurch tragfähiger, dass man es in einem neuen Anwendungsbereich überträgt. Hassemer hat eindrücklich darauf aufmerksam gemacht, dass es sich bei derartigen Überlegungen um nichts anderes handelt als einen Ausdruck des Unmuts, des Überdrusses und der Abwehr sowohl gegenüber liberaler Strafprozessreform, als auch gegenüber „Belastungen" der Justiz mit Beschuldigteninteressen, so als wolle man sagen: Jetzt reicht's, auch die praktische Justiz muss schließlich sehen, wo sie bleibt, jetzt geht's ans Eingemachte[175]. Und er hat auch verdeutlicht, dass die spezifische Gefahr der vom BVerfG verwendeten

[171] Eisenberg, Beweisrecht der StPO, Rn. 695 m.w.N.
[172] Beulke, StV 1990, S. 183.
[173] Eisenberg, Beweisrecht der StPO, Rn. 640 m.w.N.
[174] Dazu insbesondere Hassemer, StV 1982, S. 275 ff. S. zum Problem und seinen Folgen auch Herzog, ZRP 1991, S. 125 ff.
[175] Hassemer, a.a.O., S. 275.

Begrifflichkeiten darin liegt, dass die Rechte des Beschuldigten geradezu in einen „Abwägungssog" gerieten, in dem sie keine realistische Überlebenschance mehr hätten. Denn das „Kaleidoskop von Fundamentalbegriffen[176]", die das BVerfG bei diesem Anlass motiviere, mache die strafprozessualen Freiheitsrechte weitgehend chancenlos gegen die geballte Ladung an strafprozessualen Grundwerten, die ihnen gegenübergestellt werden[177]. Welche Überzeugungskraft hat schon das Recht des Einzelnen, wenn es sich gegen die Funktionstüchtigkeit der Strafrechtspflege insgesamt zu behaupten versuchen muss?
Eben diesen Weg nimmt die Diskussion auch wieder bei den DNA-Analysen. Indem den Interessen des Beschuldigten an einer geregelten Durchführung solcher Untersuchungen, ggf. aber auch dem legitimen Interesse an ihrem Unterbleiben, die unabwendbaren Bedürfnisse[178] einer wirksamen Strafrechtspflege entgegengesetzt werden, bedarf der Eingriff eigentlich schon überhaupt keiner (strafprozessualen) Grundlage mehr, sodass die ganze Angelegenheit mehr oder weniger schon durch § 81a StPO hoffnungslos überreguliert erscheint. An die Stelle des Arguments in der Sache tritt also eine weitgehend wolkenreiche und inhaltsleere Terminologie, die sich so um eine präzise Begründung in der Sache gleichsam herummogelt. Einmal mehr stellt sich die Frage, ob diese gleichsam rabulistische Vorgehensweise gegenüber der Literatur das Urteil einer fehlerhaften Einschätzung der Problematik tatsächlich rechtfertigen kann.
Angesichts der wenig genauen Argumentation des BVerfG in dieser Angelegenheit überrascht es nicht, dass es selbst das schwächste Argument der Befürworter einer auf § 81a StPO gestützten DNA-Analyse noch aufgenommen hat: Die Untersuchung könne schließlich nicht nur zum Nachweis der Schuld, sondern auch zur Entlastung des Betroffenen eingesetzt werden.
Nur: Welchen Anlass hat der durchschnittliche Staatsbürger sich gegenüber den Strafverfolgungsbehörden zu entlasten? Es gehörte einmal zu den strafprozessualen Binsenweisheiten, dass niemand gehalten ist, seine Unschuld zu beweisen, sondern dass es vielmehr Sache des Staates ist, die Schuld des Bürgers nachzuweisen, und dies ausschließlich mithilfe des ihm dafür von der StPO ausdrücklich zur Verfügung gestellten Kanons an Befugnissen[179]. Es gibt – wie Gusy mit Recht betont – eben keine allgemeine Alibilast der Bürger eines rechtsstaatlichen Gemeinwesens. Wer den Bürgern strafprozessuale Eingriffsbefugnisse damit schmackhaft zu machen sucht, sie dienten ja auch der Entlastung

---

[176] Hassemer, a.a.O., S. 276.
[177] Hassemer, a.a.O., S. 276 f., 279.
[178] Wobei bemerkenswerterweise stets offen bleibt, welche das sind.
[179] So heißt es bei Naucke (KritV 1990, S. 244 [248]) über Merkmale rechtsstaatlichen Strafrechts u.a.: „Die Unschuldsvermutung, die dem Strafjuristen so leicht gegen den Strich geht, ist gesetzlich anerkannt und praktisch eingeübt." Wie sehr sie vielen – und leider nicht nur den Strafjuristen – gegen den Strich geht, und wie wenig sie offenbar praktisch eingeübt ist, verdeutlicht die hier zu besprechende Problematik einmal mehr in aller Deutlichkeit.

der Unschuldigen stellt die Staatsbürger unter einen kollektiven Verdacht und – wie Koriath treffend formuliert – desavouiert die Unschuldsvermutung. Es ist schon bezeichnend für den gegenwärtigen Stand des Strafprozessrechts, dass selbst das höchste deutsche Gericht diesem Grundrecht nicht mehr den ihm angemessenen Rang zuzuerkennen vermag.

Alle bis hierher dargelegten Bedenken verschärfen sich noch weiter, wenn man sich mit den DNA-*Massentests* näher auseinandersetzt. Was hier schon von Beginn an bedenklich stimmt, ist die Dynamik dieser Materie und die Rasanz, mit der gestern noch für „unverbrüchlich" gehaltene Maximen des rechtsstaatlichen Strafverfahrens auch und vor allem vom BVerfG mit Schwung über Bord geworfen werden.

Man bedenke etwa, dass selbst aus den Reihen der Staatsanwälte Massenuntersuchungen entweder ganz generell oder jedenfalls ohne ausdrückliche gesetzliche Ermächtigungsgrundlage für unzulässig gehalten worden sind. So hatte sich noch Anfang der 1990er Jahre Lührs ausdrücklich für die Aufnahme einer entsprechenden Befugnisnorm in die StPO ausgesprochen[180]. In diesem Zusammenhang ist zutreffend auch darauf hingewiesen worden, dass es sich bei der Entscheidung über das „Ob" und „Wie" der DNA-Massenuntersuchungen eben auch nicht bloß um ein rein formales Erfordernis handele, sondern dass gerade eine bewusste Entscheidung des Gesetzgebers darüber gefordert ist, was er seinen Bürgern noch zuzumuten können glaubt. Denn darauf, dass hier erneut eine wesentliche Grenzlinie des rechtsstaatlichen Strafverfahrens verschoben wird, und dass hier die ordnende Hand des Gesetzgebers dringend gefordert wäre, ist oben bereits hingewiesen worden.

Derartigen Bestrebungen zum Trotz erklärte das BVerfG die Reihenuntersuchungen in einem knappen Kammerbeschluss für zulässig, ohne der Sache grundsätzliche verfassungsrechtliche Bedeutung beizumessen[181]. Und auch die Literatur zeichnet sich in diesem Bereich durch eine – wäre die Angelegenheit nicht so ernst – geradezu „erfrischend" wirkende Unbedarftheit aus. Als geradezu erschreckendes Beispiel sei hier auf die Ausführungen von Ritter verwiesen. Dieser setzt sich mit der Frage auseinander, ob gegen diejenigen, die ihre freiwillige Teilnahme an einer DNA-Reihenuntersuchung verweigert haben, nach § 81a StPO eine zwangsweise Blutentnahme und –analyse angeordnet werden dürfe. Zwar könnten Testverweigerer nicht notwendigerweise automatisch zwangsweise untersucht werden, vielmehr müsse (erst) ein Tatverdacht vorliegen, der die Staatsanwaltschaft dazu veranlasse, gegen den Betreffenden zu ermitteln. In der Regel werde sich der Testverweigerer allerdings allein schon durch seine Verweigerung verdächtig machen, sodass die zwangsweise Durch-

---

[180] Lührs, MDR 1992, S. 929 (930). – Eine Forderung, die im Umkehrschluss darauf hinweist, dass er solche Untersuchungen de lege lata für unzulässig hielt.

[181] Dass diese aber bei der Frage etwa des Kreuzes im Klassenzimmer ohne weiteres bejaht wurde, ist sicher mehr als nur eine Stilfrage.

führung der DNA-Analyse gegen ihn anzuordnen sein werde. Dass überdies bei einem freiwilligen Massentest fast ausschließlich unschuldige Personen untersucht würden, sei zumindest dann als verhältnismäßig anzusehen, wenn es um die Aufklärung eines Verbrechens gehe und die bisherige Beweislage keine Rückschlüsse auf einen bestimmten Täter zulasse[182].
Keine Frage: Dieses Ergebnis hätte sich auch noch rascher erreichen lassen, indem man sich auf die Feststellung beschränkt hätte, dass jeder Testverweigerer sich verdächtig mache, damit Beschuldigter werden könne, und dass sodann gegen ihn eine zwangsweise DNA-Analyse, gestützt auf die Bestimmung des § 81a StPO, angeordnet werden könne.
Mit einem rechtsstaatlichen Strafverfahren hat dies indes nicht mehr das Geringste zu tun. Denn – und darauf ist mit Recht hingewiesen worden – in Wahrheit handelt es sich bei derartigen Massentests um nichts anderes als eine allgemeine polizeiliche Informationserhebung, die nicht der Überführung eines Beschuldigten diene, sondern vielmehr überhaupt erst der Ermittlung eines Beschuldigten. Gerade zu diesem Zweck bietet die Vorschrift des § 81a StPO aber eben keine Zwangsbefugnisse. Vielmehr ist als Norm für die Täterermittlung § 81b StPO ausgestaltet. Lässt man nunmehr die hier eng begrenzte Täterermittlung auch auf Grundlage des viel weiter gefassten § 81a StPO zu, dann hebelt man letztlich die Systematik der StPO, die ja gezielt auch dem Schutz des von einem Strafverfahren Betroffenen und damit allgemein dem Anliegen der Rechtsstaatlichkeit dient, aus. Die Ausdifferenzierung in verschiedene einzelne Befugnisnormen wird aufgelöst, das dahinterstehende Gut eines rechtsförmigen und vorhersehbaren Strafverfahrens geht verloren.
Löst man sich nunmehr ein Stück weit von dem Blick „auf das Ganze des Strafverfahrens" und nimmt die Situation des betroffenen Einzelnen in den Blick, bessert sich die Lage keineswegs. Auch hier hält sich die Praxis von einer Einsicht in die spezifische Problematik der Situation des Massentests offenbar ganz bewusst frei und versucht, diese mit kaum tragfähigen Argumenten zu rechtfertigen. In diesem Sinne stellt sich etwa das BVerfG auf den Standpunkt, allein das Bestreben, sich durch die Verweigerung der Teilnahme an dem Massentest nicht verdächtig zu machen, begründe noch nicht die Unwirksamkeit der Einwilligung, sondern sei als bloßes Motiv unbeachtlich. Eine solche Argumentation mag im Zivilrecht zu tragfähigen Ergebnissen führen, wenn es um die Anfechtung einer Willenserklärung gem. § 119 BGB geht, passt aber auf den hier in Rede stehenden Sachverhalt offensichtlich nicht. Denn dort geht es um die angemessene Risikoverteilung zwischen zwei gleichgeordneten Subjekten des Privatrechts, die sich grundsätzlich auf derselben Augenhöhe gegenübertreten. In derart gelagerten Fällen ist es sicher zutreffend, zwischen den Motiven einer

[182] Ritter, Genomanalyse, S. 115. Dass die zuletzt genannte Begrenzung von vornherein zur Bedeutungslosigkeit verurteilt ist, liegt auf der Hand, denn: wer wird schon die DNA tausender Personen wegen eines simplen Handtaschenraubes untersuchen lassen?

Willenserklärung und dem unmittelbaren Irrtum zu unterscheiden, um zu einem für beide Seiten angemessenen Ergebnis zu gelangen. Allerdings bleibt auch für jenen Zusammenhang darauf hinzuweisen, dass es sich bei einer solchen Differenzierung nicht um etwas Naturgegebenes handelt, sondern um eine durch den Gesetzgeber getroffene Entscheidung, die theoretisch auch anders ausfallen könnte.

Auf das Verhältnis zwischen Strafverfolgungsbehörden und Verdächtigen lässt sich dieser Gedanke sicher nicht übertragen, geht es hier doch ersichtlich nicht um eine Risikoverteilung zwischen gleichberechtigten Partnern, sondern um eine rechtsstaatlich akzeptable Abschirmung des Bürgers gegenüber dem grundsätzlich übermächtigen Staat. Infolgedessen kommt man kaum umhin, den „Motiven" des in der Defensive befindlichen Bürgers größere Relevanz zuzuerkennen als dies im Zivilrecht üblich und sicher auch sinnvoll ist. Insbesondere wenn man sich die typische Situation vor Augen hält, in der die Massenuntersuchungen in aller Regel stattfinden, kann von einer wohl abgewogenen und durchdachten Entscheidung über die Teilnahme daran kaum gesprochen werden. Dies entspricht auch den in bisherigen Anwendungsfällen der DNA-Massenanalyse tatsächlich gemachten Erfahrungen, in denen sich der Täter aufgrund des sozialen Drucks ja tatsächlich dazu veranlasst sah, sich an dem Test zu beteiligen. Insofern von einer autonomen Entscheidung des Individuums auch nur annäherungsweise zu sprechen, erscheint reichlich lebensfremd, zumal nicht wenige der hier zu diskutierenden Fälle in eher ländlich geprägten Regionen spielten, in denen gerade die gegenseitige Sozialkontrolle (noch) sehr groß ist. Im Übrigen fällt auf, dass auch das BVerfG seiner eigenen Linie nicht treu bleibt: Zwar führt es grundsätzlich zutreffend aus, es sei unzulässig, an die Weigerung der Teilnahme an einem Massentest Rechtsnachteil zu knüpfen und den Verweigerer allein aufgrund seiner Verweigerungshaltung zum Beschuldigten mit der Möglichkeit der Anwendung von Zwangsbefugnissen nach § 81a StPO zu stempeln. Im Münchner Poschefahrer-Fall jedoch hat das BVerfG dann die Verfassungsbeschwerde des Verweigerers gegen die Entnahmeanordnung nach § 81a StPO zurückgewiesen, obwohl die Polizei anlässlich der Versendung der entsprechenden Fragebögen bzw. der Aufforderungen zur Beteiligung am Massentest sogar darauf „hingewiesen" hatte, sie werde im Fall der unterlassenen Mitwirkung entsprechende Anordnungen einholen.

Nicht tragfähig ist auch das in der Literatur aufgebrachte Argument, die Zwangslage desjenigen, der zu einem Massentest aufgefordert werde, sei mit der Lage dessen nicht vergleichbar, gegen den bereits ein konkretes Ermittlungsverfahren eingeleitet, bzw. gegen den die Hauptverhandlung schon eröffnet worden sei; der hier Betroffene sei in seiner Entscheidung freier, weil eine Verurteilung noch in sehr ungewisser Zukunft liege. Denn zum einen ist das Urteil für den tatsächlichen Täter, der mithilfe der DNA-Analyse tatsächlich überführt werden kann, ja keineswegs wesentlich weiter entfernt als für den Beschuldigten im Ermittlungs- oder Hauptverfahren. Und zum anderen ist es natürlich wenig sinnvoll in dieser Allgemeinheit ein beliebiges Strafverfahren, das sich ja auch auf eher banale Fälle, wie etwa eines einfachen Diebstahls oder Betrugs mit geringer Straferwartung oder Aussicht auf eine Einstellung nach § 153a StPO beziehen kann, zum Vergleich heranzuziehen. Denn allein schon die bloße Einbeziehung in die Ermittlungen wegen eines Kapitalverbrechens, insbesondere eines Sexualverbrechens an einem kleinen Mädchen, wirkt ungleich schwerer als die Verurteilung wegen einer Bagatellstraftat. Insofern dürfte dort die Zwangslage als eher noch ernstzunehmender erscheinen.

Schließlich gibt noch der von Wagner gegen die Zulässigkeit der Massenuntersuchung angeführte Satz, den um seine Mitwirkung Ersuchten treffe keine Rechtpflicht, der Polizei zu helfen, Anlass zu weiterer Erörterung. Und um es gleich vorwegzunehmen: Ihr ist zuzustimmen.

Zur Begründung dieser Aussage kann hier an eine oben[183] bereits aufgeworfene Überlegung angeknüpft werden: Dort war nach der Legitimationsgrundlage für den Massentest als solche gefragt worden. Als Antwort erhielten wir, dass er sich vom Standpunkt der liberalen Strafrechtstheorie überhaupt nicht rechtfertigen lässt, weil er sich nur überindividualistisch als allgemeine Hilfspflicht (mittelbar zugunsten der Aufklärung der Tat, unmittelbar zugunsten der Ermittlungsorgane) darstellt. Wir haben es also mit der „tatbestandsmäßigen Situation" der „unterlassenen *Aufklärungs*hilfe" zu tun.

Nunmehr ist der Frage nachzugehen, wie sich denn – prozessual gesprochen – die Verletzung dieser Aufklärungs-Hilfspflicht „sanktionieren[184]" lässt. Die Antwort einer liberalen Theorie des Strafverfahrensrechts hat es hier relativ einfach: Überhaupt nicht. Denn wenn schon die Hilfspflicht als solche nicht besteht, kann sie auch nicht mit Zwang – also mithilfe von § 81a StPO – durchgesetzt werden.

Zu einem anderen Ergebnis kann man also von vornherein nur dann gelangen, wenn man sich auf dem Boden der Vertragstheorie dazu entschließt, die Mitwirkungspflicht an der Aufklärung schwerer Straftaten gleichsam in den Kontext der Aufrechterhaltung des Staates insgesamt zu rücken[185]. Ähnlich wie das materielle Strafrecht auf dieser Grundlage dazu instrumentalisiert werden kann, überall dort zu einer Stabilisierung der bestehenden Verhältnisse beizutragen, wo dem Souverän dies „im Interesse des Ganzen" erforderlich erscheint[186], steht

---

[183] Vgl. 3. Abschnitt, A.

[184] Anders ausgedrückt: inwieweit man das freiwillig nicht Erbrachte mithilfe strafprozessualer Ermittlungsbefugnisse erzwingen kann. Dabei wird hier bewusst nicht die allgemein übliche Unterscheidung getroffenen zwischen der „freiwilligen" und der „erzwungenen" Teilnahme am Massentest. Denn: die weiteren Überlegungen werden uns zu der Einsicht führen, dass es freiwillige Massentests i.e.S. gar nicht gibt.

[185] Hierzu: Harzer, Die tatbestandsmäßige Situation, S. 221 ff.

[186] Vgl. Harzer, a.a.O., S. 235.

das Prozessrecht dann in der Gefahr, letztlich jeden Eingriff in Rechte des Verdächtigen zu erlauben[187]. Ebenso wie man im Strafrecht auf dieser Grundlage etwa den Tatbestand des § 323c StGB auch formulieren könnte: „Wer einem anderen einen Unglücksfall bereitet oder den Unglücksfall von diesem nicht abwendet, wird ... bestraft.[188]“, könnte man in die StPO eine Bestimmung aufnehmen, die etwa lautet: „Der Verdächtige hat die zur Ermittlung der Tat notwendigen Maßnahmen zu dulden[189].“ Ebenso wie o.g. Formulierung des Tatbestandes der unterlassenen Hilfeleistung jede andere Strafvorschrift des Haupt- oder Nebenstrafrechts ersetzen könnte[190], könnten auch mit einer derartigen strafprozessualen Befugnisnorm etwa 100 oder mehr Bestimmungen der StPO überflüssig gemacht werden.

All dies würde aber zu einem unmenschlichen Strafprozess führen, wie auch o.g. Strafvorschrift zu einem unmenschlichen Strafrecht führen würde[191]. Zur Aufklärung leichtester Vergehen wären dann nämlich selbst schwerste Zwangsmaßnahmen zulässig. Das deutet aber darauf hin, dass eine vertragstheoretische Fundierung für das Strafverfahrensrecht ebenso wenig tragfähig ist, wie für das materielle Strafrecht[192]. Kurz:

Die auf diesem Boden wurzelnden Ausführungen des BVerfG und eines Teiles der Literatur zur Zulässigkeit des DNA-Massentests konnten bereits vor Einführung der §§ 81e f. in die StPO nicht überzeugen.

Nicht zuletzt deshalb ist und bleibt die Diskussion um den § 81a StPO als Befugnisnorm für DNA-Untersuchungen und die damit nahezu zwangsläufig verbundenen Reihenuntersuchungen von erheblichem Wert auch für die weiteren Überlegungen. Die Einschätzung dieser Diskussion als „literarischer Flop[193]“, wie Rogall sie beurteilt, kann daher nicht geteilt werden.

### *II. Die Debatte um das Gesetzgebungsverfahren zu §§ 81e f. StPO und den Inhalt der neuen Bestimmungen*

Versucht man die Neuerungen des StVÄG 1997 aus der Perspektive der DNA-Reihenuntersuchung einer kritischen Analyse zu unterwerfen, kommt man nicht umhin, den Vergleich zum kreißenden Berg zu ziehen, der eine Maus gebar. Mit nicht unerheblichem Aufwand wurde seit Mitte der 1980er Jahre ein Gesetz ausgearbeitet, das die mit der DNA-Analyse verbundenen Risiken einer ange-

---

[187] Die staatstheoretische Legitimationsfigur des Vertrages erfasst nämlich nicht nur den Staat an sich, sondern sie wirkt darüber hinaus fort und erfasst selbst entlegenste Einzelprobleme so auch die einzelnen Problembereiche des Strafverfahrens(-rechts).

[188] Harzer, a.a.O.

[189] Man könnte natürlich auch ganz konsequent das Erfordernis jeglicher Ermächtigungsnorm im Strafverfahren leugnen.

[190] Harzer, a.a.O.

[191] Harzer, a.a.O., S. 235 f.

[192] So für das materielle Strafrecht explizit: Harzer, a.a.O., S. 229 ff.

[193] Rogall, in: SK-StPO, § 81a, Rn. 73.

messenen gesetzlichen Regelung zuführen sollte. Denn dass die überkommene Bestimmung des § 81a StPO insofern kaum eine tragfähige Grundlage abgeben konnte, lag für nahezu alle beteiligten Sachverständigen und Parlamentarier auf der Hand.

Als es dann jedoch schließlich darum ging, einen konkreten Gesetzentwurf zu beschließen, zog sich der Gesetzgeber für den Massentest darauf zurück, auf die „allgemeinen Regeln" zu verweisen und eine mehr als doppelbödige Begründung für seine Untätigkeit zu liefern: Zwar dürfe niemand mit Zwang zur Teilnahme an einer solchen Untersuchung bewegt werden; diese seien nur auf freiwilliger Basis statthaft. Auch die Ausübung mittelbaren Drucks sollte unzulässig sein. Nur: Nach einer gesetzlichen Absicherung dieser Freiwilligkeit sucht man vergebens. Und dass der Verweis auf vermeintlich „allgemeine" Regeln nicht weiterhelfen kann, ist eigentlich schon allein deshalb offensichtlich, weil derartigen Untersuchungen vergleichbare Situationen an keinem Ort der StPO geregelt sind. Insbesondere handelt es sich dabei kaum um Vernehmungen[194], sodass auch die Bestimmung des § 136a StPO hier allenfalls analoge Anwendung finden könnte. Soweit jedoch damit gedroht wird, im Falle der Verweigerung der Teilnahme an der „freiwilligen" Massenuntersuchung einen Beschluss nach § 81a StPO zu erwirken, hilft § 136a StPO so recht auch nicht weiter. Denn ein klarer Beurteilungsmaßstab dafür, ob ein entsprechender Beschluss nach § 81a StPO zulässig ist oder nicht, fehlt. Grundsätzlich ist zwar davon auszugehen, dass die Verweigerung der freiwilligen Teilnahme keinen Anfangsverdacht begründet und damit die Verleihung der für § 81a StPO erforderlichen Beschuldigtenstellung ausscheidet[195]. Andererseits könnte etwas anderes aber z.B. in dem von Oberwetter angeführten Beispiel gelten, dass 99 von 100 potenziellen Adressaten einer entsprechenden Aufforderung Folge leisten. Abgesehen davon, ob dann zur Überführung des Verdächtigen überhaupt noch eine DNA-Analyse erforderlich wäre, läge die Annahme eines Anfangsverdachts aber nicht mehr völlig fern. Als Folge würde sich ergeben, dass die Einholung eines Beschlusses nach § 81a StPO doch möglich wäre, eine entsprechende Drohung eine solche mit einer zulässigen Maßnahme wäre und der Regelungsbereich der Bestimmung des § 136a StPO ohnedies nicht mehr betroffen wäre[196].

So lässt sich als Zwischenergebnis vorläufig festhalten, dass die StPO „allgemeine Regeln", die auf die Durchführung einer Massen-DNA-Analyse passen könnten, nicht enthält. Denn hier haben wir es ja mit einer Konstellation zu tun, die mit den klassischen in der StPO geregelten Situationen der Ermittlung eines

---

[194] Zutreffend Gusy, JZ 1996, S. 1176.

[195] Dies alles einmal abgesehen davon, dass ja auch § 136a StPO eine Beschuldigtenstellung des Vernommenen voraussetzt.

[196] Zur Zulässigkeit der Drohung mit einer erlaubten Maßnahme vgl. nur Eisenberg, Beweisrecht der StPO, Rn. 683 m.w.N.

Täters schlechthin gar nichts zu tun hat: Weder handelt es sich um eine Vernehmung, noch um einen Beschuldigten i.e.S. All dies stand auch schon fest, seitdem sich die parlamentarischen Gremien Mitte der 1980er Jahre erstmals überhaupt mit dieser Problematik näher befasst haben. Verwiesen sei insoweit nur auf die Stellungnahmen im Rahmen der Sachverständigenanhörung vor dem Rechtsausschuss des Bundestages. Schon zu jenem Zeitpunkt stand mehr oder minder deutlich fest, dass die bestehenden Regeln den Massentest bloß Verdächtiger nicht einmal im Ansatz zu erfassen in der Lage waren.
Für den tatsächlich Gesetz gewordenen Regierungsentwurf gilt also gerade das, was Rademacher bereits für den vorangehenden Referentenentwurf aus dem Bundesjustizministerium festgestellt hatte: „Die nach jahrelanger Arbeit zusammengetragenen Empfehlungen der Enquêtekommission, die Ergebnisse der aufwändigen Anhörungsverfahren sowie die eindringlichen Appelle, die datenschutzrechtlichen Probleme bei diesen hochsensiblen Analysen von Beginn an mitzubedenken, haben in dem Entwurf keinen Niederschlag gefunden[197]".
Insbesondere die Auffassung des Gesetzgebers, in § 81a StPO stehe eigentlich schon eine für die Anordnung der (Massen-)DNA-Analyse hinreichende Vorschrift zur Verfügung, kann angesichts der Ergebnisse der Anhörungsverfahren nur überraschen. Auch vonseiten der Abgeordneten wurden daran anfangs nicht unerhebliche Zweifel geäußert. Einen derartigen Sinneswandel kann man letztlich nur noch damit erklären, dass sich die Gesetzgebungsorgane offenbar der Macht des Faktischen gebeugt haben, nämlich der tatsächlichen Anerkennung und Praktizierung der DNA-Analyse, einschließlich des Massentests, ohne Rücksicht darauf, ob eine spezielle Befugnisnorm zur Verfügung steht oder nicht.
Besonders erschreckend ist die gesamte Angelegenheit insbesondere deshalb, weil erneut Gedanken der Effizienz und möglichst rationellen Abarbeitung des Ermittlungsverfahrens den Vorzug erhielten vor einer an rechtsstaatlichen Gesichtspunkten ausgerichteten Regelung. Dies wird besonders deutlich, wenn man die Begründung für den Verzicht auf eine Mindest-Einsatzschwelle für die (Massen-)DNA-Untersuchung genauer unter die Lupe nimmt. Hier soll den Ermittlungsbehörden ermöglicht werden, bereits frühzeitig unter Zuhilfenahme des DNA-Tests bestimmte Verdächtige aus dem Verfahren auszuschalten, damit die für die Ermittlungen erforderlichen Ressourcen möglichst frühzeitig auf nur wenige in Betracht kommende Personen verteilt werden können. Klar wird insofern ein weiteres Mal, dass es sich dabei um eine Universalbegründung handelt, mithilfe derer sich nahezu jeder Einsatz der DNA-Analyse rechtfertigen ließe; am besten würde man ihr gerecht, wenn tatsächlich sämtliche in Deutschland lebende Bürger mit ihrem DNA-Code registriert wären und die am Tatort hinterlassene Spur nur noch damit abgeglichen werden müsste. Eine solchermaßen Orwell'sche Begründung kann in einem rechtsstaatlichen Strafverfahren,

[197] Rademacher, Zulässigkeit, S. 102.

bei dem es um den Nachweis individueller Tatverantwortung geht, eigentlich von vornherein keinen Platz beanspruchen. Gleichwohl steht sie im Kontext einer Gesamtentwicklung, die dem Schicksal der Bürgerrechte gegenüber dem Effizienzdenken im Strafverfahren nur noch wenig Bedeutung beimisst. Zutreffend stellt Hassemer insofern fest, dass es der aktuellen Kriminalpolitik offenbar durchaus bewusst ist, dass der Effizienzgedanke im Straf(verfahrens)recht mit dessen Grundprinzipien eigentlich nicht vereinbar ist. Darauf antworte sie jedoch bisher stets mit dem Entschluss, die Prinzipienbindung des Strafrechts zu lockern. D. h. Strafbarkeitsvoraussetzungen wurden über die großflächige Verwendung abstrakter Gefährdungsdelikte minimiert, Zurechnungsvoraussetzungen wurden erleichtert oder Zwangsmittel verschärft[198]. Insofern ist dem Gesetzgeber hier tatsächlich etwas Neues gelungen: Er hat diese Ziele allein dadurch erreicht, dass er schlichtweg nichts getan hat. Er hat sich des Primats der politischen Entscheidung des Parlaments sehenden Auges begeben und die praktische Durchführung der DNA-Massentests mehr oder weniger stillschweigend hingenommen und ihre Umsetzung dem „soft-law" der Praxis anvertraut.
Dies erscheint umso bedenklicher, wenn man sich das für den Gesetzgeber offenbar vor allem tragende Argument für das StVÄG 1997 vor Augen hält: Den Abbau von Befürchtungen der Bevölkerung im Zusammenhang mit der DNA-Analyse. Gerade bei den Massenuntersuchungen ist die Bevölkerung doch unmittelbar mit groß angelegten DNA-Tests konfrontiert, gerade hier werden ihr die z.T. bedrohlich erscheinenden Konsequenzen dieser Analytik besonders drastisch vor Augen geführt. Mit ihrer Hilfe ist die Überwachung auch größerer Menschengruppen ohne weiteres möglich. Insofern ist doch gerade der Massentest dazu geeignet, Befürchtungen Vorschub zu leisten. Angesichts dessen ist es noch viel weniger verständlich, dass sich der Gesetzgeber gleichwohl einer gesetzlichen Regelung dieser Problematik enthalten zu können glaubte. Klarer hätte man ein selbst gestecktes Ziel sicherlich kaum verfehlen können.
Und auf ein Letztes sei an dieser Stelle hingewiesen: Angesichts der Tatsache, dass das StVÄG 1997 außer einer kryptisch wirkenden Passage in der Gesetzesbegründung nichts zur Bewältigung der DNA-Massentests beigetragen hat, erscheint die vorhergehende literarische Diskussion erst recht nicht erledigt. Mehr als diese Diskussion erscheint das StVÄG 1997 als ein Flop. Von daher ist die heftige Kritik der Praktiker an diesem Gesetz – wenn auch aus entgegengesetzter Perspektive – durchaus zutreffend.

### *III. Die Debatte um die Zulässigkeit der DNA-Reihenuntersuchungen in der gegenwärtigen Diskussion*

Gleichwohl hat der Glaube, mit dem StVÄG 1997 sei die Mehrzahl der mit der DNA-Analyse verknüpften Probleme gelöst, offenbar dazu geführt, dass das Interesse der Literatur merklich nachgelassen hat. Angesichts der zuvor er-

---

198 Hassemer, in: Albrecht/ Backes, Verdeckte Gewalt, S. 191 (197).

schienen Flut von Stellungnahmen, nimmt sich die Zahl der seit 1997 erschienen Beiträge eher bescheiden aus.
Gerade mit Blick auf die DNA-Reihenuntersuchungen ist diese Ruhe aber ganz zu Unrecht eingetreten, weil der Gesetzgeber insofern bewusst auf eine abschließende Regelung der damit verknüpften Fragen verzichtet hat[199]. Im Gegenteil, durch die offenbar völlig gegensätzlichen Interpretationsmöglichkeiten zugängliche Bestimmung des § 81e StPO[200] wurden eher weitere Unsicherheiten in die Diskussion hineingetragen.
Dabei erscheint allerdings insbesondere die Auffassung Beulkes kaum tragfähig. Denn er argumentiert ausschließlich mit dem Wortlaut der §§ 81c Abs. 2, 81e Abs. 1 StPO, ohne die dahinter liegende Problematik auch nur ansatzweise in den Blick zu nehmen. Insbesondere verwundert es, dass er der Zumutbarkeitsklausel des § 81c Abs. 4 StPO keine Aufmerksamkeit widmet.
Im Gegensatz dazu beweisen die Überlegungen Satzgers wesentlich mehr Problembewusstsein, er geht die mit dem DNA-Reihentest verbundenen Fragen wesentlich grundsätzlicher an. Gleichwohl vermag auch sein Lösungsvorschlag – jedenfalls was den zwangsweisen Massentest nach §§ 81a, 81e StPO angeht – nicht recht zu überzeugen. Seine sehr subtilen Ausführungen zum Beschuldigtenbegriff im Ermittlungsverfahren und zur Möglichkeit mehrer „Nebenprozesse" legen jedenfalls eher die Überlegung nahe, dass eine angemessene Regelung dieser Materie weniger über dieses Merkmal gefunden werden kann. Dies umso mehr, als sich dem Gesetzestext selbst nun überhaupt kein Anhaltspunkt dafür entnehmen lässt, dass die StPO mit dem Begriff des „Beschuldigten" in unterschiedlichen Zusammenhängen auch Unterschiedliches ausdrücken will. Im Gegenteil: Nimmt man in den Blick, dass die StPO in ihrem Kernbestand ein überaus altes Gesetz ist, und gerade deren Terminologie und Systematik eher dem späten 19. Jahrhundert als der Gegenwart verpflichtet ist, dass bei ihrem In-Kraft-Treten noch nicht einmal die Daktyloskopie bekannt war, geschweige denn Eingriffe im Sinne des § 81e StPO, oder auch an eine BAK-Probe nach § 81a StPO nicht gedacht war, so legt das doch nahe, dass der Begriff der Beschuldigten einheitlich auszulegen ist, zumal sich ja auch die späteren Novellen zur StPO stets an der Grundsystematik des Gesetzes zu orientieren versuchten.
Hinzu kommt Folgendes: Satzger begründet die Möglichkeit unterschiedlicher Bestimmungen des Beschuldigtenbegriffs im Strafverfahren vor allem damit, auch aus anderen Rechtsgebieten sei bekannt, dass der Gesetzgeber mit demselben Wort in demselben Gesetz an unterschiedlichen Stellen Unterschiedliches bezeichnet: So sei etwa der Begriff der „Sache" in § 119 Abs. 2 BGB anders (nämlich als Geschäftsgegenstand) zu verstehen als in der Legaldefinition des § 90 BGB. Die denkbaren Funktionsunterschiede der Beschuldigteneigenschaft

---

[199] Vgl. oben B und D. II.
[200] Vgl. Beulke, Strafprozessrecht, Rn. 242 einerseits und Satzger, JZ 2001, S. 639 (646) andererseits.

(Vorteil im Rahmen des § 136 StPO, Nachteil bei §§ 81a, 81e StPO) könnten daher eine unterschiedliche Begriffsbestimmung methodisch durchaus rechtfertigen[201].

Gerade diese Parallele erscheint nun aber wenig zwingend, weil das Bürgerliche Recht in seinen verschiedenen Büchern gänzlich unterschiedliche Materien regelt und es bereits dadurch nahe liegt, dass dort ganz verschiedene Bedeutungszusammenhänge bestehen. Es liegt auf der Hand, dass man für die Interpretation der Mutter- oder Vaterschaft nach §§ 1591, 1592 BGB aus dem Recht des Überweisungsvertrags nach § 676a BGB wenig Ertrag wird ziehen können. Dies ist auch schon deshalb wenig erstaunlich, weil die Zusammenfassung etwa des Schuld-, Sachen- und Familienrechts in einem Gesetz durchaus nicht zwingend ist, und allein der Umstand, dass diese Materien in anderen Staaten in selbstständigen und voneinander unabhängigen Gesetzen geregelt sind, deutet ja bereits darauf hin, dass der Umstand, dass §§ 90 und 119 BGB einerseits oder §§ 1591, 1592, 676a BGB andererseits eher aufgrund einer rechtspolitischen Entscheidung des Gesetzgebers in einem Gesetz stehen, die aber ohne weiteres auch anders hätte ausfallen können. Demgegenüber erschiene es aber von vornherein wenig sinnvoll, das Strafverfahren in unterschiedliche Gesetze aufzuspalten, etwa die Eingriffsbefugnisse und die Bestimmungen über die Durchführung der Hauptverhandlung voneinander unabhängig zu regeln. Denn diese Bestimmungen müssen – als Stichwort genannt seien hier nur die Beweisverwertungsverbote – nahezu sachlogisch zwingend gemeinsam geregelt sein. Daher würde der Gesetzgeber, so er denn Unterschiedliches meint, in der StPO sicher auch unterschiedliche Begriffe verwandt haben. Insofern sei auch nur an die ebenfalls eher subtile Unterscheidung des Gesetzgebers zwischen Beschuldigtem, Angeschuldigtem und Angeklagtem in § 157 StPO erinnert. Über den Sinn einer solchen Vorschrift mag man sicher streiten, sie beweist jedoch, dass der Gesetzgeber der StPO in seiner Terminologie auf eine gewisse Genauigkeit durchaus bedacht war, die nun nicht in der von Satzger vorgeschlagenen Weise einfach neu geordnet werden kann.

Damit soll keineswegs gesagt sein, dass das von Satzger angesprochene Problem nicht besteht, es sei nur verdeutlicht, dass es – wie bereits angedeutet – mithilfe einer Auslegung des Gesetzestextes allein sicher nicht zu bewältigen ist. Hinzu kommt, dass mit dieser skrupulösen Auslegung des Beschuldigtenbegriffs auch in der Sache rein gar nichts gewonnen ist, denn: Dass man bei den potenziellen Teilnehmern der DNA-Massentests nicht von Beschuldigten im technischen Sinne sprechen kann, darüber besteht ja nahezu Einigkeit. Benfer hat schließlich durchaus überzeugend darauf aufmerksam gemacht, dass sie nicht einmal dann als Beschuldigte bezeichnet werden können, wenn man den ausnehmend weit gefassten Beschuldigtenbegriff des BVerfG zugrunde legt. Doch insofern haben die Befürworter des Massentests ja bereits die Bestim-

---

[201] Satzger, JZ 2001, S. 639 (644).

mung des § 81c Abs. 2 StPO[202] für ihre Überlegungen fruchtbar gemacht, sodass sie auch unabhängig von Beschuldigtenbegriff zu dem gewünschten Ergebnis gelangen können.
Vollkommen zutreffend weist Satzger demgegenüber darauf hin, dass die Funktion der DNA-Reihenuntersuchungen gerade darin besteht, einen Tatverdacht daraus zu konstruieren, dass bestimmte Personen sich der Teilnahme verweigern, und dass die Auffassung des BVerfG, jeder könne frei über das „Ob" seiner Teilnahme entscheiden, an der Realität vorbeigeht. Zustimmung verdienen demnach Satzgers Überlegungen zur möglichen „Freiwilligkeit" der Teilnahme, die in Wahrheit keine ist. Daraus lässt sich für die weiterte Untersuchung zumindest die Vermutung gewinnen, dass nicht nur die Unterscheidung zwischen DNA-Analysen bei *Beschuldigten* und *Nicht-Beschuldigten* wenig zur Lösung des Problems beiträgt, sondern dass auch die Unterscheidung von *freiwilligen* und *nicht freiwilligen* Massentests überflüssig ist. Dies zumindest dann, wenn man das eigentliche Anliegen solcher Reihenuntersuchungen ernst nimmt, Druck auf den Täter auszuüben, der sich durch die Weigerung an der Teilnahme entweder einem konkreten Anfangsverdacht aussetzen kann, der seinerseits Zwangsmaßnahmen nach § 81a StPO möglich machen würde, oder aber Gelegenheit erhält, sich durch die Abgabe einer entsprechenden Probe sogleich selbst zu überführen.
Dass aber auch die vom positiven Recht gelösten Überlegungen zur Problematik des DNA-Massentests nicht immer zu ohne weiteres überzeugungskräftigen Argumenten führen, beweist die Abhandlung Fisahns[203].
Dieser begründet seine Ablehnung der „freiwilligen" DNA-Massenuntersuchungen mit der „Unveräußerlickeit" des Rechts des Einzelnen an seinem genetischen Code und begründet diese Unveräußerlichkeit mit den übergeordneten Interessen des Gemeinwesens. Das ist nicht nur auf den ersten Blick ein merkwürdiger Standpunkt, der – knapp zusammengefasst – auch lauten könnte, dass die Autonomie des Einzelnen im Interesse der Gesamtheit zu wahren ist, wenn es sein muss, auch gegen den autonomen Willen des Einzelnen. Darauf, dass eine derartige, letztlich vertragstheoretisch begründete Ablehnung des DNA-Massentests nicht tragfähig ist, wurde bereits in anderem Zusammenhang hingewiesen. Denn genauso wenig, wie es richtig sein kann, die Verletzung bloß moralischer Handlungspflichten strafrechtlich zu sanktionieren bzw. strafprozessual durchzusetzen[204], kann es angehen, im hier relevanten Kontext den freien Willen des Einzelnen dem Allgemeininteresse des Staates unterzuordnen. Harzer hat darauf aufmerksam gemacht, dass mit dem Abschluss des Vertrages zur Staatsgründung das Prinzip der Selbstständigkeit des Einzel-

[202] Der für Ermittlungseingriffe gerade keine Beschuldigtenstellung voraussetzt.
[203] Fisahn, ZRP 2001, S. 49 ff.
[204] S. oben unter D. I.

nen gegenüber der reinen Staatserhaltung als minderwertig angesehen wird[205]. Mithin nehme es nicht Wunder, dass die Vertragstheorie bis heute an politischer Aktualität nichts verloren habe, und dass sie in der Wissenschaft immer wieder Anhänger finde, die bereit seien, das Vertragsargument durch *vermehrt subtilere Argumentationen* abzusichern. Dabei spiele die Wissenschaft in die Tasche derjenigen Politikerinnen und Politiker, die nur allzu gern – insbesonders dann, wenn *sozial angespannte, innenpolitisch unsichere Zeiten* kommen – das Vertragsargument auf den Lippen führen und dabei glauben, dies sei der Weisheit letzter Schluss[206].

Gerade dies ist aber der Weg, den Fisahn wählt: Etwa die Sorge kranker Bürger, unter breiter Anwendung genanalytischer Maßnahmen eines Tages keinen Platz mehr in den Sozialversicherungssystemen zu finden, wird motiviert, um den Einzelnen zum Verzicht auf den Verzicht zu zwingen. Die selbstständige Reflexion des Einzelnen, ob dieser bestimmte Geheimnisse preisgeben will[207], wird ersetzt durch Belange des Allgemeinwohls. Die Selbstständigkeit des Einzelnen wird zum Zwecke der Erhaltung des staatlichen Ganzen aufgehoben, der Einzelne wird zum Mittel des Ganzen.

Auch wenn man Fisahn im Ergebnis durchaus zustimmen möchte, hieße es nun wahrlich den Teufel mit dem Belzebub auszutreiben, wenn man seiner *Begründung* für die Nicht-Zulassung der „freiwilligen" DNA-Reihenuntersuchungen folgen wollte.

### *E. Zusammenfassung und Ausblick*

Die Darstellung des Standes der Diskussion hat die wesentlichen Probleme, mit denen sich eine Arbeit über den DNA-Massentest auseinander zu setzen hat, deutlich aufgezeigt. Die bisherigen Differenzierungen zwischen freiwilligen und unfreiwilligen DNA-Massentests einerseits und solchen gegenüber Beschuldigten und Nicht-Beschuldigten andererseits erscheinen wenig ertragreich und jedenfalls aus dem Gesetz heraus nicht zu begründen. Andererseits hat gerade der Beitrags *Fisahns* deutlich gemacht, dass angemessene Problemlösungen auch nicht dadurch zu finden sind, dass man autonome Entscheidungen der Bürger von vornherein für unzulässig erklärt. Das Schwergewicht muss vielmehr darauf liegen, das Verhältnis zwischen Staat und Bürger insofern zu klären, als die Grenzen dessen auszuloten sind, was der Staat von seinen Bürgern erwarten oder gar verlangen darf. Es ist eben ein Unterschied, ob man zu dem Ergebnis kommt, dass nur der Staat von seinen Bürgern nicht oder nur unter noch näher zu bestimmenden Voraussetzungen die Preisgabe bestimmter genetischer Informationen verlangen darf, oder ob man sich auf den Standpunkt

[205] Harzer, Die tatbestandsmäßige Situation, S. 236.
[206] Harzer, a.a.O., S. 237. Hervorhebungen von mir M.W.
[207] Wobei an dieser Stelle noch völlig offen bleibt, unter welchen Voraussetzungen man von einer tatsächlich freiwilligen Entscheidung sprechen könnte.

stellt, der Bürger darf schon von sich aus nicht - und damit letztlich niemandem gegenüber – seinen genetischen Code offenbaren. Während erstere Überlegung mehr dem Schutz der Autonomie des Einzelnen verpflichtet ist, nimmt letztere ihm diese Entscheidung schon von vornherein ab – und dies nicht in seinem eigenen Interesse, sondern in demjenigen der Allgemeinheit.

Angesichts dessen erscheint es als nächstes erforderlich, einen Ausflug in das Verfassungsrecht zu unternehmen und von dorther zu ermitteln, welche Bindungen sich aus ihm für den Strafgesetzgeber bei der Regelung der DNA-Massentests ergeben werden.

## *5. Abschnitt: Verfassungsrechtliche Grundlagen*

Das Verfassungsrecht hat bei der Auseinandersetzung um die Zulässigkeit der DNA-Analyse im Strafverfahren stets eine bedeutende Rolle gespielt. Dies ist nicht verwunderlich, haben wir es im Strafprozess doch stets mit dem ganz klassischen Gegenüber von Staat und Bürger zu tun, einem Verhältnis also, das traditionell den Hauptanwendungsbereich der Grundrechte darstellt. Hier tritt der Staat dem Einzelnen mit seiner ganzen Macht entgegen, hier ist der Bürger deshalb besonders schutzwürdig, und genau hier sind folglich die Bürgerrechte auch der größten Gefahr ausgesetzt, wenn sie sich gegen scheinbar übermächtige Interessen wie „der Funktionstüchtigkeit" der Strafrechtspflege behaupten müssen[1]. Diese sozusagen natürlicherweise bedrohliche Lage für den Bürger spitzt sich dann noch weiter zu, wenn es um die Etablierung völlig neuer, in ihren Auswirkungen letztlich noch gar nicht überschaubarer Ermittlungsmethoden – wie eben der DNA-Analyse – geht. Hier ist die schützende Funktion der Grundrechte noch mehr gefragt, gleichsam in der Form eines präventiven Schutzes.

Nimmt man die Gesamtproblematik näher unter die Lupe, zeigt sich, dass eine Vielzahl verfassungsrechtlich relevanter Fragen durch den Einsatz der DNA-Analyse im Strafrecht berührt sind. Dies ergibt sich zunächst daraus, dass – worauf schon im 4. Abschnitt mehrfach hingewiesen wurde – jede derartige Untersuchung zwei Dimensionen hat, nämlich zunächst den Eingriff in die körperliche Integrität, dann aber – und hier liegt nach verbreiteter Einschätzung auch das eigentliche Kernproblem – die Analyse des solchermaßen erlangten Materials. Überdies – und auch darauf wurde bereits aufmerksam gemacht – lässt sich das Problem der DNA-Massentests nicht losgelöst behandeln von der Frage, ob man die DNA-Untersuchungen im Strafverfahren überhaupt für zulässig hält, erweist sich doch die Massenuntersuchung in der Praxis als nahezu zwingend eintretende Folge dieser Untersuchungsmethode. Daraus wiederum ergibt sich, dass aus grundrechtlicher Perspektive all die Probleme, die mit der DNA-Analytik im Allgemeinen verbunden sind, auch bei dem Massentest wiederum sichtbar werden.

Daraus wird für die Problemdarstellung im nun folgenden 5. Abschnitt folgende Konsequenz gezogen: Zunächst wird stets die Diskussion um die verfassungsrechtliche Zulässigkeit der DNA-Analytik im Allgemeinen dargelegt und kommentiert. Soweit sich insofern schon spezifische, mit dem Grundrechtseingriff verbundene Probleme des DNA-*Massentests* ergeben, werden diese auch sogleich mit abgehandelt (dazu A.). Die meisten Besonderheiten gerade des DNA-*Massentests* ergeben sich aber nicht so sehr auf der Seite des Grund-

---

[1] Vgl. Hassemer, StV 1982, S. 275 ff.; Wolter, Meyer-GS, S. 493 (493 f.).

rechtseingriffs, sondern bei der Frage nach einer möglichen Rechtfertigung dieses Eingriffs. Hier sind die spezifischen Eigenheiten der Massenuntersuchungen gegenüber der Einzelanalyse zu diskutieren, so insbesondere das ganz wesentliche Problem der Freiwilligkeit (dazu B.).

## *A. Die Grundrechtsrelevanz der DNA-Analytik – Zur Frage des Grundrechtseingriffs*

Im Folgenden werden die Grundrechte, die durch DNA-Analysen im Strafverfahren berührt sein können, im Einzelnen abgehandelt. Dabei sollen alle bisher in Rechtsprechung und Literatur angesprochenen Grundrechte und aus der Verfassung abgeleiteten Rechtsposition des Betroffenen Berücksichtigung finden, soweit jedenfalls, als sich – spätestens auf der Ebene einer etwaigen Rechtfertigung des Eingriffs – Besonderheiten für den DNA-Massentest ergeben können.

### *I. Die Garantie der Menschenwürde gem. Art. 1 Abs. 1 GG*

Eine ganz herausgehobene Rolle hat bei der Diskussion um die Zulässigkeit der DNA-Analyse immer wieder die Garantie der Menschenwürde gespielt[2]. Dies ist einerseits überraschend, handelt es sich dabei doch um eine Fundamentalnorm der Verfassung, mit der im Allgemeinen vorsichtig umgegangen wird, und die allenfalls dann noch – gewissermaßen als „Rettungsanker" – eine Rolle spielt, wenn man mit den speziellen Freiheitsrechten nicht mehr so recht weiterkommt. Andererseits spielte aber gerade in der Frühphase der Debatte um eine Zulassung der Gen-Analytik im Strafverfahren auch die Frage eine große Rolle, ob mit ihrer Hilfe auch der Kernbereich der Persönlichkeit des Betroffenen ausgeforscht werden kann, womit geradezu selbstverständlich die Frage nach einer Berührung der Menschenwürde im Raume steht. Den damit verknüpften Problemstellungen soll zunächst nachgegangen werden (1.).

Überdies muss bei der Erörterung der Menschenwürde gleich wieder eine Einschränkung der eingangs aufgestellten These gemacht werden, dass die spezifischen Problemlagen des DNA-Massentests mehr auf der Rechtfertigungsebene des Grundrechtseingriffs liegen. Dies hängt mit Folgendem zusammen: Es wurde bereits angedeutet, dass gerade die Problematik der „Freiwilligkeit" des DNA-Massentests in diesem Abschnitt eine bedeutende Rolle spielt. Dabei ist aber grds. umstritten, ob und inwieweit eine „Einwilligung" in eine Grundrechtsverletzung bzw. ein Grundrechtsverzicht überhaupt zulässig ist, und, falls man dies bejaht, ob in solchen Fällen schon kein Eingriff in das Grundrecht vorliegt, oder ob dieser zwar anzunehmen ist, aber durch die Einwilligungs- oder Verzichtserklärung gerechtfertigt werden kann. Diese im Rahmen der Dogmatik

---

[2] So lautet auch die Einschätzung von Koriath, JA 1993, S. 270 (275); vgl. Wagner, Das „genetische Fingerabdruckverfahren", S. 67. S. im Übrigen die knappe Zusammenfassung und die Nachweise bei Tjaden, Genanalyse, S. 80.

der Freiheitsrechte umstrittene Frage stellt sich bei der Menschenwürde etwas anders. Hier ist nämlich ganz besonders umstritten, ob es so etwas wie eine (wirksame) Einwilligung in menschenunwürdige Behandlungen durch den Staat überhaupt gibt. Dies wird besonders gut einsichtig vor dem Hintergrund, dass nach allgemeiner Auffassung ein Eingriff in die Menschenwürde nicht gerechtfertigt werden kann[3]. Anders gewendet: Soweit man zu dem Ergebnis käme, es läge ein Eingriff in die Menschenwürdegarantie vor, brauchte man sich mit der Frage seiner Rechtfertigung gar nicht mehr zu beschäftigen. Daher verlagert sich die Frage einer – freiwilligen – Einwilligung hier schon auf die Ebene des grundrechtlichen Schutzbereichs. Es muss also bereits in diesem Zusammenhang geklärt werden, ob – ganz abstrakt und noch ohne die Frage, ob es eine i.e.S. freiwillige Einwilligung beim Massentest *überhaupt* gibt – eine Einwilligung in die Verletzung der Menschenwürde überhaupt möglich ist – mag sie freiwillig sein oder nicht. Nur wenn man hier zu einer bejahenden Antwort gelangen könnte, würde sich die Frage der Voraussetzungen und Folgen einer wirksamen Einwilligung für die Menschenwürde überhaupt stellen (dazu 2.). Abschließend wird sodann zu der Gesamtproblematik der Menschenwürde Stellung genommen (3.).

### *1. DNA-Analyse und Menschenwürde – Stand der Diskussion*

Das BVerfG erkennt in der DNA-Analyse jedenfalls solange keinen Eingriff in den durch Art. 1 Abs. 1 GG absolut geschützten Kernbereich der Menschenwürde, als sich die Eingriffsermächtigung nur auf den nicht-codierenden, zu etwa 30 Prozent aus Wiederholungseinheiten bestehenden Anteil der DNA bezieht. Denn ein derartiges DNA-Identifizierungsmusters lasse Rückschlüsse auf persönlichkeitsrelevante Merkmale wie Erbanalagen, Charaktereigenschaften oder Krankheiten – also die Erstellung eines Persönlichkeitsprofils – nicht zu[4]. Das BVerfG steht mit dieser Auffassung in Übereinstimmung mit der in der Literatur vorherrschenden Auffassung, die im Wesentlichen auf Vorüberlegung Kellers zurückgeht[5]. Auch hier wird die entscheidende Grenze zur Menschenwürdeverletzung dort erblickt, wo die codierenden Gene „als Träger der innersten und zugleich elementarsten körperlichen Determination" für eine *erzwungene* Analyse fruchtbar gemacht werden. An dieser Bewertung ändere sich auch nichts dadurch, dass die Determination durch Gene nicht strikt sei, sondern durch Umweltfaktoren überlagert und eventuell durch autonome Steuerung umgelenkt werden könne. Denn die Gene blieben relativ wirksame Faktoren des Lebens des Einzelnen. Gerade weil sich ihre Wirkung nicht strikt objektiviere, könne der Einzelne mit Würde damit umgehen. Dieser Spielraum der Würde

---

[3] Vgl. etwa Klumpe, Der „genetische Fingerabdruck", S. 129.
[4] BVerfG StV 2001, S. 145 (146 f.).
[5] Keller, NJW 1989, S. 2289 (2292 f.)

werde durchbrochen, wenn die codierenden Gene selbst zwangsweise aufgedeckt würden.
Die Würdeverletzung sei also unabhängig davon gegeben, ob genetische Bedingungen gezielt oder als Nebenfolge anderer Analysen aufgedeckt würden. Im zweiten Fall liege nämlich ein sog. faktischer Grundrechtseingriff vor. Denn so oder so bestimme die genetische Realität des Betroffenen sein gegenwärtiges Leben, sodass er sich so oder so damit auseinandersetzen müsste.
Demgegenüber sei eine Analyse der nicht codieren Bestandteile der DNA grds. zulässig, weil sie körperliche Besonderheiten beträfen, die für sich genommen nichts bewirken und auf nichts verweisen. Gleichwohl bestehe auch hier Anlass zu äußerster Vorsicht, weil diese Informationseingriffe stets die Gefahr bergen würden, dass auch die codierenden Anteile mit analysiert werden. Die Macht, dies zu realisieren oder zu vermeiden, liege allein bei der analysierenden Instanz; dieser sei der Betroffene mit seinem Persönlichkeitsrecht ausgeliefert. Insofern gebiete die Menschenwürde verfahrensrechtliche Absicherungen einzuführen, die derartige Übergriffe wirksam zu unterbinden in der Lage seien[6].
Dieser Unterscheidung hat sich – wie bereits erwähnt – ein großer Teil der Literatur angeschlossen[7].
Einen etwas anderen Akzent versucht Koriath zu setzen, wobei er zunächst auf dem Boden des von der h.M. in der Literatur und von der Rechtsprechung zugrunde gelegten Menschenwürdebegriffs argumentiert. Er hält die bekannte Dürig'sche „Objektformel“, der zufolge ein Mensch nicht zum bloßen Objekt staatlichen Handelns herabgewürdigt werden darf, auch im hiesigen Kontext für tragfähig[8].
Denn nach Auffassung ihrer Kritiker wohne der DNA-Analyse die Gefahr inne, den Einzelnen dadurch seiner Individualität zu berauben, dass seine DNA entschlüsselt werde und die Zukunft für ihn aufgrund dessen keinen „offenen Horizont“ darstelle – eben weil er seine Zukunft in diesem Moment bereits kennt.

---

[6] Keller, a.a.O., S. 2294.
[7] Vgl. etwa Donner/ Simon, DÖV 1990, S. 907 (910 f., 917) die darin offenbar ebenfalls den entscheidenden Grenzverlauf erblicken. Soweit auch die codierenden Bereiche der DNA untersucht würden, sei zu differenzieren, ob dies mit oder ohne Einwilligung des Betroffenen erfolge, und inwieweit damit über den Einzelnen hinausgehende Interessen verfolgt würden, wie etwa die Optimierung der Kostenplanung im Sozialversicherungswesen. Letzterenfalls liege aufgrund der Objektivierung des Betroffenen in jedem Fall eine Verletzung seiner Menschenwürde vor. Diese Auffassung vertreten mit geringen Nuancen im Detail auch Gössel, Meyer-GS, S. 121 (141); Hother, Die DNA-Analyse, S. 35 ff.; Oberlies, StV 1990, S. 469 (473); Oberwetter, Die DNA-Analyse, S. 35 ff.; Ritter, Genomanalyse, S.71 f.; 81 ff.; Wagner, Das „genetische Fingerabdruckverfahren“, S. 67 ff.
[8] Koriath, JA 1993, S. 270 (275). Die Objektformel beruht ganz entscheidend auf der Menschenwürde-Konzeption Kants, der als Wesensmerkmale der Menschenwürde vor allem die Fähigkeit ansieht, sich als identische Person in einem lebensgeschichtlichen Kontinuum zu begreifen und nach den Gesetzen der Vernunft sein Leben frei zu gestaltet (Autonomie).

Dies aber stehe im Widerspruch zu einer autonomen Lebensgestaltung, deshalb habe der Mensch insofern ein Recht auf Nichtwissen: der individuelle genetische Code müsse ein striktes Tabu bleiben. Aus diesem Gedanken ergebe sich – so Koriath – nun aber auch dessen nur begrenzte Reichweite für die DNA-Analytik im Strafprozess. Hier werde schließlich – jedenfalls bislang – nur der nicht codierende Bereich der DNA untersucht, der Rückschlüsse auf die Personalität des Betroffenen gerade nicht zulasse. Da also eine Determination der Persönlichkeit nicht zu befürchten sei, sei sie mit dem Menschenwürdeargument nicht zu fassen – dies stelle nun gerade auch das entscheidende Argument der Befürworter der DNA-Analyse dar. Jedoch liege es nun so, dass die Gegner dieses Verfahrens den Verdacht hegten, dass, wenn das DNA-Fingerprinting zur institutionellen Praxis geworden sei, dann auch die Grenze zwischen dem codierenden und dem nicht codierenden Bereich der DNA nicht mehr so streng beachtet werde. Insofern gibt Koriath allerdings zu bedenken, dass man die Möglichkeiten der DNA-Analytik auch nicht überschätzen dürfe. Zwar sei es möglich, mithilfe der DNA-Analytik die Augenfarbe des Betroffenen zu bestimmen, auch etwaige Anlagen für Erbkrankheiten könnten aufgedeckt werden. Gerade aber was persönlichkeitsbildende Eigenschaften angehe, müsse in Betracht gezogen werden, dass diese nicht allein durch Gene determiniert würden, sondern in einem Wechselspiel mit zahllosen Umweltfaktoren stünden. Eine Lösung für die Gesamtproblematik bietet Koriath jedoch nicht an, immerhin macht er aber darauf aufmerksam, dass man sich insofern doch nicht um die Frage herumdrücken könne, ob man die DNA-Analyse nun für mit der Menschenwürde vereinbar hält oder nicht[9].

Einen insofern selbstständigen Lösungsansatz hat Klumpe entwickelt[10]. Sie ist der Auffassung, man könne – im Gegensatz zu der recht apodiktischen Vorgehensweise der h.M. – nicht undifferenziert von einer Unzulässigkeit der Untersuchung der codierenden Bereiche der DNA ausgehen. Es komme nämlich stets auf den konkreten Einsatzzweck der Untersuchung des codierenden Bereichs an. Denn hier gehe es keineswegs immer nur um die Feststellung bestimmter Krankheiten, Krankheitsdispositionen oder auch der Anlage für bestimmte Krankheiten. Ziel der Analyse insbesondere von Tatortspuren könne aber nicht nur die Aufschlüsselung innerer Persönlichkeitsmerkmale sein, sondern auch die Erstellung eines Täterbildes anhand äußerlich sichtbarer Merkmale, die, weil sie sowohl für den Betroffenen selbst als auch für sein gesamtes Umfeld jederzeit wahrzunehmen sind, den Kernbereich der Persönlichkeit bzw. der Selbstbestimmung des Einzelnen nicht berühren könnten. Insofern könne die DNA-Untersuchung auch der codierenden Bereiche in Zukunft ganz neue Fahndungsansätze ermöglichen[11].

---

[9] Koriath, JA 1993, S. 270 (276).
[10] Klumpe, Der „genetische Fingerabdruck", S. 131 ff.
[11] Klumpe, a.a.O., S. 132 f.

Entscheidend könne demnach nicht die bloße Unterscheidung codierender/ nicht codierender Bereich sein; vielmehr komme es auf das Verständnis des Begriffes „persönlichkeitsneutral“ an. Dies werde an äußerlichen Körpermerkmalen besonders deutlich. Auch diese könnten nämlich durchaus persönlichkeitsbestimmend sein und machten ein Stück Individualität einer Person aus. Gleichwohl würde aber niemand dem Gedanken verfallen, diese für jedermann ohne weiteres wahrnehmbaren Merkmale der Intimsphäre des Menschen zuzuordnen und deren Registrierung für einen Eingriff in die Menschenwürde zu halten. Daraus folge, dass der Begriff persönlichkeitsneutral für Erbinformationen aus den codierenden Bereichen – egal ob sie äußerlich sichtbare oder ausschließlich verborgene Faktoren betreffen – nicht richtig sein könne. Denn das Erlangen von Informationen über *äußere* Merkmale durch eine DNA-Analyse könne nach dem Schutzzweck des Art. 1 Abs. 1 GG nicht anders bewertet werden als die Erlangung derartiger Informationen durch Zeugenaussagen[12].
Zusammenfassend gelangt Klumpe daher zu dem Ergebnis, dass auch die Analyse des codierenden Bereichs der DNA nicht von vornherein ausgeschlossen ist. Denn gehe man davon aus, dass die Analyse von Tatortspuren rein auf äußerlich sichtbare Merkmale beschränkbar ist, sei sie nach dem Gesagten zwar nicht persönlichkeitsneutral, da die Persönlichkeit stets betroffen sei, wenn Erbmaterial untersucht werde. Gleichwohl werde aber der intime Kernbereich der Persönlichkeit nicht berührt, sodass derartige Eingriffe nicht als absolut verboten gelten müssten. Eine abweichende Wertung ergebe sich jedoch – und insofern kehrt auch Klumpe auf den Boden der h.M. zurück –, falls anhand der Tatortspuren Krankheitsdispositionen, Charaktereigenschaften oder andere innere Persönlichkeitsmerkmale aufgedeckt werden sollen – derartige Analysen seien mit der Garantie der Menschenwürde nicht vereinbar[13].
Dem von Klumpe eingeschlagenen Weg folgt – trotz gewisser Bedenken – auch Burr[14]. Für ihn ist entscheidend, dass die DNA einer Tatortspur stets so weit untersucht werden darf, wie sie nicht dem Kernbereich der Persönlichkeit angehört. Dies sei nun aber bei allen äußerlich erkennbaren Körpermerkmalen niemals der Fall. Genauso wie die Farbe eines am Tatort sichergestellten Haares analysiert werden dürfe, müsse es auch möglich sein, die Farbe des Auges mit-

---

[12] Klumpe, a.a.O., S. 134.

[13] Klumpe, a.a.O., S. 135; vgl. auch ihre Zusammenfassung S. 151 f. Gegen diese Unterscheidung Klumpes wendet sich Ritter (Genomanalyse, S. 82 f.): Bereits in der Analyse der Gene selbst, die Träger der innersten und zugleich elementarsten körperlichen Determinanten seien, liege ein Eingriff in die Menschenwürde. Dies, zumal auch genetische Krankheiten äußerlich sichtbar wahrnehmbar sein könnten oder den Betroffenen zu bestimmten wahrnehmbaren Verhaltensweisen veranlassen könnten. Es zeige sich, dass auch eine Beschränkung auf äußere Merkmale dazu geeignet sei, in die Persönlichkeitsstruktur der Betroffenen einzudringen – die Gene, die das Funktionieren des Menschen steuerten, würden für Zwecke der Strafverfolgung instrumentalisiert. Vgl. auch Wächtler, StV 1990, S. 369 (370).

[14] Burr, Das DNA-Profil, S. 110 ff.

hilfe der DNA aus einem Blutstropfen zu analysieren. Voraussetzung dafür sei – insofern stimmt Burr Klumpe ausdrücklich zu –, dass die Analyse von Tatortspuren auf äußerlich erkennbare Merkmale begrenzbar sei[15].
Damit aber sieht Burr das Kernproblem der Kritik an der Genanalyse aus verfassungsrechtlicher Sicht angesprochen, nämlich die Frage, wie groß die Gefahr einer bewussten oder unbewussten Analyse der kodierenden Bereiche der DNA und damit einer Erforschung von Erbanlagen und Krankheitsdispositionen sei[16]. In der Rechtsprechung des BVerfG sei nämlich anerkannt, dass unter gewissen Umständen die Gefährdung eines Grundrechts bereits seiner Verletzung gleichgestellt werden kann, nämlich dann, wenn in Bezug auf die Eintrittswahrscheinlichkeit eine gewisse, hinreichend bestimmte Gefahr bestehe[17]. Gerade um eine solche Gefahr gehe es nun aber, wenn in der Literatur geltend gemacht werde, bereits in der Extrahierung der DNA liege die potenzielle Gefahr, Einblick in die Persönlichkeit des Betroffenen sowohl in ihrem aktuellen Zustand als auch in ihrer künftigen Entwicklung zu nehmen[18].
Eine derartige, hinreichend bestimmte Gefahr vermag Burr in der (eingeschränkten[19]) Analyse der codierenden DNA-Bereiche allerdings nicht zu erkennen. Denn die Totalentschlüsselung der DNA sei – auch wenn sie technisch machbar wäre – für das Strafverfahren unpraktikabel, weil viel zu aufwendig und zu kostspielig. Erfolg versprechend und sinnvoll bleibe höchstens die gezielte Suche nach einer Krankheit, wegen derer bereits zuvor entsprechende Verdachtsmomente vorlägen. Zudem seien die Wechselwirkungen zwischen Gendefekten und Umweltfaktoren noch gänzlich ungeklärt; aus einer möglicherweise vorhandenen Genmutation können daher nicht unbedingt geschlossen werden, dass der Untersuchte bereits – entsprechend – erkrankt sei[20].
Hinzu komme des Weiteren, dass es ja allgemeiner Meinung entspreche, dass die den Kernbereich der Persönlichkeit betreffenden codierenden Bestandteile der DNA nur unter Verstoß gegen Art. 1 Abs. 1 GG untersucht werden könnten. Daraus aber ließe sich dann unmittelbar ein Beweisverwertungsverbot ableiten mit der Folge, dass der ganze Aufwand vergebens getrieben worden sei, denn dessen Ergebnisse könnten wirksam ohnedies nicht in die Hauptverhandlung eingeführt werden[21].

---

[15] Burr, a.a.O., S. 111.
[16] Burr, a.a.O., S. 112. So auch Wagner, Das „genetische Fingerabdruckverfahren", S. 76 ff., die ebenfalls etwaige Missbrauchsmöglichkeiten des DNA-Fingerprinting-Verfahrens, mithin die Grundrechtsgefährdung, für den entscheidenden Gesichtspunkt hält.
[17] BVerfG, NJW 1984, S. 601.
[18] Rademacher, NJW 1991, S. 735 (736).
[19] Also auf die äußerlichen Merkmale bezogenen Analyse.
[20] So auch Wagner, Das „genetische Fingerabdruckverfahren", S. 77 ff., die auf den erheblichen Aufwand bei der Analyse nicht codierender DNA-Sequenzen verweist.
[21] Burr, a.a.O., S. 113 f.

In dieselbe Richtung wie die h.M. geht schließlich auch das Fazit der Untersuchung von Tjaden, der zusammenfassend feststellt, im Rahmen der gegenwärtigen Rechtslage sei keine genanalytische Anwendung geeignet, die Menschenwürde des Analysierten zu verletzen. Nur soweit Daten über seine genetische Konstruktion erlangt würden, sei dessen Menschenwürde verletzt[22]. Die Herleitung dieses Ergebnisses macht er sich aber nicht leicht. Denn zunächst ist Tjaden der Auffassung, dass alle zuvor entwickelten positiv oder negativ gefassten Bestimmungen der Menschenwürde und ihres Schutzbereiches jedenfalls für sich genommen keinen wirklich brauchbaren Maßstab für die Untersuchung liefern könnten, ob die Genanalyse mit der Menschenwürde vereinbar sei[23]. Unter Zugrundelegung einer „funktional-analytischen Bestimmungsmethode[24]", bestimmt er den Menschenwürdebegriff folgendermaßen: Soweit eine Person in Ausübung der ihr per se zukommenden und durch die Würdegarantie geschützten Autonomie eine bestimmte Situation schaffe, könne diese niemals würdeverletzend für diese Person sein. Erst wenn eine Situation sich dem selbstbestimmten Einfluss einer Person entziehe, werde eine Würdeverletzung denkbar. Dann bedürfe es einer objektiven Würdeverletzung, also eines die Personalität des Betroffenen missachtenden Aktes im Sinne der bekannten Objektformel. Im Rahmen der Beurteilung einer objektiven Verletzung seien die Intensität der Eingriffshandlung und die damit verfolgten Zwecke mit zu berücksichtigen. Dabei gelte jedoch, dass ein massiver Eingriff in die Menschenwürde nicht einmal durch hohe Ziele gerechtfertigt werden könne. Aufseiten des Betroffenen bedürfe es des subjektiven Empfindens einer Würdeverletzung; die Verletzung der Würde komme nicht in Betracht, wenn eine Person sich nicht in ihrer Würde verletzt fühle. Mithin unterliege das Schutzgut der Menschenwürde einer zeitlichen, situativen und individuellen Variabilität, die bei jedem neu auftretenden Phänomen eines bewertenden und abwägenden Konkretisierungsprozesses bedürfe[25].

Unter Zugrundelegung dieser Definition gelangt Tjaden für die DNA-Analyse im Strafprozess zu dem Ergebnis, dass dann, wenn der Untersuchte darin einwillige angesichts dieser Freiwilligkeit eine Würdeverletzung ausscheide. Wenn diese Untersuchung dagegen aber zwangsweise erfolge, könne es möglich sein, dass der Betroffene sich in seiner Würde verletzt fühle. Der Untersuchte werde zum Objekt eines staatlich geleiteten Erkenntnisverfahrens, ohne dass auf seinen Willen Rücksicht genommen werde. Gleichwohl bestehe ein anzuerkennendes staatliches Interesse an der Untersuchung. Weil hinzu komme, dass die Untersuchung lediglich einen minimalen körperlichen Eingriffs erfordere und sie sich im Übrigen auf die Erstellung des DNA-Fingerprints beschränke, ohne

[22] Tjaden, Genanalyse, S. 239.
[23] Tjaden, a.a.O., S. 85.
[24] Angelehnt an Riedel, EuGRZ 1986, S. 469 (474 ff.).
[25] Tjaden, a.a.O., S. 79 ff., zusammenfassend: S. 111.

dass dabei genetische Informationen erhoben würden, sei eine staatlich angeordnete Genanalyse aus objektiver Perspektive nicht entwürdigend. Soweit der Untersuchte dieses Vorgehen dennoch als entwürdigend betrachten sollte, sei diese Sichtweise wegen der zugrunde liegenden, nicht schützenswerten Überempfindlichkeit unbeachtlich[26].

Im Gegensatz zu den bisher referierten Meinungen sieht Rademacher in der Erstellung eines DNA-Profils in jedem Fall einen Verstoß gegen die Menschenwürde, weil dadurch stets in den Kernbereich der Persönlichkeit eingedrungen werde[27].

Denn die von der h.M. offenbar für ausschlaggebend gehaltene Unterscheidung zwischen der Analyse des codierenden und derjenigen des nicht codierenden Bereichs der DNA verdecke das hier eigentlich im Mittelpunkt stehende Problem, zumal es bis zur Totalsequenzierung des menschlichen Genoms kein weiter Weg mehr sei[28]. Entscheidend sei vielmehr, dass jede genetische Analyse, damit auch das DNA-Fingerprinting-Verfahren, immer die Extrahierung der Erbanlagen aus dem zuvor gewonnen zellkernhaltigen Material voraussetze; untersucht würden stets die Ur-Bausteine des Menschen, die biologischen Voraussetzungen seiner Existenz schlechthin.

Die Erbanlagen des Menschen zu extrahieren und diese dann – sei es auch nur teilweise – zu analysieren, bedeute, seinen höchstpersönlichen Intimbereich, der ihm und seiner Umwelt von Natur aus unbekannt ist, aufzuschlagen – und damit werde in den unantastbaren Persönlichkeitsbereich nicht nur eingriffen, vielmehr würden die Grundlagen seiner biologischen Existenz und seines „So-Seins" von ihm abgesondert, um sie zu Ausforschungszwecken zu missbrauchen. Mithin liege bereits in der bloßen Extrahierung der DNA die Gefahr, Einblick in die Persönlichkeit sowohl in ihrem aktuellen Zustand als auch in ihrer künftigen Entwicklung zu nehmen. Dies sei umso bedenklicher, als eine wirksame Kontrollmöglichkeit bzgl. der Beschränkung der Analyse nicht vorstellbar sei.

Alles in allem stelle das zwangsweise Eindringen in die Grundlagen der biologischen Existenz zu repressiven Zwecken in besonders gravierender Weise die Subjektqualität des Beschuldigten infrage. Die insofern vorgenommene Behandlung des Beschuldigten als Untersuchungsmittel gegen sich selbst, die Kennzeichen des Inquisitionsverfahrens gewesen sei, stehe aber augenscheinlich in Widerspruch zu dem allgemein anerkannten und konstatierten Grundsatz, dass der Beschuldigte als Prozesssubjekt niemals zum bloßen Objekt der Verbrechensbekämpfung herabgewürdigt werden dürfe.

---

[26] Tjaden, Genanalyse, S. 236 f.

[27] Rademacher, NJW 1991, S. 735 (736); vgl. auch dies., Zulässigkeit, S. 124 ff. Kritisch dazu etwa Burr, Das DNA-Profil, S. 105; Hother, Die DNA-Analyse, S. 38 f.

[28] Das bezieht sich auf den Zeitpunkt von Rademachers Stellungnahme im Jahre 1991. Mittlerweile ist diese „Totalsequenzierung" in der Tat gelungen.

### *2. Menschenwürde und Selbstbestimmungsrecht*

Bereits einleitend ist darauf hingewiesen worden, dass sich die Problematik des freiwilligen Grundrechtsverzichts im Rahmen des Art. 1 Abs. 1 GG etwas anders darstellt, als bei allen anderen Grundrechten, weil nach h.M. ein Eingriff in die Menschenwürdegarantie nicht gerechtfertigt werden kann. Insofern erweist sich das Problem des Schutzes der persönlichen Autonomie hier als besonders schwierig zu lösen, weil dann alles davon abhängt, ob eine Einwilligung des Betroffenen einem bestimmten Handeln seinen würdeverletzenden Charakter von vornherein nehmen kann.

Dies ist in der Vergangenheit im Bereich des Gewerberechts besonders deutlich geworden, nämlich bei der Frage, ob der Staat dazu berechtigt ist, bestimmte, nach dem Urteil der zuständigen Behörde und der damit befassten Gerichte, sittenwidrige oder als anstößig empfundene Handlungen auch *gegen den Willen der Handelnden* zu untersagen, weil in diesen Handlungen ein Verstoß gegen ihre Menschenwürde liege.

Aufgekommen war dieses Argument zunächst in der Zivilgerichtsbarkeit. Sowohl der BGH als auch das LG Hamburg befassten sich in den 1970er Jahren mit der Frage, ob der Verdienstausfall einer Prostituierten als ersatzfähige Schadensposition anerkannt werden kann[29]. Das LG Hamburg lehnte dies mit der Überlegung ab, die gewerbliche Tätigkeit einer Prostituierten sei sittenwidrig, denn das Feilbieten geschlechtlicher Handlungen gegen Entgelt gleich einem Warenhandel *verletze die Menschenwürde sowohl des Kunden als auch der Prostituierten selbst*, weil durch den Wegfall aller seelischen Gefühlsbeziehungen der menschliche Körper zum reinen Gebrauchsobjekt erniedrigt werde[30]. Ganz ähnlich argumentierte auch der BGH: Beim Betreiben der Straßenprostitution werde der Intimbereich zur bloßen Ware gemacht; schon daraus folge die Entwürdigung der Frau mit großer Deutlichkeit. Dass schon dies allein die sittliche Verurteilung rechtfertige, ergebe sich aus der Unverzichtbarkeit der personalen Würde, an der der Gesellschaft auch *ohne Rücksicht auf den Willen ihres Trägers* gelegen sein müsse[31].

Auslöser einer heftigen Kontroverse um den Inhalt der Menschenwürdegarantie war dann allerdings erst ein Urteil des BVerwG aus dem Jahre 1981. Es ging darin um die Frage, ob die zuständige Behörde berechtigt war, unter Hinweis auf § 33a GewO die Erlaubnis für eine Peepshow wegen deren Sittenwidrigkeit zu untersagen[32]. Das BVerwG stellt sich auf den Standpunkt, der unbestimmte Rechtsbegriff der „guten Sitten" müsse u.a. anhand der Wertvorstellungen des

---

[29] BGHZ 67, S. 119 ff.; LG Hamburg, VersR 1977, S. 85 ff.

[30] LG Hamburg, VersR 1977, S. 85 (86). Hervorhebung von mir, M.W.

[31] BGHZ 67, S. 119 (125). Hervorhebung von mir, M.W.

[32] BVerwG, NJW 1982, S. 664 f.

Grundgesetzes bestimmt werden; ein Verhalten, das einer im Grundgesetz verankerten Wertvorstellung widerspreche, verstoße gegen die guten Sitten.
Nunmehr gehörten Achtung und Schutz der Menschenwürde zu den Konstitutionsprinzipien des Grundgesetzes; Veranstaltungen im Sinne des § 33a GewO, die durch die Umstände ihres Ablaufes die Würde des Menschen verletzten, seien sittenwidrig. Genau dies sei bei einer Peepshow aber zu bejahen.
Denn hier werde der auftretenden Frau eine entwürdigende objekthafte Rolle zugewiesen, wobei mehrere Umstände der Veranstaltung zusammenwirkten, insbesondere die durch die Art der Bezahlung vermittelte Atmosphäre eines mechanisierten und automatisierten Geschäftsvorganges, bei dem der Anblick der nackten Frau wie die Ware eines Automaten durch Münzeinwurf verkauft und gekauft werde und andererseits die durch den Fensterklappenmechanismus und den einseitigen Sichtkontakt hervorgehobene verdinglichende Isolierung der als Lustobjekt zur Schau gestellten Frau vor im Verborgenen bleibenden Voyeuren. Diese Umstände bewirkten in ihrer Gesamtheit, dass die zur Schau gestellte Frau durch den Veranstalter wie eine der sexuellen Stimulierung dienende Sache zur entgeltlichen Betrachtung dargeboten und jedem der in den Einzelkabinen befindlichen, der Frau nicht sichtbaren Zuschauer als bloßes Anregungsobjekt zur Befriedigung sexueller Interessen angeboten werde. Dies rechtfertige das Urteil, dass die zur Schau gestellte Frau durch diese Art und Weise der Darbietung erniedrigt und dadurch in ihrer Menschenwürde verletzt werde.
Diese Menschenwürdeverletzung werde nun auch nicht dadurch ausgeräumt, dass die in der Peepshow auftretende Frau freiwillig handele. *Die Würde des Menschen sei ein objektiver, unverfügbarer Wert, auf dessen Beachtung der Einzelne nicht wirksam verzichten könne.*
Eine Einwilligung könne die Verletzung der Menschenwürde nur dann ausschließen, wenn die Verletzung der Menschenwürde gerade und nur durch das Fehlen der Einwilligung des Betroffenen in die in Rede stehende Handlung oder Unterlassung begründet werde; so liege es im Fall der Peepshow aber nicht, bei der – wie dargelegt – die Menschenwürde der Frau gerade durch die für diese Veranstaltungen typische Art und Weise ihrer Zur-Schau-Stellung verletzt werde. Hier müsse die Menschenwürde wegen ihrer über den Einzelnen hinausreichenden Bedeutung auch gegenüber der Absicht des Betroffenen verteidigt werden, seine vom objektiven Wert der Menschenwürde abweichenden subjektiven Vorstellungen durchzusetzen. Dieser Schutz verliere seine normative Kraft und seine für die verfassungsmäßige Ordnung des sozialen Zusammenlebens konstitutive Bedeutung, wenn die Frage, ob sozialrelevante gewerbliche öffentliche Veranstaltungen durch die Art und Weise ihrer Darbietungen die Menschenwürde der Darstellerinnen verletzen, *dem Belieben* des Unternehmers oder *der Darstellerinnen anheim gegeben* würde. Die Behörde müsse deshalb die Erlaubnis nach § 33a GewO auch bei freiwilligem Handeln der Betroffenen

versagen, wenn die beabsichtigten Veranstaltungen die Menschenwürde verletzten. Hierzu sei sie schon aufgrund der Schutzpflicht des Staates gehalten; dieser müsse die ihm mit der Rechtsanwendung gegebenen Möglichkeiten zur Abwehr eines derartigen Angriffs ausschöpfen[33].
Dieser Auffassung hat sich später das VG Minden für die Prostitution angeschlossen[34]: Prostitution verstoße gegen die durch Art. 1 Abs. 1 GG geschützte Menschenwürde, da durch die gewerbsähnliche geschlechtliche Hingabe gegen Bezahlung Intimbereiche zur Ware würden[35]. Die Freiwilligkeit der Teilnahme aller Beteiligten hebe diese Verletzung der Menschenwürde nicht auf, weil niemand auf die Menschenwürde wirksam verzichten könne. Wenn dies nach der Rechtsprechung des BVerwG bereits für Peepshows und den öffentlich vorgeführten Geschlechtsverkehr gelte, müsse dies für die gewerbsmäßige Prostitution erst recht Geltung beanspruchen, weil diese noch eine deutlich massivere Beeinträchtigung der Menschenwürde darstelle.
Gegen diese Erwägungen sind in der Literatur allerdings erhebliche Einwände erhoben worden[36]; einige Instanzgerichte haben dem BVerwG sogar ausdrücklich die Gefolgschaft verweigert[37].
So hält das VG München in Übereinstimmung mit Gusy schon den dogmatischen Ansatzpunkt des BVerwG nicht für überzeugend. Man müsse nämlich berücksichtigen, dass die Grundrechte in erster Linie als Abwehrrechte gegen staatliche Übergriffe konzipiert sind. Die Annahme einer verfassungsrechtlichen Schutzpflicht des Staates führe insofern zu einer Umwandlung der Schutznormen des Grundgesetzes in Gebots- und Verbotsnormen. Eine derartige Umdeutung eines Grundrechts in eine Grundpflicht widerspreche der Intention des Grundgesetzes[38].
Im Übrigen lasse das BVerwG außer Betracht, dass die Menschenwürde, deren Schutz hier zur Debatte stehe, wesentlich durch die Freiheit zur Entscheidung über die eigene Person bestimmt wird. M.a.W. die durch Art. 1 Abs. 1 GG ge-

---

[33] BVerwG, a.a.O., S. 665; Hervorhebungen von mir, M.W. In einer weiteren Entscheidung hat es das BVerwG auch für möglich gehalten, dass die öffentliche gewerbsmäßige Ausführung des Geschlechtsverkehrs gegen die Menschenwürde verstößt und deswegen – unabhängig von dem entsprechenden Einverständnis der Darsteller – gem. § 33a GewO nicht erlaubnisfähig sei, vgl. BVerwG, NJW 1982, S. 665 f.
[34] VG Minden, DÖV 1988, S. 695 f.
[35] Anknüpfend an BGHZ 67, S. 119 (125).
[36] Vgl. nur Gusy, DVBl 1982, S. 984 ff.; dens., GewArch 1984, S. 151 ff.; Hillgruber, Schutz des Menschen, S. 104 ff.; Littwin, Grundrechtsschutz, S. 94 ff.; v. Olshausen, NJW 1982, S. 2221 ff.; Stober, NJW 1984, S. 2499 (2500 m.w.N.).
[37] OVG Hamburg, GewArch 1987, S. 297 ff.; VG München, GewArch 1983, S. 332 ff.
[38] Grundlegend: Gusy, DVBl 1982, S. 984 (985 f.), der davon spricht, das die Grundrechte nach der Interpretation des BVerwG in ihr Gegenteil verkehrt würden, vgl. auch dens., GewArch 1984, 151 (154). Dem folgend VG München, a.a.O., S. 334. S. auch OVG Hamburg, a.a.O., S. 299.

währleistete Freiheit zur Selbstbestimmung und Selbstverwirklichung schließt die Freiheit des Einzelnen ein, sein Leben in bestimmter Weise zu führen und sich gegenüber anderen Personen und in der Öffentlichkeit in einer bestimmten Weise darzustellen[39]. Diese Freiheit der Selbstbestimmung sei keineswegs von vornherein inhaltlich eingeschränkt, sie sei weder an ein bestimmtes Menschenbild noch an bestimmte ethisch-moralische Anforderungen gebunden, insbesondere auch nicht an diejenigen, die bei Erlass des Grundgesetzes vorherrschend waren. Abgesehen davon, dass es allgemeiner Auffassung entspreche, dass gerade ethisch-moralische Bewertungsmaßstäbe wandelbar seien und gerade in sexueller Hinsicht auch erhebliche Wandlungen durchgemacht haben[40], stellt ja gerade die unbegrenzte Entscheidungsmöglichkeit ein Merkmal verfassungsrechtlich geschützter Menschenwürde dar[41]. Von diesem Freiheitsraum erfasst werde auch die Entscheidung einer Frau, als Darstellerin in einer Peepshow aufzutreten, und dies selbst dann, wenn ihr dadurch eine „entwürdigende objekthafte Rolle" zukommen sollte[42].

### *3. Stellungnahme*

#### *a) DNA-Analyse und Menschenwürde*

Will man Rogalls Wendung von einem „literarischen Flop" aufnehmen, so gelingt dies am ehesten mit Blick auf die Diskussion um das Verhältnis von DNA-Analyse und Menschenwürde. Denn die (ehemals) h.M., der zufolge eine Analyse codierender Bestandteile der DNA von vornherein ausscheidet, weil diese mit der Menschenwürde des Betroffenen unvereinbar sei, wurde in der Tat durch einen Federstrich des Gesetzgebers wenn schon nicht erledigt, dann aber doch ganz grundsätzlich infrage gestellt. Denn der Gesetzgeber hat in § 81e Abs. 1 StPO die Analyse auch der codierenden Bestandteile der DNA für zulässig erklärt[43], diese jedoch auf die Untersuchung der persönlichkeitsirrelevanten Bestandteile beschränkt.

Mit dem Standpunkt Rademachers ist dies ebenso unvereinbar wie mit demjenigen der h.M. . So hatte Rademacher sich – insofern noch weiter greifend als die h.M. – ja auf den Standpunkt gestellt, jede Form der DNA-Analyse stelle schon deshalb einen Eingriff in die Menschenwürde und damit auch einen Verstoß gegen diese dar, weil bereits durch die – auch zur Feststellung letztlich nur per-

---

[39] OVG Hamburg, a.a.O., S. 299; Gusy, DVBl 1982, S. 984 (986); ders., GewArch 1984, S. 151 (154).

[40] OVG Hamburg, a.a.O., S. 299; Gusy, DVBl 1982, S. 984 (986). Exemplarisch etwa die Ausführungen von Horstkotte zum 4. StRG (JZ 1974, S. 84 ff.).

[41] OVG Hamburg, a.a.O., S. 298 unter Bezugnahme auf BVerfGE 5, S.85 (204).

[42] VG München, a.a.O., S. 334.

[43] BT-Drs. 13/ 667, S. 6; Eisenberg, Beweisrecht der StPO, Rn. 1687e; Rogall, in: SK-StPO, § 81e, Rn. 5; Senge, in: KK-StPO, § 81e, Rn. 4; ders., NJW 1997, S. 2409 (1411).

sönlichkeitsirrelevanter Informationen – erforderliche Aussonderung der persönlichkeitsrelevanten Bereiche aus dem Untersuchungsmaterial diese Basisinformation des Menschen zum Untersuchungsobjekt staatlicher Strafverfolgung degradiert werde. Demgegenüber hat sich der Gesetzgeber aber ausdrücklich dafür entschieden, die DNA-Analyse zu erlauben und sich insofern der eher weiteren Auffassung von Klumpe und Burr angeschlossen. Hat der Gesetzgeber also schon in § 81e StPO eine verfassungswidrige Bestimmung geschaffen? Dies wäre von Bedeutung auch für die hier interessierende Frage des DNA-Massentests, der dann von vornherein wegen eines Eingriffs in die Menschenwürde der Betroffenen kaum noch zu „retten" wäre[44].

Diese Frage kann wohl verneint werden, jedenfalls was den Maßstab des Art. 1 Abs. 1 GG angeht[45]. Denn die DNA-Analyse nur der persönlichkeitsirrelevanten Bestandteile – seien sie nun den codieren oder den nicht-codierenden Sequenzen der DNA entnommen – unterscheidet sich im Kern nicht von herkömmlichen Ermittlungsmethoden, etwa der Feststellung des Fingerabdrucks, der Untersuchung des Blutes zur Feststellung der BAK oder der Erstellung eines Phantombildes mithilfe von Zeugenaussagen. Hier wie dort werden bestimmte, für jedermann erkennbare Informationen über den Einzelnen erhoben und zur Strafverfolgung eingesetzt, die dieser natürlicherweise seiner Umwelt preisgibt, und die insofern nicht seinem unantastbaren Intimbereich zugerechnet werden können. Dagegen kann auch das von Rademacher eingewandte Argument nicht recht überzeugen, zur Feststellung persönlichkeitsirrelevanter DNA-Informationen müssten ja auch die persönlichkeitsrelevanten mindestens insofern verarbeitet werden, als sie ausgeschieden werden müssten. Denn diese Überlegung würde dazu führen, dass nahezu alle strafprozessualen Untersuchungsmaßnahmen gegen die Menschenwürde verstoßen würden. So ist es zum Beispiel denkbar, dass bei einer grds. zulässigen Abhörmaßnahme zunächst Gespräche mitgehört und aufgezeichnet wurden, die der Beschuldigte mit Mittätern oder Teilnehmern der Tat besprochen hat, solche Gespräche also, deretwegen er überhaupt abgehört wurde. Später aber führt er dann auch ein vertrauliches Gespräch mit seiner Ehefrau, das dem absolut geschützten Intimbereich des Beschuldigten zuzurechnen ist, und das deshalb nicht abgehört oder gar

---

[44] Eine Ausnahme könnte dann nur noch für den Fall gelten, dass die Betroffenen *freiwillig* der DNA-Untersuchung zustimmen, was allerdings voraussetzt, dass dadurch der Menschenwürde-Verstoß ausgeschlossen werden könnte. Vgl. dazu die oben 2. dargestellte Diskussion und sogleich unten b).

[45] Ausdrücklich hingewiesen sei an dieser Stelle darauf, dass es zunächst nur darum geht, ob die DNA-Analyse mit der Menschenwürde vereinbar ist, insofern also um die Verletzung – um in der Terminologie des BVerfG zu bleiben – spezifischen Verfassungsrechts. Damit ist noch nichts darüber gesagt, ob und inwieweit sich die DNA-Analyse im Strafverfahren sinnvoll umsetzen lässt, und dies alles aus rechtspolitischer Perspektive auch richtig erscheint.

verwertet werden darf[46]. Wollte man sich hier Rademachers Ansatz anschließen, dann wären auch die zuvor aufgenommenen oder mitgehörten Gespräche zwischen Beschuldigtem und Mittäter schon allein deshalb wegen eines Verstoßes gegen die Menschenwürde unverwertbar, weil vor ihrer Verwertung der Bestandteil des Gespräches ausgesondert werden müsste, der dem Intimbereich zuzurechnen ist. Insofern gilt also tatsächlich der Satz, dass niemand aus seiner Menschenwürde ableiten kann, nicht als Täter einer Straftat überführt zu werden. Die gesamte Lehre von den Beweisverwertungsverboten basiert letztlich auf der Überlegung einer Trennbarkeit rechtmäßig und rechtswidrig erhobener Informationen, und der Schutz der Menschenwürde wird insofern gerade dadurch gewährleistet, dass die unter Verstoß gegen die Menschenwürde erlangten Informationen von den ohne einen solchen Verstoß gewonnen Informationen getrennt und erstere beiseite gelassen werden. Allein in dem Vorgang der Trennung kann noch keine Verobjektivierung der Intimsphäre des Betroffenen erblickt werden.

Stellt demnach die Erstellung eines DNA-Identifizierungsmusters als solche keinen Verstoß gegen die in Art. 1 Abs. 1 GG geschützte Menschenwürde dar, könnte sie also grds. auch im Rahmen eines *Massentests* eine zulässige Analysemethode darstellen. Dies zumal dann, wenn man ins Auge fasst, dass hier die Gefahr einer Untersuchung auch der persönlichkeitsrelevanten Bestandteile viel geringer ist als bei Tatortspuren. Denn bei diesen muss das Interesse der Strafverfolgungsorgane dahin gehen, bereits aus der bloßen Tatortspur schon möglichst viele Informationen über den potenziellen Täter herauszulesen, um ein möglichst umfassendes, die Fahndung erleichterndes Persönlichkeitsprofil zu erstellen[47]. Insofern mag es durchaus von erheblichem Interesse sein, nicht nur dessen DNA-Identifizierungsmuster festzuhalten, um dies später mit demjenigen eines Tatverdächtigen vergleichen zu können, sondern auch weitere Details zu erfahren wie Haar- und Augenfarbe, Geschlecht, Größe, ggf. auch bestimmte Krankheiten usw.

Bei dem DNA-Massentest dagegen kennt man die meisten fahndungsrelevanten Daten des zu Analysierenden: Denn dieser steht ja in Person vor den Ermittlern. Wenn man also Interesse an dessen Haarfarbe oder Größe hat, ist es einfacher, ihn schlicht daraufhin anzusehen als diese Daten mithilfe einer aufwändigen Analyse seiner DNA zu erlangen. Hier besteht mithin kaum Anlass zu einer Erhebung persönlichkeitsrelevanter Informationen.

Folge: In Bezug auf diese persönlichkeitsrelevanten Daten dürfe bei dem DNA-Massentest nur insofern eine Gefahr bestehen, als die Untersuchungslabors ihre Befugnis zur Untersuchung der eingesandten Proben aus eigenem Forschungsinteresse überschreiten und Feststellungen treffen, an denen den Strafverfol-

---

[46] Vgl. etwa Eisenberg, Beweisrecht der StPO, Rn. 2299.

[47] Der Optimalfall aus Sicht der Strafverfolgungsorgane wäre es sicherlich, mithilfe der Tatortspur und deren DNA-Analyse bereits ein Phantombild erstellen zu können.

gungsorganen hier zunächst gar nicht gelegen ist[48]. Angesichts dessen weist Burr mit Recht darauf hin, dass es hier eher um die *Gefahr* eines (faktischen[49]) Grundrechtseingriffs gehen dürfte als tatsächlich schon um einen solchen Eingriff. Diese Gefahr mag die Notwendigkeit nach sich ziehen, insofern verfahrensmäßige Vorkehrungen zu treffen, mithilfe derer einem Missbrauch vorgebeugt werden kann, führt aber – jedenfalls wenn sie sich (wie hier) nicht zu einer unmittelbaren Bedrohung verdichtet hat – noch nicht zur Verfassungswidrigkeit in Bezug auf Art. 1 Abs. 1 GG[50].

Damit ist jedoch nur der – eigentlich unwichtigere – der beiden hier relevanten Aspekte einer Bedrohung der Menschenwürde geklärt. Denn für den DNA-Massentest stellt sich noch ein besonderes Problem, wenn man die klassische Definition der Menschenwürde in den Blick nimmt, die Dürig[51] in kantischer Tradition entwickelt hat und die auch die Rechtsprechung des BVerfG[52] geprägt hat: Die Menschenwürde verbietet es, den Menschen zum (bloßen) Objekt staatlichen Handelns zu degradieren; der Mensch darf niemals instrumentalisiert werden zu einem außer seiner selbst liegenden Zweck. Kurz: Er kann nur Zweck sein, niemals das Mittel. Diese Begriffsbestimmung soll den folgenden Überlegungen zugrunde gelegt werden, nicht nur deshalb, weil sie sich in Literatur und Rechtspraxis als taugliches Mittel der Annäherung an einen so schwierig zu erfassenden Begriff wie den der Menschenwürde erwiesen hat, sondern auch, weil es bisher nicht gelungen ist, einen Interpretationsansatz zu finden, der größere Ergiebigkeit verspricht. Exemplarisch sei insofern nur auf den Versuch Tjadens verwiesen, einen Würdebegriff zu entwickeln, der gerade auf die DNA-Analyse und ihre spezifischen Gefahren zugeschnitten ist. Denn dieser betreibt einen nicht unerheblichen Aufwand, um einen tragfähigen Neuansatz zu finden, der dann aber inhaltlich kaum über das hinausgeht, was sich bereits mithilfe der klassischen Formel hätte bestimmen lassen.

Die Tragfähigkeit der „klassischen" Würdeformel erscheint bei präziserer Betrachtung auch nicht erstaunlich. Die an Kant angelehnte Interpretation des Würdebegriffes, der – darauf sei an dieser Stelle nur ergänzend hingewiesen – vom parlamentarischen Rat durchaus in dieser Tradition gedacht war[53], erweist

---

[48] Etwas anderes könnte gelten, wenn die gewonnenen Informationen zur Anlegung ganz umfassender DNA-Datenbanken verwendet werden sollen, die noch über den Umfang der bestehenden Dateien nach § 81g StPO bzw. § 2 DNA-IFG hinausgehen. Eine solche Gefahr mag angesichts der bisherigen kriminalpolitischen Entwicklung nicht sicher auszuschließen sein; dies ist aber nicht Gegenstand vorliegender Untersuchung.

[49] Also eines von den Strafverfolgungsbehörden womöglich kausal verursachten Missbrauchs, der von ihnen aber nicht final gewollt war.

[50] Um die es hier – das sei nochmals betont – unabhängig von Überlegungen *rechtspolitischer* Zweckmäßigkeit zunächst allein geht.

[51] Dürig, in: Maunz/ Dürig, GG, Art. 1, Rn. 28.

[52] Vgl. z.B. BVerfGE 9, S. 89 (95); BVerfGE 57, S. 250 (275).

[53] Dazu: Denninger, JZ 1982, S. 225.

sich allein schon deshalb als tragfähig, weil ein Gedanke, der Auslegungsleitlinie der ganzen Verfassung sein soll, gleichsam gezwungenermaßen darauf angewiesen ist, sich auf eine wirklich große, insbesondere aber auch richtige und praktikable Philosophie vom Staat stützen zu können; dies jedenfalls dann, wenn man von einer solchen Leitlinie wirklich erhellende Antworten und nicht nur Verfassungspathos im Sine eines schmückenden Beiwerks oder einer argumentativen Absicherung bereits zuvor anderweit gefundener Ergebnisse erwartet.

Insofern erweist sich Art. 1 Abs. 1 GG als „Einfallstor" eines kantisch geprägten Menschenbildes in das Grundgesetz. Kant gewinnt aus seinem Plädoyer gegen der klassischen Staatsvertrag im Hobbes'schen Sinne die Einsicht, dass ein wirklich tragfähiges Gemeinwesen stets nur auf dem Prinzip der Selbstständigkeit beruhen kann. Die Nichtanerkennung dieses Selbstständigkeitsprinzips hätte nämlich zur Folge, dass ein unbeschränkt angewandtes Vertragsprinzip zu einer machtvollen Demonstration eines politischen Positivismus' und zum unbedingten Willen an der Aufrechterhaltung staatlicher Stärke verkäme. Ein am Menschenbild Kants orientierter Bürgerstatus innerhalb eines sich als frei bezeichnenden Gemeinwesen muss im Blick behalten, dass immer dann, wenn die Selbstständigkeit des Einzelnen zum Zwecke staatlicher (Selbst-)Erhaltung aufgehoben zu werden droht, dies einer nicht legitimierbaren Zwangsausübung im rechtlichen Zustand entspricht[54]. Kürzer: Der Respekt vor der Subjektstellung des Bürgers ist Voraussetzung des Gemeinwesens.

Begreift man also das Grundgesetz als eine Verfassung der Freiheit, kommt man an der Beachtung des Kantischen Selbstständigkeitspostulats kaum vorbei. Der Dürig'sche Transfer dieses Gedankens in Art. 1 Abs. 1 GG erweist sich damit als richtig. Welche Folgen hat nun aber die kantische Lehre vom Menschen als Zweck an sich[55] für die hier interessierende Problematik?

Betrachtet man die Problematik des DNA-Massentests näher, vergegenwärtigt man sich insbesondere die oben bereits dargelegten tatsächlichen Anwendungsfälle, nimmt man allein den Ausdruck *Massen*test in den Blick, wird eines deutlich: Mit einem Strafverfahren im klassischen Sinne, dessen Ziel – wie Roxin es formuliert – darin besteht die 1. materiell richtige, 2. prozessordnungsgemäß zustande kommende, 3. Rechtsfrieden schaffende Entscheidung über die Strafbarkeit des Beschuldigten zu treffen[56], hat es sicher nur noch wenig gemein, wenn 17.000 männliche Bewohner eines ganzen Landkreises zur DNA-Speichelprobe antreten müssen. Ziel dieser Untersuchungen ist es gerade nicht, in einem – wie es im Einzelnen auch immer ausgestaltet sein mag – justizförmigen Verfahren die Schuld einer bestimmten Person nachzuweisen und diese ei-

---

[54] Vgl. dazu insbesondere Harzer, Die tatbestandsmäßige Situation, S. 236 f.; s. auch dies. Naturzustand, S. 43 ff., 81 ff.

[55] Vgl. dazu einführend Naucke, Rechtsphilosophische Grundbegriffe, Rn. 151.

[56] Roxin, Strafverfahrensrecht, § 1, Rn. 3.

ner – was man darunter auch immer verstehen mag – gerechten Strafe zuzuführen. Im Gegenteil: die Entkoppelung der Untersuchungsmaßnahme von einem gegen eine konkrete Person wegen eines konkreten Tatverdachts betriebenen Strafverfahrens, wird von den Befürwortern der Massentests relativ freimütig eingeräumt. Schließlich spricht auch die Begründung zu § 81e StPO – *insofern* sicher nicht unproblematisch – davon, dass die DNA-Analyse (auch) genutzt werden könne, etwa Beschuldigte zu einem möglichst frühen Zeitpunkt aus dem Strafverfahren ausscheiden zu können, also – etwas anders formuliert – Ressourcenschonung zu betreiben.
Der eigentliche Zweck eines derart breit angelegten DNA-Massentests besteht demnach einzig und allein darin, Verdächtige auszuscheiden, die Ermittlungsarbeit der Polizei zu erleichtern, zu beschleunigen, ggf. effektiver zu gestalten. Allen Beteiligten ist klar, dass von den 17.000 Getesteten 16.999 mit Sicherheit unschuldig sind – unterstellt man einmal, dass der Täter tatsächlich in dieser Menge vorhanden ist, was ja aufgrund der natürlichen Fluktuation ganz zu recht angezweifelt wird. Anders gewendet: Mit der klassischen Legitimation eines Strafverfahrens, nämlich der Erforderlichkeit eines Schuldnachweises zulasten des Straftäters mithilfe eines justizförmigen Verfahrens, hat alles dies überhaupt nichts mehr zu tun.
Nun gehört die Subjektstellung des Beschuldigten im Strafprozess zu den in der heutigen Dogmatik des Strafprozessrechts unangefochtenen Erkenntnissen[57], sie wird vom BVerfG im Kern aus Art. 1 Abs. 1 GG hergeleitet[58]. Der Beschuldigte darf in einem die Menschenwürde achtenden Verfahren also niemals bloß Objekt eines staatlichen Inquisitionsapparates sein, sondern muss – abgesichert durch verschiedene prozessuale Rechte – das Strafverfahren gleichsam mitgestalten können. Gilt dies aber bereits für einen Beschuldigten, gegen den ein Anfangsverdacht, bei Anklageerhebung sogar hinreichender Verdacht bestehen muss, die – gerade – *ihm vorgeworfene* Tat begangen zu haben, ist es also ein geradezu abwegiger Gedanke, ihn zum bloßen Objekt des Prozesses zu machen, muss dieses *erst recht* für all diejenigen gelten, die mit der Tat überhaupt nichts zu tun haben.
Denn dass man den Beschuldigten gleichsam naturgemäß bestimmten Zwangsmaßnahmen unterwerfen muss, will man das Strafrecht und einen auf seine Durchsetzung gerichteten Strafprozess nicht von vornherein ad absurdum führen, kann man, solange jedenfalls, wie man auf das Strafrecht im Ganzen nicht verzichten will[59], sicher kaum in Zweifel ziehen. Ihre Legitimation findet diese Zwangsanwendung aber unmittelbar im Zweck des Strafrechts, den Beschuldigten gerade für die von ihm begangene Tat zur Verantwortung zu ziehen. Inso-

[57] Vgl. nur Roxin, Strafverfahrensrecht, § 18, Rn. 1.
[58] Vgl. z.B: BVerfGE 55, S. 144 (150); BVerfGE 56, S. 37 (43); BVerfGE 63, S. 332 (337 f.).
[59] Ob und inwieweit der Staat dies kann – aufgeworfen wurde diese Frage z.B. in dem ersten Urteil des BVerfG zum Schwangerschaftsabbruch – soll an dieser Stelle ungeklärt bleiben.

fern stellt es auch keine Objektivierung des Menschen dar, dessen Übergriff in die Freiheitssphäre eines anderen Menschen, strafrechtlich zu sanktionieren. Denn zu irgendeiner Sanktion dieses Verhaltens muss es schon deshalb kommen, weil sonst der eine dem anderen seinen Willen aufzwingen könnte, und damit gerade derjenige Zustand der Unfreiheit eintreten würde, gegenüber dem man den Bürger von *staatlicher* Seite gerade abzuschirmen sucht.
Eine solche Legitimation wird sich für den Massentest in seiner klassischen Form indes kaum finden lassen. Hier werden kaum überschaubare Menschenmengen, ohne dass sie irgendeinen *selbst verantworteten Bezug* zu der aufzuklärenden Tat hätten, dazu herangezogen, die polizeiliche, insofern staatliche Ermittlungsarbeit zu effektivieren. Jeder Einzelne der 16.999 Unschuldigen wird *Mittel* staatlicher Aufklärungsarbeit. Der Zweck seiner Inanspruchnahme liegt nicht darin, ihn für von ihm selbst verantwortetes Unrecht zur Verantwortung zu ziehen, sondern in der Aufklärung einer (für ihn persönlich grds. beliebigen) Tat. Dadurch, dass er es sicher *nicht* war, kann die Polizei ihre Einsatzkräfte auf andere Verdächtige konzentrieren.
Hat man dies erkannt, ist die Verbindung zur Menschenwürde nicht mehr schwer zu finden: eine *Zwangs*untersuchung in einem Massentest lässt sich mit der Subjektrolle des Bürgers nicht vereinbaren. Er wird zum Mittel, damit „Objekt" des Staatshandelns. Der *zwangsweise* Massentest ist mit dem Prinzip der personalen Autonomie grds. unvereinbar; er dient (nur) der Durchsetzung und Aufrechterhaltung des staatlichen Machtanspruchs.
Erscheint die Ablösung des Getesteten von der Tat, mithin die Entkoppelung von Tatverdacht und Untersuchungshandlung, als eigentliche Begründung des Menschenwürde-Verstoßes, liegt es nahe, die z.T. als „Schützenfestfälle" gekennzeichneten Fälle, in denen zwar ebenfalls eine größere Gruppe getestet wird, diese sich aber dadurch auszeichnet, dass sie einen *spezifischen Bezug* zu Tat und Opfer hat, anders zu behandeln. Diese Überlegung knüpft an die oben[60] dargelegte Position Buschs an, der diesen Gesichtspunkt im Rahmen der Zumutbarkeit nach § 81c Abs. 4 StPO für ausschlaggebend hält. Je näher ein von einem „Massentest" Betroffener nämlich an die Tat heranrückt, je mehr objektiv – und eben nicht bloß statistisch – fassbare Kriterien für seine Täterschaft sprechen, desto eher kann davon ausgegangen werden, dass der Zweck der Untersuchung von vornherein darauf gerichtet ist, einen der Getesteten tatsächlich *seiner* Tat zu überführen und ihn nicht bloß als Verdächtigen *einer anderen* Tat auszuschließen. Sobald sich nämlich eine engere Verbindungslinie zwischen Tat und Täter herstellen lässt, dient die Inanspruchnahme nicht mehr ausschließlich staatlichen Zwecken im Sinne einer Effektivierung der Ermittlungsarbeit, sondern einer – potenziellen – Strafverfolgung gerade des Betroffenen.

---

[60] 4. Abschnitt, C.

Als Zwischenergebnis lässt sich also zunächst festhalten: Ein *zwangsweiser* Massentest eines *unüberschaubaren*, nur mithilfe statistischer Erwägungen zusammengestellten Personenkreises, ist wegen eines Verstoßes gegen die Menschenwürde der Betroffenen unzulässig, weil ein solcher Test nur dazu dient, nahezu alle Getesteten als Täter auszuschließen, sie insofern also zum Mittel staatlicher Strafverfolgung degradiert. Damit muss das endgültige Verdikt über solche Maßnahmen jedoch noch nicht gesprochen sein; es erscheint immerhin möglich, dass ein *wirklich freiwilliger* Massentest doch zulässig ist. Dies würde aber voraussetzen, dass es den potenziell Beteiligten überhaupt gestattet ist, sich als Mittel staatlicher Strafverfolgungstätigkeit „gebrauchen" zu lassen. Damit ist die oben 2. schon diskutierte Problematik des Verhältnisses von Menschenwürde und Selbstbestimmungsrecht angesprochen; diese muss also sogleich unter b) noch weiter vertieft werden.
Ein *zwangsweiser* „Massentest" eines (noch) überschaubaren, mithilfe konkreter Tatsachen ermittelten Personenkreises stellt dagegen keinen Verstoß gegen Art. 1 Abs. 1 GG dar. Damit ist an dieser Stelle aber noch nichts über seine Zulässigkeit im Übrigen gesagt; *nur* die *Menschenwürde* der Beteiligten steht ihm nicht entgegen. Insofern bleibt zunächst die Frage zu untersuchen, ob und unter welchen Gesichtspunkten eine derartige Untersuchung in Bezug auf andere Grundrechte Bedenken ausgesetzt ist (dazu unten II. – VI.). Des Weiteren ist zu fragen, inwiefern auch solche Tests auf *freiwilliger* Basis durchgeführt werden können (dazu unten B.) und schließlich, inwieweit ein solcher Test strafprozessual geregelt werden kann. *Dass* er einer solchen Regelung tatsächlich bedarf, kann bereits an dieser Stelle kaum mehr angezweifelt werden, denn immerhin bewegt er sich auf gerade auch grundrechtlich schwierigem Terrain, sodass allein schon die Wesentlichkeitstheorie eine gesetzliche Regelung verlangen wird.
Im Übrigen setzt die hier vorgeschlagene Trennung zwischen *finalen* Massentests (mit nur nach statistischen Kriterien ausgewählten Teilnehmern) und *kausalen* Massentests (deren Teilnehmer einen konkreten Tatbezug aufweisen) voraus, dass im Gesetz eine praktikable Trennlinie festgeschrieben wird. Denn nur so wird sie sich des – zugegebenermaßen nahe liegenden – Einwandes erwehren können, diese Abgrenzung sei willkürlich, weil sich die Grenze der Teilnehmerzahl eines *finalen* Massentests kaum präzise werde festlegen lassen[61]. Gegen dieses Argument sei – vorläufig – nur ein Hinweis eingewandt, den Gusy bereits in seiner Besprechung des Münchner Porschefahrerfalls gegeben hatte: Aufgabe des Verfassungsrechts ist es zunächst (nur), bestimmte Problemlagen aufzuzeigen. Diese Probleme zu lösen, ist aber Aufgabe des Strafprozessrechts, und nach einer solchen Lösung wird unten[62] noch zu suchen sein.

---

[61] Denn auf den ersten Blick wird man sich fragen, wo denn die Grenze verlaufen soll: Bei 50, 100, 200 Teilnehmern oder noch mehr?
[62] Im 6. und 7. Abschnitt.

***b) Menschenwürde als Theorie personaler Autonomie***

Die Diskussion um das Verhältnis von Peepshow und Menschenwürde erscheint auf den ersten Blick als eines der skurrilen Themen, mit denen sich die Gerichte von Zeit zu Zeit zu befassen haben, die der Jurist „mit spitzen Fingern[63]" anfasst, dann aber möglichst rasch wieder zur Seite legt – je nach Standpunkt mit Amusement oder mit Schaudern. Eine solche Betrachtung dieser Problematik ist jedoch voreilig und verkennt, dass hier ganz fundamentale Fragen des Verhältnisses von Staat und Bürger angesprochen sind. Das lässt sich schon dadurch belegen, dass sich das Basisproblem ohne weiteres auch in das hier interessierende Gebiet der DNA-Analytik projizieren lässt: Geht man nämlich wie hier – siehe soeben a) – davon aus, dass eine *ohne Zustimmung des Betroffenen* durchgeführte Untersuchung der persönlichkeitsrelevanten Bestandteile der DNA eine Verletzung der Menschenwürde darstellt, und schließt man sich im Weiteren dann der Auffassung des BVerwG an, der zufolge eine Einwilligung in potenziell menschenwürdegefährdendes Verhalten von vornherein ausgeschlossen ist, dann könnte auch eine entsprechende Einwilligung eine derartige Untersuchung nicht mehr ermöglichen, wiewohl der Betroffene daran im Einzelfall durchaus ein Interesse haben mag.

Eine gründliche Auseinandersetzung mit der Auffassung des BVerwG ist also auch im hier interessierenden Kontext ein lohnenswertes Unterfangen, denn wie oben festgestellt stellt der klassische DNA-Reihen-Feldversuch durchaus einen Verstoß gegen die Menschenwürde dar. Folgte man der These von der „Über-Individualisierung" der Menschenwürde, so wären die Überlegungen zur DNA-Massenanalyse bereits hier am Ende: Auch auf *freiwilliger* Basis wären diese schon von vornherein völlig undenkbar.

Dies ist jedoch nicht der Fall. Denn die heftige Kritik aus Literatur und Rechtsprechung hat allem Anschein nach auch das BVerwG nicht gänzlich unbeeindruckt gelassen, ist es doch mittlerweile von seiner eigenen Argumentation abgerückt. Zwar hält es – was hier nicht weiter zu interessieren braucht – Peepshows nach wie vor für sittenwidrig im Sinne des § 33a GewO, jedoch begründet es diese Ansicht nun ausdrücklich „unabhängig von der genannten Wertentscheidung des Grundgesetzes" nur noch mit der in der Rechtsgemeinschaft insofern „vorherrschenden sozialethischen Beurteilung[64]".

Diese Kehrtwendung des BVerwG ist nicht erstaunlich, sieht man sich die tragenden Erwägungen seines Peepshow-Urteils einmal genauer an. Dieses beruht nämlich ersichtlich auf mehreren unzutreffenden Annahmen, von denen einige oben (2.) bereits dargelegt wurden. Es ist sicher richtig, wenn Gusy bemängelt, dass das BVerwG ein auf Staatsabwehr gerichtetes Grundrecht in sein Gegenteil verkehrt, wenn es die Menschenwürde gleichsam zu einer Rechtspflicht erhebt.

---

[63] Schatzschneider, NJW 1985, S. 2793 (2793).

[64] BVerwG, NVwZ 1990, S. 668 (669).

Damit nämlich verkennt das BVerwG das, was Menschenwürde eigentlich ausmacht, nämlich die *Freiheit zu selbstbestimmtem Handeln*. Gerade in der Freiheit des Bürgers, eine autonome Entscheidung über sein Handeln treffen zu können, und in der Pflicht des Staates, diese Entscheidung zu akzeptieren, verwirklicht sich die dem Menschen qua seines Personseins zukommende Würde. Oder, um es mit Podlech pointiert auszudrücken: „Zur Würde des Menschen gehört die Freiheit, nicht zur Leistung von Würde gezwungen zu werden[65]."
Überdies verfehlt die Auffassung des BVerwG auch Maßstab und Zielrichtung grundrechtlicher Schutzpflichten. Denn diese gelten nur für den Fall eines Eingriffs in die Menschenwürde durch die öffentliche Gewalt oder vom Grundrechtsträger verschiedene Private, nicht aber für einen durch den Betroffenen *selbst* verursachten „Eingriff". Insofern erscheint es im Übrigen schon widersinnig, überhaupt von einem Grundrechts*eingriff* zu sprechen[66]. Denn ein solcher setzt schon begriffsnotwendig voraus, dass ein vom Rechtsinhaber verschiedenes Subjekt dessen Rechtsposition gefährdet. Hier liegt es aber so – dies wurde soeben dargelegt –, dass die Vollziehung einer selbstbestimmten Entscheidung gerade Ausdruck der Menschenwürde ist, autonomes Handeln und Würde fallen also zusammen. Somit kann es gar keine gegenüber der autonomen Entscheidung verselbstständigte, mithin selbstständig zu schützende Menschenwürde geben.
Das zeigt noch ein Weiteres: Die Frage nach der „Verzichtbarkeit" der Menschenwürde ist so eigentlich schon nicht richtig gestellt. Denn nach dem klaren Textbefund des Art. 1 Abs. 2 GG ist die Menschenwürde „unveräußerlich", mithin durch eigenes Verhalten nicht verzichtbar. Eine Diskussion um die Verzichtbarkeit geht mithin schon am Gesetz vorbei. Jedoch: Art. 1 Abs. 2 GG bedeutet zunächst einmal nur, dass der Staat von der objektiven Verpflichtung zur Achtung der Menschenwürde auch nicht durch das subjektive Einverständnis des konkreten Grundrechtsträgers freigestellt werden kann[67]. Über den Inhalt der Menschenwürde besagt er jedoch nichts.
Damit ist der entscheidende Punkt angesprochen: Eine freiwillige „unwürdige" Behandlung mag eine sittlich oder moralisch anstößige sein. Es mag auch denkbar sein, dass der Staat dieses letztlich durch die allgemeine Handlungsfreiheit aus Art. 2 Abs. 1 GG gewährleistete Recht auf „unwürdige" Behandlung unter bestimmten Voraussetzungen – insbesondere im Interesse Dritter – einschränken darf. Nur: Auf Art. 1 Abs. 1 S. 2 2. Fall GG kann er sich dann zur Rechtfertigung gerade nicht berufen; das gegen den Staat gerichtete Abwehrrecht aus Art. 2 Abs. 1 GG beschränkt insofern die staatliche Schutzpflicht aus Art. 1 Abs. 1 GG[68]. Oder anders ausgedrückt: Eine freiwillige „unwürdige" Behand-

---

[65] Podlech, in: AK-GG, Art. 1 Abs. 1, Rn. 46.
[66] Vgl. dazu v. Olshausen, NJW 1982, S. 2221 (2222); Stober, NJW 1984, S. 2499 (2500).
[67] Hillgruber, Schutz des Menschen, S. 106.
[68] Hillgruber, Schutz des Menschen, S. 107.

lung ist schon qua Freiwilligkeit keine unwürdige Behandlung; die autonome Entscheidung des Einzelnen verleiht seinem Handeln Würde. Demnach besteht auch keine Veranlassung des Staates, den Handelnden gleichsam vor sich selbst zu schützen, denn er tut gerade dadurch, dass er dies *will* etwas *Menschenwürdiges*. Damit kann jedenfalls als vorläufiges Ergebnis festgehalten werden, dass dann, wenn der Einzelne eine bestimmte freiwillige Handlungsentscheidung getroffen hat, durch diese freiwillige Entscheidung schon der Eingriff in Art 1 Abs. 1 GG ausgeschlossen wird[69].

In Anbetracht dieser Überlegungen kann auch die von Redeker vertretene Auffassung nicht überzeugen[70].

Redeker hat versucht, die Würdekonzeption des BVerwG weiter zu vertiefen und damit dessen Ergebnis auf einer theoretisch breiteren Basis zu rechtfertigen. Er stellt sich zunächst auf den Standpunkt, der Begriff der Menschenwürde müsse vom Menschenbild des Grundgesetzes her bestimmt werden, das den Menschen als Ganzheit von Körper und Geist begreift; der Achtungsanspruch des Einzelnen beziehe sich also stets auf die gesamte Persönlichkeit[71]. Für eine Peepshow sei nun aber die Trennung dieser Einheit charakteristisch; den Zuschauern komme es allein auf die physische Komponente an, nämlich das Betrachten eines nackten, sich bewegenden und geschlechtsbezogene Handlungen vornehmenden Frauenkörpers. Das neben der Physis entscheidende Element, durch das die Darstellerin ihre Würde erst erhalte, nämlich ihr Geist und ihre Seele seien völlig nebensächlich, ihre Betonung würde sogar störend wirken. Körper und Psyche würden zugunsten der reinen Geschlechtlichkeit voneinander getrennt. Daran ändere auch der Wille der Frau nichts, diese Handlungen zu vollziehen, denn auch die Handlungsfreiheit stehe unter dem Vorbehalt der Menschenwürde; diese sei entscheidender Gesichtspunkt für die Auslegung der Handlungsfreiheit[72].

Angesichts der Tatsache, dass auch bei Redeker die Menschenwürde gleichsam zu einem Universalvorbehalt für die Freiheitsausübung mutiert, soll abschließend noch die Auseinandersetzung mit seiner Position gesucht und die eigene Position vor dem Hintergrund der hier vertretenen Würdekonzeption noch einmal vertiefend reflektiert werden. Dies erscheint schon deshalb als lohnenswertes Unterfangen, weil sich die hier vertretene Auffassung geradezu als Gegenentwurf zu der überpersonalen Interpretation der Menschenwürde bei Redeker

---

[69] Damit geht es bezogen auf den DNA-Massentest nur noch um die Frage, ob denn tatsächlich eine freiwillige Entscheidung im Rechtssinne vorliegt. Diese Frage unterscheidet sich aber nicht von derjenigen, ob eine freiwillige Einwilligung in den Grundrechtseingriff bzw. ein wirksamer Grundrechtsverzicht bei den Freiheitsgrundrechten möglich ist. Diese Problematik kann daher gemeinsam behandelt werden, vgl. dazu unten B.

[70] Redeker, BayVBl 1985, S. 73 ff.

[71] Redeker, a.a.O., S. 77.

[72] Redeker, a.a.O., S. 78 f.

verstehen lässt. Es bietet sich die Gelegenheit, die eigene Meinung durch eine rechtsphilosophisch fundierte Überlegung abzusichern, ohne die – darauf wurde bereits hingewiesen – eine seriöse Begründung einer Menschenwürdekonzeption nahezu ausgeschlossen erscheint.

Bereits Kant erschien es unerlässlich, das Recht des Einzelnen, sein persönliches Glück selbst zu suchen, gegen alle Versuche des aufgeklärten Absolutismus' zu verteidigen, das Volk „nach seinen Begriffen glücklich [zu] machen[73]." Denn der Staat, der dem Einzelnen sein Glück bringen wolle, werde zwangsläufig zum Despoten; er übe Willkürherrschaft aus, weil die Maßstäbe dessen, was der Wohlsfahrtsstaat dem Einzelnen als sein Glück verordnet, nicht von diesem selbst, sondern eben von anderer Seite kommt. Seine Freiheit wird beschränkt aufgrund des Entschlusses eines anderen darüber, was das Glück eigentlich ausmacht. Diese Entwicklung – also die Freiheitsbeschränkung durch verordnete Glückseligkeit – ist für Kant schon allein deshalb zwingend, weil die Vorstellung der Menschen von der Glückseligkeit schon von Natur aus höchst verschieden ist, Glückseligkeit sich also nicht als Inhalt einer allgemein verbindlichen Norm fassen lässt[74].

Die Etablierung einer allgemein verbindlichen Norm ist aber die eigentliche und ausschließliche Aufgabe des Rechts; das Recht soll die Freiheitssphären der Bürger einander zuordnen, sie gegeneinander abschirmen und dies anhand von Maßstäben, deren Sinnhaftigkeit sich grds. jedem erschließen können. Kants Einwand gegen den Wohlfahrtsstaat ist insofern erkenntnistheoretisch begründet: Worin Glück besteht und wie es zu erreichen ist, entzieht sich apriorischer Kenntnis[75], also allgemein verbindlicher Feststellung und taugt somit von vornherein nicht als Inhalt rechtlicher Normen.

Liegt es nun aber so, dass der Mensch vonseiten des Staates zu seinem Glück nicht gezwungen werden darf, liegt die Folgerung nahe, dass er den Einzelnen auch nicht daran hindern darf, sein Unglück zu suchen. Gegen diese Folgerung könnte zunächst eingewandt werden, dass Kant immerhin sog. vollkommene, mithin inhaltlich genau bestimmbare Pflichten des Menschen gegen sich selbst kennt – es ist daher darauf hingewiesen worden, dass der Satz, dass die Mittel der Glückseligkeit des Menschen a priori nicht bestimmbar sind, für Kant grds. nur mit Einschränkungen gelte[76], und dass es nicht zwingend ist, anzunehmen, der Mensch habe ein *Recht* darauf, sich den Einsichten in diese Erkenntnis von vornherein und bewusst zu entziehen[77]. Gleichwohl ist der oben bereits gezogene Schluss letzthin auch für Kant richtig, dies lässt sich aus der – bereits erwähnten – Funktion des Rechts bei Kant ableiten. Das Recht hat bei Kant allein

[73] Kant, Gemeinspruch, S. 125 (159).
[74] Kant, a.a.O., S. 145.
[75] Hillgruber, Schutz des Menschen, S. 21.
[76] Kersting, Wohlgeordnete Freiheit, S. 84.
[77] Hillgruber, Schutz des Menschen, S. 222 f.

die Aufgabe, die Freiheitssphären *der Bürger untereinander* voneinander abzugrenzen. Der Schutz des Menschen gegen andere Menschen ist der typische und wesentliche Inhalt des Gesetzes; insofern erweist sich der Schutz des Einzelnen gegen sich selbst schon von vornherein als vom Recht nicht erfasster oder daraus ableitbarer Zweck. Zwar kann die Pflicht, sich selbst keinen Schaden zuzufügen, eine *Tugendpflicht* begründen, niemals aber eine *Rechtspflicht*. Insofern unterscheiden sich bei Kant Recht und Moral auch und gerade in ihrem Regelungsgegenstand: Die Moral erfasst alles menschliche Verhalten, das Recht aber nur den zwischenmenschlichen Bereich[78].

Insofern heißt es bei Kant: „Niemand kann mich zwingen, auf seine Art (wie er sich das Wohlsein anderer Menschen denkt) glücklich zu sein, sondern ein jeder darf seine Glückseligkeit auf dem Wege suchen, welcher ihm selbst gut dünkt, wenn er nur der Freiheit anderer, einem ähnlichen Zwecke nachzustreben, die mit der Freiheit von jedermann nach einem möglichen allgemeinen Gesetze zusammen bestehen kann, (d.i. diesem Rechte des anderen) nicht Abbruch tut[79].“ Kurz zusammengefasst findet sich dies bei Luf: „Grundlage des Rechtsbegriffs bildet die Autonomie eines jeden, welche mit der Autonomie der anderen freien Subjekte nach dem Grundsatz der Gleichheit verbunden ist[80].“ In diesem Sinne erkennt Harzer im kantischen Begriff der Selbstständigkeit das begründende und zugleich das begrenzende Merkmal von Rechtsstaatlichkeit[81].

Nimmt man diesen Gedanken ernst und zum Ausgangspunkt der Interpretation des Menschenwürdebegriffs, wie dies hier (oben a) vorgeschlagen wurde, erweist sich die fehlende Tragfähigkeit der Menschenwürdekonzeption bei Redeker: Dort ist die Würde nicht mehr Ausdruck der Autonomie des Einzelnen, gleichsam Vorbedingung eines rechtsstaatlichen Gemeinwesens im eigentlichen Sinne, sondern – ganz im Gegenteil – Merkmal eines staatlich verordneten Wertabsolutismus, der die Freiheit des Einzelnen nicht mehr schätzt und daher absichert, sondern sie sich zu ihrem Feind wählt und bekämpft. Redekers Konzeption ist diejenige eines absolutistischen Wohlfahrtsstaates, hat mit dem Grundgesetz als Gesetz der Freiheit aber nichts gemein.

### *4. Zwischenergebnis*

Die Diskussion um die Menschenwürde hat für die Problematik des DNA-Massentests reichen Ertrag gebracht. Wir sind zu dem Ergebnis gelangt, dass der (zwangsweise) DNA-Massentest *im finalen Sinne* mit der in Art. 1 Abs. 1 GG garantierten Autonomie des Menschen nichts gemein hat. Der Einzelne wird zum bloßen *Mittel* im staatlichen Strafverfolgungsapparat. Wird er zur Beteiligung *gezwungen*, so verstößt dies gegen die Menschenwürde. Immerhin

[78] Hillgruber, a.a.O., S. 24; vgl. auch Böckerstette, Aporien der Freiheit, S. 358 f.
[79] Kant, a.a.O., S. 145.
[80] Luf, Freiheit und Gleichheit, S. 50.
[81] Harzer, Die tatbestandsmäßige Situation, S. 237.

bliebe diese Untersuchung aber – so sie im wirklichen Sinne auf *freiwilliger* Basis beruhte[82] – zulässig (zumindest unter dem Blickwinkel des Art. 1 Abs. 1 GG).
Demgegenüber verletzt der (zwangsweise wie freiwillige) *kausale* DNA-Massentests aufgrund der noch erkennbaren Verbindung zwischen Tat und Getestetem die Menschenwürde nicht. Er bliebe zumindest unter diesem Gesichtspunkt eine vom Gesetzgeber jedenfalls grundsätzlich zulässigerweise regelbare Ermittlungsmethode.

### *II. Allgemeines Persönlichkeitsrecht und (gen)informationelle Selbstbestimmung – Die Bedeutung des Art. 2 Abs. 1 GG*

#### *1. Vorbemerkungen*

Die folgenden Überlegungen bedürfen einiger einleitender Erläuterungen, um den alsdann zugrunde zu legenden Prüfungsmaßstab klarzustellen. Denn auch und gerade bei der bisherigen Auseinandersetzung um die verfassungsrechtlichen Rahmenbedingungen der DNA-Analyse im Strafverfahren finden sich zahlreiche, z.T. auch nur terminologisch bedingte Unstimmigkeiten, die ihre Ursachen insbesondere darin finden, dass nicht ganz deutlich wird, wie Art. 2 Abs. 1 GG dem Bürger Grundrechtsschutz bieten kann[83]. Allgemeine Handlungsfreiheit, allgemeines Persönlichkeitsrecht[84], das allgemeine Recht auf informationelle Selbstbestimmung bis hin zu einem besonderen Recht auf *gen*informationelle Selbstbestimmung[85] sollen dem Betroffenen weiterhelfen können; des Weiteren ist die Rede von Eingriffen in den Kern- und in den Randbereich[86] der Grundrechte. In diesem Wirrwarr der Begrifflichkeiten ist eine klare grundrechtliche Schutzrichtung kaum mehr auszumachen.
Angesichts dessen soll zunächst verdeutlicht werden, worauf es nach der hier vertretenen Auffassung entscheidend ankommt.

#### *a) Das allgemeine Persönlichkeitsrecht*

Das sog. allgemeine Persönlichkeitsrecht ist eine vom BVerfG in richterlicher Rechtsfortbildung entwickelte Rechtsfigur. Das BVerfG gelangte – ausgehend

---

[82] Siehe dazu unten 5. Abschnitt/ B.

[83] So prüft etwa Altendorfer, Rechtsprobleme, S. 156 ff. das allgemeine Persönlichkeitsrecht und das Recht auf informationelle Selbstbestimmung nebeneinander. Ähnlich: Burr, Das DNA-Profil, S. 100 ff.; Gössel, Meyer.FS, S. 121 (137 ff.; 142 ff.); Koriath, JA 1993, S. 270 (276 f.); Sternberg-Lieben, NJW 1987, S. 1242 (1245).

[84] Sternberg-Lieben, a.a.O., prüft die Zulässigkeit der DNA-Analyse anhand dieser Bestimmung. Eine ähnliche Vorgehensweise findet sich bei Burr, a.a.O., S. 101 ff., 116 f.

[85] S. insbesondere Tjaden, Genanalyse, S. 112 ff.; zu ihm noch unten d).

[86] Diese merkwürdige, offenbar an die überholte Sphärentheorie des BVerfG angelehnte Konstruktion stammt von Satzger, JZ 2001, S. 639 (642).

von seiner Interpretation des Art. 2 Abs. 1 GG als Garantie allgemeiner Handlungsfreiheit – zu der Erkenntnis, dass deren Schutz für bestimmte Lebensbereiche von herausgehobener Wichtigkeit nicht ausreichend ist und insofern der Ergänzung durch Art. 1 Abs. 1 GG bedarf[87]. Unter Zugrundelegung dieser Annahme hat es sodann für spezifische Lebensbereiche spezielle Grundrechtskonkretisierungen aus der allgemeinen Handlungsfreiheit entwickelt. Das allgemeine Persönlichkeitsrecht stellt aus Sicht der Verfassungsrechtsprechung ein gleichsam „dynamisierendes Element" für den Schutz der Bürger gegen solche Bedrohungen durch staatliche Übermacht dar, die bei In-Kraft-Treten des GG noch nicht bekannt waren. Es geht um für das Leben der Bürger nach Auffassung des BVerfG aber gleichwohl äußerst bedeutende Bereiche, denen auf diese Weise ein erhöhter verfassungsrechtlicher Schutz vermittelt werden soll, weil sie in ihrer Bedeutung den klassischen in der Verfassung verbürgten Freiheitssphären entsprechen. Weil diese Sphären damit in ihrer Bedeutung über die in Art. 2 Abs. 1 GG gewährleistete allgemeine Handlungsfreiheit hinausgehen, bedarf es einer Verstärkung des verfassungsrechtlichen Schutzes mithilfe der Menschenwürdegarantie aus Art. 1 Abs. 1 GG. Mithin ist es nach Aussage des BVerfG Aufgabe des allgemeinen Persönlichkeitsrechts, „die engere persönliche Lebenssphäre und die Erhaltung ihrer Grundbedingungen zu gewährleisten, die sich durch die traditionellen konkreten Freiheitsgarantien nicht erfassen lassen. Diese Notwendigkeit besteht namentlich auch im Blick auf moderne Entwicklungen und die mit ihnen verbundenen neuen Gefährdungen für den Schutz der menschlichen Persönlichkeit[88]."

***b) Das Recht auf informationelle Selbstbestimmung***

In seinem Volkszählungsurteil hat das BVerfG sodann aus dem allgemeinen Persönlichkeitsrecht das Grundrecht auf informationelle Selbstbestimmung abgeleitetet[89]. Denn darin erblickt es vor allem „die aus dem Gedanken der Selbstbestimmung folgende Befugnis des Einzelnen, grundsätzlich selbst zu entscheiden, wann und innerhalb welcher Grenzen persönliche Lebenssachverhalte offenbart werden[90]." Das BVerfG hatte ein solches Recht bereits zuvor in verschiedenen speziellen Ausprägungen der allgemeinen Handlungsfreiheit anklingen lassen[91], um es sodann im Volkszählungsurteil zu einem allgemeinen Rechtsgrundsatz zu erheben, der für alle Gebiete staatlicher Informationsverarbeitung Anwendung findet, ohne dass es dabei noch auf die konkreten Umstän-

---

[87] Insofern erweist sich hier einmal mehr die oben bereits angedeutete Bedeutung des Art. 1 Abs. 1 GG als Auslegungsrichtlinie für die Freiheitsrechte.

[88] BVerfGE 54, S. 148 (153).

[89] BVerfGE 65, S. 1 ff.

[90] BVerfG, a.a.O., S. 42.

[91] Vgl. etwa BVerfGE 27, S. 1 ff.; BVerfGE 32, 373 ff.; BVerfGE 35, S. 202 ff.; BVerfGE 38, S. 105 ff.; BVerfGE 63, S. 131 ff.; BVerfGE 64, S. 261 ff.

de des Einzelfalles ankäme. Zugleich hat das BVerfG die Gelegenheit genutzt, mit der Aufgabe der sog. Sphärentheorie einen „alten Zopf" seiner Rechtsprechungstätigkeit abzuschneiden[92], dem es letztlich zu keinem Zeitpunkt tatsächlich gelungen war, klarere Konturen zu gewinnen. Es war nämlich insoweit nicht zu klären gewesen, wann und wie welche Informationen welcher Sphäre zuzuordnen waren[93]. Anstatt derartige ausdifferenzierte Bereiche zu unterscheiden, stellte das BVerfG nunmehr fest, es gebe „kein ‚belangloses' Datum mehr[94]" im Rahmen staatlicher Informationsverwaltung.

### *c) Zwischenergebnis*

Betrachtet man – wie soeben – in einem hier naturgemäß nur sehr kurzgefassten Überblick die Rechtsprechung des BVerfG zum allgemeinen Persönlichkeitsrecht, wird deutlich, dass dieses gegenüber der allgemeinen Handlungsfreiheit *das speziellere Recht* darstellt. Jenes bezieht sich – im Gegensatz zu dem in der Rechtsprechung extrem weit gefassten Schutzbereich der allgemeinen Handlungsfreiheit im Sinne des Art. 2 Abs. 1 GG – nur auf den engeren, daher erhöht schutzwürdigen, persönlichen Lebensbereich, der daher ergänzend auch durch Art. 1 Abs. 1 GG abgeschirmt wird.
Ausprägung des allgemeinen Persönlichkeitsrechts ist wiederum das Grundrecht auf informationelle Selbstbestimmung, das mithin das allgemeine Persönlichkeitsrecht für seinen spezifisch datenschutzrechtlichen Anwendungsbereich verdrängt. Mit der Etablierung des informationellen Selbstbestimmungsrechts hat sich zudem die Sphärentheorie erledigt, sodass, jedenfalls für den Bereich des Datenschutzes, keine Unterscheidung zwischen mehr oder weniger eng mit dem Kern der Persönlichkeit des Betroffenen verbundenen Lebensbereichen mehr erforderlich ist.
Als Konsequenz kann daher zunächst einmal festgehalten werden, dass Beurteilungsmaßstab für die DNA-Analyse im Allgemeinen genauso wie für den DNA-Massentest im Besonderen das Grundrecht auf informationelle Selbstbestimmung ist, das seinerseits die allgemeine Handlungsfreiheit und das allgemeine Persönlichkeitsrecht – je nach Standpunkt – beinhaltet oder verdrängt[95]. Keine

---

[92] Demgegenüber argumentiert Altendorfer, Rechtsprobleme, S. 157 ff. nach wie vor mit der Sphärentheorie. Entgegengesetzter Auffassung sind auch Donner/ Simon, DÖV 1990, S. 907 (914) und Keller, NJW 1989, S. 2289 (2292), die in dem Volkszählungsurteil keine Aufgabe der Rechtsprechung zur Sphärentheorie erblicken, sondern deren Ergänzung. Eine nähere Begründung dafür liefern sie allerdings nicht. Wie hier dagegen Mückenberger, KJ 1984, S. 1 (7 f.); Vogelgesang, Grundrecht, S. 65.
[93] S. dazu m.w.N. nur Koriath, JA 1993, S. 270 (276). Vgl. auch die differenziernde Analyse bei Riepl, Informationelle Selbstbestimmung, S. 22.
[94] BVerfGE 65, S. 1 (45).
[95] Anderer Auffassung ist – allerdings ohne vertiefte Begründung – Altendorfer, Rechtsprobleme, S. 159, der im Recht auf informationelle Selbstbestimmung nur eine Ergänzung der Sphärentheorie erblickt, was natürlich allein deshalb nicht richtig ist, weil die Sphärentheorie

Bedeutung (mehr) hat in diesem Kontext die Unterscheidung verschiedenartiger Privatsphären.

***d) Recht auf geninformationelle Selbstbestimmung?***

Glaubt man an dieser Stelle nun etwas mehr Klarheit bei der Bestimmung der maßgeblichen verfassungsrechtlichen Leitlinien gewonnen zu haben, läuft man bei einem Blick in die Arbeit Tjadens sogleich wieder Gefahr, diese Klarheit zu verlieren. Dieser nämlich glaubt, mit dem genetischen Selbstbestimmungsrecht gleichsam ein neues, speziell auf die hier in Rede stehende Problematik zugeschnittenes Recht aus der Verfassung ableiten zu können[96]:

Aus dem allgemeinen Persönlichkeitsrecht habe das BVerfG das Recht jedes Bürgers auf einen unantastbaren Bereich privater Lebensgestaltung abgeleitet, der der Einwirkung der öffentlichen Gewalt entzogen sei. Aus dieser Zielsetzung ergebe sich der Charakter des allgemeinen Persönlichkeitsrechts als Abwehrrecht gegenüber dem Staat und ggf. auch gegenüber (privaten) Dritten. Denn erst diese Abschirmung der Privatheit ermögliche die in Art. 2 Abs. 1 GG gewährleistete Entwicklung, das Festigen und Wiedergewinnen personeller Identität und damit eine soziale Aktivität, die aus der Eigenartigkeit des Individuums heraus zu jener vielfältig-originellen Mitgestaltung des Gemeinwesens führe, die eine lebendige Demokratie substanziell charakterisiere. Etwa bestehende Lücken beim Schutz privater Lebensbereiche müssten – so Tjaden in Anlehnung an die oben bereits dargelegte Auffassung des BVerfG – mithilfe von Art. 2 Abs. 1 GG i.V.m. Art. 1 Abs. 1 GG geschlossen werden. Der Katalog der bisher vorgenommenen Konkretisierungen – etwa des Schutzes der Intimsphäre, der Ehre oder der Resozialisierung – beanspruchten angesichts dessen keine enumerative Geltung; vielmehr motiviere gerade die Offenheit des Persönlich-

---

weniger der Begründung grundrechtlicher Schutzbereiche als vielmehr deren Beschränkung dient. Wie hier dagegen Perschke, Zulässigkeit, S. 66, der darauf hinweist, das Recht auf informationelle Selbstbestimmung sei gegenüber der allgemeinen Handlungsfreiheit und auch gegenüber dem allgemeinen Persönlichkeitsrecht das speziellere Grundrecht. Der Sache nach ebenso Klumpe, Der „genetische Fingerabdruck", S. 152 f., die darauf hinweist, das Recht auf informationelle Selbstbestimmung sei eune Erweiterung der bereits bisher durch das allgemeine Persönlichkeitsrecht geschützten Tatbestände. Demzufolge prüft sie in ihrer Arbeit auch kein selbstständiges allgemeines Persönlichkeitsrecht, sondern den Schutz der engsten Intimsphäre unter Art. 1 Abs. 1 GG (Allein) und das Weitere unter dem Gesichtspunkt der informationellen Selbstbestimmung. Vgl. auch Ritter, Genomanalyse, S. 74 ff., der den Aspekt der informationellen Selbstbestimmung gemeinsam mit der Selbstbelastungsfreiheit als Unterpunkt des allgemeinen Persönlichkeitsrechts erörtert.

[96] Tjaden, Genanalyse, S. 112 ff., Hervorhebung von mir, M.W. Tjaden stützt sich auf entsprechende Vorarbeiten etwa von Präve, VersR 1992, S. 279 ff., Steinmüller, DuD 1993, S. 6 ff.; Taupitz, JZ 1992, S. 1089; Wiese,. Genetische Analysen, S. 21. Vgl. auch Koppernock, Grundrecht, S. 89 ff.

keitsrechts zur *Konstituierung neuer Fallgruppen, die umfassend die Konflikte einer bestimmten gesellschaftspolitischen Herausforderung auflösten*[97].
Dabei solle die Schaffung eines Rechts auf genetische Selbstbestimmung wirksam die Privatheit des Einzelnen im Hinblick auf sämtliche drohenden Gefahren durch gentechnische Anwendungen abschirmen. Neben dem so gewährten Schutz setze zugleich der autopoietisch-präventive Effekt der Rechtsklarheit ein, indem potenzielle Konflikte aufgrund des Rechtsbewusstseins der Beteiligten umgangen würde. Demnach sei es Aufgabe der „neuen Konkretisierung des allgemeinen Persönlichkeitsrechts" eine Reihe von Gewährleistungen zu umfassen, die sich auf die (in der DNA festgelegten) Erbinformationen beziehen, wozu insbesondere gehörten

- ein Recht auf Kenntnis der genetischen Disposition,
- ein Schutz vor unerwünschter Erlangung von Kenntnissen der eigenen Disposition,
- der Schutz einer Person vor der genetischen Ausforschung durch Dritte,
- der Schutz vor der Verarbeitung erhobener genetischer Daten und
- der Schutz vor Genmanipulation.

Tjaden räumt zwar ein, die Gewährleistungen könnten teilweise auch bereits benannten Facetten des allgemeinen Persönlichkeitsrechts zugeordnet werden. Gleichwohl erscheine es im Hinblick auf eine einheitliche Erfassung sämtlicher mit dem humangenetischen Fortschritt verbundener Aspekte geboten, ein Recht auf genetische Selbstbestimmung insoweit als speziell zu betrachten. Das Kriterium eines einheitlichen Lebenssachverhaltes erfolge in Analogie zur Kategorisierung des Bundesverfassungsgerichts im Zusammenhang mit der Ausprägung des Rechts auf informationelle Selbstbestimmung. Dieses sei in Reaktion auf die Entwicklung und Verbreitung EDV-gestützter Datenverarbeitung formuliert worden[98].
Nun beschleicht den Leser bei einer unbefangenen ersten Lektüre der Gedanken Tjadens unweigerlich die Frage: Brauchen wir wirklich ein – weiteres – aus dem allgemeinen Persönlichkeitsrecht abgeleitetes und verselbstständigtes Recht? Ließe sich nicht eine Vielzahl anderer gesellschaftlicher Risiken oder Sorgen ausfindig machen, vor denen sich die Bürger – im Ergebnis sicher auch nicht völlig zu Unrecht – ebenfalls von der Verfassung Schutz versprechen? Als Beispiel seien genannt die Sorge vor der fortschreitenden Zerstörung der Umwelt, vor kriegerischen Auseinandersetzungen, terroristischen Aktivitäten oder den Bedrohungen der Technik, als Beispiel sei nur die Kernenergie genannt. Gibt es ein Recht auf nukleare Selbstbestimmung, das den deutschlandweiten Castor-Transporten entgegengehalten werden könnte? Oder, man könnte auch aus einer ganz anderen Richtung auf die Problematik zugehen und Ronelle-

[97] Tjaden, a.a.O., S. 115.
[98] Tjaden, a.a.O., S. 116.

fitschs Grundrecht auf Mobilität, - deutlicher auf Autofahren - wiederbeleben[99]. Dieses Konstrukt allerdings bezeichnete Sendler als „Ausformung des Grundrechts auf Glückseligkeit", das in der Beliebigkeit seiner Argumentation kaum abwegiger sein könne[100].
Nun ist es sicher nicht nur legitim, sondern liegt im Interesse eines möglichst weit reichenden Schutzes bürgerlicher Freiheitssphären, die Grundrechtsdogmatik für neu auftretende Entwicklungen offen zu halten und vorsichtig weiterzuentwickeln. Dies hat das BVerfG in seiner bisherigen Rechtsprechungstätigkeit mit aller Vorsicht, dabei aber durchaus konsequent getan. Gleichwohl sollte – und auch darauf bietet der obige Überblick einen knappen Hinweis – nicht übersehen werden, dass eine derartige Fortentwicklung in der Rechtsprechung erhebliche Vorarbeiten nötig macht und in aller Regel das Ergebnis eines längeren Prozesses darstellt. So war es ja auch beim Grundrecht auf informationelle Selbstbestimmung.
Und selbst im Rahmen derartiger behutsamer Fortentwicklungen ist das BVerfG nicht unerheblicher Kritik ausgesetzt gewesen, weil man in derartigen Tendenzen auch eine Überforderung des Verfassungstextes erkennen zu können glaubt. Ohne diese Diskussion an dieser Stelle erneut aufnehmen zu wollen[101], kann man aber sicher sagen, und dies entspricht ja auch der eher behutsamen Vorgehensweise des BVerfG, dass nicht jedes wünschenswert scheinende Anliegen mit mehr oder minder großem Nachdruck zu einem Grundrecht emporgehoben werden sollte. So wären ganz sicher auch die Bekämpfung von oder der Schutz vor AIDS oder die Bekämpfung von Krebserkrankungen Anliegen, die sich hinter dem Gen-Problem nicht zu verstecken bräuchten; gleichwohl ist man bisher – zumindest soweit ersichtlich – noch nicht auf den Gedanken gekommen, eine entsprechende Schutzvorschrift aus der Verfassung herauszulesen. Allein der Umstand also, dass ein bestimmtes Thema – auch an allgemeinen Maßstäben gemessen – eine wichtige Bedeutung aufweist, kann also kein hinreichender Grund dafür sein, neue selbstständige Rechte aus der Verfassung herauszulesen. Damit ist schließlich noch nicht gesagt, dass den Bürgern insofern kein verfassungsrechtlicher Schutz zukommt – zu berücksichtigen ist aber, dass sich dieser in der Regel auch mithilfe des bestehenden Grundrechtskanons angemessen wird gewähren lassen. Für die soeben genannte AIDS-Problematik sei auf Art. 2 Abs. 2 GG hingewiesen. Denn: So wenig vorausschauend, dass er keine flexiblen Verfassungsinstitute geschaffen hat, war der parlamentarische Rat schließlich nicht. Insofern ist die (vorsichtige) Fortschreibung des Grundrechtskataloges durch das BVerfG ja auch darauf angelegt, vom Verfassungsgeber

[99] Ronellenfitsch, DAR 1992, S. 321 ff.; ders., DAR 1994, S. 7 (9); zustimmend Ossenbühl, NuR 1996, S. 53 (54 f.).
[100] Sendler, NJW 1995, S. 1469 f.
[101] Ein ganz knapper Überblick hierüber findet sich bei Perschke, Zulässigkeit, S. 61 f. Vgl. – etwas ausführlicher – Riepl, Informationelle Selbstbestimmung, S. 25 ff.

schlichtweg nicht vorhersehbare Problemlagen einer angemessenen Lösung zuzuführen. Und ganz in diesem Sinne ist auch die Herausarbeitung des Grundrechts auf informationelle Selbstbestimmung zu verstehen. Hier hat das BVerfG, über einen fast 15 Jahre währenden Prozess der Fortschreibung seiner Rechtsprechung, parallel zu einer atemberaubenden Entwicklung der elektronischen Datenverarbeitung, eine Lücke geschlossen, die sich in ihrer Klarheit auch erst ganz allmählich gezeigt hatte. Und wie recht das BVerfG mit der Thematisierung dieser Frage hatte, beweist ja die sich anschließende Debatte um eine gesetzliche Ausgestaltung der Datenverarbeitung. Man mag insofern zwar durchaus Zweifel daran äußern, dass das BVerfG mit der Etablierung des Grundrechts auf informationelle Selbstbestimmung einen wirklich ausreichenden Schutzwall gegen die Risiken staatlicher Daten-Sammelwut errichtet hat. Die Tendenz des Gesetzgebers, alles in eigentlich nicht mehr nachvollziehbaren Gesetzen festzuschreiben, was die Sicherheitsbehörden zuvor schon (und zwar nicht selten jahrelang!) ohne entsprechende Ermächtigungsgrundlage getan haben, ist in der Tat in höchstem Maße fragwürdig[102]. Ganz zu Recht hat Dencker etwa das StVÄG 1999 als eine „gesetzgeberische Satire auf das Volkszählungsurteil[103]" bezeichnet.

Jedoch sollten die positiven Auswirkungen des Volkszählungsurteils auch nicht zu gering geschätzt werden; darin, dass die Sicherheitsbehörden nunmehr mit gesetzlicher Grundlage handeln anstatt – wie vorher – ohne eine solche, kann jedenfalls ein Verlust an Rechtsstaatlichkeit kaum erblickt werden. Und dass die Frage des Datenschutzes und die mit der EDV-mäßigen Totalerfassung des Bürgers verknüpften Risiken überhaupt ein Thema des Verfassungsrechts, aber auch des Rechts im Allgemeinen geworden sind, ist ganz vorrangig dem Volkszählungsurteil zu verdanken.

Es ist zwar nicht von der Hand zu weisen, dass die Analyse der menschlichen DNA eine naturwissenschaftliche Revolution darstellt, mit der Chancen und Risiken verbunden sind, die denen der EDV kaum nachstehen dürften. Allerdings würde dieser Umstand ja nur dann die Notwendigkeit der Fortschreibung des allgemeinen Persönlichkeitsrechts zum Recht auf genetische Selbstbestimmung nach sich ziehen, wenn sich die spezifischen Gefahren der DNA-Analyse nicht mit dem bis hierher entwickelten Stand grundrechtlicher Dogmatik „einfangen" ließen. Ein neues Recht nur um seiner selbst willen zu formulieren, ohne dass damit in der Sache tatsächlich eine Verbesserung verbunden wäre, ist ersichtlich von bescheidenem Wert.

Nun hat gerade die obige Befassung mit der Menschenwürde (I.) uns zu durchaus aussagekräftigen Ergebnissen, gerade auch für die hier relevante Frage der

---

[102] Als eines von vielen Beispielen, das allerdings besonders plastisch ist, sei hier auf die Datenverwendungsregeln in §§ 474 ff. StPO hingewiesen.

[103] Dencker, Meyer=Goßner-FS, S. 237 (241).

Massentests geführt, und dies, obwohl es sich bei der Menschenwürde sicherlich nicht um den am leichtesten zu handhabenden Verfassungsbegriff handelt. In Bezug auf das allgemeine Persönlichkeitsrecht, insbesondere in Gestalt des Grundrechts auf informationelle Selbstbestimmung, wird die weitere Untersuchung zeigen, welcher Ertrag daraus für die DNA-Problematik gezogen werden kann. Allein der Umstand, dass gerade das informationelle Selbstbestimmungsrecht in der bisherigen Diskussion um die DNA-Analytik eine enorme Bedeutung gewonnen hatte (dazu sogleich 3.) deutet jedenfalls darauf hin, dass es so unergiebig nicht sein kann. Vielmehr wird es aller Voraussicht nach so liegen – und gerade das rechtfertigt auch die selbstständige Formulierung des Grundrechts auf informationelle Selbstbestimmung durch das BVerfG – dass dieses auch für Fragen der DNA-Analytik durchaus ergiebig ist. Um es noch pointierter zu sagen: Es scheint so, als handele es sich bei dem Problem der DNA-Tests gerade um eine Fragestellung, die das BVerfG – hätte es darum schon im Jahre 1982 gewusst – ohne weiteres in den Anwendungsbereich der informationellen Selbstbestimmung einbezogen hätte; dafür spricht schließlich nicht zuletzt, dass das BVerfG die DNA-Analyse selbst am Recht auf informationelle Selbstbestimmung misst[104]. Und schließlich muss Tjaden selbst einräumen, dass sich die mit der DNA-Untersuchung verknüpften Probleme bereits jetzt durchaus mithilfe des GG lösen lassen. Entsprechend dünn erscheinen dann auch die Argumente, die er für seine Neuschöpfung ins Feld führt; primär misst er ihr schließlich so etwas wie eine Klarstellungs- oder Systematisierungsfunktion zu. Das erscheint aber als kaum tragfähiges Argument für die Verselbstständigung eines Schutzbelanges. Die weitere Begründung, die Tjaden gibt, nämlich dass das BVerfG mit der Formulierung des Rechts auf informationelle Selbstbestimmung in den frühen 1980er Jahren denselben Weg gegangen sei wie er mit dem Recht auf genetische Selbstbestimmung, ist überdies dogmatisch unrichtig. Es ist einleitend schon darauf hingewiesen worden, dass das BVerfG das informationelle Selbstbestimmungsrecht allmählich aus verschiedenen einzelnen Ausprägungen des allgemeinen Persönlichkeitsschutzes entwickelt, insofern also gleichsam ein allgemeines Datenschutzrecht aus vielen speziellen Gewährleistungen gewonnen hat; es hat sozusagen aus speziellen Freiheits-Verbürgungen eine allgemeine deduziert, gleichsam einen „Allgemeinen Teil" des verfassungsrechtlichen Datenschutzrechts, der nunmehr für alle Rechtsbereiche Geltung beansprucht. Demgegenüber vollzieht Tjaden keineswegs einen derartigen Schluss vom Speziellen zum Allgemeinen, sondern geht gerade umgekehrt vor: Aus dem (allgemeinen), umfassende Geltung beanspruchenden Recht auf informationelle Selbstbestimmung verselbstständigt er einen speziellen Aspekt (nämlich den der DNA-Analytik) zu einem besonderen, nur auf wenige Fallkonstellationen zuge-

---

104 Vgl. BVerfG, StV 2001, S. 145; BVerfG, NJW 2001, S. 2320.

schnittenen Spezialrecht, dessen Regelungsbereiche ohne weiteres schon mithilfe des allgemeinen Rechts erfasst werden könnten.
Demgegenüber dürfte – angesichts der oben bereits geschilderten Gefahren eines Grundrechts auf Glückseligkeit, einer immer weiter greifenden Ausdifferenzierung verfassungsrechtlicher Garantien für verschiedene Lebensbereiche – ein wirklich großer Wurf bei der Verfassungs-Fortentwicklung in etwas anderem liegen: Nämlich in der fehlenden Fixierung auf ein bestimmtes Detailproblem, in seiner prinzipiellen Ausfüllungsfähigkeit, also Interpretationsmöglichkeit; damit in der Möglichkeit, dieses aus der Verfassung erst deduzierte Recht in derselben Weise fortschreiben zu können wie ein im Verfassungstext unmittelbar niedergelegtes Freiheitsrecht.
Fazit: Das Recht auf geninformationelle Selbstbestimmung erscheint entbehrlich, sein Regelungsgehalt geht nicht über den des Rechts auf informationelle Selbstbestimmung hinaus. Daher bleibt es bei den weiteren Überlegungen außer Betracht.

### *2. Das Recht auf informationelle Selbstbestimmung*

Nachdem nunmehr feststeht, dass das Recht auf informationelle Selbstbestimmung bei den folgenden Überlegungen im Mittelpunkt stehen wird, soll ein kurzer Überblick darüber gegeben werden, welchen Inhalt dies nach Meinung des BVerfG hat. Im Volkszählungsurteil hebt es hervor, den Bürgern stehe auf Grundlage des Art. 2 Abs. 1 i.V.m. Art. 1 Abs. 1 GG ein Anspruch auf Schutz zu vor der unbegrenzten Erhebung, Speicherung, Verwendung und Weitergabe seiner Daten, insbesondere unter den Bedingungen der modernen Datenverarbeitung[105]. Jeder Einzelne habe grds. das Recht, selbst über die Verwendung und Preisgabe seiner persönlichen Daten zu bestimmen. Dabei komme es insbesondere nicht darauf an, welcher Persönlichkeitssphäre ein bestimmtes Datum entstamme; entscheidend seien allein die Verwendungsmöglichkeiten und der angestrebte Verwendungszusammenhang – es gibt – so das BVerfG – kein „belangloses Datum" mehr[106].
Allerdings sieht das BVerfG das informationelle Selbstbestimmung nicht als schrankenlose Gewährleistung. Schließlich sei jeder Bürger eine sich innerhalb

[105] Später hat das BVerfG dann klargestellt, dass es keineswegs nur um den Schutz vor EDV-mäßiger Datenverwaltung geht. Dazu hat es Folgendes erklärt (BVerfG, NJW 1988, S. 2031): „Die Möglichkeit und die Gefahren der automatisierten Datenverarbeitung haben zwar die Notwendigkeit eines Schutzes persönlicher Daten deutlicher hervortreten lassen, sind aber nicht Grund und Ursache ihrer Schutzbedürftigkeit. Das Recht auf informationelle Selbstbestimmung schützt vielmehr wegen seiner persönlichkeitsrechtlichen Grundlage generell vor staatlicher Erhebung und Verarbeitung personenbezogener Daten und ist nicht auf den jeweiligen Anwendungsbereich der Datenschutzgesetze des Bundes und der Länder oder datenschutzrelevanter gesetzlicher Sonderregelungen beschränkt."
[106] BVerfGE 65, S. 1 (44 f.).

einer sozialen Gemeinschaft entfaltende und auf Kommunikation angewiesene Persönlichkeit; schon deswegen gebe es keine absolute Herrschaft über die eigenen Daten[107]. In einer weiteren Entscheidung hat es diesen Gedanken dahingehend formuliert, das Recht auf informationelle Selbstbestimmung finde seine Schranke in der Gemeinschaftsbezogenheit und –gebundenheit der Person[108]. Die somit also möglichen Eingriffe seien aber stets nur aufgrund einer hinreichend bestimmten gesetzlichen Grundlage zulässig, und dies auch nur, soweit ein überwiegendes Interesse der Allgemeinheit an einer entsprechenden Erhebung und Verarbeitung der Daten besteht[109].
Aus diesen Überlegungen hat das BVerfG sodann geschlossen, dass die staatliche Datenverarbeitung organisatorischer und verfahrensrechtlicher Regeln zum Schutze des Bürgers bedürfe. Diese seien an dem Grundsatz der Zweckbindung auszurichten, demzufolge jede in das informationelle Selbstbestimmungsrecht eingreifende Rechtsnorm eine präzise Bestimmung des möglichen Verwendungszwecks enthalten muss, an der sodann die Datenverarbeitung auszurichten sei. Auch die Übermittlung von Daten sei ausschließlich zum Erhebungszweck erlaubt[110], eine Daten-Vorratshaltung sei damit verfassungswidrig.

### *3. DNA-Analyse und Recht auf informationelle Selbstbestimmung – Stand der Diskussion*

Wie bereits angedeutet hat das Grundrecht auf informationelle Selbstbestimmung in der Debatte um die Zulässigkeit der DNA-Analytik im Strafverfahren von Beginn an eine ganz herausgehobene Bedeutung eingenommen, die in etwa mit derjenigen der Menschenwürde-Diskussion vergleichbar ist[111]. Auffällig ist dabei aber ganz besonders, dass es die meisten Autoren damit bewenden lassen, auf die Relevanz der DNA-Analyse für die informationelle Selbstbestimmung des Betroffenen hinzuweisen, ohne dass insofern eine tiefere Auseinandersetzung stattfände[112]. In der Regel beschränkt sich der Hinweis der älteren Publi-

---

[107] BVerfG, a.a.O.
[108] BVerfGE 77, S. 1 (46).
[109] BVerfGE 65, S. 1 (44).
[110] BVerfG, a.a.O., S. 46.
[111] Die DNA-Analyse wird unter diesem Gesichtspunkt etwa diskutiert von Altendorfer, Rechtsprobleme, S. 162 ff.; Benfer, StV 1999, S. 402 (402 f.); Burr, Das DNA-Profil, S. 116 f.; Gössel, Meyer-FS, S. 121 (142 ff.); Hother, Die DNA-Analyse, S. 41 f.; Keller, NJW 1989, S. 2289 (2292 ff.); Klumpe, Der „genetische Fingerabdruck“, S. 152 ff.; Koriath, JA 1993, S. 270 (277); Oberwetter, Die DNA-Analyse, S. 40 ff.; Oberlies, StV 1990, S. 469 (473); Rademacher, StV 1989, S. 546 (550); ders., Zulässigkeit, S. 59 ff.; Ritter, Genomanalyse, S. 74 ff.; Satzger, JZ 2001, S. 639 (642); Sternberg-Lieben, NJW 1987, S. 1245 (1247 f.).
[112] So bemängelt Koriath, JA 1993, S. 270 (277) mit Recht, der BGH (NJW 1990, S. 2944 [2945]) vertrete zwar die Auffassung, die DNA-Analyse sei mit dem Recht auf informationelle Selbstbestimmung vereinbar, begründe dies jedoch nicht, sondern äußere seine Ansicht bloß „apodiktisch“.

kationen darauf, dass das Recht auf informationelle Selbstbestimmung eine gesetzliche Ermächtigungsgrundlage für die DNA-Analyse erforderlich mache[113]; die neueren Publikationen geben sich damit zufrieden, dass in § 81e StPO nunmehr eine den verfassungsrechtlichen Vorschriften entsprechende Bestimmung vorliege[114].
Ausführlicher hat sich – wiederum als Erster – Sternberg-Lieben dieser Problematik angenommen und die Auffassung vertreten, die Abnahme genetischer Fingerabdrücke im laufenden Strafverfahren verstoße nicht gegen das Recht auf informationelle Selbstbestimmung. Eine solche Maßnahme falle zwar in den Schutzbereich jener Verfassungsgarantie, weil es zu dem insofern garantierten Schutz der Privatheit gehöre, auch die DNA-bezogenen Informationen grds. geheim zu halten. Denn die Befugnis, über die Preisgabe und Verwendung seiner persönlichen Daten selbst entscheiden zu können, gelte für alle den Körperzustand betreffenden Daten, mithin auch für den genetischen Bereich, und zwar unabhängig davon, ob es sich um codierende oder nicht-codierende DNA-Sequenzen handele. Gleichwohl dürfe das Recht auf informationelle Selbstbestimmung auch in diesem Zusammenhang nicht dazu verleiten, staatliche Eingriffe ohne Abwägung der im Einzelfall berührten Interessen prinzipiell abzulehnen. Denn ebenso wenig wie sich aus dem Datenschutz ein Täter- oder Tatenschutz herleiten lasse, vermöge das Recht auf informationelle Selbstbestimmung per se Grundrechtseingriffe pauschal zu verhindern. Vielmehr komme es auch insofern auf eine Abwägung mit dem staatlichen Strafverfolgungsinteresse an, zumal das BVerfG festgestellt habe, dass es eine grundgesetzliche Entscheidung zugunsten einer wirksamen repressiven Strafrechtspflege gebe. Angesichts dessen bestünden keine Bedenken gegen die Abnahme von genetischen Fingerabdrücken bei Tatverdächtigen[115].
Einen relativ unbefangenen Umgang mit dem Recht auf informationelle Selbstbestimmung pflegt Altendorfer[116]. Dieser teilt zunächst die wohl allgemein vertretene Auffassung, dass sowohl die codierenden als auch die nicht codierenden DNA-Sequenzen vom Schutzbereich des Rechts auf informationelle Selbstbestimmung erfasst sind[117]. Im Weiteren differenziert er sodann zwischen der Offenlegung der äußeren, phänotypischen Merkmale (etwa zur Erstellung eines Phantombildes) und den inneren Daten (z.B. über etwaige Krankheiten)[118].

---

[113] So etwa Hother, a.a.O.; Oberlies, a.a.O.; Ritter, a.a.O.
[114] So etwa Benfer, a.a.O.; Satzger, a.a.O.
[115] Sternberg-Lieben, NJW 1987, S. 1242 (1245). Ganz ähnlich: Burr, DNA-Profil, S. 116 f.; Oberwetter, Die DNA-Analyse, S. 41 f.
[116] Altendorfer, Rechtsprobleme, S. 162 ff.
[117] Altendorfer, a.a.O., S. 162.
[118] Altendorfer, a.a.O., S. 163 f.

Die Ermittlung äußerer Merkmale sieht er mit Blick auf das Recht auf informationelle Selbstbestimmung keinen Bedenken ausgesetzt, weil es sich dabei um die Feststellung durchaus frei zugänglicher Informationen handele, die noch keinerlei Rückschlüsse auf Veranlagungen, Gefühle, Geisteszustand oder Verhalten zuließen, mithin das Innerste des Menschen nicht erfassten. Insofern bestehe im Kern kein Unterschied zu dem mithilfe einer Überwachungskamera aufgenommenen Foto eines Bankräubers, dessen Verwendung der Polizei zweifelsohne gestattet sei.

Demgegenüber meint Altendorfer, die Preisgabe und Verwendung innerer Daten dürfte das Recht auf informationelle Selbstbestimmung beeinträchtigen. Es sei aber verfehlt, die nicht zur *vollständigen*[119] Kartierung geeignete Erfassung persönlicher Daten (schon) deshalb für verfassungswidrig zu halten. Unter Umständen könne zu Strafverfolgungszwecken auch die Untersuchung vereinzelter Merkmale mit objektivierbaren Rückschlüssen auf den Zustand des Körpers zulässig sein. Dem Verlangen nach einer gesetzlichen Grundlage, aus der sich Voraussetzungen und Umfang einer Beschränkung klar und für den Bürger erkennbar ergäben, sei der Gesetzgeber für den Bereich der Strafverfolgung mit der Novellierung der §§ 81a ff. StPO nachgekommen. Daraus ergebe sich eindeutig die Möglichkeit der Abstammungs- und Identitätsfeststellung anhand molekulargenetischer Analysen der gesamten DNA. Nehme man gewisse Persönlichkeitsmerkmale, deren Feststellung die StPO mit anderen – nicht-molekulargenetischen – Methoden ohne weiteres zulasse, so stehe das allgemeine Persönlichkeitsrecht[120] einer Feststellung dieser oder vergleichbarer Merkmale mithilfe der DNA-Analytik ebenso nicht entgegen. Zu denken sei dabei insbesondere an den Nachweis bestimmter Erkrankungen. Bei einzelnen Problemstellungen und stets unter Beachtung des Grundsatzes der Verhältnismäßigkeit seien allerdings auch noch weiter reichende Aufschlüsse über persönlichkeitsbezogene Informationen denkbar. Ob es sich bei diesen Eingriffen um den Beschuldigten oder eine andere Person handele, könne grds. dahingestellt bleiben, nachdem mit § 81e Abs. 2 StPO eine ausreichende Rechtsgrundlage auch für Nicht-Beschuldigte geschaffen worden sei.

Zu mehr Vorsicht im Hinblick auf das Recht auf informationelle Selbstbestimmung rät dagegen Benfer. Zwar sei es zutreffend, dass auch die Genanalyse – ähnlich wie die übliche BAK-Untersuchung – lediglich eine Anschlussmaßnahme an den Eingriff in die körperliche Sphäre des Betroffenen darstelle; jedoch hinke dieser Vergleich mit den „traditionellen" Eingriffen auf Grundlage der Vorschrift des § 81a StPO. Denn weil sie den Strafverfolgungsorganen quasi den Schlüssel zum Kern der Persönlichkeit des Betroffenen in die Hand gebe,

---

[119] Hervorhebung von mir M.W.

[120] Wichtig für die Nachvollziehbarkeit der Ausführungen Altendorfers ist zu berücksichtigen, dass dieser das Recht auf informationelle Selbstbestimmung nur als Teilbereich des allgemeinen Persönlichkeitsrechts begreift. Zur Kritik an dieser Verfahrensweise, siehe oben 1.

greife die molekulargenetische Untersuchung unvergleichlich tiefer in das Recht auf informationelle Selbstbestimmung ein als alle anderen Auswertungen auf Grundlage des § 81a StPO. Mit der molekulargenetischen Untersuchung könne man das subjektiv-öffentliche Recht des Betroffenen auf Wahrung seiner Privatsphäre wesentlich tiefer gehender beeinträchtigen als mit dem bloßen genetischen Fingerabdruck, weil man dabei auch die Erbinformation des Menschen zu entschlüsseln in der Lage sei[121]. Auch wenn insofern grds. ein intensiver Grundrechtsschutz für den engsten Lebensbereich gewährleistet werde, müsse bei der Bestimmung der Verhältnismäßigkeit eines etwaigen Eingriffs doch berücksichtigt werden, dass niemand das Recht für sich beanspruchen könne, nicht als Täter einer schweren Straftat überführt zu werden; das Ziel einer lückenlosen Aufklärung lasse einen solchen Eingriff in das Recht auf informationelle Selbstbestimmung daher jedenfalls bei schweren Straftaten zu[122].
Keller hält das Recht auf informationelle Selbstbestimmung nur für die Analyse der nicht codierenden Bestandteile der DNA von Belang; dies ergibt sich daraus, dass er diejenige der codierenden Teile schon als mit Art. 1 Abs. 1 GG unvereinbar beurteilt. Mithilfe der Genomanalysen könne nämlich festgestellt werden, dass der Träger des festgestellten Identifizierungscodes wahrscheinlich gerade an dem Ort war, an dem das analysierte Spurenmaterial aufgefunden worden sei. Wer aber jederzeit damit rechnen müsse, dass seine früheren Aufenthaltsorte von den Strafverfolgungsorganen ermittelt werden, könne sich nicht mehr frei in der Gesellschaft bewegen. Wegen dieser Gefahr bedeute eine Informationserhebung mittels DNA-Analyse einen Eingriff in das Recht auf informationelle Selbstbestimmung[123].
Nun werde dagegen in der Literatur eingewandt, die Informationserhebung gehöre zum alltäglichen, zwingend erforderlichen Geschäft der Polizei, mit der Folge, dass eine durch diesen Eingriff eigentlich erforderlich werdende Ermächtigungsgrundlage naturgemäß nichts anderes tun könne, als den bisherigen status quo festzustellen; anders gewendet: Die gesetzliche Befugnisnorm müsse zwangsläufig wenig aussagekräftig bleiben, mithin sei sie überflüssig. Dem hält Keller nun entgegen, dass, selbst wenn man diese Überlegung nicht völlig von der Hand weisen könne, eine globale Ermächtigung der Strafverfolgungsbehörden zu beliebigen Informationseingriffen mit den Grundsätzen des Volkszählungsurteils nicht vereinbar wäre. Daher seien Informationserhebungen, die den

[121] S. zu diesen Bedenken auch Rademacher, StV 1989, S. 546 (550); dies., Zulässigkeit, S. 66 ff.
[122] Benfer, StV 1999, S. 302 (402 f.). Eine ähnliche Linie wie Benfer verfolgt auch Gössel, Meyer-GS, S. 121 (142 ff.), der sowohl Feststellungen über den codierenden wie den nicht codierenden Bereich der DNA für evidente Eingriffe in das Recht auf informationelle Selbstbestimmung hält, allerdings entscheidend auch auf die gesetzlichen Einschränkungsmöglichkeiten abhebt.
[123] Keller, NJW 1989, S. 2289 (2293).

Einzelnen besonders intensiv träfen oder aber die informationelle Kontrolle der Verfolgsbehörde über die Grenzen des konkreten Verfahrens hinaus erweitertten, als Eingriffe in das Recht auf informationelle Selbstbestimmung zu bewerten, die einer spezifischen Grundlage bedürften. Darunter fielen diejenigen Informationserhebungen, bei denen die Gefahr bestehe, dass mithilfe neuer Techniken die ganze Persönlichkeit des Betroffenen registriert werde[124].
Um eine derartige Erhebung handele es sich aber nun bei der Analyse der nicht codierenden Bestandteile der DNA, denn dabei bestehe stets die Gefahr, dass auch die codierenden Sequenzen mit untersucht würden, worin schließlich – so Keller – eine Verletzung der Menschenwürde liege. Allein aufgrund dieser Risiken handele es sich hier um einen Informationseingriff, der nach den Grundsätzen des Volkszählungsurteils nur auf Grundlage eines die Einzelheiten der Untersuchung regelnden Gesetzes zulässig sei[125].

#### *4. Stellungnahme: DNA-Massenuntersuchung und informationelles Selbstbestimmungsrecht*

Ein wichtiges Merkmal der bisherigen Diskussion um das Verhältnis von DNA-Analyse und Recht auf informationelle Selbstbestimmung wurde oben bereits angedeutet: Sie wurde oftmals recht lieblos geführt. Dieser Befund mag damit zusammenhängen, dass viele zwar die Unverzichtbarkeit des Datenschutzes auch und gerade im Strafverfahren durchaus anerkennen, dass sie aber andererseits einen umfassenden Datenschutz mit dem Anliegen des Strafverfahrens, einen Täter möglichst schnell ausfindig zu machen, für kaum vereinbar halten[126].
Knapp und sehr prägnant finden sich diese Bedenken bei Dencker zusammengefasst, der zum Volkszählungsurteil Folgendes anmerkt: „Dieses Urteil war eine (verfassungs-)richterliche Überreaktion auf zutreffend diagnostizierte Gefahren, die sich aus den Möglichkeiten der EDV für die Bürgerfreiheit entwickeln können. Die Folgen für den Strafprozess waren fatal. Da der Strafprozess stets auf die Gewinnung und Verarbeitung persönlicher ‚Daten' seitens der Strafverfolgungsorgane gerichtet ist, musste nach diesem Urteil praktisch jedes der Aufgabenzuweisung der §§ 161, 163 StPO a.F. entsprechende Tun als möglicherweise einer Ermächtigungsgrundlage bedürftig angesehen werden.[127]."
So wurde das Volkszählungsurteil dann auch von h.M. und Gesetzgeber verstanden und herausgekommen ist ein Wust von kaum mehr zu begreifenden Befugnisnormen, deren Hauptmakel aber nicht einmal vorrangig in ihrer fehlenden

---

[124] Keller, NJW 1989, S. 2289 (2294) unter Berufung auf BVerfGE 65, S. 1 (42).
[125] Keller, a.a.O. Ähnlich wie Keller argumentiert auch Klumpe, Der „genetische Fingerabdruck", S. 152 ff.
[126] Vgl. dazu Riepl, Informationelle Selbstbestimmung, S. 1 ff., der von einem „Spannungsverhältnis" zwischen dem Recht auf informationelle Selbstbestimmung und der strafprozessualen Wahrheitsfindung spricht.
[127] Dencker, Meyer=Goßner-FS, S. 237 (241).

Durchschaubarkeit liegt[128]. Bemerkenswert und i.e.S. „merkwürdig", wie Dencker präzise formuliert, ist daran im Hinblick auf die eigentliche Zielrichtung dieses Urteiles ein anderer Befund: „[Die Neuregelungen in der StPO, M.W.] verfolgen generell die Tendenz, vorhandene Informationen für Polizei und Strafverfolgung möglichst schrankenlos zugänglich zu halten. Das war nicht gerade ein zentrales Anliegen des BVerfG, als es das Volkszählungsurteil erließ. [...] der geradezu hemmungslose Ausbau der Macht von Polizei und Strafverfolgungsbehörden, den diese Gesetze vorantreiben, summiert sich allmählich zu einem beängstigenden Missbrauchspotenzial[129]."

Die Reserviertheit vieler Strafprozessrechtler gegenüber dem Volkszählungsurteil und dem Recht auf informationelle Selbstbestimmung scheint also nicht überraschend, denn man verspricht sich von derartigen „Kolonisierung[en] des Strafprozessrechts durch das allgemeine öffentliche Recht[130]" nicht viel.

Ob diese Einschätzung tatsächlich zutreffend ist, soll im Folgenden untersucht werden. Dabei wird aber von der Annahme auszugehen sein, dass der Grundrechtsrang des Rechts auf informationelle Selbstbestimmung ernsthaft nicht mehr in Zweifel gezogen werden kann[131]. Im Übrigen werden die weiteren Ausführungen das bekannte, bisher stets praktizierte Muster weiterverfolgen: Zunächst soll die soeben dargestellte Diskussion einer kritischen Würdigung unterzogen werden. Dabei sollen bereits einige Gesichtspunkte ausfindig gemacht werden, die auch für die hier im Mittelpunkt stehende, spezifische Problematik des DNA-Massentests fruchtbar gemacht werden können. Diese sollen im Anschluss daran weiter untersucht werden, letztlich mit dem Ziel, auf dem Wege zur Bewältigung dieser Problematik ein weiteres Stück voranzukommen.

#### *a) Die DNA-Analyse im Lichte des Rechts auf informationelle Selbstbestimmung*

Insbesondere zwei Aspekte der Diskussion sollen im folgenden Abschnitt herausgegriffen und vertieft werden.

So fällt auch bei einer Durchsicht der eher kritischen Stimmen in der Literatur, die die Bedeutung des Recht auf informationelle Selbstbestimmung für die DNA-Analytik besonders betonen, auf, dass sie verhältnismäßig schnell bei der

---

[128] Insofern könnte man es dem Strafjuristen ja durchaus noch zumuten, sich entsprechend einzuarbeiten, wenngleich festzustellen ist, dass der Gesetzgeber bei der überwiegenden Mehrzahl der neuen Bestimmungen, die mit dem StVÄG 1999 in die StPO eingefügt wurden, gänzlich übersehen hat, dass das BVerfG in seinem Volkszählungsurteil eben nicht nur irgendeine Ermächtigungsgrundlage gefordert hatte, sondern insbesondere auch transparente Vorschriften, die dem Einzelnen in verständlicher Form Auskunft über die Verwendung seiner Daten geben könnten.

[129] Dencker, a.a.O., S. 254. Vgl. dazu auch die Darstellung bei Riepl, Informationelle Selbstbestimmung, S. 190 ff.

[130] Dencker, a.a.O., S. 239.

[131] Denninger, CR 1988, S. 51 (55).

Hand sind mit der Aussage, man dürfe aus dem Eingriff in das informationelle Selbstbestimmungsrecht noch nicht auf die generelle Verfassungswidrigkeit, damit Unzulässigkeit der infrage stehenden Untersuchungsmaßnahme schließen.

Dabei handelt es sich aus verfassungsrechtlicher Perspektive natürlich um eine Binsenweisheit, denn dass nicht einmal die ohne Eingriffsvorbehalte formulierten Grundrechte – mit Ausnahme des Art. 1 Abs. 1 GG, der insofern nach allgemeiner Auffassung eine Sonderstellung einnimmt – schrankenlos gelten, gehört zur juristischen Allgemeinbildung bereits der Studenten in den Eingangssemestern. Man fragt sich also, warum dieser Gesichtspunkt so sehr betont wird, besagt er doch grds. genauso wenig für die Zulässigkeit der Maßnahme wie gegen sie. Eine verfassungsrechtliche Rechtfertigung ist sicher möglich, doch kann aus dieser bloßen *Möglichkeit* keineswegs schon auf eine tatsächliche Rechtfertigung geschlossen werden. Sodann kommt die Sprache mitunter schnell darauf, aus dem Recht auf informationelle Selbstbestimmung lasse sich kein Anspruch des Täters ableiten, seiner Tat nicht überführt zu werden, das staatliche Strafverfolgungsinteresse sei ein erheblicher Belang, der auch durch den Datenschutz nicht grds. infrage gestellt werden könne. Auch dies wird in dieser Allgemeinheit sicher niemand in Abrede stellen. Die eigentliche Bedeutung dieser Ausführungen wird vielmehr erst dann verständlich, wenn man die Schlussfolgerung aus diesen Prämissen in den Blick nimmt: Diese besteht – insofern tatsächlich in recht apodiktischer Art, wie sie offenbar nicht nur dem BGH Eigen ist - in der Feststellung, dass das Strafverfolgungsinteresse das Datenschutzinteresse überwiege, und damit ist die Diskussion dann auch ausgestanden. Allenfalls erfolgt noch ein kurzer Hinweis, dass all dieses der gesetzlichen Ausgestaltung bedarf. Ganz nach Art einer self-fulfillig prophecy wird die These von der fehlenden Ergiebigkeit des Recht auf informationelle Selbstbestimmung also mit ihrer gleichsam sinnentleerenden Interpretation begründet. Man kann sicher sein, dass sich das BVerfG bei seinem Volkszählungsurteil mehr gedacht hat, abgesehen davon, dass die vorangestellten Prämissen den Karlsruher Richtern durchaus bekannt gewesen sein dürften (dies schon deshalb, weil sie ja ganz überwiegend von ihnen selbst bzw. ihren Kollegen herausgearbeitet wurden). Verharrt man bei diesem Erkenntnisstand, ist das resignierende Resümee Denckers sicher nicht völlig aus der Luft gegriffen.

Allerdings: Es wurde oben bereits kurz darauf hingewiesen, dass die Unterfütterung gesetzesfreien Polizeihandelns durch gesetzliche Regelungen a priori sicherlich noch keinen Frontalangriff auf den Rechtsstaat darstellt. Zwar wird auch hier die Auffassung geteilt, dass die jüngsten StPO-Novellen wahrlich keinen Ausdruck rechtsstaatlicher Perfektion darstellen, dass sie nicht nur in Teilbereichen erhebliche Neuerungen erforderlich machen werden. Vielleicht wird das BVerfG noch Gelegenheit erhalten und diese auch nutzen, hier klärende Worte zu sprechen.

Ein Weiteres kommt hinzu. Wenn man die tragenden Gesichtspunkte des Volkszählungsurteils genauer ansieht, ist es ja mit der von vielen praktizierten Abwägung Datenschutzinteresse des Einzelnen – Strafverfolgungsinteresse des Staates keineswegs schon getan. Ganz im Gegenteil, hier fängt die Arbeit erst an. Denn nicht ohne Grund[132] leitet das BVerfG das Recht auf informationelle Selbstbestimmung nicht nur aus Art. 2 Abs. 1 GG her, sondern zieht Art. 1 Abs. 1 GG ergänzend mit heran. Dies hat maßgebliche Bedeutung für seine Beschränkbarkeit, insbesondere für die Anwendung des Grundsatzes der Verhältnismäßigkeit. Weil das Selbstbestimmungsrecht des Einzelnen nicht zuletzt in Art. 1 Abs. 1 GG wurzelt, ist es mit dem bloßen Überwiegen staatlicher Strafverfolgungsinteressen eben gerade nicht getan. Es wurde in dieser Arbeit schon mehrfach auf den Standpunkt Hassemers hingewiesen, der die wichtigste Gefahr für die Rechte des Einzelnen bei der Anerkennung von Verfassungswerten wie „Funktionsfähigkeit der Strafrechtspflege" darin erblickt, dass sie im Wege eines Abwägungsautomatismus stets unter die Räder kommen; denn: Was hat das Datenschutzinteresse des Einzelnen schon solchen Fundamentalwerten entgegenzusetzen[133]?

Vergegenwärtigt man sich diese Problematik, ist die Bedeutung des Rechts auf informationelle Selbstbestimmung für den Strafprozess eigentlich nicht mehr so gering zu schätzen; man muss sich nur davor hüten, die zarte Pflanze des informationellen Selbstbestimmungsrechts mit der Keule derartiger Begriffe zu erschlagen. Vielmehr muss man weiter fragen, welche Werte sich denn *im Einzelfall* gegenüberstehen; einen Totalvorbehalt für den Datenschutz hat das BVerfG niemals postuliert – ebenso wenig aber auch einen solchen zugunsten der staatlichen Strafrechtspflege. Wie eine solche Interessenabwägung aussehen kann, wird unten (b) in Bezug auf die hier im Mittelpunkt stehende Problematik der DNA-Massentests noch gezeigt werden, festzuhalten ist zunächst aber Folgendes:

Obwohl bei der gesetzgeberischen Umsetzung des Volkszählungsurteils in der Tat ganz gravierende Mängel festzustellen sind, besteht zur Resignation kein Anlass. Es kann und muss für die DNA-Problematik fruchtbar gemacht werden. Vorsicht ist immer dann geboten, wenn einer Überprüfung der Verhältnismäßigkeit staatlicher Maßnahmen durch Berufung auf vermeintlich unabänderliche staatliche Interessen bereits von vornherein das Wasser abgegraben zu werden droht.

Des Weiteren soll noch die Auseinandersetzung mit den Überlegungen Altendorfers geführt werden, der sowohl eine umfassende Analyse der codierenden wie der nicht codierenden Sequenzen der DNA für weitgehend problemlos mit dem Recht auf informationelle Selbstbestimmung vereinbar hält. Wären seine

---

[132] Vgl. dazu den knappen Überblick, oben 1.

[133] Dazu anschaulich Hassemer, StV 1982, S. 275 ff.

Ausführungen zutreffend, dann allerdings würden die oben geschilderten Bedenken Denckers schon viel zu spät kommen; der totale Überwachungsstaat wäre längst Realität. Soweit Altendorfer die Analyse der codierenden Merkmale der DNA auf rein äußerliche Merkmale zulassen will und auch mit dem Recht auf informationelle Selbstbestimmung für vereinbar hält, wird man ihm grds. noch folgen können.
Denn es wurde oben bereits dargelegt, dass die Regelung des § 81e Abs. 1 StPO, die die Untersuchung auch der codierenden Bestandteile der DNA zulässt, ausdrücklich aber die Erhebung persönlichkeits*relevanter* Informationen verbietet, grds. nicht zu beanstanden ist, weil damit eine ausreichende Gewähr dafür gegeben ist, dass die Strafverfolgungsbehörden nicht die Persönlichkeitsstruktur des Betroffenen ausforschen dürfen. So unproblematisch wie Altendorfer uns dieses Ergebnisses verkaufen möchte, ist es allerdings nicht. Denn auch die Untersuchung der nicht persönlichkeits*relevanten* DNA-Bestandteile setzt ganz selbstverständlich voraus, dass sie in ihren Einzelheiten im Gesetz selbst geregelt ist. Bei der Lektüre von Altendorfers Ausführungen vermag man sich des Eindrucks nicht ganz zu erwehren, dass nach seiner Einschätzung hier ganz ohne Ermächtigungsgrundlagen ermittelt werden dürfte. Dies würde allerdings eine Interpretation des Volkszählungsurteils darstellen, auf die außer ihm noch niemand gekommen ist, und die auch mit Wortlaut und Sinn dieser Entscheidung kaum vereinbar wäre. Denn: Es ist selbstverständlich, dass es sich auch bei den persönlichkeits*neutralen* Bestandteilen durchaus um höchstpersönliche Daten des Betroffenen handelt, die nicht zuletzt auch in Anbetracht des der DNA-Analyse natürlicherweise anhaftenden Missbrauchspotenzials, des gesetzlichen Schutzes bedürfen.
Die Grenze zur Abwegigkeit überschreiten dürften dagegen Altendorfers Ausführungen zur Untersuchung der persönlichkeits*relevanten* DNA-Bestandteile. Es muss hier gar nicht die oben bereits geführte Diskussion um die Menschenwürde reaktiviert werden; auch mithilfe des Rechts auf informationelle Selbstbestimmung gelangt man unschwer zu der Erkenntnis, dass es (geradezu selbstverständlich) verfassungswidrig wäre, die DNA eines Beschuldigten, Tatverdächtigen oder sonst Untersuchten auf bestimmte Krankheiten hin zu analysieren. Denn dass es sich dabei um Angaben aus dem Kern der Persönlichkeit des Untersuchten handelt, die einer Abwägung gegen staatliche Strafverfolgungsinteressen von vornherein nicht zugängig sind, liegt auf der Hand. Anderenfalls wäre damit ja gerade das erreicht, was das BVerfG mit dem Volkszählungsurteil (gerade) verhindern und insbesondere auch einer wertenden Abwägung entziehen wollte: Der gläserne Mensch. Aber selbst dann, wenn man sich auf eine Abwägung insoweit einlassen wollte, so wäre wohl schon der legitime Zweck der Untersuchung der DNA auf Krankheiten kaum zu bestimmen. Welche Erkenntnis brächte es den Strafverfolgungsbehörden schon, könnten sie feststellen, dass der Spurenleger an einer gefährlichen Erbkrankheit leidet? Diese wird

in aller Regel den Betroffenen kaum vor die Stirn geschrieben stehen und entsprechende öffentliche Dateien, mit denen dieser Befund – etwa zur Eingrenzung des potenziellen Täterkreises – verglichen werden könnte, sind jedenfalls derzeit nicht vorhanden, ihre Errichtung steht auch kaum auf der Tagesordnung. Sie wäre nämlich selbst auch nicht mit dem Recht auf informationelle Selbstbestimmung in Einklang zu bringen, weil die bestehende § 81g StPO-Datei, die ihrerseits schon erheblichen verfassungsrechtlichen Bedenken ausgesetzt ist, insofern ausreichend sein dürfte, um mithilfe der nicht persönlichkeitsrelevanten DNA-Bestandteile einen Täter zu überführen – und nur dies – das sollte man sich vor Augen halten – ist Aufgabe einer Untersuchungsbefugnis im Ermittlungsverfahren; eine allgemeine Ausforschung auch des potenziellen Täters findet weder in der StPO noch im Strafprozess im Allgemeinen eine Legitimationsgrundlage. Noch darüber hinausgehend will Altendorfer aber – wohlgemerkt, *unter Beachtung des Grundsatzes der Verhältnismäßigkeit* – noch weitergehende Untersuchungen mit der DNA anstellen. Und dies alles auf Grundlage der bestehenden §§ 81a ff. StPO. Abgesehen von der Frage, wie Altendorfer dies mit der bestehenden Regelung des § 81e Abs. 1 Satz 3 StPO in Einklang bringen will, ist es bei diesen Tendenzen zur Erstellung eines Persönlichkeitsprofils doch schlichtweg ausgeschlossen, im Lichte des Recht auf informationelle Selbstbestimmung überhaupt noch irgendwelche Verhältnismäßigkeitsschranken zu wahren; dieses Korrektiv wird seines Sinns endgültig beraubt und verkommt zur bloßen Leerformel, glaubt man, mit seiner Hilfe letzten Endes sogar die Erstellung eines Persönlichkeitsprofils unter Einbeziehung aller feststellbaren Krankheiten legitimieren zu können.
Kaum nachvollziehbar ist auch, was das von Altendorfer zur Legitimation seiner Thesen herangezogene Argument besagen soll, z.B. schwere Krankheiten bei dem Beschuldigten ließen sich auch mithilfe anderer – seit Jahren zugelassener – Untersuchungsmethoden als der DNA-Analyse feststellen. Denn es kommt gerade mit Blick auf das Recht auf informationelle Selbstbestimmung nicht darauf an, mithilfe welcher Untersuchung(smethode) ein bestimmter Befund ermittelt wurde; den Beschuldigten auf derartige Informationen mittels einer traditionellen Blutanalyse zu untersuchen ist selbstverständlich ebenso unzulässig, als wenn dazu seine DNA einer Analyse unterzogen wird. Insofern unternimmt Altendorfer nur den Versuch, eine schon anderweit unzulässige Untersuchungsmethode zur Legitimation einer anderen unzulässigen Methode heranzuziehen.
Vollends untragbar wird der Standpunkt Altendorfers aber dann, wenn er der Bestimmung des § 81e Abs. 2 StPO entnehmen will, all die von ihm bereits de lege lata für zulässig gehaltenen Untersuchungen könnten gegenüber dem Beschuldigten oder einer anderen – beliebigen – Person vorgenommen werden. Damit übersieht er nämlich, dass § 81e Abs. 2 StPO sich ausschließlich auf Tat-

ortspuren bezieht, also nicht zur Untersuchung mit der Tat nicht wenigstens in Zusammenhang nach § 81c StPO in Verbindung stehender Personen herangezogen werden kann.

***b) DNA-Massentests und informationelle Selbstbestimmung***

Bei der Analyse der Auswirkungen des Rechts auf informationelle Selbstbestimmung auf das Thema der DNA-Reihenuntersuchungen soll hier die bereits oben (I.) entwickelte Unterscheidung zwischen finalen und kausalen Tests wieder aufgegriffen werden. Denn auch insofern erweist sich diese Unterscheidung – wie im Folgenden zu zeigen sein wird – als sinnvoll:

Geht man von der These aus, dass DNA-Untersuchungen jeder Art, damit selbstverständlich auch die der nicht-codierenden Sequenzen, einen Eingriff in das Recht auf informationelle Selbstbestimmung darstellen, stellt sich im Wesentlichen die Frage nach ihrer verfassungsrechtlichen Rechtfertigung. Abgesehen von den unten (B.) zu erörternden Rechtfertigungsmöglichkeiten für sämtliche DNA-Untersuchungen, soll hier den besonderen Voraussetzungen der informationellen Selbstbestimmung nachgegangen werden.

Fraglich ist demnach zunächst, inwiefern finale DNA-Massenuntersuchungen mit dem Grundsatz der Verhältnismäßigkeit vereinbar sind. Diese müssten also zunächst einem legitimen Zweck dienen, der gerade auch in Abhängigkeit von der Tatsache zu ermitteln ist, dass der Schutzbereich der informationellen Selbstbestimmung durch Art. 1 Abs. 1 GG mitgeformt wird. Es ist also in diesem Zusammenhang nicht jeder beliebige Zweck zulässig, der auch nur irgendwie vernünftig erscheint, vielmehr müssen hier herausgehobene Interessen der Gemeinschaft in Rede stehen. Solche kann man – gerade so wie Hassemer befürchtet – zunächst durchaus im staatlichen Strafverfolgungsinteresse erblicken, insbesondere wenn man berücksichtigt, dass der Aufwand eines zwangsweisen DNA-Massentests sicher nur dann gefahren würde, wenn gravierende Straftaten gegen Leib, Leben oder sexuelle Selbstbestimmung in Rede stehen. Allerdings kann ein *legitimer* Strafverfolgungszweck nicht losgelöst von den schützenswerten Belangen des Betroffenen bestimmt werden, anders gesprochen: Weil auch im Rahmen der informationellen Selbstbestimmung der Zweck nicht die Mittel heiligt, kann selbstverständlich auch hier nicht die Instrumentalisierung des Bürgers zum Zwecke einer Täterauslese, die der Polizei die Arbeit erleichtern soll, ein legitimes Ziel darstellen, das einen Eingriff in das Grundrecht der informationellen Selbstbestimmung rechtfertigen könnte. Selbst wenn auch der im hiesigen Kontext immer wieder aufgenommene Satz sicher richtig ist, dass niemand das Recht hat, nicht als Täter einer schweren Straftat überführt zu werden[134], ändert dies doch nichts daran, dass die bloße Absicht, einen potenziellen

---

[134] Wobei es eigentlich genauso selbstverständlich ist, dass niemand das Recht hat, nicht auch einer leichten Straftat überführt zu werden.

Täterkreis zu minimieren, also nahezu alle Beteiligten gerade nicht einer irgendwie gearteten Tat zu überführen, sondern sie (nur) als Täter auszuschließen, nicht legitimer Zweck eines Eingriffs in ihr Recht auf informationelle Selbstbestimmung sein kann. Im Übrigen bleibt im Anschluss an Satzger noch auf eine weitere Überlegung hinzuweisen: Es ist ja keineswegs richtig, immer nur das Interesse des einzelnen Teilnehmers zu dem staatlichen Strafverfolgungsinteresse in Bezug zu setzen, vielmehr müsste man – legitimerweise –das informationelle Selbstbestimmungsrecht von tausenden Teilnehmern zum staatlichen Strafverfolgungsinteresse in Relation setzen. Dass diese Überlegung noch zu einem Überwiegen des letzteren Interesses führen könnte, wird man mit Fug und Recht bezweifeln können.
Ein anderes ergibt sich jedoch mit Blick auf die kausalen DNA-Massentests. Hier liegt die Situation grds. anders, auch was die Rechtfertigung gegenüber dem Recht auf informationelle Selbstbestimmung angeht. Denn ein legitimer Zweck kann hier ja gerade darin erblickt werden, dass die Strafverfolgungsbehörden bei 50 oder 100 Teilnehmern noch relativ sicher nach einem – darunter befindlichen – Täter suchen. Legitimation einer derartigen Untersuchung ist daher gerade nicht das den Einzelnen zum Objekt staatlicher Strafverfolgung degradierende bloße Ausschlussinteresse. Vielmehr stellt die aufgrund der engen zeitlichen und räumlichen Verknüpfung von – untechnisch gesprochen – Verdächtigem und Tat ein legitimes Aufklärungsinteresse dar, wobei der Eingriff dem Einzelnen auch zumutbar ist, weil er sich durch ein zwar grds. zufälliges, letztlich aber doch eigenverantwortetes Verhalten gerade in die Nähe des Tatortes gebracht hat. Seine Situation unterscheidet sich insofern nicht maßgeblich von der des herkömmlichen Tatverdächtigen, gegen den die Polizei aufgrund seiner bloßen Ortsanwesenheit – ohne Frage - mit konventionellen Mitteln zu ermitteln berechtigt ist. Allerdings – und insofern hat das Volkszählungsurteil hier wiederum große Relevanz – eine gesetzliche Regelung, die die Voraussetzungen der Datenerhebung und die Verwendung der gewonnenen Daten regelt, ist unumgänglich, insbesondere, um die Betroffenen vor einem Missbrauch des somit gewonnenen Datenmaterials von vornherein schützen zu können. Dabei ist insbesondere der Grundsatz der Normenklarheit zu beachten. Der Gesetzgeber ist also gehalten, solche Bestimmungen zu schaffen, die den einzelnen Beteiligten die Möglichkeit geben, Art und Umfang der Untersuchung nachzuvollziehen und ggf. auch gerichtlich überprüfen zu lassen.

### *5. Zwischenergebnis*

Die Untersuchung der Beteiligten an einem DNA-Massentest greift unter jedem denkbaren Gesichtspunkt in deren Recht auf informationelle Selbstbestimmung ein. Eine Rechtfertigung dieses Eingriffs ist für die *kausalen* Massentests denkbar, dies aber nur aufgrund einer eindeutig gefassten gesetzlichen Regelung.

Unter dergleichen Voraussetzung dann aber auch für die *finalen* Massentests, solange sie nicht *zwangsweise* erfolgen.

### *III. Selbstbelastungsfreiheit als Ausprägung des allgemeinen Persönlichkeitsrechts*

Die folgenden Ausführungen bewegen sich von vornherein auf verhältnismäßig schwankendem Boden. Dies findet seine Ursache in zwei ganz unterschiedlichen Problemstellungen: Zum einen liegt es so, dass über Inhalt und Reichweite des nemo-tenetur-Grundsatz bereits in der strafprozessualen Literatur heftige Kontroversen geführt werden. Einerseits erscheint er vielen als seit langem gesicherte Erkenntnis, als „selbstverständlicher Ausdruck einer rechtsstaatlichen Grundhaltung[135]", deren „Grundprobleme im Wesentlichen Geklärt sind[136]". Dagegen spricht jedoch – worauf Verrel insofern zu Recht hinweist – allein die Tatsache, dass die praktischen Konsequenzen dieser Prozessmaxime gerade auch die Rechtsprechung in den vergangenen 20 Jahren immer wieder von neuem beschäftigt hat[137], und dass letzthin sogar eine Entscheidung des großen Senats für Strafsachen[138] erforderlich war, um wenigstens in den Reihen der Bundesrichter für mehr Klarheit und eine einheitliche Handhabung zu sorgen[139]. Allein der Umstand, dass diese Entscheidung eine wahre Flut literarischer Stellungnahmen auslöste[140], die den Gehalt des nemo-tenetur-Grundsatzes zum Großteil abweichend vom BGH, aber auch untereinander in höchst verschiedener Weise zu bestimmen versuchten, deutet darauf hin, dass von einer Klärung dieses Instituts keineswegs gesprochen werden kann. Hinzu kommt, dass sich das BVerfG des nemo-tenetur Grundsatzes erst verhältnismäßig spät – nämlich im Jahre 1981 – angenommen und seine Verankerung im allgemeinen Persönlichkeitsrecht festgestellt hat[141]. Insofern entwickelte sich die Diskussion sowohl vor jener Entscheidung als auch im Anschluss daran oft weitgehend losgelöst von einer grundrechtlichen Verankerung[142]; hinzu kommt, dass bis heute lediglich Einigkeit über die verfassungsrechtliche Absicherung des nemo-tenetur-Grundsatzes als solche erzielt werden konnte[143], nicht aber über richti-

---

[135] BVerfGE 56, S. 37 (43).
[136] Rogall, StV 1996, S. 63 (68).
[137] Dazu z.B. Verrel, NStZ 1997, S. 361 ff.
[138] BGHSt (GS) 41, S. 139 ff.
[139] Verrel, Selbstbelastungsfreiheit, S. 1.
[140] Einen Überblick über die Diskussion gibt Verrel, a.a.O., S. 150 ff.
[141] BVerfGE 56, S. 37 (39 ff.).
[142] Verrel, a.a.O., S. 9 hält das Verfassungsrecht sogar für unergiebig: „Es kann nach alledem davon ausgegangen werden, dass dem Verfassungsrecht, jedenfalls aber der Rechtsprechung des BVerfG keine verbindlichen Leitlinien für die Beurteilung der zahlreichen Kontroversen über den Schutzumfang von nemo tenetur im Strafverfahren entnommen werden können."
[143] So die Feststellung von Verrel, a.a.O., S. 2 mit Hinweis auf Rogall, in: SK-StPO, vor § 133, Rn. 1432 f.

gen Standort im Gesamtgefüge der Verfassung. Insofern ist in der Literatur die Rede von einer „erstaunlichen Angebotsbreite[144]" bzw. einem „bunten Strauß[145]" an grundgesetzlichen Bestimmungen, die zur Begründung mobilisiert würden. Es werde in einer „fast schon zum Begründungsritual" gewordenen Weise ein wahres „Füllhorn an Verfassungsgrundsätzen[146]" ausgeschüttet, das vom Rechtsstaatsprinzip über die informationelle Selbstbestimmung und den Ehrenschutz bis hin zur Menschenwürde reiche[147]. Dieser Befund wird es – in ähnlicher Weise wie oben (II.) bei der Erörterung des Rechts auf informationelle Selbstbestimmung – zunächst einmal nötig machen, sich Klarheit darüber zu verschaffen, wo im Verfassungstext überhaupt der nemo-tenetur-Grundsatz verortet ist, denn nur so kann bestimmt werden, inwieweit er als Verfassungsmaxime den Gesetzgeber bindet (dazu sogleich 1.).
Ein Weiteres kommt hinzu: Herrscht schon Unsicherheit über die Ableitung, mithin die verfassungsrechtliche Fundierung des nemo-tenetur-Grundsatzes und überdies über seine generelle Reichweite im Strafprozess[148], setzt sich diese Verwirrung fort, sucht man in der Literatur nach Stellungnahmen zur Bedeutung dieses Grundsatzes für die DNA-Analyse. So heißt es etwa bei Gössel[149]: „Wie bei der zwangsweisen Abnahme von Lichtbildern und Fingerabdrücken, aber auch bei der zwangsweisen Blutentnahme, ist aber die Gewinnung des für gentechnische Untersuchungen benötigten Zellmaterials nicht von aktiver Mithilfe wie bei Tests, Schrift- und Sprechproben abhängig, sodass insoweit eine Beeinträchtigung des Persönlichkeitsrechts ausscheidet." Demgegenüber liest man bei Taschke[150] Folgendes: „Es ist eine der großen Errungenschaften des Strafprozesses, dass der Beschuldigte nicht gezwungen werden darf, gegen sich selbst auszusagen. In dem Satz ‚nemo tenetur se ipsum accusare' spiegelt sich der Verzicht auf die Folter. Ich befürchte, dass dieser Satz und der mit ihm gekennzeichnete Gewinn an Rechtskultur durch die Genomanalyse aufgehoben wird."
Angesichts solchermaßen auseinanderlaufender Einschätzungen der Problematik, soll in üblicher Weise unter 2. der bisherige Meinungsstand nachgezeichnet werden. In einer abschließenden Stellungnahme soll dann – insbesondere unter Zugrundelegung des zunächst (1.) ermittelten verfassungsrechtlichen Beurteilungsmaßstabes – eine eigene Auffassung über den Fragenkomplex DNA-

---

[144] Verrel, a.a.O., S. 5.
[145] Lorenz, StV 1996, S. 172 (173, Fn. 3).
[146] Lorenz, a.a.O.
[147] Verrel, a.a.O., S. 4 f.
[148] Vgl. zu den jüngsten Tendenzen einer möglichst restriktiven Interpretation dieses Grundsatzes die Arbeit Verrels (Selbstbelastungsfreiheit), in deren Untertitel es aufschlussreich heißt: „Ein Beitrag zur Konturierung eines überdehnten Verfahrensgrundsatzes".
[149] Gössel, Meyer-GS, S. 121 (136 f.).
[150] Taschke, in: Taschke/ Breidenstein, Genomanalyse, S. 198 (205).

Analyse und Selbstbezichtigungsverbot entwickelt werden, wobei hier die Auswirkungen auf DNA-Reihenuntersuchungen naturgemäß den Schwerpunkt bilden werden (3.).

### *1. Die Selbstbelastungsfreiheit – Begründung und Inhalt*

#### *a) Die verfassungsrechtliche Ableitung der Selbstbelastungsfreiheit*

Während das BVerfG den nemo-tenetur-Grundsatz aus dem allgemeinen Persönlichkeitsrecht im Allgemeinen hergeleitet hat[151], ist von Teilen der Literatur die Auffassung vertreten worden, das Selbstbezichtigungsverbot sei keine selbstständige Ausprägung des allgemeinen Persönlichkeitsrechts sondern lediglich ein Unterfall des Rechts auf informationelle Selbstbestimmung[152]. Wäre diese Auffassung zutreffend, bedürfte der nemo-tenetur-Grundsatz in dieser Arbeit keiner selbstständigen Erörterung, denn nimmt man das – oben skizzierte – Konkurrenzverhältnis von Handlungsfreiheit, allgemeinem Persönlichkeitsrecht und dessen speziellen Ausprägungen tatsächlich ernst, so wäre insofern mit den Ausführungen zum Recht auf informationelle Selbstbestimmung (oben II.) bereits alles Entscheidende gesagt, insbesondere könnte das Selbstbezichtigungsverbot einen selbstständigen Anwendungsbereich nicht mehr für sich reklamieren.

Gegen die Verknüpfung des nemo-tenetur-Grundsatzes mit der informationellen Selbstbestimmung bestehen jedoch erhebliche Bedenken, die sich aus Folgendem ergeben:

Unabhängig von der Frage, auf die sogleich (b) noch einzugehen sein wird, ob als Eingriff in den Schutzbereich des nemo-tenetur-Grundsatzes nur der staatliche Zwang zu aktiver Belastung zu werten ist, oder ob er auch auf zwangs*freie* Wissensoffenbarungen erweitert werden muss[153], kann es doch als gesicherte Erkenntnis gelten, dass der Grundsatz der Selbstbelastungsfreiheit ganz vorrangig die Informations*gewinnung* durch die Strafverfolgungsorgane betrifft. Demgegenüber ist der eigentliche Schutzzweck des Rechts auf informationelle Selbstbestimmung darauf gerichtet, nähere Regelungen für die Informations*verarbeitung* und die mit der Verwendung der erlangten Informationen verknüpften Gefahren für den Bürger aufzustellen. Wollte man also den nemo-tenetur-Grundsatz nur als Unterfall des informationellen Selbstbestimmungsrechts begreifen, so würden darunter Fälle heimlicher Informationsgewinnung – auch zum Beispiel durch Sachbeweismittel – fallen, die bisher nach keinem Verständnis dieses Grundsatzes in seinen Anwendungsbereich fielen[154]; es ist ja

[151] BVerfGE 56, S. 37 (41 f.).

[152] Vgl. insbesondere Nothelfer, Freiheit, S. 82 ff. Wohl auch Rademacher, Zulässigkeit, S. 105 ff.

[153] Dazu neuestens Verrel, Selbstbelastungsfreiheit, 13 ff., 15 ff., 277 ff.

[154] Vgl. die pointierte Darstellung bei Bosch, Aspekte, S. 50 ff.

vielmehr das Verdienst gerade des Volkszählungsurteils gewesen, überhaupt ein Bewusstsein dafür geschaffen zu haben, dass auch solchermaßen erlangte Informationen des verfassungsrechtlichen Schutzes bedürfen. Während also der nemo-tenetur-Grundsatz nur einen ganz speziellen Ausschnitt der staatlichen Informationsverwaltung im Blick hat, nämlich die spezifischen Bedingungen der Informationsgewinnung im Strafverfahren von dem hier in einer ganz besonderen Rolle befindlichen Beschuldigten, bildet das Recht auf informationelle Selbstbestimmung sozusagen die Grundnorm der staatlichen Informationsverwaltung insgesamt – unabhängig davon, welchen Bereich der Staatstätigkeit diese betrifft[155]. Insofern hat Bosch herausgearbeitet, dass der Schutzzweck des Rechts auf informationelle Selbstbestimmung an dieser spezifischen Situation des Beschuldigten im Strafverfahren völlig vorbeigeht: „Denn das informationelle Selbstbestimmungsrecht kennt weder eine Differenzierung nach Art oder Herkunft der zu schützenden Information, noch berücksichtigt es die bei der Inhaltsbestimmung des nemo-tenetur-Grundsatzes ausschlaggebende Methode der Informationsgewinnung. Aufgrund des fehlenden [spezifischen] Abwägungsmaßstabes, gerade für den Bereich der Selbstbelastungsproblematik, trägt dieses Recht weder den Besonderheiten der Beschuldigten- oder Tatverdächtigensituation noch der speziellen strafprozessualen Situation Rechnung[156].“ Informationen als solche sind nämlich nicht deshalb schützenswerter, weil sie von dem Beschuldigten stammen oder straftatbezogen sind[157]; anders gewendet: Für das informationelle Selbstbestimmungsrecht ist völlig irrelevant, woher die infrage stehende Information stammt.

Als Zwischenergebnis kann daher festgehalten werden: Aufgrund seiner spezifischen Schutzrichtung ist eine verfassungsrechtliche Ableitung des nemo-tenetur-Grundsatzes unabhängig von dem informationellen Selbstbestimmungsrecht zu suchen.

Das BVerfG hat demgemäß eine Beeinträchtigung des Persönlichkeitsrechts im Sinne des Art. 2 Abs. 1 GG für den Fall angenommenen, dass jemand gezwungen wird, sich selbst zu inkriminieren; es sieht zugleich auch die Würde des Menschen bedroht, wenn dessen Aussage als Mittel gegen ihn selbst verwendet werde[158]. Insofern steht die solchermaßen vorgenommene verfassungsrechtliche Absicherung des nemo-tenetur-Grundsatzes in der Tradition der Rechtsprechung des BVerfG, das allgemeine Persönlichkeitsrecht immer dann zu mobilisieren, wenn es darum geht, „konstituierende Elemente der Persönlichkeit [zu] schützen[159].“ Denn dessen Bedeutung liegt darin, im Sinne des – insoweit wiederum als Leitlinie herangezogenen - Art. 1 Abs. 1 GG die engere persönliche

[155] Dazu schon oben II.; s. ergänzend Bosch, a.a.O., S. 51 m.w.N.
[156] Bosch, Aspekte, S. 53. Zusatz von mir, M.W.
[157] Bosch, a.a.O.
[158] BVerfGE 56, S. 37 (41 f.).
[159] BVerfGE 54, S. 148 (153).

Lebenssphäre und die Erhaltung ihrer Grundbedingungen zu gewährleisten, die durch die konkreten Freiheitsgarantien nicht abschließend erfasst sind[160].
Der Standpunkt des BVerfG erscheint zutreffend, nimmt man in den Blick, worin nach ganz h.M. Sinn und Zweck des nemo-tenetur-Prinzips liegen. Entscheidend ist die Subjektqualität des Beschuldigten im Strafverfahren. Dieser soll nämlich nicht zu einem Objekt der staatlichen Strafverfolgungsorgane herabgewürdigt werden, demzufolge auch nicht auf ein bloßes Mittel der strafprozessualen Wahrheitsfindung reduziert werden, m.a.W. die der Menschenwürde immanente Freiheit der Selbstbestimmung gebiete es, den Beschuldigten davor zu bewahren, als Werkzeug seiner eigenen Überführung zu dienen[161]. Begreift man die Garantie der Selbstbelastungsfreiheit also als Mittel der Absicherung der Rolle des Beschuldigten als selbstständiges Subjekt im Strafverfahren, so deckt sich dieses Anliegen nahezu vollständig mit dem des allgemeinen Persönlichkeitsrechts, sodass die Verknüpfung beider Grundsätze nur konsequent erscheint[162]. Sie soll daher den folgenden Überlegungen zugrunde gelegt werden.

***b) Der Gehalt des nemo-tenetur-Grundsatzes***

Mit der Erkenntnis seiner verfassungsrechtlichen Ableitbarkeit ist für die Bestimmung des *Inhalts* des nemo-tenetur-Prinzips allerdings noch nicht viel gewonnen. Dieser ist – das wurde bereits kurz angedeutet – in Literatur und Rechtsprechung höchst umstritten. Dabei stehen insbesondere zwei Problemkreise im Mittelpunkt der Diskussion, nämlich die Frage, ob von dem nemo-tenetur-Grundsatz nur *willentliche* oder auch *nicht willentliche* Wissenskundegebungen erfasst sind, und zum zweiten, ob er sich nur auf das Verbot eines Zwanges zur *aktiven Mitwirkung* an Untersuchungshandlungen bezieht, oder auch auf die *passive Duldung* strafprozessualer Zwangsmaßnahmen[163]. Ersterer Streit entzündete sich in der aktuellen Diskussion vor allem an der Frage nach der Zulässigkeit der zwangsweisen Vergabe von Brechmitteln[164]. So wird von Teilen der Literatur die Auffassung vertreten, bei derartigen Ermittlungsmaßnahmen fehle es an der Ausübung von Zwang auf die Willensbildung des Be-

---

[160] BVerG, a.a.O.

[161] BGHSt 38, S. 105 (220 f.); Dingeldey, JA 1984, S. 407 (409); Grünwald StV 1987, S. 453 (453); Kühl, JuS 1986, S. 115 (117); Rüping, JR 1974, S. 135 (136).

[162] Vgl. diese Konsequenz in BVerfGE 56, S. 37 (42). So auch Kopf, Selbstbelastungsfreiheit, S. 61 ff.

[163] Verrel, Selbstbelastungsfreiheit, S. 219 ordnet auch die Frage der Willentlichkeit der Angaben des Beschuldigten in das System Aktivität – Passivität ein. Dies erscheint aber nicht recht einleuchtend, weil auch Passivität durchaus willensgetragen sein kann. Es ist ja ein Unterschied, ob der Betroffene durch Täuschung dazu veranlasst wird, einer Blutentnahme zuzustimmen (Willensbeugung), er sich also freiwillig dazu entschließt, diesen Eingriff hinzunehmen, oder ob sein Wille von vornherein durch vis absoluta ausgeschlossen wird.

[164] OLG Frankfurt am Main, StV 1996, S. 651 ff.; vgl. dazu die mit umfassenden Nachweisen versehene Darstellung bei Verrel, Selbstbelastungsfreiheit, S. 220 ff.

troffenen, weil der Brechreiz *keine Handlung* i.e.S. darstelle; insofern fehle es an der Willensbeugung des Beschuldigten als Voraussetzung der Anwendung des nemo-tenetur-Grundsatzes[165].
Bei dem zweiten Streit geht es um die Frage, ob etwa § 81a StPO mit dem nemo-tenetur-Grundsatz vereinbar ist, denn nach überwiegender Auffassung ist dieser nur dann betroffen, wenn jemand zur *aktiven* Preisgabe von Informationen gezwungen wird, wohingegen es bei § 81a StPO ja nur um die Duldung der Blutentnahme geht, ohne dass der Beschuldigte an diesem Entnahme-Vorgang aktiv beteiligt wäre. Teile der Literatur vertreten nun allerdings die Auffassung, das Gebot der Selbstbezichtigungsfreiheit müsse auch auf die Fälle der erzwungenen selbstüberführenden Passivität ausgedehnt werden[166].
Während erstgenannte Auseinandersetzung im Folgenden auf sich beruhen kann, weil es bei der Problematik der DNA-Analyse im Allgemeinen wie auch beim DNA-Massentest im Besonderen nicht um die Abgrenzung Willensbeugung/ Willenausschließung geht, wird der Streit um die Bedeutung des nemo-tenetur-Grundsatzes für aktives Tun bzw. passives Dulden bei der weiteren Untersuchung im Auge zu behalten sein.

### 2. Selbstbezichtigungsverbot und DNA-Analyse- Stand der Diskussion

Die ausführlichste Auseinandersetzung mit der Bedeutung des nemo-tenetur-Grundsatzes für die DNA-Analyse findet sich bei Kopf[167].
Kopf geht zunächst von der Interpretation des Grundsatzes der Selbstbezichtigungsfreiheit durch den Großen Senat des BGH aus. Danach schützt jener vor einem Zwang zur Aussage oder zur Mitwirkung am Strafverfahren im Allgemeinen, gewährleistet aber nicht die Freiheit von Irrtum; selbstbelastende Handlungen, die Ergebnis einer Täuschung durch die Strafverfolgungsbehörden sind, bleiben danach vom nemo-tenetur-Satz unberührt. Anerkannt wird aber die durch Art. 2 Abs. 1 i.V.m. Art. 1 Abs. 1 GG geschützte Freiheit des Einzelnen, selbstbelastende Handlungen, die nicht Aussagen sind, nicht vornehmen zu müssen[168].
Anhand dieser Grundsätze prüft sie nunmehr die Verfassungsmäßigkeit des § 81a StPO als Befugnisnorm zur Erlangung einer Blutprobe für die DNA-Analyse[169]:
Nach h.M. ermögliche §81a StPO es, dass Strafverfolgungsbehörden einen Beschuldigten, der sich gegen eine Blutentnahme wehre, fesselten, um so die Vor-

---

[165] Weßlau, StV 1997, S. 342 f.
[166] Vgl. aus jüngerer Zeit vor allem Rademacher, Zulässigkeit, S. 105 ff., des Weiteren aus der älteren Literatur Rossmanith, Verfassungsmäßigkeit, S. 75 ff.; Sautter, AcP 161 (1962), S. 215 (247 ff.); Sax, in: Bettermann/ Nipperdey/ Scheiner, Grundrechte, S. 985.
[167] Kopf, Selbstbelastungsfreiheit, S. 159 ff.
[168] Vgl. BGH (GS) St 42, S. 139 ff (insb. S. 145f.).
[169] Kopf, a.a.O., S. 159 ff.

aussetzungen einer Blutentnahme zu schaffen. Zugelassen werde damit, auf den Körper einer Person Gewalt anzuwenden, um ein Dulden von dieser Person zu erreichen, obwohl das Ziel der Ermittlungsbehörde darin bestehe, diese Person einer Straftat zu überführen. Dies legitimiere die h.M. nunmehr damit, aus dem nemo-tenetur-Grundsatz ergebe sich für den Beschuldigten ausschließlich das Recht, nicht aktiv an seiner Überführung teilnehmen zu müssen; auch unter Berücksichtigung der Selbstbelastungsfreiheit habe er aber die Pflicht zur Duldung von Eingriffen in seine Rechtsposition[170].

Dies hält Kopf schon bei der Gesamtschau des § 81a StPO mit der Bestimmung des § 81c StPO nicht für richtig. Denn in § 81c Abs. 3 Satz 1 StPO werde dem Zeugen, der sich durch die Untersuchung nach § 81c StPO einer Straftat bezichtigen müsste, ein Untersuchungsverweigerungsrecht eingeräumt – dann sei es aber systemwidrig, dem Beschuldigten selbst ein derartiges Weigerungsrecht nicht zuzugestehen. Dies überrasche, weil § 81c Abs. 3 Satz 1 StPO doch erkennen lasse, dass der Gesetzgeber erkannt habe, dass bei der Duldung körperlicher Eingriffe derselbe Interessenkonflikt gegeben sei, wie er bei einem Zwang zu aktivem Tun – z.B. einer Aussage – vorliege. Daraus ergebe sich nunmehr ein Wertungswiderspruch zwischen § 81c Abs. 3 Satz 1 auf der einen, und dem unbeschränkten § 81a StPO auf der anderen Seite. Zwar habe der Zeuge das Recht, die Untersuchung zu verweigern, wenn sich dadurch ergeben könne, dass er mithilfe des Untersuchungsergebnisses einer von ihm selbst begangenen Straftat überführt werden könne – zur Aufklärung dieser von ihm selbst begangenen Straftat könne er dann aber Adressat einer Anordnung nach § 81a StPO werden.

Aus diesem Wertungswiderspruch ergebe sich ein gewichtiges Indiz dafür, dass durch § 81a StPO das Maß zulässiger staatlicher Ermittlungstätigkeit überschritten werde. Dabei gehe es nicht so sehr um den körperlichen Eingriff als solchen; viel schwerer wiege, dass der Beschuldigte an seinem Körper Eingriffe zu dulden habe, die seine Überführung ermöglichten; dies aber sei schwerlich mit dem Recht auf Selbstschutz des Betroffenen in Einklang zu bringen[171].

Hinzu komme Folgendes: Zwar habe der Beschuldigte als Teil der Gemeinschaft insgesamt staatliche Ermittlungsmaßnahmen (passiv) zu dulden, insofern sei die Reichweite des nemo-tenetur-Grundsatzes begrenzt. Bei der Untersuchung der Frage, ob eine bestimmte Ermittlungsmaßnahme noch eine bloße Duldung darstelle, damit zulässig sei, oder ob es sich schon um den unzulässigen Zwang zu einer durch aktives Tun veranlassten Selbstbezichtigung handelt, komme es allein darauf an, ob und inwieweit die in concreto verlangte Duldung einem aktiven Handeln gleichzustellen sei[172].

---

[170] Kopf, a.a.O., S. 160 m.w.N.
[171] Kopf, Selbstbelastungsfreiheit, S. 162 f.
[172] Kopf, a.a.O., S. 164 f.

Im Rahmen des § 81a StPO sei ausschlaggebend für die Vergleichbarkeit des aktiven Tuns mit dem Unterlassen, dass diese Bestimmung nicht nur das bloße Dulden erlaube, sondern dass mit ihrer Hilfe ein *qualifiziertes Unterlassen* erzwungen werde. Solle nämlich durch Zwangsanwendung die Duldung der Erlangung eines Beweismittels aus dem Körperinnern des Betroffenen erreicht werden, so werde damit gleichzeitig in den Selbsterhaltungstrieb des Betroffenen eingegriffen. Dies ergebe sich daraus, dass sich ein Mensch instinktiv – insofern getragen von seinem Selbsterhaltungstrieb – aktiv gegen derartige Maßnahmen zur Wehr setze. Dieses Abwehrverhalten werde im Rahmen von § 81a StPO durch die Androhung oder Ausübung unmittelbaren Zwanges gewaltsam unterbunden. Damit aber werde im Rahmen von körperlichen Eingriffen eben nicht nur ein bloßes Dulden von dem Betroffenen verlangt, sondern vielmehr ein bewusstes Unterlassen des ohne die Zwangsanwendung auftretenden natürlichen Abwehrverhaltens dieser Person. Solle der Beschuldigte zu einem aktiven Tun veranlasst werden, z.B. zur Abgabe einer Erklärung über die Tat, müsse die staatliche Maßnahme, die dieses aktive Tun bewirken solle, ein Druckmittel darstellen, um ihn zum Sprechen zu bewegen. Solle er dagegen (nur) zum Dulden veranlasst werden, genüge es, die entsprechende Willensentschließungsfreiheit durch Androhung oder Ausübung unmittelbaren Zwanges zu brechen; in beiden Fällen werde jedoch der Selbsterhaltungstrieb des Beschuldigten in derselben Weise gebrochen.

Dabei laufe es im Bereich des Zwanges zur Selbstbezichtigung auf das gleiche hinaus, ob jemand mittels seiner geistigen Fähigkeiten (Aussage) für einen bestimmten Umstand Zeugnis geben solle, oder ob der Körper gegen den Beschuldigten aussage, ohne dass dieser das wolle[173].

Bis zu diesem Punkt nimmt Kopf also die überkommene Diskussion um die Frage wieder auf, inwieweit der nemo-tenetur-Grundsatzs es verbietet, den Beschuldigten mithilfe seines Körpers zu überführen[174]. Die „Renaissance[175]" dieser Auffassung findet sich in derselben Weise auch bei Rademacher, die wie Kopf zu dem Ergebnis gelangt, dass § 81a StPO mit Blick auf den nemo-tenetur-Grundsatz nicht mit dem GG in Einklang steht[176].

Wenn es aber nun darum geht, die Konsequenzen aus dieser Überlegung zu ziehen, trennen sich die Wege von Rademacher und Kopf.

Rademacher hat mit dieser Erkenntnis nämlich das entscheidende Argument gegen die Zulässigkeit der DNA-Analyse im Strafverfahren insgesamt gewonnen. Denn sie hält nicht bloß die *Erhebung* des Analysematerials über die Bestimmung des § 81a StPO für mit der Selbstbelastungsfreiheit unvereinbar, sondern auch die Analyse des Materials. Denn mit der erzwungenen Duldung der

---

[173] Kopf, a.a.O., S. 166 f.
[174] S. zu diesem Streit schon oben 1b.
[175] Verrel, Selbstbelastungsfreiheit, S. 226.
[176] Rademacher, Zulässigkeit, S. 113 f.

Materialüberlassung stelle der Beschuldigte den Strafverfolgungsbehörden seine Erbanlagen als Ausforschungsmaterial zur Verfügung, „also die Grundlagen seiner Existenz und seines So-Seins[177]". Nach alldem stellten die genetischen Untersuchungsmaßnahmen einen nicht zu rechtfertigenden Eingriff in Art. 2 Abs. 1 i.V.m. Art. 1 Abs. 1 GG dar; die Erbanlagen selbst bildeten schließlich die Grundlage des höchstpersönlichen Privat- und Intimbereichs.
Wenn dem Angeklagten die Wahrung eines unantastbaren Kernbereichs nicht völlig entzogen werden solle, dann verbiete sich die *Extrahierung und Analyse* der Erbanlagen im Bereich des Strafverfahrens[178]. Kurz: Auch das *Verfügenkönnen* der Strafverfolgungsorgane über das Untersuchungsmaterial, mithin über die DNA des Betroffenen, ist schon für sich genommen ein Verstoß gegen den nemo-tenetur-Grundsatz[179].
Etwas merkwürdig fällt dagegen der weitere Gang von Kopfs Untersuchung aus. Denn kaum hat sie die Unvereinbarkeit des § 81a StPO mit dem nemo-tenetur-Grundsatz festgestellt[180], gelangt sie zu der Erkenntnis, dass die Strafverfolgungsorgane für die DNA-Analyse ja regelmäßig gar nicht auf die Gewinnung einer Blutprobe nach § 81a StPO angewiesen sind, denn das DNA-Identifizierungsmuster des Betroffenen lasse sich schließlich ohne weiteres auch aus jedem anderen Körperbestandteil, etwa einem verlorenen Haar gewinnen. Gleichgültig, ob sich die Polizei z.B. eines solchen Haares mit oder ohne Wissen des Betroffenen bemächtige, ergäben sich daraus keine Bedenken in Bezug auf die Vereinbarkeit mit der Selbstbelastungsfreiheit – schließlich werde hier nicht einmal unmittelbarer Zwang auf den Körper ausgeübt. Mit dem nemo-tenetur-Grundsatz unvereinbar sei allein die Erlangung des Untersuchungsmaterials mithilfe einer Blutprobenentnahme oder anderer körperlicher Eingriffe; denn nur in solchen Fällen werde das staatliche Gewaltmonopol zum Zwecke der Überführung einer Person unter Missachtung des aus ihrem Selbsterhaltungstrieb folgenden Anwehrverhaltens genutzt[181].
An ohne einen solchen Eingriff erlangtem Untersuchungsmaterial darf nach Kopfs Auffassung nur deshalb keine DNA-Analyse durchgeführt werden, weil es in der StPO an der Ermächtigungsgrundlage für eine solche Untersuchung fehle; § 81e StPO beziehe sich ausdrücklich nur auf nach § 81a StPO erlangtes

---

[177] Rademacher, a.a.O., S. 116.
[178] Rademacher, a.a.O., S. 127; Hervorhebung von mir, M.W.
[179] Diese Überlegung überrascht angesichts der hier vertretenen Trennung der Anwendungsbereiche von informationeller Selbstbestimmung und Selbstbelastungsfreiheit (s. oben 1.), der zufolge sich nur die Materialgewinnung nach letzterem Grundsatz richtet, für die Verarbeitung aber auf das informationelle Selbstbestimmungsrecht abzustellen ist. Rademacher dagegen begreift beide Rechte als Einheit, sieht also in Übereinstimmung mit einem Teil der Literatur in dem nemo-tenetur-Grundsatz nur einen spezifischen Anwendungsfall des Rechts auf informationelle Selbstbestimmung.
[180] Kopf, Selbstbelastungsfreiheit, S. 170.
[181] Kopf, a.a.O., S. 178 f.; s. auch dort Fn. 566.

Material. Dies ist aber – worauf Kopf selbst hinweist – keine Frage mehr des nemo-tenetur-Grundsatzes, sondern eine solche des informationellen Selbstbestimmungsrechts[182]. Soweit eine – nach Kopfs Auffassung ausreichende – Ermächtigungsgrundlage in die StPO eingefügt würde, würde der Grundsatz der Selbstbelastungsfreiheit einer entsprechenden Analyse mithin nicht mehr im Wege stehen.

Taschke, auf dessen Bedenken bzgl. einer Zulassung der DNA-Analyse mit Blick auf die Selbstbelastungsfreiheit einleitend schon hingewiesen worden ist, sieht die größten Gefahren bei den DNA-Massenuntersuchungen. Denn der Zwang, der bei solchen Maßnahmen von dem Aufruf zur „freiwilligen" Teilnahme ausgehe, sei kaum zu überbieten. Weil die DNA-Analyse mit nahezu ausschließender Wahrscheinlichkeit die Zuordnung des aufgefundenen Spurenmaterials zu einer bestimmten Person ermögliche, böten sich dem Täter der zugrunde liegenden Tat nur noch zwei Möglichkeiten, nämlich entweder der Aufforderung der Strafverfolgungsbehörde Folge zu leisten und somit „freiwillig" an seiner Überführung mitzuwirken, oder er könne seine Mitwirkung verweigern und allein dadurch den Verdacht schaffen, der dann zur Grundlage für die zwangsweise Anordnung der DNA-Analyse werde[183].

Keine derartigen Bedenken kennt demgegenüber Altendorfer: Nur „der Vollständigkeit halber"[184] befasst er sich überhaupt mit der Selbstbelastungsfreiheit. Insofern sei zu unterscheiden zwischen der Gewinnung und der Untersuchung des Zellmaterials.

Grds. sei anerkannt, dass der Beschuldigte nicht zu einer aktiven Beteiligung an seiner Überführung gezwungen werden dürfe. Zwangsmaßnahmen wie die Gewinnung von Körperzellen habe er allerdings nach ganz h.M. zu dulden. Abwegig erscheine im Übrigen die Auffassung, mit der Duldung der molekulargenetischen Untersuchung sei auch das Verbot der Selbstbelastungsfreiheit verletzt, weil der Beschuldigte zum Untersuchungsobjekt und damit zum Beweismittel gegen sich selbst herabgewürdigt werde. Denn zum einen sei in der Untersuchung selbst keine Herabwürdigung zu erkennen, und zu anderen müsse nach dieser Argumentation jede laborchemische BAK-Bestimmung oder jede kriminaltechnische Auswertung eines herkömmlichen Fingerabdrucks unzulässig sein. Für die Beurteilung der Untersuchung selbst komme damit ein Verstoß gegen das Verbot der Selbstbelastungspflicht „sicherlich nicht" in Betracht[185].

---

182 Kopf, a.a.O., S. 183 ff.

183 Taschke, in: Taschke/ Breidenstein, Genomanalyse, S. 198 (205 f.).

184 Altendorfer, Rechtsprobleme, S. 157.

185 Altendorfer, a.a.O., womit er allerdings den Schwerpunkt der Problematik – nämlich die Frage nach dem Verhältnis der DNA-Reihenuntersuchungen zur Selbstbelastungsfreiheit – von vornherein übersieht, und im Übrigen Thesen als „abwegig" qualifiziert, die jedenfalls in dieser Oberflächlichkeit so niemand aufgestellt hat.

### *3. Stellungnahme*

Die Diskussion um die Vereinbarkeit der DNA-Analyse mit dem nemo-tenetur-Grundsatz erscheint zunächst nicht recht ergiebig. Das dürfte zunächst daran liegen, dass sie sich ganz vorrangig um die Bestimmung des § 81a StPO dreht, die – was sogleich noch darzulegen sein wird – an der eigentlichen Problemlage vorbei geht. Die Diskussionsbeiträge knüpfen insofern nämlich an die alte Auseinandersetzung um die Verfassungsmäßigkeit des § 81a StPO an und finden dabei im Grunde keine neuen Argumente, die nicht schon damals widerlegt worden wären.

Damit soll nun zwar ganz und gar nicht behauptet werden, § 81a StPO sei eine verfassungsrechtlich völlig unproblematische Bestimmung; insofern ist ja bereits darauf hingewiesen worden, dass das Recht des Beschuldigten auf informationelle Selbstbestimmung es erforderlich machen würde, genauere Regelungen über die Verwendung des mithilfe eines Beschlusses nach § 81a StPO gewonnenen Untersuchungsmaterials zu treffen. Die eigentliche verfassungsrechtliche Sprengkraft liegt also viel weniger bei der Material*gewinnung* als bei dessen *Auswertung*.

Demgegenüber erscheint § 81a StPO in Bezug auf die Materialgewinnung als weitgehend unproblematische Bestimmung; dies gilt auch und gerade mit Blick auf das Verbot der Selbstbelastung. Denn man muss sich zunächst vergegenwärtigen, dass die *Erlangung* der zu untersuchenden Körpermaterialien sich nicht wesentlich von anderen in der StPO geregelten Eingriffsbefugnissen unterscheidet. So wäre es zweifelsohne zulässig, einen vom Täter über die von ihm begangene Tat verfassten Bericht zu beschlagnahmen – soweit (um diese Problematik hier außen vor zu lassen) es sich dabei nicht um eine Tagebuch-Eintragung handelt. Es ist auch zulässig, entsprechende Fotos vom Tatort in Augenschein zu nehmen oder Zeugen zum Geschehen zu befragen. Nichts anderes stellt es aber letztlich dar, wenn aus dem Blut des Täters die BAK ermittelt oder seine DNA untersucht und mit einer Tatortspur verglichen wird. Der einzige Unterschied zwischen dem schriftlichen Bericht vom Tatort und der zu analysierenden Körpersubstanz liegt darin, dass letztere aus dem Körper des Täters herausgeholt werden muss. Dies hat er nach § 81a StPO zu dulden, genauso wenig wie er es verhindern kann, dass ein Bericht beschlagnahmt oder ein von ihm aufgenommenes Foto zur Identifizierung verwendet wird. Der *Erlangungsvorgang* ist für sich genommen grds. derselbe.

Auch das dagegen – etwa von Kopf – wieder aktivierte Argument des menschlichen Selbsterhaltungstriebes gibt insofern keinen Anlass zu einer abweichenden Beurteilung. Abgesehen davon, dass ganz zu Recht darauf hingewiesen worden ist, dass es eher zweifelhaft erscheint, das Bestreben des Menschen, nicht für von ihm begangenes Unrecht gerade stehen zu wollen, mit höchsten verfas-

sungsrechtlichen Weihen zu schmücken[186], entspricht es dem Selbsterhaltungstrieb des Menschen sicher ebenso wenig, dass er – und dies wird soweit ersichtlich von niemandem bestritten – die Pflicht hat, während der gegen ihn geführten Strafverhandlung im Gerichtssaal anwesend zu sein und sehenden Auges hinzunehmen, dass gegen ihn erhebliche Strafen verhängt werden, dies in aller Regel noch vor einer nicht unerheblich großen Saalöffentlichkeit.
Gegen die Verfassungsmäßigkeit des auf § 81a StPO gestützten Vorgangs der Materialgewinnung werden demnach durchgreifende Bedenken kaum zu formulieren sein. Dass sich diese Bedenken gleichwohl nach wie vor beständig halten, dürfte auf verschiedenen Missverständnissen, insbesondere aber auf der extensiven Interpretation der Bestimmung des § 81a StPO durch die h.M. beruhen. So entsteht gerade bei der Lektüre der Überlegung Kopfs der Eindruck, dass es ihr so sehr gar nicht um das bloße Dulden der Blutentnahme geht, sondern um die zur Erlangung dieser Probe angewandten – *weiteren* – Zwangsmittel, wie z.B. die Fesselung des Beschuldigten. Es geht also um die Willensbeugung des Beschuldigten zur *Herbeiführung der Voraussetzungen einer Duldung* des körperlichen Eingriffs, um insofern also der eigentlichen Entnahme noch vorgelagerte Zwangseingriffe. Und dass hier in der Tat „der Hase im Pfeffer“ liegt, wurde oben bereits dargelegt, denn die von der h.M. vertretene Auffassung, § 81a StPO decke auch z.B. die Fesselung des Beschuldigten, ist schon allein deshalb abzulehnen, weil davon nichts in § 81a StPO steht und er insofern keine dem Grundsatz der Normenklarheit entsprechende Ermächtigungsgrundlage bietet[187]. Dies ist aber – um es nochmals hervorzuheben – kein Problem der Materialgewinnung als solcher und damit nicht eigentlich ein Problem des § 81a StPO – dieser verlangt mit hinreichender Klarheit die Duldung der Blutentnahme –, sondern eines der – unrichtigen – Interpretation des § 81a StPO.
Insofern ist auch die extensive Auslegung des nemo-tenetur-Grundsatzes durch Rademacher kaum hilfreich, die nicht nur die Gewinnung, sondern auch die Verwertung des Untersuchungsmaterials als Verstoß gegen den nemo-tenetur-Grundsatz begreift. Dass dies nicht überzeugt, soweit es um die bloße passive Duldung der Materialentnahme geht, ist soeben dargelegt worden. Die Verwendung des Materials jedoch ist ein spezifisches Problem des Rechts auf informationelle Selbstbestimmung, das oben (II.) bereits diskutiert worden ist. Demgegenüber bezieht sich der Anwendungsbereich des Grundsatzes der Selbstbelastungsfreiheit – worauf oben ebenfalls schon hingewiesen wurde – allein auf die Materialerlangung.
Jedoch: Verständlich ist der Ansatz Rademachers schon, denn nur durch die Verquickung des nemo-tenetur-Grundsatzes mit dem Recht auf informationelle Selbstbestimmung gelang es ihr, die Problematik des § 81a StPO für die DNA-

---

[186] Vgl. hierzu Pawlik, GA 1998, S. 378 ff.; Verrel, Selbstbelastungsfreiheit, S. 230 m.w.N.
[187] Vgl. nur Eisenberg, Beweisrecht der StPO, Rn. 1623 m.w.N.

Analyse überhaupt fruchtbar zu machen. Denn bereits auf den ersten Blick wenig verständlich sind die Überlegungen Kopfs. Diese legt zunächst in aller Ausführlichkeit dar, dass § 81a StPO verfassungswidrig ist, um sodann zu der Feststellung zu gelangen, dass die DNA-Analyse ja auch mithilfe bereits abgesonderter Körperbestandteile (insbesondere: Haaren) durchgeführt werden könne, für die es eines Eingriffs in die körperliche Integrität gar nicht bedarf. Solcherlei „Materialgewinnung" hält Kopf aber – selbst wenn sie heimlich erfolgt – für ohne weiteres vereinbar mit dem nemo-tenetur-Grundsatz. Begreift man dessen entscheidende Bedeutung – wie sie – als Gewährleistung des menschlichen Selbsterhaltungstriebes, erscheint dieser Schluss allerdings überraschend und er dürfte eher darauf hinweisen, dass – wie oben dargelegt – diese Ableitung insgesamt wenig sinnvoll ist. Denn gerade durch solche, insbesondere heimliche Maßnahmen wird der Selbsterhaltungstrieb doch gleichsam von vornherein unterlaufen, dies erscheint – zumindest bei näherer Betrachtung – für den Einzelnen kaum weniger bedrohlich als eine offene und damit zwangsweise Materialgewinnung.

Diese Überlegungen implizieren – wie schon angedeutet – dass mit § 81a StPO ganz offenbar die falschen Schlachten geschlagen werden. Geht man mit der h.M. einmal davon aus, dass der nemo-tenetur-Grundsatz nur den Zwang zur aktiven Mitwirkung verbietet[188], nicht aber die bloße Duldung von Ermittlungsmaßnahmen, dann muss der Schwerpunkt der Überlegungen – jedenfalls was das spezifische Verhältnis von DNA-Untersuchungen und nemo-tenetur-Grundsatz angeht – ersichtlich an einem ganz anderen Punkt ansetzen, nämlich dort, wo die Strafverfolgungsbehörden noch gar keine konkrete Person als potenziellen Täter im Blick haben. Schließlich ist dies die eigentliche Domäne der DNA-Analyse, worauf Taschke mit Recht hinweist. Die Frage, ob eine Anordnung nach § 81a StPO angestrebt wird, stellt sich für die Strafverfolgungsbehörden erst in dem Augenblick, in dem sich der Tatverdacht schon gegen jemand Konkreten richtet.

Daraus aber ergibt sich die weitere Überlegung, dass die spezifischen Risiken der DNA-Analyse für den nemo-tenetur-Grundsatz dort liegen, wo jemand dazu genötigt wird, aus – vermeintlich – freien Stücken, und ohne dass die Strafverfolgungsorgane sonst schon irgendetwas Handfestes gegen ihn vorweisen könnten, sein DNA-Identifizierungsmuster bei der Polizei abzuliefern. Nur dieser Fall ist der klassischen Situation des nemo tenetur vergleichbar, in der jemand unter Zwang eine Tat gesteht oder entsprechende sächliche Beweismittel präsentiert.

Daraus wiederum ergibt sich, dass die Frage der Vereinbarkeit von DNA-Analyse und dem Gebot der Selbstbelastungsfreiheit weniger die DNA-Analyse

---

[188] Dazu m.w.N. Verrel, Selbstbelastungsfreiheit, S. 14, der selbst dieser Unterscheidung jedoch nicht folgt.

im Allgemeinen als gerade den DNA-Massentest im Speziellen betrifft. *Dies* sind die Fälle, in denen, ohne dass die Polizei bereits konkrete Hinweise auf eine spezifische Person als Täter hätte, gerade dieser zur Selbstoffenbarung veranlasst werden soll.
Hält man sich diese Überlegung vor Augen, sind auch die Schlussfolgerungen nicht mehr schwierig zu ziehen:
Soweit es sich um einen *finalen* DNA-Massentest handelt, ist dieser – jedenfalls soweit er nicht auf *freiwilliger* Basis erfolgt (dazu unten B.) – mit dem nemo-tenetur-Grundsatz nicht vereinbar, weil hier ein noch völlig Unbekannter gezwungen wäre, sich durch Abgabe seiner DNA selbst „ans Messer zu liefern".
Bei den *kausalen* Massentests dagegen hält sich die Anordnung der Abgabe DNA-analysefähigen Materials von vornherein im Rahmen üblicher Zwangsmittel, ohne dass sich gerade aus der angewandten DNA-Technik etwas anderes ergäbe. Denn hier soll die Duldungsanordnung nur noch dazu dienen, einen bereits der Tat sowieso schon Verdächtigen zu überführen, es ist also nicht mehr der Verdächtige (bzw. allgemein der von der Maßnahme Betroffene) selbst, der die Ermittlungsbehörden überhaupt erst auf sich aufmerksam macht[189].

### *IV. Unschuldsvermutung*

Die Unschuldsvermutung führte im Rahmen der bisherigen Debatte um die Zulassung der DNA-Analyse im Strafverfahren nur ein Schattendasein. Einzig Wollweber hat kurz die Frage aufgeworfen, ob die sog. Gendateien nach § 81g StPO bzw. § 2 DNA-IFG mit dieser Garantie vereinbar seien, diese Frage aber schließlich verneint[190]. Dies überrascht, nimmt man das Szenario gerade der DNA-Massenuntersuchungen in den Blick. Denn hier werden doch ganz offenbar strafprozessuale Untersuchungseingriffe gegen Personen vorgenommen, gegen die regelmäßig – mit Ausnahme einiger allgemeiner Merkmale wie Geschlecht oder Wohnsitz – gar keine konkretisierten Anhaltspunkte für ihre Verbindung mit der aufzuklärenden Tat bestehen. Gleichwohl werden sie – gewissermaßen im Sinne eines Kollektivverdachtes – von den Strafverfolgungsbehörden aufgefordert – insofern gleich einem Beschuldigten – die Entnahme von Körpersubstanzen zu dulden, um deren Übereinstimmung mit der Tatortspur festzustellen.
Dieser Unstimmigkeit wird im Folgenden weiter nachzugehen sein. Insofern soll zunächst die verfassungsrechtliche Ableitung der Unschuldsvermutung

---

[189] Um es an dieser Stelle noch einmal zu verdeutlichen: Damit ist nichts darüber gesagt, ob und inwieweit die weitere Verwendung und Verarbeitung des solchermaßen gewonnenen Materials zulässig ist, und ob und ggf. welche Zwangsmaßnahmen zulässig sind, um den Betroffenen zur Duldung erst zu veranlassen, wie etwa seine Fesselung. Hier genügt jedenfalls § 81a StPO nicht als Eingriffsgrundlage. Nur: All dies ist keine Frage des *Verbots der Selbstbelastung* im Strafverfahren.
[190] Wollweber, NJW 2001, S. 2304 (2305).

dargestellt werden (1.). Sodann ist nach dem Inhalt der Unschuldsvermutung zu fragen (2.), bevor abschließend die gewonnenen Einsichten auf die DNA-Reihenuntersuchungen angewendet werden (3.).

### *1. Die verfassungsrechtlichen Grundlagen der Unschuldsvermutung*

Während die Unschuldsvermutung in den Text einiger deutscher Landesverfassungen als selbstständige Garantie Eingang gefunden hat (vgl. etwa Art. 20 Abs. 2 Satz 1 Hess LVerf: „Jeder gilt als unschuldig, bis er durch rechtskräftiges Urteil eines ordentlichen Gerichts für schuldig befunden ist.")[191], sucht man eine derartige ausdrückliche Gewährleistung im Grundgesetz vergeblich. Es besteht jedoch weitgehend Einigkeit dahingehend, dass die Unschuldsvermutung zum festen Bestand auch des Bundes-Verfassungsrechts gezählt werden kann. Kaum geklärt ist hingegen, wo genau sie im Grundgesetz verortet werden kann: So leitet das BVerfG die Unschuldsvermutung in Übereinstimmung mit der in der Literatur vorherrschenden Meinung jedenfalls schwerpunktmäßig aus dem Rechtsstaatsprinzip (Art. 20 Abs. 3 GG) her[192], wobei in diesem Kontext ausdrücklich auch auf deren engen Zusammenhang mit dem Recht des Beschuldigten auf ein rechtsstaatliches und faires Verfahren verwiesen wird[193]. Insofern stelle sie auch die selbstverständliche Folge eines nach Inhalt und Grenzen durch das Gebot der Achtung der Menschenwürde bestimmten, auf dem Schuldgrundsatz aufbauenden materiellen Strafrechts dar[194]. Anklang hat in der Literatur insbesondere die vom BVerfG vorgenommene Verknüpfung der Unschuldsvermutung mit dem Grundsatz des fair trial gefunden, weil gerade dadurch die Stellung der Unschuldsvermutung als allgemeiner Verfahrensgrundsatz gesichert werde, ohne dass eine Verbindung zu konkreten grundrechtlichen Garantien (zwingend) hergestellt werden müsse[195].

Durchgesetzt hat sich damit ein Begründungsansatz für die Unschuldsvermutung, der verschiedene Gesichtspunkte kombiniert und sie damit auf eine Zu-

---

[191] Vgl. auch Art. 6 Abs. 2 EMRK; Art. 14 Abs. 2 IPBPR.

[192] Vgl. etwa BVerfGE 19, S. 342 (347); BVerfGE 74, S. 358 (370); BVerfGE 82, S. 106 (114). Zustimmung hat diese Auffassung etwa gefunden bei Bruns, StV 1982, S. 18 (19); Ostendorf, StV 1992, S. 288 (288); Pfeiffer, in: KK-StPO, Einleitung, Rn. 32a; Rudolphi, in: SK-StPO, vor § 94, Rn. 8; Rogall, ebenda, vor § 133, Rn. 74; Vogler, Kleinknecht-FS, S. 429 (436).

[193] BVerfGE 74, S. 358 (371).

[194] BVerfGE 74, S. 358 (371); Meyer, Tröndle-FS, S. 61 (62); Vogler, Kleinknecht-FS, S. 429 (436); vgl. auch KG, JR 1966, S. 109; Frister, Jura 1988, S. 356 (357); Haberstroh, NStZ 1984, S. 289 (291); Sangenstedt, StV 1985, S. 117 (122).

[195] Vgl. z.B. Rzepka, Fairness, S. 342, der zufolge die Unschuldsvermutung unverzichtbar ist für den Anspruch auf ein faires Strafverfahren. S. ergänzend auch Albrecht, KritV 1997, S. 229 (230); Hassemer, Maihofer-FS, S. 183 (203); Stuckenberg, Untersuchungen, S. 546 ff.

sammenschau von Rechtsstaatsprinzip, Menschenwürde, allgemeinem Persönlichkeitsrecht und der fair-trial-Maxime stützt[196].

### *2. Inhalt und Reichweite der Unschuldsvermutung – ihre Bedeutung für den von staatlichen Ermittlungseingriffen Betroffenen*

Wichtigste Aufgabe der Unschuldsvermutung ist nach heute h.M. die Sicherung des gerichtsförmigen und prozessordnungsgemäßen Strafverfahrens, oder, wie Stuckenberg es präzise ausdrückt, der Schutz vor einer Desavouierung des Strafverfahrens[197]. Die Unschuld des Betroffenen wird vermutet, um ein ordentliches Gerichtsverfahren zum Beweis des Gegenteils zu erzwingen, bevor wegen eines Tatvorwurfs strafrechtlich relevante Entscheidungen getroffen werden. Sie schützt mithin vor solchen Nachteilen, die in der Sache einem Schuldspruch oder Strafe gleichkommen, denen jedoch kein rechtsstaatliches Verfahren vorausgegangen ist[198].

Umstritten ist dabei, ob im Rahmen der strafprozessualen Ermittlungsbefugnisse deren *Intensität* für den Beschuldigten unter dem Gesichtspunkt der Unschuldsvermutung von Belang sein kann[199]; insofern geht es mithin um die Frage, ob strafprozessuale Maßnahmen bereits eo ipso durch ihre Ausgestaltung Strafcharakter annehmen können, oder ob sich dieser ausschließlich dadurch bestimmt, mit welcher Intention eine bestimmte Maßnahme getroffen wird[200].

Einigkeit besteht aber demgegenüber, dass die Unschuldsvermutung nicht erst die Hauptverhandlung betrifft, sondern als Leitlinie und Orientierungssatz das gesamte Strafverfahren, einschließlich des Ermittlungsverfahrens[201] prägt. Daraus ergibt sich jedoch nach allgemeiner Auffassung nicht, dass sich der Beschuldigte – eben unter Berufung auf die Unschuldsvermutung – gegen strafprozessuale Zwangsmaßnahmen zur Wehr setzen könnte[202]. Allerdings hat

---

[196] Exemplarisch hierfür etwa Gollwitzer, in: Löwe/ Rosenberg, Art. 6 MRK/ Art. 14 IPBPR, Rn. 103, 105, 116 f. Vgl. auch Stuckenberg, a.a.O., S. 49, 51, dem zufolge sich die verschiedenen Begründungsansätze nicht ausschließen, sondern einander verstärken und ergänzen.

[197] Stuckenberg, a.a.O., S. 530.

[198] BVerfGE 74, S. 358 (370 f.); BVerfG, NJW 1988, S. 1715 (1716); BVerfGE 82, S. 106 (114 f.); Bruns, StV 1987, S. 18 (19); Ostendorf, StV 1992, S. 288 (288); Vogler, Kleinknecht-FS, S. 429 (436 f.). Vgl. auch Weßlau, StV 1991, S. 226 (231).

[199] Dazu einerseits Meyer, Tröndle-FS, S. 61 (68), andererseits Schubarth, Tragweite, S. 28.

[200] Dies lässt sich an dem Beispiel der Untersuchungshaft plastisch veranschaulichen: wird diese bereits durch ihre bloße Ausgestaltung, insbesondere ihre Dauer zur Strafhaft, oder erst dadurch, dass sie vonseiten des Staates (schon) deshalb initiiert wird, um damit einen Teil der Sanktion bereits vorwegzunehmen?

[201] OLG Koblenz, StV 1987, S. 430 (431); OLG Köln, NJW 1987, S. 2682 (2684); Marxen, GA 1980, S. 365 (365); Meyer, Tröndle-FS, S. 61 (71).

[202] S. nur BVerfGE 82, S. 106 (115): „Die Unschuldsvermutung verwehrt es den Strafverfolgungsorganen nicht, schon vor Abschluss der Hauptverhandlung verfahrensbezogen den Grad des Verdachts einer strafbaren Handlung eines Beschuldigten zu beurteilen."

Vogler insofern darauf hingewiesen, dass die Unschuldsvermutung ihre Wirkung nicht nur in den Verfahren entfalte, in denen es um den Tatvorwurf selbst gehe, sondern sie schütze gerade auch vor strafrechtlichen Auswirkungen, die unter Umgehung eines derartigen Verfahrens an den Tatvorwurf geknüpft würden, m.a.W. die „Garantie der Exklusivität der verfahrensmäßigen Schuldfeststellung" verhindert auch, dass Formen der Schuldfeststellung gesucht werden, die von der festgelegten Ausgestaltung des Strafverfahrens abgekoppelt sind[203].

Nicht geklärt ist bis dato auch die Frage, ob die Unschuldsvermutung verzichtbar ist:

So vertritt etwa Gollwitzer die Auffassung, die Unschuldsvermutung werde dem Betroffenen als subjektives Recht garantiert; diesen Schutz in Anspruch zu nehmen sei niemand verpflichtet. Grund und Grenzen ihrer Verfügbarkeit folgten aus der Handlungsfreiheit des Einzelnen und aus seiner Menschenwürde, die auch sonst als Elemente des Rechtsstaatsprinzips die Stellung des Beschuldigten als Verfahrenssubjekt begründeten und begrenzten. Das Recht, im Strafverfahren als Unschuldiger behandelt zu werden, sei für denjenigen bedeutungslos, der sich in freier Verantwortung ungezwungen und in Kenntnis der Tragweite seiner Erklärung selbst zu der ihm angelasteten Tat bekenne und damit auf den Schutz verzichte, durch den diese Garantie seine Verteidigung im Strafverfahren sichere. Es sei am allerwenigsten für einen solchen Angeklagten verständlich und letzthin auch mit seiner Würde als selbstverantwortliches Verfahrenssubjekt unvereinbar, wolle man vom Gericht verlangen, dass es in einem solchen Falle bei der formalen Verhandlungsführung das Geständnis ignoriere[204].

Andere verweisen demgegenüber auf den Ursprung der Unschuldsvermutung im Rechtsstaatsprinzip und in der Menschenwürde und halten sie daher für indisponibel, denn ihre Einhaltung unterliege schon deshalb nicht der Verfügungsgewalt des Einzelnen, weil ihre Einhaltung gerade auch im öffentlichen Interesse liege[205]. Eine vermittelnde Auffassung hat in diesem Kontext Frister eingenommen, der das Erfordernis einer verfahrensmäßigen Schuldfeststellung zwar für grds. unverzichtbar hält, gleichzeitig aber davon ausgeht, es komme eine Rechtfertigung des Eingriffs unmittelbar aufgrund einer Einwilligung des Betroffenen infrage[206].

Mithin kann zunächst ein Fazit gezogen werden, mit dem Meyer seine Überlegungen zur Unschuldsvermutung schon vor 13 Jahren beendet hatte: „Die Un-

---

[203] Vogler, Kleinknecht-FS, S. 429 (437).

[204] Gollwitzer, in: Löwe/ Rosenberg, Art. 6 MRK/ Art. 14 IPBPR, Rn. 110. Vgl. auch OLG Frankfurt, NJW 1980, S. 2031 f.; Haberstroh, NStZ 1984, S. 289 (294).

[205] Kondziela, MSchrKrim 1989, S. 177 (184 f.); Paeffgen, Vorüberlegungen, S. 271; Siolek, Verständigung, S. 129 ff.

[206] Frister, Schuldprinzip, S. 94.

tersuchung hat ergeben, dass die Behauptung, über Inhalt und Tragweite der Unschuldsvermutung bestehe wenig Klarheit, nach wie vor zutrifft[207]."

### *3. DNA-Reihenuntersuchungen im Lichte der Unschuldsvermutung*

Trotz der bestehenden Schwierigkeiten bei der Interpretation der Unschuldsvermutung soll im Folgenden der Versuch unternommen werden, wenigstens für den hier im Mittelpunkt stehenden Fall der DNA-Massenuntersuchungen etwas mehr Klarheit zu schaffen.

Dabei wird den weiteren Ausführungen die h.M. insofern zugrunde gelegt, als die verfassungsrechtliche Ableitung nicht weiter hinterfragt werden soll. Zwar ist vollkommen zu Recht kritisiert worden, dass die Begriffe des Rechtsstaatsprinzips oder des fairen Verfahrens hier regelmäßig nur formelhaft verwendet werden, und dass dadurch das Risiko durchaus verstärkt wird, sich um eine tragfähige und eingehende Begründung der Ergebnisse gleichsam herumzudrücken[208]. Andererseits kann aber immerhin der Charakter der Unschuldsvermutung als subjektives (Grund-) Recht als grds. gesicherte Erkenntnis angenommen werden; dies erscheint für den hiesigen Kontext ausreichend. Infrage gestellt werden soll auch nicht die weithin konsentierte Auffassung, zentraler Inhalt der Unschuldsvermutung sei der Schutz vor einer „Desavouierung des Verfahrens". Denn auch das ist eine für alles Weitere durchaus richtige und brauchbare Erkenntnis.

Denn geht man mit der h.M. des Weiteren davon aus, dass die Unschuldsvermutung auch schon im Vorverfahren gilt, und dass – insofern – auch hier der von Vogler treffend beschriebene Grundsatz der „Garantie der Exklusivität der verfahrensmäßigen Schuldfeststellung" Gültigkeit beansprucht, lässt sich damit auch eine Lösung der Problematik der DNA-Massentests erreichen.

Insofern fällt zunächst auf, dass es offenbar von noch niemandem für fragwürdig gehalten worden ist, dass im strafprozessualen Ermittlungsverfahren Zwangs- und Untersuchungsmaßnahmen gegen den Beschuldigten verhängt werden dürfen[209]. Dies ist auf den ersten Blick ebenso einsichtig wie unverständlich. Einsichtig deshalb, weil ohne Ermittlungsmaßnahmen ein Strafverfahren, und zwar auch und gerade ein solches, das sich rechtsstaatlichen Maximen verpflichtet sieht und insofern am Prinzip der materiellen Wahrheit ausgerichtet ist, schlechterdings ausgeschlossen wäre. Denn wie sollten die Strafverfolgungsorgane bei einem nicht geständigen Beschuldigten ansonsten dessen Schuld feststellen? All dies ist aber deshalb auch unverständlich, weil die Einleitung eines Strafverfahrens ja gerade dem – wenn auch auf einen Anfangsverdacht gestützten – Misstrauen des Staates gegenüber der Unschuld des Bürgers Ausdruck verleiht. Anders gewendet: ohne Misstrauen gegen die Unschuld ist

---

[207] Meyer, Tröndle-FS, S. 61 (74).
[208] Stuckenberg, Untersuchungen, S. 549.
[209] S. nur Roxin, Strafverfahrensrecht, § 11, Rn. 4.

ein Strafverfahren unmöglich. Dass ein solches aber möglich sein muss, ergibt sich im Grunde schon aus dem Begriff „Unschulds*vermutung*", denn eine Vermutung impliziert stets, dass sie – wie auch immer – widerlegt werden kann[210]. Eine solche Widerlegung wäre aber von vornherein ausgeschlossen, gäbe es kein Strafverfahren; gerade so dürfte letztlich auch der von der h.A. vertretene Ansatz begründbar sein, dass der Sinn der Unschuldsvermutung im Schutz vor der Desavouierung des Strafverfahrens durch eine antizipierte Strafe[211] liegt.
Aus diesen Vorüberlegungen ergibt sich, dass die Unschuldsvermutung von vornherein bestimmten Beschränkungen unterliegt, die man insofern als – untechnisch gesprochen – immanente Schranken bezeichnen könnte: Sie ist gerichtet auf Sicherung der verfahrensmäßigen Schuldfeststellung, muss diese Feststellung mithin um ihrer selbst willen erlauben. Treffend hat diese Problematik am Beispiel der Untersuchungshaft Alexander Graf zu Dohna in seinem Strafprozessrechtsbuch bereits vor über 70 Jahren gekennzeichnet: „Um also den Verdächtigen vor unverdienter Strafhaft zu schützen, wird das Strafverfahren gegen ihn betrieben; um dieses durchführen zu können, wird der Verdächtige eingesperrt[212]." Oder, anders formuliert: Schutz der Unschuldsvermutung durch Verletzung der Unschuldsvermutung[213]?
Diese offenbar kaum auszuräumende Diskrepanz bedarf nunmehr einer Rechtfertigung, will man gleichwohl die strafprozessualen Untersuchungseingriffe nicht schon von vornherein in ihrer Zulässigkeit infrage stellen. Es fragt sich mithin, worin eine derartige Rechtfertigung erblickt werden könnte. Nun lässt sich eine solche Rechtfertigung der Systematik der StPO entnehmen, deren Aufgabe nach der Auffassung des BVerfG schließlich auch gerade darin besteht, durch einfachgesetzliche Regelungen dem Schutz der Unschuldsvermutung zu dienen[214], nämlich im *Anfangsverdacht* gegen den Beschuldigten im Sinne des § 152 Abs. 2 StPO. Durch die Erweckung des Anfangsverdachts aufseiten der Strafverfolgungsorgane hat der *Beschuldigte* Anlass gegeben, an seiner (vermuteten) Unschuld zu zweifeln; es bestehen konkrete Anhaltspunkte dafür, dass die Unschuld zu seinen Gunsten zu Unrecht vermutet wird[215]. Dies gibt den Strafverfolgungsbehörden nach dem Legalitätsprinzip die Aufgabe zu überprüfen, ob dieser erste Eindruck die bei seiner Richtigkeit unzutreffende Ver-

[210] Zum Begriff der Vermutung s. Stuckenberg, Untersuchungen, S. 447 ff.
[211] Vgl. BVerfGE 35, S. 311 (320).
[212] Dohna, Strafprozessrecht, S. 126 f.
[213] Schubarth, Tragweite, S. 27.
[214] BVerfGE 74, S. 358 (372); BVerfGE 82, S. 106 (115); Meyer, Tröndle-FS, S. 61 (64).
[215] BVerfGE 19, S. 342 (347): „Der Eingriff in die Freiheitsrechte ist nur hinzunehmen, wenn und soweit einerseits wegen dringenden auf konkrete Anhaltspunkte gestützten Tatverdachts begründete Zweifel an der Unschuld des Verdächtigen bestehen [...]."

mutung der Unschuld zu widerlegen in der Lage ist[216]. Insofern wird durch den Anfangsverdacht also ein zulässiges Misstrauen des Staates gegenüber dem Beschuldigten begründet; es erwächst gleichsam eine Schuldvermutung, die der Unschuldsvermutung zuwiderläuft. Welche der beiden entgegengesetzten Vermutungen mit der Wahrheit übereinstimmt, also den Weg von einem bloßen Tatsachenanschein zur Tatsache zurückzulegen in der Lage ist, muss in einem gerichtsförmigen Strafprozess herausgefunden werden.

Nun wird z.T. die Auffassung vertreten, die Wirkung der Unschuldsvermutung im Ermittlungsverfahren bestehe gerade darin, dass gegen den Beschuldigten nur gerade diejenigen Zwangsmaßnahmen zugelassen werden dürften, die zu ergreifen die Strafverfolgungsbehörden auch gegenüber jedem anderen, mit der Tat von vornherein nicht in Verbindung gebrachten Bürger, berechtigt wären. Aus der Unschuldsvermutung lasse sich das „Gebot der Gleichbehandlung von Verdächtigem und Nichtverdächtigem" ableiten[217]. Diese Ansicht lässt sich nun mit dem zuvor entwickelten Ansatz kaum in Übereinstimmung bringen, er ist mithin unzutreffend[218]. Darauf hat etwa Meyer aufmerksam gemacht[219]: Er bezieht sich auf die von Sax vertretene Meinung[220], der übereinstimmend mit dem Vorstehenden einen Verstoß gegen die Unschuldsvermutung darin erblickt, dass nach § 81a StPO die körperliche Untersuchung des Beschuldigten in einem weiteren Umfang zulässig ist als nach § 81c StPO die des Nichtverdächtigen. Dagegen vertritt Meyer in Übereinstimmung mit Krauß die Auffassung, dass insofern nicht die Unwirksamkeit des § 81a StPO, sondern vielmehr die des § 81c StPO zu erörtern wäre, weil dieser prozessuale Eingriffe auch ohne das Vorliegen eines Tatverdachts zulasse[221]. Ihre Grundlage findet diese Überlegung ohne weiteres darin, dass nach der Systematik der StPO gerade mit Blick auf die Unschuldsvermutung gegenüber einem Beschuldigten weiter gehende Eingriffe zulässig sind als gegenüber einem Unverdächtigen[222]. Denn – um es nochmals zu wiederholen – bei diesem wird die zu seinen Gunsten bestehende Unschuldsvermutung schließlich nicht durch entgegenstehende Tatsachen (Anfangsverdacht) eingeschränkt. Insofern unterscheidet die StPO über die Zulässigkeit von

---

[216] Vgl. BVerfGE 74, S. 358 (372): „Die Unschuldsvermutung verwehrt es den Strafverfolgungsorganen allerdings nicht, verfahrensbezogen den Grad des Verdachts einer strafbaren Handlung des Beschuldigten zu beurteilen [...]."

[217] Sax, in: Bettermann/ Nipperdey/ Scheuner, Grundrechte, S. 909 (986). Dagegen etwa Weßlau, StV 1991, S. 226 (231).

[218] Vgl. BVerfGE 16, S. 194 (200); Mrozynski, JZ 1978, S. 255 (256); Müller, NJW 1976, S. 1063 (1066); Schubarth, Tragweite, S. 28. Vgl. zur Diskussion Stuckenberg, Untersuchungen, S. 78 ff.

[219] Meyer, Tröndle-FS, S. 61 (65).

[220] Sax, in: Bettermann/ Nipperdey/ Scheuner, Grundrechte, S. 909 (986).

[221] Krauß, in: Müller-Dietz, Strafrechtsdogmatik, S. 153, (166 f.).

[222] Vgl. BVerfGE 16, S. 194 (200): „Dass die besondere Stellung des Beschuldigten ihm gegenüber besondere Eingriffe erlaubt, fordern die elementaren Bedürfnisse des Strafrechts."

Zwangsmaßnahmen in Abhängigkeit davon, wie nah der Betroffene nach den bisher vorliegenden Anhaltspunkten der Tat steht (vgl. außer der Differenzierung bei §§ 81a, 81c StPO auch die Unterscheidung bei der Durchsuchung in §§ 102, 103 StPO), bzw. wie groß die Wahrscheinlichkeit ist, dass er die Tat tatsächlich begangen hat (dringender Tatverdacht bei der Untersuchungshaft nach § 112 Abs. 1 Satz 1 StPO). Daraus folgt: Je einschneidender die Ermittlungsmaßnahme ist, desto größer muss die Wahrscheinlichkeit sein, dass die Unschuldsvermutung widerlegt werden kann. Je ferner ein Betroffener der Tat aber steht, je weniger Anhaltspunkte dafür bestehen, dass die Unschuldsvermutung ihm gegenüber zu Unrecht besteht, desto geringer werden die Eingriffsbefugnisse. Grds. bestehen dann überhaupt keine, und so sie im Interesse der Aufklärung der Tat eines anderen (ausnahmsweise) zugelassen werden, unterliegen sie erhöhten Voraussetzungen (vgl. §§ 81c Abs. 4, 103 Abs. 1 StPO)[223].
Folge dieser Überlegung ist mit Blick auf die Unschuldsvermutung, dass die Legitimation des in der Ermittlungsmaßnahme liegenden staatlichen Misstrauens in der nach dem jeweiligen Erkenntnisstand bestehenden Wahrscheinlichkeit ihrer Widerlegung zu suchen ist.
Daraus wiederum ergibt sich für die Problematik der DNA-Massenuntersuchungen, dass diese auf Basis von Zwang dann mit der Unschuldsvermutung vereinbar sind, wenn hinreichender Anlass besteht, an der Unschuld der (potenziellen) Teilnehmer zu zweifeln. Diese Möglichkeit dürfte bei den kausalen Reihentests bestehen, weil sich hier aus den konkreten Tatumständen begründete Tatsachen dafür ableiten lassen, dass einer der am Tatort Anwesenden tatsächlich der Täter gewesen sein könnte.
Eine solche Nähe zwischen Tat und Täter einerseits und den Testteilnehmern andererseits besteht demgegenüber bei den finalen Massentests nicht. Hier lässt sich das staatliche Misstrauen gegenüber den potenziellen Teilnehmern nicht auf tatsächliche Anhaltspunkte stützen, sondern nur auf relativ vage statistische Kriterien und Vermutungen. Im Übrigen dürften insofern auch erhebliche Bedenken im Hinblick auf die von Vogler zu Recht postulierte „Garantie der Exklusivität der verfahrensmäßigen Schuldfeststellung" bestehen, denn wenn derartige Tests unternommen werden – darauf wurde oben im Zusammenhang mit der Diskussion um die Menschenwürde (I.) schon hingewiesen –, um in erster Linie die Unschuldigen auszuschließen, dann hat das mit dem eigentlich vorgesehenen, auf die Überführung des Schuldigen gerichteten Strafprozesses nichts mehr gemein.
Zulässig könnte ein solcher Test also nur dann sein, wenn die Teilnehmer – wirksam – in eine Teilnahme *einwilligen*. Denn für die umstrittene Frage, ob ein Verzicht auf die Unschuldsvermutung möglich ist, gilt hier nichts anderes als für dieselbe Problematik im Zusammenhang mit der Menschenwürde (hierzu s.

---

[223] Vgl. dazu auch Haberstroh, NStZ 1984, S. 289 (290).

oben I.). Gerade wenn man die Unschuldsvermutung auch aus der Menschenwürde ableitet, ist es Ausdruck der Anerkennung der persönlichen Autonomie des Einzelnen, dass dieser sich der Unschuldsvermutung auch begeben kann. Insofern stellt Frister im Übrigen zutreffend fest, dass man darauf nicht verzichten kann, dass aber die Einwilligung des Betroffenen eine Verletzung von vornherein ausschließt[224].

Offen bleiben kann demgegenüber die umstrittene Frage, ob bereits die Intensität der Zwangsanwendung zu einer Verletzung der Unschuldsvermutung führen kann, oder ob insofern der „antizipierte Strafcharakter" nur vom Willen der Strafverfolgungsorgane abhängig ist, seine Begrenzung also nur im Grundsatz der Verhältnismäßigkeit findet[225]. Denn: Auch wenn es sich bei der DNA-Analyse schon um einen empfindlichen Eingriff in die Sphäre des Betroffenen handelt, kommt diesem – im Gegensatz zum Freiheitsverlust im Falle der Untersuchungshaft oder zum Besitzverlust bei einer Beschlagnahme – für sich genommen noch kein *Strafcharakter* zu. Festzuhalten aber bleibt:

Die Unterscheidung zwischen *finalen* und *kausalen* Massenuntersuchungen erweist sich auch im Zusammenhang mit der Unschuldsvermutung als tragfähig. Während bei ersteren die *Zwangs*anwendung von Verfassungs wegen ausgeschlossen ist, erscheint sie bei letzteren durchaus zulassungsfähig[226].

Dieses Ergebnis entspricht bemerkenswerterweise gerade den Überlegungen, die Sangenstedt bereits vor 17 Jahren im Zusammenhang mit der Bestimmung des § 111 StPO angestellt hat[227]. Er geht davon aus, dass nichts anderes als ein *Pauschalverdacht* zum Anknüpfungspunkt erheblicher Eingriffe in die Freiheits- und Privatsphäre des Bürgers würde, falls es für eine Durchsuchung gem. § 111 StPO ausreichend wäre, dass irgendeine beliebige Verbindung des davon Betroffenen zu der Anlasstat nicht gänzlich ausgeschlossen werden könnte. Dies hält er für mit der Unschuldsvermutung unvereinbar, bloße Mutmaßungen auf der Basis allgemein-kriminalistischer Erfahrungen ohne konkreten Bezug auf die Person des Betroffenen könnten dafür nicht genügen; vielmehr werde man verlangen müssen, dass gesicherte tatsächliche Anhaltspunkte einen substantiierten Verdacht gerade ihm gegenüber begründeten. Solle der Bürger nicht zu einem Routine- und Zufallsobjekt undifferenzierter Massenüberprüfungen gemacht werden, so dürften entweder die an den Tatverdacht oder die an die zu erwartende Aufklärungswahrscheinlichkeit zu stellenden Anforderungen eine gewisse, in Relation zu der Schwere des Eingriffs stehende Untergrenze nicht unterschreiten. Daraus folgert Sangenstedt, Maßnahmen an Kontrollstellen

---

[224] Frister, Schuldprinzip, S. 94.

[225] Vgl. Meyer, Tröndle-FS, S. 61 (67).

[226] Nicht aber ohne weiteres zulässig; allein mit Blick auf die potenzielle Grundrechtsgefährdung bei der Abgrenzung von finalen und kausalen Massentests und auf die Wesentlichkeitslehre wird deren gesetzliche Regelung unumgänglich sein.

[227] Sangenstedt, StV 1985, S. 117 (122).

dürften nur dann durchgeführt werden, wenn gegenüber dem Betroffenen ein substantiierter Tatverdacht bestehe, wenn also über den Gesichtspunkt hinaus, dass der Angehaltene am Überwachungsort angetroffen worden ist, Tatsachen den Schluss erlaubten, gerade ihn als möglichen Täter anzusehen. Liege ein derart beschaffener Tatverdacht nicht vor, so dürfe sie nur dann ergriffen werden, wenn ebenso konkrete Anhaltspunkte darauf hinwiesen, bei dem Inanspruchgenommenen (zumindest) aufklärungsdienliche Beweismittel finden zu können.
Die Konsequenzen, die Sangenstedt aus der Unschuldsvermutung für § 111 StPO zieht, entsprechen mithin gerade denjenigen, die hier auch für die DNA-Massenuntersuchungen für erforderlich gehalten werden.

### *V. Fair trial*

Ebenso umstritten wie die Bedeutung der Unschuldsvermutung ist die Reichweite der fair-trial-Maxime. Gilt sie den einen als „oberstes Prinzip des gesamten Strafprozessrechts[228], warnen andere davor, mithilfe einer ausufernden Anwendung „derart vager Verfassungsprinzipien" die Bindung an das positive Recht zu lockern und damit einer unsicheren Rechtsanwendung Vorschub zu leisten[229]. Diese Kritik scheint nicht völlig unberechtigt, nimmt man insofern die weitgehend unübersichtliche Entscheidungspraxis der Gerichte in den Blick, der sich klare Grundlinien kaum mehr entnehmen lassen[230], und vergegenwärtigt man sich zum anderen, dass die verfassungsrechtliche Herleitung des fair-trial-Grundsatzes bis heute noch weitgehend im Dunklen liegt und selbst in der Rechtsprechung des BVerfG keine einheitliche Linie zu erkennen ist[231]. Dies ist beim Grundsatz des fair trial noch wesentlich misslicher als bei der Unschuldsvermutung, denn während es sich bei letzterer wenigstens um einen in nahezu allen Rechtsordnungen seit Jahrhunderten bekannten Rechtsbegriff handelt, über dessen Inhalt jedenfalls heute weitgehend Einigkeit besteht[232] (nämlich der Schutz vor einer Desavouierung des Verfahrens), handelt es sich beim „fair trial" um einen Sammelbegriff, unter den sich ganz unterschiedliche strafverfahrensrechtliche Leitprinzipien subsumieren lassen[233], die ihrerseits wiederum weiterer Konkretisierung bedürfen. Hinzu kommt: Im Gegensatz zu seiner ursprünglichen Funktion, die Schutzrechte des Beschuldigten bzw. Angeklagten zu stärken, berufen sich heute mitunter selbst die Strafverfolgungsorgane auf

---

228 Roxin, Strafverfahrensrecht, § 11, Rn. 9.
229 Beulke, Strafprozessrecht, Rn. 28 unter Berufung auf BGHSt 40, S. 211 (217 f.).
230 Vgl. dazu die Zusammenstellung bei Rzepka, Fairness, S.115 ff.
231 Vgl. mit umfassenden Nachweisen Dörr, Faires Verfahren, S. 94 ff., 106 ff., 131 ff.; Rzepka, Fairness, S. 124 ff.
232 Zur Geschichte der Unschuldsvermutung und ihrer Bedeutung in anderen Rechtsordnungen vgl. Stuckenberg, Untersuchungen, S. 11 ff.
233 Vgl. Rzepka, Fairness, S. 266 ff.; 329 ff.

den Grundsatz des fair trial[234]; insofern läuft er Gefahr, dass seine spezifische Schutzfunktion allmählich verloren geht. All dies legt die Vermutung nahe, dass es sich beim „fair trial" mehr um eine – auf ihre Tauglichkeit hin weiter zu untersuchende – Auslegungsmaxime bestehender verfahrensrechtlicher Garantien handelt[235], als um einen seinem Inhalt nach fassbaren und handhabbaren Rechtsgrundsatz.

Fraglich erscheint insofern, ob er für die hier in Rede stehende Problematik der DNA-Massenuntersuchungen tatsächlich Ertrag bringen kann. Insofern erweist sich einmal mehr die fehlende Fassbarkeit dieses Begriffs, wenn man versucht, den DNA-Reihentest unter einen der aus dem „fair trial" abgeleiteten Rechtsgrundsätze zu subsumieren. Dies wiederum dürfte seine Ursache in zwei verschiedenen Umständen finden:

Zum einen wird z.B. auch die Unschuldsvermutung letztlich als eine Ausprägung des „fair trial" verstanden[236]; deren Auswirkungen auf die DNA-Reihenuntersuchungen sind aber oben bereits analysiert worden. Des Weiteren wird seine Aufgabe darin erblickt, die Beachtung der Menschenwürde im Strafverfahren möglichst zu optimieren; der „fair trial" soll den Beschuldigten also davor schützen, zu einem bloßen Objekt des Verfahrens herabgewürdigt zu werden – auch dieser Aspekt des „fair trial" ist oben schon untersucht worden[237]. Angesichts dessen ist davon auszugehen, dass die „speziellen Ausprägungen des fair trial" bereits in einer Weise thematisiert wurden, dass es eines Rückgriffs auf diese Generalklausel nicht mehr bedarf, um die Position der Betroffenen verfassungsrechtlich im Einzelnen auszuloten und zu schützen.

Im Übrigen besteht weitgehende Einigkeit in Literatur und Rechtsprechung darüber, dass zwar schon der Beginn des Strafverfahrens – mithin das Ermittlungsverfahren – von dem Fairnessgrundsatz mit beeinflusst wird, dass er seine ganz zentrale Bedeutung aber erst im Hauptverfahren, insbesondere in der Hauptverhandlung erlangt, in der zum einen die Verteidigungsrechte des Beschuldigten kumulieren und zum anderen eine im Vor- und Zwischenverfahren aufgetretene Unfairness kompensiert werden kann. Zwar kann nicht ausgeschlossen werden, dass etwaiges unfaires Verhalten im Ermittlungsverfahren auch auf die Hauptverhandlung Einfluss nimmt; grds. bleibt die deutliche Fixierung des „fair trial" auf die Hauptverhandlung als maßgeblichem Verfahrensabschnitt für die Umsetzung von Fairness aber nach wie vor berechtigt[238].

Denn: Die bisherigen Ausführungen deuten ja schon darauf hin, dass etwaige rechtsstaatliche Mängel im Ermittlungsverfahren – also dem Verfahrensab-

---

[234] BGHSt 42, S. 46 (49); dazu Rzepka, Fairness, S. 192.

[235] Vgl. etwa Roxin, Strafverfahrensrecht, § 11, Rn. 11: Gebot „Größtmöglicher Optimierung".

[236] Vgl. etwa Rzepka, Fairness, S. 342 ff.; s. auch Dörr, Faires Verfahren, S. 61 ff.

[237] Roxin, Strafverfahrensrecht, § 11, Rn. 11.

[238] Rzepka, Fairness, S. 339.

schnitt, in dem der DNA-Massentest seine Bedeutung spätestens entfaltet[239] – mithilfe der schärfer konturierten Verfassungsgrundsätze bzw. Grundrechte (siehe oben I. – IV.) durchaus angemessen erfasst werden können, und dass dies selbstverständlich auch bei einer Beweiswürdigung in der Hauptverhandlung Berücksichtigung finden müsste. Angesichts dessen kann davon ausgegangen werden, dass eine Auswertung des fair-trial-Grundsatzes für die hier infrage stehende Problematik beiseite gelassen werden kann.

### *VI. Recht auf körperliche Unversehrtheit*

Zum Abschluss bleibt noch auf die Frage des Verhältnisses der DNA-Massenanalyse zum Grundrecht auf körperliche Unversehrtheit gem. Art. 2 Abs. 2 S. 1 GG einzugehen. Insofern sind nach dem bisherigen Gang der Diskussion zwei Aspekte voneinander zu trennen: *Wesentliche* und *unwesentliche* Beeinträchtigungen der unmittelbaren körperlichen Sphäre einerseits sowie Eingriffe *innerhalb* und *außerhalb* der Körpersphäre andererseits.

Da es hierbei ausschließlich um die *Technik der Datenerhebung* (Gewinnung des Zellmaterials) und deren *Verarbeitung* (Bestimmung des DNA-Identifizierungsmusters) geht, ergeben sich für die DNA-Reihenuntersuchungen keine Abweichungen von den Untersuchungen Einzelner, mit der Folge, dass die Bemerkungen zu letzteren für die hiesige Darstellung übernommen werden können.

#### *1. Wesentliche und unwesentliche Beeinträchtigungen der körperlichen Unversehrtheit*

Die Unterscheidung zwischen sog. wesentlichen und unwesentlichen Beeinträchtigungen der Körpersphäre findet ihre Ursache in der Rechtsprechung des BVerfG und des BVerwG. Beide Gerichte haben die Auffassung vertreten, derartige „unwesentliche Beeinträchtigungen" stellten schon keinen Eingriff in den Art. 2 Abs. 2 Satz 1 GG dar. So ist nach Ansicht des BVerfG die Beeinträchtigung durch eine Hirnstrommessung „nur geringfügig und damit zumutbar[240]."

Was man mit dieser Unterscheidung in Bezug auf die DNA-Untersuchung anfängt, ist in der Literatur durchaus umstritten. Dies verwundert wenig, handelt es sich doch bei der Entnahme DNA-analysefähigen Materials aus dem Körper des Betroffenen (z.B. durch Blutentnahme oder Gewinnung eines Haares) offensichtlich um eher geringfügige Eingriffe, die jedenfalls bei kunstgerechter Ausführung für den Betroffenen kaum merkbar sind und bei einer durchschnittlichen körperlichen Verfassung in keinem Fall merkliche Schäden hinterlassen

---

[239] Wobei das Hauptproblem – wie aufgezeigt – ja gerade darin liegt, dass der DNA-Massentest noch im Vorfeld des eigentlichen Ermittlungsverfahrens stattfindet und die größten Risiken hier in einer Entbindung solcher Maßnahmen von strafprozessualen Bindungen liegen.

[240] BVerfGE 17, S. 108 (115). S. auch BVerwGE 46, S. 1 (7).

dürften. So meinen etwa Donner/ Simon einerseits, es liege demnach nahe, in der Blutentnahme zum Zwecke der DNA-Analyse nur eine unwesentliche Beeinträchtigung zu erblicken, die bereits keinen Eingriff in Art. 2 Abs. 2 S. 1 GG darstelle. Andererseits jedoch erscheine es bei näherem Hinsehen schon fraglich, ob eine Blutentnahme tatsächlich schmerzfrei durchgeführt werden könne[241]. Diesen Bedenken hat Hother sich angeschlossen, der überdies darauf hinweist, dass eine Blutentnahme bei manchem auch mit Schwindelgefühlen oder Unwohlsein verbunden sei[242]. Noch weiter geht Ritter, der den verhältnismäßig eng gefassten Eingriffsbegriff von BVerwG und BVerfG ignoriert und sich auf den Standpunkt stellt, die Materialgewinnung für eine DNA-Untersuchung sei schließlich mit einem Einstich und der Entnahme der benötigten Blutmenge verbunden; dass eine derartige Maßnahme einen Eingriff in die körperliche Unversehrtheit darstelle, werde heute nicht mehr bestritten[243]. Für die Blutentnahme teilt Klumpe diese Auffassung und meint im Übrigen, ein körperlicher Eingriff liege nur dann nicht vor, wenn eine Analyse an einem heruntergefallenem Haar oder sonstigen bereits abgesonderten Körperzellen durchgeführt werde[244].

### *2. Eingriff in Art. 2 Abs. 2 S. 1 GG durch Untersuchungen außerhalb der Körpersphäre*

Über derartige Überlegungen hinausgehend hat Oberlies die Auffassung vertreten, ein Eingriff in Art. 2 Abs. 2 S. 1 GG liege nicht nur bei einer unmittelbaren Beeinträchtigung der Körpersphäre vor – etwa durch Entnahme einer Blutprobe. Darüber hinausgehend sei zu beachten, dass „gentechnische Untersuchungen und Manipulationen" zunehmend außerhalb des Körpers selbst stattfänden. Gleichwohl fänden sie aber am Körper statt, in dem Sinne nämlich, dass *in die Körpersubstanz selbst*, nämlich die DNA, eingegriffen werde. Auch darin könne ein Eingriff in die körperliche Unversehrtheit erblickt werden mit der Folge, dass alle gentechnischen Untersuchungen nach Art. 2 Abs. 2 S. 2 GG unter Gesetzesvorbehalt stünden[245].

### *3. Stellungnahme*

Der bisherige Verlauf der Diskussion um das Verhältnis der DNA-Analyse zu Art. 2 Abs. 2 Satz 1 GG vermag nicht recht zu überzeugen. Dafür lassen sich mehrere Gründe finden.

Zunächst ist die überkommene höchstrichterliche Rechtsprechung zur Frage eines Eingriffs in Art. 2 Abs. 2 Satz 1 GG schon auf dogmatischer Ebene wenig

---

[241] Donner/ Simon, DÖV 1990, S. 907 (912).

[242] Hother, DNA-Analyse, S. 44.

[243] Ritter, Genomanalyse, S. 70.

[244] Klumpe, Der „genetische Fingerabdruck", S. 162.

[245] Oberlies, StV 1990, S. 469 (473).

befriedigend. Denn es erscheint mit dem normalerweise sehr weit gefassten Eingriffsbegriff, den das BVerfG in ständiger Rechtsprechung selbst vertritt, kaum vereinbar, zwischen „wesentlichen" und „unwesentlichen" Beeinträchtigungen der körperlichen Unversehrtheit zu differenzieren und nur erstere als Eingriffe i.e.S. anzuerkennen. Es ist nämlich in der Literatur völlig zu Recht darauf hingewiesen worden, dass gerade Beeinträchtigungen der unmittelbaren körperlichen Sphäre des Einzelnen einer objektivierenden Betrachtungsweise kaum zugänglich sind[246]. Selbst wenn man ein subjektives Grundrechtsverständnis nicht anerkennen möchte[247], liegt es doch nahe, hiervon jedenfalls bei einer Beeinträchtigung des Körpers Ausnahmen anzuerkennen. Denn gerade hier kommt es sehr auf das Empfinden des Einzelnen an; was für den einen kaum merkbar und völlig unerheblich ist, stellt für den anderen gleichsam eine Qual dar. Demzufolge erscheint es wenig sinnvoll, bestimmte, unmittelbar körperlich wirkende Maßnahmen von vornherein nicht als Eingriff anzuerkennen und sie damit von dem Erfordernis einer Rechtfertigung, insbesondere einer Kontrolle am Maßstab des Grundsatzes der Verhältnismäßigkeit freizustellen. Die Frage der Intensität des Grundrechtseingriffs ist schließlich auch sonst keine Frage des Eingriffs, sondern der verfassungsrechtlichen Rechtfertigung und insofern insbesondere unter dem Gesichtspunkt der Zumutbarkeit zu erörtern.
Hinzu kommt, dass das Kriterium der „Unwesentlichkeit" eines Eingriffs in höchstem Maße schwammig erscheint[248]; die Beurteilung dessen, was noch unwesentlich ist, bzw. was bereits die Schwelle zur Wesentlichkeit überschritten hat, dürfte anhand sicherer Kriterien kaum feststellbar sein. Hinzu kommt insofern die bereits angesprochene Frage der zwischen verschiedenen Personen höchst unterschiedlichen Wahrnehmung vermeintlich geringfügiger Eingriffe. Die Bestimmung dessen, was einen Eingriff in die körperliche Unversehrtheit darstellt, bleibt, wenn man sich der Auffassung der höchstrichterlichen Rechtsprechung anschließen will, weitgehend der vom Zufall abhängigen Anschauung des einzelnen Richters überlassen. Dies erscheint gerade bei einem so substanzielle Interessen schützenden Grundrecht wie Art. 2 Abs. 2 Satz 1 GG kaum vertretbar; gerade, was seine eigene körperliche Sphäre angeht, ist der Einzelne in ganz besonderem Maße schutzbedürftig.
Es ist deshalb davon auszugehen, dass jede Beeinträchtigung der unmittelbaren körperlichen Sphäre grds. einen Eingriff in Art. 2 Abs. 2 Satz 1 GG darstellt,

---

[246] Hother, DNA-Analyse, S. 45.
[247] Vgl. zum Problem Morlok, Selbstverständnis.
[248] Vgl. dazu etwa Donner/ Simon, DÖV 1990, S. 907 (912); Podlech, in: AK-GG, Art. 2 Abs. 2, Rn. 33 f.

der nur auf der Grundlage einer gesetzlichen Ermächtigung zulässig ist, die für den Einzelnen die Grenzen der Zumutbarkeit wahrt[249].
Allerdings ist mit dieser Erkenntnis gerade für den DNA-Massentest noch nicht viel gewonnen. Denn gerade eine Blutentnahme oder gar das Ausreißen eines Haares zu Analysezwecken ist hier heute ja nicht mehr erforderlich; ein Rachenabstich genügt schließlich vollkommen. Insofern stellt sich nun aber tatsächlich die Frage, ob in einer Speichelentnahme tatsächlich ein Eingriff in Art. 2 Abs. 2 Satz 1 GG zu erblicken ist[250]. Denn es ist in der Rechtsprechung durchaus anerkannt – und dagegen werden, soweit ersichtlich, auch von der Literatur keine Einwände erhoben –, dass bloße Lästigkeiten oder Bagatellen noch keinen Eingriff in Grundrechte darstellen[251]. Da etwa durch die Gewinnung einer Speichelprobe kein Eingriff in die Körpersubstanz erfolgt und damit auch ersichtlich keinerlei Schmerzen verknüpft sind, dürfte sie unter derartige Lappalien zu fassen sein, will man Art. 2 Abs. 2 S. 1 GG nicht jeglicher Konturen berauben und seine enge Verbindung zu Art. 1 Abs. 1 GG übersehen. Diese Bestimmung ist nämlich gerade als Reaktion auf den NS-Terror zu sehen und schützt insofern sowohl die biologisch-physiologische Beschaffenheit des Einzelnen wie auch seine geistig-seelische Gesundheit. Davon kann aber bei der Gewinnung einer bloßen Speichelprobe nicht mehr die Rede sein mit der Folge, dass diese keinen Eingriff in Art. 2 Abs. 2 S. 1 GG darstellt[252].
Als Zwischenergebnis kann mithin festgehalten werden, dass ein Eingriff in Art. 2 Abs. 2 S. 1 GG nur bei Eingriffen in die Körpersubstanz vorliegt (wie dies z.B. bei einer Blutentnahme der Fall ist).
Eine andere Beurteilung wäre nur dann gerechtfertigt, wenn die Auffassung von Oberlies (s. oben 2.) zutreffend wäre, die Art. 2 Abs. 2 Satz 1 GG auch bei körper-externen Untersuchungen von DNA-Analysematerial berührt sieht.
Diese Auffassung vermag allerdings nicht zu überzeugen. Insofern hat Klumpe richtigerweise darauf aufmerksam gemacht, dass der Begriff der körperlichen Unversehrtheit wohl überdehnt würde, wolle man diese auch bei der Untersuchung abgetrennter Materialien betroffen sehen. Denn auch wenn man – worauf bereits aufmerksam gemacht wurde – unter Art. 2 Abs. 2 Satz 1 GG die Freiheit von Schmerzen oder psychischen Beeinträchtigungen wird fassen müssen,

---

[249] Dies entspricht schließlich auch der Rechtsprechung des BVerfG zur Materialgewinnung nach § 81a StPO, wo es dem Grundsatz der Verhältnismäßigkeit gerade herausgehobene Bedeutung beimisst, vgl. die Nachweise bei Eisenberg, Beweisrecht der StPO, Rn. 1622.

[250] Dafür ohne weitere Begründung Ritter, Genomanalyse, S. 70.

[251] Vgl. m.w.N. etwa Pieroth/ Schlink, Grundrechte, Rn. 248.

[252] Insofern gilt hier auch etwas anderes als etwa bei einer Zwangs-Röntgenuntersuchung, die auch physiologische Schäden verursachen kann, die über den unmittelbaren Eingriff hinausgehen (vgl. zu einem solchen Fall etwa VGH Mannheim, DÖV 1979, S. 338; BVerwGE 83, S. 191 ff.). Spätfolgen im gesundheitlichen Sinn kann eine Speichelentnahme kaum nach sich ziehen.

bleibt bei der hier vorgenommenen Interpretation doch stets der Bezug zur geistig-körperlichen Individualität des Einzelnen gewahrt; dieser ist so oder so als Mensch von solchen Eingriffen berührt; diese können Einfluss auf sein geistiges oder physisches Wohlbefinden haben[253]. Im Übrigen ist es ja durchaus zutreffend, wenn Oberlies auch die Untersuchung des Körpermaterials für verfassungsrechtlich beachtlich hält – bloß geht es insofern eben nicht um die Beeinträchtigung der Körpersphäre, die von Art. 2 Abs. 2 Satz 1 GG geschützt ist, sondern um die Frage der informationellen Selbstbestimmung. Dies ist der Maßstab, an dem derartige Untersuchungen zu messen sind; es erscheint insofern wenig erhellend, die Schutzaspekte verschiedener Grundrechte miteinander zu vermengen. Ob und inwieweit der Einzelne mit der Untersuchung seiner DNA einverstanden ist oder nicht, hat dann, wenn das Material von seinem Körper getrennt wurde, nichts mehr mit seiner körperlich-geistigen Integrität zu tun, sondern allein damit, welche Erkenntnisse der Staat über ihn gewinnen kann. Insofern weist Klumpe vollkommen zutreffend darauf hin, dass für die von Oberlies favorisierte extensive Interpretation des Art. 2 Abs. 2 Satz 1 GG auch gar kein Grund besteht, weil dem Betroffenen mithilfe des informationellen Selbstbestimmungsrechts bereits ausreichender Schutz gewährleistet ist[254].

### *4. Ergebnis*

Im Rahmen der DNA-Massentests ist – wie bei der DNA-Analyse im Allgemeinen – ein Eingriff in den Schutzbereich des Art. 2 Abs. 2 Satz 1 GG nur dann anzunehmen, wenn die Gewinnung des zu analysierenden Materials mithilfe eines Eingriffes in die körperliche Integrität geschieht, wie dies etwa bei der Entnahme einer Blutprobe der Fall ist. Soweit das Material aber mithilfe eines Bagatelleingriffs (etwa einem Speichel-Abstrich) erlangt werden kann, ist Art. 2 Abs. 2 Satz 1 GG nicht (mehr) betroffen.

Die Analyse des gewonnenen Materials stellt niemals ein Problem der körperlichen Unversehrtheit dar; vielmehr ist sie am Maßstab des Grundrechts auf informationelle Selbstbestimmung zu messen.

---

[253] Klumpe, Der „genetische Fingerabdruck", S. 163 f., die ebenfalls entscheidend auf den Körperbezug abstellt.

[254] Klumpe, a.a.O., S. 164. Vgl. auch Rademacher, StV 1989, S. 546 (549 f.), die die Frage der *Gewinnung* einer Blutprobe zur Analyse ausschließlich unter dem Gesichtspunkt des Art. 2 Abs. 2 Satz 1 GG erörtert, die *Untersuchung* sodann aber als Problem der informationellen Selbstbestimmung erkennt und insofern dann darauf hinweist, dass § 81a StPO keine taugliche Ermächtigungsgrundlage darstellt, weil dieser eben nur auf die Datengewinnung durch Verletzung der körperlichen Integrität, nicht aber auf die Datenverarbeitung zugeschnitten ist.

### *VII. Zusammenfassung*

Zusammenfassend ist vorläufig Folgendes festzuhalten: Die verfassungsrechtliche Beurteilung der DNA-Massentests muss die *kausalen* und die *finalen* Reihenuntersuchungen unterscheiden. Die abweichende Beurteilung dieser verschiedenen Arten von Tests ist durch die Menschenwürde vorgegeben, erweist sich aber auch bei den anderen einschlägigen Grundrechten als zutreffend.

Um *finale* Massenuntersuchungen handelt es sich bei solchen, die dadurch gekennzeichnet sind, dass zwischen dem Getesteten und der Tat kein spezifischer Zusammenhang hergestellt werden kann; die Strafverfolgungsorgane ermitteln die potenziellen Verdächtigen hier allein anhand statistischer Kriterien wie Geschlecht, Alter, Wohnort usw. Typisches Merkmal dieser Tests ist des Weiteren, dass ihre Teilnehmerzahl grundsätzlich unbegrenzt hoch ist, und dass sie letztlich die Gesamtbevölkerung ganzer Landstriche erfassen können.

*Kausale* Massenuntersuchungen dagegen erfassen Personen, die durch andere als bloß statistische Kriterien in den Blickpunkt der Strafverfolgungsorgane geraten sind, etwa dadurch, dass sie zu der Tat oder dem Opfer in einem tatortspezifischen Verhältnis stehen. Dies ist regelmäßig der Fall bei den sog. Schützenfestfällen, bei denen gerade die Besucher einer derartigen Veranstaltung die Tat aufgrund bestimmter fassbarer Tatsachen begangen haben könnten.

Der entscheidende Unterschied, der auch für ihre verfassungsrechtliche Beurteilung der ausschlaggebende ist, besteht darin, dass es den Strafverfolgungsbehörden bei den finalen Massentests nur mittelbar um die Überführung eines Täters geht; der Schwerpunkt bei der Untersuchung tausender nach bloß statistischen Merkmalen ausgesuchter Personen liegt vielmehr darin, jedenfalls sie als Täter sicher auszuschließen und so den Kreis um den tatsächlichen Täter gleichsam nach und nach enger zu ziehen. Es geht also nicht mehr um den Nachweis der Schuld, sondern vielmehr um ihren Ausschluss. Jeder Teilnehmer wird auf diese Weise ein „Hilfsmittel“ der Strafverfolgung. Dagegen geht es bei den kausalen Massentests im Grunde genommen nur um die klassische Überführung eines von mehreren Tatverdächtigen – durch die spezifische Methode der DNA-Analyse und die damit verknüpften technischen Möglichkeiten - allerdings unter gänzlich neuen Umständen.

Vor diesem Hintergrund ergab sich, dass die kausalen Massentests mit der Garantie der Menschenwürde durchaus vereinbar sind; bei den finalen Massentests kann dies so unproblematisch nicht gesagt werden, denn grds. werden die Testteilnehmer zum Mittel staatlicher Strafverfolgung. Der dadurch indizierte Menschenwürde-Verstoß könnte nur dann ausgeschlossen werden, wenn die Teilnehmer wirksam in die Untersuchung einwilligen (können), denn dann müsste diese Entscheidung als autonomer Entschluss akzeptiert werden, der eine Verletzung der Menschenwürde von vornherein ausschließt (siehe dazu unten B.).

In Bezug auf das Grundrecht auf informationelle Selbstbestimmung ist davon auszugehen, dass jede DNA-Analyse einen Eingriff darstellt, der einer verfassungsrechtlichen Rechtfertigung und einer gesetzlichen Ermächtigungsgrundlage bedarf. Ein *finaler* DNA-Massentest ist vor dem informationellen Selbstbestimmungsrecht nur bei einer wirksamen Einwilligung der Betroffenen zu rechtfertigen; ansonsten wäre er jedenfalls mit dem Grundsatz der Verhältnismäßigkeit nicht vereinbar und könnte daher auch mithilfe eines Gesetzes nicht zugelassen werden.

Die Unterscheidung zwischen zwei Arten von Massentests bestätigte sich auch mit Blick auf das Gebot der Selbstbelastungsfreiheit, denn bei den *finalen* Tests erzeugt der Teilnahmeverweigerer gerade durch seine Weigerung einen konkretisierten Verdacht, mithin hat er nur die Wahl, sich entweder selbst durch Abgabe einer entsprechenden Probe unmittelbar oder durch die Verweigerung mittelbar „ans Messer zu liefern". Auch von daher könnte eine solche Untersuchung nur auf der Grundlage eines wirklich freiwilligen Entschlusses zulässig sein. Anders dagegen bei den *kausalen* Massentests: Hier ist der potenzielle Testteilnehmer schon durch seine spezifische Nähe zur Tat Verdächtiger mit der Folge, dass sich aus dem Test als solchem keine zusätzlichen, selbstständigen Belastungsmomente ergeben können. Auf der Grundlage eines Gesetzes wäre eine solche Untersuchung also mit dem Grundsatz der Selbstbelastungsfreiheit vereinbar.

Schließlich ergibt sich für den Anwendungsbereich der Unschuldsvermutung, dass das eine zwangsweise Untersuchung legitimierende *berechtigte staatliche Misstrauen* (das der Unschuldsvermutung zuwiderlaufen kann) nur bei den kausalen Massentests angenommen werden kann, bei denen die spezifische Beziehung zwischen Tat und Täter dieses Misstrauen legitimiert. Dafür gibt es bei den finalen Massentests keinen hinreichenden Anlass mit der Folge, dass diese nur auf wirklich freiwilliger Basis mit der Unschuldsvermutung vereinbar sind.

In Bezug auf den Grundsatz des fair trial ergeben sich für die Massentests keine besonderen Probleme, die nicht schon durch die zuvor untersuchten verfassungsrechtlichen Gewährleistungen erfasst wären. Dasselbe gilt für Eingriffe in die körperliche Unversehrtheit gem. Art. 2 Abs. 2 Satz 1 GG: Soweit es sich um bloße Bagatelleingriffe (Speichelprobe) handelt, liegt schon kein Eingriff vor; soweit dagegen – wie etwa bei der Blutabnahme – die körperliche Integrität des Betroffenen beeinträchtigt wird, wäre dies nur auf gesetzlicher Grundlage sowie unter Berücksichtigung des Grundsatzes der Verhältnismäßigkeit zulässig. Das führt zu ihrer Unzulässigkeit bei *finalen zwangsweisen* Massentests, denn ein Eingriff mit dem Zweck, einen solchen Test durchzuführen, der gegen die Menschenwürde verstößt, ist von vornherein nicht legitim.

Zusammenfassend lässt sich das bisherige Ergebnis grafisch wie folgt darstellen:

| | *Finale* Massenuntersuchungen | | *Kausale* Massenuntersuchungen |
|---|---|---|---|
| | Zwangsweise | Freiwillig | |
| Menschenwürde, Art. 1 Abs. 1 GG | unzulässig | auf gesetzlicher Grundlage zulässig | auf gesetzlicher Grundlage zulässig |
| Grundrecht auf informationelle Selbstbestimmung, Art. 2 Abs. 1 i.V.m. Art. 1 Abs. 1 GG | unzulässig | auf gesetzlicher Grundlage zulässig | auf gesetzlicher Grundlage zulässig |
| Selbstbelastungsfreiheit, Art. 2 Abs. 1 i.V.m. Art. 1 Abs. 1 GG | unzulässig | auf gesetzlicher Grundlage zulässig | auf gesetzlicher Grundlage zulässig |
| Unschuldsvermutung, Art. 1 Abs. 1, 2 Abs. 1, 20 Abs. 1 GG | unzulässig | auf gesetzlicher Grundlage zulässig | auf gesetzlicher Grundlage zulässig |
| Recht auf körperliche Unversehrtheit, Art 2 Abs. 2 Satz 1 GG | Bagatell*eingriffe* zulässig | Bagatell*eingriffe* zulässig | Bagatell*eingriffe* zulässig |
| | Eingriffe unzulässig | Eingriffe auf gesetzlicher Grundlage zulässig | Eingriffe auf gesetzlicher Grundlage zulässig |

### *B. Eingriffsrechtfertigung*

Nachdem nunmehr die Grundrechtsrelevanz der verschiedenen Arten von DNA-Reihenuntersuchungen geklärt ist, wird es nunmehr darum gehen, im Einzelnen herauszufinden, welche Anforderungen erfüllt sein müssen, um den Grundrechtseingriff zu rechtfertigen bzw. – was die spezifische Problematik des Art. 1 Abs. 1 GG angeht – einen solchen zu umgehen. Dabei wird es überflüssig sein, sich weiterhin mit dem finalen – *zwangsweisen* – DNA-Massentest zu befassen, denn dieser stellt einen Eingriff in Art. 1 Abs. 1 GG dar und ist damit nicht mehr zu rechtfertigen. Er kann ohne weitere Prüfung als verfassungswidrig verworfen werden. Für die Frage, ob es *finale* DNA-Reihenuntersuchungen geben darf, wird es demnach insbesondere auf die unter II. zu erörternde Problematik der *Freiwilligkeit* ankommen. Zuvor ist jedoch – unter I. - zu klären, ob und inwieweit der DNA-Massentest einer gesetzlichen Ermächtigungsgrundlage bedarf; dass eine solche vor dem Hintergrund der Wesentlichkeitslehre wohl unumgänglich sein wird, ist oben (A.) schon mehrfach angedeutet worden. Abschließend ist dann unter III. zu erörtern, inwiefern *zwangsweise* (*kausale*) Massentests auf gesetzlicher Grundlage überhaupt legitimationsfähig sind.

### *I. Das Erfordernis einer gesetzlichen Ermächtigung*

#### *1. Die Wesentlichkeitslehre in der Rechtsprechung des BVerfG*

Eine der bedeutendsten „Neuentdeckungen[255]" in der Rechtsprechung des BVerfG war ganz sicher die sog. „Wesentlichkeitstheorie", mit der es den Grundsatz vom Vorrang und Vorbehalt des Gesetzes, der nach seinem ursprünglichen Verständnis nur für die „Eingriffe in Freiheit und Eigentum[256]" galt, auf eine wesentlich breitere Basis stellte und den Gesetzgeber darauf verpflichtete, „in grundlegenden normativen Bereichen, zumal im Bereich der Grundrechtsausübung, soweit sie staatlicher Entscheidung zugänglich sind, alle wesentlichen Entscheidungen selbst zu treffen[257]." Weil es bei strafprozessualen Ermittlungsmaßnahmen naturgemäß um grundrechtsrelevantes Staatshandeln geht[258], es sich – wie schon der Begriff impliziert – eben um „Eingriffsverwaltung" i.e.S. handelt, liegt es auf der Hand, dass die Wesentlichkeitslehre hier ganz besondere Bedeutung erlangt. Ableitung und Inhalt der Wesentlichkeitslehre sollen im Folgenden zunächst dargestellt werden, um eine erste Grundlegung für die strafprozessuale Umsetzung der gewonnenen Erkenntnisse im 6. Abschnitt zu gewinnen.
Schon in den 1950er begann das BVerfG, allmählich die überkomme Lehre vom „Vorbehalt des Gesetzes[259]" fortzuentwickeln und auszuweiten. Die Anbindung des Vorbehalts an Eingriffe in Freiheit und Eigentum wurde ausdrücklich aufgegeben; das BVerfG verlangte nunmehr eine gesetzliche Ermächtigungsgrundlage für sämtliche *Eingriffe* der Verwaltung „in den Rechtskreis des Einzelnen[260]". Bald gewann es jedoch die Erkenntnis, dass mit dem althergebrachten engen Eingriffsbegriff[261] zahlreiche Risiken, die der Freiheitssphäre

---

[255] Perschke, Zulässigkeit, S. 38 f. weist allerdings darauf hin, dass es „erste Anklänge" an das, was wir heute als „Wesentlichkeitslehre" bezeichnen, schon in einigen Verfassungen des Vormärz und in der Staatsrechtslehre des 19. Jahrhunderts gab, dass sie also eher eine Wieder-Entdeckung als eine Neu-Erfindung darstellt.
[256] Hierzu etwa m.w.N. Stern, Staatsrecht I, § 20 IV 4 (S. 802).
[257] BVerfGE 48, S. 89 (126).
[258] Vgl. etwa die Überschrift zu § 12 in dem Strafprozessrechtslehrbuch von Beulke: „Sonstige wichtige Zwangsmittel (Grundrechtseingriffe)".
[259] Vgl. zu dieser den Überblick bei Maurer, Allgemeines Verwaltungsrecht, § 6, Rn. 3 ff.
[260] BVerfGE 9, S. 137 (147).
[261] Vgl. zum sog. „klassischen Eingriffsbegriff", dem zufolge ein Eingriff nur ein finaler, unmittelbar wirkender Rechtsakt ist, der mit Befehl und Zwang angesetzt bzw. durchgesetzt wird, Pieroth/ Schlink, Grundrechte, Rn. 238.

der Bürger vonseiten der staatlichen Verwaltung drohten, nicht mehr angemessen erfasst werden konnten, und versuchte insofern, den Wirkbereich der Grundrechte auszuweiten. Dies gelang zum einen durch die Entwicklung des weiteren sog. modernen Eingriffsbegriffs[262], der einen Eingriff bereits dann annimmt, wenn ein vom Schutzbereich eines Grundrechts erfasster Freiheitsbereich durch ein – beliebiges – der öffentlichen Gewalt zurechenbares Verhalten eingeschränkt wird[263]. Zum anderen maß das BVerfG dem Eingriffsbegriff im Laufe der Zeit auch eine geringere Bedeutung zu. Dies deutete sich zunächst dadurch an, dass es dem Rechtsstaatsprinzip nunmehr auch entnahm, dass die öffentliche Gewalt „in allen ihren Äußerungen" rechtlich zu binden sei; aus dem Demokratieprinzip ergebe sich zudem, dass jede rechtliche Ausgestaltung der Ordnung eines bestimmten Lebensbereichs auf eine Willensentschließung der vom Volk bestellten Gesetzgebungsorgane rückführbar sein müsse[264] – dies letztlich unabhängig von der Frage, ob die Exekutive dem Bürger mit Befehl und Zwang – also eingreifend – oder leistend gegenübertritt. Denn die *wesentlichen* Entscheidungen muss der Gesetzgeber nach Auffassung des BVerfG *insbesondere* in den Fällen selbst treffen, in denen er zu Eingriffen in den Grundrechtsbereich ermächtigt[265]. Diese Überlegungen konkretisierte das BVerfG kurze Zeit später, indem es den Gesetzgeber dazu verpflichtete, Regelungen in den Fällen selbst zu treffen, in denen Grundrechte der Bürger *berührt* würden[266]. In demselben Urteil stellte das Gericht dann auch klar, in welchem Umfang die gesetzgeberische Tätigkeit bei einer Grundsrechtsberührung gefordert war: Das Parlament müsse die *wesentlichen* Entscheidungen selbst treffen und sei allenfalls dazu befugt, bestimmte Detailregelungen an die Exekutive zu delegieren[267].

Die Ergebnisse dieser Rechtsprechung fasste das BVerfG dann in seinem Urteil über die sog. Hessische Förderstufe zusammen, in dem es ausführte, die Aufgabe des Gesetzgebers bestehe darin, im Bereich der Grundrechtsausübung der Bürger die der staatlichen Gestaltung zugänglichen Rechtssphären selbst abzugrenzen, die wesentlichen Strukturen dieser Rechtssphären selbst festzulegen[268]. Im Urteil vom 28. Oktober 1975 gab das BVerfG die Anbindung des Vorbehalts des Gesetzes an einen Grundrechtseingriff schließlich explizit auf, indem es ausführte: „Losgelöst von dem in der Praxis fließenden Abgrenzungsmerkmal

---

[262] Pieroth/ Schlink, a.a.O., Rn. 239 ff.
[263] BVerfGE 46, S. 120 (137).
[264] BVerfGE 33, S. 125 (158).
[265] BVerfG, a.a.O.; Hervorhebungen von mir, M.W.
[266] BVerfGE 33, S. 303 (346). Hervorhebung von mir, M.W.
[267] BVerfG, a.a.O., S. 303.
[268] BVerfGE 34, S. 165 (192 f.).

des ‚Eingriffs' muss die Entscheidung aller grundsätzlichen Fragen, die den Bürger unmittelbar betreffen, durch Gesetz erfolgen[269]."
Zusammenfassend lässt sich mithin feststellen, dass nach gefestigter Rechtsprechung des BVerfG all das Handeln der öffentlichen Gewalt einer gesetzlichen Ermächtigungsgrundlage bedarf, das wesentlich ist für die Verwirklichung der Grundrechte[270].
Die Auffassung des BVerfG ist in der Literatur bisweilen vehement kritisiert worden; insbesondere die vermeintlich fehlende Handhabbarkeit des Kriteriums der Grundrechtswesentlichkeit wurde immer wieder beklagt[271].
Gleichwohl hat das BVerfG an seiner Haltung allen literarischen Widerständen zum Trotz festgehalten. Doch nicht allein deshalb soll die Wesentlichkeitstheorie den folgenden Ausführungen zugrunde gelegt werden. Es ist nämlich nicht von der Hand zu weisen, dass die Erwägungen, die das BVerfG zur Herleitung seiner Auffassung anführt, durchaus zu überzeugen vermögen; dies umso mehr – wie Perschke anschaulich herausgearbeitet hat – als die Kritik im Wesentlichen unberechtigt ist und jedenfalls auch kein schlüssigeres Gegenkonzept zu entwickeln vermochte[272]. Denn die Wesentlichkeitslehre hat dazu geführt, dass solche Lebensbereiche, die den Bürger ganz existenziell betreffen und für die Verwirklichung seiner Grundrechte mithin besondere Bedeutung erlangen, einer gesetzlichen Ausgestaltung bedürfen; dadurch, dass sich derartige „bereichsspezifische" Regelungen nur in einem parlamentarischen Diskussionsprozess verwirklichen lassen, ist schon allein aufgrund des Zwanges zum politischen Kompromiss davon auszugehen, dass eher schonende und die Belange des Einzelnen angemessen berücksichtigende Regelungen getroffen werden.
Diese Überlegung beansprucht gleichsam selbstverständlich auch Geltung für den Bereich des Straf- und Strafprozessrechts. Dass die klassischen strafprozessualen Zwangsmaßnahmen einer gesetzlichen Ermächtigungsgrundlage bedürfen, war im Kern nie bestritten, handelt es sich dabei doch um die überkommenen Eingriffe in „Freiheit und Eigentum". Die Bedeutung der Wesentlichkeitslehre besteht nunmehr aber ganz entscheidend darin, dass sie den Gesetzgeber eben nicht nur dazu zwingt, einzelne, ganz bestimmte Ermittlungseingriffe gesetzlich auszugestalten, sondern auch und gerade neuere Ermittlungsmaßnahmen in einen adäquaten Regelungskontext einzubetten, der lediglich das Vorfeld des eigentlichen Grundrechtseingriffs erfasst und auf diese Weise dazu beitragen kann, dass es zu einem solchen erst gar nicht (mehr) kommt, bzw. diesen

[269] BVerfGE 40, S. 237 (249).
[270] BVerfGE 47, S. 46 (79); BVerfGE 57, S. 295 (320 f.); BVerfGE 58, S. 257 (268 f.); BVerfGE 83, S. 130 (142).
[271] Vgl. die Nachweise bei Perschke, Zulässigkeit, S. 36 ff.
[272] Perschke, Zulässigkeit, S. 36 ff., 44 ff.

jedenfalls in seiner Intensität abzumildern[273]. Dass diese – zunächst vielleicht etwas abstrakt anmutende – Überlegung hilft, die Stellung des Bürgers angesichts immer neuer, immer weiter entwickelter Ermittlungsmethoden der Strafverfolgungsorgane zu stärken, lässt sich gerade am Beispiel der DNA-Analyse im Allgemeinen, insbesondere aber vor dem Hintergrund der Massenuntersuchungen verdeutlichen:

Wir haben oben (A.) herausgearbeitet, dass für die grundrechtliche Beurteilung des DNA-Massentests eine sehr differenzierte Beurteilung erforderlich ist; man muss unterscheiden zwischen *finalen* und *kausalen* Massenuntersuchungen, bei den *finalen* Massentests hängt ihre Zulässigkeit von der Frage ab, ob und unter welchen Umständen der Betroffene in die Untersuchungshandlung womöglich wirksam *einwilligen* kann. Gerade bei der Problematik der körperlichen Unversehrtheit kommt es auf die Unterscheidung von solchen Beschränkungen an, die schon Eingriffsqualität haben und solchen, die als bloße Bagatelleingriffe den Schutzbereich nur tangieren, aber keinen Eingriff i.e.S. darstellen und damit – jedenfalls nach der klassischen Definition des Eingriffs, der eine Beeinträchtigung absoluter Rechtsgüter verlangt – auch keiner gesetzlichen Grundlage bedürfen. Oder man halte sich vor Augen, wie schmal der Grat zwischen grds. zulassungsfähigen Untersuchungen der persönlichkeitsirrelevanten DNA-Sequenzen und ihren persönlichkeitsrelevanten Ausprägungen verläuft.

Darüber hinaus ist gerade in Bezug auf das Grundrecht auf informationelle Selbstbestimmung die Bedeutung des *Zweckbindungsgrundsatzes* betont worden. Diesen hat auch das BVerfG im Zusammenhang mit den Regelungen über die DNA-Analyse immer wieder hervorgehoben. Denn dadurch werde ein Missbrauch, insbesondere durch Untersuchungen im codierenden Bereich der DNA, verhindert[274].

Kurz: Bei der DNA-Analyse und gerade bei den Reihenuntersuchungen handelt es sich um eine in einem Höchstmaß schwierige Problematik, die sich auch verfassungsrechtlich auf schwankendem Terrain bewegt. Denn für den Betroffenen stehen ganz existenzielle Belange auf dem Spiel, geht es doch gleichzeitig um die Fragen, ob er einer mitunter schwerwiegenden Straftat bezichtigt oder gar überführt werden kann und auch darum, welche Untersuchungen an der ihm entnommenen Materialprobe vorgenommen werden können, und mit welchen Informationen er insofern konfrontiert werden könnte. Die Grenze zwischen zulässigem und nicht zulässigem Verhalten der Strafverfolgungsorgane ist grds. fließend; die Grundrechte befinden sich gleichsam in einer andauernden Bedro-

---

[273] Dies entspricht auch der Arbeitsweise von Perschke, Zulässigkeit, S. 25 ff., der eben nicht bloß einzelne strafprozessuale Ermittlungsbefugnisse auf ihre Verfassungsmäßigkeit hin untersuchen will, sondern versucht, insofern ein umfassendes Gesamtkonzept auf der Grundlage der Wesentlichkeitsrechtsprechung des BVerfG zu entwickeln.

[274] BVerfG, StV 2001, S. 145 (147).

hungssituation. Daraus wiederum ergibt sich ein großes Schutzbedürfnis des Betroffenen, und diesem kann allein dadurch entsprochen werden, dass die gesamte Problematik im Gesetz selbst präzise geregelt wird. Und: Soweit sich eben besondere Gefährdungen aus der spezifischen Erlangung des Analysematerials mithilfe einer *Massenuntersuchung* ergeben, kann die alleinige Regelung für die Entnahme und Analyse des Materials in §§ 81a Abs. 1, 81e StPO keine ausreichende Ermächtigungsgrundlage bilden.
Als Zwischenergebnis ist also festzuhalten, dass losgelöst von einem Grundrechtseingriff im Einzelfall die Wesentlichkeitstheorie allein schon mit Blick auf die dauernde Grundrechtsgefährdung im Rahmen eines DNA-Massentests für diesen eine *ausdrückliche* gesetzliche Normierung verlangt, die die Grenzen, innerhalb derer eine derartige Maßnahme zulässigerweise noch durchgeführt werden könnte, präzise festschreibt. Eine solch eindeutige Regelung ist letztlich schon allein mit Blick darauf unerlässlich, dass der Betroffene anderweit kaum die Möglichkeit hätte, sich gegen unberechtigte Eingriffe gerichtlich auf effektive Weise zur Wehr zu setzen[275].

### *2. Gesetzesvorbehalt (auch) bei Einwilligungen des Bürgers in staatliche „Zwangsmaßnahmen“*

Es stellt sich nunmehr die Frage, ob das soeben festgestellte grundsätzliche Erfordernis einer gesetzlichen Ermächtigungsgrundlage für staatliche Zwangseingriffe durch eine *Einwilligung* des Betroffenen gleichsam überspielt werden kann, anders gewendet: Verliert der strafprozessuale Ermittlungseingriff seinen Zwangs-, damit seinen Eingriffscharakter dadurch, dass der Betroffene seine Zustimmung signalisiert, und hat dies zur Folge, dass die öffentliche Gewalt frei von gesetzlichen Bindungen handeln kann?
Bevor wir diesem Problem im Einzelnen weiter nachgehen, ist es erforderlich, sich zunächst der Tatsache bewusst zu werden, dass die Frage nach dem Gesetzesvorbehalt für eine Einwilligung des Bürgers losgelöst betrachtet werden muss von der Frage, ob er überhaupt auf bestimmte Positionen verzichten, bzw. in bestimmte Beeinträchtigungen seiner rechtlich geschützten Sphären durch den Staat einwilligen kann. Während es bei letzterer allein darum geht, *ob* Grundrechtsschutz gleichsam auch gegen die autonome Entscheidung des Einzelnen durchsetzbar ist (vgl. oben A. I. 2. und I.3. b) sowie unten II. 1. a)) kreist

---

[275] Wie sehr der gerichtliche Rechtsschutz gerade in dem hier interessierenden Bereich den DNA-Analyse durch schwammige gesetzliche Ermächtigungsgrundlagen seiner Wirksamkeit beraubt werden kann, verdeutlicht die Rechtsprechung zu den Anordnungen nach § 81g StPO und § 2 DNA-IFG. Hier wurden von den Instanzgerichten schlichtweg untragbare Entscheidungen getroffen, die ein mehrfaches Tätigwerden des BVerfG zum Schutz der betroffenen Grundrechte erforderlich machte, vgl. nur BVerfG, StV 2001, S. 145 ff. Zur Bedeutung einer gesetzlichen Ausgestaltung für eine adäquate Regelung eines Sachproblems vgl. vor dem Hintergrund des Täter-Opfer-Ausgleichs etwa Bannenberg, Wiedergutmachung, S. 268 ff.

die nunmehr abzuhandelnde Problematik allein um das *wie* der Einwilligung, also insbesondere um ihre verfahrensmäßige Ausgestaltung im Gesetz.
Besinnt man sich auf die philosophischen Grundlagen der Lehre vom Gesetzesvorbehalt, dann muss die hier zugrunde liegende Fragestellung allerdings überraschen; darauf hat Amelung mit Recht aufmerksam gemacht[276]. Denn die theoretische Herleitung dieser Grundsätze durch John Locke beruht gerade auf dem Gedanken, dass Rechtsbeeinträchtigungen gegenüber den der Staatsgewalt Unterworfenen nur mit deren Zustimmung statthaft sein sollten – deren Zustimmungsakt liegt im Gesetz, bildet also gleichsam eine Art „Kollektiv-Zustimmung" für alle nun folgenden Eingriffe des Machthabers. Mit anderen Worten: Die Legitimation des Eingriffs beruht auf dieser Zustimmung.
Wenn nun aber schon eine Kollektiv-Zustimmung der Mehrheit, deren Auffassung der Einzelne ja zunächst einmal nicht zwingend zu teilen braucht, zu Eingriffen in dessen Sphäre berechtigen kann, dann muss eine solche Berechtigung doch erst recht dann anzunehmen sein, wenn es zwar an diesem Akt der kollektiven Zustimmung fehlt, der Betroffene aber gerade für seinen Einzelfall seine Einwilligung erteilt. Die Legitimationsgrundlage, der Konsens, ist – wie Amelung es treffend formuliert – nicht nur in einer durch Mehrheitsentscheid vermittelten, sondern in seiner ursprünglichen und aktuellen Form vorhanden[277]. Nach richtiger Auffassung liegt es – darauf wurde ja oben (A.I.3. b)) schon hingewiesen – schließlich so, dass eine *wirklich autonome Einwilligung* des Grundrechtsträgers schon begrifflich das Vorliegen eines „Eingriffs" ausschließt[278].
Nur: Gerade hier liegt der Hund begraben. Der spezifische Vorzug jedenfalls des theoretischen Modells vom Vorbehalt des Gesetzes liegt darin, dass das Volk dem Machthaber gleichsam als machtvolles Kollektiv gegenübertritt und jener ihm für jeden einzelnen, seine Sphäre tangierenden Eingriff eine Zustimmungserklärung abringt. Dies muss er schon allein deshalb tun, weil das Volk eine Macht aufweist, die prinzipiell auch stärker ist als diejenige des Machthabers selbst, sodass er sich auf diesen „Deal" gezwungenermaßen immer wieder einlassen *muss*. Anders ist hingegen die Lage, wenn der Einzelne als selbstständiges Individuum der öffentlichen Gewalt gegenübertritt; hier besteht gleichsam ein naturgegebenes Übergewicht des Staates; der Einzelne verfügt nicht im Ansatz über die Potenz, seine Belange ihm gegenüber durchzusetzen. In einer solchen Konstellation läuft der Einzelne also Gefahr, vor der ihm begegnenden Übermacht zu kapitulieren, er ist nicht dazu in der Lage, seine Belange als gleichberechtigter Partner durchzusetzen. Kurz: Die Zustimmung, die sich der Staat in einem zähen Machtkampf vom Volk erringen muss, kann er von dem Einzelnen gleichsam im Handstreich erlangen. Dies aber sind nunmehr denkbar

---

[276] Vgl. zum Folgenden Amelung, Einwilligung, S. 62 ff.
[277] Amelung, a.a.O., S. 65.
[278] So auch Amelung, a.a.O., m.w.N.

schlechte Voraussetzungen für die Erteilung einer Einwilligung, die man für anerkennungsfähig halten wird.

Denn gerade die Austarierung jenes Ungleichgewichts, die Skepsis gegenüber der Einsichtsfähigkeit und Bereitschaft des Starken, für *alle Seiten* interessengerechte Lösungen zu finden, stellt ja eines der Kernprobleme des Rechts überhaupt dar. Findet sich dieses Thema im Bürgerlichen Recht etwa im Verbraucherschutz, ist es im Öffentlichen Recht der klassische Regelungsbereich der Grundrechte. Hieraus aber folgt: All das Verhalten der öffentlichen Gewalt, das dazu angetan ist, vom Schutzbereich der Grundrechte erfasste Lebenssphären des Bürgers in irgendeiner Weise zu tangieren, ist von vornherein der freien Verhandlungsführung entzogen, denn bei einer freien Verhandlungsführung liefe der potenziell schwächere Bürger Gefahr, vom stärkeren Staat übervorteilt zu werden. Es bedarf also verfahrensmäßiger Absicherungen der Verhandlungsposition des Bürgers, mithin einer Art „Verbraucherschutzrecht" im Bürger-Staat-Verhältnis. Dabei geht es – wie eingangs dargelegt - noch gar nicht um die Frage der materiellen Verzichtbarkeit von Grundrechtspositionen, ebenso wenig wie das Recht der Allgemeinen Geschäftsbedingungen das materielle Problem im Blick hat, ob ein Rechtsgeschäft grds. möglich oder zulässig ist – es geht allein darum, die ordnungsgemäßen Rahmenbedingungen dieses Geschäfts abzusichern.

Und gerade dies ist auch das hier zu lösende Problem. Es geht allein darum, ob sozusagen vom mächtigen Kollektiv (Volk) ausgehandelte Rahmenbedingungen (auch) für die Zustimmung des Einzelnen in eine bestimmte grundrechtsrelevante Ermittlungsmaßnahme erforderlich sind.

Diese Frage zu stellen, heißt sie zu bejahen. Denn nach dem soeben zur Wesentlichkeitslehre Ausgeführten kann nicht mehr infrage stehen, dass es hier um eine derart sensible Problematik geht, die den Schutz des Einzelnen zwingend erfordert. Denn alle im Zusammenhang mit einem Massentest stehenden staatlichen Untersuchungseingriffe laufen stets Gefahr, dass es zu einem nicht mehr zu rechtfertigenden Grundrechtseingriff kommt. Es ist demnach davon auszugehen, dass eine Einwilligung in die Beeinträchtigung eines - durch einen DNA-Massentest betroffenes - Grundrechtsgutes nur dann zugelassen werden kann, wenn das Gesetz dies vorsieht. Dafür streiten im Übrigen auch folgende Überlegungen:

Bestimmte Aufgaben bzw. Befugnisse werden gerade deshalb auf den Staat übertragen, weil der Gesetzgeber einer Selbstregulierung des infrage stehenden Sachbereichs durch Private nicht recht vertrauen zu können glaubte, weil er spezifische Gefahren damit verknüpft sah, die er dann glaubte minimieren zu können, wenn die öffentliche Gewalt – also er selbst - sie ausführt[279]. Dem liegt zweifelsohne der Gedanke zugrunde, dass die öffentliche Gewalt stets an die

---

[279] Amelung, Einwilligung, S. 71.

Vorgaben des Gesetzgebers gebunden ist (Art. 20 Abs. 3 GG); eine vergleichbar enge Bindung ist gegenüber Privaten kaum zu erreichen. Insofern erfüllt – das ist nach den vorangegangenen Ausführungen nun keine Überraschung mehr – die gesetzliche Regelung eines solchermaßen als gefährlich erscheinenden Sachbereichs eine doppelte Funktion:
Zum einen soll die Einschaltung des Staates den von Zwangsmaßnahmen potenziell Betroffenen vor dem Machtmissbrauch seiner Mitbürger bewahren; der Gesetzgeber erkennt zwar die Regelungsbedürftigkeit einer bestimmten Materie, glaubt aber – wie bereits ausgeführt – nicht daran, dass die Bürger sie selbst regeln können bzw. , dass sie die von ihm geschaffenen Normen so umsetzen, wie *er* es für richtig hält.
Zum anderen soll der Betroffene im Zusammenhang mit der Aufgabenwahrnehmung durch den Staat aber auch davor geschützt werden, dass sich dieses Ziel der „Verstaatlichung" bestimmter Bereiche in sein Gegenteil verkehrt, dass also gleichsam der angestrebte Schutz vor Übergriffen Privater umschlägt in Übergriffe vonseiten des Staates. Weil aber aufgrund der natürlichen Übermacht des Staates gegenüber dem Individuum diese Gefahr jederzeit besteht, ist es erforderlich – im Sinne des oben bereits genannten „staatlichen Verbraucherschutzes" – auch die staatliche Gewalt zu binden und das Zusammentreffen mit dem Bürger einem bestimmten verfahrensmäßigen Ablauf zu unterwerfen, dieses mithin in einen bestimmten organisatorischen Rahmen einzubetten.
Zwar kann dies – das wurde oben (I.) für die Frage der Menschenwürde bereits erörtert – nun nicht dazu führen, die Autonomie des Einzelnen infrage zu stellen und sein Selbstbestimmungsrecht auch gegenüber dem Staat in der Weise durchzusetzen, dass man dem Einzelnen von vornherein verbietet, mit dem Staat zu verhandeln. Denn dass dies grds. möglich sein kann und muss, davon geht der Gesetzgeber augenscheinlich selbst aus, wie er z.B. durch die Anerkennung des Verwaltungsvertrags in §§ 54 ff. VwVfG gezeigt hat. Insofern muss es auch zulässig sein, in Zwangsmaßnahmen grundsätzlich einzuwilligen. Unerlässlich ist insoweit aber eine Verfahrensordnung, die die Autonomie dieser Entscheidung absichert, den Machtmissbrauch des Stärkeren mithin verhindert.
Als Ergebnis festgehalten werden kann demnach die Erkenntnis, dass auch die *freiwillige* Teilnahme an einem DNA-Massentest stets nur auf einer gesetzlichen Grundlage zulässig ist, die die Voraussetzungen und das Verfahren im Einzelnen regelt.

### *3. Zusammenfassung*

Die vorstehenden Überlegungen haben uns zu zwei wichtigen Erkenntnissen geführt: Aufgrund der spezifischen Grundrechtsrelevanz der DNA-Massenanalysen bedarf es vor dem Hintergrund der vom BVerfG geprägten Wesentlichkeitstheorie einer gesetzlichen Ausgestaltung nicht nur der eigentli-

chen, mit diesen Untersuchungen verbundenen Grundrechtseingriffe, sondern des gesamten Umfeldes. Zudem ermöglicht die Zustimmung des betroffenen Bürgers zu einer solchen Maßnahme für sich genommen der hoheitlichen Gewalt noch nicht, diese auch durchzuführen. Eine solche Einwilligung ist nur dann beachtlich, wenn sie auch in der vom Gesetz vorgesehenen *Verfahrensweise* erlangt worden ist.
Eine verfassungsmäßig tragbare gesetzliche Regelung der DNA-Massentests muss also diese beiden Gesichtspunkte zwingend berücksichtigen.

### *II. Der Inhalt einer gesetzlichen Ermächtigungsgrundlage*

Angesichts der gewonnenen Erkenntnis der Erforderlichkeit einer gesetzlichen Ermächtigungsgrundlage für *freiwillige* wie für *zwangsweise* DNA-Massentests soll es nunmehr darum gehen herauszufinden, welche Anforderungen an den Inhalt einer derartigen Regelung zu stellen sind. Waren bisher nur die formalen Fragen (nämlich die Erforderlichkeit des Vorliegens eines Gesetzes) Gegenstand der Überlegungen, wird nunmehr zu inhaltlichen Fragen einer gesetzlichen Lösung Stellung zu nehmen sein.

#### *1. Die Einwilligung in die Grundrechtsverletzung – das Problem der Freiwilligkeit*

Insbesondere mit Blick auf die *finalen* DNA-Massenuntersuchungen hat sich ergeben, dass es dort ganz entscheidend auf die *Freiwilligkeit* der Beteiligung ankommt. Denn nur dann können solche Maßnahmen überhaupt als verfassungsmäßig zulässige Untersuchungsmethode anerkannt werden (s. oben A.). Ob es solchermaßen freiwillige Beteiligungen überhaupt geben kann, wird im Folgenden zu untersuchen sein. Insofern ist zunächst der schon im Zusammenhang mit der Menschenwürde-Diskussion aufgeworfenen Frage weiter nachzugehen, ob und unter welchen Voraussetzungen die Einwilligung in eine Grundrechtsverletzung bzw. ein Grundrechtsverzicht überhaupt möglich ist. Sodann ist das Problem der *Freiwilligkeit* der Einwilligung zu untersuchen; es ist zu klären, was unter diesem Begriff zu verstehen ist, und ob und wie sie gesetzlich abgesichert werden kann.

##### *a) Das Problem des Grundrechtsverzichts*

##### *aa) Meinungsstand*

Prominentester Vertreter derer, die einen Grundrechtsverzicht für möglich halten, ist Dürig[280]. Er leitet diese Möglichkeit schon aus dem primären Charakter

[280] Dürig, AöR 81 (1956), S. 117 (152 ff.).

der Grundrechte als Freiheitsrechte der Bürger ab. Insofern liege gerade im Verzicht auf bestimmte Grundrechtspositionen ein Akt der Freiheitsausübung, der jedenfalls grds. dem Sinn und Zweck der Grundrechte entspreche. Auch wenn jedes Grundrecht einen unverzichtbaren Würdekern beinhalte, zeige sich im Regelfall die Menschenwürde gerade in der Anerkennung der Autonomie des Einzelnen; das Einverständnis des Betroffenen sei demnach allemal dazu geeignet, dem staatlichen Handeln einen etwaigen würdeverletzenden Charakter von vornherein zu nehmen. Die Menschenwürde als Grundlage aller Freiheitsrechte ist mit der autonomen Selbstbestimmung des Einzelnen zumindest in einem wesentlichen Teilbereich identisch.
Einschränkend weist Dürig allerdings darauf hin, dass der Verzicht letztlich denselben Bindungen unterworfen sei wie das einschränkende Gesetz. Auch bei einem Grundrechtsverzicht bleibe der das Grundrecht tangierende Staat an die Wesensgehaltsgarantie und an die Reichweite des jeweiligen Gesetzesvorbehaltes gebunden[281].
Noch etwas pointierter als bei Dürig findet sich diese Überlegung auch bei Hillgruber[282]. Dieser betont zunächst, nicht nur die insofern besonders augenfälligen Grundrechte wie Art. 10 oder 13 GG dienten dem Schutz der Individualsphäre des Bürgers. Vielmehr seien sämtliche Grundrechte im Interesse des subjektiv berechtigten Einzelnen dazu bestimmt, seine Freiheitssphäre vor Eingriffen der öffentlichen Gewalt zu sichern[283]. Daraus lasse sich nunmehr schlussfolgern, dass es zum Begriff des „Eingriffs" gehöre, dass der Wille des betroffenen Grundrechtsträgers überwunden oder wenigstens übergangen werde. Eine teleologische Grundrechtsauslegung müsse daher zu dem Ergebnis führen, dass mit Zustimmung des Grundrechtsträgers erfolgende staatliche Beeinträchtigungen grundrechtlicher Schutzgüter mangels Schutzbedürftigkeit als vom Schutzbereich der Grundrechtsnormen gar nicht erfasst anzusehen seien. Insbesondere die Berufung der Gegner dieser Auffassung auf Art. 1 Abs. 3 GG gehe fehl, weil die Grundrechte in ihrer Abwehrfunktion von vornherein gar nicht einschlägig seien, wenn der Grundrechtsinhaber die Rechtsgutsbeeinträchtigung dulde, billige oder diese gar fordere – bei einem Einverständnis des Berechtigten scheide der potenziell rechtfertigungsbedürftige staatliche Eingriff in den Schutzbereich schließlich aus[284].

Etwas anderes könne auch nicht im Hinblick auf die Frage der Dispositionsbefugnis angenommen werden. Zwar sei es zutreffend, dass die soeben festgestellten Überlegungen nicht mehr richtig wären, soweit der Grundrechtsträger zu einer Einwilligung in die Beeinträchtigung vom Tatbestand eines Grundrechts er-

[281] Dürig, a.a.O., S. 152 f.
[282] Hillgruber, Schutz, S. 134 ff.
[283] Hillgruber, a.a.O., S. 135 unter Berufung auf BVerfGE 7, S. 198 (204).
[284] Hillgruber, a.a.O., S. 136.

fasster Freiheitssphären gar nicht befugt wäre. Eine solche Befugnis könne der Verfassung jedoch ohne weiteres entnommen werden; unabhängig von der Frage, inwieweit aus den speziellen Freiheitsverbürgungen des Grundrechtskataloges schon die Berechtigung zur Disposition des Rechtsinhabers darüber folgt, komme jedenfalls immer Art. 2 Abs. 1 GG zum Zuge. Verstehe man diesen in Übereinstimmung mit dem BVerfG als Garantie der allgemeinen Handlungsfreiheit, so falle die Verfügung über eigene, auch über grundrechtsgeschützte Rechtsgüter, zumindest subsidiär unter den Schutz des Art. 2 Abs. 1 GG, der den allgemeinen Freiheitsanspruch des Individuums gegen den Staat sichere. Daran ändere auch der grds. anzuerkennende Charakter der Grundrechte (auch) als Elemente einer objektiven Ordnung nichts, weil die objektiven Grundrechtswirkungen die subjektiven nur in ihrer Geltungskraft verstärken, diese aber nicht gleichsam konterkarieren sollen[285]. Die einzig offene Frage im Bereich des Grundrechtsverzichts[286] ist für Hillgruber demnach, inwieweit dieser jeweils schon durch das spezielle Freiheitsrecht miterfasst ist, oder ob es insofern des Rückgriffs auf Art. 2 Abs. 1 GG bedarf[287]. Dass die Grundrechte als Garantien autonomer Freiheit verzichtbar sind, ist für ihn dagegen nicht zu bezweifeln.
Einen ähnlichen Ansatzpunkt verfolgt von Münch[288]. Dieser stellt allerdings schwerpunktmäßig darauf ab, dass (nur) der Verzicht auf die *Ausübung* eines Grundrechtes zulässig sei. Er bezeichnet es sogar als Gemeingut in Rechtsprechung und Literatur, dass der Einzelne zwar nicht auf ein Grundrecht als solches, wohl aber auf einzelne daraus fließende Befugnisse verzichten könne. Diese Differenzierung zwischen dem verfassungsrechtlich unzulässigen Verzicht auf ein Grundrecht als solches und dem verfassungsrechtlich zulässigen Verzicht auf die Ausübung des Grundrechtes werde dann sinnvoll, wenn man sich die Frage der Endgültigkeit der zu treffenden Entscheidung vor Augen halte. Insofern beruft sich von Münch auf eine Entscheidung des Schweizerischen Bundesgerichts, das aus der Rechtsnatur der persönlichen Freiheit als unverzichtbares und unverjährbares Recht gefolgert hat, dass der Bürger dem Staat gegenüber nicht im Voraus und nicht endgültig darauf verzichten kann[289].
Gegen die Möglichkeit der Bürger, auf Grundrechte zu verzichten, hat sich auch Sturm ausgesprochen[290]. Dieser weist bei seinen Überlegungen zunächst darauf hin, dass – auch wenn die Verfassungsinterpretation sich aufgrund der Sonderstellung der Grundrechte nicht unbesehen die Auslegungsmethoden des Verwaltungs- oder Zivilrechts zu Eigen machen könne – die allgemeinen Rechtsgedanken auch hier anzuwenden seien. Als ein solcher, gleichsam über die einzelnen

[285] Hillgruber, a.a.O., S. 137.
[286] Die für die hier interessierende Problematik jedoch nicht weiterverfolgt zu werden braucht.
[287] Hillgruber, a.a.O., S. 141.
[288] v. Münch, Ipsen-FS, S. 113 (126 f.).
[289] Schweiz. BGE 1971 I, Nr. 7, S. 45 ff.
[290] Sturm, Geiger-FS, S. 173 ff.

Rechtsgebiete hinausgreifender Rechtssatz sei derjenige des „volenti non fit iniuria" anzuerkennen[291]. Ein wichtiges Merkmal dieses Rechtssatzes liege darin, dass Verzichtbarkeit eines Rechtsgutes stets voraussetze, dass der Verzichtende darüber auch verfügen dürfe; das geschützte Rechtsgut als solches müsse disponibel sein. Dieser Gedanke lasse sich anhand des Strafrechts verdeutlichen: Dort sei die Einwilligung stets dann unbeachtlich, wenn dadurch öffentliche Interessen tangiert würden. Demnach komme es bei der Frage nach der Zulässigkeit des Grundrechtsverzichts entscheidend darauf an, ob ein Grundrechtsverzicht notwendig öffentliche Interessen beeinträchtige[292].
Ihre Beantwortung müsse nunmehr im Blick behalten, dass die Grundrechte gleichsam janusköpfig ausgestaltet seien und sowohl subjektive als auch objektive Rechtsgewährleistungen enthielten. Das eine Gesicht lasse sich als „subjektive Rechte" kennzeichnen, das andere – und nach Auffassung Sturms in diesem Kontext entscheidende – als „Elemente einer objektiv rechtlichen Verfassungsordnung"[293]. Grundrechte seien insofern (neben ihrer subjektiven, abwehrrechtlichen Ausgestaltung) zugleich auch als Gemeinwohlkonkretisierungen, damit als öffentliche Interessen wirksam[294]. Denn die Grundrechte sicherten ein demokratisches Gemeinwesen – etwa durch den Schutz von Minderheiten als Grundbedingung jeder kontroversen Auseinandersetzung oder die Gewährleistung der Meinungsfreiheit – gleichsam von seinen Voraussetzungen her[295]. Der moderne soziale Rechtsstaat erhalte sein Gepräge gerade dadurch, dass die Bürger die ihnen von der Verfassung gewährten Freiheitsrechte auch tatsächlich ausübten. Dieser Gedanke intendiere zwar keineswegs die „Inpflichtnahme" der Grundrechtsträger, bzw. gar einen Zwang zu positivem Tun. Gleichwohl lasse sich – trotz nicht bestehenden Ausübungszwanges – sagen, dass jedenfalls ein öffentliches *Interesse* an der tatsächlichen Ausübung der Grundrechtsbefugnisse bestehe, dass also jede Beschränkung der Grundrechte – auch die freiwillige – den festgestellten Gemeinwohlbezug tangiere. Erweise sich eine Beschränkung als nötig, weil punktuell Grundrechtsverbürgung und öffentliche Interessen kollidierten, so habe diesen Konflikt ***ausschließlich*** der demokratisch legitimierte Gesetzgeber aufzulösen[296].
Daraus zieht Sturm nun folgenden Schluss: Das von den Grundrechtsverbürgungen geschützte Rechtsgut sei nach alledem notwendig auch ein Rechtsgut der Gesamtheit. Weil dem Einzelnen darüber jedoch die Dispositionsmacht feh-

291 Sturm, a.a.O., S. 187.
292 Sturm, a.a.O., S. 188.
293 Sturm, a.a.O., S. 190.
294 Sturm, a.a.O., S. 197.
295 Dazu Sturm, a.a.O., S. 192 ff.
296 Sturm, a.a.O., S. 197. Hervorhebungen von mir, M.W.

le, verbiete sich ein Grundrechtsverzicht schon aus der (doppelten) Funktion der Grundrechte[297].
In eine ähnliche Richtung wie die Ausführungen Sturms gehen die Überlegungen Kochs[298]. Dieser setzt mit seinem Konzept bei Sinn und Zweck der Verfassung an, der seines Erachtens darin besteht, eine dem Wesen des Menschen gemäße Gesellschaftsordnung zu errichten bzw. zu gewährleisten. Ausgehend von der Menschenwürdegarantie versuche das Grundgesetz, eine derartige Ordnung mithilfe der Garantie von „Freiheit und Gleichheit" und der Gewährung von sozialen Leistungen zu realisieren, wobei der Grundwert der Freiheit durch Grundrechte gesichert werde. Diese untersagten es dem Staat, „in den sich in der Gesellschaft entfaltenden Grundwert Freiheit einzugreifen." Dieser Abwehranspruch gegen den Staat sei nur dann nicht begründet, wenn der Staat die Freiheit aufgrund eines Gesetzesvorbehaltes, also durch oder aufgrund eines Gesetzes, im Interesse der übrigen Grundrechtsträger zu Recht eingeschränkt habe[299].
Daraus ergebe sich zunächst Folgendes: Während der Bürger als Träger von Freiheitsrechten grds. alles dürfe, was die öffentliche Gewalt ihm nicht (wirksam) verboten habe, liege es beim Staat gerade umgekehrt. Dieser dürfe in die Freiheit der Bürger nur dann regelnd eingreifen, wenn ihm dies durch eine Rechtsgrundlage ausdrücklich erlaubt worden sei, denn bei einer eingreifen Tätigkeit sei der Staat der „direkte Freiheitsgegner" des Individuums[300]. Demzufolge ergebe sich aus der Bindung der Verwaltung durch Art. 1 Abs. 3 GG, dass sie in solche Grundwerte, die durch Grundrechte ohne Gesetzesvorbehalt abgesichert seien, (gar) nicht eingreifen dürfe, und in solche Grundwerte, die durch Grundrechte mit einem einfachen oder qualifizierten Gesetzesvorbehalt abgesichert seien, nur dann eingreifen dürfe, wenn ein entsprechendes Gesetz den Eingriff erlaube. Für die Problematik der Zulässigkeit eines Grundrechtsverzichts entstehe damit die Frage, *ob der Verzichtende durch seine Verzichtserklärung die Verwaltung von ihrer Bindung an die Grundrechte mit ihren gestuften Absicherungen entbinden könne*. Denn sei der Verzicht auf Grundrechte zulässig, so könne die Exekutive in den grundrechtlich gewährleisteten Raum eindringen, mit der Folge, dass sich der Grundrechtsträger nicht auf den verfassungsrechtlichen Abwehranspruch in Bezug auf diesen Eingriff berufen könne. Denn auch durch die Einwilligungserklärung des Betroffenen ändere sich am Eingriffscharakter der staatlichen Maßnahme nichts; diese stelle nämlich davon unabhängig die Reduzierung des normalerweise grundrechtlich geschützten

---

[297] Sturm, a.a.O., S. 197 f.
[298] Koch, Beitrag, insbes. S. 162 ff.
[299] Koch, a.a.O., S. 162.
[300] Koch, a.a.O., S. 171 ff.

Raumes dar, dessen Gewährleistung grds. eine der ureigensten Aufgaben des Staates darstelle[301].

Insofern trete die – denkbare – Rechtfertigung des Grundrechtseingriffs durch eine Einwilligung des Bürgers in ein ganz grundsätzliches *Konkurrenzverhältnis zur Legislative.* Nach Art. 20 Abs. 3 GG gelte für die Exekutive der Grundsatz der Gesetzmäßigkeit der Verwaltung, d.h. der Vorbehalt des Gesetzes und dessen Vorrang.

Wolle man nun aber den Grundrechtsverzicht als zulässige Legitimationsgrundlage eines staatlichen Grundrechtseingriffs qualifizieren, dann würde dieses grundgesetzlich vorgesehene Eingriffsregime durch Gesetz um eine weitere Möglichkeit, nämlich die Einwilligung des Grundrechtsträgers, ersetzt; sowohl das Gesetz als auch der Verzicht könnten eine grds. zulässige Rechtsgrundlage für einen Grundrechtseingriff bilden. Diese Erkenntnis führt Koch nunmehr auf die für ihn entscheidende Frage hin, „ob der Grundsatz der Gesetzmäßigkeit der Verwaltung *exklusiv* in dem Sinne gelte, dass *nur* der Gesetzgeber die Kompetenz besitzt, die Verwaltung [zu Grundrechtseingriffen] zu ermächtigen[302].“ Die Frage laute daher: „Wer ist nach der Verfassung berufen, im Verhältnis des Individuums zum Staat Recht zu setzen[303]?“

Koch weist zur Beantwortung dieser Frage darauf hin, dass im Verfassungsstaat nur derjenige Recht setzen darf, der von der verfassungsgebenden Gewalt – dem pouvoir constituant –, also dem Volk, hierzu berufen ist. Der Entscheidung des Souveräns komme ausschließliche Bedeutung zu. Nur er allein könne bestimmen, wer welche Kompetenzen haben solle; was Recht sei, dürfe somit nur einer bestimmten Rechtsordnung entnommen werden, die vom pouvoir constituant festgelegt wurde. Diese Entscheidung wiederum sei (auch) für den Einzelnen bindend und könne nur durch eine Verfassungsänderung abgeändert werden – soweit dies in den Grenzen des Art. 79 Abs. 3 GG überhaupt denkbar sei.

Mit dieser Erkenntnis ist für Koch die Frage nach der Zulässigkeit des Grundrechtsverzichts schon präjudiziert. Denn die Verfassungsordnung gehe davon aus, dass nicht das Volk selbst die maßgeblichen Entscheidungen treffe, sondern der von ihm eingesetzte Repräsentant, mithin das Parlament. Die Entscheidungen dieser (ersten) Staatsgewalt seien es mithin ausschließlich, die das Verhältnis des Bürgers zum Staat regelten und zwar mithilfe seines spezifischen Entscheidungsinstruments: dem Gesetz. Habe aber der Verfassungsgeber mit seiner in Art. 20 Abs. 2 GG vorgesehenen Kompetenzverteilung zwischen Volk und Parlament selbst entschieden, dass ein Eingriff des Staates in die Freiheit eines Individuums nur dann zulässig sei, wenn die Rechtsgrundlage des Eingriffs bis auf eine Entscheidung des Parlamentes rückführbar ist, so scheide der

---

[301] Koch, a.a.O., S. 176 f. Hervorhebungen von mir, M.W.

[302] Koch, a.a.O., S. 178; Hervorhebungen von mir M.W.

[303] Koch, a.a.O.

Verzicht auf Grundrechte im Verhältnis zwischen dem Individuum und dem Staat als Rechtsgrundlage aus; der Einzelne würde sonst die Stellung des pouvoir constituant einnehmen. Sobald vom Staat Grundrechtspositionen eines Bürgers eingeschränkt werden sollten, handele es sich also nicht mehr nur um eine „Privatsache" zwischen Bürger und Staat, sondern um eine Angelegenheit des öffentlichen Interesses[304]. Dem Einzelnen sei es nicht möglich, die Verwaltung von ihrer Grundrechtsbindung aus Art. 1 Abs. 3 GG zu entbinden und aus autonomem Recht seine Beziehung zum Staat selbst zu regeln. Wolle der „Verzichtende" das durch den Verzicht gewünschte Ziel herbeiführen, so bedürfe es zwischen ihm und der Exekutive oder der Judikative der notwendigen Zwischenschaltung der Legislative[305].

Einen sehr eigenwilligen Ansatz zur Frage der Zulässigkeit eines Grundrechtsverzichts hat Bleckmann entwickelt[306]. Dessen Position nachzuvollziehen fällt insbesondere deshalb nicht leicht, weil er von einem Grundrechtsverständnis ausgeht, dass von demjenigen der h.M. in der Literatur und auch von der Auffassung der Rechtsprechung in erheblichem Maße abweicht. Bleckmann geht nämlich davon aus, dass die Freiheitsrechte des Grundgesetzes nicht primär Abwehrrechte gegen den Staat bilden, sondern dass sie dem Einzelnen – gegenüber jedermann – einen bestimmten Freiheitsraum sichern. Der Staat ist dazu verpflichtet, diesen Freiheitsraum seinerseits zu achten und nicht durch staatliche Maßnahmen zu verletzen; er ist aber genauso gehalten, diesen Freiheitsraum der Bürger gegen Übergriffe der Mitbürger abzusichern und nötigenfalls Maßnahmen zu ergreifen, die diesen – bedrohten oder abhanden gekommenen – Freiheitsraum (wieder) herstellen[307]. Daraus aber folgt, dass der Staat sich nicht ausschließlich darauf beschränken darf, selbst keine verletzenden Grundrechtseingriffe vorzunehmen (*insofern* sind Grundrechte „Eingriffsabwehrrechte" im klassischen Sinne).

Vielmehr muss er dem Betroffenen bei Fehlen der notwendigen Mittel für die Ausübung der ihm grundrechtlich verbürgten Freiheiten diese Mittel zur Verfü-

---

[304] Koch, a.a.O., S. 180.

[305] Koch, a.a.O., S. 183. Nahezu dieselbe These hat bereits Ende der 1960er Jahre Frieß (Verzicht, insbes. S. 199 ff.). für den Bereich der von ihm als solche bezeichneten „dualistischen" Grundrechtsinterpretation vertreten. Denn aus dem Grundsatz des Vorbehaltes des Gesetzes ergebe sich, dass die Verzichtserklärung des Grundrechtsträgers von vornherein unbeachtlich sei: „[...], jedenfalls stellt diese Erklärung keine das die Verwaltung zum Eingriff ermächtigende Gesetz substituierende Handlungsgrundlage dar." Eine weitere Auseinandersetzung mit den Thesen Frieß' erscheint angesichts seiner merkwürdigen, bisweilen den Bereich des Komischen streifenden Ausführungen (etwa zur „Liebestheorie" seines Doktorvaters Küchenhoff (a.a.O., S. 92) indes entbehrlich. Man kann nämlich Sturm (in: Ipsen-FS, S. 173 [183, Fn. 45]) nur lebhaft zustimmen, wenn er zu der Dissertation Frieß' bemerkt: „Auch sonst bringt diese Arbeit dogmatisch nur beschränkt brauchbare Erkenntnisse."

[306] Bleckmann, JZ 1988, S. 57 ff.

[307] Bleckmann, a.a.O., S. 57.

gung stellen (*insofern* sind Grundrechte dann auch soziale Teilhaberechte, die Leistungsansprüche begründen können) und er muss den Bürger vor Übergriffen seiner Mitbürger schützen, die seine grundrechtlich verbürgte Freiheitssphäre beeinträchtigen können (*insofern* beinhalten Grundrechte staatliche Schutzpflichten, die den Staat dazu anhalten können, im Interesse der Freiheitssicherung des einen Bürgers in die Freiheit des anderen Bürgers einzugreifen).

So verstanden beinhalten Grundrechte also nicht, wie nach klassischem liberalen Verständnis, Freiheitsrechte (nur) gegen den Staat mit der Folge, dass sie die Freiheit des Einzelnen auch nur *relativ*, nämlich gegenüber dem Staat verbürgen. Vielmehr begründen die Grundrechte eine gleichsam *absolut* wirkende Schutzzone um den Einzelnen und der Staat wird durch seine Grundrechtsbindung zum Garanten dieser Freiheit. Dies muss man sich stets vor Augen halten, will man die Schlussfolgerungen Bleckmanns für den Grundrechtsverzicht nachvollziehen.

Sein abweichendes Grundrechtsverständnis prägt zunächst seine Interpretation des Gesetzesvorbehaltes[308]. Aufgabe des Gesetzesvorbehaltes ist es bei Bleckmann nämlich nicht – wie nach klassischem Verständnis – eine Ermächtigungsgrundlage für einen staatlichen Eingriff in die *relativ* gesicherte Freiheitssphäre zu schaffen.

Bleckmann legt seinen Gedanken zunächst das Kantische Konzept eines autonomen, selbstbestimmten Individuums zugrunde. Auf diesem Menschenbild beruhe auch der Grundrechtskatalog des Grundgesetzes; weil der Einzelne danach selbst am besten wisse, was gut oder schlecht für ihn sei und der Blick z.B. auf Art. 4, 5 Abs. 1 und Abs. 3 GG zeige, dass das Grundgesetz gegenüber absolut gesetzten Wahrheiten kritisch bleibe. Mit einer solchen liberal geprägten Auslegung der Grundrechte ist es nun nach Auffassung Bleckmanns nicht getan (und kann es auch nicht getan sein, wenn man sich die eingangs dargestellten, vielfältigen Pflichten vergegenwärtigt, die Bleckmann dem Staat auf der Grundlage der Grundrechte auferlegen will).

Denn bei einer näheren Analyse des Grundgesetzes zeige sich, dass das im Kern in Art. 1 Abs. 1 verankerte Selbstbestimmungsrecht der Grundrechtsträger nicht nur den Zweck habe, die Freiheiten der Individuen selbst zu verwirklichen. Vielmehr sei diese Freiheitsverwirklichung einem weiteren Ziel verpflichtet, sie bestehe nicht (nur) um ihrer selbst willen. Alle Grundrechte, insbesondere die wirtschaftlichen Freiheiten (Art. 12, 14 GG) dienten *primär* (!) der Durchsetzung bestimmter sozialer, wirtschaftlicher, materieller und kultureller Interessen. Wörtlich: „Ganz prosaisch gesehen, sollen etwa das Eigentum und die Berufsfreiheit dem Bürger ermöglichen, in seinem Beruf so viel zu verdienen, dass er in der Lage ist, seine materiellen und kulturellen Interessen zu befriedi-

308 Bleckmann, a.a.O., S. 60 ff.

gen[309]." Die Grundrechte stellten nämlich in historischer Sicht ein *Gesetzgebungsprogramm des Bürgertums*[310] dar, durch das die ständische in die bürgerliche Gesellschaft überführt und damit der wirtschaftliche Selbstregulierungsprozess der Gesellschaft ausgelöst werden sollte, der nach Adam Smith zu einer Maximierung der sozialen Interessen des ganzen Volkes, zumindest aber des Bürgertums selbst führt.

Diese Rückbesinnung auf die klassische Stoßrichtung vor allem der wirtschaftlichen Freiheiten mache deutlich, dass die Freiheiten nicht nur einen Selbstzweck verfolgten, sondern der maximalen Durchsetzung der sozialen Grundrechte dienten. Die Freiheitsrechte seien insofern nicht eigentlich Abwehransprüche gegen den Staat, sondern sie schützten vielmehr ein bestimmtes privates Interesse an einem Freiheitsspielraum.

Insofern sind Grundrechte nach Auffassung Bleckmanns so etwas wie der Motor der wirtschaftlichen und sozialen Fortentwicklung der Gesellschaft im Sinne Adam Smiths. Denn es sei schließlich eine Erfahrung, dass die Freiheiten und die sozialen Grundrechte nur dann maximiert würden, wenn der Grundrechtsträger selbst ihren Inhalt und ihr gegenseitiges Gewicht festlege. Auf eine solche Maximierung oder Optimierung der von den Grundrechten geschützten Privatinteressen komme es aber entscheidend an, weil nur dann Art. 1 Abs. 1, 2 Abs. 1 GG entsprechend eine optimale Entfaltung der Persönlichkeit möglich sei. Kurz zusammengefasst: Nur wenn der Einzelne seinen Lebensstandard in seinem eigenen Interesse und nach seiner eigenen Anschauung immer weiter verbessern kann, wird – was das eigentliche Ziel der Grundrechte ist – auch der Lebensstandard der Gesellschaft insgesamt immer neue Höhen erreichen.

Legt man diesen Gedanken den weiteren Überlegungen zugrunde, dann sorgen die Grundrechte – im öffentlichen Interesse – dafür, dass jedem Bürger die Möglichkeit verbleibt, seinen Belangen selbst zum Durchbruch zu verhelfen – eben weil er dies am besten kann und dadurch das Gemeinwesen insgesamt den größten Nutzen erzielt. Damit ist nun aber auch klar, wann es Aufgabe des Staates ist, in das freie Spiel der sich gegenseitig immer weiter optimierenden Seiten einzugreifen. Dann nämlich, wenn der einzelne Bürger – aus welchem Grunde auch immer – nicht mehr dazu in der Lage ist, seine Interessen selbst durchzusetzen. Insofern hat der Gesetzesvorbehalt die Aufgabe, dann, wenn der Einzelne aus eigener Kraft die Wertordnung des Grundgesetzes nicht mehr weiter bewahren oder vorantrieben kann, die Durchsetzung der Wertordnung mittels eines gesetzgeberischen Aktes abzusichern. Bleckmann wörtlich: „Seiner ganzen Funktion nach ist der Gesetzesvorbehalt vielmehr von vornherein auf den Fall beschränkt, in dem das Individuum zur Durchsetzung seiner durch die klassi-

309 Bleckmann, a.a.O., S. 61.

310 Dieser Gedanke ist für Bleckmanns Verständnis vom Gesetzesvorbehalt höchst bedeutsam!

schen und sozialen Grundrechte geschützten Interessen selbst nicht in der Lage ist[311]."
Der Gesetzesvorbehalt erscheint in dieser Interpretation gleichsam als ein Mittel zur Sicherung der Privatautonomie; der Gesetzgeber ist gleichsam das „Kartellamt der Gesellschaft" und sorgt dafür, dass der freie Wettbewerb der Privatrechtssubjekte gesichert wird, sobald er dadurch gestört wird, dass die für diesen Wettbewerb unentbehrlichen grundrechtlich verbürgten Freiheitssphären in irgendeiner Weise beeinträchtigt werden. Dann aber stellt sich die Frage nach der Einwilligung des betroffenen Bürgers in diese Verkürzung seiner Freiheitssphäre nur noch sehr beschränkt. Der Wettbewerb wird jedenfalls in seiner Substanz im eigenen Interesse des Staates gewahrt. Der Bürger kann gegenüber seinen Mitbürgern auf diese schützenden Regeln nur insoweit verzichten, als der Wesensgehalt der grundrechtlichen Freiheiten nicht angetastet wird. Denn der Wesensgehalt der grundrechtlichen Freiheitssphären stelle nach der Konzeption des Art. 1 Abs. 1 GG einen unverzichtbaren Mindeststandard der menschlichen Rechtspositionen dar; Art. 1 Abs. 1 GG würde außer Funktion gesetzt, wenn Individuen infolge des Grundrechtsverzichts nicht mehr dazu in der Lage sein sollten, mithilfe der Grundrechte ihre Interessen optimal durchzusetzen[312].
Bleckmann überträgt insofern zivilrechtliche Figuren ins Staatsrecht: Grundrechte enthalten gleichsam nicht-dispositive Freiheitssphären, über die der Bürger nur noch in sehr eingeschränktem Umfange verfügen kann. Wenig erstaunlich erscheint dann auch, dass Bleckmann zum Beleg der Richtigkeit seiner Auffassung gerade auf das Arbeitsrecht, das soziale Mietrecht oder das Recht der allgemeinen Geschäftsbedingungen verweist[313], auf Rechtsnormen also, die im Zivilrecht der Disposition der Parteien regelmäßig deshalb entzogen sind, um den Schwächeren zu schützen.
Wichtig ist allerdings festzuhalten, dass der Begriff des Gesetzesvorbehaltes hier natürlich in ganz anderer Weise verwendet wird, als man dies üblicherweise gewohnt ist. Der Gesetzesvorbehalt dient nicht der Legitimation und Einschränkung staatlicher Übergriffe in die Freiheitssphäre der Bürger, sondern er wirkt als Auftrag an den Gesetzgeber, die Freiheitssphären der Bürger untereinander so voneinander abzugrenzen, dass niemand deren Grenzen in einer Weise zu seinen Gunsten verschiebt, dass ein anderer von vornherein daran gehindert wäre, weiterhin seine Privatinteressen zu optimieren und zu maximieren. Insofern bestätigt sich in dieser Interpretation das grundlegend abweichende Grundrechtsverständnis Bleckmanns, demzufolge Grundrechte nicht primär das Verhältnis Staat - Bürger prägen, sondern (mindestens) genauso sehr das Verhältnis der Bürger untereinander. Grundrechtseingriffe, die den Staat zum Handeln,

---

[311] Bleckmann, a.a.O., S. 61.
[312] Bleckmann, a.a.O., S. 62.
[313] Bleckmann, a.a.O., S. 61.

nicht – wie üblich – zum Unterlassen zwingen, rühren mithin in vielen, wenn nicht den meisten Fällen von den Mitbürgern des Betroffenen her.
Daher erscheint es wenig erstaunlich, dass die Bedeutung der Grundrechte für das Verhältnis zwischen Staat und Bürger bloß noch als Ergänzung, gleichsam als Anhang, zum Verhältnis Bürger – Mitbürger mit abgehandelt wird[314]. Insofern geht Bleckmann nämlich von einer Grundrechtsbindung aus, die gleichsam noch über diejenige im Verhältnis Bürger – Bürger hinausgeht: Denn unabhängig von der Frage, ob im Einzelfall die Verhandlungsmacht des Staates gegenüber dem Bürger größer oder kleiner ist, bleibt der Staat an die Grundrechte als nicht-dispositive Freiheitssphären unbeschränkt gebunden. Insofern ist der Schutz – anders als im Verhältnis der Bürger untereinander – nicht nur im Hinblick auf den Kernbereich der Disposition des Betroffenen entzogen. Denn es gelte hier ja der Grundsatz, dass die Kompetenz des Staates darauf beschränkt sei, den privaten Wettbewerb der Bürger untereinander zu optimieren, sodass möglichst alle ihre Interessen optimal verwirklichen können. Gehe man hiervon aus, dann sei es dem Staat aber von vornherein verwehrt, dem Bürger Zugeständnisse abzuringen, die eben seine Freiheitssphäre, damit seine Möglichkeit, die eigenen Interessen zu optimieren, in irgendeiner Weise verkürzen könnten. Mithin ist der Staat einer weiter reichenden Grundrechtsbindung unterworfen als der Mitbürger, weil der Mitbürger immerhin auch ein eigenes Interesse (Optimierung seiner Belange) verfolgen könne, wohingegen Aufgabe des Staates immer nur die Optimierung fremder Belange sei, sodass er keine Kompetenzen besitze, Belange der Bürger zu seinen eigenen Gunsten zu beeinträchtigen[315].
Für eine differenzierende Betrachtungsweise hat Pietzcker sich ausgesprochen[316]. Er weist zunächst darauf hin, dass die allgemein gebräuchliche Wortschöpfung des Grundrechtsverzichts an der Problematik im Kern eigentlich vorbeigeht, impliziert dieser Begriff schließlich, dass ein einzelner Bürger für die Gegenwart und alle Zukunft auf ein bestimmtes Grundrecht verzichtet. Ein derartiger Totalverzicht auf Lebenszeit komme aber tatsächlich kaum vor und würde wohl allgemein als unzulässig angesehen werden. Korrekter und den eigentlichen Punkt besser kennzeichnen könne daher die Bezeichnung als „individuelle Verfügung über Grundrechtspositionen[317].“ Auch in der Sache hält Pietzcker den Diskussionsverlauf nicht für sachgerecht, weil allseits nur nach pauschalisierenden Lösungsmodellen Ausschau gehalten und damit versucht worden sei, für sämtliche Grundrechte des Grundgesetzes eine umfassende und allgemein gültige Regelung zu finden. Damit werde man jedoch weder dem Inhalt der Grundrechte noch dem Verfassungstext gerecht; daher lasse sich eine überzeugende Lösung nur mithilfe eines nach Sachverhalt und betroffenem

---

[314] Bleckmann, a.a.O., S. 62.
[315] Bleckmann, a.a.O.
[316] Pietzcker, Der Staat 1978, S. 527 ff.
[317] Pietzcker, a.a.O., S. 531.

Grundrecht differenzierenden Vorgehens finden[318]. Einen ersten Anhaltspunkt findet Pietzcker insofern in Art. 16 Abs. 1 GG, der eine Entziehung der Staatsangehörigkeit ohne Zustimmung des Betroffenen ausschließt und in Art. 9 Abs. 3 GG, der das Koalitionsrecht behindernde Abreden für unzulässig erklärt. In diesen beiden Bestimmungen wird die Frage des Grundrechtsverzichts explizit zum Thema gemacht. Während er in ersterem Fall offensichtlich zulässig ist, ist er in letzterem Fall von vornherein ausgeschlossen[319]. In Bezug auf die „wirtschaftlichen" Grundrechte aus Art. 12 und 14 GG findet Pietzcker eine Lösung über den Inhalt jener Garantien. Denn beide schützten den gesellschaftlichen Güter- und Dienstleistungsverkehr, der sich ganz überwiegend in vertraglichen Beziehungen verwirkliche. Der Vertragsgedanke ist für Pietzcker nunmehr der entscheidende: Vertragsnähe bedeutet für ihn Verzichtsnähe. Es sei schließlich geradezu sachnotwendig für die Ausübung der Berufs- und Eigentumsfreiheit, über die darin geschützten Positionen verfügen zu können; m.a.W. Grundrechtsverwirklichung und Verfügung über grundrechtsgeschützte Positionen fielen in besonders weitem Umfange zusammen[320]. Demgegenüber seien die politischen Teilhaberechte typischerweise vertrags- und damit verzichtsfern. Etwa das Wahlrecht sichere das Recht einer autonomen politischen Entscheidung nicht nur im Interesse des wählenden bzw. abstimmenden Individuums, sondern auch im Interesse der politischen Gesamtwillensbildung. Insofern erscheine die fehlende Verfügungsfähigkeit geradezu als ein Wesensmerkmal politischer Rechte[321]. Wieder anders sei die Situation, wenn es um die unmittelbare Individualsphäre des Bürgers gehe: So fordere etwa im Anwendungsbereich des Art. 2 Abs. 2 GG die äußerste Persönlichkeitsnähe den Ausschluss staatlicher Mitspracherechte gerade in der Frage der Verfügung über den eigenen Körper. Die überragende Bedeutung des Schutzgutes führe hier daher eben nicht – wie man zunächst vermuten könne – zur Unverzichtbarkeit; vielmehr sei mit wachsender Persönlichkeitsnähe die Forderung nach individueller Verfügungsmöglichkeit in zunehmendem Maße anzuerkennen[322]. Mit diesen Überlegungen hat Pietzcker seine Auffassung zur Verzichtbarkeit der Grundrechte schon vorweggenommen, die die engere Privatsphäre schützen (allgemeines Persönlichkeitsrecht, Art. 10, 13 GG): Denn auch hier spreche die Persönlichkeitsnähe – genauso wie beim Recht auf körperliche Unversehrtheit – für eine Dispositionsbefugnis des Einzelnen, weil die Privatsphäre schließlich nur in seinem eigenen Interesse geschützt werde[323].

---

[318] Pietzcker, a.a.O., S. 542.
[319] Pietzcker, a.a.O., S. 542 f.
[320] Pietzcker, a.a.O., S. 544 f.
[321] Pietzcker, a.a.O., S. 545 f.
[322] Pietzcker, a.a.O., S. 550.
[323] Pietzcker, a.a.O., S. 551.

***bb) Stellungnahme***

Die Auseinandersetzung mit den verschiedenen zur Möglichkeit des Grundrechtsverzichts vertretenen Auffassungen fällt nicht schwer, ruft man sich die bereits oben (vgl. A.I.3.b)) geführte Diskussion um das Verhältnis von Menschenwürde und personaler Autonomie noch einmal ins Gedächtnis. Dort sind wir zu der Erkenntnis gelangt, dass sich die Menschenwürde gerade in der Anerkennung der Selbstständigkeit des Einzelnen durch Staat und Gesellschaft manifestiert. Podlech hatte dies besonders pointiert formuliert, indem er meinte, Inhalt der Menschenwürde sei es jedenfalls auch, nicht zur Leistung dessen gezwungen zu werden, was andere unter „würdigem Verhalten" begreifen. Insofern kann es von vornherein *keinen Eingriff* in die Menschenwürde darstellen, wenn der Einzelne im Anschluss an eine autonome Entscheidung einen bestimmten Handlungsentschluss trifft und diesen sodann verwirklicht.

Überträgt man diesen Gedanken nun auf die Diskussion um die Frage nach einer Verzichtbarkeit der Freiheitsrechte, impliziert dies schon die Lösung des Problems - zumal dann, wenn man mit der h.M. die Freiheitsgrundrechte als Ausprägungen solcher Verhaltensgarantien begreift, die im Kern alle auf die Menschenwürde rückführbar erscheinen. Denn insofern bleibt die Menschenwürde – unabhängig von der umstrittenen Frage, ob diese auch ein selbstständiges Grundrecht beinhaltet – jedenfalls Auslegungsrichtlinie für den gesamten Grundrechtskatalog. Demzufolge kann man alle Grundrechte als Garantien persönlicher Autonomie des Bürgers begreifen, die dafür Sorge tragen sollen, die Selbstständigkeit der Bürger gegenüber jeder vertragstheoretisch motivierten Inanspruchnahme des Staates abzuschirmen[324]. Ein solchermaßen verstandener Inhalt der Grundrechte – und dies hat Dürig vor nahezu 40 Jahren vollkommen zutreffend erkannt – beinhaltet aber zwangsläufig, dem Einzelnen die autonome Entscheidung darüber zu überlassen, ob er im Einzelfall von seinen Grundrechten Gebrauch machen will oder nicht[325].

Dass nur diese Sichtweise zutreffend ist, lässt sich im Übrigen auch anhand der Mängel sämtlicher Gegenauffassungen plastisch illustrieren:

So behauptet Sturm als einer der Gegner des Grundrechtsverzichts zwar einerseits, seine Auffassung intendiere keine Inpflichtnahme der Bürger im Sinne ei-

---

[324] Vgl. Harzer, in: Institut für Kriminalwissenschaften, Vom unmöglichen Zustand, S. 31 (41 ff.).

[325] Der Frage, ob ein genereller Grundrechtsverzicht für jetzt und alle Zukunft möglich ist, wodurch insbesondere auch die Frage nach der Unveräußerlichkeit der Grundrechte gem. Art. 1 Abs. 2 GG angesprochen würde, mag an dieser Stelle offen bleiben. Denn zum einen ist sie für die hier interessante Problematik der DNA-Massentests nicht relevant, weil es um eine bloß punktuelle Entscheidung des Betroffenen geht. Zum anderen entspricht es auch nahezu einhelliger Auffassung in der Literatur, dass eine solche Entscheidung ohnedies ausgeschlossen wäre, weil sich der Bürger damit gleichsam auf ewig seiner Autonomie begeben würde.

nes positiven Tuns. Andererseits hebt er jedoch hervor, der Staat habe ein Interesse an der Wahrnehmung bzw. Ausübung grundrechtlicher Garantien, sodass jede Grundrechtsbeschränkung jenes Interesse berühre. Bereits dieser Ansatz erscheint wenig überzeugend, denn Sturms Sichtweise der Grundrechte ist offenbar verengt und ausschließlich gerichtet auf die sog. positive Seite der Grundrechte. Sturm anerkennt nur den Grundrechtsträger, der (möglichst lautstark) seine Meinung verkündet, ein hohes Bedürfnis nach medialen Informationen verspürt, spektakuläre Kunstwerke anfertigt oder ausstellt, sich dem wissenschaftlichen Diskurs mit Hingabe widmet, spektakuläre Versammlungen veranstaltet, sich als Arbeitnehmer oder Arbeitgeber in Koalitionen vereinigt und als Mitglied solcher Koalitionen Verträge schließt, der über Geheimnisse per Brief oder Telefon zu berichten hat, ungestört seine Privatheit in seiner Wohnung genießt, sein Eigentum gegen die Inanspruchnahme durch Staat oder Gesellschaft verteidigt etc. Dabei übersieht er jedoch – und dies ist ein Gesichtspunkt, den Hillgruber ganz zu Recht in das Zentrum seiner Überlegungen rückt –, dass es ebenso zu einem im eigentlichen Sinne freiheitlichen Gemeinwesen gehört, all dies nicht zu tun, derartige Belange für völlig irrelevant zu halten. Es mag zwar nicht dem Ideal eines verantwortungsbewussten Staatsbürgers entsprechen, seine Zeit damit zu verbringen, sinnentleerte TV-Serien anzuschauen, zu nichts eine Meinung zu haben, Kunst und Wissenschaft für entbehrlich zu halten und sich dabei permanent von einer Web-Cam überwachen zu lassen – Menschen zu verantwortungsbewussten Staatsbürgern zu erziehen, ist aber grds. nicht Aufgabe der Verfassung und demnach auch nicht des von ihr geprägten „Wertsystems". Dies kann allenfalls das Anliegen der Schule sein, die zwar ebenfalls grds. eine staatliche Institution darstellt und insofern auch von den Werten des Grundgesetzes geprägt ist oder wenigstens sein sollte – jedoch stellt anerkanntermaßen auch die Schulpflicht – was schon der Begriff impliziert –eine (wenn auch grds. zulässige) *Beschränkung* der Freiheit des Bürgers dar. Folge: Unabhängig von der schwierigen Frage, ob man den einzelnen Freiheitsrechten auch eine negative Seite zuerkennen will, ist die Freiheit etwas nicht nur zu tun, sondern es ggf. auch zu lassen, nach dem Willen des Verfassungsgebers und daher auch nach Auffassung des BVerfG mindestens von der allgemeinen Handlungsfreiheit gem. Art. 2 Abs. 1 GG geschützt. Damit aber stimmt der Ansatz Sturms bereits von seinen Voraussetzungen her nicht. Denn wer auf seine Grundrechte freiwillig verzichtet, sich also seiner Handlungsfreiheit aus Art. 2 Abs. 1 GG gemäß verhält, übt gerade ein Grundrecht aus. Der Grundrechtsverzicht ist eben nicht – wie Sturm meint – eine Beschränkung der Grundrechte, die deren Gemeinwohlbezug tangiert; vielmehr stellt er ja gerade die von ihm befürwortete Grundrechtsausübung dar.

Aber auch Sturms weitere Prämisse, nämlich dass ein Grundrechtsverzicht die objektive Seite der Grundrechte berühre oder gar verletzte, geht fehl. Zwar soll an dieser Stelle gar nicht infrage gestellt werden, dass die Grundrechte auch Elemente einer objektiven Wertordnung darstellen. Denn dies ergibt sich letztlich bereits aus der in Art. 1 Abs. 3 GG ausgesprochenen Bindung aller Staatsgewalt an die Grundrechte. Hat der Staat in allen Formen der Tätigkeit die Grundrechte zu beachten, wird er schon zwangsläufig nicht umhinkommen, sein gesamtes Handeln in einer Weise auszurichten, die übermäßige Grundrechtseingriffe von vornherein vermeidet; eine derartige Staatsorganisation wirkt aber nahezu notwendig auf das staatliche Gesamtgefüge zurück. Es soll auch nicht bestritten werden, dass die Freiheit der Presse und der Meinungsäußerung, die Versammlungsfreiheit und der Minderheitenschutz ohne weiteres Elemente darstellen, die dem demokratischen Prinzip des Grundgesetzes vorgelagert sind; Demokratie hat ein vitales Interesse an öffentlicher Diskussion und am Schutz von Minderheiten, denn ohne Diskussion können letztere nie Mehrheiten werden und kann sich eine politische Willensbildung im Volke gar nicht vollziehen. Insofern schützt der demokratische Staat bestimmte Bürgerfreiten ganz sicher auch im eigenen (Überlebens-) Interesse.

Nur: Auch die demokratische Ausgestaltung des Gemeinwesens kann nicht für sich reklamieren, dem Einzelnen und seiner Selbstbestimmung so übergeordnet zu sein, dass es auf seine eigene Entscheidung nicht mehr ankäme; diese also in letzter Konsequenz nur dem Staatsganzen verpflichtet ist. Auch und gerade im demokratischen Staat besteht die Aufgabe der Grundrechte primär darin, den Einzelnen vor staatlichen Übergriffen in die grundrechtlich geschützte Lebenssphäre zu schützen; dass dieser Staat nunmehr ein vom Wertsystem der Grundrechte geprägter ist, ändert daran nichts. Insofern betont das BVerfG in ständiger Rechtsprechung, dass die Grundrechte zwar auch (aber eben nur auch!) Elemente einer objektiven Ordnung seien, dass sie aber primär subjektive Abwehrrechte des Einzelnen gegen den Staat blieben. Der von Sturm vertretene Ansatz versucht gleichsam, die Subjektivität der Grundrechte durch ihre objektiven Ausstrahlungsfunktionen zu überspielen. Insofern verkehrt Sturm aber den Sinn objektiver Grundrechtsfunktionen, der darin besteht, die Stellung des Staatsbürgers im staatlichen Gesamtgefüge zu stärken, in ihr Gegenteil und macht sie geradezu zu Eingriffsbefugnissen. Objektive Grundrechtsfunktionen erscheinen hier gleichsam als Schranken der allgemeinen Handlungsfreiheit.

Und noch etwas anderes kommt hinzu: Es erscheint wenig plausibel, dass durch den Grundrechtsverzicht eines spezifischen einzelnen Bürgers in einer ganz spezifischen Situation die objektiven Grundrechtsfunktionen überhaupt Schaden nehmen können. Die Wertordnung der Grundrechte als solche bleibt erhalten, gleichgültig ob der Einzelne sich im Einzelfall darauf beruft oder nicht. Insofern liegt es nämlich so, dass die unterschiedlichen Grundrechtsfunktionen – bildlich gesprochen – eben nicht zwei Seiten derselben Medaille sind mit der Folge, dass wenn man sie von der einen Seite durchstößt, auch die andere Schaden nimmt. Vielmehr laufen diese Funktionen parallel nebeneinander her, sie mögen gewisse Berührungspunkte aufweisen und in Teilbereichen einander ergänzen, bleiben aber grds. selbstständig. Dies liegt eigentlich auf der Hand, wenn man sich den Sinn objektiver Grundrechtsfunktionen vergegenwärtigt, die im Grunde ja den Staatsstrukturprinzipien des Art. 20 Abs. 1 GG vergleichbar sind. Denn wie etwa das Sozialstaats- oder das Demokratieprinzip sollen sie das Gemeinwesen insgesamt prägen, sind (auch) Auslegungshilfe bei der Interpretation hoheitlichen Handelns. Nur, ebenso wenig wie das Sozialstaatsprinzip dadurch infrage gestellt ist, dass bestimmte Teile der Bevölkerung sich bewusst dazu entschließen, auf der Straße zu leben, oder das Demokratieprinzip seine Gültigkeit dadurch verliert, dass bei Kommunalwahlen oftmals nicht einmal die Hälfte der Stimmberechtigten teilnimmt, verlieren objektive Grundrechtsgehalte dadurch ihre Bedeutung, dass der Einzelne auf die damit korrespondierenden subjektiven Rechte verzichtet.

Insofern erscheint auch das von Sturm und Koch aufgeworfene Problem der Kompetenz für die Beschränkung von Grundrechten – die allein beim Gesetzgeber liege – wenig hilfreich bei der Auflösung der hier relevanten Problematik. Denn auch dadurch geben sie zu erkennen, dass sie davon ausgehen, das Prinzip der autonomen Lebensgestaltung, das den Grundrechten zugrunde liegt, könne mithilfe des Demokratieprinzips ersetzt werden. Mithin wird hier der Gedanke der vertragstheoretischen Begründung des Staates geradezu pervertiert: Die einmal getroffene Entscheidung zugunsten eines parlamentarisch-demokratischen Systems soll dem Einzelnen die Befugnis nehmen, auch über noch so private Sphären selbst zu disponieren. Dadurch wird die Selbstständigkeit des Einzelnen zugunsten dessen, was die Mehrheit für richtig hält, letztlich gerade auch für solche Bereiche aufgehoben, die die Mehrheit bzw. die Öffentlichkeit gar nicht tangieren! Insofern sind die Grundrechte nicht mehr Ausprägung solcher Rechte, die dem Einzelnen quasi schon von Natur aus zustehen, und die, soweit ihre Ausübung das Ganze der Gesellschaft tangiert, mit dieser in Einklang zu bringen sind; vielmehr scheint es so, dass der Einzelne von Natur aus rechtlos ist, ihm seine Rechte statusbegründend erst durch die Verfassung verliehen werden mit der Folge, dass der Verfassungsgeber auch abschließend darüber entscheiden könnte, wie weit sie reichen, inwieweit der Einzelne darüber verfügen kann. Damit aber ließe sich selbst ein moralisierendes Strafrecht ohne weiteres rechtfertigen, dessen Legitimation sich – so glaubte man – spätestens seit den frühen 1970er Jahre in Luft aufgelöst hatte. Denn wenn der Einzelne über seine – durch Grundrechte geschützte – innerste Sphäre nicht mehr selbst disponieren kann, sondern nur so weit, wie der – von der Verfassung zur Grundrechtsbeschränkung berufene – parlamentarische Gesetzgeber dies zulässt, dann ist auch der Schutz des Einzelnen vor seiner selbst nicht mehr weit. Man muss insofern gar nicht auf die beliebten Lehrbuchfälle über die polizeiliche Verhinderung eines Suizids zurückgreifen[326], sondern könnte unter Rückgriff auf Art. 1 Abs. 1, 6 GG all diejenigen Strafvorschriften ins StGB reimportieren, die unter erheblichem Aufwand in den vergangenen Jahren daraus verbannt worden sind; genannt seien nur die alten Kuppelei-Paragraphen §§ 180 f. StGB a.F.[327] oder der § 175 StGB a.F. Eine derartige „Parlamentisierung" der Grundrechtsvorbehalte trägt damit ebenfalls dazu bei, den Grundrechten den Weg von Abwehrrechten des Einzelnen zu Interventionsrechten des Staates zu bahnen. Das von Sturm, insbesondere aber von Koch, heraufbeschworene Konkurrenzverhältnis von Legislative und einzelnem Bürger bei dem staatlichen Grundrechtseingriff gibt es in dieser Weise offensichtlich auch nicht: Denn während der Gesetzgeber typischerweise solche Eingriffsbefugnisse in Grundrechte formuliert, die im Interesse des Staates oder Gesellschaft bestehen, geht es bei dem situationsbezogenen Grundrechtsverzicht regelmäßig ausschließlich um die Interessen des Einwilligenden, der insofern auch gute Gründe für den von ihm gewählten Umgang mit seiner Privatsphäre haben kann. Die Situation des gleichsam naturgemäß fremdnützigen durch das Parlament geregelten Grundrechtseingriffs lässt sich also von vornherein nicht mit dem Grundrechtsverzicht des Einzelnen vergleichen, der ausschließlich über eigene Rechte disponiert – richtiger ausgedrückt müsste es mit Blick auf Art. 2 Abs. 1 GG ohnedies heißen: *eigene* Rechte ausübt.

Insofern kann auch Pietzckers differenzierende Auffassung nicht recht überzeugen. Zwar hat sie zunächst insofern etwas für sich, als sie nach einer Lösung anhand des Verfassungstextes sucht, und in Art. 16 Abs. 1, 9 Abs. 3 Satz 2 GG auch tatsächlich Bestimmungen findet, die einer einheitlichen Auflösung der Problematik – scheinbar – entgegenstehen. Nur, gerade bei Art. 9 Abs. 3 S. 2 GG handelt es sich um ein äußerst untypisches Grundrecht, nämlich um ein Recht, das weniger auf das Individuum, als vielmehr auf Koalitionen im Sinne des Art. 9 GG zugeschnitten ist. Eine Koalition befindet sich aber schon von Natur aus in einer anderen Situation als das Individuum; allein aufgrund der Vielzahl ihrer Mitglieder kann sie kaum in der Weise eine autonome und – aller Gegnerfreiheit der Koalition zum Trotz – auch keine vergleichbar homogene Anschauung zu bestimmten Frage und Situationen ausbilden wie dies dem Individuum möglich ist. Hinzu kommt, dass man über die Frage, inwieweit Koalitionen auch eine über den bloßen Selbstzweck hinausgehende, gleichsam staatstragende Bedeutung haben, durchaus diskutieren kann. Denn die Aufgabe der Koalitionen – und insofern dürfte auch die Beschränkung des Art. 9 Abs. 3 Satz 2 GG zu verstehen sein – liegt ja darin, den „Sektor Arbeit", auf den der Staat

---

[326] Wobei allerdings auch dessen Strafbarkeit von dem Ansatz Sturms mit Blick auf Art. 2 Abs. 2 GG letztlich rechtfertigungsfähig erschiene.

[327] Vgl. hierzu die aus heutiger Perspektive geradezu haarsträubende Rechtsprechung des BGH knapp zusammengefasst bei Horstkotte, JZ 1974, S. 84 (84).

trotz seiner eminenten Wichtigkeit bewusst nur indirekt Einfluss nimmt, gerecht zu regeln. Insofern stellt Art. 9 Abs. 3 Satz 2 GG eine Beschränkung dar, die auch und vorrangig darin zu suchen ist, dass der Staat eine sachangemessene Gestaltung des „Sektors Arbeit" im Interesse der Gesellschaft insgesamt absichern will; die Koalition ist insofern ganz sicher auch Mittel zum Zweck. Dies wiederum ist aber auch nicht grds. problematisch, weil es sich bei ihr eben nicht um eine natürliche Person handelt. Im Übrigen muss man sich vor Augen halten, dass Art. 9 Abs. 3 Satz 2 GG inhaltlich – also in Bezug auf konkrete, von den Koalitionen auszuhandelnde Vereinbarungen – nichts besagt; insofern erscheint er ohnedies mehr als eine Art Rahmenbedingung für einen fairen Wettbewerb in dem Sinne, wie er bereits oben I. beschrieben worden ist.
Mithin lässt sich das Verzichtsverbot aus Art. 9 Abs. 3 Satz 2 GG nicht verallgemeinern; es scheint für den Grundrechtskatalog insgesamt auch eine eher untypische Situation zu umschreiben. Dafür, dass die Grundrechte im Übrigen nicht sämtlich frei disponibel sein könnten, besagt er nichts. So ist es dann auch wenig überraschend, dass Pietzcker bei nahezu allen von ihm unter die Lupe genommenen einzelnen Gewährleistungen des Grundrechtskataloges zu der Auffassung gelangt, diese seien grds. disponibel – egal ob es sich um die von ihm als solche bezeichneten „vertrags- damit verzichtsnahen" Rechte aus Art. 12, 14 GG oder aber um den äußerst persönlichkeitsnahen Art. 2 Abs. 2 GG handelt, stets gelangt Pietzcker zu der Erkenntnis, dass das Grundrecht verzichtbar ist. Insofern erscheint sein differenzierender Ansatz gekünstelt, weil in der Sache entbehrlich.
Zum Abschluss soll nur noch die Auseinandersetzung mit der gänzlich abweichenden Ansicht Bleckmanns gesucht werden, die hier naturgemäß etwas an der Oberfläche bleiben muss, weil es ausgeschlossen erscheint, das von der auch hier vertretenen h.M. völlig abweichende Staats- und Grundrechtsverständnis Bleckmanns angemessen zu würdigen. Jedenfalls ein Gesichtspunkt, der schon im Zusammenhang mit der Diskussion der Auffassung Sturms erwähnt wurde, soll aber auch hier noch einmal in den Blick genommen werden, zumal dieser ein starkes Indiz dafür bietet, dass die Grundrechtsinterpretation Bleckmanns insgesamt eher zweifelhaft ist.
Denn Bleckmann betont selbst, dass die staatsgerichtete Abwehrfunktion der Grundrechte bei ihm eher eine untergeordnete Bedeutung einnimmt. Weil nämlich die Freiheit des Einzelnen insgesamt zweckgebunden, auf das Wohl des Ganzen hin geformt ist, gilt dies auch für die Grundrechte. Dem Einzelnen wird seine Freiheit gewährt, weil er im Sinne Adam Smiths selbst am besten weiß, was gut für ihn ist und – dies ist das eigentlich Entscheidende – er auf diese Weise das Wohl des Ganzen vergrößert, indem er für sein eigenes Wohl sorgt. Insofern gewähren auch die Grundrechte Freiheit unmittelbar zur Glückmaximierung des Einzelnen, mittelbar aber zur Optimierung des Gesellschaftsganzen. Der Gesetzgeber ist dann gefragt, wenn der Einzelne im freiem Spiel der

Kräfte nicht mehr dazu in der Lage ist, seine Interessen durchzusetzen; der Vergleich des Gesetzgebers mit einem Kartellamt ist oben bereits gezogen worden. Damit aber lässt sich der schlagende Einwand gegen Bleckmann klar benennen: Grundrechte werden auch bei ihm letztlich von subjektiven zu objektiven Rechten; dies bleibt zunächst nur deshalb etwas im Dunklen, weil sie ja auf den ersten Blick, wie nach klassischem Verständnis, der Sicherung der Rechte des Einzelnen dienen. Diese Sichtweise ist aber deshalb verkürzt, weil bei Bleckmann schließlich auch der einzelne Bürger dem Ganzen dient, also nicht mehr Selbstzweck ist, sondern, indem er sein eigenes Glück maximiert, auch zum Wohl des Ganzen beiträgt. Somit aber werden grundrechtlich geschützte Sphären zum Selbstzweck, dienen nicht mehr dem Bürger, sondern dem Staatsganzen. Dies wird besonders deutlich daran, dass dem Staat auch eine umfassende Moderatorenrolle zugewiesen wird, dass er nicht mehr der einzige Adressat der Grundrechte ist – dies sind grds. alle Staatsbürger -, sondern dazu berufen ist, grundrechtliche Positionen gegenüber jedem anderen zu verteidigen, und dies stets im Interesse der Gesellschaft insgesamt. Und dann, wenn der Bürger in eine Situation gerät, in der er selbst seine Rechte nicht mehr durchsetzen kann, tut dies – an seiner Statt – der Staat. Dies aber im Kern auch nicht um des Bürgers willen, sondern deshalb, weil dann, wenn der Bürger seine Interessen nicht mehr optimal verhandeln kann, auch das Staatsglück insgesamt in Gefahr gerät.
Abgesehen davon, dass Bleckmann uns nicht mitteilt, wer denn eigentlich beurteilt, ob ein Bürger seine Interessen noch selbst wahrnehmen kann[328], ob also eine zur Intervention Veranlassung gebende Situation vorliegt oder nicht, liegt auf der Hand, dass ein derartiges Staats- und Grundrechtsverständnis mit dem Schutz der Autonomie des Einzelnen von vornherein nichts mehr gemein hat. Die Rechte des Einzelnen schirmen ihn nicht mehr ab, sondern befähigen ihn (nur) dazu, besser an der Optimierung des Gesellschaftsglücks teilnehmen zu können. Insofern ist es dann nahezu zwangsläufig, dass der Bürger auf Grundrechte auch nicht verzichten kann, denn dann würde er ja Gefahr laufen, seine Verhandlungsposition gegenüber den anderen Grundrechtsadressaten, nämlich seinen Mitbürgern, zu schwächen, was wiederum das Wohl des Ganzen infrage stellen könnte. Der Einzelne und seine „Rechte" und „Interessen" dienen letztlich nur noch der Gesellschaft insgesamt.

***cc) Zwischenergebnis***

Die Diskussion um den Grundrechtsverzicht hat einmal mehr gezeigt, dass nur eine Interpretation der Grundrechte als Gewährleistung der Autonomie des Einzelnen tragfähig erscheint. Der Grundrechtsverzicht ist eine – mindestens – von Art. 2 Abs. 1 GG geschützte Grundrechtsausübung, die einen Grundrechtsein-

---

[328] Tut er dies selbst? Oder trifft der Staat diese Entscheidung?

griff von vornherein ausschließt. Insofern gilt für die besonderen Freiheitsrechte nichts anderes als für die Menschenwürde.

***b) Die „Freiwilligkeit" einer Einwilligung***

Nachdem nunmehr feststeht, dass ein Grundrechtsträger in einen potenziellen Grundrechtseingriff des Staates einwilligen und diesem damit die Eingriffsqualität nehmen kann, stellt sich die Frage, welche materiellen Anforderungen an eine solche Einwilligung zu stellen sind. Wir haben oben (I.) bereits gesehen, dass die Einwilligung aufgrund der erheblichen mit der DNA-Massenanalyse verbundenen Gefahren eines gesetzlich geregelten Verfahrens bedarf, das die Autonomie der Entscheidung sicherzustellen imstande ist. Dies setzt aber zunächst voraus, dass eine solche autonome Entscheidung im Zusammenhang mit DNA-Massentests überhaupt möglich ist.

Dieser Frage soll nun im Folgenden nachgegangen werden. Insofern werden zunächst zwei parallel verlaufende Diskussionen nachgezeichnet, nämlich diejenige um die Wirksamkeit einer Einwilligung in die Aufnahme in die Datei nach § 81g StPO/ § 2 DNA-IFG und diejenige um den Polygrafeneinsatz im Strafverfahren. Sodann ist noch auf die bisherigen Stellungnahmen zur Freiwilligkeit des DNA-Massentests einzugehen, bevor auf dem Hintergrund dieser Auffassungen dann eine eigene Stellungnahme erarbeitet werden kann.

***aa) Die Diskussion um den Richtervorbehalt in § 81g StPO/ § 2 DNA-IFG***

Gem. § 81f Abs. 1 StPO, der sowohl von § 2 Abs. 2 DNA-IFG als auch von § 81g Abs. 3 StPO in Bezug genommen wird, darf eine molekulargenetische *Untersuchung* des entsprechenden Analysematerials *nur* von einem Richter angeordnet werden. Für die *Erlangung* des Materials gilt insofern § 81a StPO, nach dessen Abs. 2 die Materialentnahme entweder dem Richter oder bei einer Gefährdung des Untersuchungserfolges auch der Staatsanwaltschaft und ihren Hilfsbeamten zusteht. In diesem Kontext ist nunmehr die Frage aufgeworfen worden, ob bei der Materialentnahme bzw. –untersuchung diese Anordnung auch durch die Einwilligung des Betroffenen ersetzt werden kann. Dies würde für die Justiz einen nicht unerheblichen Entlastungseffekt mitbringen, mit der Folge, dass an der Möglichkeit einer Einwilligung ein erhebliches Interesse besteht[329].

Eine differenzierende Lösung vertritt Graalmann-Scheerer[330]. Sie geht davon aus, dass der Beschuldigte – so wie dies der h.M. zu § 81a StPO entspricht – in die Entnahme des DNA-analysefähigen Materials wirksam einwilligen könne. Dabei sei jedoch zu beachten, dass bei schwer wiegenden Eingriffen gleichwohl

[329] Graalmann-Scheerer, JR 1999, S. 453 (453). Vgl. zu diesem Problem auch Markwardt/ Brodersen, NJW 2000, S. 692 (693); Wollweber, NJW 2001, S. 2304 (2305).
[330] Graalmann-Scheerer, JR 1999, S. 453 ff. So auch Volk, NStZ 1999, S. 165 (169).

eine richterliche Anordnung einzuholen sei. Ein Eingriff könne insofern auch dann schwer wiegen, wenn zwar nicht dieser selbst für den Beschuldigten mit Gefahren verbunden ist, aus der Untersuchung des gewonnenen Materials sich aber gravierende Konsequenzen ergeben könnten. Diese Gefahr bestehe gerade bei der Analyse bzw. Speicherung des DNA-Identifizierungsmusters, weil der Beschuldigte mit dessen Hilfe womöglich erheblicher Straftaten überführt werden könne. Angesichts dessen könne die Einwilligung nur dann Wirksamkeit entfalten, wenn der Betroffene zuvor umfassend über die mit der DNA-Untersuchung verbundenen Konsequenzen belehrt worden sei, insbesondere auch darüber, dass er als Beschuldigter dazu berechtigt sei, die Einwilligung zu verweigern. Denn nur im Falle einer derartigen Belehrung könne der Beschuldigte frei für sich entscheiden, ob er in die Entnahme von Körperzellen einwilligen wolle oder nicht[331].
Anders liege es dagegen bei der *Untersuchung* des Materials, denn insofern verweise das Gesetz auf die Bestimmung des § 81e StPO, die diese Maßnahme ausschließlich aufgrund richterlicher Anordnung zulasse und die Entscheidung über das „Ob" der Analyse zugleich mit einer Bestimmung des zu beauftragenden Sachverständigen verknüpfe. Eine Ersetzung dieser Entscheidung durch eine Einwilligung des Beschuldigten komme nicht infrage, weil der Gesetzgeber die Anordnung der molekulargenetischen Untersuchung wegen der Intensität des Eingriffs in die Beschuldigtenrechte und der weiteren verfahrenssichernden Maßnahmen bewusst dem Richtervorbehalt unterstellt habe[332].
Hinzu komme Folgendes: Gerade bei der Erteilung einer Einwilligung durch Strafgefangene sei überdies eher als bei Beschuldigten in einem künftigen Strafverfahren zu befürchten, dass der Einwand verbotener Vernehmungsmethoden erhoben werde, denn sie seien im Zeitpunkt der Einwilligung den besonderen Bedingungen des Vollzuges unterworfen. Bei den Strafgefangenen könne daher eine Koppelung der Gewährung von Vollzugslockerungen mit der Erteilung der Einwilligung in die Entnahme, bzw. Untersuchung von Körperzellen Bedenken in Bezug auf die Wirksamkeit der Einwilligung aufwerfen[333].
Keine Bedenken hegen demgegenüber Sprenger/ Fischer im Hinblick auf die Möglichkeit einer Einwilligung des Betroffenen sowohl in die Entnahme als

---

[331] Graalmann-Scheerer, a.a.O., S. 453 f.; Fluck, NJW 2001, S. 2292 (2294); Volk, a.a.O.; vgl. auch Wollweber, a.a.O.
[332] Graalmann-Scheerer, a.a.O., S. 455. So auch Senge, NJW 1999, S. 253 (255), auf den sich Graalmann-Scheerer zur Stützung ihrer Auffassung m.E. zu Recht beruft. Wie Sprenger/ Fischer (a.a.O., S. 1832, Fn. 31) angesichts der insofern recht apodiktischen Feststellung Senges zu der Ansicht gelangen, dieser habe die Frage, ob eine richterliche Anordnung erforderlich sei, gerade offen gelassen, ist nicht nachvollziehbar.
[333] Graalmann-Scheerer, a.a.O., S. 456.

auch in die Analyse des Materials[334]. Es gebe in der StPO zwar bestimmte Sonderfälle, in denen die richterliche Anordnungskompetenz nicht durch eine Zustimmung des Betroffenen ersetzt werden könne; dies betreffe etwa rechtsgestaltende Anordnungen gem. § 111d StPO, Maßnahmen, die ohne Wissen des Betroffenen durchgeführt würden (§ 100b StPO) oder Fälle, in denen für den Betroffenen nicht disponible Rechtsgüter in Rede stünden (§ 98b StPO).

In allen anderen Fällen komme jedoch der Grundsatz zum Zuge, dass demjenigen kein Unrecht geschehe, der in einen Rechtseingriff einwillige[335]. Daran ändere auch das Gewicht des infrage stehenden Eingriffs grds. nichts; dies zeige sich daran, dass der Beschuldigte sogar darin einwilligen könne, dass im Rahmen eines gegen ihn betriebenen Ermittlungsverfahrens auch in höchstpersönliche Aufzeichnungen Einblick genommen werde – insofern gehe der Bereich einwilligungsfähiger Eingriffe über denjenigen der hoheitlich erzwingbaren sogar noch hinaus:

Dies sei jedenfalls für den Bereich des § 81a StPO unumstritten; aufgrund einer Einwilligung des Beschuldigten seien auch solche Untersuchungen zulässig, die nach § 81a Abs. 1 Satz 2 StPO nicht angeordnet werden dürften. So sei es ja auch weitgehend unbestritten, dass ein Einverständnis in die Entnahme DNA-analysefähigen Materials durch den Beschuldigten Wirksamkeit entfalte.

Für die *Untersuchung* des Materials könne nun aber nichts anderes gelten. So setze etwa der große Lauschangriff sogar die Anordnung der Staatsschutzkammer des Landgerichts voraus; gleichwohl könne kein Zweifel daran bestehen, dass der (allein) Betroffene in solche Maßnahmen einwilligen könne, wenn er sich über die Tragweite seiner Erklärung im Klaren sei, und dass es einer richterlichen Anordnung dann nicht bedürfe. Wolle man gleichwohl eine solche Anordnung verlangen, verkehre sich die Sorge um die Abwehr übermäßiger Eingriffe in die Freiheitssphäre des Bürgers in ihr Gegenteil: Weder gebiete es eine Fürsorgepflicht, noch ein Fürsorgerecht des Staates, eine möglicherweise auf unzutreffenden Annahmen beruhende Zustimmung des Bürgers in diese Untersuchung einer richterlichen Zweckmäßigkeitskontrolle zu unterwerfen[336].

Angesichts dessen könne an der Zulässigkeit einer Einwilligung des Betroffenen auch in die molekulargenetische Untersuchung des mit seiner Zustimmung gewonnenen Materials kein Zweifel bestehen. Diese Einwilligung sei wirksam, wenn sie nach einer umfassenden Belehrung aufgrund einer freien Entscheidung zustande gekommen sei. So müsse etwa die Belehrung und Befragung von Strafgefangenen deutlich machen, dass Maßnahmen nach § 2 DNA-IFG in keinerlei Zusammenhang mit vollzugsrechtlichen Fragen stünden. Es gebe keine

---

[334] Sprenger/ Fischer, NJW 1999, S. 1830 ff. Krit. dagegen Wollweber, NJW 2001, S. 2304 (2305).

[335] Sprenger/ Fischer, a.a.O., S. 1831.

[336] Sprenger/ Fischer, a.a.O., S. 1832.

Anhaltspunkte dafür anzunehmen, dies werde von den Justiz- und Polizeibehörden nicht beachtet oder bei Strafgefangenen sei eine „echte" Freiwilligkeit regelmäßig fraglich. Soweit es die außerordentlich große Gruppe von Personen betreffe, die die formellen Voraussetzungen des § 2 DNA-IFG erfüllten und sich (wieder) in Freiheit befänden, seien Anhaltspunkte für eine regelmäßige Einschränkung ihrer Einwilligungsfähigkeit von vornherein nicht gegeben[337].
Demgegenüber hat Volk darauf hingewiesen, dass derartige verhältnismäßig pauschal gefasste Überlegungen zur Einwilligungsmöglichkeit in strafprozessuale Untersuchungsmaßnahmen nicht tragfähig sind, sondern dass es jeweils auf die einzelne Maßnahme ankomme, und insofern auch die spezifischen Folgen in Betracht zu ziehen seien, die der jeweilige Untersuchungseingriff für den Betroffen nach sich ziehe. Dies zeige nicht zuletzt das Beispiel des Haftbefehls, bei dem das Einverständnis des Betroffenen die vorgesehene richterliche Entscheidung ebenfalls nicht entbehrlich mache[338].
Schließlich hat die Diskussion um das Erfordernis einer richterlichen Untersuchungsanordnung trotz Zustimmung des Betroffenen auch Eingang in die Rechtsprechung gefunden; dort stehen sich die Meinungen genauso offen gegenüber wie in der Literatur:
So hat sich das LG Wuppertal auf den Standpunkt gestellt, es bedürfe stets einer richterlichen Anordnung; dies ergebe sich offensichtlich aus dem Wortlaut des Gesetzes und dem dahinter stehenden Willen des Gesetzgebers[339]. Dieser habe nämlich hervorgehoben, die Ermittlungsbehörden dürften die gesetzlichen Voraussetzungen nicht dadurch umgehen, dass sie – mittelbar oder unmittelbar – „Druck" ausübten, um Betroffene dazu zu bewegen, sich einer molekulargenetischen Untersuchung „freiwillig" zu unterwerfen[340]. Daraus folgert das LG Wuppertal, es liege bereits dann eine unzulässige Gesetzesumgehung der notwendigen richterlichen Anordnung nach § 81f Abs. 1 StPO vor, wenn auch nur mittelbar im Sinne einer Einwilligung „Druck" von der Ermittlungsbehörde auf den Betroffenen ausgeübt werde. Angesichts dessen sei es aber konsequent, in jedem Falle schon dann eine richterliche Anordnung zu fordern, wenn nicht der Betroffene selbst die molekulargenetische Untersuchung von sich aus veranlasst habe, sondern wenn die Initiative von den Ermittlungsbehörden ausgeht. Denn es sei der Ermittlungssachlage regelmäßig immanent, dass, wenn die Behörde an einen Betroffenen herantritt, sich bereits aus eben diesem Ansinnen jedenfalls für den konkret Betroffenen eine Drucksituation ergebe, weil ja in der

---

[337] Sprenger/ Fischer, a.a.O., S. 1833.
[338] Volk, NStZ 1999, S. 165 (16). Dieses Argument wollen Sprenger/ Fischer (a.a.O., S. 1831) allerdings unter Hinweis auf die „materielle Rechtslage" nicht gelten lassen, wobei allerdings offen bleibt, was sie darunter verstehen.
[339] LG Wuppertal, NJW 2000, S. 2687 f.
[340] LG Wuppertal, a.a.O., S. 2688 unter Berufung auf BT-Drs. 13/ 667, S. 5.

Regel die Frage der Täterschaft angesprochen sei und die Verweigerung der Einwilligung - zumindest aus der Sicht des Betroffenen - als Indiz gewertet werden könne, er habe etwas zu verschleiern[341].
Die Gegenauffassung ist vom LG Hamburg vertreten worden[342]:
Dies ist der Ansicht, es könne nicht die Rede davon sein, dass die von einem Strafgefangenen erteilte Einwilligung in die Entnahme und Untersuchung von Körperzellen auf ihr DNA-Identifizierungsmuster keine Rechtsgrundlage für einen derartigen Eingriff zu bilden vermöge. Denn es sei nicht davon auszugehen, der Strafgefangene könne zu der Annahme gelangen, dass die Verweigerung der Einwilligung Auswirkungen etwa auf die Gewährung von Vollzugslockerungen haben könnte. Denn zum einen gebe es bei der hier betroffenen Person keine Anhaltspunkte für eine derartige Motivationslage; im Übrigen sprächen auch die eher großzügige Handhabung von Vollzugslockerungen in Hamburg und die den Gefangenen in der Strafhaft zuteil werdende Betreuung gegen derartige Mutmaßungen[343].
Beide Entscheidungen haben wiederum in der Literatur ein durchaus lebhaftes Echo gefunden. So sind die Entscheidungen des LG Hamburg bei Golembiewski auf Kritik gestoßen. Sie ist der Ansicht, das Landgericht habe nicht ausreichend beachtet, dass es sich bei der DNA-Analyse um einen grds. schwerwiegenden Eingriff in das Grundrecht auf informationelle Selbstbestimmung handele, der in der Regel nur aufgrund einer gesetzlichen Ermächtigung zulässig sei, die hier überdies eine richterliche Anordnung der Maßnahme verlange. Wolle man eine solche durch die Zustimmung des Betroffenen ersetzen, müssten an diese hohe Anforderungen gestellt werden; zentrale Voraussetzung sei die Freiwilligkeit; der Betroffene müsse seine Einwilligung aufgrund einer wirklich autonomen Entscheidung treffen. Bei den von Maßnahmen nach § 81g StPO Betroffenen handele es sich einerseits um Beschuldigte in einem Ermittlungsverfahren, andererseits um schon verurteilte Straftäter, zu denen insbesondere auch Strafgefangene gehörten. Gerade bei diesen Personengruppen stelle sich das besondere Problem, dass sie häufig in die Analyse und Speicherung ihrer Daten einwilligten, weil sie sich entweder nicht verdächtig machen wollten oder hofften, durch Erteilung der Einwilligung etwaigen Nachteilen zu entgehen. Strafgefangene seien häufig bemüht, durch wohlgefälliges Verhalten eventuelle Vergünstigungen im Strafvollzug nicht zu gefährden. An dieser Problematik ändere sich auch nichts durch den Einwand des LG Hamburg, Vollzugslockerungen würden dort ohnedies eher großzügig gehandhabt, denn maßgebend für die Beurteilung der Freiwilligkeit einer Einwilligung sei allein die subjektive Einschätzung des Betroffenen. Auch wenn einer Maßnahme also

---

[341] LG Wuppertal, a.a.O.
[342] LG Hamburg, StV 2000, S. 660 f.; s. auch LG Hamburg NStZ-RR 2000, S. 269 f.
[343] LG Hamburg, a.a.O., S. 661.

tatsächlich keine vollzugsrechtliche Bedeutung zukomme, sei davon auszugehen, dass die bloße Befürchtung, eine Weigerung könnte Konsequenzen für die Gewährung von Vollzugslockerungen haben, ausreiche, um die freie Entscheidung des Betroffenen zu beeinflussen. Angesichts dessen müsse den dahin gehenden Überlegungen des LG Wuppertal zugestimmt werden[344].
Besonders ausführlich sowohl mit den Entscheidungen des LG Hamburg als auch mit der insoweit übereinstimmenden Auffassung von Sprenger/ Fischer hat sich Rinio auseinandergesetzt[345]. Dieser hält den von ihnen vertretenen Standpunkt für unzutreffend, weil es nicht angehen könne, die beiden Dimensionen eines Untersuchungseingriffs nach § 81g StPO/ § 2 DNA-IFG miteinander zu vermengen. Denn zwar sei einerseits davon auszugehen, dass ein Betroffener ohne weiteres in die Entnahme des analysefähigen Materials einwilligen könne. Denn dabei handele es sich nur um einen äußerst geringfügigen Eingriff in das Grundrecht auf körperliche Unversehrtheit, dessen Tragweite für ihn ohne größere Anstrengung zu überblicken sei. Darüber hinausgehend sei mit der Analyse des DNA-Identifizierungscodes und dessen Speicherung in der DNA-Datei aber ein schwerwiegender Eingriff in das Grundrecht des Betroffenen auf informationelle Selbstbestimmung verbunden, der darin zu erblicken sei, dass sein genetischer Fingerabdruck bis an sein Lebensende in nicht anonymisierter Form registriert bleibe[346].
Insofern streite das Schutzinteresse des Betroffenen zwingend für die richterliche Anordnung jedenfalls der molekulargenetischen Untersuchung des erlangten Materials. Denn es bestehe die Gefahr, dass jener den in seinen Fernwirkungen gravierenden Eingriff in sein Recht auf informationelle Selbstbestimmung gar nicht überschaut, wenn er zuvor (nur) mithilfe eines Formblattes darüber aufgeklärt worden ist, dass die bei ihm entnommene Speichel- oder Blutprobe zur Feststellung des DNA-Identifizierungsmusters untersucht und sodann zum Zwecke der Identitätsfeststellung in künftigen Strafverfahren in einer zentralen Datei gespeichert wird. Es sei nämlich nicht auszuschließen, dass – gerade weil der (vorgelagerte) Eingriff in die körperliche Unversehrtheit dem Betroffenen als harmlos erscheint – dieser einwillige, ohne dass er die datenrechtlichen Auswirkungen auf seine Person überhaupt überblicke. Ein derartiger Eingriff sei in seiner Tragweite mit den in § 81a StPO genannten Maßnahmen nicht vergleichbar, weshalb es sich verbiete, die dort entwickelten Grundsätze zur Ersetzung der richterlichen Anordnung durch die Einwilligung des Betroffenen auch auf Maßnahmen nach § 81g StPO zu übertragen[347].

---

[344] Golembiewski, NJW 2001, S. 1036 (1037).
[345] Rinio, JR 2001, S. 168 ff.
[346] Rinio, a.a.O., S. 168.
[347] Rinio, a.a.O.

Zudem belegt Rinio durch eine Analyse der Gesetzgebungsgeschichte zu §§ 81e f. StPO, dass die Behauptung von Sprenger/ Fischer, der Gesetzgeber sei davon ausgegangen, dass die richterliche Anordnung „nach allgemeinen Regeln" durch eine Einwilligung des Betroffenen ersetzbar sei, so nicht zutreffe. Denn aus den Materialien ergebe sich die Skepsis des Gesetzgebers gegenüber „freiwilligen" Einwilligungen Betroffener nur allzu deutlich. Dies habe er insbesondere mit Blick auf die Strafgefangenen betont, indem er in der Gesetzesbegründung ausgeführt habe, bei dieser Personengruppe müssten immer Zweifel an der Freiwilligkeit ihrer Zustimmungserklärungen angemeldet werden, weil sie annehmen könnten, dass die Verweigerung Auswirkungen etwa auf die Gewährung von Hafterleichterungen haben könne, wodurch mithilfe der Haftsituation gerade der – mittelbare – Druck erzeugt werden könne, der nach der Entwurfsbegründung gerade verhindert werden sollte[348].

Ganz ähnlich argumentiert Busch, der zunächst allerdings betont, dass eine Einwilligung des Betroffenen in die DNA-Analyse des bei ihm gewonnen Materials grds. möglich sei[349]. Denn das Grundrecht auf informationelle Selbstbestimmung solle den Einzelnen von vornherein nur gegen eine gegen seinen Willen erfolgende Kenntnisnahme staatlicher Stellen von seinen persönlichen Daten schützen. Das entscheidende Problem sieht auch Busch aber in der Freiwilligkeit der Einwilligung, an der es von vornherein fehle, wenn – sei es auch nur mittelbar – Druck auf den Betroffenen ausgeübt werde. Daher komme eine Einwilligung immer dann nicht infrage, wenn sich der Betroffene in einer Situation befinde, die ihm keine Möglichkeit zu einer eigenen, selbstständigen Entscheidung lasse, sie also nur scheinbar einen von ihm gebilligten Vorgang decke. Das Einwilligungsverfahren dürfe daher von vornherein nicht so gestaltet werden, dass der Betroffene den Eindruck gewinne, letztlich nur die Möglichkeit zu haben, sich einverstanden zu erklären, weil er ansonsten etwa den Erfolg einer für ihn wichtigen Entscheidung aufs Spiel setzen würde. Daher erfolge eine Einwilligung schon immer dann nicht mehr freiwillig, wenn dem Strafgefangenen für den Fall seiner Verweigerung mit dem Entzug von Vollzugslockerungen gedroht werde oder ihm sonst nachteilige Entscheidungen in Aussicht gestellt würden[350].

Hinzu komme aber noch etwas anderes: Die Anordnung nach § 81g StPO setze stets eine negative Sozialprognose voraus; wenn nicht die begründete Annahme besteht, dass gegen den Betroffenen künftig erneut Strafverfahren geführt werden, bei deren Aufklärung das DNA-Identifizierungsmuster helfen könnte, dann dürfe dieses ohnedies nicht registriert werden. Folge: Wenn der Betroffene eine entsprechende Einwilligung abgebe, stelle er sich selbst eine solche Negativprognose. Dies aber widerspreche dem Grundsatz der Selbstbelastungsfreiheit –

---

[348] Rinio, a.a.O., S. 169 f.
[349] Busch, StV 2000, S. 661 f.
[350] Busch, a.a.O.

der Beschuldigte wäre veranlasst, ein Beweismittel gegen sich selbst – nämlich für eine negative Sozialprognose – zu sein[351].

***bb) Die Diskussion um den Polygrafen-Einsatz***

Eines der ältesten und am meisten diskutierten Probleme der Beweisführung im Strafverfahren ist der Einsatz eines sog. Lügendetektors bzw. Polygrafen[352]. Diese Diskussion soll hier nicht in allen Einzelheiten erneut aufgenommen und weiter geführt werden[353], es liegt jedoch auf der Hand, dass eine in jenem Zusammenhang diskutierte Frage auch für die hier interessierende Problematik der DNA-Massentests von Belang sein kann. Es ging dort nämlich immer wieder darum, ob der Einsatz eines Polygrafen auch dann unzulässig ist, wenn der Beschuldigte diesen wünscht, insbesondere weil er sich davon ein für ihn günstiges Beweisergebnis und damit eine Entlastung vom Tatvorwurf verspricht. Von vornherein ausgeklammert bleibt hier die Frage nach einem zwangsweisen Polygrafentest, dessen Zulässigkeit ohnedies allgemein abgelehnt wird[354], und die für den hiesigen Problemkreis ohnehin keinen Ertrag bringen könnte.

Der BGH stand dem Polygrafeneinsatz zunächst äußerst reserviert gegenüber. In einem schon im 5. Band der amtlichen Entscheidungssammlung veröffentlichten Urteil aus dem Jahre 1954 stellte sich der 1. Strafsenat auf den Standpunkt, die Untersuchung des Beschuldigten mit einem Lügendetektor verletze die Freiheit der Willensentschließung und Willensbetätigung und sei daher ohne Rücksicht auf sein Einverständnis unzulässig[355]. Diese Unzulässigkeit ergebe sich unmittelbar aus Art. 1 Abs. 1 GG i.V.m. § 136a StPO. Danach liege es so, dass die Erforschung der Wahrheit im Strafprozess ausschließlich in einer geordneten und justizförmigen Weise ermittelt werden dürfe, wobei der Beschuldigte stets Subjekt des Verfahrens bleibe und sein Körper als solcher nur im Rahmen der §§ 81 ff. StPO zum Gegenstand der Beweisaufnahme gemacht werden dürfe[356]. Daraus wiederum folge, dass die Entschließungsfreiheit des Beschuldigten im Hinblick auf die (später) zu erwartende Anklage in jeder Lage des Verfahrens unangetastet bleiben müsse. Er brauche sich zur Anklage nicht zu äußern und an der Aufklärung des Sachverhalts nicht mitzuwirken; er möge hierfür mitunter auch anerkennenswerte Gründe haben. Deswegen sei die Tat auch ohne sein Zutun in justizförmiger Weise aufzuklären; die Persönlichkeit

---

[351] Busch, a.a.O.; vgl. dazu auch Graalmann-Scheerer, JR 1999, S. 453 (454 f.).

[352] Einen knappen Überblick über den Stand der Diskussion gibt Eisenberg, Beweisrecht der StPO, Rn. 693 ff.

[353] Vgl. dazu etwa die Kontroverse von Undeutsch und Peters, ZStW 87 (1975), S. 650 ff. und 663 ff.; S. des Weiteren Benfer, Rechtseingriffe, R. 1470 ff.; Littwin, Grundrechtsschutz, S. 97 ff.; Schwabe, NJW 1979, S. 576 ff.; ders., NJW 1982, S. 367 f.

[354] Dazu m.w.N. Eisenberg, a.a.O., Rn. 695.

[355] BGHSt 5, S. 332 ff.

[356] BGH, a.a.O., S. 333 f.

des Beschuldigten dürfe über die im Gesetz ausdrücklich vorgesehenen Ausnahmen hinaus dem gewiss wichtigen Anliegen der Verbrechensbekämpfung nicht aufgeopfert werden. Dies werde durch die Vorschrift des § 136a StPO abgesichert, die die Freiheit der Willensentschließung und Willensbetätigung des Beschuldigten für seine Einlassung schlechthin gewährleiste[357].
Diese Freiheit sei bei einer Befragung mithilfe eines Polygrafen nun nicht mehr gewahrt. Vorausgesetzt dieser funktioniere tatsächlich so, wie ihm dies zugeschrieben werde, dann habe der Beschuldigte nicht mehr die Möglichkeit, manche der Untersuchungsfragen entweder wahrheitsgemäß oder bewusst unrichtig bzw. ausweichend zu beantworten, ohne dass zugleich willensunabhängige, meist unbewusste, mit den Fragen wechselnde Körpervorgänge, die durch seelisch-leibliche Wechselvorgänge zustande kämen, aufgezeichnet und von dem Sachverständigen zur Beurteilung seiner Glaubwürdigkeit genutzt würden. Der Polygraf bezwecke mithin, vom Beschuldigten mehr oder andere „Aussagen" als bei einem üblichen Verhör zu erlangen, darunter solche, die er unwillkürlich mache und ohne das Gerät gar nicht machen könne. Neben der bewussten und gewollten Antwort auf die Fragen „antworte" – ohne dass der Beschuldigte dies verhindern könne – auch das Unbewusste. Ein solcher Einblick in die Seele des Beschuldigten und ihre unbewussten Regungen verletze die Freiheit der Willensentschließung und –betätigung und sei im Strafverfahren unzulässig. Zur Erhaltung und Entwicklung der Persönlichkeit gehöre ein lebensnotwendiger und unverzichtbarer seelischer Eigenraum, der auch im Strafverfahren unangetastet bleiben müsse[358].
An dieser Auffassung hat die Rechtsprechung unter breiter Zustimmung der Literatur über vierzig Jahre lang festgehalten[359]. Exemplarisch kann insofern etwa auf die Stellungnahme Peters' hingewiesen werden[360], der insbesondere den Gesichtspunkt der Freiwilligkeit der Beteiligung an einem Lügendetektor-Test in den Mittelpunkt seiner Überlegungen rückt. Es komme bei der Beurteilung der Zulässigkeit einer solchen Maßnahme nämlich nicht nur auf den Einzelfall an, vielmehr sei auch der strafprozessuale Gesamtzusammenhang zu beachten. Es müsse nämlich die Frage gestellt werden, inwieweit diejenigen, die sich dem Test nicht unterziehen wollten, sich noch frei gegen ihn entscheiden könnten. Das Sichentziehen bedeute nur allzu leicht ein Indiz für Schuld. Wenn es richtig sei, dass die Weigerung, sich der Untersuchung zu unterziehen, mit wenigen Ausnahmen nur bei Schuldigen vorkomme, so sei die Freiheit der Entscheidung von vornherein begrenzt. Damit aber werde der grundlegende Satz des Strafpro-

---

[357] BGH, a.a.O., S. 334.
[358] BGH, a.a.O., S. 335.
[359] Nachweise bei Eisenberg, Beweisrecht der StPO, Rn. 696 mit Fn. 77 und Boujong, in: KK-StPO, § 136a, Rn. 34, die selbst diese Auffassung teilen..
[360] Peters, ZStW 87 (1975), S. 663 ff.

zessrechts, dass niemand sich zur eigenen Sache zu äußern brauche, in seinem Kern angetastet.
Wer sich jedoch der Untersuchung stelle, sei nach Auffassung der Befürworter des Polygrafentests im Strafverfahren kaum mehr in der Lage, sein Leugnen aufrechtzuerhalten. Selbst wenn offen bleiben könne, ob dies tatsächlich zutreffe, so werde der Beschuldigte gleichwohl zum Zeugen gegen sich selbst gemacht[361].
Ganz in diesem Sinne hatte zunächst auch das BVerfG argumentiert, als es sich mit der Verfassungsbeschwerde eines Verurteilten zu befassen hatte, dem ein Entlastungsbeweis mithilfe eines Lügendetektortests verweigert worden war. Denn entscheidend sei insofern, dass der Angeklagte im Strafverfahren vor der Alternative stehe, sich entweder dem Lügendetektortest zu unterziehen oder aller Wahrscheinlichkeit nach eine Strafe zu erdulden. In einer derartigen Situation könne von einer wirklich autonomen Entscheidung des Betroffenen nicht mehr gesprochen werden, es müsse sich der Test stets als eine günstige Gelegenheit darstellen, die er nicht ausschlagen dürfe[362] – wenn er denn nichts zu verbergen hat.
Ein gewisser Wandel in der Beurteilung der Zulässigkeit des Polygrafentests im Strafverfahren deutete sich allerdings Ende der 1990er Jahre an, als das BVerfG in zwei Entscheidungen diese Frage ausdrücklich offen gelassen hatte[363]. Demgemäß hat der BGH in seinem Urteil vom 17. Dezember 1998 in Abkehr von der bisherigen ständigen Rechtsprechung die Auffassung vertreten, es verstoße weder gegen die Menschenwürde noch gegen § 136a StPO, wenn der Beschuldigte sich *freiwillig* einer polygrafischen Untersuchung unterziehe[364], denn insofern erleide er keinen Akt der Fremdbestimmung. Die gegen den Einsatz polygrafischer Untersuchungen bislang vorgebrachten rechtlichen Einwände griffen jedenfalls bei solchen Maßnahmen, an denen sich der – regelmäßig verteidigte – Beschuldigte freiwillig beteilige nicht durch.. Zwar sei es richtig, dass bei der Untersuchung auch solche körperlichen Vorgänge gemessen würden, die willentlich nicht zu beeinflussen seien. Jedoch sei insofern zu beachten, dass vom Gericht auch sonst willentlich nicht steuerbare Ausdrucksvorgänge eines Beschuldigten verwertet werden dürften, soweit es diese (schon) ohne technische Hilfsmittel wahrnehmen könne. Der Umstand aber, dass es bei den spezifischen Messergebnissen des Polygrafen erforderlich sei, sie in diesem Sinne (erst) technisch umzusetzen, könne an dieser Beurteilung jedoch nichts ändern;

---

361 Peters, a.a.O., S. 676 f.

362 BVerfG, NJW 1982, S. 375. Ähnlich auch Eisenberg, Beweisrecht der StPO, Rn. 699; Rogall, in: SK-StPO, § 136a, Rn. 78.

363 BVerfG, StraFO 1998, S. 16; BVerfG, NJW 1998, S. 1938. S. auch BGH, NJW 1999, S. 662 f. Dagegen aber LG Düsseldorf, StV 1998, S. 647 (648), das an der herkömmlichen Auffassung ausdrücklich festhielt.

364 BGH, NJW 1999, S. 657 ff.

der Beschuldigte werde dadurch in keiner Weise zu dem „Objekt eines apparativen Vorgangs" degradiert. Vielmehr bleibe dann, wenn der Polygrafentest mit Zustimmung des Beschuldigten durchgeführt werde, seine Subjektstellung schon allein deshalb gewahrt, weil brauchbare Messergebnisse ohne seine manipulationsfreie Mitwirkung nicht zu erzielen seien.

Eine davon abweichende Beurteilung könne insbesondere nicht unter Berufung auf Art. 1 Abs. 1 GG gerechtfertigt werden, weil dieser nicht der Einschränkung, sondern dem Schutz der Menschenwürde diene, und zu dieser gehöre grds. die Freiheit, über sich selbst zu verfügen und sein Schicksal eigenverantwortlich gestalten zu können. Lege man diese Sichtweise zugrunde, könne dem seine Entlastung erstrebenden Beschuldigten die Möglichkeit, in einen verwertbaren Polygrafentest einzuwilligen, nicht unter Hinweis auf die allgemeine staatliche Verpflichtung zu Achtung und Schutz der Menschenwürde gem. Art 1 Abs. 1 Satz 2 GG verwehrt werden. Denn ein solches Verbot bedeute einen dem Willen und dem Interesse des Beschuldigten zuwiderlaufenden, der Sache nach ungerechtfertigten „Schutz", den er zudem durch die Teilnahme an einer außerhalb des Strafverfahrens erfolgenden Untersuchung „umgehen" könne.

Auch mit Blick auf § 136a StPO gelange man nicht zu einer abweichenden Beurteilung: Die Überlegung, dass jeder, der einen mittels Polygrafen durchgeführten Test zu seiner Entlastung nicht von sich aus beantrage oder diesen sogar ausdrücklich ablehne und sich gerade dadurch zusätzlich verdächtig machen könnte, rechtfertige die Anwendung der Vorschrift des § 136a Abs. 1 Satz 2 StPO unter dem Gesichtspunkt des (mittelbaren) unzulässigen Zwangs ebenfalls nicht. Denn ein derartiges Verhalten dürfe vom Gericht ebenso wenig zulasten des Beschuldigten berücksichtigt werden wie dessen Entscheidung, sich zu den gegen ihn erhobenen Vorwürfen zu äußern oder zu schweigen[365].

Der Entscheidung hat Amelung ausdrücklich zugestimmt[366]. Er hält zunächst die Erwägung des BGH für überzeugend, in einem mit Einverständnis des Beschuldigten vorgenommenen Polygrafentest könne keine Verletzung der Menschenwürde erblickt werden. Denn zum Schutz der Menschenwürde gehöre in der Tat die Freiheit, über sich selbst zu bestimmen mit der Folge, dass ein einverständlich durchgeführter Test die Menschenwürde nicht verletze. Dabei falle auf, dass der BGH auf die Rechtsprechung insbesondere des BVerwG mit keinem Wort eingeht, der zufolge z.B. Peepshows unter Berufung auf Art. 1 Abs. 1 GG als sitten- und polizeiwidrig zu beurteilen seien. Jedoch sei dem BGH Recht zu geben, denn zur Menschenwürde im Sinne des Grundgesetzes gehöre die Autonomie des Einzelnen, und erst dort, wo diese missachtet werde, kämen die tatbestandlichen Voraussetzungen des Art. 1 Abs. 1 GG ins Spiel[367].

---

[365] BGH, a.a.O., S. 658 f.

[366] Amelung, JR 1999, S. 382 ff.

[367] So bereits Amelung, NStZ 1982, S. 38 (38). Ähnlich auch Meyer-Mews, NJW 2000, S. 916 (1917). Vgl. auch Artkämper, NJ 1999, S. 153 f.

Zu bemängeln sei jedoch, dass der Senat nicht geprüft habe, ob die Voraussetzungen für die Entfaltung von Autonomie in den Lügendetektorfällen *überhaupt* gegeben seien. Denn der Antrag, einen Entlastungsbeweis mithilfe eines Polygrafen zu führen, werde in aller Regel (nur) von solchen Angeklagten gestellt, denen deshalb Strafe drohe, weil alle anderen Beweismittel gegen sie sprächen – insofern werde der entsprechende Antrag keineswegs in einer zwangsfreien Situation gestellt.

Wolle man in solchen Fällen trotzdem eine wirksame Einwilligung annehmen, so gehe dies nur unter Zuhilfenahme einer zusätzlichen Legitimation. Hier sei der Hinweis des Senats von Bedeutung, es widerspreche dem Sinn des Art. 1 Abs. 1 GG, wenn man dem Beschuldigten unter Berufung auf den Schutz seiner Menschenwürde ein Mittel aus der Hand schlagen wolle, mithilfe dessen er seine Entlastung erstrebe. Und es sei in der Tat ein Hohn, wenn ein Unschuldiger im Gefängnis sitzen müsse, weil ihm unter Berufung auf den Schutz seiner Menschenwürde die Führung eines Entlastungsbeweises versagt werde. Es gebe eben halbfreiwillige „eingriffsmildernde“ oder „eingriffsverhindernde“ Einwilligungen, die unsere Rechtsordnung allein deshalb noch als autonome Entscheidungen anerkenne, um unverhältnismäßige oder (materiell) unrechtmäßige Beeinträchtigungen der Grundrechtssphäre des Einwilligenden zu vermeiden. Stelle insofern der Polygrafentest das einzige taugliche Mittel dar, um das Grundrecht der Fortbewegungsfreiheit vor einem unrechtmäßigen Eingriff zu bewahren, so müsse er – vorbehaltlich der Wahrung von Interessen Dritter – zugelassen werden, wenn der Angeklagte dies wünsche[368].

Die Zustimmung Amelungs zu dieser Entscheidung des BGH kam nicht von ungefähr, war er doch einer derjenigen, die die Ablehnung des freiwilligen Einsatzes von Polygraphen im Strafverfahren durch die h.M. schon zuvor für verfehlt hielten.

Insofern erscheint es gerade für den hier relevanten Kontext der DNA-Massenuntersuchungen durchaus ertragreich, einen Gesichtspunkt, den Amelung in seiner soeben referierten Stellungnahme nur noch einmal angedeutet hat, anhand einer älteren Stellungnahme zu vertiefen[369]. Darin stellt Amelung zunächst fest, es sei in der Tat kaum von der Hand zu weisen, dass die Einwilligung des Beschuldigten in die Durchführung eines Polygrafentests regelmäßig nicht völlig freiwillig abgegeben werde. Fraglich sei nur, ob man die Einwilligung schon allein deshalb als unwirksam anzusehen habe. Denn gerade das Strafrecht kenne eine ganze Reihe von Einwilligungen und ähnlichen Zustimmungserklärungen, die wirksam seien, obgleich sie nicht völlig frei von staatlichem Zwang erteilt würden. Ein markanter Fall seien etwa die Einwilligungen

---

[368] Amelung, a.a.O., S. 383 f.

[369] Amelung, NStZ 1982, S. 38 (38 f.). Ihm folgend z.B. Prittwitz, MDR 1982, S. 886 ff., insb. S. 888.

nach § 56c Abs. 3 StGB, die erteilt würden, um die Voraussetzungen einer Strafaussetzung zur Bewährung zu schaffen und damit ähnlich wie in den typischen Polygrafen-Fällen die Vollstreckung einer Freiheitsstrafe verhindern sollten. Weiter sei § 148 Abs. 2 StPO zu nennen, demzufolge Schriftstücke an bestimmte Untersuchungshäftlinge nur dann ausgehändigt werden dürften, wenn diese in die Kontrolle durch einen Richter einwilligten.

Bei derartigen Einwilligungen handele es sich um Ausprägungen eines eigenständigen, aus dem Übermaßverbot abgeleiteten Instituts des öffentlichen Rechts, das man als „eingriffsmildernde Einwilligung" bezeichnen könne[370]. Bei derartigen Einwilligungen gehe es nicht darum, einer völlig freien Entscheidung des Bürgers Anerkennung zu verschaffen. Vielmehr dienten sie dem Einwilligenden dazu, legitimen staatlichen Zwang zu mildern bzw. für die Zukunft ganz zu verhindern. Dies geschehe dadurch, dass sich der Einwilligende dafür entscheide, ein Rechtsgut preiszugeben, um ein anderes vor dem staatlichen Zugriff zu bewahren, das ihm wertvoller erscheine als das aufgeopferte. Obwohl derartige Entscheidungen nicht fei von Zwang getroffen würden, seien sie als Einwilligung wirksam, solange nicht rechtswidrigerweise zusätzlicher Druck auf den Einwilligenden ausgeübt werde.

Ein weiteres Problem ergebe sich im Hinblick darauf, dass in der Literatur darauf hingewiesen worden sei, dass die Zulassung des Polygrafentests Rückwirkungen auch auf die Rechte anderer Personen hätten, die in ein Strafverfahren verwickelt seien. Denn wenn ein solcher Test grds. zulässig sei, dann nähre jeder, der ihn ablehne, den Verdacht, er habe etwas zu verbergen. Die Zulassung des Polygrafentests im Strafverfahren schaffe damit generell einen Zwang, sich ihm auch zu unterwerfen, weil er ohne schädliche Rückwirkungen auf die Beweiswürdigung kaum abgelehnt werden könne. Zu entgegnen sei diesem Argument allerdings, dass ein Polygrafentest im hier interessierenden Sinne allein dem Privatinteresse des Betroffenen diene, im konkreten Einzelfall nicht verurteilt zu werden. Wenn dieses mit dem grds. ebenso schutzwürdigen Interesse anderer Beschuldigter konkurriere, mithilfe der Anerkennung des freiwilligen Polygrafentests nicht mittelbar einem Zwang eben zur Erteilung einer Einwilligung ausgesetzt zu werden, so könne dieser Konflikt nicht einseitig zulasten dessen gelöst werden, der in concreto Entlastung erstrebe; vielmehr müsse unter Anwendung des Grundsatzes der praktischen Konkordanz eine ausgleichende Lösung gefunden werden, die etwa darin bestehen könne, den Polygrafentest nur für diejenigen Fälle zuzulassen, in denen nach Abschluss der Beweiserhebung in der Hauptverhandlung kein entlastendes Material zugunsten des Angeklagten mehr greifbar sei. Sanktioniert werden könne eine solchermaßen begrenzte Zulassung im Weiteren noch dadurch, dass man ein Verwertungsverbot

---

[370] Dazu ausführlich Amelung, Einwilligung, S. 105 ff.

in die StPO aufnehme, demzufolge das Fehlen eines Testangebotes nicht zulasten des Beschuldigten verwertet werden dürfe.
Für die hier interessierenden Fragen sind auch die Überlegungen Achenbachs zum Polygrafentest von Belang[371]. Dieser hält es insbesondere für erforderlich zu unterscheiden, ob die Initiative zur Durchführung eines Polygrafentests von dem Beschuldigten selbst oder von den Ermittlungsbehörden ausgegangen ist. Denn es müsse dem Staat verboten bleiben, von sich aus auf die Verwendung des Polygrafen in einem Strafverfahren zu dringen oder sie auch nur vorzuschlagen und vor allem auch, aus der Testverweigerung irgendwie geartete Schlüsse zu ziehen[372]. So sehr es zutreffe, dass der Test sich nur dann durchführen lasse, wenn die Testperson zu der Mitwirkung bereit sei und sich dieser nicht völlig verwehre, so sehr würde doch die Annahme einer völlig unbeeinflusst und frei gegebenen Zustimmung das Wesen der hier vorliegenden – von Achenbach im Anschluss an Amelung so bezeichneten – „eingriffsmildernden Einwilligung" verkennen. Der Beschuldigte, der sich auf ein Testangebot der Strafverfolgungsbehörde einlasse, handele keineswegs frei von Furcht und Zwang. Die spezifische Situation des Beschuldigten im Strafverfahren verbiete es dem Staat, ein so tief in das Persönlichkeitsrecht eingreifendes Testverfahren zum Angebot, mithin Angriffsmittel der Ermittlungsbehörden zu machen[373].

### *cc) Die Diskussion bei DNA-Massentests*

Ohne die Darstellung des Meinungsstandes aus dem 4. Abschnitt hier erneut aufnehmen zu wollen, soll im Folgenden doch noch einmal kurz der Blick gelenkt werden auf die in der Literatur gerade zu dem spezifischen Problem der *Freiwilligkeit* vertretenen Meinungen.
Keine Probleme vermögen auch insofern Sprenger/ Fischer zu erkennen[374]: Zwar sei das Problem der Freiwilligkeit bei den DNA-Massentests ernster zu nehmen, als bei Einzelanordnungen nach § 81f StPO. Hierbei sei zu beachten, dass nach Auffassung des BVerfG die Weigerung, an dem Test teilzunehmen, für sich genommen noch keine Anordnung nach § 81e StPO rechtfertigen könne. Unter dieser Voraussetzung jedoch bestünden an der Wirksamkeit der Einwilligung auch dann keine Zweifel, wenn sie unter dem Einfluss einer informellen „Stimmung" abgegeben worden sei. Es sei schließlich nicht Aufgabe des Staates, seine Bürger durch formelle Eingriffe (richterliche Anordnungen) vor informellen Behelligungen zu bewahren und zur Zivilcourage zu erziehen.
Ähnlich wie hier hat auch Oberwetter in seiner Arbeit eine Parallele zwischen den Lügendetektor-Untersuchungen und den DNA-Massentests zu ziehen ver-

---

371 Achenbach, NStZ 1984, S. 350 ff.
372 S. dazu auch Amelung, NStZ 1982, S. 38 (39); Prittwitz, MDR 1982, S. 886 (894 f.).
373 Achenbach, a.a.O., S. 351.
374 Sprenger/ Fischer, NJW 1999, S. 1830 (1833, Fn. 46).

sucht[375]. Er hat sich jedoch auf den Standpunkt gestellt, die Erkenntnisse jener Diskussion ließen sich auf die Reihenuntersuchungen nicht übertragen. Denn die Unzulässigkeit der Einwilligung ergebe sich dort aus der Bestimmung des § 136a Abs. 3 StPO; an einer solchen Regelung fehle es hier jedoch, insbesondere sei es auch ausgeschlossen, eine DNA-Untersuchung als eine Vernehmung im Sinne der StPO zu qualifizieren. Anders als bei der Vernehmung bleibe dem Betroffenen beim Massentest immerhin noch die Garantie des § 81a StPO, die durch die richterliche Entscheidung gewährleiste, dass aus einer Teilnahmeverweigerung nicht ohne weiteres auf einen für die Anordnung der Zwangsmaßnahme erforderlichen Anfangsverdacht geschlossen werden dürfe. Trotz auch eines mitunter erheblichen Drucks aus dem sozialen Umfeld des Betroffenen könne seine Entscheidung allein deshalb noch nicht als unfreiwillig angesehen werden[376].

Demgegenüber hat Gusy anlässlich seiner Besprechung des Münchner Porschefahrerfalls nachdrücklich auf das Problem der Freiwilligkeit aufmerksam gemacht und ausgeführt, eine solche könne bei den Massentests nicht ohne weiteres unterstellt werden. Wenn nämlich allein die Möglichkeit bestehe, dass an eine unterlassene Mitwirkung Rechtsnachteile (etwa die Behandlung als Beschuldigter in einem Strafverfahren) geknüpft werden könnten, dann könne die Mitwirkung keineswegs mehr als freiwillig angesehen werden. Vielmehr werde der Betroffene vor die Alternative gestellt, entweder selbst entlastende Tatsachen anzugeben oder deren zwangsweise Feststellung durch die Ermittlungsorgane zu dulden[377]. Aus diesem Befund hat Klumpe die Folgerung gezogen, eine derartige unter Druck erteilte Zustimmung könne niemals eine Ermächtigungsgrundlage für polizeiliche Grundrechtseingriffe bilden[378].

***dd) Stellungnahme***

Es sollen nunmehr die unterschiedlichen Lösungsansätze der soeben angesprochenen Problemkreise kommentiert und für die Frage fruchtbar gemacht werden, ob und inwieweit es tatsächlich *freiwillige* DNA-Reihenuntersuchungen geben kann.

Im Rahmen der Diskussion um die Zulässigkeit der Ersetzung der richterlichen Anordnung durch eine Einwilligungserklärung des Betroffenen bei Maßnahmen nach § 81g StPO/ § 2 DNA-IFG fällt auf, dass die entscheidende Problematik, ob eine solche Einwilligung überhaupt *freiwillig* erteilt wird und damit Wirksamkeit beanspruchen kann, von vielen zwar gesehen, aber letztlich nicht klar beantwortet wird. Die meisten Stellungnahmen mogeln sich um diesen Punkt

---

375 Oberwetter, Zulässigkeit, S. 24 ff.

376 Oberwetter, a.a.O., S. 27 f.

377 Gusy, JZ 1996, S. 1176 (1177). Ähnlich: Beulke, Strafprozessrecht, Rn.242.

378 Klumpe, Der „genetische Fingerabdruck“, S. 189 m.w.N. Grds. zustimmend: Burr, DNA-Profil, S. 125 f.

mehr oder weniger elegant herum, um sich sodann anderen Aspekten zuzuwenden. Exemplarisch ist insofern die Bemerkung Flucks, der es damit bewenden lässt festzustellen, bei Einholung einer Einwilligungserklärung sei „lediglich mittelbarer oder unmittelbarer Druck auf einen von der Maßnahme Betroffenen unzulässig[379]."

Die Bedenken verstärken sich mit Blick auf den leichtfertigen Umgang zahlreicher Autoren mit den schützenden Formen des Verfahrens, die von vielen nur allzu schnell einer vermeintlich besonders effizienten Verfahrensweise geopfert werden. Die Schnelligkeit der Maßnahme, ohne dass sie viel Aufwand verursacht, ist das entscheidende Anliegen; so halten etwa Markwardt/ Brodersen große Stücke auf die Ersetzung der richterlichen Anordnung durch eine Zustimmung des Betroffenen, denn: „[...]; der verwaltungsaufwändigen Herbeiführung einer richterlichen Entscheidung bedarf es bei wirksamem Einverständnis nicht[380]."

Demgegenüber bleibt hier zu betonen, dass ein ganz entscheidendes Gewicht bei der Frage, ob und inwieweit freiwillige Untersuchungsmaßnahmen zugelassen werden können, die bei zwangsweiser Anordnung stets einen Grundrechtseingriff bedeuten würden, auf die verfahrensmäßige Absicherung der tatsächlich freiwilligen Entscheidung zu legen ist. Denn dass grds. eine freiwillige Zulassung grundrechtsrelevanten Staatshandelns durch den Betroffenen möglich ist, ist oben bereits dargelegt worden. Hier muss es nunmehr ganz entscheidend darum gehen, sicherzustellen, dass die infrage stehende Maßnahme, also der DNA-Massentest, nicht mit – sei es auch nur mittelbarem – Zwang durchgesetzt wird. Insofern betont etwa Graalmann-Scheerer völlig zu Recht, dass die richterliche Anordnung nach §§ 81e, 81f StPO bei den Eingriffen nach § 81g StPO/ § 2 DNA-IFG nur dann durch die Zustimmung des Betroffenen ersetzt werden kann, wenn diese auf einem freiwilligen Entschluss beruht, der seinerseits dadurch abgesichert ist, dass der Betroffene über sein Recht, die Zustimmung zu verweigern, ordnungsgemäß aufgeklärt wurde. Dass es aber damit sein Bewenden nicht haben kann – noch dazu, wenn die Belehrung mithilfe eines Formblattes durchgeführt wird –, darauf hat Rionio richtigerweise hingewiesen. Denn die Aufnahme in die Datei nach § 81g StPO sorgt ja dafür, dass der Betroffene dort mit seinem DNA-Identifizierungscode quasi sein ganzen Leben lang registriert bleibt, sodass es sich dabei um eine der am schwersten wiegenden Bedrohungen für das Grundrecht auf informationelle Selbstbestimmung handelt, die überhaupt denkbar ist. Insofern ist in der Tat kaum davon auszuge-

---

379 Fluck, NJW 2001, S. 2292 (2294). Ähnlich Markwardt/ Brodersen, NJW 2000, S. 692 (693): „Selbstverständlich kann auch nur dann von Freiwilligkeit die Rede sein, wenn die Einverständniserklärung nicht unter Zwang abgegeben wurde."

380 Markwardt/ Brodersen, NJW 2000, S. 692 (693). Vgl. hierzu auch die Bedenken von Golembiewski, NJW 2001, S. 1036 (1037).

hen, dass sich der mithilfe eines schlichten Formblattes belehrte Betroffene über Inhalt und Tragweite seiner Einwilligungserklärung stets mit hinreichender Deutlichkeit bewusst ist. Daher dient die Erforderlichkeit einer richterlichen Anordnung nach §§ 81e, 81f StPO schließlich gerade dem Schutz derjenigen Adressaten eines Aufnahme-Ersuchens, die aufgrund ihrer individuellen Kenntnisse und Fähigkeiten selbst die ihnen drohende Gefahr nicht mit hinreichender Deutlichkeit zu erkennen in der Lage sind. Die §§ 81e, 81f StPO sind also Vorschriften, die den von einem schwerstwiegenden Eingriff in einen grundrechtlich geschützten Lebensbereich Bedrohten gerade auch vor übereilten Zustimmungserklärungen schützen sollen. Damit geht es also keineswegs darum, gleichsam in paternalistischer Manier die grds. zu schützende Autonomie des Einzelnen zu unterlaufen, es kommt vielmehr darauf an – etwa zivilrechtlichen Formvorschriften entsprechend – den Einzelnen vor übereilten Entscheidungen zu bewahren, deren Konsequenzen sich vielleicht erst im Nachhinein mit der notwendigen Deutlichkeit herauskristallisieren. Nicht zu Unrecht wird in diesem Zusammenhang auch die Parallele zur Anordnung der Untersuchungshaft gezogen: Obwohl es sich bei der persönlichen Freiheit gem. Art. 2 Abs. 2 Satz 1 GG selbstverständlich um ein Grundrecht handelt, auf das der Einzelne auch verzichten kann, – niemand ist daran gehindert, sich freiwillig seiner Bewegungsfreiheit zu begeben – kann eine derart einschneidende Maßnahme stets nur aufgrund richterlichen Beschlusses durchgeführt werden.

Aus der Diskussion im Rahmen des § 81g StPO/ § 2 DNA-IFG können wir also zunächst den Schluss ziehen, dass es offenbar Untersuchungseingriffe gibt, die die Grundrechte der Betroffenen potenziell in einer Weise bedrohen, dass diese davor mithilfe schützender Formen, etwa eines Richtervorbehaltes, abgeschirmt werden sollen. Diese schützenden Formen sind auch nicht ohne weiteres verzichtbar, weil sie mithelfen, die autonome Entscheidung des Betroffenen zu schützen[381]. Die erste Folgerung lautet also:

[381] Dies lässt sich verdeutlichen, indem man noch einmal die Parallele zum Zivilrecht zieht: Auch dort ist z. B. ein Grundstückskaufvertrag nur bei notarieller Beurkundung wirksam. Diese dient dem Schutz der Beteiligten vor einer unüberlegten Entscheidung im Hinblick auf die erheblichen mit dem Verlust/ Erwerb eines Grundstücks verbundenen Risiken. Eine insofern ohne notarielle Beurkundung abgegebene Willenserklärung ist (zunächst) unwirksam. Durch diese Formvorschrift soll nun aber der Einzelne nicht daran gehindert werden, ein Grundstück zu verkaufen oder zu erwerben, sie dient also nicht etwa der Einschränkung seiner Privatautonomie. Er soll sich nur tatsächlich autonom – also in Kenntnis dessen, was er tut – entscheiden. Ganz ähnlich liegt es hier: Auch der Richter wird bei der Anordnung der Aufnahme in die DNA-Datei nach § 81e StPO sicher berücksichtigen, dass der Betroffene damit auch einverstanden ist. Letzterer wird aber davor geschützt, aufgrund einer unüberlegten Zustimmung eine Entscheidung zu treffen, die er später bereut. Dass er grds. auf sein informationelles Selbstbestimmungsrecht insofern verzichten kann, ist dadurch nicht infrage gestellt.

*Je grundrechtsintensiver eine Ermittlungsmethode wirkt, desto höhere Anforderungen sind an die verfahrensmäßige Absicherung der Autonomie einer entsprechenden Einwilligungserklärung zu stellen.*
Nimmt man insofern die oben (A.) herausgearbeitete erhebliche Grundrechtsrelevanz der DNA-Massentests in den Blick, insbesondere, dass der finale Massentest dann, wenn der *zwangsweise* angeordnet würde, einen Eingriff in die Menschenwürde darstellte, ergibt sich daraus, dass die Absicherung der autonomen Entscheidung des Betroffenen der größtmöglichen verfahrensmäßigen Absicherung bedarf.
Ein weiterer wichtiger Gesichtspunkt, der in der Auseinandersetzung um die Aufnahme in die DNA-Datei zutage getreten ist, ist die Frage, inwieweit bei Personen, die sich in einer ganz besonderen Lebenssituation befinden (etwa bei Strafgefangenen) überhaupt eine tatsächlich autonome Einwilligung denkbar ist. Hier kann nämlich durch verschiedene „Angebote" etwa vonseiten der Strafvollstreckungsbehörde, auch in sehr subtiler Weise Druck ausgeübt werden, der die Freiwilligkeit der Entscheidung infrage stellt. Dies umso mehr, als es gerade das Anliegen des Gesetzgebers war, im Rahmen der Anordnung nach § 81g StPO/ § 2 DNA-IFG jeden – auch nur mittelbaren – Druck von dem Betroffenen fernzuhalten. Insofern haben gerade Praktiker wie Graalmann-Scheerer oder Rinio darauf hingewiesen, dass es kaum möglich erscheint, überhaupt eine Verfahrensweise zu finden, mithilfe derer die Autonomie der Zustimmungsentscheidung tatsächlich gesichert werden könnte. Sie wollen daher immer eine richterliche Entscheidung einholen. Dieser Gedanke erscheint schon allein deshalb sinnvoll, weil z.B. von den Befürwortern der „Formblatt-Aufklärung" wie Sprenger/ Fischer, die Einwilligungslösung in erster Linie deshalb postuliert wird, um eine schnellere, „effizientere" Entscheidung über die Aufnahme in die Datei herbeizuführen als dies bei der Einschaltung des Ermittlungsrichters möglich wäre. Unabhängig von der – im Ergebnis zu verneinenden – Frage, ob man diesem Effizienzdenken im Strafverfahren Raum geben sollte, würde der Versuch, die Autonomie der Zustimmungserklärung von Personen in derartigen Situationen verfahrensmäßig abzusichern[382], einen Aufwand verursachen, der denjenigen, der mit einer richterlichen Anordnung verbunden wäre, deutlich überträfe, sodass der eigentliche Sinn des Ersuchens um Zustimmung von vornherein verloren ginge.
Dieser Gedanke lässt sich nunmehr auch auf die hier infrage stehende Problematik von DNA-Reihenuntersuchungen übertragen. Denn auch deren potenzielle Teilnehmer befinden sich in einer Drucksituation, die derjenigen eines Strafgefangenen sicher nicht unähnlich ist. Im Gegensatz zu Oberwetter sollte man den Druck, der etwa von den Mitbewohnern in bestimmten dörflich

[382] Wenn man es denn überhaupt für möglich hält.

geprägten Gegenden ausgehen kann, insoweit nicht unterschätzen. Den meisten Bewohnern wird es kaum möglich sein, sich dem Ansinnen der Strafverfolgungsorgane nach einer („freiwilligen") Testteilnahme zu entziehen. Hinzu kommt, dass es nicht ausgeschlossen werden kann, dass aus der Verweigerung der (immerhin freiwilligen) Testteilnahme doch auf einen Tatverdacht geschlossen wird. Zwar hat das BVerfG insofern – wie bereits oben ausgeführt - betont, dies sei unzulässig. Ganz zu Recht hat Satzger diesbezüglich aber darauf verwiesen, dass ein derartiger Standpunkt natürlich ein völlig akademischer sei. Zum einen verkennt er die Arbeitshaltung der mit der Ermittlungsarbeit betrauten Polizeibeamten vollkommen. Diese sind – man möchte fast sagen ausschließlich - daran interessiert, möglichst rasch zu greifbaren Ergebnissen zu gelangen, schon von daher sind sie gehalten, jeder auch noch zu dürftigen Spur nachzugehen. Behält man diesen Gedanken im Hinterkopf, dann ist es aber völlig fernliegend, dass sie aus einer Testverweigerung, deren anderweitige Gründe für sie nicht völlig offensichtlich auf der Hand liegen, nicht den Schluss ziehen werden, der Betreffende habe „etwas zu verbergen". Zum anderen – und dies ist der eigentlich relevante Gesichtspunkt – sind ja mindestens die *finalen* DNA-Massentests gerade darauf angelegt, dass mit ihrer Hilfe der Druck auf den tatsächlichen Täter erhöht wird, und dass möglichst viele mit Sicherheit Unschuldige aus dem Kreis der potenziell Tatverdächtigen ausgeschlossen werden können. Anders gewendet: Sinn und Zweck der *finalen* DNA-Reihenuntersuchungen bestehen ja gerade darin, aus der Testverweigerung bestimmte Rückschlüsse auf eine mögliche Täterschaft des Verweigerers zu ziehen.

Aber selbst wenn man diese Gesichtspunkte ausblenden wollte, ergäbe sich nichts anderes: „Freiwilligkeit" wird man kaum an objektiv fassbaren Kriterien festmachen können, die Umstände von denen sich der Einzelne zu einer bestimmten Entscheidung veranlasst sieht, können gänzlich verschieden sein. Was dem einen gleichsam schlaflose Nächte bereitet, interessiert den anderen überhaupt nicht. Folge: Ob jemand (noch) autonom handeln kann, ist nur an der Person des Einzelnen festzumachen. Insofern kann es auch nicht darauf ankommen, ob nun tatsächlich aus der Verweigerung der Teilnahme am Reihentest Rückschlüsse seitens der Strafverfolgungsbehörden gezogen werden dürfen oder nicht, es genügt schon, dass der Einzelne daran glaubt. Wenn dieser davon überzeugt ist, man werde ihn ohnedies untersuchen, wenn nicht freiwillig, dann doch auf gerichtliche Anordnung, dann kann bei ihm von einer autonomen Entscheidung i.e.S. nicht mehr die Rede sein.

Von daher erscheint auch die Bemerkung von Sprenger/ Fischer verfehlt, es sei nicht Aufgabe des Staates, seine Bürger zur Zivilcourage zu erziehen und sie damit zu lehren, sich der für Massentests typischen „Stimmung" zu entziehen. Dies ist zwar für sich genommen sicher nicht unzutreffend. Aber sehr bedenklich erscheint es doch – und das verschweigen Sprenger/ Fischer ganz bewusst -

, dass dieser „Stimmung“ vonseiten der Strafverfolgungsbehörden zumindest nicht entgegengewirkt wird, ja, dass sie oft gerade durch die Strafverfolgungsorgane (erst) geschürt wird, und sei es auch nur dadurch, dass eben ein Massentest durchgeführt wird. Schließlich dient eine solche Stimmung ja gerade dem soeben angesprochenen eigentlichen Zweck des DNA-Reihentests, eben doch bestimmte Rückschlüsse aus einem etwaigen Verweigerungsverhalten Einzelner zu ziehen. Insofern geht die Feststellung von Sprenger/ Fischer am Kern der Problematik glatt vorbei, denn richtigerweise hätte man nicht fragen dürfen, ob der Staat die Bürger zum „Ertragen“ der „Stimmung“ erziehen muss (dies sicher nicht); vielmehr geht es darum, ob der Staat eine solche entweder schon vorhandene Stimmung ausnutzen oder – schlimmer noch – diese auslösen, bzw. verstärken darf (dies darf er nämlich ebenfalls nicht!)[383].

Angesichts dessen stellt das LG Wuppertal im Hinblick auf die Zustimmung zu einer Maßnahme nach § 81g StPO/ § 2 DNA-IFG zutreffend fest, bereits aus dem bloßen – vonseiten der Strafverfolgungsorgane ausgesprochenen – Ansinnen, in eine solche Maßnahme einzuwilligen, entstehe eine spezifische Drucksituation, in der eine Verweigerungshaltung jedenfalls aus der Sicht des Betroffenen so gewertet werden könne, als habe er etwas zu verschleiern.

Eben dieses Argument ist auch aus der Debatte um die Zulässigkeit des Polygrafeneinsatzes hinlänglich bekannt; gerade deswegen wird dort die Meinung vertreten, dass ein solcher nur dann befürwortet werden könne, wenn die Initiative dazu von dem Beschuldigten selbst ausgehe.

Daraus wiederum ergibt sich die zweite Schlussfolgerung:

*Schon allein dadurch, dass eine bestimmte Ermittlungsmethode von den Strafverfolgungsbehörden eingesetzt wird, und dass sie sodann mit der Bitte an den Betroffenen herantreten, daran teilzunehmen, wird dessen autonome Entscheidung ausgeschlossen.*

Gewendet auf die Problematik des DNA-Massentests ergibt sich, dass der Einzelne in seiner Entscheidung, ob er sich auf eine freiwillige Teilnahme einlässt oder nicht, von vornherein nicht mehr frei ist. Dies kann auch nicht durch inhaltlich banale Hinweise auf die demgegenüber erforderliche „Zivilcourage“ des Bürgers infrage gestellt werden.

Im Hinblick auf die damit schon angesprochene Problematik der Polygrafie[384] ist zunächst anzumerken, dass sich an der für die DNA-Massentests interessierenden Parallel-Problematik der *Freiwilligkeit* einer Testteilnahme durch den Wandel in der BGH-Rechtsprechung nichts geändert hat. Das eigentlich Fragwürdige der Entscheidung des BGH aus dem Jahre 1954 – und dies stellt der BGH mit seiner neuen Entscheidung erfreulich deutlich klar –

---

383 Vgl. dazu auch Rinio, JR 2001, S. 168 (169).

384 Dabei geht es nur um den freiwilligen Polygrafentest zur Entlastung des Beschuldigten; andere Konstellationen bleiben im Folgenden außer Betracht.

liegt nämlich darin, dass schon die *Einwilligung als solche* für mit der Menschenwürde unvereinbar erklärt wird. Übereinstimmend mit der auch hier vertretenen Auffassung meint der BGH nämlich nunmehr, es gehe nicht an, unter Berufung auf die Menschenwürde dem Einzelnen zu verbieten, eben zu deren Schutz in eine Polygrafenuntersuchung einzuwilligen. Denn dann wäre die Autonomie der Entscheidung ja gerade nicht mehr Ausprägung der Menschenwürde, sondern diese könnte ihr entgegengehalten werden. Von daher betont der BGH ganz zu Recht, es sei Angelegenheit des Einzelnen zu bestimmen, wie er sein Schicksal eigenverantwortlich begründen möchte. Insofern ist also zunächst nur die Frage angesprochen, ob es in Bezug auf die Menschenwürde *überhaupt* eine freiwillige Entscheidung über eine potenziell unwürdige Behandlung geben kann. Demgegenüber bleibt aber nach wie vor die Frage zu beantworten, unter welchen Umständen eine tatsächlich freiwillige Zustimmung zum Polygrafeneinsatz angenommen werden kann. Und hinsichtlich dieser Frage hat sich in der Beurteilung eigentlich nichts geändert; es entspricht allgemeiner Auffassung, dass der Betroffene grds. selbstständig darüber zu entscheiden hat, ob er sich einer derartigen Untersuchung unterziehen will oder nicht. Der BGH betonte in seiner ersten Entscheidung, die Entschließungsfreiheit des Beschuldigten müsse in jeder Lage des Verfahrens gewahrt bleiben; in seinem neuesten Urteil hebt er hervor, dass der Einwilligende „regelmäßig verteidigt" sei, womit deutlich wird, dass der BGH einen Schutz der Entschließungsfreiheit – nämlich gesichert durch die Verteidigung des Beschuldigten – weiterhin für unerlässlich hält.

Damit müsste man nunmehr den Polygrafeneinsatz auf freiwilliger Basis eigentlich für unzulässig erklären, denn mit Recht hat das BVerfG – in Anlehnung an Peters – in seiner Entscheidung aus dem Jahre 1981 hervorgehoben, der Rückgriff auf den Polygrafentest müsse sich dem Beschuldigten als günstige Gelegenheit darstellen, die er – wenn er sich nichts hat zuschulden kommen lassen – nicht ausschlagen dürfe.

Allerdings hat Amelung insofern aus dem Grundsatz der Verhältnismäßigkeit die Figur der sog. „eingriffsmildernden Einwilligung" abgeleitet, die für den Polygrafeneinsatz im Strafverfahren auch durchaus plausibel erscheint. Denn zwar ist der vom BVerfG betonte mittelbare Zwang in der Tat vorhanden; indes beugt sich der Betroffene diesem Zwang nur deshalb, um sich noch intensiveren *legitimen* staatlichen Zwanges (nämlich die Verurteilung zu einer womöglich langjährigen Freiheitsstrafe) zu entziehen. Der Beschuldigte befindet sich ohnedies schon in einer – *rechtmäßigen* – Zwangslage, nämlich im Ermittlungs- oder Hauptverfahren und hier wird ihm mit dem Polygrafentest eine Möglichkeit eröffnet, die ihm bestenfalls eine Entlastung bringen kann, seinen status quo aber nicht verschlechtert.

Daraus lässt sich als dritte Schlussfolgerung herleiten:

*Eine nicht völlig autonome, sondern unter mittelbarem staatlichen Druck stehende Entscheidung des Betroffenen kann dann noch als freiwillig anerkannt werden, wenn sie ihn aus einer legitimerweise aufrecht erhaltenen staatlichen Zwangssituation zu befreien in der Lage ist, ohne dass dadurch sein status quo leidet.*

Für die DNA-Massenuntersuchungen ergibt sich aus der Polygrafie-Problematik mithin Folgendes: Hier wie dort befindet sich der Betroffene in einer ganz spezifischen Zwangslage, die eine autonome Entscheidung i.e.S. ausschließt. Während er sich bei der Frage, ob er einem freiwilligen Polygrafentest zustimmt im Falle der Verweigerung damit konfrontiert sieht, sich anders einer empfindlichen Verurteilung nicht mehr entziehen zu können, läuft er bei der Verweigerung der Beteiligung an dem Massentest Gefahr, sich einem Ermittlungsverfahren womöglich wegen eines Kapitalverbrechens auszusetzen. Jedoch kann der Polygrafentest mithilfe der Überlegung gerechtfertigt werden, dass er dem Beschuldigten bzw. Angeklagten nur eine zusätzliche oder gar die einzige Chance liefert, sich einem *legitimerweise* gegen ihn geführten Strafverfahren zu entziehen, mithin einer Verurteilung zu entkommen, gegen die im Übrigen aus rechtsstaatlichen oder strafprozessualen Gründen keine Bedenken bestünden – eben weil sich das Gericht prozessordnungsgemäß von der Schuld des Angeklagten überzeugt hat. Dieser Gedanke lässt sich aber auf den DNA-Reihentest gerade nicht übertragen: Wenn hier Tausende zur Teilnahme aufgerufen werden, beruht diese Aufforderung eben nur auf ganz allgemeinen statistischen Kriterien ohne spezifischen Tatbezug. Keiner der Beteiligten ist Verdächtiger i.e.S., gegen keinen dürften also Zwangsmaßnahmen nach der StPO angeordnet werden. Folge: Von einer *legitimen Zwangslage*, in der sich die Adressaten des Teilnahmeaufrufs befinden, kann keine Rede sein, die Verweigerung der Teilnahme versetzt sie vielmehr erst in eine solche Lage. Die Verweigerung der Teilnahme an dem DNA-Massentest verschlechtert damit den status quo des Betroffenen. Daher kann eine quasi „halbautonome" Entscheidung hier nicht mehr als freiwillig, damit als wirksam anerkannt werden.

***c) Zusammenfassung***

Die Rechtfertigung eines grundrechtsrelevanten Staatshandelns ist mithilfe einer Einwilligung des Betroffenen in den potenziellen Grundrechtseingriff grds. möglich. Insofern nimmt die Autonomie der individuellen Entscheidung der staatlichen Maßnahme ihren Zwangs-, damit Eingriffscharakter.

Allerdings ist bei einem DNA-Massentest eine autonome Entscheidung von vornherein nicht zu erreichen. Die Autonomie müsste grds. mit schärfsten verfahrensrechtlichen Vorkehrungen geschützt werden, weil der entsprechende Zwangstest sogar die Menschenwürde verletzen würde. Jedoch geht bereits von der staatlichen Veranlassung einer solchen Maßnahme eine spezifische Drucksituation aus, die eine wirklich freiwillige Entscheidung des Betroffenen von vornherein ausschließt – das zeigt auch der Vergleich mit der insofern parallel gelagerten Problematik der freiwilligen Aufnahme in die DNA-Datenbank oder dem freiwilligen Polygrafentest.

Für den *finalen* DNA-Massentest hat dies zur Folge, dass er in jedem Fall verfassungswidrig ist. Dies wurde oben bereits für dessen *zwangsweise* Durchsetzung festgestellt, gilt nach dem nunmehr Festgestellten aber auch für die *freiwillige* Variante, weil sich eben diese Freiwilligkeit der Entscheidung nicht absichern lässt.

Damit stellt sich aber auch (zwangsläufig) – eben mangels Möglichkeit einer verfahrensmäßigen Absicherung der Freiwilligkeit der (Einwilligungs-)Entscheidung des Einzelnen – der *freiwillige kausale* DNA-Massentest als verfassungswidrig dar.

Im Folgenden ist daher nur noch der Frage nachzugehen, welche Anforderungen das Grundgesetz an den *zwangsweisen kausalen* Massentest stellt, denn nur dieser kann überhaupt noch verfassungsrechtlich zulässig sein.

Zusammenfassend lässt sich das Ergebnis grafisch nunmehr wie folgt darstellen:

| | *Finale* Massenuntersuchungen | | *Kausale* Massenuntersuchungen |
|---|---|---|---|
| | Zwangsweise | Freiwillig | |
| Menschenwürde, Art. 1 Abs. 1 GG | unzulässig | unzulässig | auf gesetzlicher Grundlage zulässig |
| Grundrecht auf informationelle Selbstbestimmung, Art. 2 Abs. 1 i.V.m. Art. 1 Abs. 1 GG | unzulässig | unzulässig | auf gesetzlicher Grundlage zulässig |
| Selbstbelastungsfreiheit, Art. 2 Abs. 1 i.V.m. Art. 1 Abs. 1 GG | unzulässig | unzulässig | auf gesetzlicher Grundlage zulässig |
| Unschuldsvermutung, Art. 1 Abs. 1, 2 Abs. 1, 20 Abs. 1 GG | unzulässig | unzulässig | auf gesetzlicher Grundlage zulässig |
| Recht auf körperliche Unversehrtheit, Art 2 Abs. 2 Satz 1 GG | Bagatell*eingriffe* zulässig | Bagatell*eingriffe* zulässig | Bagatell*eingriffe* zulässig |
| | Eingriffe unzulässig | unzulässig | Eingriffe auf gesetzlicher Grundlage zulässig |

### *2. Der zwangsweise (kausale) DNA-Massentest – Anforderungen des Übermaßverbotes*

Nach dem soeben Festgestellten wird es nunmehr darum gehen, die aus verfassungsrechtlicher Perspektive erforderlichen Grundlinien einer Ermächtigungsgrundlage für den zwangsweisen kausalen DNA-Massentest herauszuarbeiten. *Dass* dieser nur auf gesetzlicher Grundlage zugelassen werden kann, wurde bereits ausführlich dargelegt. Im Folgenden sollen die *inhaltlichen* Anforderungen einer solchen Regelung ermittelt werden. Da der zwangsweise Massentest einen Eingriff in Grundrechte darstellt, die unter einem Gesetzesvorbehalt stehen, kommt insofern dem Grundsatz der Verhältnismäßigkeit besondere Bedeutung zu. Hohe Anforderungen werden insbesondere an den legitimen Zweck zu stellen sein, den die Eingriffsbefugnis zu verfolgen hat, dies zumal ja z.B. das Grundrecht auf informationelle Selbstbestimmung in seinem Kernbereich auch durch Art. 1 Abs. 1 GG geschützt wird.

Der Bindung des Gesetzgebers an einen bestimmten legitimen Zweck, den er mit der von ihm getroffenen Regelung (überhaupt) verfolgen darf, wird in der Literatur allerdings nicht immer die erforderliche Aufmerksamkeit gewidmet; so wird z.B. hervorgehoben, der Gesetzgeber sei bei der Frage, welche Zwecke er verfolgen, und welche Mittel er insofern einsetzen dürfe, relativ frei[385]. Das ist zwar grundsätzlich zutreffend, in dieser Allgemeinheit aber auch reichlich nichtssagend. Denn wäre dies richtig, so würden nur die ausdrücklich im Text des Grundgesetzes aufgeführten sog. qualifizierten Schrankenvorbehalte (vgl. etwa Art. 13 Abs. 2, 3 GG) zu einer Beschränkung der vom Gesetzgeber legitimerweise verfolgbaren Zwecke führen. Dies aber müsste zur Folge haben, dass die Anreicherung des Schutzbereiches durch Art. 1 Abs. 1 GG, die das BVerfG bei verschiedenen Grundrechten, insbesondere bei denen, die in Zusammenhang mit dem allgemeinen Persönlichkeitsrecht stehen, vornimmt, leerläuft; so wäre z.B. das Grundrecht auf informationelle Selbstbestimmung in derselben Weise einschränkbar wie die allgemeine Handlungsfreiheit (Art. 2 Abs. 1 GG). Dies aber müsste der Bedeutung, die das BVerfG diesem Recht beimisst, ersichtlich zuwiderlaufen.

Angesichts dessen ist es nur konsequent, dass das BVerfG dem Zweckbindungsgrundsatz immer wieder große Bedeutung beigemessen hat. So hat es insbesondere in seinem Volkszählungsurteil hervorgehoben, jeder Grundrechtseingriff bedürfe einer konkreten Zweckbindung. Damit ist nicht nur ausgesprochen, dass das eingriffslegitimierende Gesetz die zugelassenen Maßnahmen der Verwaltung (überhaupt) an ein bestimmtes Ziel zu binden hat, vielmehr muss der Gesetzgeber auch Zielsetzungen formulieren, denen gegenüber das einge-

---

[385] Pieroth/ Schlink, Grundrechte, Rn. 280.

schränkte Grundrecht zurücktreten soll. Fehlt es daran, kann eine Zweck-Mittel-Kontrolle sinnvollerweise gar nicht durchgeführt werden[386].
Angesichts dessen hat Lisken zutreffend darauf hingewiesen, dass dem Gesetzgeber eben gerade keine beliebige Normsetzungsbefugnis zukommt. Er hat vielmehr – gerade im sensiblen Bereich grundrechtsrelevanter Staatstätigkeit – die Aufgabe, zur Gewährung effektiven Rechtsgüterschutzes notwendige Schutzinstitutionen mit rechtlich einwandfreien Befugnisnormen zu schaffen. Die Frage, welche Rechtsgüter betroffen sind, von wem eine Gefahr für sie ausgeht und wer dafür verantwortlich ist, muss der Gesetzgeber in Abhängigkeit von dem möglicherweise betroffenen Grundrecht präzise festschreiben[387].
Da oben (A.) aber bereits herausgearbeitet wurde, dass der zwangsweise kausale DNA-Massentest Grundrechtsgüter tangiert, die jedenfalls in ihrem Kern auch über Art. 1 Abs. 1 GG geschützt sind, ist im Folgenden also zu untersuchen, worin der legitime Zweck liegen könnte, um dessen Willen eine Grundrechtsbeschränkung durch den Massentest zugelassen werden könnte.

### *a) Das „Grundrecht auf Sicherheit"*

Als taugliche Zielsetzung kommt insoweit zunächst das sog. Grundrecht auf Sicherheit in Betracht. Soweit den Bürgern ein subjektives, aus der Verfassung ableitbares allgemeines und umfassendes Schutzrecht zustünde, wäre dieses sicher geeignet, Eingriffe in Grundrechte der Mitbürger zu legitimieren[388].
Für die Existenz eines umfassenden Grundrechts auf Sicherheit haben sich insbesondere Robbers[389] und Isensee[390] ausgesprochen.
Robbers geht zunächst der ideengeschichtlichen Ableitung des Grundrechtskatalogs des Grundgesetzes seit dem 17. Jahrhundert nach[391] und gelangt zu der Erkenntnis, dass es für die Annahme grundrechtlicher Rechte auf Schutz keineswegs einer Begründung mithilfe des Bedeutungswandels der Grundrechte bedürfe[392]; diese seien vielmehr nichts anderes als die „Ausfaltung ihres ursprünglichen Sinngehaltes". So wenig die Grundrechte in ihrem ursprünglichen Gehalt bloße Abwehrrechte gegen Übergriffe des Staates darstellten, so wenig

---

[386] Vgl. BVerfGE 65, S. 1 (65).
[387] Lisken, ZRP 1990, S. 15 (16).
[388] Davon geht auch Perschke (Zulässigkeit, S. 85 ff.) aus, der prüft, inwieweit ein Grundrecht auf Sicherheit strafprozessuale Eingriffsbefugnisse im Allgemeinen legitimieren kann.
[389] Robbers, Sicherheit als Menschenrecht.
[390] Isensee, Das Grundrecht auf Sicherheit. Vgl. neuestens aus Calliess, ZRP 2002, S. 1 ff.
[391] Robbers, a.a.O., S. 36 ff. Vgl. auch die übereinstimmende Herleitung bei Isensee, a.a.O., S. 3 ff.
[392] So auch Isensee, a.a.O., S. 33: „Das Bundesverfassungsgericht enthüllt in den Schutzpflichten keine neue Seite der rechtsstaatlichen Verfassung, sondern nur eine vergessene. Die Verpflichtung des Grundrechtsstaates wird in ihrem zwiefachen Aspekt wiederentdeckt: die Grundrechte nicht nur (negativ) zu achten, sondern auch (positiv) zu schützen."

beschränke sich – im Gegensatz zur h.M. – auch ihr weiter gehender Schutzgehalt auf bloß objektive Gewährleistungen. Vielmehr bedeute das Grundrecht auf Sicherheit unter der heutigen Verfassungsrechtslage das Recht des Einzelnen gegenüber dem Staat, dass dieser die Integrität seiner Rechtsgüter auch vor Beeinträchtigungen von nichtstaatlicher Seite bewahre[393]. Noch deutlicher wendet sich Isensee gegen die liberale Grundrechtstheorie. Denn danach böten die Grundrechte ausschließlich Schutz vor der Staatsgewalt. Doch die Sicherheit, um die es eigentlich gehe, bedürfe des Schutzes vor dem (Mit-) Bürger. Nach liberalem Verständnis würden private Rechtsgüter wie Leben und Gesundheit, Freiheit und Eigentum zwar auch von den Grundrechten erfasst, jedoch unter einem ganz anderen Aspekt. Denn die Grundrechte begrenzten die Macht des Staates, nicht aber die Freiheit des Bürgers, im Gegenteil: sie konstituierten eben diese Freiheit. Die liberale Grundrechtstheorie sei somit angelegt auf Abwehr eines staatlichen Eingreifens. Die Sicherheit jedoch, die der Staat gewährleiste, rufe im Konfliktfall nach gerade diesem Eingriff, die Sicherheit kollidiere also mit den grundrechtlichen Eingriffsverboten; sie wirke notwendig grundrechtsbeschränkend und freiheitsmindernd[394]. Ganz in diesem Sinne hatten Rupp-von Brünneck und Simon in ihrem Sondervotum zum ersten Schwangerschaftsabbruch-Urteil des BVerfG die Befürchtung geäußert, ein Verständnis der Grundrechte (auch) als Schutzpflichten laufe Gefahr, die eigentliche, auf Staatsabwehr gerichtete Aufgabe der Grundrechte in ihr Gegenteil zu verkehren[395].

Doch in Wahrheit – so Isensee – sei es diese Staatsabwehrdoktrin, die in ihrer Einseitigkeit die Grundrechte zu verkürzen, damit zu pervertieren drohe. Freiheitsrechte, die sich im status negativus des Bürgers erschöpften, die im Staat nur ihren Widersacher, nicht ihren Garanten fänden, könnten nicht die Grundlage einer staatlichen Ordnung abgegeben, als die sie das Grundgesetz aufzeige, sondern (nur) die Einfallstore der Anarchie. Tendenzielle Anarchie würde von Verfassungs wegen entfesselt, wenn das Grundgesetz zwar die Freiheit der Bürger garantierte, ohne aber gleichzeitig den Bürgerfrieden institutionell zu gewährleisten und ohne die öffentliche Gewalt zu verpflichten, die rechtlichen Rahmenbedingungen der Freiheit aufrecht zu erhalten. Eine grundrechtliche Freiheit, die den Schutz der, bzw. durch die öffentliche Gewalt abwiese, fiele der privaten Gewalt anheim. Grundrechte denaturierten unter diesen Bedingungen zu Privilegien des Rechtsbrechers.

Es gehöre zwar zu den unverlierbaren Erkenntnissen der liberal-menschenrechtlichen Tradition, dass auch der Störer der Rechtsordnung an der Menschenwürde teilhabe. Dies bedeute jedoch nicht, dass die Menschenrechte

---

[393] Robbers, a.a.O., S. 121.
[394] Isensee, a.a.O., S. 2.
[395] Rupp-von Brünneck/ Simon, in: BVerfGE 39, S. 68 (73 f.).

allein Rechte des Störers seien, nicht auch die Rechte des Opfers; für das Opfer jedoch sei kein Platz im Schutzbereich der Grundrechte, wie ihn die Staatsabwehrdoktrin abstecke[396].

Richtigerweise seien deshalb zwei Dimensionen grundrechtlichen Schutzes der Bürger anzuerkennen: der Staat müsse die Grundrechte nicht nur seinerseits insofern beachten, dass er sie durch sein eigenes (Staats-) Handeln nicht verletzt, sondern – darüber hinaus – sie auch positiv schützen. Es handele sich insofern um zwei Pflichtenaspekte derselben Grundrechte. Diese Aspekte hätten den gleichen verfassungsrechtlichen Rang. Diese beiden Schutzrichtungen bildeten in ihrer Gesamtheit nunmehr das „Grundrecht auf Sicherheit[397]".

Gewisse Unterschiede zwischen Robbers und Isensee ergeben sich nun aber bei der Ausfüllung des Grundrechts auf Sicherheit. Robbers rückt insbesondere die prospektive Perspektive des Grundrechtsschutzes in den Mittelpunkt und legt diesen ganz umfassend an. Es gehe von vornherein weniger um einen Ausgleich für bereits erlittene Beeinträchtigungen, Rechte auf Schutz bezögen sich vielmehr stets auf künftige Gefährdungslagen, die es abzuwenden gelte[398]. Die Abwicklung eingetretener Schäden besitze insoweit nur Relevanz in Bezug auf die Verhinderung neuer, weitergehender Schäden. Daraus wiederum folge, dass es unter dem Gesichtspunkt grundrechtlich begründeter Rechte auf Schutz einen Anspruch auf strafrechtliche Verfolgung allenfalls mit Blick auf die präventive Funktion des Strafrechts geben könne – das Recht auf Schutz durch den Staat sei vorbeugender Rechtsgüterschutz[399]; die Rechte auf Schutz richteten sich insofern darauf, den Bestand vorhandener Rechtsgüter zu gewährleisten; sie bezögen sich auf Gefahrenabwehr und Vorsorge[400].

Demgegenüber wählt Isensee einen etwas enger gefassten Ansatz. So lasse sich die Gefahrenschwelle, an der die grundrechtlichen Schutzpflichten einsetzten, nicht einheitlich bestimmen. Sie hänge von der Qualität des betroffenen Rechtsgutes ebenso ab wie von rechtlichen und tatsächlichen Faktoren sonstiger Art, wie z.B. von der Intensität der Gefahr, von den möglichen Mitteln der Gefahrenabwehr und von der Rechtseinbuße, die der staatliche Schutzeingriff für den Störer oder für Unbeteiligte bewirken könne. So dürfe das Gesetz bestimmte Maßnahmen der Polizei nur für den Fall zulassen, dass eine gegenwärtige erhebliche, eine dringende Gefahr oder eine Gefahr für Leib und Leben vorliege; demgegenüber existierten aber auch empfindliche Sicherheitsbereiche, bei denen schon die entfernte Wahrscheinlichkeit eines Schadenseintrittes genüge, um

---

396 Isensee, a.a.O., S. 32.

397 Isensee, a.a.O., S. 33. Ähnlich, aber vorsichtiger formuliert und unter Ableitung aus dem Rechtsstaatsprinzip Calliess, ZRP 2002, S. 1 (5 ff.).

398 Robbers, a.a.O., S. 124.

399 Robbers, a.a.O., S. 125.

400 Robbers, a.a.O., S. 126.

eine staatliche Pflicht zum Einschreiten auszulösen. Die Schutzbedürftigkeit setze auch bei den Vitalgütern Leben und körperliche Unversehrtheit früher ein als bei den Sachgütern Eigentum und Besitz. Der Staat könne seinen schutzbefohlenen Bürgern die Hinnahme von Risiken auch eher zumuten, wenn sich der drohende Schaden später ersetzen lasse als dann, wenn er irreparabel sei.
Vor der Gefahrenschwelle hielten sich dagegen Belästigungen, die das alltägliche Zusammenleben mit sich bringe. Das Recht könne und dürfe hier nicht eingreifen. Hier sorge Vorrechtliches dafür, die Gefahr der Reibungen zu mildern und Menschlichkeit zu schützen: Urbanität, Distanz, Takt, Umgangsform, Höflichkeit, Großmut, Rücksichtnahme, Toleranz, Nächstenliebe[401]. Allerdings genau wie bei Robbers ist die Perspektive der verfassungsrechtlichen Schutz- oder Sicherungspflicht stets auf die Zukunft gerichtet; die Bedrohung des betroffenen Rechtsgutes soll im Grundsatz schon zu einem Zeitpunkt abgewendet werden, der der eigentlichen Rechts(guts-)verletzung noch mehr oder weniger weit vorausliegt.
Ihre Auffassung versuchen Isensee und Robbers nunmehr anhand der allgemeinen Grundrechtsdogmatik und –interpretation festzumachen.
Robbers orientiert sich zunächst an dem Text der Verfassung. So ergäben sich z.B. aus Art. 6 Abs. 4, 16 Abs. 2 Satz 2 (a.F.) GG subjektive und einklagbare Ansprüche des Einzelnen auf Schutz durch den Staat. Dasselbe gelte für Art. 9 Abs. 3 Satz 2 GG, der das subjektive Recht des Einzelnen auf Schutz durch den Staat gegenüber Beeinträchtigungen der Koalitionsfreiheit durch Dritte bereits voraussetze, indem er unmittelbar die Nichtigkeit entgegenstehender Abreden normiere. Dieselbe Voraussetzung enthalte auch Art. 48 Abs. 1 und 2 GG. Diese ausdrücklich genannten Rechte auf Schutz seien nunmehr nicht Ausnahmen, sondern (nur) Hervorhebungen und Verstärkungen ohnedies schon bestehender (allgemeiner) Grundrechtsfunktionen.
Der Wortlaut nicht in dieser Weise pointiert formulierter Grundrechte schließe nunmehr deren Interpretation als subjektive Rechte auf Schutz zumindest nicht aus. Wenn etwa die Freiheit der Person, des Glaubens oder das Briefgeheimnis für unverletzlich erklärt würden, so deuteten diese Formulierungen eher auf eine Sicherung der genannten Schutzgüter gegenüber Verletzungen jeder Art und aus jeder Richtung[402].
Etwas anderes folge nun auch nicht daraus, dass Art. 1 Abs. 3 GG nur den Staat an die Grundrechte binde, denn dies bedeute lediglich, dass Verpflichteter aus den Grundrechten der Staat sei. Insofern richte sich das Recht auf Schutz gegen den Staat. Damit sei aber keineswegs ausgesagt, dass die durch die Grundrechte gewährleisteten Schutzgüter Angriffen von nichtstaatlicher Seite ohne weiteres

---

[401] Isensee, a.a.O., S. 37 f.
[402] Ähnlich Isensee, a.a.O., S. 23, der als Schutzobjekte des Staates diejenigen Güter ausmacht, die in den Grundrechten gewährleistet werden.

offen stünden[403]. Dies folgert Robbers im Übrigen aus Art. 1 Abs. 1 Satz 2 GG, der selbst ein subjektives Recht enthalte. Weil nun die Menschenwürde als oberstes Konstruktionsprinzip des Grundrechtskataloges auf diesen insgesamt einstrahle, würden damit etwaige objektive Schutzgarantien mit Blick auf den einzelnen Schutzsuchenden subjektiviert[404].

Isensee wählt dagegen den Begründungsstrang der Anerkennung staatlicher Schutzpflichten durch das BVerfG. Dieses habe seinen ursprünglichen Ansatzpunkt – nämlich den des Lebensschutzes aus Art. 2 Abs. 2 GG im Rahmen des ersten Schwangerschaftsabbruchs-Urteils[405] - in seiner weiteren Rechtsprechung nach und nach fortentwickelt und z.B. auch auf die Abwehr von Terrorismus oder den Immissionsschutz erweitert[406]. Aus der Anerkennung all dieser verschiedenen Dimensionen des grundrechtlichen Schutzes des Bürgers lasse sich nunmehr ableiten, dass es ein allgemeines und übergreifendes Grundrecht auf Sicherheit gebe[407].

Des Weiteren lässt sich das Grundrecht auf Sicherheit nach Auffassung beider Autoren auch allgemein staatstheoretisch herleiten. Denn dieses Recht beruhe auf der Verantwortungsübernahme des Staates für die Integrität des Grundrechtsgutes[408]. Diese Verantwortungsübernahme ergebe sich aus Folgendem: Indem der Staat bei sich ein Gewaltmonopol errichtet habe, dem einzelnen Bürger also verbiete, seine Rechte selbst mit Gewalt durchzusetzen, habe er ihn grds. geschwächt, er könne sich eben selbst nicht mehr verteidigen. Durch dieses Selbsthilfeverbot – so Robbers – habe der Staat nun aber aufseiten des Bürgers einen Vertrauenstatbestand geschaffen. Wenn der Bürger sich schon nicht selbst helfen dürfe, dann müsse er sich im Mindesten darauf verlassen können, dass nunmehr der Staat an diese Stelle trete und die Schutzfunktion übernehme – in diesem Vertrauenstatbestand liege die Übernahme der Verantwortung für das Grundrechtsgut durch den Staat[409]. Übereinstimmend damit erblickt Isensee in dem Zusammenspiel von Friedenspflicht der Bürger und Gewaltmonopol des Staates das Fundament der Sicherheit[410].

Schließlich macht Robbers auch das Sozialstaatsprinzip für seinen Ansatz fruchtbar. Die Wahrnehmung der Sicherungsfunktion durch den Staat sei Ausdruck des Sozialstaatsprinzips. Es sei auch kein Widerspruch gegen diese These, wenn angenommen werde, dass die Rechte des Einzelnen auf Schutz grund-

---

[403] Robbers, a.a.O., S. 186 f.
[404] Robbers, a.a.O., S. 187 ff.
[405] BVerfGE 39, S. 1 ff.
[406] BVerfGE 46, S. 160 ff.; BVerfGE 46, S. 214 ff.; BVerfGE 49, S. 24 ff.; BVerfGE 49, S. 89 ff.; BVerfGE 49, S. 202 ff.; BVerfGE 53, S. 30 ff; BVerfGE 56, S. 54 ff.
[407] Isensee, a.a.O., S, 27 ff., 33.
[408] Robbers, a.a.O., S. 191.
[409] Robbers, a.a.O., S. 191 f.
[410] Isensee, a.a.O., S. 24 f.

rechtlich gewährleistet sind. Denn das Sozialstaatsprinzip sei gerade insoweit Interpretationsregel auch für die Auslegung der Grundrechte. Im Umkehrschluss würden wesentliche Gehalte des Sozialstaatsgedankens auf diesem Wege versubjektiviert. Diese Konsequenz füge sich in eine seit langem zu beobachtende Tendenz der Subjektivierung der Rechtsordnung ein. Diese Versubjetivierung werde insbesondere von der Rechtsprechung des BVerfG getragen, das zunächst zwar regelmäßig nur von objektiven Schutzpflichten ausgehe, diese sodann mithilfe grundrechtlicher Normen aber subjektiviere. Einfallstor und zugleich Bestätigung dieser Entwicklung sei die ständige Rechtsprechung des BVerfG zu Art. 2 Abs. 1 GG, kraft derer der betroffene Einzelne die Verletzung auch bloß objektiver Rechte als Beeinträchtigung seiner eigenen Rechtsstellung rügen könne[411].

Inhaltlich bedeutet das Grundrecht auf Sicherheit nach Auffassung Robbers' insbesondere die Garantie auf Freisein von Furcht oder Angst. Denn die einzelnen grundrechtlichen Schutzgüter setzten voraus, dass der Grundrechtsträger frei sei von der Furcht vor ihrer Beeinträchtigung. Das Vertrauen in die Integrität eines Grundrechtsgutes sei (schon) Teil dieser Integrität: Wer Angst davor habe, seine Meinung frei zu äußern, sei in seiner Meinungsäußerungsfreiheit betroffen. Schon die Furcht vor Sanktionen bei der freien Ausübung des Wahlrechts beeinträchtige die Freiheit der Wahl und die freie Entfaltung der Persönlichkeit sei als solche eingeschränkt, wenn Furcht vor den Konsequenzen des Handelns bestehe. So füge sich die Idee, dass Freisein von Furcht zu den Voraussetzungen der Freiheit insgesamt gehöre, in die Forderung nach vorbeugendem Schutz des Rechts. Freisein von Furcht bestehe deshalb als Recht nicht lediglich dort, wo die individuelle Existenz unmittelbar auf dem Spiel stehe. Es beschränke sich auch nicht auf die Abwehr von Beunruhigungen von staatlicher Seite, sondern meine in seinem historischen wie sachlichen Kontext gerade auch die Gewissheit, vor privaten Angriffen oder vor Beeinträchtigungen durch die Natur im Rahmen des Möglichen geschützt zu sein[412].

Das Recht auf Sicherheit als Gewissheit der Integrität der Rechtsgüter biete somit Schutz vor realen Gefahren, wo ein objektiver Grund zu berechtigter Furcht bestehe. Damit könne es aber nicht schon sein Bewenden haben. Auch unbegründete Furcht könne die individuelle Freiheit beeinträchtigen und bisweilen die Voraussetzungen staatlichen Zusammenlebens selbst gefährden. Um die realen Konsequenzen eingebildeter Gefahren deutlich zu machen, bedürfe es nicht erst des Hinweises auf so extreme Beispiele wie dem des Hexenwahns oder der Überfremdung durch Ausländer. Der Unterschied zwischen begründeter und

---

[411] Robbers, a.a.O., S. 193 f. Krit. demgegenüber aber Isensee, a.a.O., S. 33, der das soziale Staatsziel auf einer anderen Ebene verortet als das Sicherheitsziel: das Sozialstaatsprinzip bedeute Schutz vor wirtschaftlichen Lebensrisiken, nicht aber Schutz vor Rechtsverletzungen.

[412] Robbers, a.a.O., S. 225 f.

unbegründeter Sorge um die Integrität des Rechtsgutes sei keine Frage der Existenz eines Rechtes auf Freisein von Furcht, sondern führe lediglich zu unterschiedlichen Konsequenzen für die Schutzpflicht des Staates. Berechtigte Furcht könne zur Beseitigung der real bestehenden Gefahr verpflichten; nicht begründete Befürchtungen dagegen seien ein Problem der Information und Aufklärung. Der Staat sei dann zur Öffentlichkeitsarbeit und sachorientierten Aufklärung verpflichtet. Insofern sei der Staat gehalten, auch auf den gefühlsmäßig vermittelten Grundkonsens der Bürger hinzuwirken; Erziehung zur Toleranz sei hierfür Grundvoraussetzung[413]. In diesem Zusammenhang weist Isensee jedoch darauf hin, es sei eine staatspädagogische Utopie, die Sicherheit allein über die Erziehung zu erwarten und die Ablösung der Polizei durch die Schule zu fordern[414].

So überrascht es nicht, dass Isensee hier insgesamt etwas vorsichtiger argumentiert als Robbers, denn er erkennt, dass der Topos der „Freiheit von Furcht" nahezu unbegrenzt manipulationsfähig ist, weil er sich auf Ängste aller Art beziehen lasse, insbesondere aber, weil er überhaupt auf ein Gefühl abziele, also ein existentielles und innerseelisches Moment; insofern trage die reine Subjektivität aber keinen staatsrechtlichen Begriff, weil dieser verallgemeinerungsfähige Aussagen ermöglichen müsse, mithin objektiver Merkmale bedürfe. Staatsrechtlich wie staatstheoretisch beachtlich sei daher nicht schon die Furcht an sich, sondern der objektive Grund für berechtigte Furcht, mithin die Gefahr[415].

Das in den Grundrechten verankerte individuelle Recht auf Schutz finde eine seiner Ausprägungen nunmehr im Recht auf polizeilichen Schutz[416]. Dabei gehe es jedoch nicht nur um das polizeiliche Einschreiten bei einer konkreten Gefahr, denn eine solche Vorstellung beruhe auf der unzutreffenden Annahme, dass das subjektive Recht erst dann entstehe, wenn das objektive Recht oder das Rechtsgut verletzt werde[417]. Demgegenüber müsse der von der Polizei zu gewährleistende Schutz aber schon früher einsetzen. Denn er bestehe auch schon in der Verhütung, nicht erst in der Abwehr konkreter Gefahren, schon im

[413] Robbers, a.a.O., S. 226. Übereinstimmend Isensee (a.a.O., S. 39): „In der Tat ist die Sicherheit des Bürgers vor dem Bürger zuallererst eine Frage des Rechtsbewusstseins und des Ethos. Pathetisch ausgedrückt: Die Sicherheit lebt aus der grundrechtlichen Kultur der Gesellschaft. Die Kultur wächst von unten: aus der Freiheit des Bürgers. Der Staat hat nur begrenzte Möglichkeiten, auf sie einzuwirken. Soweit aber seine rechtlichen Möglichkeiten reichen, hat er das verfassungsrechtliche Mandat, das ethische Fundament der Sicherheit zu stärken und zu Bürgertugend zu erziehen [...]."

[414] Isensee, a.a.O., S. 39.

[415] Isensee, a.a.O., S. 26.

[416] Robbers, a.a.O., S. 228 ff.; pointiert formuliert bei Isensee (a.a.O., S. 38): „Eine typische, aber nicht exklusive Form des Schutzes ist die polizeiliche Maßnahme zur Abwehr des Störers, der ein grundrechtlich geschütztes Rechtsgut beeinträchtigt."

[417] Robbers, a.a.O., S. 230.

Tätigwerden, in der bloßen Präsenz in der allgemeinen Gefahrenlage, in der die Entstehung einer konkreten Gefahr nur möglich sei. Auch und gerade die Polizei gehöre zu den Mitteln des Staates, das Recht des Einzelnen auf Schutz vor Angst zu gewährleisten; um die Aufgabe der Abwehr konkreter Gefahren erfüllen zu können, seien Warnung, Aufklärung, Beobachtung und vorbeugende Präsenz vorausgesetzt[418].

Denn insofern sei das Recht des Einzelnen auf Schutz durch die Polizei eine unmittelbare Ausprägung der Schutzfunktion der Grundrechte. Der Staat sei dazu verpflichtet, eine mindestens subsidiär zuständige Behörde zur allgemeinen Gefahrenabwehr einzurichten, wenn er dem Recht der Bürger auf Schutz gerecht werden wolle. Soweit die Polizei zu eben dieser Aufgabe errichtet sei, so werde der drittschützende Charakter der Generalklausel dadurch grundrechtlich gesichert[419]. Dabei würden von dem Schutzauftrag der Polizei nicht nur besonders wesentliche oder gar existenzielle Individualrechtsgüter geschützt; vielmehr wirke der polizeiliche Schutzauftrag ganz umfassend; dies lasse sich im Übrigen schon daran verdeutlichen, dass die Aufgabe der Polizei nach den Polizeigesetzen der Bundesländer stets auch darin bestehe, private Rechte zu schützen[420].

Soweit sich – worauf im Folgenden noch im Einzelnen einzugehen sein wird – der Verfassung tatsächlich ein „Grundrecht auf Sicherheit" entnehmen lässt, so würde dies einen überaus passenden Anwendungsbereich finden, wenn es um die Legitimation von DNA-Reihenuntersuchungen geht. Denn diese finden in aller Regel dann statt, wenn es um besonders spektakuläre Verbrechen geht – Sexualverbrechen an Kindern und Frauen, Tötungsdelikte ganz allgemein –, die in der Bevölkerung regelmäßig für große Beunruhigung sorgen. Die Furcht vor dem Verbrechen ist für viele ganz unmittelbar greifbar und verbreitet sich selbst an Orten, die mit dem konkreten Verbrechen überhaupt nichts zu tun haben. Eltern glauben, ihre Kinder nicht mehr selbstständig zur Schule fahren lassen zu können, weil die Gefahr besteht, dass auch sie einem derartigen Verbrechen zum Opfer fallen. Vergleichbare Befürchtungen in der Gesellschaft gab es auch im Zusammenhang mit dem Linksterrorismus der späten 1970er Jahre.

Gegenüber solchen Bedrohungen erscheint das Grundrecht auf Sicherheit zunächst als Königsweg. Soweit man dem Staat tatsächlich die Pflicht auferlegen kann, die Bürger von ihren – jedenfalls existenziellen – Sorgen zu befreien, um die es in den hier infrage stehenden Fällen ja regelmäßig geht, ließen sich die Massenuntersuchungen an potenziell Tatverdächtigen unter Berufung auf dieses Verfassungsrecht mit Sicherheit legitimieren. Denn auch die im Kern durch Art.

---

418 Robbers, a.a.O., S. 231.
419 Robbers, a.a.O., S. 233.
420 Robbers, a.a.O., S. 236.

1 Abs. 1 GG geschützten Abwehrrechte der Betroffenen könnten sich gegenüber einem solchen, dem Grundrechtskatalog gleichsam vorgelagerten Fundamentalrecht, das sowohl Elemente des Art. 1 Abs. 1 Satz 2 GG wie auch der Staatsstrukturprinzipien aus Art. 20 GG enthält, kaum durchsetzen. Folge: Die Anerkennung dieses Rechts würde das Ergebnis präjudizieren; sein Überwiegen im Rahmen der Zumutbarkeitsprüfung (Verhältnismäßigkeit i.e.S.) stünde von vornherein fest. Denn gerade das, was mit Blick auf die Individualrechte der Betroffenen als problematisch erscheint – die Sanktionierung eines bloß vagen „Verdachts", die Omnipräsenz der Sicherheitsbehörden, der Kollektivverdacht gegen bestimmte Bevölkerungsteile – müsste sich nachgerade als Erfüllung der Pflichten darstellen, die dem Staat durch das Grundrecht auf Sicherheit auferlegt werden; derartige Umstände wären nicht mehr Grundrechtsbedrohung, sondern Grundrechtsausübung. Müsste eine Rechtfertigung der *zwangsweisen finalen* Massentests nicht schon mit Blick auf Art. 1 Abs. 1 GG ausscheiden, so wäre das Grundrecht auf Sicherheit ohne weiteres auch dazu in der Lage, selbst diesen Eingriff noch zu legitimieren.

Allerdings sind in der Literatur ganz erhebliche Einwände gegen die Anerkennung eines solchermaßen umfassenden Rechts auf Sicherheit erhoben worden. Diesen ist nunmehr im Einzelnen nachzugehen.

So geht Lisken von dem überkommenen liberal-rechtsstaatlichen Grundrechtsverständnis aus und bestimmt die Abwehrkomponente der Grundrechte – die ja auch von den Protagonisten des Grundrechts auf Sicherheit nicht grundsätzlich infrage gestellt wird – dahingehend, dass jeder Bürger die Freiheit hat, vom Staat in Ruhe gelassen zu werden[421], solange er nicht die Rechte der anderen stört. Es handele sich dabei um eine unüberwindliche verfassungsrechtliche Vorgabe[422]. Stellt dies zunächst (ebenfalls nur) eine bloße These dar, begründet Lisken diese nunmehr weiter: Die verfassungsrechtliche Normallage dürfe nicht unter einen allgemeinen Polizeivorbehalt gestellt werden mit der Folge, dass sich Polizeieingriffe zur Erleichterung polizeilicher Sicherheitsarbeit von vornherein verböten. Denn unter der Herrschaft des Grundgesetzes habe sich die Polizeiarbeit inhaltlich auf die Abwehr unmittelbar drohender Gefahren für die öffentliche Sicherheit zu beschränken. Insofern könne es niemals um allgemeine „Vorbeugung" gehen, sondern ausschließlich um den konkreten Schutzanspruch des Einzelnen, wie er sich eben aus den Verbürgungen der Freiheitsrechte ergebe. Daraus aber folge, dass es ein abstraktes Recht auf Sicherheit nicht geben könne[423], das vorbeugende Sicherheitseingriffe bei jedermann ohne weiteres le-

---

[421] Unter Berufung auf die mittlerweile geradezu klassische Formulierung in BVerfGE 27, S. 1 ff.

[422] Lisken, ZRP 1990, S. 15 (16).

[423] Ebenso: Denninger, KJ 1985, S. 215 (217); ders., KritV 1986, S. 291 (297); Hund, ZRP 1995, S. 334 (336); Lisken, KritV 1988, S. 314 (332); Perschke, Zulässigkeit, S. 86 f.; Wolter, Meyer-GS, S. 493 (506).

gitimieren könnte. Insofern sei nämlich zu bedenken, dass jede staatliche Eingriffsbefugnis zugleich eine Gefährdung der Freiheit des Einzelnen darstellt. Sicherheit *vor* der Staatsmacht sei deswegen nicht relativierbar, sondern bleibe der vorrangige Verfassungszweck[424]. Müsste man Lisken Recht geben, wäre die „schöne neue Welt" der umfassenden staatlichen Sicherheit vorbei, könnte es keine staatlich gewährleistete Freiheit von Angst und Sorge geben, umfassende Polizeipräsenz, ein „Kollektivverdacht" wären nicht mehr Ausdruck eines rechtsstaatlichen Gemeinwesens, sondern ihr Feind. Der DNA-Massentest geriete gleichsam wieder unter Rechtfertigungszwang.
Für Liskens Auffassung spricht zunächst, dass der Ansatz von Isensee zu einer Verkehrung der Stoßrichtung der Grundrechte führt, ganz so, wie es Rupp-von Brünneck und Simon bereits in ihrem dissenting vote zur ersten Schwangerschaftsabbruchs-Entscheidung des BVerfG befürchtet haben. Die Grundrechte, die dem Einzelnen eine private Sphäre sichern sollen, in der er frei von der Bevormundung anderer tun und lassen kann, was er will, mutieren zu einer Eingriffsnorm. Unter Berufung auf Grundrechte des einen Bürgers verkürzt der Staat nunmehr den Freiheitsbereich eines anderen Bürgers. Bedenklich stimmt insoweit zudem, dass Isensee und Robbers dem Einzelnen – noch darüber hinausgehend – offenbar Mittel an die Hand geben wollen, mit deren Hilfe jeder Einzelne den Staat auch dazu zwingen kann, derartige Eingriffe tatsächlich zu vollziehen (*subjektives* Recht auf Sicherheit). Insofern hat es also nicht mehr sein Bewenden damit, dass der Staat in eigener Verantwortung und nach eigener Entschließung Grundrechtseingriffe vornimmt, sondern er kann auch dann noch dazu gezwungen werden, wenn er selbst gute Gründe dafür zu haben glaubt, von einem Eingreifen abzusehen. Soweit es um ganz fundamentale Rechtspositionen der Bürger geht – etwa wenn sie durch Mitbürger an Leib und Leben bedroht sind – wird man dem vielleicht noch zustimmen können. Nur gerade darum geht es in letzter Konsequenz gar nicht mehr. Vielmehr soll der Staat den Einzelnen bereits im Vorfeld des eigentlichen Rechtsgutseingriffes vor jeglicher Gefährdung schützen, ihn von Angst und Furcht allein schon dadurch befreien, dass er überall und jederzeit präsent ist. Nimmt man Robbers ernst, der – noch über den Ansatz Isensees hinausgehend – gleichsam jede Sorge der Bürger berücksichtigen und als Auslöser für staatliche Handlungspflichten anerkennen will, dann ist man in der Tat von einem Staat nicht mehr weit entfernt, der durch seine Allgegenwart das Leben seiner Bürger umfassend organisiert. Wirkliche Freiheitssphären kann es dann nicht mehr geben, weil der Staat ja stets ein Auge darauf haben muss, wie die Gesamtsituation sich entwickelt, um sofort und möglichst effizient einschreiten zu können, wenn ein Bürger sich bedroht fühlt. Damit wäre man aber über kurz oder lang bei einem Bleckmann'schen Staatsverständnis angelangt, das bereits oben verworfen wur-

---

[424] Lisken, ZRP 1990, S. 15 (16).

de. Hinzu kommt insofern, dass ein derartiges Grundrechtsverständnis auch mit den Leitlinien unvereinbar wäre, die das BVerfG in seinem Volkszählungsurteil klar herausgearbeitet hat: Um seine – angebliche – Aufgabe, für Freiheit von Furcht zu sorgen, wirksam erfüllen zu können, wäre der Staat gezwungen, sich eine Informationsfülle über seine Bürger zuzulegen, die von Orwell'schen Dimensionen nicht mehr weit entfernt wäre und gerade zu dem Überwachungsstaat führen würde, den das BVerfG als mit der Rechtsordnung des Grundgesetzes unvereinbar angesehen hat. Denn dann wüsste in der Tat niemand mehr, wer bei welcher Gelegenheit was von ihm weiß. Die damit verbundenen Gefahren hat das BVerfG ebenfalls klar herausgearbeitet: in einer derartigen Situation bestünde allemal die Gefahr, dass der Bürger sich nicht mehr so verhielte, wie es ihm gefällt, sondern versuchen würde, sich stets bedeckt zu halten, um bloß nicht aufzufallen. Die Beispiele für ein derartiges Staatswesen sind gerade in der deutschen Geschichte reichlicher vorhanden als man sich es wünschen würde. Insofern kann man der Feststellung Liskens nur lebhaft zustimmen, wenn er meint, die Geschichte habe gezeigt, dass die Selbstgefährdung des Rechtsstaates (man möchte hinzufügen und seiner Bürger) immer größer gewesen sei, als seine Gefährdung von außen[425].

Nur zu bezeichnend für das Staatsverständnis Robbers' ist es ja auch, wenn er stets einem präventiven Rechtsgüterschutz das Wort redet und daher das Strafrecht nur insofern für ein taugliches Mittel zur Erfüllung staatlicher Sicherungspflichten ansieht, als seine präventiven, also die schon im Vorfeld des Rechtsgutseingriffes eingreifenden Wirkungen betroffen sind. Die Folge dieser Sichtweise wäre im Hinblick auf das materielle Strafrecht, dass gerade die äußerst problematischen, nur schwer fassbaren abstrakten Gefährdungsdelikte zu denjenigen Tatbeständen würden, in denen das aus rechtsstaatlicher Perspektive sinnvollste Strafrecht verkörpert wäre. Strafprozessrechtlich führt dies im Übrigen dazu, dass auch hier der polizeirechtlichen Vorsorgekompetenz das Wort geredet werden müsste, es also gerade sinnvoll erschiene, die präventiven und repressiven Kompetenzen der Polizei miteinander zu vermengen.

Es ist allerdings in der Literatur immer wieder zutreffend darauf hingewiesen worden, dass ein derartiges „Verdachtsgewinnungsinstrumentarium[426]" mit einer freiheitlichen Verfassungsordnung von vornherein nicht vereinbar ist. Denn danach ist die Polizei ausschließlich dazu berechtigt, konkrete Störungen zu verfolgen, und die Strafverfolgungsbehörden dürfen nur verdächtigen Einzelfällen nachgehen. Alles andere würde dem grundrechtlich verbürgten Anspruch des Einzelnen zuwider laufen, in bestimmten Bereichen „sich selbst zu gehören", denn nur eine greifbare, von ihm ausgehende Störung würde seine grds. Gemeinschaftsgebundenheit konkretisieren, die dann ihrerseits den Grund-

---

[425] Lisken, a.a.O.

[426] Lisken, a.a.O., S. 17.

rechtseingriff zu legitimieren in der Lage wäre[427]. Wollte man allen Ernstes mit Robbers und Isensee die Gegenauffassung vertreten, liefe man Gefahr, letztlich alle rechtsstaatlich gebotenen Einschränkungen eingreifender Staatstätigkeit zu verlieren. Denn solange eine konkrete Gefahr noch gar nicht bekannt ist, solange der eigentlich drohende Schaden noch nicht einmal in Konturen zu erkennen ist, laufen alle klassischen Versuche, die Staatstätigkeit etwa mithilfe der Rechtsgutslehre auf bestimmte Schutzzwecke zu verpflichten, leer; der Grundsatz der Verhältnismäßigkeit kann schon deshalb keine Wirkung entfalten, weil die einzelnen in die Abwägung einzustellenden Parameter noch überhaupt nicht bekannt sind.

Diese Gefahren verstärken sich selbstverständlich noch weiter, wenn man schon ein bloßes Angstgefühl ausreichen lassen will, um den Staat zu Überwachungseingriffen veranlassen zu können. Denn dann gehen endgültig alle greifbaren Kriterien verloren, mithilfe derer eine Begrenzung staatlichen Handelns erreicht werden könnte. Nicht zu Unrecht weist Isensee schließlich selbst darauf hin, es handele sich bei den Begriffen Angst oder Furcht um „einen nahezu unbegrenzt manipulationsfähigen Topos“. Gerade von dorther rührt aber naturgemäß die eigentliche Gefahr: Der Staat hätte es bei einem solchen Grundrechts- bzw. Sicherheitsverständnis selbst in der Hand, sich die Voraussetzungen für sein Eingreifen zu schaffen. Insofern kann ein Gedanke fruchtbar gemacht werden, der oben bereits im Kontext der Frage nach der Autonomie einer Einwilligung in staatliche Zwangsmaßnahmen aufgeworfen worden ist. Eine spezifische Drucksituation für den Einzelnen zur Beteiligung an einer DNA-Massenuntersuchung Aufgeforderten besteht demnach schon allein darin, dass die allgemeine Stimmung seines Umfeldes dahin geht, sich an einer solchen Aktion zu beteiligen. Diese Stimmung entsteht regelmäßig aber erst dadurch, dass vonseiten der Sicherheitsbehörden eine solche Reihenuntersuchung überhaupt durchgeführt wird. Insofern erzeugt der Staat aber eine bestimmte Stimmung selbst und macht sich diese sodann zunutze – dies war ja auch das entscheidende Argument, weswegen die von Sprenger/ Fischer propagierte Auffassung der Zivilcourage gegen einen solchen mittelbaren Zwang schon im Ansatz verfehlt erscheint. Folge: Soweit ein Interesse dafür besteht, bestimmte Sicherheitskonzepte durchzusetzen, bräuchten bei Zugrundelegung der Auffassung Robbers' nur spezifische Ängste in der Bevölkerung gezielt geschürt zu werden, und schon hätte es der Staat in der Hand, unter Berufung auf das Grundrecht auf Sicherheit und mit dem Ziel der Beseitigung dieser Ängste gerade die gewünschten Maßnahmen durchzusetzen. Eine solche Konstruktion entpuppt sich also bei genauerem Hinsehen als nahezu universell einsetzbares Mittel zur Beschränkung bürgerlicher Freiheitsrechte und zur Mehrung polizeilicher Eingriffsbefugnisse.

---

[427] Lisken, a.a.O.

So ist es schließlich auch nicht verwunderlich, dass der Polizei – oder einer vergleichbaren Sicherheitsbehörde – bei dem von Isensee und Robbers propagierten Grundrechtsverständnis eine ganz entscheide Bedeutung zukommt. Abgesehen davon, dass es schon an sich eine merkwürdige Konstruktion darstellt, die Grundrechte ausgerechnet mithilfe des schärfsten dem Staat zur Verfügung stehenden *Eingriffs*mittels durchsetzen zu wollen, liegt ihm ein Polizeiverständnis zugrunde, das man eigentlich längst überwunden glaubte. Die Polizei wandelt sich wiederum zu einer die „Sozialhygiene" befördernden Institution im Sinne des Wohlfahrts- und Präventionsstaates des 18. und 19. Jahrhunderts[428], was insbesondere dann deutlich wird, wenn Isensee und Robbers auch darauf hinwirken wollen, die Einstellungen der Bürger in positivem Sinne – im Hinblick auf mehr Toleranz, Rücksicht etc. – zu beeinflussen.
Sicher gehört es auch zu den Aufgaben eines modernen Staates, das allgemeingesellschaftliche Klima positiv zu verändern, will man nicht dem überholten Ideal eines Nachtwächter-Staates das Wort reden. Nur: Das eigentlich Gefährliche einer Konstruktion wie derjenigen eines subjektiven Rechts auf Sicherheit liegt ja darin, solche, allgemein gesellschaftlichen oder sozialpolitischen Anliegen gerade mithilfe des Sicherheitsrechts i.w.S., also mit dem Instrumentarium des Straf- und Ordnungsrechts durchsetzen zu wollen. Die mit gutem Sinn ausdifferenzierten Staatsaufgaben etwa auf dem Bereich der Daseinsvorsorge einerseits und der Gefahrenabwehr oder Verbrechensaufklärung anderseits geraten hier in eine bedenkliche Gemengelage, die für den Einzelnen über kurz oder lang zu einem schlicht bedrohlichen Szenario degeneriert. Gerade auf dem grundrechtssensiblen Bereich des Strafverfahrensrechts darf man nie aus dem Auge verlieren, dass diesem in einem Rechtsstaat allein die – zweckgebundene und präzise bestimmte – Aufgabe zukommt, die Freiheitssphären der Bürger voneinander abzugrenzen, nicht aber – unter Berufung auf die Sicherung eben dieser Freiheit – diese im Einzelnen zu regeln und auszugestalten.
Ansonsten läuft man nämlich Gefahr, dass ein Staat, der die Grundrechte aus Gründen der Zweckmäßigkeit bei jeder sich bietenden Gelegenheit bis zur letzten Grenze der Menschenwürde einschränkt, über kurz oder lang zum totalen Überwachungsstaat wird. In ihm verlieren die Grundrechte ihren historischen Charakter als gegen die unbegrenzte staatliche Machtentfaltung – wohlgemerkt nicht gegen (angeblich) Kriminelle – gerichtete Schutzrechte. Die Behauptung des Grundrechts auf Sicherheit entwickelt sich zu einem Hebel, mit dessen Hilfe gerade die Eingriffe des Staates in die persönliche Sphäre des Bürgers legitimiert werden können[429].

---

[428] Dazu: Lisken, a.a.O., S. 20
[429] Vgl. Hund, ZRP 1995, S. 334 (336).

Nur ergänzend sei schließlich noch darauf hingewiesen, dass auch die dogmatische Herleitung des Grundrechts auf Sicherheit aus dem Grundgesetz nicht überzeugen kann. Wenn Robbers meint, z.B. in Art. 6 Abs. 4 GG einen allgemeinen Grundsatz für grundrechtliche Schutzrechte gefunden zu haben, dann stellt sich schon bei rein oberflächlicher Betrachtung die Frage, warum der Verfassungsgeber hier ein Recht ausdrücklich formuliert hat, das sich nach Robbers' Verständnis ja ohne weiteres aus allen Grundrechten herausinterpretieren lässt. Und dass die spezifische Situation des Art. 9 Abs. 3 GG ebenfalls nicht für die Erklärung einer Anwendung der Grundrechte im Verhältnis der Bürger untereinander und einer insofern motivierten aktiven Sicherungspflicht des Staates taugt, weil jene Bestimmung eben gerade auf die Sondersituation der Regelung des Arbeits- und Wirtschaftslebens zugeschnitten ist, darauf wurde oben bereits hingewiesen. Und durch den Hinweis auf Art. 16 Abs. 2 Satz 2 GG a.F. schließlich widerlegt Robbers seine Thesen schon deshalb selbst, weil das dort verbürgte Individualschutzrecht durch den neu gefassten Art. 16a GG inhaltlich weitgehend entleert worden ist – was rechtspolitisch sicher eine durchaus fragwürdige Entscheidung darstellte, verfassungsrechtlich aber vom BVerfG akzeptiert worden ist. Wäre aber Robbers' Auffassung richtig, dann hätte sich durch die Aufhebung des Art. 16 Abs. 2 Satz 2 GG a.F. und seine Umwandlung in einen inhaltlich tiefgreifend modifizierten Art. 16a GG gar nichts geändert, was man - bei kritischer Betrachtung der realen Verhältnisse – mit Sicherheit nicht wird annehmen können.

Noch deutlich wichtiger als diese bloß verfassungssystematischen Argumente erscheint jedoch, dass auch die inhaltliche Ableitung aus dem Gewaltmonopol des Staates ersichtlich nicht tragfähig ist. Denn diese setzte schließlich voraus, dass der schutzbedürftige Bürger – theoretisch – zur Aufkündigung dieses Gewaltverzichtsvertrages in der Lage wäre und sich nunmehr ohne staatliche Hilfe selbst verteidigen kann. Bei einem solchen Verständnis aber würden gerade diejenigen rechtlos gestellt, die ja am ehesten auf ein derartiges Recht angewiesen wären, nämlich diejenigen, die von vornherein nicht dazu in der Lage sind, sich selbst zu verteidigen, weil der „Gegner" eben der Stärkere ist[430].

Zusammenfassend ist also festzuhalten: Ein allgemeines, aus den Grundrechten ableitbares und den Staat zur Hebung der allgemeinen Sicherheit, respektive des allgemeinen Sicherheitsgefühls, verpflichtendes Recht auf Sicherheit kennt das Grundgesetz nicht. Es kann also auch nicht zur Rechtfertigung von DNA-Massenuntersuchungen herangezogen werden.

---

[430] Zu diesem Gedanken vgl. Klein, NJW 1989, S. 1633 (1636).

### *b) Die „Effektivität der Strafrechtspflege“*

Als mögliche Grundrechtsschranke wird in Literatur[431] und Rechtsprechung[432] immer wieder das – vermeintliche – Verfassungsrechtsgut der „Funktionsfähigkeit der Strafrechtspflege“ diskutiert, die – falls sie anzuerkennen wäre – auch einen legitimen Zweck bilden und durch ein grundrechtsbeschränkendes Gesetz sodann vertreten werden könnte.

Begibt man sich im Text des Grundgesetzes auf die Suche nach der „Funktionsfähigkeit der Strafrechtspflege“, wird man lange blättern, ohne fündig zu werden. Wie manch anderer Topos entpuppt sich auch dieser Begriff nach kurzer Recherche als eine Entdeckung des BVerfG, die seit einer Entscheidung des Zweiten Senats aus dem Sommer 1972 ihren Siegeszug durch Strafprozessrechtslehre und -praxis angetreten und sich seitdem stets weiter verfestigt hat[433].

So liest man etwa in einem Beschluss des BVerfG aus dem Jahre 1977 Folgendes: Das Interesse an einer leistungsfähigen Strafjustiz gehöre in den Gewährleistungsbereich des Rechtsstaatsprinzips (Art. 20 Abs. 3 GG). Soweit der Grundsatz der Rechtsstaatlichkeit die Idee der Gerechtigkeit enthalte, verlange er auch die Aufrechterhaltung einer funktionstüchtigen Rechtspflege, ohne die Gerechtigkeit nicht verwirklicht werden könne. Wiederholt habe das BVerfG deshalb die Bedürfnisse einer wirksamen Strafverfolgung anerkannt, das öffentliche Interesse an einer möglichst vollständigen Wahrheitsermittlung im Strafprozess betont und die Aufklärung schwerer Straftaten als wesentlichen Auftrag eines rechtsstaatlichen Gemeinwesens bezeichnet[434]. Ergänzt werden diese Ausführungen in einem weiteren Beschluss aus demselben Jahr. Dort betont das BVerfG, der Rechtsstaat könne sich nur dann verwirklichen, wenn sichergestellt sei, dass Straftäter im Rahmen der geltenden Gesetze verfolgt, abgeurteilt und einer gerechten Bestrafung zugeführt würden. Die verfassungsrechtliche Pflicht des Staates, eine funktionstüchtige Strafrechtspflege zu gewährleisten, umfasse danach seine Pflicht, die Durchführung eingeleiteter Strafverfahren und die Vollstreckung rechtskräftig erkannter Strafen sicherzustellen. Der Staat könne und dürfe hierauf nicht nach seinem Belieben generell oder im Einzelfall verzichten. Das Prinzip der Rechtsstaatlichkeit, die Pflicht des Staates, die

---

431 Vgl. z.B. Grünwald, JZ 1976, S. 767 (772); Hassemer, StV 1982, S. 275 ff.; ders., KritV 1988, S. 336 (342); Perschke, Zulässigkeit, S, 87 f.; Roxin, Strafverfahrensrecht, § 1, Rn. 7; Siebrecht, Rasterfahndung, S. 60 ff.; Velten, Befugnisse, S. 99; Wolter, Meyer-GS, S. 493 (502 ff.).

432 Vgl. BVerfGE 44, S. 353 (373); BVerfGE 46, S. 214 (222 f.); BVerfGE 80, S. 367 (375); BGH, NJW 1988, S. 1037 (1038) m.w.N.

433 Vgl. zur „Genese“ dieses Begriffs mit umfassenden Nachweisen aus der Rechtsprechung vor allem Hassemer, StV 1982, S. 275 ff.

434 BVerfGE 44, S. 353 (374) unter Bezugnahme auf BVerfGE 33, S. 367 (383); BVerfGE 38, S. 105 (115 f.); BVerfGE 38, S. 312 (321); BVerfGE 39, S. 156 (163); BVerfGE 41, S. 246 (250).

Sicherheit seiner Bürger und deren Vertrauen in die Funktionsfähigkeit der staatlichen Institutionen zu schützen, und der Anspruch aller in Strafverfahren Beschuldigter auf Gleichbehandlung erforderten vielmehr grundsätzlich, dass der Strafanspruch durchgesetzt, also ein eingeleitetes Verfahren fortgesetzt und rechtskräftig verhängte Strafen auch vollstreckt würden[435].
Zustimmung haben diese Überlegungen z.B. bei Perschke gefunden, der das verfassungsrechtlich verbürgte Allgemeininteresse an einer effektiven Strafrechtspflege anerkennt und sich insofern auf den Standpunkt stellt, strafprozessuale Ermittlungsbefugnisse beeinträchtigten nicht nur (negativ) Grundrechte der von ihnen Betroffenen, sondern dienten (positiv) auch dem rechtsstaatlich geforderten Strafverfahren[436]. Die entscheidende Begründung für die Anerkennung eines solchen Verfassungsgutes erblickt Perschke im Gewaltmonopol des Staates. Die dadurch bedingten Aufgaben des Staates – z.B. die Schaffung von Rechtsfrieden, der effektive Schutz der Rechtsgüter seiner Bürger oder die Abschreckung potenzieller Straftäter – seien nur mithilfe einer funktionsfähigen Strafrechtspflege zu erreichen[437].
Kritischer fällt demgegenüber die Haltung Wolters aus: Er sieht seit Beginn der 1990er Jahre Menschenwürde und Freiheit im Strafprozess auf dem Rückzug; sie hätten sich vielfach der „Funktionstüchtigkeit der Strafrechtspflege" unterzuordnen[438]. Andererseits ist er aber schon der Auffassung, jener Grundsatz sei in seinem Ausgangspunkt durchaus anzuerkennen. Denn in der Tat ließen sich ohne eine wirksame Strafrechtspflege die Verhaltensnormen des materiellen Strafrechts und dann auch generalpräventive Belange nicht durchsetzen, lasse sich Rechtsfrieden nicht wiederherstellen, vermöge die Gefahr der Selbstjustiz nicht gebannt zu werden und sei Gerechtigkeit als wesentlicher Bestandteil rechtsstaatlichen Prozedierens nicht zu erzielen. Gleichwohl sei aber die Gefahr im Auge zu behalten, dass mithilfe des Verfassungsprinzips einer wirksamen Strafrechtspflege die Beschuldigtenrechte abgebaut zu werden drohten. Dieser gelte es, entschieden zu begegnen, so z.B. durch eine betont grundrechtsfreundliche Abwägung von Strafverfolgungsinteresse und Freiheitsrechten und eine klare Festlegung des unantastbaren Bereichs der Menschenwürde[439]. In eine ähnliche Richtung tendiert Roxin, der effektiven Schutz der Bürger gegen Straftaten ebenfalls im Grundsatz für ein Wesensmerkmal des Rechtsstaats hält, im Übrigen aber die Annahme für bedenklich hält, dass schon die Effizienz der Strafrechtspflege dem Rechtsstaat Genüge täte. Denn eine rechtsstaatliche

---

435 BVerfGE 46, S. 214 (222 f.). S. auch BGH NJW 1988, S. 1037 (1038); bestätigt durch BVerfGE 80, S. 367 (375 f.).
436 Perschke, Zulässigkeit, S. 87 f.
437 Perschke, a.a.O.
438 Wolter, Meyer-GS, S. 493 (493).
439 Wolter, a.a.O., S. 502 f.

Strafrechtspflege müsse ihre Funktionstüchtigkeit mit voller Wahrung ihrer Justizförmigkeit verbinden; nur wenn sie dies tue, dann könne sie den Rechtsfrieden tatsächlich wiederherstellen. Wenn also die Bedürfnisse der Effizienz und des Beschuldigtenschutzes in Widerstreit gerieten, dann gebühre keineswegs durchweg der Lösung der Vorzug, die eine Verurteilung des Beschuldigten ermögliche[440]. Auch Siebrecht meint, der Begriff der Funktionstüchtigkeit der Strafrechtspflege dürfe „nicht unkritisch übernommen" werden. Denn das BVerfG operiere in diesem Zusammenhang stets mit Fundamentalbegriffen wie „Gerechtigkeit, Wahrheit, Rechtsstaatlichkeit und Richtigkeit". Damit nehme der Argumentationstopos Funktionsfähigkeit der Strafrechtspflege solche Werte aber schon für sich in Anspruch, obwohl diese Größen im Konfliktfalle doch gerade erst das Ziel des Ausgleichs gegensätzlicher Interessen sein sollten. Untersuche man die widerstreitenden Interessen des von Ermittlungsmaßnahmen Betroffenen einerseits und des Staates andererseits, so könne keines von beiden überwiegen. Dabei sei nämlich zunächst festzuhalten, dass von dem Verfassungsbegriff der „Funktionstüchtigkeit der Strafrechtspflege" in aller Regel dann die Rede sei, wenn es um die Neueinführung bestimmter Ermittlungsmethoden, mithin die „Verbesserung" des Systems Strafrechtspflege gehe, ohne dass dessen Funktionieren ohne diese Maßnahme in irgendeiner Weise auf dem Spiel stünde. Das Gewicht dieses Begriffs werde weiter relativiert, wenn man zudem in Ansatz bringe, dass es bei den zur Disposition stehenden Freiheitsrechten ja nicht nur um diejenigen des konkret Betroffenen gehe. Jeder Einzelfall reflektiere insofern nur auf das dahinterstehende Prinzip und zwar die Subjektstellung des von einem Strafverfahren Betroffenen. Die Schutzrechte des Betroffenen seien aber elementare Bestandteile der Justizförmigkeit des Strafverfahrens, die ihrerseits ebenfalls im Rechtsstaatsprinzip angelegt sei. Eine rechtsstaatliche Strafrechtspflege müsse die Funktionstüchtigkeit mit voller Wahrung der Justizförmigkeit verbinden; nur dann könne sie ihr eigentliches Ziel, nämlich die Wiederherstellung des Rechtsfriedens, erreichen.

Nach alldem sei davon auszugehen, dass der von einem Strafverfahren Betroffene seine Rechte sowohl im eigenen Interesse, als auch in demjenigen der Allgemeinheit wahrnehme, mit der Folge, dass sich hier zwei gleichrangige Verfassungswerte gegenüberstünden, von denen keiner von vornherein Vorrang genieße. Demnach könne die Effektivierung der Strafverfolgung zwar durchaus ein legitimes Allgemeininteresse darstellen; eine besondere Vorrangstellung komme ihm indes nicht zu[441].

Noch deutlicher fällt Veltens Schlussfolgerung in Bezug auf derartige Überlegungen aus: Die Funktionsfähigkeit der Strafrechtspflege könne die Suspendierung rechtsstaatlicher Garantien nicht legitimieren, weil die Einhaltung ihrer

[440] Roxin, Strafverfahrensrecht, § 1, Rn. 7.
[441] Siebrecht, Rasterfahndung, S. 60 ff.

Formprinzipien die Strafverfolgungstätigkeit als solche überhaupt erst legitimiere[442].
Die Gefahren einer leichtfertigen Anerkennung eines Verfassungswertes wie der „Funktionsfähigkeit der Strafrechtspflege" liegen damit auf der Hand und sind in der Literatur gerade zur DNA-Analyse nur allzu deutlich zutage getreten. So wollte Sternberg-Lieben deren Zulässigkeit schon 1987 kurzerhand unter Hinweis auf die „im Rechtsstaatsprinzip verankerte[..] grundsätzliche[..] Entscheidung zugunsten einer wirksamen repressiven Strafrechtspflege" rechtfertigen und vermochte angesichts dessen schon überhaupt keine Bedenken mehr dagegen zu erkennen, genetische Fingerabdrücke bei Tatverdächtigen zu entnehmen und diese Maßnahme auf § 81a StPO zu stützen[443].
Suchte man in dieser Weise nach einer Rechtfertigung für DNA-Massenanalysen, so wäre eine solche zweifelsohne leicht zu finden. Denn durch eine solchermaßen durchgeführte bzw. erleichterte Tätersuche wäre den vermeintlichen Fundamentalwerten des Strafprozesses – schnelle Aufklärung, große generalpräventive Wirkung – sicher gedient. Nur geraten die Rechte des potenziell Beschuldigten bei einer solchen Vorgehensweise natürlich gänzlich aus dem Blick. Damit aber treten die – von den Kritikern auch deutlich benannten – spezifischen Gefahren der Etablierung eines derartigen Verfassungswertes nur allzu deutlich hervor. Angesichts der hier mobilisierten Fundamentalwerte, die die effiziente Strafrechtspflege zur tragenden Säule des modernen Rechtsstaates stilisieren, gerät der von der infrage stehenden Ermittlungsmaßnahme Betroffene von vornherein in eine defensive Lage, aus der ihm kaum mehr ein Ausweg bleibt.
Dies hat – worauf in dieser Arbeit schon verschiedentlich aufmerksam gemacht wurde – Hassemer besonders präzise herausgearbeitet[444].
Seine Überlegungen sollen im Folgenden noch weiter vertieft und für die hier interessierende Problematik der DNA-Reihenuntersuchungen fruchtbar gemacht werden. Hassemer hat zunächst Bedenken geäußert gegen die mit dem Topos der „Funktionstüchtigkeit der Strafrechtspflege" verbundenen Argumentationsfiguren, die den Eindruck erweckten, die strafprozessualen Grundwerte von Gerechtigkeit, Wahrheit, Effizienz und Rechtsstaatlichkeit könnten ohne weiteres in einem harmonischen Zusammenspiel aufgelöst werden. Dies sei bereits begrifflich fragwürdig, kriminalpolitisch aber verfehlt. Denn eine rechtsstaatliche Konzeption des Strafverfahrens lebe zu allererst vom Antagonismus, nicht von der Harmonie der strafprozessualen Grundwerte.
Nur dem antiliberalen Denken habe ein Strafverfahren eingeleuchtet, das Gerechtigkeit durch Effizienz und Effizienz durch Gerechtigkeit verwirklichen

---

[442] Velten, Befugnisse, S. 99.
[443] Sternberg-Lieben, NJW 1987, S. 1242 (1246).
[444] Hassemer, StV 1982, S. 275 ff.; ders., KritV 1988, S. 336 (342).

sollte und nur dieses habe Freiheitsrechte in institutionellen Garantien gewährleistet gesehen, wodurch die konfliktbestimmenden Rollenzuweisungen im Strafverfahren zugunsten einer prästabilisierten Harmonie hätten beseitigt werden sollen, zugunsten einer – übergeordneten – Gerechtigkeit, an der doch alle Verfahrensbeteiligten mitwirken wollten[445].
Gerade diese Gefahr besteht bei den DNA-Reihenuntersuchungen in besonders massiver Form. Denn diese werden ja regelmäßig gerade vor dem Hintergrund solcher Verbrechen veranlasst, die dem Gedanken der Gerechtigkeit nun in besonders evidenter Weise Hohn sprechen – etwa bei dem sexuellen Missbrauch und/ oder der Tötung eines kleinen Mädchens. In Anbetracht derartiger Verbrechen erweist sich ein Ansatz ganz besonders wirkmächtig, der verspricht, in einem harmonischen Zusammenwirken – gleichsam als Gegenpol zum Verwerflichen der Tat – der Gerechtigkeit dann doch zum Durchbruch zu verhelfen. Nur gerade darin liegt ja die Gefahr für den freiheitlichen Strafprozess; nicht zu Unrecht misst Hassemer – im Anschluss an Eb. Schmidt – dem Doppelziel des Strafprozesses die entscheidende Bedeutung zu, nämlich zwar den Schuldigen zu bestrafen, den Unschuldigen aber vor ungerechten Maßnahmen staatlicher Gewalt zu schützen. Dieses Ziel lässt sich aber nur gerade durch die Bewahrung des Gegenübers der verschiedenen Prozessbeteiligten tatsächlich „effizient" verwirklichen. Es kann nun aber nicht angezweifelt werden, dass derartige Überlegungen auch schon im Ermittlungsverfahren Platz greifen müssen, mit der Folge, dass auch hier keine Maßnahmen unter Überwindung dieses Gegenübers der Prozessbeteiligten gerechtfertigt werden können. Die allgemeine Erleichterung der Wahrheitsfindung durch eine möglichst umfassende Untersuchung aller infrage kommenden Tatverdächtigen stellt also keinen legitimen Eigenwert des Strafverfahrens dar und kann für sich genommen einen Grundrechtseingriff nicht legitimieren.
Das wird umso deutlicher, wenn man sich mit einem zweiten Einwand Hassemers gegen die Rechtsprechung des BVerfG auseinandersetzt, nämlich mit dem durch die Anerkennung eines derartigen Verfassungsgutes motivierten Abwägungsmechanismus: Wer mit der „Funktionstüchtigkeit der Strafrechtspflege" sämtliche zentralen Werte des Strafverfahrensrechts auf die eine Seite der beiden Waagschalen draufpacke, der werde für die andere Schale nur noch Leichtgewichtiges zur Verfügung haben. Wem die Idee der Gerechtigkeit, der Rechtsfriede, das Prinzip des Rechtsgüterschutzes, des Rechtsstaates oder der Vertrauenssicherung eine Einschränkung von Freiheitsrechten befehle, der könne diese Freiheitsrechte nur noch als Positionen minderen Ranges wahrnehmen. Er laviere sich in die schiefe Alternative von öffentlichen Verfassungs- und Verfahrensinteressen einerseits und privaten Freiheitsinteressen andererseits. In dieser Alternative aber hätten die privaten Interessen keine argumentative Chance mehr;

[445] Hassemer, StV 1982, S. 275 (277).

ihr Gegenpol sei übergewichtig, er verfüge über sämtliche normative Ressourcen, die einem Abwägungsinteresse Durchsetzungskraft und Dignität verschafften. Kurz: Über den Erfolg einer derartigen „Abwägung“ sei bereits entschieden, bevor sie veranstaltet werde, sie werde nur noch scheinhaft veranstaltet[446]. Auch dieser Gesichtspunkt verdeutlicht die spezifischen Gefahren, die in der Anerkennung dieses Argumentationstopos gerade dann bestehen, wenn er noch mit den DNA-Reihenuntersuchungen und den diesen vorgelagerten Verbrechen in Verbindung gebracht wird. Denn in derartigen Fällen verschärft sich der Druck auf der Seite des staatlichen Strafverfolgungsinteresses in der Tat so sehr, dass man eigentlich niemandem mehr zubilligen könnte, sich dem staatlichen Ansinnen zur Durchführung einer Reihenuntersuchung zu entziehen, und dass Interessen, die dieser ihm Rahmen einer Abwägung noch mit erheblichem Gewicht zuwiderlaufen könnten, eigentlich von vornherein nicht mehr erkennbar sind. Würde man also dem Interesse an der „Funktionstüchtigkeit und Effizienz der Strafrechtspflege“ hier tatsächlich Verfassungsrang zubilligen, dann bräuchten weitere Überlegungen zur Legitimation des Grundrechtseingriffs kaum mehr angestellt zu werden.
Eine derartige Argumentation übersehe jedoch einen weiteren bedeutenden Aspekt, auf den Hassemer hingewiesen hat: Gerade die Justizförmigkeit des Strafverfahrens als unbestrittene Ausprägung des Rechtsstaatsprinzips gerät durch die Anerkennung des Effizienzgedankens in die Defensive. Es ist zu berücksichtigen, daß alle Elemente eines justizförmigen Strafverfahrens der Legitimität anderer beachtenswerter Belange in nichts nach stünden; sie seien von bloß individuellen Rechtsgarantien zugunsten des Beschuldigten zu übergreifenden Strukturmerkmalen, zum allgemeinen Charakteristikum einer rechtsstaatlichen Justiz geworden. Die schützenden Formen des Strafverfahrens verkörperten daher auch ein verselbstständigtes öffentliches Interesse, sie würden nicht nur im Interesse des Betroffenen, sondern auch in demjenigen der Allgemeinheit beachtet. Daraus wiederum lasse sich schlussfolgern, dass die Beschuldigtenrechte – wenn überhaupt – nur in dieser überpersonalen Absicherung den anderen Verfahrensinteressen (Effizienz) gegenübergestellt werden könnten, wodurch die übermäßige Abwägungsdisproportionalität, die entstehe, wenn man die Belange eines Einzelnen denen des gesamten Gemeinwesens gegenüberstelle, ersichtlich an Gewicht verliere[447].
Daraus läßt sich für die hiesige Problematik die Erkenntnis gewinnen, dass es eben nicht angehen kann, bei der Frage nach der Legitimation der mit DNA-Reihenuntersuchungen verbundenen Grundrechtseingriffe die Grundrechte des einzelnen potenziellen Testteilnehmers mit der Bedeutung der Strafrechtspflege insgesamt zu konfrontieren und diese noch durch das zweifelsohne immense

---

[446] Hassemer, a.a.O.
[447] Hassemer, a.a.O., S. 278.

Unrecht der zugrunde liegenden Tat anzureichern. Vielmehr stehen sich, wenn man sich auf einen solchen Abwägungsvorgang überhaupt einlassen will, stets das Interesse an einem justizförmigen Strafverfahren einerseits und dasjenige einer möglichst effizienten Ausgestaltung desselben andererseits gegenüber. Dass aber die Justizförmigkeit, die im Strafprozessrecht schon seit Jahren auf dem Rückzug ist, nicht auch noch hier der Effizienz geopfert werden kann und darf, liegt auf der Hand; ein Übergewicht des Effizienzgedankens kann hier jedenfalls nicht ohne weiteres anerkannt werden.
Liegt es aber so, dann ist die Erkenntnis, dass ein effizientes Strafverfahren ein legitimes Interesse darstellt, das der Staat verfolgen darf, durchaus zutreffend. Seine verfassungsrechtliche Überhöhung erscheint aber nicht nur dogmatisch kaum begründbar, sondern auch rechtspolitisch verfehlt. Der Grundsatz der „Funktionstüchtigkeit der Strafrechtspflege" bringt also für den hiesigen Zusammenhang keinen Ertrag, weil er jedenfalls kein die Abwägung tatsächlich präjudizierendes Interesse beinhaltet.

***c) Die Überführung des Täters im Einzelfall***

Die spezifische Situation des (verfassungsrechtlich einzig realisierbaren) *kausalen* DNA-Massentests, der – wie oben gezeigt wurde – praktisch nur auf *unfreiwilliger* Basis denkbar ist, rechtfertigt es nach den bisherigen Ausführungen also nicht, hier eine besondere Gefahrensituation anzunehmen, mit deren Hilfe er sich u. U. leichter rechtfertigen ließe als andere strafprozessuale Ermittlungseingriffe. Der DNA-Massentest kann also von vornherein nicht zugelassen werden etwa zur Steigerung der Sicherheit oder des Sicherheitsgefühls der Bevölkerung und auch nicht zur Erhöhung der Effizienz des Strafverfahrens. Vielmehr liegt es so, dass sich auch dieses Ermittlungsinstrument – wie jeder andere strafprozessuale Ermittlungseingriff – an den allgemein anerkannten legitimen Zielsetzungen des staatlichen Strafverfahrens orientieren muss; eine Privilegierung mit Blick auf die solchen Untersuchungseingriffen regelmäßig zugrunde liegenden besonders verwerflichen Taten kommt nicht in Betracht. Es geht allein um die Überführung des tatsächlichen Täters unter Wahrung aller schützenden Formen eines justizförmigen Strafverfahrens. Insofern stehen den grundrechtlich verbürgten Abwehransprüchen der potenziell Betroffenen keine übermäßigen Gegeninteressen der Allgemeinheit entgegen. Auch hier gilt der allgemeine Grundsatz, dass es allein auf den Nachweis der Schuld eines Einzelnen ankommt, es geht niemals – auch nicht angesichts einer noch so sehr erschütternden Tat – um den Schutz der Allgemeinheit vor Gefahren für die öffentliche Sicherheit[448]. Denn – und daran gilt es festzuhalten – die Strafverfolgungsbehörden haben auch in den hier in Rede stehenden Situationen keinen, schon gar keinen umfassenden, allgemeinen Präventionsauftrag; ihre einzige

---

[448] Vgl. Strate, StV 1989, S. 406 (406).

Aufgabe besteht darin, begangene Straftaten aufzuklären. Daher kann auch ein etwaiger Anspruch der Bürger auf Sicherheit und Schutz, der sich – wie oben gezeigt – jedenfalls aus den Grundrechten in dieser Universalität nicht ableiten lässt, die Schaffung einer derartigen neuen Fahndungsmethode für sich genommen noch nicht legitimieren[449].

Insbesondere ist darauf Acht zu geben, dass die Interessen des einzelnen Betroffenen nicht in einen falschen Abwägungssog geraten, der seinen Abwehrrechten von vornherein die Schlagkraft nimmt. Die strafprozessuale Umsetzung dieser Ermittlungsmethode wird nach alldem im Blick behalten müssen, dass die verfassungsrechtlich verbürgten Freiheitsrechte des Einzelnen nicht durch die Macht des Faktischen einer konkreten Verbrechenssituation überspielt werden. Dies wird nur dann gelingen, wenn der alleinige Zweck eines DNA-Massentests darin besteht, den Schuldigen in einem justizförmigen Verfahren ausfindig zu machen. Unentbehrlich wird es deshalb sein

- eine bestimmte Verdachtsschwelle zu normieren, von der an ein derartiger Untersuchungseingriff überhaupt zugelassen werden kann,
- auch die Schwere der aufzuklärenden Tat in Rechnung zu stellen, damit eine derart gravierende Ermittlungsmethode nicht zur „kleinen Münze“ des Strafprozessrechts degeneriert,
- die Strafverfolgungsbehörden darauf zu verpflichten, wirklich nur dann zu einer solchen Vorgehensweise zu greifen, wenn dies tatsächlich Erfolg versprechend ist und
- all dies präzise im Gesetz festzuschreiben und zwar mit justizfesten und auch praktisch handhabbaren Eingriffsvoraussetzungen, die insbesondere das Verhältnis der Eingriffsintensität zum möglichen Aufklärungserfolg angemessen berücksichtigen.

### *III. Schlussfolgerungen*

Als Zwischenergebnis ist also festzuhalten: Auch wenn ein Grundrechtsverzicht grds. möglich ist, gelang es nicht, verfassungsfeste Kriterien dafür auszuarbeiten, mithilfe derer eine gesetzliche Regelung der Einwilligung (als verfahrensrechtliche Absicherung der Freiwilligkeit der Entscheidung des Einzelnen) in DNA-Reihenuntersuchungen ausgestaltet werden könnte. *Freiwillige* DNA-Massentests gibt es daher nicht – und zwar in keiner Form, weder *final* noch *kausal*. Damit erscheinen verfassungsrechtlich nur noch die hier sog. *kausalen (zwangsweisen)* DNA-Massentests zulässig. Die gesetzliche Ermächtigungsgrundlage, die hier schon vor dem Hintergrund der bundesverfassungsgerichtlichen Wesentlichkeitslehre aus rechtsstaatlichen Erwägungen zwingend erforderlich ist, wird zu berücksichtigen haben, dass für sie keine besondere Legitimation streitet, wie etwa ein – nicht existentes – Grundrecht auf Sicherheit oder

[449] Siebrecht, Rasterfahndung, S. 63.

ein – jedenfalls nicht mit überwiegendem Verfassungsrang ausgestattetes – Interesse an einem möglichst effizienten Strafverfahren. Vielmehr muss sie sich wie jede andere Befugnisnorm – etwa zur Durchsuchung, Beschlagnahme, Telefonüberwachung – an den allgemeinen Grundsätzen des Strafverfahrensrechts messen lassen und darf dabei weder die berechtigten Schutzinteressen des von solchen Ermittlungsmaßnahmen Betroffenen, noch die Justizförmigkeit des Verfahrens hintanstellen. Dem Schutz der Unschuldigen muss hier – noch mehr als sonst im Strafverfahren – eine ganz besonders hohe Bedeutung zukommen, weil selbst bei den – regelmäßig, wenn auch nicht notwendig - überschaubareren *kausalen* Massentests doch Gewissheit besteht, dass jedenfalls die weit überwiegende Anzahl der Untersuchten eben *nicht* der bzw. die gesuchten Täter sein können.

Im Folgenden wird es nunmehr darum gehen herauszufinden, wie eine derartige strafprozessuale Befugnisnorm ausgestaltet sein könnte.

## *6. Abschnitt: Strafprozessuale Umsetzung*

Die Überlegungen im 5. Abschnitt der Arbeit haben deutlich gemacht, dass der Spielraum des Gesetzgebers bei einer sachangemessenen gesetzlichen Regelung der DNA-Reihenuntersuchungen verhältnismäßig eng ausfällt. Dabei sei zu Eingang des 6. Abschnittes nochmals ausdrücklich hervorgehoben, dass es im Folgenden nur noch um Vorschläge für eine gesetzliche Ausgestaltung des kausalen Massentests, also des Tests „mit Bezug zur Tat" gehen kann. Gerade um dessen Grenzen klar zu ziehen, wird es erforderlich sein, aus rechtsstaatlicher Perspektive hinreichend präzise Umschreibungen der einzelnen Eingriffsvoraussetzungen zu finden.
Dabei sehen wir uns mit ganz grundlegenden Fragestellungen des Strafverfahrensrechts konfrontiert. So wird zunächst (A.) die Zweckbindung des DNA-Massentests noch einmal ausführlich zu durchdenken sein, denn gerade diese erschien aus verfassungsrechtlicher Perspektive unentbehrlich. Insofern werden sich – für den Leser zunächst vielleicht überraschend klingende – Parallelen zu der bestehenden Gen-Datei nach § 2 DNA-IFG bzw. § 81g StPO ziehen lassen. In einem weiteren Schritt (B.) ist sodann zu untersuchen, inwieweit bereits bestehende Befugnisnormen der StPO für die hier infrage stehenden Probleme fruchtbar gemacht werden könnten, als Stichworte genügen sollen zunächst die neu gefassten §§ 161, 163 StPO sowie die Bestimmungen über die Rasterfahndung.
Der Schwerpunkt des 6. Abschnitts wird freilich darin liegen, die einzelnen Tatbestandsmerkmale einer – verfassungsrechtlich immerhin denkbaren – Ermächtigungsgrundlage für DNA-Reihenuntersuchungen zu präzisieren. Dabei wird zunächst der Adressatenkreis eines derartigen Untersuchungseingriffs zu bestimmen sein, mithin der personale Bezug. Insofern wird zunächst den strafprozessualen Begriffen des Beschuldigten und des Verdächtigen weiter nachzugehen sein, wobei es in diesem Kontext ganz zentral auch darauf ankommen wird, ein handhabbares Kriterium für die Abgrenzung der (zulassungsfähigen) kausalen DNA-Reihenuntersuchungen von den (grds. verfassungswidrigen) finalen Massentests zu finden. In einem zweiten Schritt ist sodann nach der Eingrenzungsmöglichkeit mit Blick auf den Anlass des Tests Ausschau zu halten; es gilt also, so etwas wie eine tatbezogene Eingriffsschwelle zu finden. Dies wurde in den bestehenden Vorschriften der StPO etwa mithilfe des Rechtsbegriffs der „Tat von erheblicher" Bedeutung versucht. Es stellt sich also die Frage, ob dieser Topos auch für die hier zu untersuchende Problematik einen tragfähigen Lösungsansatz bieten kann, oder ob ggf. nach Alternativen zu suchen ist. Abschließend wird der Frage der Erforderlichkeit eines Richtervorbehaltes für solche Maßnahmen weiter nachzugehen sein. Insofern muss zunächst die Frage geklärt werden, warum die StPO den Richtervorbehalt für bestimmte Ermitt-

lungseingriffe überhaupt kennt, und sodann, ob und in welcher Weise er auch für DNA-Massentests normiert werden sollte.

### *A. Der Zweck des kausalen DNA-Massentests – Parallelen zur Täteridentifizierung nach § 81g StPO/ § 2 DNA-IFG*

DNA-Reihenuntersuchungen können nach den oben im 5. Abschnitt gewonnen Erkenntnissen nur zugelassen werden, um im Einzelfall einen „Tatverdächtigen" zu überführen, wobei an dieser Stelle ausdrücklich darauf hingewiesen wird, dass der Begriff zunächst noch in einem völlig untechnischen Sinne verstanden werden soll. Dies erscheint angesichts der gängigen Zielbestimmung des Strafverfahrens – nämlich der Feststellung und Durchsetzung des staatlichen Strafanspruches[1] - zwar als reichlich banale Erkenntnis; wichtig ist es gleichwohl, sich – gerade angesichts der oben[2] diskutierten immerhin denkbaren weiteren Ziele – auf eine derartige Zwecksetzung als Leitlinie stets zurück zu besinnen.

Denn: Bei DNA-Reihenuntersuchungen handelt es sich eben nicht um klassische Untersuchungseingriffe zur Überführung eines – *konkret* – Verdächtigen, sondern erst um die *Vorbereitung* des eigentlichen Strafverfahrens, in dem sodann die klassischen Ermittlungsbefugnisse der StPO zum Zuge kommen können.

Insofern kann zunächst ein Vergleich gezogen werden zum Unterschied zwischen Ermittlungsbefugnissen nach §§ 81a, 81e StPO einerseits und § 81g StPO/ § 2 DNA-IFG andererseits. Während bei den erstgenannten Normen die Entnahme einer Materialprobe und ihre genetische Analyse zur Überführung eines bereits Beschuldigten im Sinne des § 152 Abs. 1 StPO dient, der mit Durchführung dieser Maßnahme auch spätestens diesen formalen Beschuldigtenstatus erwirbt, kann davon in den Situationen der zuletzt genannten Vorschriften noch keine Rede sein. Während erstere Maßnahmen durch eine konkrete Tat veranlasst sind, fehlt eine solche bei letzteren und es ist auch keineswegs sicher, dass sie jemals begangen werden wird. Bei § 81g StPO/ § 2 DNA-IFG geht es allein um die Ermittlung des Täters in *künftigen* Strafverfahren, also um die Aufbereitung des Vorfeldes des eigentlichen Strafverfahrens[3]: Schon lange vor Begehung einer möglichen Tat werden all diejenigen untersucht und registriert, die sich aufgrund bestimmter, in § 81g StPO näher umschriebener Umstände, insbesondere aufgrund einer „Anlasstat", gleichsam von vornherein verdächtig gemacht haben, dass gegen sie eines Tages eines erneuter – konkreter – Tatverdacht mit Bezug auf eine konkrete Tat vorliegen wird. Die dann bei einer solchen künftigen Tat hinterlassenen Spuren sollen mit den in der Datei gespeicherten Daten abgeglichen werden und sodann zu einer Überführung des Täters führen.

---

[1] Dazu nur Beulke, Strafprozessrecht, Rn. 3.
[2] 5. Abschnitt, B.III.2.
[3] Vgl. nur Volk, NStZ 1999, S. 165 (167).

Kurz gesprochen: Ihre eigentliche Wirkung entfalten die in die DNA-Datei aufgenommenen Identifizierungsmuster erst in einem Strafverfahren, das im Zeitpunkt der Registrierung noch gar nicht betrieben wird.
Ganz ähnlich liegt es nun bei den DNA-Massenuntersuchungen. Auch hier wird regelmäßig noch kein konkretes Strafverfahren gegen die potenziellen Adressaten eines Teilnahmeersuchens geführt. Demnach wirken die Massenuntersuchungen – genauso wie die Maßnahmen nach § 81g StPO/ § 2 DNA-IFG – im Vorfeld des eigentlichen Strafverfahrens und sollen gleichsam den Weg zur Durchführung dieses Verfahrens ebnen. Das Kriterium, mit denen sich potenzielle Untersuchungsteilnehmer in den Kreis der Vor-Verdächtigen bringen ist hier eben nicht eine zuvor begangene „Anlasstat", sondern eben das Kriterium der Anwesenheit auf der Festveranstaltung. Hier wie dort werden also aufgrund eines „Vor-Verdachtes" bei dem Betroffenen DNA-Identifizierungsmuster genommen, mit der Tatortspur verglichen und führen erst nach daraufhin festgestellter Übereinstimmung zur Einleitung eines konkreten Ermittlungsverfahrens. Die Reihenuntersuchung ist also nichts anderes als die Anlegung einer – begrenzten – DNA-Identifizierungsdatei mit Bezug auf eine konkrete Anlasstat, wie sie in großem Stile gem. § 81g StPO/ § 2 DNA-IFG für beliebige Taten betrieben ist. Der einzige, aber hier nicht entscheidende Unterschied besteht im Grunde darin, dass bei den Massentests die aufzuklärende Tat bereits begangen ist, diese aber in den Fällen der § 81g StPO/ § 2 DNA-IFG in noch ungewisser Zukunft liegt.
Damit aber ist bereits eine – für die weiteren Überlegungen durchaus bedeutsame – Erkenntnis gewonnen: Nahezu sämtliche Schwierigkeiten, die mit den höchst komplizierten und im Detail wenig präzise umrissenen Bestimmungen der § 81g StPO/ § 2 DNA-IFG verbunden sind, werden sich auch bei den Bemühungen um eine gesetzliche Ausgestaltung der DNA-Reihentests wiederfinden lassen. Insofern muss es auch darum gehen, die insoweit aufgetretenen Fehler bei der hier vorzuschlagenden Regelung zu vermeiden.

### *B. Lösungsansätze innerhalb der StPO*

Begibt man sich innerhalb des Normenbestandes der StPO auf die Suche nach Bestimmungen, die für die hier zu lösende Problematik Ertrag bringen könnten, so stößt man – abgesehen von dem bereits angesprochenen § 81g StPO – vor allem auf die Regelung der Rasterfahndung in § 98a StPO und die allgemeine Datenerhebungsbefugnis in §§ 161, 163 StPO n.F.

### *I. Die Rasterfahndung gem. § 98a StPO*

#### *1. Begriff der Rasterfahndung*

Im Rahmen der Rasterfahndung nach § 98a StPO werden bestimmte Datensammlungen nach vorher festgelegten kriminalistischen Merkmalen überprüft:

Die Strafverfolgungsbehörden vergleichen bestimmte vermutlich auf den Täter zutreffende Prüfungskriterien mit aus anderen Gründen an anderer Stelle gespeicherten Daten. Man unterscheidet insofern die negative Rasterfahndung, mithilfe derer bestimmte Personen als Täter ausgeschlossen werden sollen, und die positive Rasterfahndung, mithilfe derer eine bestimmte Person bzw. ein bestimmter Personenkreis als Merkmalsträger identifiziert werden soll. Es werden also mittels elektronischer Datenverarbeitung bestimmte Hinweise und Spuren aufgeworfen, die sodann auf herkömmliche Weise weiter nachzuprüfen sind[4]: Die Strafverfolgungsbehörden verschaffen sich so also bestimmte Ermittlungsansätze[5].

***2. Das Problem: Die Inanspruchnahme Unverdächtiger***

Eines der spezifischen Probleme der Rasterfahndung besteht nunmehr aber darin, dass von ihr immer auch – oder, genauer ausgedrückt fast ausschließlich – Unverdächtige Betroffen sind. So werden etwa bei der *negativen* Rasterfahndung zunächst sämtliche in einer bestimmten Datei registrierten Personen in Augenschein genommen und dann für den Ausschluss von Nichtverdächtigen Negativ- und Ausschließungskriterien von Personengruppen gebildet, zu denen der unbekannte Täter jedenfalls nicht gehören kann. Mit den Dateien der Behörde oder der privaten Institution, deren Daten auf den zu ermittelnden Täter nach den Erkenntnissen der Strafverfolgungsbehörden aller Voraussicht nach zutreffen, wird ein Datenbestand, in dem der mutmaßliche Täter sich befinden soll, durch Löschen derjenigen, die als Täter nicht infrage kommen, auf einen Rest Verdächtiger vermindert, gegen die sodann – wie bereits angedeutet – mit weiteren Untersuchungen ermittelt wird. Umgekehrt werden bei der *positiven* Rasterfahndung bestimmte allgemeine Suchkriterien in den Computer eingegeben und auf diese Weise all diejenigen herausgefiltert, die Träger des verdächtigen Merkmals sind[6] – ausreichen kann insofern schon, dass man einem bestimmten Autotyp fährt[7].

Die Parallele zur DNA-Reihenuntersuchung liegt auf der Hand: Bei beiden Ermittlungsmethoden werden mithilfe bestimmter mehr oder weniger präziser und auf Tat und Täter zugeschnittener Kriterien, potenziell Tatverdächtige ermittelt.

---

[4] Vgl. dazu im Einzelnen Siebrecht, Rasterfahndung, S. 20 ff.; Wanner, Rasterfahndung, S. 15 ff. S. auch Amelung, in: AK-StGB, § 94, Rn. 7; Roxin, Strafverfahrenrecht, § 10, Rn. 19.

[5] S. auch Weßlau, Vorfeldermittlungen, S, 98, der zufolge die Rasterfahndung gerade auch als Verdachtsgewinnungsmethode geeignet ist.

[6] Aus diesem Grunde hält Weßlau, a.a.O. die Bezeichnung der Rasterfahndung als Fahndungsmethode auch insofern für irreführend, als damit nicht nach namentlich bekannten tatverdächtigen Personen gefahndet werde, sondern entweder ein personenbezogener Verdacht erst durch die Durchführung der Rasterfahndung gewonnen werde oder aber mithilfe anderer Merkmale als dem des Namens eine bestimmte Person gesucht werde.

[7] Siebrecht, a.a.O., S. 22 f.

Da hier wie dort nach dem „Gießkannenprinzip“ vorgegangen wird, liegt es in der Natur der Methode, dass, um einen spezifischen Täter ausfindig zu machen, nahezu beliebig viele gänzlich unverdächtige Personen zum Gegenstand strafprozessualer Untersuchungen werden.
Darin erblickt Siebrecht dann auch die eigentliche Problematik der Rasterfahndung: Auf der Suche nach einem abstrakten Tätertypus würden allgemeine soziale, den potenziellen Tätern zuzuordnende Verhaltensweisen oder Merkmale verwendet, um ermittlungsfähige Einzelspuren zu entdecken, die den Strafverfolgungsbehörden sodann den Weg zu dem mutmaßlichen Täter wiesen. All den insofern Betroffenen komme aber nicht die Stellung eines Tatverdächtigen zu, weil zwischen ihnen und der zu untersuchenden Tat über bloß allgemeine Kriterien hinaus keine spezifische Verbindung bestehe. Nichts anderes gelte für denjenigen Personenkreis, der schließlich als sog. Bodensatz mithilfe der Suchkriterien herausgefiltert worden sei[8]. Denn für die – grds. mögliche – Annahme eines Tatverdachtes gegen eine bestimmte Personengruppe sei es notwendig, dass es sich um einen überschaubaren Personenkreis handele, von denen einer der Täter sein müsse. Demgegenüber stehe bei der Rasterfahndung zu Beginn der Ermittlungen aber noch nicht einmal fest, wie viele Personen schließlich den „Bodensatz“ bildeten; auch sei offen, ob sich dann darin tatsächlich der Täter ausfindig machen lasse. Nach alledem liege es so, dass durch Rasterfahndungen eben nur ein Verdacht gegen die Betroffenen gewonnen werden soll. Die bloße Tatsache aber, dass jemand bestimmte Merkmale oder Eigenschaften mit einem mutmaßlichen Straftäter gemeinsam habe, könne für sich genommen nicht ausreichen, um einen Tatverdacht gegen ihn zu begründen[9].
Angesichts dieser Erkenntnisse stellt sich für Siebrecht nunmehr die Frage, ob der Gesetzgeber überhaupt berechtigt gewesen ist, eine Fahndungsmethode zuzulassen, die geradezu massenhaft in Rechtspositionen Unverdächtiger eingreift. So hält Siebrecht etwa die Menschenwürde für ein potenziell durch die Rasterfahndung betroffenes Rechtsgut, meint jedoch, für deren Verletzung komme es nicht auf die prozessuale Rolle eines Beteiligten, sondern auf die Intensität des infrage stehenden Eingriffs an. Eine die Menschenwürde betreffende Intensität

[8] S. demgegenüber aber die differenzierende Auffassung von Wanner, a.a.O., der ebenfalls davon ausgeht, dass die im Rahmen der Rastenfahndung Untersuchten keine Beschuldigten sind (S. 55 ff., 69). In Bezug auf den „Bodensatz“ ist er dagegen der Ansicht, diese Personen stünden nach der allgemeinen Lebensauffassung von der aufzuklärenden Tat nicht so weit entfernt, als dass sie nicht vernünftigerweise als Täter oder Teilnehmer in Betracht gezogen werden müssten. All die anderen Personen, die weniger als die Summe der fahndungsrelevanten Merkmale aufwiesen, seien demgemäß Nichtverdächtige (S. 70 ff., 90).
[9] Siebrecht, a.a.O., S. 72 f.

erblickt er in der Rastenfahndung allerdings noch nicht[10]. Dagegen nimmt er aber einen Eingriff in das Grundrecht auf informationelle Selbstbestimmung der von der Rasterfahndung Betroffenen mit der Folge an, dass diese an dem Grundsatz der Verhältnismäßigkeit zu messen sei[11]. Daraus wiederum ergäben sich enge Zulässigkeitsgrenzen: So dürfe die Rasterfahndung nur angeordnet werden, wenn tatsächlich erwiesen sei, dass eine Straftat überhaupt begangen worden ist; die bloße Möglichkeit einer Straftat könne diesen Ermittlungseingriff nicht rechtfertigen. Des Weiteren sei zu beachten, dass der Tatverdacht immer nur in Bezug auf die Tat als solche, nicht aber den Täter bestimmt werden könne, m.a.W. eben weil die potenziell von einer Rasterfahndung Betroffenen keine Tatverdächtigen i.w.S. seien, müsse eine zusätzliche Begrenzung über die Schwere der begangenen Tat erreicht werden. Daher dürften nur solche Straftaten eine Rasterfahndung auslösen, die typischerweise in organisierter Form begangen würden und den Rechtsfrieden besonders empfindlich störten. Eine zusätzliche Hürde müsse dadurch eingebaut werden, dass die Rasterfahndung tatsächlich nur als ultima ratio zugelassen werde – so wie bei vergleichbaren prozessualen Maßnahmen, die Grundrechte Unverdächtiger tangierten (z.B. §§ 81c, 100a StPO), dürfe sie nur dann durchgeführt werden, wenn die Aufklärung der infrage stehenden Tat auf andere Weise aussichtslos oder wesentlich erschwert wäre. Überdies verlangt Siebrecht eine verfahrensmäßige Absicherung der Rechte der Betroffenen und eine richterliche Anordnung der Maßnahmen[12].
Angesichts dieser Überlegungen ist es wenig erstaunlich, dass Siebrecht den status quo der §§ 98a, 98b StPO für äußerst problematisch hält. Mit der Rasterfahndung in der zurzeit üblichen Form werde den Strafverfolgungsbehörden ein Instrument an die Hand gegeben, das verbotene Ausforschungsermittlungen jedenfalls grds. möglich mache. Die Bestimmungen seien daher wegen eines Verstoßes gegen den Grundsatz der Normenklarheit, den Bestimmtheitsgrundsatz und das Verhältnismäßigkeitsprinzip verfassungswidrig. Insofern beanstandet Siebrecht, dass bei § 98a StPO der die Maßnahme auslösende (bloße) Verdachtsgrad deutlicher niedriger liegt als bei anderen allen grundrechtsrelevanten Ermittlungsmaßnahmen; überdies sei dort noch stets Voraussetzung, dass sich der Verdacht als solcher auf eine bestimmte Person konkretisiere. Hinzu komme, dass der Katalog der zulässigen Anlasstaten durch die Verweisungstechnik im Gesetz kaum mehr nachzuvollziehen sei, dass er – mit Ausnahme absoluter Bagatelldelinquenz – eigentlich so gut wie keinen Straftatbestand ausklammere,

---

[10] Siebrecht, a.a.O., S. 73 f. Inwieweit dies der hier vertretenen Meinung widerspricht, der zufolge der finale DNA-Massentest wegen der Objektivierung der Betroffenen der Menschenwürde zuwiderläuft, kann nicht klar beantwortet werden, denn es ist ja zu beachten, dass der Rechtseingriff gegenüber dem Einzelnen bei einem DNA-Massentest ungleich gravierender ist als seine Einbeziehung in den automatischen Datenabgleich bei der Rasterfahndung.

[11] Zum Folgenden vgl. Siebrecht, a.a.O., S. 94 ff.

[12] Vgl. auch den Überblick bei Siebrecht, a.a.O., S. 108 f.

und dass er mithin ersichtlich auch Tatbestände erfasse, die zur „organisierten Kriminalität" kaum gerechnet werden könnten, dass § 98a StPO mithin über sein eigentliches Ziel, die „organisierte Kriminalität" zu bekämpfen, weit hinausschieße. Dadurch sei der mögliche Eingriff von vornherein nicht mehr verhältnismäßig[13].

### *3. Zusammenfassende Stellungnahme*

Der Kritik Siebrechts an der gesetzlichen Ausgestaltung der Rasterfahndung in § 98a StPO ist sicher zuzustimmen. Es erscheint in der Tat höchst bedenklich, dass für Eingriffe in Grundrechtspositionen völlig Unverdächtiger eine derart niedrige Eingriffsschwelle festgelegt worden ist, dass – würde sich der damit verbundene Aufwand lohnen[14] – mithilfe der Rasterfahndung selbst der Versuch unternommen werden könnte, eher leichte Straftaten aufzuklären. Mit Recht hebt Siebrecht hervor, dass gerade völlig Unverdächtige eines effektiven Schutzes gegen staatliche Ermittlungseingriffe bedürfen, der in § 98a StPO nicht gewährleistet ist. Des Weiteren bleibt als Ertrag der Untersuchung des § 98a StPO festzuhalten, dass die vom Gesetzgeber bisher gewählten Methoden zur Eingrenzung strafprozessualer Untersuchungsmaßnahmen (etwa die Festlegung bestimmter Katalogstraftaten) ganz offenbar nur einen sehr bedingten Tauglichkeitsgrad aufweisen – einer Erkenntnis, der im Folgen noch nachzugehen sein wird, wenn die parallel verlaufende Problematik des § 81g StPO/ § 2 DNA-IFG analysiert wird.

## *II. Die Ermittlungsgeneralklausel nach §§ 161, 163 StPO*

### *1. Einführung in die Problematik*

Eine gewisse Bedeutung für sog. Vorfeldermittlungen, also solche Untersuchungsmaßnahmen, die – wie die soeben erörterte Rasterfahndung oder auch der DNA-Massentest – erst die Voraussetzungen eines konkreten Ermittlungsverfahrens schaffen sollen, m.a.W. der Verdachtsgewinnung dienen[15], haben insbesondere seit dem Volkszählungsurteil des BVerfG die §§ 161, 163 StPO a.F.[16]

---

[13] Siebrecht, a.a.O., S.110 ff.

[14] Vgl. in diesem Zusammenhang Weßlau, Vorfeldermittlungen, S. 97: „Überhaupt verspricht die Methode der Rasterfahndung, wohl auch wegen ihres erheblichen Aufwandes v.a. an kriminalistischer Phantasie nur in seltenen Fällen Erfolg."

[15] Vgl. Weßlau, a.a.O., S. 105.

[16] Diese Bestimmungen lauteten:

> „**§ 161. [Ermittlungen]** [1]Zu dem in vorstehenden Paragraphen bezeichneten Zweck kann die Staatsanwaltschaft von allen öffentlichen Behörden Auskunft verlangen und Ermittlungen jeder Art entweder selbst vornehmen oder durch die Behörden und Beamten des Polizeidienstes vornehmen lassen. [2]Die Behörden und Beamten des Polizeidienstes sind verpflichtet, dem Ersuchen oder Auftrag der Staatsanwaltschaft zu genügen."

erlangt. So entsprach es zunächst wohl über Jahrzehnte einer gefestigten Auffassung in Literatur und Rechtsprechung[17], dass es sich bei jenen Bestimmungen um bloße Aufgabenzuweisungen an Polizei und Staatsanwaltschaft handelte, ohne dass damit spezifische Eingriffsbefugnisse verbunden gewesen wären. Diese Sichtweise unterlag jedoch einem gewissen Wandel, seitdem es – abgesehen von vereinzelt gebliebenen Gegenstimmen[18] – mehr oder weniger zum Allgemeingut geworden ist, dass auch und gerade die staatliche Informationsgewinnung nur auf Basis einer gesetzlichen Ermächtigungsgrundlage zulässig sein kann.

Diese Diskussion soll – soweit sie für den hier relevanten Problemkreis der DNA-Massentests von Belang ist[19] – zunächst überblicksartig nachgezeichnet werden (dazu 2.). Die im Rahmen des StVÄG 1999 insofern vorgenommenen – eher als kosmetisch zu bezeichnenden – Ergänzungen der §§ 161, 163 StPO werden im Anschluss daran einer kurzen Analyse unterzogen (3.), um sodann festzustellen, welche Gesichtspunkte insofern für die gesetzliche Regelung der DNA-Reihenuntersuchungen interessant sein könnten (4.).

### *2. Die Diskussion um die §§ 161, 163 StPO a.F.*

Wie bereits angedeutet gerieten die §§ 161, 163 StPO a.F. erst infolge des Volkszählungsurteils und der damit verbundenen „Entdeckung" des Grundrechts auf informationelle Selbstbestimmung durch das BVerfG in den Mittelpunkt des Interesses. Die überkommene Auffassung, der zufolge §§ 161, 163 StPO a.F. Polizei und Staatsanwaltschaft keinerlei Eingriffsbefugnisse eröffnete, wurde von manchen infrage gestellt. Damit kristallisiert sich – einmal mehr – eine sicher nicht unbedenkliche Tendenz bei der Interpretation strafprozessualer Bestimmungen heraus. Solange man dem Glauben erlag, es gebe bestimmte Ermittlungsmaßnahmen – insbesondere Informationseingriffe -, die einer gesetzlichen Ermächtigungsgrundlage nicht bedürften, war es unstreitig, dass die StPO eine solche auch nicht enthielt. Als man jedoch diese Auffassung ernsthaft nicht mehr vertreten konnte, machten einige sich daran, eben diese Befugnisnorm aus

---

„§ 163. **[Aufgaben der Polizei]** (1) Die Behörden und Beamten des Polizeidienstes haben Straftaten zu erforschen und alle keinen Aufschub gestattenden Anordnungen zu treffen, um die Verdunkelung der Sache zu verhüten.

(2) [...]"

[17] Dazu z.B. Achenbach, in: AK-StPO, § 163, Rn. 5; Weßlau, a.a.O., S. 144 ff. jew. m.w.N.

[18] S. etwa Scholz/ Pitschas, Informationelle Selbstbestimmung, S. 102 ff., 157 ff.

[19] Die Relevanz der Regelungen der §§ 161, 163 StPO für die DNA-Reihenuntersuchungen ergibt sich daraus, dass diese insbesondere mit Blick auf das Grundrecht auf informationelle Selbstbestimmung höchst problematisch erscheinen (dazu oben im 5. Abschnitt A. II.). Nun wurden die §§ 161, 163 StPO a.F. gerade mit Bezug auf dieses Grundrecht in der Literatur eingehend diskutiert, und der Reformgesetzgeber wollte mit der Änderung dieser Vorschriften gerade den Anforderungen dieses Grundrechts Genüge tun.

§§ 161, 163 StPO herzuleiten, und zwar mithilfe der sog. „Schwellentheorie". Diese postulierte, nur solche Maßnahmen der Strafverfolgung bedürften einer speziellen gesetzlichen Regelung, die an Schärfe und Schwere den in der StPO bereits geregelten Zwangsmaßnahmen gleichkämen; dort, wo ein solcher sicht- und fühlbarer Zugriff auf die Sphäre des Bürgers nicht erkennbar sei, soll die Schwelle des Eingriffs in die grundrechtlich geschützte Stellung des Bürgers nicht erreicht sein mit der Folge, dass die Aufgabenzuweisung der §§ 161, 163 StPO als Legitimation ausreichen könnte[20]. Dass diese Auffassung wenig überzeugungskräftig war, hat Weßlau im Einzelnen dargelegt: Denn in der Schwellentheorie wirke die alte und mittlerweile überholte Vorstellung fort, dass nur hoheitliche *Zwangs*maßnahmen einen Grundrechtseingriff darstellten und somit einer gesetzlichen Ermächtigungsgrundlage bedürften. Dabei sei es heute geradezu eine Selbstverständlichkeit, dass die Grundrechte eben nicht nur gegen hoheitlichen Zwang, sondern jede Beeinträchtigung der in ihnen verbürgten Freiheitssphären schützten. Die Differenzierung, ob Eingriffe mittels Zwanges erfolgen, könne mit der modernen Auffassung vom Gesetzesvorbehalt schlechterdings nicht in Einklang gebracht werden. Hinzu komme, dass die StPO z.B. mit § 100a StPO auch Eingriffsbefugnisse enthalte, die heimlich und somit geradezu wesensnotwendig ohne Zwang wirkten[21].

In Anbetracht dieser Überlegungen hatte Perschke den Versuch unternommen, zu einer Neuinterpretation der §§ 161, 163 StPO a.F. im Sinne einer strafprozessualen Befugnisnorm zu gelangen, genauer gesagt: herauszufinden, inwieweit §§ 161, 163 StPO a.F. überhaupt tauglich sind, als Ermächtigungsgrundlage zu fungieren[22].

Aufgrund einer Analyse von Wortlaut[23] und systematischer Beziehung zu § 164 StPO[24] gelangt er zu der Annahme, man könne jene Bestimmungen durchaus als Befugnisnormen qualifizieren[25]. Nur ist damit für Perschke im Ergebnis relativ wenig gewonnen. Denn die inhaltliche Präzision der §§ 161, 163 StPO a.F. entspreche in etwa derjenigen der polizeilichen Generalklauseln[26]. Auch dies bestätige zwar, dass es sich bei §§ 161, 163 StPO a.F. um Ermächtigungsgrundlagen handele – dies stelle für die polizeiliche Generalklausel schließlich ebenfalls

[20] Vgl. etwa Rebmann, NJW 1985, S. 1 (3) Steinke, DVBl 1980, S. 433 (438), weit. Nachw. bei Achenbach, in: AK-StPO, § 163, Rn. 7 und Perschke, Zulässigkeit, S. 104 mit Fn. 58.

[21] Weßlau, Vorfeldermittlungen, S. 167 ff. Übereinstimmend Perschke, a.a.O., S. 105. Ablehnend auch Achenbach, a.a.O.; Beulke, Strafprozessrecht, Rn. 104; Hefendehl, StV 2001, S. 700 (703); Rogall, Informationseingriff, S. 74 f.; Roxin, Strafverfahrensrecht, § 10, Rn. 17.

[22] Perschke, a.a.O., S. 93 ff. Methodisch geht er so vor, dass er zunächst nur § 163 StPO a.F. untersucht und dieses Ergebnis sodann auf § 161 StPO a.F. überträgt hat (S. 122).

[23] Perschke, a.a.O., S. 94 f.

[24] Perschke, a.a.O., S. 95 ff.

[25] Zusammenfassend Perschke, a.a.O., S. 103.

[26] Vgl. z.B. § 14 NW OBG.

niemand infrage[27] - , nur der Kreis der aufgrund dieser Befugnisnorm zulässigen Ermittlungsmaßnahmen sei eher eng geschnitten. Der Charakter des § 163 StPO a.F. als Befugnisnorm bedeute keineswegs, dass er eine Eintrittskarte für jedwede Ermittlungsmethode darstelle[28]. Vielmehr gelangt Perschke unter Zugrundelegung der Gedanken der Sphärentheorie zunächst zu der Erkenntnis, dass das BVerfG für Grundrechtseingriffe in der Öffentlichkeitssphäre eher geringere Anforderungen stelle; ein Gedanke, der sich auch auf § 163 StPO a.F. übertragen lasse. Denn aus jener Überlegung ergebe sich, dass Strafverfolgungstätigkeiten, die auf die Privatsphäre zugriffen, präziser beschrieben sein müssten als solche, die sich nur im öffentlichen Bereich auswirkten. Daraus aber lasse sich schlussfolgern, dass Einwirkungen in den privaten Bereich eine explizite Regelung forderten, wohingegen bei einem Handeln in der Öffentlichkeit auch § 163 Abs. 1 StPO a.F. als Befugnisnorm ausreichen könne[29], anders gewendet: § 163 Abs. 1 StPO gestatte – nur – diejenigen Untersuchungstätigkeiten der Strafverfolgungsorgane, die auf allgemein zugängliche Daten zugriffen. Er erlaube es hingegen nicht, Informationen in Erfahrung zu bringen, die nicht für den Staat bestimmt und gegen Kenntnisnahme durch ihn geschützt seien[30]. Zulässig seien daher z.B. informatorische Befragungen, mithilfe derer ein Tatverdacht ermittelt werden dürfe[31].

### *3. Der Gehalt der neuen Ermittlungsgeneralklausel in §§ 161, 163 StPO n.F.*

Mit dem StVÄG 1999 hat der Gesetzgeber – in der Absicht, dem Grundrecht auf informationelle Selbstbestimmung im Strafprozess zum Durchbruch zu verhelfen – den Wortlaut der §§ 161, 163 StPO geändert. Nach § 161 Abs. 1 StPO ist die Staatsanwaltschaft nunmehr zur Verfolgung der in § 160 Abs. 1 bis 3 StPO genannten Zwecke *befugt*, bestimmte Ermittlungsmaßnahmen vorzunehmen bzw. vornehmen zu lassen; an den bisherigen Abs. 1 des § 163 StPO wurde ein Satz 2 angehängt, wonach die Polizei befugt ist, die nicht speziell geregelten Ermittlungsmaßnahmen auszuführen.

In der Literatur hat sich bislang nur Hefendehl ausführlicher mit den neu gefassten Vorschriften auseinandergesetzt. Er gelangt zu dem Ergebnis, dass die Neufassung der §§ 161, 163 StPO im Sinne einer Ermittlungs-Generalklausel durchaus sinnvoll sei. Denn eine abschließende Normierung aller zur Aufgabenerfüllung von Polizei und Staatsanwaltschaft erforderlichen Informationserhebungen erscheine weder möglich, noch – im Hinblick auf die Entwicklung neuer kriminalistischer Techniken – praktikabel. Insofern fungierten die neu gefassten §§

---

[27] Perschke, a.a.O., S. 101.
[28] Perschke, a.a.O., S. 104.
[29] Perschke, a.a.O., S. 109.
[30] Perschke, a.a.O., S. 115. Zustimmend Hefendehl. StV 2001, S. 700 (703).
[31] Perschke, a.a.O., S. 116. S. hierzu auch Weßlau, Vorfeldermittlungen, S. 80. Krit. Achenbach, in: AK-StPO, § 163a, Rn. 24.

161, 163 StPO als taugliche, für solche Eingriffe erforderliche Ermächtigungsgrundlage. Jedoch sei zu berücksichtigen, dass eine Generalklausel nur einen Teil der Eingriffe in den Schutzbereich des Art. 2 Abs. 1 i.V.m. Art. 1 Abs. 1 GG rechtfertigen könne. Der Schutz des allgemeinen Persönlichkeitsrechts und das Bestimmtheitsgebot erforderten dann eine Spezialermächtigung, wenn die strafprozessuale Ermittlungsmaßnahme unter Zwang zum Einsatz gelange, heimlich – also ohne Wissen des Betroffenen – vorgenommen werde oder der Informationserhebung der Privatsphäre zuzurechnender, vor staatlichem Zugriff geschützter Daten diene[32]. Informatorische Befragungen als solche hält Hefendehl daher auf der Grundlage der §§ 161, 163 StPO für grds. zulässig, jedenfalls solange diese nicht an von der Öffentlichkeit abgeschirmten Orten stattfinde[33].

### *4. Zusammenfassende Stellungnahme*

Welchen Ertrag kann die Diskussion um §§ 161, 163 StPO nunmehr für die DNA-Massenuntersuchungen bringen? Als gesicherte Erkenntnis kann gelten, dass sie als Ermächtigungsgrundlage für grundrechtsintensive Ermittlungsmaßnahmen, um die es sich bei den Reihentests nach den oben[34] gewonnenen Ergebnissen fraglos handelt, jedenfalls nicht infrage kommen können. Denn auch wenn die Zielrichtung bei jedem Massentest in erster Linie dahin geht, einen allenfalls virtuellen Tatverdacht weiter zu präzisieren, es sich dabei also (auch) um Vorfeldermittlungen im weitesten Sinne handelt, unterscheiden sie sich von den nur „informatorischen" Befragungen doch allemal dadurch, dass sie wesentlich intensiver in die Privatsphäre der Betroffenen eindringen. Als wichtiges Ergebnis ist somit zunächst festzuhalten, dass auch die Diskussion um §§ 161, 163 StPO a.F./ n.F. bestätigt, dass es für die Reihenuntersuchungen einer ausdrücklichen gesetzlichen Ermächtigungsgrundlage bedarf.

Für deren Ausgestaltung kann die Neufassung der §§ 161, 163 StPO im Übrigen als warnendes Beispiel dienen. Denn hier ging es um nichts anderes, als sich mithilfe kaum wahrnehmbarer Gesetzesergänzungen eine formale Rechtsstaatlichkeit zu erkaufen, die einseitig an praktischen Bedürfnissen ausgerichtet ist und sich langfristig für das rechtsstaatliche Ermittlungsverfahren sogar eher kontraproduktiv auswirken könnte.

Denn in der Literatur ist vollkommen zu Recht darauf hingewiesen worden, dass der rechtsstaatliche Fortschritt, den die Neufassung dieser Bestimmungen mit sich gebracht hat, gleich Null zu veranschlagen ist. Abgesehen davon, dass die Interpretation bereits der §§ 161, 163 StPO a.F. als Befugnis-Generalklausel durch Perschke keineswegs völlig unvertretbar erschien, führt auch die terminologische Umwandlung einer Aufgabenzuweisung in eine

---

[32] Hefendehl, StV 2001, S. 700 (703 f.).
[33] Hefendehl, a.a.O., S. 704.
[34] 5. Abschnitt, A.

Ermächtigungsgrundlage nicht wirklich weiter. Denn der Gesetzestext lässt die Frage unbeantwortet, wann diese denn überhaupt eingreifen soll und wo die Schwelle zu solchen Eingriffe verläuft, die einer speziellen Ermächtigung bedürfen[35]. Vielmehr besteht die Gefahr, dass der Gesetzgeber bei neuartigen Ermittlungsmethoden nun gleichsam erst recht davon absehen wird, brauchbare Befugnisnormen in die StPO einzufügen[36] und insofern darauf verweisen wird, die §§ 161, 163 StPO seien doch ausreichend[37]. Die damit verbundenen Gefahren dürften wesentlich höher zu veranschlagen sein als hätte man sich von Beginn an auf den Standpunkt Perschkes gestellt und für „Bagatell"-Eingriffe wie eine nur informatorische Befragung[38] die §§ 161, 163 StPO a.F. als – eng gefasste – Befugnisnorm ausreichen lassen.

Denn – und auch diese Erkenntnis werden die folgenden Überlegungen berücksichtigen müssen – allein dadurch, dass man „etwas" ins Gesetz hineinschreibt, werden rechtsstaatlich bedenkliche Vorgänge nicht rechtsstaatlicher. Lesch hat im Kontext der Neufassung der §§ 161, 163 StPO darauf hingewiesen, dass ihre Neuformulierung in der Sache überhaupt keinen Ertrag gebracht habe[39]. Der einzige Unterschied der neugefassten Vorschriften gegenüber den bisherigen liege schließlich darin, dass man erstens die Wendung „kann" durch die sachlich völlig gleichbedeutende Formulierung „ist befugt" ersetzt und zweitens den rechtstheoretisch ohnehin selbstverständlichen und damit rein deklaratorischen Zusatz angehängt habe, dass das speziellere Gesetz für seinen Anwendungsbereich das allgemeinere insoweit verdränge. Die höchst gekünstelte Differenzierung zwischen Aufgaben- und Befugnisnorm mute an wie ein juristisches Glasperlenspiel, das inhaltlich keinerlei Änderungen, gar Fortschritte, bewirkt habe[40].

### *III. Zwischenergebnis*

Der Blick auf die Bestimmungen der §§ 98a, 161, 163 StPO hat uns wichtige Erkenntnisse für die weiteren Überlegungen gebracht. Es gilt den Tendenzen der modernen Strafprozessrechts-Gesetzgebung zu widerstehen, die versucht,

---

[35] Hefendehl, a.a.O., S. 703.

[36] Was ihm in den vergangenen Jahren allerdings selten gelungen ist; hinzu kommt, dass sich der Gesetzgeber für die – überdies wohl nur aus seiner Perspektive gelungene – Anpassung der StPO an die im Volkszählungsurteil festgeschriebenen Voraussetzungen für eine zulässige staatliche Datenverarbeitung nicht weniger als gut 16 Jahre Zeit ließ (das Urteil datiert aus dem Jahre 1983). Angesichts dieser Vorgehensweise in der Vergangenheit lässt die Zukunft nichts Gutes befürchten.

[37] Vgl. Hefendehl, a.a.O., S. 706: „Die Gefahren werden wachsen, dass sich der Gesetzgeber nicht gemüßigt sieht, weitere Spezialermächtigungen zu schaffen [...]."

[38] Wobei eine derartige Maßnahmen selbstverständlich nur in engen Grenzen zulässig sein könnte.

[39] Lesch, JA 2000, S. 725 (727): Rechtsstaatlicher Gewinn gleich Null.

[40] Lesch, a.a.O.; zustimmend: Hefendehl, a.a.O., S. 702 f.

Grundrechtseingriffe über weit gefasste Generalklauseln und kaum konkretisierbare Rechtsbegriffe zu legitimieren. Denn dadurch wird eine Pseudo-Rechtsstaatlichkeit geschaffen, die die Legitimität von Untersuchungseingriffen allein dadurch abzusichern versucht, dass sie irgendwie – wie im Einzelnen auch immer – im Gesetz stehen, ohne dass es auf den Inhalt der Normen noch wirklich ankäme. Des Weiteren wird zu berücksichtigen sein, dass die Inanspruchnahme von vornherein Unverdächtiger durch strafprozessuale Ermittlungsmaßnahmen ein besonderes Problem darstellt – dies zeigt sich im Rahmen des § 98a StPO an der Einbeziehung bestimmter Personen mit bestimmten Merkmalen ohne konkreten Tatbezug in die Rasterfahndung, und im Anwendungsbereich der §§ 161, 163 StPO an den Grenzen des Rechts auf eine informatorische Befragung. Gerade hier ist ja der Übergang vom völlig Unbeteiligten zum Zeugen, Verdächtigen oder Beschuldigten besonders fließend.

### *C. Vorschläge für eine rechtsstaatliche Normierung des DNA-Massentests*

Im Folgenden sollen nun Vorschläge dafür erarbeitet werden, inwieweit der – verfassungsrechtlich allein legitimierbare – kausale DNA-Massentest gesetzlich ausgestaltet werden kann. Dabei soll zum einen den soeben – B. – gewonnen Erkenntnissen im Zusammenhang mit §§ 98a, 161, 163 StPO Rechnung getragen werden, zum anderen werden Parallelen zur allgemeinen DNA-Datei nach § 81g StPO/ § 2 DNA-IFG – dazu oben A. – Berücksichtigung finden müssen. Schwerpunktmäßig muss es nach alldem darum gehen, die Grenzen einer solchen Ermittlungsmaßnahme möglichst präzise zu umschreiben.

#### *I. Eingrenzung des Adressatenkreises*

Es soll nun zunächst der Versuch unternommen werden, Kriterien zu entwickeln, mithilfe derer der potenzielle Adressatenkreis von DNA-Reihenuntersuchungen eingegrenzt werden kann, denn es lässt sich nicht von der Hand weisen, dass ein derart intensiver Grundrechtseingriff, wie er bei dem DNA-Massentest erfolgt, auch einer Eingrenzung in personaler Hinsicht bedarf; nur so werden sich die Vorgaben des Grundsatzes der Verhältnismäßigkeit letztlich umsetzen lassen.

An dieser Stelle liegt es nun nahe, erneut die Parallele zur Rasterfahndung zu ziehen. Es ist oben bereits darauf hingewiesen worden, dass DNA-Massentest und Rasterfahndung in einem gewichtigen Aspekt dasselbe Problem aufweisen: Bei beiden Ermittlungsmethoden wissen die Strafverfolgungsorgane zunächst nicht, gegen welche konkrete Person sie wegen einer bestimmten Tat ein Ermittlungsverfahren einleiten werden; beide Untersuchungseingriffe dienen letztlich dem Ziel, einen konkreten Tatverdacht erst auszuermitteln. Die verfahrensrechtliche Rolle der in den Fahndungsablauf einbezogenen Personen bleibt insofern verhältnismäßig unklar[41].

Klassischerweise richten sich strafprozessuale Ermittlungsmaßnahmen gegen Beschuldigte und – mit erheblichen Einschränkungen (vgl. etwa den Unterschied zwischen der Bestimmung des § 81a StPO einerseits und derjenigen des § 81c StPO andererseits) – gegen Zeugen. Insofern geht es dann aber darum, in der Sphäre des Zeugen Anhaltspunkte dafür zu finden, ob und wie ein anderer die Tat begangen hat – mithin befinden sich diejenigen Teilnehmer eines Massentests, die letztendlich als Täter ausgeschlossen werden können, jedenfalls nicht in der klassischen Position eines Zeugen, also einer Person, die als Beweisperson in einem – nicht gegen sie selbst geführten Strafverfahren – Auskunft über persönliche Wahrnehmungen geben soll[42]. Denn durch seine Untersuchung soll der Adressat eines Massentests typischerweise keine Auskunft über seine Wahrnehmung von der Tat geben, sondern unter Zuhilfenahme naturwissenschaftlicher Analysen als Täter ausgeschlossen werden. Angesichts dessen ist oben auch die Idee verworfen worden, DNA-Reihenuntersuchungen auf die Bestimmung des § 81c StPO zu stützen. Der Untersuchte mag gerade in den Fällen der kausalen DNA-Massentests später noch als Zeuge der Tat infrage kommen, nur hat das mit seiner Überprüfung in diesen Tests nichts zu tun.

Grds. und zumal angesichts der Anforderungen des Verfassungsrechts kommt als Adressat einer DNA-Untersuchung also nur der Beschuldigte infrage. Es liegt jedoch auf der Hand – und darauf wurde schon mehrfach hingewiesen – dass es kaum möglich wäre, die zur Teilnahme an einem *finalen* Reihentest Aufgeforderten als Beschuldigte im technischen Sinne zu bezeichnen, weil dies voraussetzen würde, dass gegen den jeweils Betroffenen aufgrund zureichender tatsächlicher Anhaltspunkte gem. § 152 Abs. 2 StPO ermittelt wird. Insofern wird also der Frage nachzugehen sein, ob man auch insofern Nutzen ziehen kann aus der hier vorgeschlagenen Unterscheidung von *finalen* und *kausalen* DNA-Massentests, d.h., ob wenigstens die Adressaten der kausalen Reihenuntersuchungen als Beschuldigte bezeichnet werden können.

Insbesondere erscheint das Argument des BVerfG im Münchener Porschefahrer-Fall, es bedürfe für die Annahme einer Beschuldigtenstellung keines besonders starken Tatverdachts, nach wie vor kaum überzeugend: Es ist in der Literatur ganz zu Recht darauf hingewiesen worden, dass durch eine derartige Betrachtungsweise die Grenzen zwischen dem (nur) Tatverdächtigen und dem Beschuldigten praktisch aufgehoben würden[43].

---

[41] Vgl. Wanner, Rasterfahndung, S. 40.

[42] Vgl. etwa RGSt 52, S. 289; BGHSt 22, S. 347 f.; Eisenberg, Beweisrecht der StPO, Rn. 1000; Roxin, Strafverfahrensrecht, § 26, Rn. 1.

[43] S. nur Benfer, StV 1999, S. 402 (403); Malek, in: Malek/ Wohlers, Zwangsmaßnahmen, Rn. 300.

Im Folgenden wird es also zunächst darum gehen, einen Lösungsvorschlag zu erarbeiten, der diese Grenzlinie in ausreichend präziser Weise zu wahren in der Lage ist.

### *1. Die strafprozessualen Begriffe des Beschuldigten und des Verdächtigen und ihre Anwendbarkeit auf den DNA-Massentest*

Ihre Überlegungen zur Definition bzw. Präzisierung des Beschuldigten- und Verdächtigenbegriffs leiten die Verfasser eines „Alternativ-Entwurfs Reform des Ermittlungsverfahrens (AE-EV)" mit folgenden Erwägungen ein: „Die Strafprozessordnung definiert den Begriff des Beschuldigten nicht. Aus § 157 StPO ergibt sich lediglich, dass die Angeschuldigten und Angeklagten zu den Beschuldigten gehören. Über den Beginn der Beschuldigteneigenschaft sagt die Strafprozessordnung nichts. Eher lässt sich aus der Strafprozessordnung der Begriff des Verdächtigen erschließen [...]. Beide Begriffe haben zentrale Bedeutung. Eine modernde Strafprozessordnung sollte so wesentliche Begriffe ausdrücklich definieren und dadurch zur Präzisierung wie zur Erhöhung der Rechtssicherheit beitragen[44]." Noch knapper formuliert Beulke die Problematik: „Leider ist der Begriff des Beschuldigten weder in § 157 StPO noch anderswo in der StPO definiert. Diese Aufgabe fällt deshalb Rechtsprechung und Schrifttum zu[45]." Daher soll zunächst dem Begriff des Beschuldigten und seiner Bedeutung für die Problematik des DNA-Reihentests weiter nachgegangen werden (a). Sodann ist der Begriff des (nur) Tatverdächtigen zu analysieren (b), bevor schließlich herausgefunden werden soll, wie die Rechtsstellung der potenziellen Teilnehmer eines (kausalen) DNA-Massentests zu bewerten ist (2.).

#### *a) Der strafprozessuale Begriff des Beschuldigten*

Das Kernproblem einer sinnvollen Definition des Beschuldigtenbegriffs liegt in seiner Janusköpfigkeit: Während der von strafprozessualen Ermittlungen Betroffene einerseits ein Interesse daran hat, den Beschuldigtenstatus möglichst spät verliehen zu bekommen, weil gegen den Beschuldigten ein ganzes Arsenal von strafprozessualen Zwangseingriffen zur Verfügung steht (vgl. §§ 81a, 99, 100a, 100c, 102, 112 ff., 131 ff., 132a StPO), auf das die Strafverfolgungsbehörden gegen Nicht-Beschuldigte entweder überhaupt nicht oder allenfalls unter verschärften Voraussetzungen zurückgreifen können (vgl. §§ 81c, 103 StPO), wird ihm andererseits daran gelegen sein, möglich frühzeitig den Beschuldigtenstatus zu erlangen weil ihm dann bestimmte Sonderrechte zustehen und spezifische Sorgfaltspflichten der Strafverfolgungsorgane ausgelöst werden (§§ 136, 136a, 137, 163a StPO).

Naturgemäß gerade umgekehrt liegen die Interessen der Strafverfolgungsorgane:

---

[44] Bannenberg u.a., Alternativ-Entwurf Reform des Ermittlungsverfahrens (AE-EV), S. 96.

[45] Beulke, Strafprozessrecht, Rn. 110.

Für diese ist es in ersteren Fällen vorteilhaft, dem Betroffenen möglichst frühzeitig den Beschuldigtenstatus zu verleihen, in letzteren Fällen aber möglichst spät[46].
Mit Recht schließt Gusy aus diesem Dilemma, eine angemessene Dogmatik des Beschuldigtenbegriffes müsse beide Abgrenzungsbedürfnisse in den Blick nehmen[47].
Nun erscheint es durchaus verlockend, einen strafprozessualen Begriff immer aus der Perspektive zu definieren, die hilfreich erscheint, gerade das Problem angemessen zu lösen, mit dem man sich selbst auseinander zu setzen hat. Aus dem Blickwinkel desjenigen, der eine möglichst rechtsstaatliche Ausgestaltung des DNA-Reihentests erstrebt und damit gezwungenermaßen den Vorgaben der Verfassung Rechnung zu tragen hat, wird man versucht sein, die Verleihung des Beschuldigtenstatus' auf einen möglichst späten Zeitpunkt zu fixieren, um den Strafverfolgungsorganen ein derartiges Zwangsmittel tatsächlich erst dann an die Hand zu geben, wenn das öffentliche Interesse an der Überführung des Schuldigen die betroffenen Grundrechtspositionen des Untersuchten so überwiegt, dass ersterem der Vorzug einzuräumen ist.
Nur: Dem von Gusy vorgegebenen Ziel, eine angemessene Dogmatik des Beschuldigtenbegriffs zu entwickeln, ist damit offensichtlich nicht gedient. Auch wenn hier sicher nicht der Anspruch verfolgt werden kann, eine allseits taugliche Definition des Beschuldigten zu erarbeiten, so soll diesem Ziel zumindest nicht bewusst entgegengewirkt werden. Denn ansonsten ließe sich der Anspruch des Strafprozessrechts, als konkretisiertes Verfassungsrecht[48] die Sphäre des Beschuldigten angemessenen abzuschirmen und einen gerechten Ausgleich mit den Interessen der Strafverfolgung zu finden, sicher nicht aufrecht erhalten.
Schon von daher kann der oben bereits abgelehnte[49] Standpunkt Satzgers nicht überzeugen, der den Begriff des Beschuldigten für verschiedene Verfahrensstadien unterschiedlich ausfüllt[50]. Denn der Beschuldigtenbegriff würde damit letztlich seiner Effizienz als Rechtsbegriff beraubt und zu einem aus verschiedenen Blickwinkeln nahezu willkürlich bestimmbaren Objekt der Verfolgung eigener Interessen. Strafverteidiger und Strafverfolgungsbehörden werden aufgrund der eingangs schon dargelegten widerstreitenden Interessen dazu neigen, die Beschuldigteneigenschaft in der jeweiligen Situation vollkommen variabel anzupassen. Damit würde er zwar mangels ausreichender Präzisierung seine

46 Zu diesem Problem vgl. Bannenberg u.a., a.a.O.; Gusy, JZ 1996, S. 1176 (1177 f.); Rogall, NStZ 1996, S. 399 (400); Satzger, JZ 2001, S. 639 (643); Schulz, Normiertes Misstrauen, S. 562 f.
47 Gusy, a.a.O., S. 1178.
48 Vgl. Gusy, a.a.O.
49 Vgl. 4. Abschnitt, D.III.
50 Satzger, JZ 2001, S. 639 (643 f.).

Funktion verlieren, Grundrechtseingriffe zu legitimieren, was jedenfalls aus der Perspektive des Beschuldigten durchaus positiv zu beurteilen sein mag; umgekehrt würde er aber auch seiner Schutzfunktion beraubt, was wiederum für die Strafverfolger mindestens tendenziell Anlass zur Freude sein wird. Die StPO jedenfalls verlöre ihre Funktion als Ausgleichsinstrument zwischen den beteiligten Belangen überall dort, wo sie einen dann völlig konturenlosen Beschuldigtenbegriff verwendet; vom Strafprozessrecht als konkretisiertem Verfassungsrecht könnte kaum mehr die Rede sein.
Man wird in Anbetracht dessen kaum umhinkommen, nach einem einheitlichen Beschuldigtenbegriff zu suchen.
Es ist nun teilweise die Auffassung vertreten worden, der Schwerpunkt bei dem Erwerb einer Beschuldigtenstellung sei in der „Inkulpation" einer bestimmten Person durch die Strafverfolgungsbehörden zu erblicken; jedenfalls dann, wenn jemand als Beschuldigter zu typischen strafprozessualen Untersuchungsmaßnahmen bestimmt werde, rücke er spätestens damit auch in die prozessuale Rolle des Beschuldigten ein[51]. Von Gerlach hat insofern formuliert, jemand werde auf jeden Fall dann zum Beschuldigten und sei auch entsprechend zu belehren, sobald die zuständige Ermittlungsbehörde sich entschließe, einen Verdächtigen als Beschuldigten zu behandeln und die Ermittlungen gegen ihn als Beschuldigten zu betreiben. Spätestens erlange der Betroffene, wie sich aus § 170 Abs. 2 Satz 2 StPO ergebe, die Beschuldigtenstellung, wenn ihn der Beamte durch die Belehrung förmlich als Beschuldigten deklariert habe. An diese Entscheidung sei auch der Ermittlungsrichter gebunden; er dürfe daher eine Beschuldigtenvernehmung nicht deshalb ablehnen, weil der Betreffende nach seiner Auffassung nicht oder nicht ausreichend verdächtig sei[52]. Noch weiter geht Rogall, der gerade für den Kontext der DNA-Massenuntersuchungen der Meinung ist, man möge sicher gute Gründe dafür geltend machen, dass eine missbräuchliche Inkulpation unwirksam sei. Im Ergebnis aber komme man nicht daran vorbei, dass die Inkulpation des Betroffenen ein prozessualer Gestaltungsakt sei, der allein in der Kompetenz des zuständigen Organs liege und dessen Anerkennung als wirksam im Interesse der Rechtssicherheit geboten sei. Daher werde man den Missbrauch der Inkulpationsbefugnis durch einen Anordnungsbefugten nicht als eo ipso unwirksame Maßnahme betrachten dürfen[53].
Die Einwände gegen eine derartige Betrachtungsweise liegen auf der Hand: Sie verschiebt die mit dem Erwerb bzw. der Verleihung der Beschuldigtenstellung

---

[51] Vgl. mit unterschiedlichen Akzentsetzungen BGHSt 34, S. 138 (140); Arzt, Kriminologie 1970, S. 379 (380); Boujong, in: KK-StPO, § 136, Rn. 4; Eisenberg, Beweisrecht der StPO, Rn. 505; Hanack, in: Löwe/ Rosenberg, StPO, § 136, Rn. 4.
[52] Von Gerlach, NJW 1969, S. 776 (779). Im Übrigen spricht er sich aber dafür aus, dass objektive Elemente entscheidend seien, um die Beschuldigteneigenschaft des Betroffenen zu bestimmen.
[53] Rogall, NStZ 1997, S. 399 (400).

verbundenen Rechte und Pflichten einseitig zugunsten der Strafverfolgungsbehörden. Wenn es ihnen darum geht, den Beschuldigten möglichst lange als aussageverpflichteten Zeugen zu erhalten, können sie den Inkulpationsakt möglichst lange hinausschieben und dem Betroffenen die spezifischen Beschuldigtenrechte vorenthalten. Umgekehrt, wenn sie daran interessiert sind, möglichst rasch Zwangsmittel gegen ihn anzuwenden, können sie ihn zu einem frühen Zeitpunkt zum Beschuldigten deklarieren, was gerade für die Durchführung der DNA-Reihenuntersuchung eine taugliche Vorgehensweise darstellt. Völlig zutreffend weist Schulz darauf hin, dass diese Gefahren durch den Verweis darauf, dass gegen die Betroffenen in solchen Konstellationen offiziell ein Ermittlungsverfahren einzuleiten und dann in nahezu allen Fällen wieder einzustellen sei (§ 170 Abs. 2 Satz 2 StPO), angesichts der Möglichkeiten der modernen EDV kaum zu entkräften sind[54].

Angesichts dessen erscheint die Erkenntnis der Verfasser des AE-EV nahezu unausweichlich, dass stets nur ein Verdächtiger zum Beschuldigten gemacht werden dürfe. Zwangsmaßnahmen im Sinne der StPO sind nur gegen einen „verdächtigen Beschuldigten" statthaft, nicht aber schon gegen einen bloß formal dazu erklärten. Die Begründung der Beschuldigteneigenschaft durch bloßen Inkulpationsakt – ohne ausreichenden Tatverdacht –, insbesondere um Eingriffsverbote zu umgehen, sei zu untersagen. Insoweit bestehe (schon) ein Beweiserhebungsverbot[55]. Der Erst-Recht-Schluss von der Inkulpation auf den Erwerb der Beschuldigtenstellung, ohne zugleich die materielle Verdachtslage zu beurteilen, ist demnach unzulässig. Richtigerweise stellt Schulz fest: Mit der subjektiven oder auch formalen[56] Theorie falle die Beschuldigung grds. in das Belieben der Verfolgungsbehörde: Rechtsunsicherheit aufseiten des Betroffenen sei die Folge[57]. Die subjektivierende Bestimmung des Beschuldigtenbegriffs muss nach alldem als untauglich verworfen werden.

Es ist demgegenüber insbesondere in der älteren Literatur ein (rein) objektiver Beschuldigtenbegriff vertreten worden[58]. Ihm zufolge hängt der Erweb der Beschuldigtenstellung allein von einer objektivierten Individualisierung eines Verdachts ab. Derjenige ist Beschuldigter, gegen den hinreichende Gründe zur Einleitung eines Ermittlungsverfahrens bestehen; man kann diesen Ansatz auch als

---

[54] Schulz, Normiertes Misstrauen, S. 562.

[55] Bannenberg u.a., AE-EV, S. 96 f.

[56] „Formal" wird diese Theorie deshalb genannt, weil sie den Erwerb der Beschuldigtenstellung nicht von dem materiellen Kriterium des Tatverdachts abhängig macht, sondern ausschließlich von dem formalen Kriterium des Willensaktes der Strafverfolgungsbehörde.

[57] Schulz, Normiertes Misstrauen, S. 554.

[58] Vgl. etwa Geerds, GA 1965, S. 321 (327 f.); v. Gerlach, NJW 1969, S. 776 (779 f.); Grünwald, Beweisrecht, S. 78; Lüderssen, in: Löwe/ Rosenberg, StPO, § 137, Rn. 2; Otto, GA 1970, S. 289 (299); Peters, Strafprozess, S. 200 f. Vgl. auch Schulz, Normiertes Misstrauen, S. 554 ff.

„materielle" Theorie bezeichnen, weil es entscheidend auf einen tatsächlich begründeten Tatverdacht ankommt und nicht auf den Akt der Inkulpation, der die Beschuldigtenstellung gleichsam als Ergebnis des Etikettierungsprozesses[59] erscheinen lässt.

Eine sorgfältige Auseinandersetzung mit dieser Auffassung findet regelmäßig nicht statt. Gegen sie wird insbesondere eingewandt, das Gesetz kenne keinen Automatismus, mithilfe dessen der Betroffene ohne weiteres Zutun der Ermittlungsbehörde quasi von selbst zum Beschuldigten werde[60]. Überdies sei sie mit dem Gesetz nicht in Einklang zu bringen, das in §§ 55, 60 Nr. 2 StPO bestimme, dass es tatverdächtige Zeugen gebe; mithin müsse davon ausgegangen werden, dass der bloße Tatverdacht gegen eine Person diese nicht automatisch zum Beschuldigten mache[61]. Nun erscheinen derartige Einwände aber nicht wirklich überzeugend und greifen ersichtlich zu kurz. Denn Roxin hat mit Recht darauf aufmerksam gemacht, dass § 60 Nr. 2 StPO ohne weiteres so ausgelegt werden kann, dass er nur dann eingreift, wenn ein bis dahin unverdächtiger Zeuge im Laufe einer Vernehmung in Verdacht gerät, ohne dass (schon) gegen ihn selbst als Beschuldigten ermittelt wird[62]. Insofern kann man also keineswegs sagen, die materielle Theorie sei mit dem Gesetz nicht zu vereinbaren. Und was den angeblichen „Automatismus" jener Auffassung angeht, hat Schulz zutreffend darauf hingewiesen[63], dass diese Auffassung nur äußerst selten in dieser Reinheit vertreten wird und in aller Regel voraussetzt, dass gegen einen Verdächtigen von den Strafverfolgungsbehörden auch tatsächlich Ermittlungen aufgenommen werden[64].

Die Einwände gegen die materielle Theorie erscheinen noch weniger überzeugend, wenn man sich ihren entscheidenden Vorzug vor Augen hält, nämlich den Umstand, dass sie für einen gerechten Ausgleich der beteiligten Interessen Sorge trägt[65]. Denn indem sie einen tatsächlich fundierten Tatverdacht voraussetzt, sichert sie den Betroffenen dagegen, aufgrund willkürlicher, für ihn nicht vorhersehbarer Entscheidungen der Strafverfolgungsbehörden in eine Beschuldigtenstellung einzurücken bzw. diese nicht zu erhalten. Nur dann, wenn tatsächlich Anhaltspunkte dafür bestehen, dass der Betroffene die infrage stehende Tat

---

59 Jung, Straffreiheit, S. 74; vgl. dazu Bannenberg u.a., AE-EV, S. 98 f.; Hanack, in: Löwe/ Rosenberg, StPO, § 136, Rn. 4; Rogall, Der Beschuldigte, S. 26; Schulz, a.a.O., S. 554.

60 Bringewat, JZ 1981, S. 289 (292); Rogall, a.a.O., S. 26 f.

61 Beulke, Strafprozessrecht, Rn. 111; Hanack, in: Löwe/ Rosenberg, StPO, § 136, Rn. 4.

62 Roxin, Strafverfahrensrecht, § 26, Rn. 6.

63 Schulz, Normiertes Misstrauen, S. 554 f.

64 Womit die materielle Theorie dem von der h.M. vertretenen vermittelnden Ansatz nahe steht, dem zufolge objektive und subjektive Kriterien miteinander zu verbinden sind. Dazu noch im Folgenden.

65 Vgl. dazu Fincke, ZStW 95 (1983), S. 918 (966): „An einer *materiellen* Bestimmung des Zeitpunkts der pflichtgemäßen Inkulpationsvollendung führt daher kein Weg vorbei."

begangen hat, dürfen die Strafverfolgungsorgane gegen ihn die nur gegen Beschuldigte zulässigen Ermittlungseingriffe vornehmen; sie müssen ihm dann aber auch den Beschuldigtenstatus zu erkennen, wenn es um seine prozessualen Rechte geht. Das Schutzregime des Gesetzes wird mithilfe des materiellen Ansatzes optimal motiviert, schafft aber andererseits auch eindeutige Eingriffsvoraussetzungen für Polizei und Staatsanwaltschaft, dient insofern also auch deren Interesse.

Als entscheidender Einwand gegen die materielle Theorie bleibt damit vor allem ihre schwierige Handhabung. Fehlt es an einer eindeutigen Zuschreibung der Beschuldigteneigenschaft durch die Strafverfolgungsbehörden, muss man diese aus der Perspektive des „objektiven Beobachters" ermitteln, dann liegt der Vorwurf mangelnder Bestimmtheit jedenfalls nahe[66]. Diesen Einwand wird man schon allein deshalb ernst nehmen müssen, weil strafprozessuale Eingriffsbefugnisse nur dann mit dem Vorbehalt des Gesetzes und dem daraus ableitbaren Bestimmtheitsgrundsatz vereinbar sind, wenn sie hinreichend präzise die Voraussetzungen festschreiben, die vorliegen müssen, damit der Staat bestimmte Untersuchungseingriffe vornehmen darf. Formalisierende Lösungsvorschläge nehmen für sich in Anspruch, dieses Problem durch den von ihnen geforderten Inkulpationsakt umgehen zu können. Allerdings ist die dadurch vermittelte Sicherheit bei der Abgrenzung des Begriffes wohl eher eine scheinbare[67]. Denn auch wenn man die Inkulkpation als entscheidenden Akt begreift, dann steht zwar fest, dass der Betroffene Beschuldigter ist, wenn die Strafverfolgungsbehörde dies festlegt; insofern mag man tatsächlich etwas Greifbares zur Hand haben – wobei allerdings mit Recht darauf hingewiesen worden ist, dass man dem bloßen Aktenvermerk oder dem Eintrag in das Js-Register der Staatsanwaltschaften insofern eine rechtsgestaltende Wirkung beimisst, die insbesondere angesichts der vielfältig einsetzbaren EDV wohl eher eine trügerische Eindeutigkeit für sich reklamiert[68]. Der entscheidende Einwand ist aber oben schon formuliert worden: Für denjenigen, für den eine trennscharfe Bestimmung des Beschuldigtenbegriffes eigentlich am wichtigsten wäre, für den Betroffenen nämlich, birgt eine derartige Vorgehensweise ein Höchstmaß an Unsicherheit, weil er vor einem solchen Inkulpationsakt praktisch niemals sicher ist. Diejenigen, die den Inkulpationsakt für das entscheidende Moment halten, verlagern die Rechtsunsicherheit also lediglich auf eine andere Ebene.

Auch diese Erkenntnis ist selbstverständlich nicht gänzlich neu und wird von vielen gesehen. Es ist deshalb nicht überraschend, dass man versucht hat, diesen Einwand dadurch zu umgehen, dass man nach einem vermittelnden Ansatz gesucht hat, der die Unzulänglichkeiten beiden Theorien – nämlich der objektiven

---

[66] Vgl. Schulz, Normiertes Misstrauen, S. 556 f.

[67] Schulz, a.a.O., S. 557; s. auch Fincke, ZStW 95 (1983), S. 918 (946 ff.).

[68] Vgl. Bohnert, Abschlussentscheidung, S. 180.

und der subjektiven Theorie – vermeidet. Dieser vermittelnde subjektiv-objektive Ansatz kann als in Rechtsprechung und Literatur herrschend bezeichnet werden[69]. Ihm zufolge wird die Beschuldigteneigenschaft eines Tatverdächtigen durch einen entsprechenden Willensakt der zuständigen Strafverfolgungsbehörde begründet, der sich in einem äußerlich erkennbaren Verfolgungsakt manifestieren muss[70]. Vorausgesetzt werden also ein tatsächlich bestehender Tatverdacht und zusätzlich ein – auch durch konkludentes Verhalten äußerbarer – Inkulpationsakt.
Mit diesem Ansatz könnte man für den hier interessanten Problemkreis der DNA-Massenanalyse sicherlich gut leben, beugt er doch der missbräuchlichen Verleihung des Beschuldigtenstatus allein in der Absicht, gegen den Betroffenen bestimmte Ermittlungseingriffe vornehmen zu können, in ausreichender Weise vor. Denn der die Beschuldigteneigenschaft begründende Inkulpationsakt kann – selbst wenn man der Strafverfolgungsbehörde hier einen gewissen Beurteilungsspielraum einräumen will[71] – nur dann veranlasst werden, wenn ein hinreichend konkretisierter Tatverdacht gegen den Betroffenen besteht. Probleme ergeben sich allerdings im umgekehrten Fall, wenn es um die Schutzrechte des Betroffenen geht. Denn zwar ist es den Strafverfolgungsorganen nicht möglich, rechtsmissbräuchlich eine Beschuldigteneigenschaft gegen einen Nicht-Verdächtigen zu begründen; wenn deren Erwerb aber von einem Inkulpationsakt abhängt, kann sie diesen unterlassen und damit dem tatsächlich Verdächtigen jedenfalls den Erwerb der (insofern schützenden) Beschuldigteneigenschaft vorenthalten. Dies wiederum versucht die h.M. dadurch zu umgehen, dass sie zum einen eine Inkulpation auch durch konkludentes Handeln, mithin die Vornahme bestimmter Ermittlungshandlungen für möglich hält[72], zum anderen aber auch von einer Inkulpationspflicht ausgeht. Anlass und Pflicht zur Versetzung in den Beschuldigtenstatus ergeben sich demnach dann, wenn sich die Verdachtslage so weit stabilisiert hat, dass sich die nachfolgenden Ermittlungen vernünftigerweise nur noch oder jedenfalls auch auf die Täterschaft des Verdächtigen gründen können. Dieser Auffassung folgt auch der BGH, der davon ausgeht, dass die Strafverfolgungsbehörde den ihr eingeräumten Beurteilungsspielraum überschreitet, wenn sie trotz eines starken Tatverdachts nicht von der Zeugen- zur Beschuldigten-

[69] Vgl. wiederum mit verschiedenen Akzentuierungen BGH, NStZ 1997, S. 398 (398); Bannenberg u.a., AE-EV, S. 97 ff.; Beulke, Strafprozessrecht, Rn. 111 f.; Rogall, in: SK-StPO, vor § 133, Rn. 31 ff.; Roxin, Strafverfahrensrecht, § 25, Rn. 10
[70] Bannenberg u.a., a.a.O., S. 97.
[71] Dazu: Bannenberg u.a., a.a.O.; Beulke, StV 1990, S. 180 (180); ders., Strafprozessrecht, Rn. 111 m.w.N. Vgl. auch Fincke, ZStW 95 (1983), S. 918 (935 f.).
[72] BGHSt 38, S. 214 (228); BGH, NStZ 1997, S. 398 (398); Bannenberg, u.a., a.a.O.; Beulke, Strafprozessrecht, Rn. 112; Hanack, in: Löwe/ Rosenberg, StPO, § 136, Rn. 4; Rogall, Der Beschuldigte, S. 24 ff.; Roxin, Strafverfahrensrecht, § 25, Rn. 10 jeweils unter Hinweis auf eine entsprechende Anwendung des § 397 Abs. 1 AO; s. aber Fincke, a.a.O., S. 951.

vernehmung übergeht[73]. Demnach erhält ein Verdächtiger auch dann den Status eines Beschuldigten, wenn dieser ihm willkürlich vorenthalten wird.
Daraus lässt sich nun schlussfolgern, dass das Schwergewicht bei der Bestimmung des Beschuldigtenbegriffs stets auf objektivierenden, materiellen, also vom Willen der Strafverfolgungsbehörde losgelösten Kriterien zu liegen hat[74]. So meint Beulke zutreffend, dass das Erfordernis eines Willensaktes der Strafverfolgungsbehörde für die Begründung der Beschuldigtenstellung ab einem bestimmten Verdachtsgrad praktisch aufgegeben werde und eine Wertung nach objektiven Kriterien an dessen Stelle trete[75].
Nach alldem soll auch hier grds. dem vermittelnden Ansatz der h.M. gefolgt werden. Jedoch ist das Schwergewicht bei der Bestimmung der Beschuldigteneigenschaft immer auf den materiellen Tatverdacht zu legen, der Inkulpationsakt hat insofern nur eine ergänzende, die Handhabbarkeit erleichternde Funktion. Beschuldigter wird der Betroffene insofern also vorrangig und entscheidend aufgrund des gegen ihn bestehenden Tatverdachts, dieser allein kann in manchen Fällen schon ausreichen und das Erfordernis eines Inkulpationsaktes gleichsam überspielen. Umgekehrt ist es aber niemals möglich, dass ein Unverdächtiger allein aufgrund eines staatlichen Inkulpationsaktes zum Beschuldigten wird; die Beschuldigteneigenschaft setzt immer das Bestehen eines Tatverdachtes voraus. Insofern ist es auch nicht richtig, wenn Beulke meint, die Durchbrechung der von der h.M. vertretenen vermittelnden Theorie mithilfe objektiver Kriterien stelle eine „Inkonsequenz" dar, die „zum Schutz der Beschuldigtenrechte durchaus akzeptabel" sei[76]; vielmehr lässt sich die h.M. sinnvoll nur dann vertreten, eben wenn das Schwergewicht auf der materiellen Verdachtslage beruht.
Den Überlegungen kann nach alldem eine Begriffsdefinition des Beschuldigten zugrunde gelegt werden, wie sie die Verfasser des AE-EV in ihrem § 157 Abs. 2 StPO vorsehen[77]:

**§ 157. Verdächtiger; Beschuldigter**

[...]
(2) Beschuldigter ist ein Verdächtiger, gegen den ein Strafverfolgungsorgan eine Ermittlungshandlung vornimmt, die erkennbar darauf abzielt, ihn wegen einer Straftat zu verfolgen.

[73] BGHSt 37, S. 48 (52).
[74] Vgl. etwa OLG Hamburg, StV 1995, S. 588 (589); KG, JR 1992, S. 437; Lesch, JA 1995, S. 157 (159); Schulz, Normiertes Misstrauen, S. 559 ff.
[75] Beulke, Strafprozessrecht, Rn. 112.
[76] Beulke, a.a.O.
[77] Bannenberg u.a., AE-EV, S. 95 f.

(3) Die Rechte eines Beschuldigten stehen auch einer nichtverdächtigen Person zu, gegen die eine Ermittlungshandlung im Sinne des Absatzes 2 vorgenommen wird.

Denn mit dieser Interpretation scheint in der Tat ein einheitlicher Beschuldigtenbegriff für sämtliche Verfahrensstadien gefunden, der unabhängig davon eine gemeinsame Basis hat, ob es um die Begründung von Rechten des Betroffenen oder um die Zulässigkeit von Zwangsmaßnahmen geht[78].

***b) Der strafprozessuale Begriff des Verdächtigen***

Nun ist mit dieser Bestimmung des Begriffs des Beschuldigten aber nur ein erster Schritt getan. Denn wenn wir davon ausgehen, dass Beschuldigter immer nur der sein kann, gegen den in materieller Hinsicht ein Tatverdacht besteht, ist eine Auseinandersetzung mit eben diesem Begriff unausweichlich. Entscheidend wird es insofern darauf ankommen, den materiellen Gehalt des *Anfangsverdachts* zu bestimmen. Denn dieser ist nach allgemeiner Auffassung Voraussetzung für die Einleitung eines Ermittlungsverfahrens gegen eine bestimmte Personen, eben einen Beschuldigten.

Ein solcher Anfangsverdacht ist nach h.M. dann gegeben, wenn tatsächliche Anhaltspunkte vorliegen, die nach den kriminalistischen Erfahrungen die Beteiligung des Betroffenen an einer verfolgbaren strafbaren Handlung als möglich erscheinen lassen. Dies setzt voraus, dass *konkrete Tatsachen* - § 152 Abs. 2 StPO spricht von „*zureichende[n]*[79] tatsächliche[n] Anhaltspunkte[n]" die Täterschaft des Betroffenen nahe legen; bloße Vermutungen genügen demgegenüber nicht[80].

Aus dieser jedenfalls im Grundsatz allgemein anerkannten Formel lassen sich für die hier interessierende Problematik nunmehr zwei ganz wesentliche Einsichten ableiten, die sodann weiter zu vertiefen sein werden:

- Der Begriff des *zureichenden* Verdachts lenkt den Blick darauf, dass es sich bei der Frage nach dem Vorliegen eines Verdachts immer auch um ein Wertungsproblem handelt. Schulz formuliert treffend, das Zureichen schlage die Brücke vom Tatsächlichen zum Normativen; die Verfolgbarkeit bedinge stets auch eine Bewertung des tatsächlichen Materials[81].
- Die Bewertung des dem möglichen Anfangsverdacht zugrunde liegenden Tatsachenmaterials erhält umso größeres Gewicht, je grundrechtsintensiver sich die auf seiner Grundlage vorgenommenen Ermittlungshandlun-

[78] Bannenberg u.a., a.a.O., S. 100.
[79] Hervorhebung von mir, M.W.
[80] Bannenberg u.a., a.a.O., S.97; Beulke, Strafprozessrecht, Rn. 311; Roxin, Strafverfahrensrecht, § 37, Rn. 13; Schöch, in: AK-StPO, § 152, Rn. 10.
[81] Schulz, Normiertes Misstrauen, S. 528.

gen darstellen. Wenn es sich um Ermittlungseingriffe handelt, die schon bei einem einfachen Verdacht möglich sind, dann muss der Bezug der Untersuchungshandlung zu dem infrage kommenden Tatbestand enger werden, dieser Tatbestand also präziser benannt werden[82]. Anders gewendet: Der Tatverdacht in Bezug auf die Begehung einer ganz bestimmten Tat durch eine ganz bestimmte Person muss umso konkreter sein, je grundrechtsintensiver ein bestimmter Ermittlungseingriff sich darstellt.

Die erste Erkenntnis, nämlich dass der Begriff des Anfangsverdachtes ein normativer ist, droht die bisherigen, zum Begriff des Beschuldigten gewonnenen Erkenntnisse zu gefährden. Dort wurde festgehalten, dass es aus rechtsstaatlichen Gründen erforderlich ist, den dem Erwerb der Beschuldigtenstellung vorausliegenden Tatverdacht möglichst zu objektivieren mit der Folge, dass dem Inkulpationsakt der Strafverfolgungsbehörde nur noch beschränkte, in erster Linie klarstellende Bedeutung zukommt. Damit sollte verhindert werden, dass der von strafrechtlichen Ermittlungen Betroffene zum Spielball der Strafverfolger wird, indem sie ihn eben dann zum Beschuldigten „ernennen" können, wenn sie Untersuchungseingriffe bei ihm durchführen wollen – denn dadurch könnte die staatliches Handeln begrenzende Funktion des Beschuldigtenbegriffs ohne weiteres ausgehebelt werden.
Angesichts des Umstandes, dass es sich beim Anfangsverdacht um einen normativen Rechtsbegriff handelt, überrascht es kaum, dass die h.M., insbesondere die Rechtsprechung, der Staatsanwaltschaft einen Beurteilungsspielraum bei der Frage zuerkennt, ob sie die vorliegenden Verdachtsmomente für ausreichend hält, ein Ermittlungsverfahren gegen den Betroffenen durchzuführen und ihm auf diese Weise den Status des Beschuldigten zu verleihen, der ihr – der Staatsanwaltschaft – nach der klassischen Systematik der StPO dann die Möglichkeit verschafft, gegen ihn Ermittlungseingriffe vorzunehmen[83]. Fasst man diesen Beurteilungsspielraum weit, dann könnten sich die oben gewonnenen Erkenntnisse als Pyrrhussieg entpuppen, denn in diesem Falle würde die Definition der Beschuldigtenstellung – zumindest mittelbar - wieder allein bei den Strafverfolgungsbehörden liegen – zwar nicht (mehr) über die formelle Verleihung der Beschuldigteneigenschaft, wohl aber über die Bestimmung des Tatverdachtes.
Diese Überlegung deutet bereits darauf hin, dass der Beurteilungsspielraum der Staatsanwaltschaft bei der Frage, ob ein Ermittlungsverfahren einzuleiten ist, eng begrenzt werden muss. Die Einsicht, es mit einem normativen Rechtsbegriff zu tun zu haben, darf mithin nicht dazu führen, diesen seiner Konturen zu berauben. Zu begründen ist die verhältnismäßig leicht: Grds. bestehen keine Bedenken dagegen, der Staatsanwaltschaft und den Polizeibehörden bestimmte

[82] Schulz, a.a.O., S. 528 mit Fn. 292.
[83] BGH, MDR 1984, S. 284; BGHSt 38, S. 214 (228); Beulke, Strafprozessrecht, Rn. 311.

Beurteilungsspielräume in der Frühphase des Ermittlungsverfahrens einzuräumen, denn dies fügt sich zunächst in die Systematik der StPO weitgehend bruchlos ein. Bei Maßnahmen, die erst darauf gerichtet sind festzustellen, ob jemand als Täter einer bestimmten Tat infrage kommt, kann ein erhöhter Grad an Gewissheit über die Täterschaft naturgemäß nicht verlangt werden – diese Gewissheit soll schließlich durch die Ermittlungen erst geschaffen werden. Im Übrigen wäre § 170 Abs. 2 Satz 1 StPO bei einem anderen Verständnis schlichtweg nicht zu erklären; das Gesetz geht ja gerade davon aus, dass die Untersuchungen auch zur Entkräftung, jedenfalls nicht (zwangsläufig) zu einer weiteren Verfestigung des Anfangsverdachts zum hinreichenden Tatverdacht führen können, bzw. müssen. Wird das Verfahren nämlich eingestellt, so lässt sich bei streng dogmatischer Betrachtung sagen, ist dem Betroffenen dadurch kein Schaden entstanden, die Unannehmlichkeit, dass gegen ihn strafrechtlich ermittelt wurde, hat er im Interesse des Staates hinzunehmen, Verbrechen aufzuklären. Und sollte die Staatsanwaltschaft einen hinreichenden Tatverdacht zu Unrecht bejaht und Anklage erhoben haben, so liegt das letzte Wort immer noch beim Gericht, das den zu Unrecht Angeklagten freisprechen wird.

Geht man (allein) von derartigen Erwägungen aus, so ist gegen einen gewissen Beurteilungsspielraum sicher nichts einzuwenden. Nur ignoriert eine solchermaßen eingeschränkte Betrachtungsweise, dass dem Beschuldigten bis zur Einstellung des Verfahrens eben in Form der Ermittlungseingriffe ganz empfindliche Verletzungen seiner Grundrechte drohen. Insofern sei schon im Vorgriff auf die weiteren Überlegungen[84] auf die Bemerkung Weßlaus hingewiesen, dass der Tatverdacht gleichsam die Rechtfertigung des Ermittlungseingriffs ausmacht[85]. Folge: Der Tatverdacht bildet jedenfalls auch den Ausgangspunkt einer spezifischen Legitimationskette, die letztlich sogar Grundrechtseingriffe rechtfertigen soll. Denn der Tatverdacht ist – wie oben dargelegt - Voraussetzung der Verleihung des Beschuldigtenstatus; dieser ist seinerseits Voraussetzung für strafprozessuale Ermittlungsbefugnisse.

Man mag es insofern für bedauerlich halten, dass die StPO bei den strafprozessualen Untersuchungseingriffen die Legitimation – auch – über einen Rechtsbegriff sucht, der seinerseits auch noch durch zahlreiche andere Zusammenhänge mit beeinflusst ist[86], wird jedoch bei Regelungsvorschlägen, die sich in die

---

[84] S. unten 2.

[85] Weßlau, Vorfeldermittlungen, S. 278.

[86] Eine Eingrenzung erfolgt nach der Systematik der StPO nicht nach dem Subjekt des Eingriffs (dies ist stets der Beschuldigte), sondern nach dem Verdachtsgrad (vgl. §§ 112 ff. StPO). Zwar ist ein Tatverdacht immer Voraussetzung des Ermittlungseingriffs gegen die vom Strafverfahren Betroffenen, weil es ohne Tatverdacht keinen Beschuldigten gibt. Dieses Kriterium, das den Beschuldigtenbegriff konstituiert, wird dann aber gegenüber diesem verselbstständigt und behält – neben diesem – eigenständige Bedeutung etwa bei der Untersuchungshaft.

Systematik der bestehenden StPO einfügen sollen, nicht umhinkommen, mit dieser Systematik zu arbeiten.
Insofern muss nun die zweite Erkenntnis Berücksichtigung finden, der zufolge an den Grad der Konkretisierung des Anfangsverdachts umso höhere Anforderungen zu stellen sind, wenn damit Grundrechtseingriffe verknüpft sind. Dies kann nur dazu führen, den Beurteilungsspielraum der Staatsanwaltschaft entweder gänzlich aufzuheben oder aber zwischen verschiedenen Phasen des Ermittlungsverfahrens zu differenzieren. Eine solche Überlegung klingt auch bei Schulz an, wenn er – allerdings in etwas anderem Kontext – darauf hinweist, die durch § 152 Abs. 2 StPO ermöglichten Untersuchungen seien in solche mit und ohne Eingriffscharakter zu unterteilen[87]. So wird man der Staatsanwaltschaft zuerkennen können, mit weniger konkretisierten Anhaltspunkten ein Strafverfahren gegen eine bestimmte Person einleiten zu dürfen. Jedenfalls dann, wenn sie aber grundrechtsrelevante Ermittlungseingriffe gegen die Person durchführen will, muss sie auch greifbare Anhaltspunkte für die Täterschaft des Betroffenen präsentieren. Denn ansonsten liefe die Legitimationswirkung des Tatverdachtes leer. Mithin ist davon auszugehen, dass grundrechtsrelevante Ermittlungseingriffe nicht vorgenommen werden dürfen, um tatsächliche Anhaltspunkte für eine Tatbegehung des davon Betroffenen erst zu gewinnen[88], bloße Vermutungen – von Geerds treffend als „Verdächtigungen" bezeichnet[89] – können jedenfalls dafür nicht genügen[90].
Als Zwischenergebnis kann festgehalten werden, dass ein Anfangsverdacht jedenfalls dann, wenn darauf[91] (letztlich) strafprozessuale Ermittlungseingriffe mit Grundrechtsrelevanz gestützt werden sollen, nur dann angenommen werden kann, wenn greifbare Anhaltspunkte gegen den Adressaten des Eingriffs vorliegen, dass er tatsächlich als Täter in Betracht zu ziehen ist.
Auch was den Begriff des Verdächtigen angeht, kann nach alldem auf den Definitionsvorschlag zurückgegriffen werden, den die Verfasser des AE-EV in ihrem § 157 Abs. 1 StPO formuliert haben[92]:

**§ 157. Verdächtiger; Beschuldigter**

(1) Verdächtiger ist eine Person, gegen die zureichende tatsächliche Anhaltspunkte dafür vorliegen, dass sie eine Straftat begangen hat.
[...]

---

87 Schulz, Normiertes Misstrauen, S. 534.
88 Vgl. Schöch, in: AK-StPO, § 152, Rn. 10.
89 Geerds, SchlHA 1964, S. 61 (70).
90 Roxin, Strafverfahrensrecht, § 37, Rn. 13.
91 Vermittelt durch die Verleihung der Beschuldigtenstellung.
92 Bannenberg u.a., AE-EV, S. 95.

## *2. Zusammenfassende Stellungnahme – Zugleich eine Anmerkung zur Abgrenzung von finalen und kausalen Reihenuntersuchungen*

### *a) Vorbemerkung*

Aus den Überlegungen zum Begriff des Beschuldigten bzw. Verdächtigen ergibt sich nunmehr die Frage, ob sich mit ihrer Hilfe eine personale Eingrenzung des Kreises der potenziellen Adressaten eines kausalen Massentests gewinnen lässt. Das ist dann der Fall, wenn sie als Tatverdächtige im vorgenannten Sinne bezeichnet werden können und die Strafverfolgungsbehörde insofern dazu befugt ist, ihnen einen Beschuldigtenstatus im technischen Sinne zu verleihen. Es müssten also hinreichend konkrete Anhaltspunkte dafür vorliegen, dass die Teilnehmer als Täter des aufzuklärenden Verbrechens infrage kommen. Ob dies der Fall ist, lässt sich am besten dadurch darstellen, dass man an dieser Stelle die oben bereits als verfassungsrechtlich geboten ermittelte Unterscheidung von finalen und kausalen Massentests versucht, auch strafprozessual nachzuvollziehen.

Insofern ist es erforderlich, zunächst noch einmal den Blick auf erstere zu richten, sich also mit den typischen Merkmalen der finalen Reihenuntersuchungen zu befassen und diese in das System des Strafprozessrechts einzuordnen. Noch einmal kurz zusammengefasst sind die echten, d.m. finalen DNA-Reihentests dadurch gekennzeichnet, dass die Strafverfolgungsbehörden allenfalls über statistische Angaben verfügen, die auf einen möglichen Täter hindeuten könnten, und diese sind in aller Regel äußerst vage, weil sie sich in erster Linie auf das Geschlecht oder das Alter der zu ermittelnden Person beziehen. Mithilfe kriminalistischer Erfahrungswerte, die allerdings kaum auf diese „Massen-Screenings" zugeschnitten sind, kommt es meistens noch zu regionalen Eingrenzungen, sodass bisweilen zehntausende Bewohner eines bestimmten Landstrichs zur Untersuchung „gebeten" werden. Eine spezifische und darüber hinausreichende Verbindungslinie, die auf fassbare Tatsachen zurückgeführt werden könnte, besteht zwischen dem einzelnen Untersuchten und der aufzuklärenden Tat in aller Regel nicht. Es geht mithin darum, überhaupt eine konkrete Person ausfindig zu machen, die mit der Tat in Verbindung gebracht werden kann, m.a.W. es gilt, einen täterbezogenen Tatverdacht überhaupt erst zu ermitteln.

Damit jedoch ist ein Problem aufgebracht, das uns an die Rasterfahndung erinnert: Auch dort gibt es regelmäßig eine Tat und keinerlei genauere – über bloß statistische Erwägungen hinausreichende – Hinweise auf den Täter. Und auch dort werden Abertausende – theoretisch Millionen – auf spezifische, nach kriminalistischer Erfahrung interessante Kriterien untersucht, um überhaupt erst einen Ansatzpunkt für personenbezogene Ermittlungen zu erhalten. Und schon oben wurde übereinstimmend mit Siebrecht die Auffassung vertreten, dass weder der sog. Bodensatz, und schon gar nicht alle von der Untersuchung Betroffenen als „Verdächtige" bezeichnet werden können.

Geht es aber hier wie dort darum, überhaupt erst konkrete Personen ausfindig zu machen bzw. zu konkretisieren, gegen die sodann in einem zweiten Schritt ein Ermittlungsverfahren eingeleitet werden kann, dann ist eine Problematik angesprochen, die schon seit Jahren sowohl den Strafprozess- als auch den Polizeirechtlern graue Haare bereitet: Die sog. Vorfeldermittlungen.
Relativ apodiktisch heißt es dazu bei Roxin: „Polizeirecht und Polizeipraxis versuchen in zunehmendem Maße, die Begrenzungsfunktion des Anfangsverdachts durch ‚Vorfeldermittlungen' zu überwinden. Die StPO liefert hierfür keine Handhabe[93]."
Es stellt sich also zunächst die Frage, ob es sich bei den finalen DNA-Reihenuntersuchungen um „Vorfeldermittlungen" handelt. In einem zweiten Schritt ist dann die Aussage Roxins auf ihre Richtigkeit hin zu untersuchen; hierzu kann der oben herausgearbeitete Begriff des „Verdächtigen" fruchtbar gemacht werden. Sodann sind wir dazu in der Lage, Schlussfolgerungen im Hinblick darauf zu ziehen, ob sich die Vorgabe des Verfassungsrechts, der zufolge die finalen Massen-Screenings unzulässig sind, auch aus strafprozessualer Perspektive bestätigt. In Abgrenzung dazu ist schließlich die (strafprozessuale) Zulassungsfähigkeit des kausalen Massentests darzulegen.

***b) Finale Massentests als Vorfeldermittlungen***

Die sog. Vorfeldermittlungen stehen in engem Zusammenhang mit dem polizeirechtlichen Begriff der „vorbeugenden Verbrechensbekämpfung" (vgl. § 1 Abs. 1 Satz 2 NW PolG). Deren Zulässigkeit ist bereits im Gefahrenabwehrrecht höchst umstritten, denn weil es in diesen Fällen typischerweise an einer bereits hinreichend konkretisierten Gefahr fehlt, laufen die klassischen, überwiegend bereits durch die Verfassung gebotenen Möglichkeiten der Begrenzung derartiger staatlicher Erforschungsmaßnahmen weitgehend leer. So fehlen etwa die Maßstäbe, mithilfe derer sich die Verhältnismäßigkeit des Eingriffs bestimmen ließe: wo sich noch gar keine Gefahr konkretisiert hat, kann man die mit dem Eingriff verbundenen Rechtseinbußen dazu schwerlich in Beziehung setzen.
Stellt diese polizeirechtliche Aufgabe aber einen Teil der Strategie dar, die auf die „operative Beseitigung der Kriminalität schlechthin" abzielt[94], so ist es wenig erstaunlich, dass die traditionellen Grenzlinien zwischen Gefahrenabwehrrecht und Strafprozessrecht, also zwischen präventivem und repressivem Tätigwerden der Polizei mehr oder minder bewusst und ausdrücklich infrage gestellt werden und versucht wird, auch das Strafprozessrecht jener Strategie dienlich zu machen[95]. Das, was im Polizeirecht unter der Begriff „Gefahrenermittlungsmethoden" firmiert taucht umetikettiert im Strafprozessrecht unter der Bezeichnung

---

[93] Roxin, Strafverfahrensrecht, § 37, Rn. 14.
[94] Stümper, Kriminalistik 1975, S. 49 (52).
[95] Stümper, a.a.O., S. 49; dazu Weßlau, Vorfeldermittlungen, S. 47 ff.

„Verdachtsgewinnungsmethoden" wieder auf[96]. So wie das Polizeirecht allmählich losgelöst wird von der konkreten Gefahrenbeseitigung, so wird das Strafprozessrecht immer weiter ins Vorfeld einer Straftat verlegt, von der die Sicherheitsbehörden regelmäßig noch nicht einmal wissen, ob sie überhaupt begangen worden ist.
In diesem Sinne greifen „operative Methoden" im Strafprozessrecht typischerweise dann ein, wenn es noch allgemein um die Frage geht, ob überhaupt kriminelle Handlungen begangen worden sind. In diesen Fällen ist die Loslösung der strafprozessualen Ermittlungsbefugnisse von ihrer eigentlichen Aufgabe, nämlich der Aufklärung konkreter Straftaten, sicher am augenfälligsten[97].
Um einen derartigen Erkenntnisgewinn geht es bei den finalen DNA-Reihenuntersuchungen sicher nicht. Denn die Tatsache, dass ein bestimmtes Verbrechen begangen worden ist, steht vor der Durchführung solcher Maßnahmen schließlich schon fest. Insofern liegt es ja so, dass nicht nur der Anlass solcher Fahndungen genauso wie bei anderen strafprozessualen Ermittlungen ein konkreter Tatverdacht ist (bezogen auf das begangene Verbrechen), sondern auch, dass das mit dieser Fahndungsmaßnahme unmittelbar angestrebte Ziel mit der gesetzlichen Zielvorgabe für das gesamte Ermittlungsverfahren übereinstimmt: Aufklärung der konkreten Straftat. Denn dazu gehört auch, den Beschuldigten zu ermitteln und seiner habhaft zu werden[98].
Allerdings – und darauf weist Weßlau zutreffend hin[99] – sind gerade bei den auf die Untersuchung zunächst unbestimmter oder nur nach vagen Kriterien bestimmter Menschenmengen zugeschnittenen Ermittlungsmethoden die Übergänge zwischen der konkreten Straftataufklärung und der bloßen Verdachtsgewinnung, besser Verdachtskonkretisierung auf eine bestimmte Person, weitgehend fließend[100]. Denn auch wenn es richtig ist, dass der finale DNA-Massentest grds. „originäres Strafprozessrecht" darstellt, weil er der Ermittlung des Täters einer bestimmten Tat dient[101], so wird doch dadurch, dass bestimmte Landstriche gleichsam unter einen „Kollektivverdacht" gestellt werden, der Boden des klassischen Strafprozessrechts verlassen. Es ist sicher zulässig, wenn die Strafverfolgungsorgane bereits im Vorfeld des eigentlichen Anfangsverdachts Ermittlungen anstellen, nur: wird es unter Zuhilfenahme moderner kriminaltechnischer Methoden möglich, gleichsam generalstabsmäßig *jedermann* als Täter konkret nicht nur in den Blick zu nehmen, sondern ihn auch zu untersuchen, so wird die

---

[96] Vgl. Lisken/ Denninger, in: dies, Handbuch des Polizeirechts, Abschnitt D, Rn. 27.
[97] Dazu Weßlau, a.a.O., S. 35 ff.
[98] Weßlau, a.a.O., S. 41.
[99] Weßlau, a.a.O., S. 41.
[100] Weßlau, a.a.O., S. 41.
[101] Vgl. zum Parallelproblem der Rasterfahndung Riegel, NJW 1979, S. 147 (147); Weßlau, a.a.O.

Verbindung zwischen aufzuklärender Tat und potenziellem Verdächtigen doch derart vage, dass der damit verbundene Untersuchungseingriff den Vorfeldermittlungen allemal näher steht als der klassischen strafprozessualen Täterermittlung – ein Gedanke, der sogleich (c) noch weiter zu vertiefen sein wird.

***c) Unzulässigkeit von DNA-Reihenuntersuchungen***

Nun handelt es sich bei der Entnahme und Untersuchung eines DNA-Identifizierungsmusters ganz sicher um eine strafprozessuale Zwangsmaßnahme im klassischen Sinne. Selbst wenn man die Menschenwürde-Problematik des finalen Massentests an dieser Stelle zunächst außen vor lässt, dann liegt doch auf der Hand, dass ein derartiger Eingriff einer Rechtfertigung bedarf.

Diese Rechtfertigung sucht das Strafprozessrecht klassischerweise in dem gegen den Betroffenen bestehenden konkreten Tatverdacht. Der Tatverdacht bildet die prinzipielle Zulässigkeitsvoraussetzung für die Aufnahme von Ermittlungen; er sorgt dafür, dass die Strafverfolgungsbehörden überhaupt tätig werden und in geschützte Rechtspositionen der Bürger eingreifen dürfen.

Daraus ergibt sich des Weiteren, dass es keine Ermittlungen „ins Blaue hinein", keine „Verdachts- oder Ausforschungsermittlung" geben darf. Das Legalitätsprinzip gebietet nicht nur die Aufnahme von Ermittlungen gegen eine konkrete Person, wenn „zureichende tatsächliche Anhaltspunkte" vorliegen, sondern es verbietet zugleich die Verfolgung, wenn solche Anhaltspunkte fehlen. Der Tatverdacht soll die Bürger vor einer ausufernden Ermittlungstätigkeit der Strafverfolgungsorgane schützen, damit nicht ohne konkreten verdachtserweckenden Anlass irgendwelche beliebigen Vorgänge überprüft werden können[102].

Zusammenfassend heißt es insofern bei Weßlau: In diesem Verbot von Ausforschungsermittlungen manifestiert sich die normativ begründete Vermutung der Rechtstreue des Bürgers, die den Rechtsstaat von einem allgegenwärtigen Polizeistaat abgrenzt. Diesem Prinzip kommt die rechtsstaatlich bedeutsame Schutzfunktion für die Freiheitsrechte der Bürger zu. Denn sie können von Eingriffen der Strafverfolgungsorgane nur dann betroffen sein, wenn diese Behörden erstens überhaupt „zureichende tatsächliche Anhaltspunkte" haben, dass eine Straftat begangen worden ist, und *wenn sie zweitens den jeweils Betroffenen mit dieser Straftat auch konkret in Verbindung bringen können*[103].

Insofern ist nun aber auch klar, warum die finalen DNA-Reihenuntersuchungen als klassische Vorfeldermittlungen betrachtet werden müssen: Zwar sind sie durch eine konkrete Tat veranlasst und dienen auch deren Aufklärung. Gegen die Adressaten der Ermittlungsmaßnahme besteht aber kein Tatverdacht in dem Sine, wie er hier vorausgesetzt wird. Die Situation ist vielmehr derjenigen der Ausforschungsermittlungen vergleichbar. Jedermann, der den abstrakt

---

[102] Weßlau, a.a.O., S. 278 f. S. auch Schöch, in: AK-StPO, § 152, Rn. 10.

[103] Weßlau, a.a.O., S. 337. Hervorhebung von mir, M.W.

festgelegten Täterschaftskriterien unterfällt, wird unter Verdacht gestellt und als potenzieller Täter untersucht, obwohl er mit dieser Straftat überhaupt nicht konkret in Verbindung gebracht werden kann. Würde man solche Maßnahmen also zulassen, liefe man in der Tat Gefahr, den insofern durch rechtsstaatliche Erwägungen bedingten Anfangsverdacht als unabdingbare Voraussetzung jeden Ermittlungseingriffs preiszugeben.

Damit ist zwar noch nicht gesagt, dass den Strafverfolgungsbehörden die Hände gebunden sind, bevor sie die Tat mit einer bestimmten Person tatsächlich in Verbindung bringen können. Auf den insofern entscheidenden Gesichtspunkt hat Schulz allerdings aufmerksam gemacht: Es darf ermittelt werden, solange damit keine Grundrechtseingriffe aufseiten der Bürger verbunden sind[104].

Zusammenfassend lässt sich aber festhalten: Gegen die Teilnehmer eines finalen DNA-Massentests bestehen bloß vage, nicht auf konkreten Tatsachen beruhende Anhaltspunkte dafür, dass sie als Täter in einer spezifischen Beziehung zu der aufzuklärenden Tat stehen. Von einem Tatverdacht kann insofern keine Rede sein, und daher können sie auch nicht zu Beschuldigten werden. Die rechtsstaatlich unerlässliche Schranke des Anfangsverdachts lässt sie als Adressaten eines staatlichen Ermittlungseingriffs von vornherein ausscheiden.

Damit aber bestätigt sich das Ergebnis unserer Untersuchungen im verfassungsrechtlichen Teil auch durch eine Analyse allein des Strafprozessrechts: Auch mit seiner Systematik wäre es nicht vereinbar, einen finalen DNA-Massentest zuzulassen.

#### *d) Die Teilnehmer kausaler Reihenuntersuchungen als Beschuldigte*

Diese Überlegungen zugrunde gelegt, ist es aber nicht mehr schwierig, auch strafprozessual die Abgrenzung von finalen und kausalen DNA-Reihenuntersuchungen nachzuvollziehen. Es ist ja bereits mehrfach darauf aufmerksam gemacht worden, dass dieser Trennlinie bei der Umsetzung eines derartigen Ermittlungseingriffes in der StPO schon deshalb besondere Bedeutung zukommt, weil der finale Massentest gegen Art. 1 Abs. 1 GG verstößt und deshalb von vornherein nicht zulassungsfähig ist. Damit also der zulassungsfähige kausale Reihentest ausreichend präzise geregelt und insofern sichergestellt werden kann, dass er das Verbot des finalen Massentests nicht unterläuft, bedarf es eines sicher handhabbaren Abgrenzungskriteriums.

Dies wiederum liegt im Anfangsverdacht begründet: Gegenüber den Adressaten eines kausalen Massentests kann ein solcher Anfangsverdacht angenommen werden. Dies erschließt sich ohne weiteres, wenn man sich die typische Situation dieser Maßnahme vor Augen hält, nämlich den sog. Schützenfest-Fall: Hier liegt es ja so, dass sich die Anwesenden allein schon dadurch von „jedermann"

[104] Schulz, Normiertes Misstrauen, S. 534.

unterscheiden, dass sie in der konkreten Tatsituation am Tatort anwesend waren und damit eine spezifische Tatnähe aufweisen. Diese Tatnähe darf nun mithilfe strafprozessualer Zwangsmaßnahmen weiter erhellt werden, weil darin ein „zureichender tatsächlicher Anhaltspunkt" für die Täterschaft erblickt werden kann. Demgegenüber fehlt es gegenüber den Adressaten eines finalen Massentests an solchen Anhaltspunkten – sie fallen nur deshalb in den Bereich der polizeilichen Ermittlungen, weil theoretisch jedermann dort hinein fallen könnte und es erst darum geht, den konkreten Tatbezug überhaupt ausfindig zu machen.

### *3. Ergebnis*

Die Teilnehmer eines kausalen Massentests können als „Beschuldigte" bezeichnet werden. Damit lässt sich eine erste Eingrenzung dieser Ermittlungsmaßnahme erreichen, weil auf diese Weise jedenfalls die Adressaten eines finalen Reihentests sicher ausgeschieden werden können. Denn während gegenüber letzteren kein Anfangsverdacht besteht, kann er in Bezug auf erstere bejaht werden.

## *II. Eingrenzung der Anlässe für einen DNA-Massentest*

Während es im Vorstehenden darum ging, den Anwendungsbereich der DNA-Massentests in persönlicher Hinsicht einzugrenzen und wir insofern zu dem Ergebnis gelangt sind, dass eine Orientierung an dem Begriff des Beschuldigten in Betracht kommt, soll nunmehr der mögliche Anlass für eine Reihenuntersuchung näher präzisiert werden. Es hat sich im deutschen Strafprozessrecht seit einigen Jahrzehnten die Übung eingeprägt, eine Eingrenzung zulässiger Ermittlungsmaßnahmen dadurch zu erreichen, dass man diese vom Vorliegen bestimmter Anlass- oder Katalogtaten abhängig macht. Als Beispiele genannt seien an dieser Stelle z.B. §§ 98a Abs. 1 Satz 1, 100a Abs. 1 Satz 1 1. Halbs., 100c Abs. 1 Satz 1 1. Halbs., 110a Abs. 1 Satz 1 StPO. Ergänzend kommen sog. Subsidiaritätsklauseln hinzu, denen zufolge eine bestimmte Maßnahme nur dann angeordnet werden darf, wenn die Aufklärung der Tat auf andere Weise erschwert wäre, vgl. z.B. §§ 98a Abs. 1 Satz 2, 100a Abs. 1 2. Halbs., 100c Abs. 1 Satz 1 2. Halbs., 110a Abs. 1 Satz 3, 4 StPO. Zu untersuchen ist daher zunächst, inwieweit es sinnvoll erscheint, eine derartige Begrenzung auch bei einer gesetzlichen Regelung der kausalen Massentests vorzunehmen, hier also bestimmte Anlasstaten als Voraussetzung für die Vornahme eines solchen Untersuchungseingriffs festzulegen (1.). Im Anschluss daran soll festgestellt werden, ob es noch andere brauchbare Möglichkeiten gibt, zu einer praktikablen Begrenzung zu gelangen (2.).

### *1. Die bestehenden Begrenzungskriterien und ihre Vereinbarkeit mit dem Bestimmtheitsgebot*

Es ist oben (A.) schon der Frage nachgegangen worden, inwieweit sich Parallelen zwischen dem DNA-Reihentest und der Speicherung des DNA-

Identifizierungscodes von Straftätern nach § 81g StPO/ § 2 DNA-IFG ziehen lassen. Wir sind dabei zu der Erkenntnis gelangt, dass es sich bei den Massen-Screenings gleichsam um spezielle Formen der Datenbanken handelt, die eben auf die Untersuchung eines speziellen Einzelfalles zugeschnitten sind. In Anbetracht dessen liegt es nun nahe, an die Regelung in § 81g StPO anzuknüpfen und die Parallele insofern weiterzuführen als es immerhin denkbar erscheint, auch für die Reihenuntersuchungen das dort – in § 81g StPO – genannte Kriterium der „Straftat von erheblicher Bedeutung" als Voraussetzung zu übernehmen.

***a) Die „Straftat von erheblicher Bedeutung" als Eingriffsvoraussetzung***

Was unter dem Begriff „Straftat von erheblicher Bedeutung" zu verstehen ist, ist auch im Rahmen des § 81g StPO äußert umstritten. Der Gesetzgeber geht davon aus, es handele sich dabei um Straftaten, „die den Rechtsfrieden empfindlich stören oder geeignet sind, das Gefühl der Rechtssicherheit der Bevölkerung erheblich zu beeinträchtigen[105]". Nach h.M. fallen darunter solche Delikte, welche mindestens dem mittleren Kriminalitätsbereich zurechenbar sind, wobei nicht auf den abstrakten Tatbestand, sondern auf das konkrete Tatunrecht abzustellen sei, auf das der Verdacht bei Anordnung der Untersuchung sich richtet[106]. Es macht demnach einen Unterschied, ob bei Anordnung der Aufnahme des DNA-Identifizierungsmuster in die DNA-Datei zu erwarten ist, dass eine besonders schwerwiegende Begehungsform der Tat zu erwarten steht oder nur ein leichterer Fall.

Dass wir es danach mit einem verhältnismäßig schwierigen Rechtsbegriff zu tun haben, liegt auf der Hand, denn wer will schon sagen, wann das Rechtsgefühl der Bevölkerung erheblich beeinträchtigt zu werden droht. Man kann sicher davon ausgehen, dass die Toleranzschwelle hier von Person zu Person in sehr verschiedener Höhe liegt. Demnach erscheint die Feststellung Rogalls auch nur allzu naheliegend, dass es sich bei der „Straftat von erheblicher Bedeutung" um einen Begriff handelt, der „im Kern relativ unbestimmt" bleibt[107].

Trotzdem ist das BVerfG der Meinung, § 81 g StPO genüge (auch) insofern den rechtsstaatlichen Erfordernissen der Normklarheit und Justiziabilität. Die Anknüpfung strafprozessualer Ermittlungsmaßnahmen an „Straftaten von erheblicher Bedeutung" werde auch anderweit verwendet und lasse sich von dorther in ausreichender Weise konkretisieren. Zudem könne hier auf die in § 81g StPO genannten Regelbeispiele zurückgegriffen werden, die jenen unbestimmten Rechtsbegriff weiter eingrenzten[108]. Bemerkenswert erscheint in diesem Kontext

---

[105] BT-Drs. 13/ 10791, S. 5.

[106] Eisenberg, Meyer=Goßner-FS, S. 293 (296); Malek, in: Malek/ Wohlers, Zwangsmaßnahmen, Rn. 318; Rogall, in: SK-StPO, § 81g, Rn. 10; Senge, in: KK-StPO, § 81g, Rn. 3 jew. m.w.N.

[107] Rogall, a.a.O.

[108] BVerfG, NJW 2001, S. 879 (880 f.).

allerdings, dass es das BVerfG mit der These der Definierbarkeit jenes Begriffes bewenden lässt, ohne von sich aus weitere Anhaltspunkte dafür zu geben, auf welche Weise denn die mögliche Konkretisierung insbesondere auch in einer praktisch brauchbaren Form erfolgen kann. Vielmehr hebt es im Folgenden eine amtsgerichtliche Entscheidung nach § 81g StPO u.a. gerade deshalb auf, weil es nicht plausibel dargelegt hat, dass bei dem Beschwerdeführer mit weiteren „Straftaten von erheblicher Bedeutung" gerechnet werden musste.
Weiteres Unbehagen erhält Nahrung, wenn man die Ausführungen von Markwardt/ Brodersen zu dieser Problematik zur Kenntnis nimmt. Sie sind der Auffassung, weder aus den Regelbeispielen in § 81g StPO, noch aus dem Straftatenkatalog der Anlage zu § 2c DNA-IFG lasse sich schlussfolgern, dass das Gesetz Straftatbestände kenne, bei denen eine Negativprognose stets ausgeschlossen sei[109]. Zwar liege es so, dass nach dem Zweck des § 81g StPO die Entnahme von Körperzellen und deren molekulargenetische Untersuchung und Speicherung nur dann in Betracht komme, wenn bei der künftig aufzuklärenden Straftat mit entsprechenden Tatortspuren zu rechnen sei bzw. dies nicht prinzipiell ausgeschlossen werden könne. Allerdings: Letzteres werde nur selten der Fall sein. Die Gesetzesbegründung[110] nenne nur wenige Beispiele, die überdies allesamt nicht passten. So erscheine es – abweichend von der Gesetzesbegründung – durchaus vorstellbar, dass z.B. in den Fällen des § 187 StGB der Täter eine Briefmarke mit seinem Speichel auf den Brief mit dem strafbaren Inhalt klebe. Dies gelte im Übrigen für alle Schreibtischtäter, also insbesondere auch für Wirtschaftskriminelle oder Hintermänner der Betäubungsmittelkriminalität, aber auch für Anstifter zu allen erdenklichen Taten von erheblicher Bedeutung. Nachdem kleinste Mengen von Körperzellen ausreichten, um eine DNA-Analyse durchzuführen, und kaum ausgeschlossen werden könne, dass der Täter ein Haar oder kleinste Hautpartikel verliere, werde auch in solchen Fällen kaum auszuschließen sein, dass entsprechende Tatortspuren gesichert werden könnten. Hinzu komme, dass es in aller Regel nicht möglich sei zu prognostizieren, wegen welchen genauen Straftatbestandes der Beschuldigte oder Verurteilte möglicherweise in Zukunft zu verfolgen sein werde und in welcher Begehungsform er daran beteiligt sei. Einen Erfahrungssatz dahingehend, dass jemand, der eine Anstiftung begehe, immer nur als Anstifter auftrete, oder dass ein Täter immer nur ein und denselben Straftatbestand erfülle, gebe es nicht[111].
Machte man sich diese Gedanken zu Eigen, so würde der Begriff der „Straftat von erheblicher Bedeutung" zweifelsohne jeden eingrenzenden Charakter verlie-

---

[109] Gegenteiliger Auffassung ist aber Bäumler (in: Lisken/ Denninger, Abschnitt J, Rn. 565), der davon ausgeht, die Anlage zu § 2c DNA-IFG beschreibe den Kreis der Straftaten im Sinne von § 81g StPO abschließend.
[110] BT-Drs. 13/ 10791, S. 5.
[111] Markwardt/ Brodersen, NJW 2000, S. 692 (695). Zustimmend Rogall, in: SK-StPO, § 81g, Rn. 12.

ren – er wäre dann verzichtbar und sogar schädlich, weil er eine Rechtsstaatlichkeit vorspiegelt, die er in Wahrheit gar nicht zu gewährleisten in der Lage ist.
Die Bedenken erhärten sich weiter, wenn man sich vor Augen hält, dass die in § 81g StPO genannten Regelbeispiele für eine Straftat von erheblicher Bedeutung weitere Verwirrung garantieren. So sind z.B. Senge und Rogall der Auffassung, bei Verbrechen sei immer eine derartige Tat anzunehmen; für Verhältnismäßigkeitserwägungen sei von vornherein kein Raum und als einzig denkbare Ausnahme fällt ihnen insofern § 154 StGB ein[112]. Demgegenüber steht Eisenberg auf dem Standpunkt, es könne – aufgrund des Charakters auch der Verbrechen nur als Regelbeispiel i.R.d. § 81g Abs. 1 StPO - im Einzelfall immer auch eine Ausnahme von der Regel vorliegen, sodass eine genaue Prüfung, ob tatsächlich eine Straftat von erheblicher Bedeutung anzunehmen ist, niemals entbehrlich sei[113].
Auch die Hoffnung, durch einen Blick in Literatur und Materialien zu § 98a StPO etwas mehr Klarheit zugewinnen, erweist sich als ein wenig aussichtsreiches Unterfangen. In den Gesetzgebungsmaterialien[114] finden sich weitgehend dieselben wolkenreichen Umschreibungen dessen, was eine Straftat von erheblicher Bedeutung sein kann wie in denjenigen zu § 81g StPO. Völlig zu Recht spricht Siebrecht hier von einem „Konglomerat von unbestimmten Rechtsbegriffen" – was nun eine Straftat von erheblicher Bedeutung sei, bleibe einer Abwägung im Einzelfall vorbehalten, ohne dass das Gesetz den Kreis der fallrelevanten Umstände definiere[115].
Angesichts dessen überrascht es nunmehr kaum noch, dass in der Literatur erhebliche Bedenken gegen die Verfassungsmäßigkeit einer derart unpräzise gefassten Tatbestandsvoraussetzung geltend gemacht worden sind. So meint Burhoff, es sei fraglich, ob das Gesetz im Hinblick auf das vom BVerfG entwickelte Recht auf informationelle Selbstbestimmung bestimmt genug gefasst sei, weil nach dem zu weiten Gesetzeswortlaut viele Delikte von ihm erfasst würden, bei denen der gesetzgeberischen Intention zufolge eine DNA-Feststellung kaum in Betracht kommen könne. Im Mindesten sei es deshalb erforderlich, das Gesetz einschränkend auszulegen[116].
Noch weitergehend hält Lindemann das Merkmal der „Straftat von erheblicher Bedeutung" als Voraussetzung strafprozessualer Ermittlungseingriffe für verfassungswidrig. Denn es werde den Anforderungen nicht gerecht, die das BVerfG in seinem Volkszählungsurteil aufgestellt habe, dem zufolge es für derartige Untersuchungsmaßnahmen einer gesetzlichen Ermächtigungsgrundlage bedürfe,

---

[112] Rogall, a.a.O.; Senge, in: KK-StPO, § 81g, Rn. 3.
[113] Eisenberg, Meyer=Goßner-FS, S. 293 (295).
[114] Zitiert bei Siebrecht, Rasterfahndung, S. 115.
[115] Siebrecht, a.a.O., S. 115 f.
[116] Burhoff, Ermittlungsverfahren, S. 269.

aus der sich die Voraussetzungen und der Umfang der damit für den Bürger verbundenen Einschränkungen klar ergäben. Nur so sei nämlich den Anforderungen des rechtsstaatlichen Gebots der Normenklarheit Rechnung zu tragen. Davon könne hier aber kaum mehr die Rede sein, zumal die von polizeitaktischer Seite angemeldeten Effektivitätsgesichtspunkte derart schwere Grundrechtseingriffe nicht rechtfertigen könnten. Auch in seiner durch Regelbeispiele konkretisierten Form komme man mit Blick auf den Begriff der „Straftat von erheblicher Bedeutung" um den Befund einer eklatanten begrifflichen Unschärfe nicht herum, der aus der Perspektive eines freiheitlich und rechtsstaatlich verfassten Gemeinwesens alarmierend wirke und Zeugnis ablege für die bedrückende Konsequenz, mit der der Um- und Ausbau des klassischen Strafprozessrechts zum Sicherheitsstrafrecht vorangetrieben werde[117].
In der Tat wird man diese Bedenken Lindemanns kaum von der Hand weisen können, wenn man sich die multiple Interpretationsfähigkeit jenes Begriffs vor Augen führt. Es ist in der Tat bezeichnend, wenn Markward/ Brodersen letzten Endes zu dem Ergebnis gelangen, dass nahezu jedes Delikt für eine Anordnung nach § 81g StPO infrage kommt. Schlimmes befürchten lässt auch die Feststellung Rogalls, der davon ausgeht, eine Verfeinerung der DNA-Analysemethoden werde zunehmend dafür sorgen, dass in den meisten Deliktsbereichen ein Aufklärungserfolg mithilfe der DNA-Technik nicht mehr ausgeschlossen werden könne[118].
Bei Zugrundelegung eines derartigen Verständnis verliert der Begriff der „Straftat von erheblicher Bedeutung" jede Filterfunktion zugunsten eines von der Strafverfolgung Betroffenen. Rogall als Protagonist der nahezu „unbeschränkten Interpretation" des § 81g StPO propagiert so ein Verständnis jenes Rechtsbegriffs, das allein darauf gerichtet ist, solche Taten aus der DNA-Datei herauszuhalten, die für die Strafverfolgungsorgane wahrscheinlich nicht von Nutzen sein können. Die Eingrenzung jener Vorschrift dient bei ihm nicht mehr den Belangen des Betroffenen, sondern vielmehr denen des Staates. Dann aber erscheint es kaum angezeigt, dieses „Begrenzungskriterium" noch für zusätzliche Regelungsbereiche fruchtbar zu machen.

***b) Katalogtaten als Eingriffsvoraussetzung***

Angesichts der fehlenden Möglichkeit, mithilfe des Begriffs der „Straftat von erheblicher Bedeutung" zu einer sachgerechten Eingrenzung der für einen kausalen DNA-Massentest zulässigen Anordnungs-Anlässe zu gelangen, liegt es nun nahe, auf die ältere Regelungstechnik des enumerativen Straftatenkataloges zurückzugreifen. Die Normierung solcher Kataloge dient nach allgemeiner Auffassung der rechtsstaatlich unabwendbaren Eingrenzung von

[117] Lindemann, KJ 2000, S. 86 (95 f.).
[118] Rogall, in: SK-StPO, § 81g, Rn. 12.

grundrechtsintensiven Ermittlungsmaßnahmen und soll diese nach Maßgabe des Grundsatzes der Verhältnismäßigkeit begrenzen[119]. Angesichts dessen ist es etwa im Anwendungsbereich des § 100a StPO in der Literatur nahezu einhellige Auffassung, dass von einer Telefonüberwachung dann abzusehen ist, wenn es nur um die Ermittlung einer Katalogtat geringer Schwere geht[120]. Dies deutet bereits darauf hin, dass der Gesetzgeber mit den meisten der von ihm normierten Straftatenkataloge weit über das Ziel des rechtsstaatlich Hinnehmbaren hinausgeschossen ist[121], denn zunächst wäre es ja an ihm, die notwendigen Verhältnismäßigkeitserwägungen schon selbst zu normieren, sodass es einer einschränkenden Auslegung durch Rechtsprechung und Literatur nicht mehr bedürfte. So leidet etwa der Katalog des § 100a StPO darunter, dass die darin aufgeführten Delikte nicht nach ihrem Schweregrad, sondern auch nach kriminaltaktischen Gesichtspunkten aufgenommen wurden[122]. Bei einer solchen Vorgehensweise ist es nun aber kaum erstaunlich, wenn der Katalog der rechtsstaatlich intendierten Begrenzungsfunktion nicht mehr gerecht werden kann.
Versucht man also, die tatbezogenen Eingriffsvoraussetzungen für einen kausalen DNA-Massentest mithilfe eines Straftatenkataloges einzugrenzen, so ist es unerlässlich, derartige Mängel von vornherein zu vermeiden. Als Anlassstraftaten sollten daher nur solche Delikte in Betracht gezogen werden, denen ein solcher Schweregrad zukommt, dass der darauf gerichtete Verdacht einen solchermaßen empfindlichen Grundrechtseingriff aufseiten des Beschuldigten rechtfertigt[123]. In Betracht kommen daher folgende Tatbestände:

- Schwerer sexueller Missbrauch von Kindern und sexueller Missbrauch von Kindern mit Todesfolge (§§ 176a, 176b StGB),
- Sexuelle Nötigung, Vergewaltigung und sexuelle Nötigung und Vergewaltigung mit Todesfolge (§§ 177, 178 StGB),
- Mord und Totschlag (§§ 211, 212 StGB),
- Schwere Körperverletzung und Körperverletzung mit Todesfolge (§§ 226, 227 StGB),
- Erpresserischer Menschenraub und Geiselnahme (§§ 239a, 239b StGB),
- Raub mit Todesfolge (§ 251 StGB),
- Besonders schwere Brandstiftung und Brandstiftung mit Todesfolge (§§ 306b, 306c StGB).

---

[119] Vgl. dazu etwa Maiwald, in: AK-StPO, § 100a, Rn. 2, 6; Siebrecht, Rasterfahndung, S. 117.

[120] Vgl. Maiwald, a.a.O., R. 6 m.w.N.

[121] Vgl. die zutreffenden Ausführungen von Siebrecht (Rasterfahndung, S. 117 ff.) zum kaum konturierten Katalog des § 98a StPO, der zudem noch durch den Terminus der „Straftat von erheblicher Bedeutung" weiter verwässert wird.

[122] Maiwald, in: AK-StPO, § 100a, Rn. 2.

[123] So auch Graalmann-Scheerer, ZRP 2002, S. 72 (76).

Bei den genannten Straftatbeständen dürfte es sich durchweg um Verbrechen handeln, an deren Aufklärung ein solches öffentliches Interesse besteht, dass zu diesem Zweck auch einschneidende Untersuchungseingriffe zulassungsfähig erscheinen.

***2. Das sog. Rationierungsmodell als Alternative***

Man mag sich jedoch die Frage stellen, ob angesichts der Eingriffsintensität des DNA-Reihentests nicht eine weitere Eingrenzung Not tut. Zwar dürfte der soeben vorgeschlagene Straftatenkatalog, der sich auf schwerste Verbrechen gegen Leib, Leben und sexuelle Selbstbestimmung beschränkt, schon eine erhebliche Filterfunktion haben. Gleichwohl erscheint es angebracht, weitere Begrenzungspotenziale auszuloten. Lohnenswert erscheint insofern eine Auseinandersetzung mit dem von Arzt in die Diskussion gebrachten sog. Rationierungsmodell[124].
Arzt beginnt seine Überlegungen mit dem „klassischen Modell" der Einschränkung schwerer strafprozessualer Eingriffe: Der korrekte und zurückhaltende Gebrauch der Eingriffsrechte soll ihm zufolge dadurch sichergestellt werden, dass *formell* die Entscheidung einer besonderen Behörde anvertraut werde, als Musterbeispiel nennt Arzt hier den Haftrichter, und die *materiellen* Voraussetzungen detailliert im Gesetz aufgelistet würden. Als Fundamente dieses Systems seien *formell* das *Gesetzmäßigkeitsprinzip* und *materiell* das *Verhältnismäßigkeitsprinzip* hervorzuheben[125]. Nun bringe aber die Selbstverständlichkeit, mit der dieses klassische Modell praktiziert werde, die Gefahr einer gewissen Betriebsblindheit mit sich. Obwohl es theoretisch streng auf Rechtsstaatlichkeit ausgerichtet sei, seien ihm empfindliche rechtsstaatliche Nachteile inhärent[126]. Die Hauptgefahr der *Normierung* der eben aus rechtsstaatlichen Erwägungen als *Ausnahmefall* konzipierten Eingriffsbefugnisse liegt aus Arzts Sicht nämlich darin, dass sie einen gewissen Normalisierungseffekt bergen würden. Sei eine bestimmte Eingriffsgrundlage erst einmal im Gesetz normiert, liege es nahe sich ihrer auch zu bedienen und dies nicht nur in Ausnahmefällen. Aus dieser Perspektive drohten die Gefahren für den Rechtsstaat gerade daraus, dass man Zwangsbefugnisse nunmehr in geregelter Form anwenden kann – die Hemmschwelle sinke[127]. Als durchaus anschauliches Beispiel nennt Arzt den polizeilichen Todesschuss: Es sei eben ein Unterschied, ob ein Polizeibeamter in einer konkreten, durch außergewöhnliche Rahmenbedingungen geprägten Notsituation einen tödlichen Schuss zur Rettung einer Geisel abgebe, oder ob diese Vorgehensweise durch ihre ausdrückliche Legalisierung gleichsam einen – wenn auch nur unter hohen Eingriffsschwellen zulässigen – Standardeingriff darstel-

[124] Arzt, Lenckner-FS, S. 663 ff.
[125] Arzt, a.a.O., S. 663. Hervorhebungen wie im Original.
[126] Arzt, a.a.O., S. 664.
[127] Arzt, a.a.O., S. 664 f.

le[128]. Man könnte Arzts Überlegungen pointiert dahingehend formulieren, dass alles, was geregelt ist, rasch zur Regel zu werden droht.

Derartigen Fehlentwicklungen, die Arzt durch die klassischen Ermächtigungsgrundlagen gleichsam vorprogrammiert sieht, versucht er nun mithilfe eines sog. Rationierungsmodelles entgegen zu wirken, dessen entscheidenden Vorteil er zunächst darin erblickt, dass es dem Gesetzgeber wie dem Rechtsanwender auferlege, sich der Folgen bzw. der Bedeutung des eigenen Handelns bewusst zu werden, weil dies quantifiziert und zum Ertrag der Maßnahme in Beziehung gesetzt werden müsse.

Der wesentliche Inhalt dieses Modelles besteht nun darin, dass man Zwangsmaßnahmen nicht nur abstrakt-generell umschreibt, sondern eine zahlenmäßige Begrenzung vornimmt. Daraus ergäben sich nunmehr zwei bedeutende Vorteile: Zum ersten sei damit rechtspolitisch sowohl eine Entschärfung der Kontroverse um die Einführung neuer Ermittlungsmaßnahmen als auch eine Verhinderung des Gewöhnungseffektes, also der Umwidmung des Ausnahmefalls zum Regelfall, zu erreichen. Denn wenn man etwa den großen Lauschangriff in maximal 50 Fällen pro Jahr für einen Zeitraum von längstens drei Monaten gestatte, könne man nicht ernsthaft von einem Schnüffel- und Überwachungsstaat à la Orwell reden[129].

Zum zweiten – und das erscheint jedenfalls hier als der noch bedeutendere Gesichtspunkt – veranlasse das Rationierungsmodell die Strafverfolgungsbehörden, ihr knappes Gut „Zwangseingriff" nicht zu verschleudern, sondern damit möglichst sparsam umzugehen. Das werde sich insbesondere in einer strengeren Prüfung des Grundsatzes der Verhältnismäßigkeit niederschlagen. Die Versuchung, die kostbare Maßnahme in einem Fall einzusetzen, in dem zweifelhaft ist, ob die gesetzlichen Voraussetzungen überhaupt erfüllt sind, sei gering[130].

Zwar liege es nun so, dass (auch) bei einer solchen Regelung Detailprobleme auftreten könnten. Ein sparsamer Einsatz in den ersten zehn Monaten möge manchen Ermittler dazu veranlassen, in den letzten zwei Monaten mit dem Zwangsmittel verschwenderisch, mithin unverhältnismäßig umzugehen. So solle etwa der drohende Verfall von nicht ausgegebenen Mitteln zum Ende des Haushaltsjahres intelligente Beamte gelegentlich zu törichtem Ausgabeverhalten veranlasst haben. Solche Fehlentwicklungen könnten vermieden werden etwa durch den Übertrag (und/ oder Vorgriff) auf die Quote des Folgejahres. Ein weiteres Problem erblickt Arzt in der Koordination der zugelassenen Zahl von Eingriffen, es stellte sich die Frage, wer darüber bestimmen soll – insofern berge das Modell mitunter die Notwendigkeit einer gewissen Zentralisierung der Eingriffsbefugnisse[131].

---

[128] Arzt, a.a.O., S. 665.
[129] Arzt, a.a.O., S. 667 f.
[130] Arzt, a.a.O., S. 668 f.
[131] Arzt, a.a.O., S. 669.

Gerade für das Problem der DNA-Reihenuntersuchungen bieten die Überlegungen Arzts durchaus erwägenswerte Gesichtspunkte, die eine gesetzliche Regelung dieses Untersuchungseingriffs ergänzen können. Sinnvoll erscheint die Einbeziehung des Rationierungsmodells insbesondere schon deshalb, damit der von Arzt beschriebene „Gewöhnungseffekt" vermieden wird. Zwar liegt es so, dass es derzeit noch mit erheblichem Aufwand verbunden ist, DNA-Massentests durchzuführen, doch sind auch hier im Zuge der Verbesserung der Untersuchungsmethoden durchaus Entwicklungen denkbar, die zu einer Vereinfachung solcher Ermittlungsmaßnahmen und damit zu ihrer weiteren Verbreitung führen. Würde man sich darauf einigen können, Massen-Screenings auf wenige spektakuläre Fälle im Jahr zu beschränken, so liegt es nahe, dass die Strafverfolgungsbehörden zunächst versuchen werden, weniger eingriffsintensive Maßnahmen zu verwirklichen und auf diese Weise – gewollt oder ungewollt – die Geltung des Grundsatzes der Verhältnismäßigkeit weiter zu optimieren helfen.
Zudem dürfte es gerade bei den DNA-Reihenuntersuchungen noch am leichtesten möglich sein, den von Arzt selbst beschriebenen organisatorischen Schwierigkeiten bei der (gesetzes-)technischen Umsetzung des Rationierungsmodells entgegenzuwirken.
So erscheint es – im Gegensatz zur Auffassung Arzts[132] – allerdings kaum praktikabel, die Kompetenz für die Verwaltung des jeweils zur Verfügung stehenden Kontingents auf die Bundesebene zu verlagern. Denn grds. sind die Staatsanwaltschaften Landesbehörden und es erschiene mit dem Kompetenzgefüge des Grundgesetzes schwerlich vereinbar, die entsprechende Entscheidungskompetenz beim Generalbundesanwalt anzusiedeln, weil dieser aus guten Gründen nur mit der Verfolgung solcher Straftaten betraut ist, bei denen ein bundesweit einheitliches Vorgehen nach Maßgabe des § 142a GVG erforderlich erscheint.
Man sollte daher die Zuständigkeit für die Verwaltung bei den Landes-Staatsanwaltschaften belassen. Dafür spricht schon allein der Umstand, dass die hier einzig für legalisierungsfähig erachteten kausalen Reihenuntersuchungen in aller Regel auch auf das Gebiet nur eines Bundeslandes beschränkt sein werden.
Belässt man die entsprechenden Kontingente nun aber bei den Bundesländern, stellt sich die weitere Frage, wie sich die Zahl der zulässigen Reihentests unter den einzelnen Ländern am besten aufteilen lässt. Schließlich erscheint es wenig sinnvoll, z.B. Mecklenburg-Vorpommern und Nordrhein-Westfalen jeweils ein gleich starkes Kontingent zur Verfügung zu stellen. Als Orientierungshilfe könnte man zur Bewältigung dieser Problematik aber ohne weiteres Art. 51 Abs. 2 GG, nämlich die Stimmenquantifizierung der Bundesländer im Bundesrat heranziehen. So könnte man den kleinen Bundesländern im Jahr drei Reihenuntersuchungen zubilligen, den etwas größeren vier etc. Auf diese Weise lässt sich gewährleisten, dass Ermittlungsbedarf und Eingriffskontingent in etwa proporti-

[132] Arzt, a.a.O.

onal aufeinander abgestimmt sind. Innerhalb des einzelnen Bundeslandes sollte die jeweilige Generalstaatsanwaltschaft mit der Verwaltung des Eingriffskontingentes betraut werden, um landeseinheitliche Maßstäbe beim Einsatz dieser Ermittlungsmethode zur Verfügung zu haben. Soweit in einzelnen Bundesländern – etwa in Nordrhein-Westfalen – mehrere Generalstaatsanwaltschaften bestehen, liegt es nahe, dem jeweiligen Justizminister die Befugnis zu verleihen, die Verwaltung der Massen-Screenings per Rechtsverordnung jeweils bei einer bestimmten Generalstaatsanwaltschaft, etwa am Sitz der Landesregierung, zu konzentrieren.

So umgesetzt, erscheint das Rationierungsmodell also ohne weiteres auch als praktikabel. Dies umso mehr, als sich dem von Arzt beschriebenen sog. Dezemberfieber, also dem Verbrauch jener Ermittlungsbefugnisse, die am Jahresende noch „übrig“ blieben, allein schon dadurch vorbeugen lässt, dass die Einsatzmöglichkeit der DNA-Reihenuntersuchung auch durch den entsprechenden Straftatenkatalog begrenzt ist und (dazu sogleich III.) einem Richtervorbehalt unterliegt.

### *3. Zwischenergebnis*

Als Zwischenergebnis bleibt einstweilen festzuhalten, dass kausale Massentests gegen Beschuldigte vom Eingriffsanlass her dadurch eingegrenzt werden können, dass man sie vom Vorliegen einer bestimmten Katalogtat abhängig macht, und dass man ihre Höchstzahl mithilfe des von Arzt entwickelten Rationierungsmodelles kontingentiert. Bis hierher könnte eine entsprechende Befugnisnorm etwa wie folgt formuliert werden:

**§ 81h. DNA-Reihenuntersuchungen.**

(1) Soweit mehrere Personen der Beteiligung an einer der in Absatz 2 bezeichneten Taten (Anlasstat) verdächtig sind, darf gegen den einzelnen Beschuldigten die Teilnahme an einer DNA-Reihenuntersuchung nur angeordnet werden, wenn das der beantragenden Staatsanwaltschaft nach Maßgabe des Absatzes 3 zur Verfügung stehende Kontingent dieser Untersuchungsbefugnis noch nicht erschöpft ist.

(2) Anlasstaten sind Verbrechen

1. nach §§ 176a, 176b des Strafgesetzbuches (Schwerer sexueller Missbrauch von Kindern und sexueller Missbrauch von Kindern mit Todesfolge),
2. nach §§ 177, 178 des Strafgesetzbuches (Sexuelle Nötigung, Vergewaltigung und sexuelle Nötigung und Vergewaltigung mit Todesfolge),
3. nach §§ 211, 212 des Strafgesetzbuches (Mord und Totschlag),
4. nach §§ 226, 227 des Strafgesetzbuches (Schwere Körperverletzung und Körperverletzung mit Todesfolge),

5. nach §§ 239a, 239b des Strafgesetzbuches (Erpresserischer Menschenraub und Geiselnahme),
6. nach § 251 des Strafgesetzbuches (Raub mit Todesfolge) und
7. nach §§ 306b, 306c des Strafgesetzbuches (Besonders schwere Brandstiftung und Brandstiftung mit Todesfolge).

(3) [1]Die Zahl der in einem Bundesland in einem Jahr angeordneten DNA-Reihenuntersuchungen darf in Bundesländern mit mehr als sieben Millionen Einwohnern sechs, in Bundesländern mit mehr als sechs Millionen Einwohnern fünf, in Bundesländern mit mehr als zwei Millionen Einwohnern vier und in den übrigen Bundesländern drei nicht übersteigen. [2]Der erste Beamte (§ 145 Absatz 1 des Gerichtsverfassungsgesetzes) der Staatsanwaltschaft bei den Oberlandesgerichten ist für die Verwaltung des in dem jeweiligen Bundesland zur Verfügung stehenden Kontingents zuständig und allein befugt, eine solche Maßnahme bei dem nach Absatz 4 zuständigen Gericht zu beantragen. [3]Soweit in einem Bundesland mehrere Staatsanwaltschaften bei den Oberlandesgerichten bestehen, überträgt die oberste Justizbehörde dieses Bundeslandes die Befugnisse nach Satz 2 auf einen ersten Beamten im Sinne des § 145 Absatz 1 des Gerichtsverfassungsgesetzes für das gesamte Bundesland.

(4) [Dazu im Folgenden III.]

(5) [Dazu im Folgenden IV.]

### *III. Die Anordnung durch den Richter*

Eine Erkenntnis lässt sich bei der kritischen Durchmusterung der neu in die StPO eingefügten Ermittlungsbefugnisse sicherlich kaum ignorieren: der Richtervorbehalt hat legislatorisch Konjunktur[133]. Kaum eine der in den Gesetzesnovellen der vergangenen Jahre enthaltene Ermächtigungsgrundlage glaubte zumindest auf eine grundsätzliche richterliche Anordnungsbefugnis verzichten zu können. Als Beispiele genannt seien hier zunächst nur die Vorschriften der §§ 98b Abs. 1 Satz 1, 100d Abs. 1 Satz 1, 110b Abs. 2 Satz 1, 111o Abs. 3 Satz 1, 163e Abs. 4 Satz 1 StPO. Im Zusammenhang mit der Einführung des sog. großen Lauschangriffs gewann der Gedanke des Richtervorbehaltes dann zusätzlichen Auftrieb dadurch, dass Art. 13 Abs. 3 Satz 3 GG (erstmals) einen Spruchkörper als „Ermittlungsrichter" verlangte, demzufolge übertrug der Gesetzgeber die Zuständigkeit in § 100d Abs. 2 StPO auf die Staatsschutzkammer des Landgerichts.

Im Folgenden soll nun herausgearbeitet werden, worauf die besondere Popularität des Richtervorbehaltes beruht und warum dieser als allseits probates Mittel zur Einschränkung strafprozessualer Ermittlungsbefugnisse gilt (dazu 1.). Sodann ist der Frage nachzugehen, welche spezifischen Probleme mit dem Richterhalt verknüpft sind, und worauf diese beruhen (dazu 2.). Abschließend wird

---

[133] Asbrock, KritV 1997, S. 255 (255). In diesem Sinne auch Hilger, Meyer-GS, S. 209 (209).

es darum gehen, die gewonnenen Erkenntnisse zu analysieren und zu versuchen, sie für das Problem des DNA-Massentests fruchtbar zu machen.

### *1. Sinn und Zweck des Richtervorbehaltes bei strafprozessualen Ermittlungseingriffen*

Trotz der soeben festgestellten Popularität des Richtervorbehaltes als formale Voraussetzung für Eingriffsbefugnisse im Ermittlungsverfahren handelt es sich bei ihm selbstverständlich nicht um eine Neuerfindung des heutigen Gesetzgebers. Bereits in der Ursprungsfassung der StPO vom Februar 1877 fanden sich diverse Richtervorbehalte, freilich ohne dass eine vertiefte Auseinandersetzung mit deren Bedeutung und Notwendigkeit stattgefunden hätte. Man ging wie selbstverständlich davon aus, dass „ein Eingriff in die Person oder in die Vermögensrechte" grds. „nur dem Richter zustehe". Weil manche Ermittlungsmaßnahmen tief in die persönlichen Rechte der davon Betroffenen einzugreifen geeignet seien, sei es von vornherein geboten, durch das Erfordernis einer antizipierten richterlichen Prüfung und Anordnung besonderen Schutz gegen unberechtigte Verletzungen dieser Rechte zu gewähren[134].

Damit ist aber schon ein entscheidender Zweck benannt, der auch nach heutiger Auffassung Sinn des Richtervorbehaltes ist: Es soll gleichsam vorbeugender Rechtsschutz gewährt werden, weil der nachträgliche mit Blick auf die rasche Erledigung des Eingriffs in aller Regel jedenfalls insofern zu spät kommt, als die damit verbundene Rechtsverletzung nicht mehr rückgängig gemacht werden kann[135]. Der Richtervorbehalt für strafprozessuale Zwangsmaßnahmen stellt sich daher in erster Linie als Korrelat dafür dar, dass mit diesen Ermittlungshandlungen besonders intensiv in die Rechtssphäre des Betroffenen, insbesondere in seine Grundrechte eingegriffen wird[136]. Die Zuweisung der primären Eingriffsbefugnis an einen unabhängigen Richter soll die Gewähr dafür bieten, dass die Rechte des Betroffenen gewahrt und Zwangsmittel nur in dem Umfang eingesetzt werden, der zur Aufklärung der infrage stehenden Straftat unabdingbar erscheint[137]. Insofern ist durchaus zutreffend, was Kühne etwas überspitzt formuliert: „Der Richtervorbehalt gilt als Königsweg für den Schutz von Grundrechten im Strafverfahren[138]."

Dabei muss man allerdings in Betracht ziehen, dass der Richtervorbehalt eigentlich einen Fremdkörper im Ermittlungsverfahren insofern bildet, als dessen Gestaltung ja zunächst allein in der Kompetenz der Staatsanwaltschaft liegt. Be-

---

[134] Hilger, a.a.O., S. 213.
[135] Hilger, a.a.O., S. 217.
[136] Hilger, a.a.O., S. 214; Schnarr, NStZ 1991, S. 209 (210) m.w.N.; Störzer, Kriminalistik 2001, S. 169 (170); Welp, Überwachung, S. 72.
[137] BVerfGE 16, S. 194 (201); Nelles, Kompetenzen und Ausnahmekompetenzen, S. 41; Schnarr, a.a.O.
[138] Kühne, Strafprozessrecht, Rn. 409.

stimmte Maßnahmen werden nun gleichwohl davon abhängig gemacht, dass ein Richter, funktional also diejenige Person, die nach der Grundkonzeption der StPO die Verfahrensherrschaft erst nach Abschluss des Ermittlungsverfahrens übernimmt, der Staatsanwaltschaft bestimmte von ihr für erforderlich gehaltene Maßnahmen gestattet. Damit stellt – wie Nelles zutreffend formuliert – die Überantwortung bestimmter strafprozessualer Zwangsmaßnahmen in die Entscheidungsbefugnis des Richters „streng genommen [...] ein[en] Einbruch in die staatsanwaltschaftliche Verfahrenshoheit im Ermittlungsverfahren[139]" dar. Man muss in diesem Zusammenhang überdies beachten, dass die Staatsanwaltschaft selbst gem. § 160 Abs. 2 StPO der materiellen Wahrheit und Objektivität verpflichtet ist. Damit kann sich die Aufgabe des Richtervorbehaltes nun ersichtlich nicht darin erschöpfen, bloß einseitig die Staatsanwaltschaft zu kontrollieren; jedenfalls würde eine solche Betrachtungsweise mit der gesetzlichen Konzeption der Stellung der Staatsanwaltschaft im Gesamtprozess nur schwerlich vereinbar sein[140]. Insofern wird man davon ausgehen können, dass der Richtervorbehalt noch einen selbstständigen, darüber hinausreichenden Zweck verfolgt, der darin zu erblicken ist, dass auf diese Weise gleichsam der Grundrechtsschutz durch Verfahren gewährleistet werden soll. Es handelt sich um ein Element des prozeduralen Sicherungssystems der Bürgerrechte mit dem Ziel der staatlichen Gewaltbalancierung durch wechselseitige Kontrolle und Hemmung[141].

Diese Zwecke des Richtervorbehaltes hat man im Zusammenhang mit der Einführung des sog. großen Lauschangriffs nun dadurch noch effizienter zu gestalten versucht, dass man die Anordnungsbefugnis – so wie dies nach Maßgabe des neu gefassten Art. 13 Abs. 3 Satz 3 GG vorgesehen ist – in § 100d Abs. 2 StPO auf die Staatsschutzkammer des Landgerichtes übertragen hat. Schon mit Blick auf die besondere Schwere dieses Grundrechtseingriffes wollte man die Anordnungskompetenz auf bestimmte Strafkammern eines OLG-Bezirkes konzentrieren (§ 74a Abs. 1, 4 GVG), um durch die Bündelung der insofern gewonnenen Erkenntnisse und Erfahrungen eine gleichmäßige Rechtshandhabung zu gewährleisten; die für die Anordnung zuständige Kammer soll auf diese Weise Gelegenheit erhalten, sich durch stete Praxis eine entsprechende Kompetenz auf diesem Gebiet zu erarbeiten[142].

### *2. Der Richtervorbehalt als unentbehrliches, überfordertes oder überflüssiges Schutzinstrument – die strafprozessuale Realität*

Trotz der offenbar weit verbreiteten Anerkennung der Sinnhaftigkeit eines Richtervorbehaltes und trotz des großen Vertrauens, das der Gesetzgeber diesem In-

---

[139] Nelles, a.a.O., S. 40.
[140] Nelles, a.a.O., S. 79; ihr folgend Schnarr, NStZ 1991, S. 209 (210).
[141] Nelles, a.a.O., S. 48.
[142] Kühne, Strafprozessrecht, Rn. 410 mit Fn. 32; Rudolphi/ Wolter, in: SK-StPO, § 100d, Rn. 15.

stitut entgegenbringt, sind die kritischen Stimmen in der Literatur nicht verstummt. So spricht Asbrock vom „Mythos des Richtervorbehaltes[143]" und Kühne ist der Meinung, die Praxis löse die hohen Erwartungen, die damit verknüpft würden, kaum ein[144].

Als Defizite wurden insofern insbesondere folgende Gesichtspunkte ausgemacht: In der Praxis komme es äußerst selten zur Ablehnung einer beantragten Ermittlungsmaßnahme, überdies seien die tatsächlichen Kontrollpotenziale des Richters in aller Regel in höchstem Maße eingeschränkt. Er bekomme nur entsprechend selektiertes Untersuchungsmaterial, auf dessen Grundlage er sodann schon mit Blick auf die regelmäßig bestehende Eilbedürftigkeit der Maßnahme seine Entscheidung zu stützen habe, ohne dass ihm noch in ausreichender Weise Gelegenheit bliebe, selbstständig eigene Ermittlungen anzustellen und so weitere Informationen über das Für und Wider der Maßnahme einzuholen. Hinzu komme, dass die Ermittlungsrichter in aller Regel unter sehr hoher Arbeitsbelastung litten und die Anordnung von Zwangsmaßnahmen gleichsam nebenbei zu erledigen hätten, wobei nicht selten die Anträge nur formularmäßig begründet würden. Schließlich seien im Eildienst (Vertretungen, Wochenenden) nicht selten im Strafrecht völlig unerfahrene Richter mit solchen Aufgaben betraut, denen gegenüber sich der gleichsam natürliche Informationsvorsprung der Strafverfolgungsorgane noch weiter vergrößere[145]. Ein besonderer Nachteil wird noch darin gesehen, dass regelmäßig Polizei und Staatsanwaltschaft eine Eilkompetenz für die Anordnung der meisten Zwangsmaßnahmen zukomme, von der in der Praxis äußerst extensiv Gebrauch gemacht werde; in der Regel berufen sich Polizei und Staatsanwaltschaft in über 90 Prozent der Fälle auf Gefahr im Verzuge mit der Folge, dass die richterliche Anordnungskompetenz bereits im Vorfeld der Maßnahme ausgeschaltet wird[146].

Angesichts dessen wird der Richtervorbehalt jedenfalls in der Form, wie er derzeit rechtlich und faktisch existiert, als grob unzureichend beurteilt. Es werde allenfalls die Illusion einer besonders intensiven und rechtsstaatlichen Kontrolle von Grundrechtseingriffen vermittelt[147].

### *3. Der Richtervorbehalt beim DNA-Massentest*

Angesichts dieser wenig hoffnungsfroh stimmenden Einsichten erscheint es zunächst zweifelhaft, ob es Sinn macht, den Richtervorbehalt auch auf die kausalen DNA-Massenuntersuchungen zu erstrecken. Denn eine Erhöhung des rechtsstaatlich gebotenen Schutzniveaus lässt sich insofern zunächst kaum erwarten.

---

[143] Vgl. den Titel seines Aufsatzes in der KritV 1997, S. 255.

[144] Kühne, a.a.O., Rn. 409.

[145] Dazu im Einzelnen Asbrock, a.a.O., S. 258 ff.; Kühne, a.a.O., Rn. 409 f.

[146] Asbrock, a.a.O., S. 258; Kühne, a.a.O., Rn. 409.

[147] Kühne, a.a.O., Rn. 412; vgl. auch Asbrock, a.a.O., S. 260 f.; Schnarr, NStZ 1991, S. 209 (215).

Allerdings: Selbst die Kritiker der *tatsächlichen Anwendung* des Richtervorbehalts gelangen zu der Auffassung, dieser werde auch weiterhin als rechtsstaatliches Kontrollinstrument zur Sicherung von Grundrechten in der rechtspolitischen Diskussion Bedeutung haben und auch haben müssen, dies zumal angesichts der Tendenz zum Ausbau moderner Ermittlungsmaßnahmen und dem damit prinzipiell einhergehenden Machtzuwachs gerade der Polizeibehörden im Rahmen der Strafverfolgung, der unter dem Stichwort „Verpolizeilichung des Strafverfahrens" diskutiert wird. Insofern gilt der Richtervorbehalt weiterhin als bedeutsames rechtsstaatliches Kontrollinstrument gegenüber der Exekutive[148].
Es kann mithin nicht den richtigen Weg darstellen, dieses Instrument grds. infrage zu stellen oder gar völlig aus der Hand zu geben; die Konsequenz der soeben dargelegten praktischen Einwände muss vielmehr sein, den Richtervorbehalt prozessrechtlich so auszugestalten, dass er tatsächlich wirken und nicht durch die Strafverfolgungsorgane gleichsam überspielt werden kann.
Die Umsetzung des Richtervorbehaltes[149] bei einer gesetzlichen Ausgestaltung des kausalen Massentests wird diese Überlegungen zu berücksichtigen haben:
Es erscheint zunächst naheliegend, sich an der Regelung für den sog. großen Lauschangriff in § 100d Abs. 2 Satz 1 StPO zu orientieren, weil diese Lösung zunächst ein Grundübel vermeidet, das den Richtervorbehalt seiner Effizienz beraubt, nämlich den Umstand, dass diese Tätigkeit gleichsam „nur nebenbei" von Richtern ausgeübt wird, die in ihrer sonstigen Tätigkeit mit dieser Problematik überhaupt nicht befasst sind. Denn die ausschließliche Zuständigkeit der Staatsschutzkammer trägt tatsächlich Gewähr dafür, dass die dortigen Richter nach und nach eine gewisse „Spezialkompetenz" für die Anordnung derartiger Untersuchungseingriffe erwerben und sich mit den spezifischen damit verknüpften Problemstellungen vertraut machen können. Insofern könnte man auch in Betracht ziehen, die zuständigen Richter in spezifischen Schulungsprogrammen auf ihre Tätigkeit vorzubereiten. Das bietet einen gewissen „Kompetenzausgleich" im Hinblick auf den grundsätzlich vorhandenen Wissensvorsprung der Strafverfolgungsbehörden. Im Übrigen harmoniert diese Anordnungskompetenz auch damit, dass antragsbefugt nur der jeweils zuständige Generalstaatsanwalt sein soll – auf diese Weise lässt sich ein in gewissem Maße „routiniertes" Zusammenspiel zwischen den Beteiligten erreichen, das sicherstellt, dass eine gewisse Spruchpraxis der anordnenden Kammer von den Strafverfolgungsorganen auch tatsächlich beachtet wird.
Des Weiteren wird man darauf verzichten können und müssen, der Staatsanwaltschaft oder gar den Polizeibehörden eine Eilkompetenz für die Zuständigkeit solcher Untersuchungsmaßnahmen zuzuerkennen. Dies lässt sich auch praktisch ohne „Reibungsverluste" rechtfertigen, denn der logistische

[148] Asbrock, a.a.O., S. 261.
[149] Einen solchen befürwortet de lege ferenda auch Graalmann-Scheerer, ZRP 2002, S. 72 (76).

Aufwand für die Durchführung eines kausalen Massentests wird in aller Regel so beträchtlich sein, dass während dieser Vorbereitung noch die Anordnung der Kammer eingeholt werden kann. Angesichts dessen erscheint es auch nicht erforderlich, dem Vorsitzenden entsprechend § 100d Abs. 1 Satz 2 StPO eine Eilkompetenz zuzuerkennen. Prozessual sollte die Anordnungsbefugnis noch dadurch abgesichert werden, dass ein Verwertungsverbot für solche Reihenuntersuchungen bestimmt wird, die ohne oder gar unter bewusster Umgehung der richterlichen Anordnung durchgeführt worden sind.

#### *4. Zusammenfassung*

Der Richtervorbehalt im Rahmen der vorgeschlagenen Regelung für die kausalen DNA-Reihenuntersuchungen könnte daher in einem Absatz 4 etwa folgendermaßen ausformuliert werden:
(4) [1]Maßnahmen nach Absatz 1 dürfen nur durch die in § 74a des Gerichtsverfassungsgesetzes benannte Strafkammer des Landgerichts angeordnet werden, in dessen Bezirk der nach Absatz 3 anordnungsbefugte erste Beamte der Staatsanwaltschaft seinen Sitz hat. [2]Die durch solche Maßnahmen erlangten personenbezogenen Informationen, die unter Umgehung der in Satz 1 bestimmten Anordnung durchgeführt worden sind, dürfen in einem Strafverfahren nicht zu Beweiszwecken verwertet werden.

### *IV. Normierung eines Umgehungsverbotes*

Bei unbefangener Betrachtung könnte man auf den Gedanken verfallen, die soeben (I. bis III.) vorgeschlagene Spezialregelung des kausalen DNA-Reihentests in der StPO für überflüssig zu halten. Angenommen, wir haben es mit einem klassischen „Schützenfestfall" zu tun, mag es aus der Perspektive der Strafverfolger doch durchaus nahe liegen etwa dann, wenn z.B. 120 Personen als Beschuldigte infrage kommen, bei dem zuständigen Amtsgericht 120 Anordnungen nach Maßgabe der Vorschriften der §§ 81a Abs. 1, 81e Abs. 1 StPO zu erwirken. Sofern die Ermittler auf einen solchermaßen fleißigen Ermittlungsrichter treffen, können die hier postulierten strengen Voraussetzungen des Massen-Screenings ohne weiteres unterlaufen werden. Denn es wurde ja gerade herausgearbeitet, dass die potenziellen Teilnehmer der (kausalen) Reihenuntersuchung sämtlich als Beschuldigte bezeichnet werden können, weil ein hinreichend konkretisierter Anfangsverdacht gegen sie vorliegt[150]. Man liefe ersichtlich Gefahr, dass sich der neu vorgeschlagene § 81h StPO als Pyrrhussieg entpuppte, der den Strafverfolgungsorganen keine Steine in den Weg legt und die betroffenen Grundrechte der potenziellen Adressaten nicht ausreichend zu schützen in der Lage ist. Als ein Sieg für das rechtsstaatliche Strafverfahren ließe sich dies mit Sicherheit nicht mehr verkaufen.

---

[150] Ganz im Gegensatz zu den Teilnehmern eines finalen Massentests.

Allerdings würde man die spezifischen (auch) mit den kausalen Reihenuntersuchungen verbundenen Gefahren gänzlich ignorieren, würde man den Umweg über Einzelanordnungen nach §§ 81a Abs. 1, 81e Abs. 1 StPO für einen gangbaren, rechtsstaatlich zulässigen Weg halten. Denn es liegt auf der Hand, dass diese Bestimmungen auf eine völlig abweichende Situation zugeschnitten sind, nämlich auf Fälle, in denen gegen einen *einzelnen* Beschuldigten weitere Verdachtsmomente zusammengetragen werden sollen. Sie sind ausgerichtet auf Fallkonstellationen, in denen die Strafverfolgungsbehörden bereits eine ganz konkrete Person als potenziellen Täter der aufzuklärenden Tat ins Auge gefasst haben und in denen es somit nicht mehr erforderlich ist, diesen konkreten Verdächtigen aus einer größeren Gruppe Verdächtiger erst noch herauszufiltern. Insbesondere erscheinen jene Vorschriften zur Regelung der hier relevanten Fallkonstellationen aber auch untauglich, weil sie nicht dazu in der Lage wären, den Grenzbereich zu den finalen DNA-Massentests zu sichern, die ja in jedem Fall verfassungsrechtlich unzulässig und damit auch prozessual nicht umsetzungsfähig sind.

Angesichts dessen wird es erforderlich sein, unseren § 81h StPO noch um einen Absatz 5 zu ergänzen, der bestimmt, dass die Voraussetzungen seines Absatzes 1 nicht dadurch unterlaufen werden dürfen, dass für jeden einzelnen Beschuldigten Anordnungen nach §§ 81a Abs. 1, 81e StPO erwirkt werden.

Dieser könnte lauten:

(5) [1]Die in vorstehenden Absätzen aufgestellten Voraussetzungen für DNA-Reihenuntersuchungen dürfen nicht dadurch umgangen werden, dass gegen jeden einzelnen Beschuldigten Maßnahmen nach §§ 81a, 81e StPO angeordnet werden. [2]Personenbezogene Informationen, die unter Umgehung dieser Voraussetzungen gewonnen wurden, dürfen in Strafverfahren nicht zu Beweiszwecken verwendet werden.

### *D. Zusammenfassung*

Zusammengefasst hat sich im 6. Abschnitt im Wesentlichen ergeben, dass sich die hier vorgeschlagene und durch Verfassungsrecht vorgegebene Unterscheidung zwischen kausalen und finalen DNA-Reihenuntersuchungen auch mithilfe des Strafprozessrechts ohne weiteres nachvollziehen lässt. Ein Blick auf die Bestimmungen der §§ 81g, 98a, 161, 163 StPO und § 2 DNA-IFG hat uns Erkenntnisse darüber gebracht, welche Anforderungen an eine rechtsstaatlich ordnungsgemäße Ausgestaltung von DNA-Reihenuntersuchungen zu stellen sind, und dass es insofern möglichst präzise gefasster Eingriffsvoraussetzungen bedarf.

Die Analysen der strafprozessualen Begriffe des Beschuldigten und des Verdächtigen haben ergeben, dass es sinnvoll ist, die in § 157 AE-EV vorgeschlagenen Begriffsbestimmungen auch den hiesigen Überlegungen zugrunde zu legen. Damit war es nämlich möglich, die Adressaten kausaler DNA-

Reihenuntersuchungen als Beschuldigte zu erfassen. In Bezug auf die Eingrenzungsmöglichkeiten des Anordnungsanlasses für einen derartigen Eingriff sind wir zu dem Ergebnis gelangt, dass es nicht sinnvoll ist, hier mit verschwommenen Begriffen wie der „Straftat von erheblicher Bedeutung" zu operieren, weil diese als Eingriffsvoraussetzung den Anforderungen eines rechtsstaatlichen Strafprozessrechts nicht zu genügen vermögen. Es ist deshalb vorgeschlagen worden, insofern auf das „klassische Konzept" der Katalogtaten zurückzugreifen und diesen Katalog eng auf besonders schwerwiegende Verbrechen zu beschränken. Überdies wurde versucht, eine weitere Eingrenzung derartiger Ermittlungseingriffe mithilfe des von Arzt übernommenen sog. Rationierungsmodells zu erreichen. Schließlich sollte das gefundene Konzept durch einen an § 100d Abs. 2 StPO angelehnten Richtervorbehalt formell abgesichert werden. Die grds. beschränkte Effektivität dieses Schutzmechanismus' wird dadurch gesteigert, dass neben die Einführung des Kammerprinzips auch ein Verzicht auf eine Eilkompetenz zugunsten der Strafverfolgungsbehörden gestellt wurde. Dies erscheint auch gut vertretbar, weil angesichts des organisatorischen Aufwandes, der für einen derartigen Ermittlungseingriff erforderlich ist, ein Eilfall ohnedies kaum je vorliegen wird. Zuletzt wurde noch ein Umgehungsverbot formuliert, um sicherzustellen, dass die hohen und aus rechtsstaatlichen Gründen gebotenen Eingriffsvoraussetzungen des Entwurfes eines § 81h StPO nicht mithilfe zahlreicher Einzelanordnungen nach §§ 81a, 81e StPO umgangen werden können. Die hier vorgeschlagene Regelung zur strafprozessualen Umsetzung des kausalen DNA-Reihentests lautet daher folgendermaßen:

**§ 81h. DNA-Reihenuntersuchungen.**

(1) Soweit mehrere Personen der Beteiligung an einer der in Absatz 2 bezeichneten Taten (Anlasstat) verdächtig sind, darf gegen den einzelnen Beschuldigten die Teilnahme an einer DNA-Reihenuntersuchung nur angeordnet werden, wenn das der beantragenden Staatsanwaltschaft nach Maßgabe des Absatzes 3 zur Verfügung stehende Kontingent dieser Untersuchungsbefugnis noch nicht erschöpft ist.

(2) Anlasstaten sind Verbrechen

1. nach §§ 176a, 176b des Strafgesetzbuches (Schwerer sexueller Missbrauch von Kindern und sexueller Missbrauch von Kindern mit Todesfolge),
2. nach §§ 177, 178 des Strafgesetzbuches (Sexuelle Nötigung, Vergewaltigung und sexuelle Nötigung und Vergewaltigung mit Todesfolge),
3. nach §§ 211, 212 des Strafgesetzbuches (Mord und Totschlag),
4. nach §§ 226, 227 des Strafgesetzbuches (Schwere Körperverletzung und Körperverletzung mit Todesfolge),
5. nach §§ 239a, 239b des Strafgesetzbuches (Erpresserischer Menschenraub und Geiselnahme),

6. nach § 251 des Strafgesetzbuches (Raub mit Todesfolge) und
7. nach §§ 306b, 306c des Strafgesetzbuches (Besonders schwere Brandstiftung und Brandstiftung mit Todesfolge).

(3) [1]Die Zahl der in einem Bundesland in einem Jahr angeordneten DNA-Reihenuntersuchungen darf in Bundesländern mit mehr als sieben Millionen Einwohnern sechs, in Bundesländern mit mehr als sechs Millionen Einwohnern fünf, in Bundesländern mit mehr als zwei Millionen Einwohnern vier und in den übrigen Bundesländern drei nicht übersteigen. [2]Der erste Beamte (§ 145 Absatz 1 des Gerichtsverfassungsgesetzes) der Staatsanwaltschaft bei den Oberlandesgerichten ist für die Verwaltung des in dem jeweiligen Bundesland zur Verfügung stehenden Kontingents zuständig und allein befugt, eine solche Maßnahme bei dem nach Absatz 4 zuständigen Gericht zu beantragen. [3]Soweit in einem Bundesland mehrere Staatsanwaltschaften bei den Oberlandesgerichten bestehen, überträgt die oberste Justizbehörde dieses Bundeslandes die Befugnisse nach Satz 2 auf einen ersten Beamten im Sinne des § 145 Absatz 1 des Gerichtsverfassungsgesetzes für das gesamte Bundesland.

(4) [1]Maßnahmen nach Absatz 1 dürfen nur durch die in § 74a des Gerichtsverfassungsgesetzes benannte Strafkammer des Landgerichts angeordnet werden, in dessen Bezirk der nach Absatz 3 anordnungsbefugte erste Beamte der Staatsanwaltschaft seinen Sitz hat. [2]Die durch solche Maßnahmen erlangten personenbezogenen Informationen, die unter Umgehung der in Satz 1 bestimmten Anordnung durchgeführt worden sind, dürfen in einem Strafverfahren nicht zu Beweiszwecken verwertet werden.

(5) [1]Die in vorstehenden Absätzen aufgestellten Voraussetzungen für DNA-Reihenuntersuchungen dürfen nicht dadurch umgangen werden, dass gegen jeden einzelnen Beschuldigten Maßnahmen nach §§ 81a, 81e StPO angeordnet werden. [2]Personenbezogene Informationen, die unter Umgehung dieser Voraussetzungen gewonnen wurden, dürfen in Strafverfahren nicht zu Beweiszwecken verwendet werden.

## *7. Abschnitt: Rechtspolitische Würdigung*

Im vorangehenden Kapitel ist es uns gelungen, aufgrund der verfassungsrechtlichen Vorüberlegungen im 5. Abschnitt und unter Zugrundelegung strafprozessualer Grundprinzipien einen Regelungsvorschlag für kausale Reihenuntersuchungen herauszuarbeiten, der den Anforderungen des Grundgesetzes genügen kann und mit der Systematik der Strafprozessordnung vereinbar erscheint. Gleichwohl bleiben gewisse Bedenken. Es ist in der Literatur auf die ungeheure Vermehrung der strafprozessualen Eingriffsbefugnisse seit dem ursprünglichen In-Kraft-Treten der Strafprozessordnung im Jahre 1877 hingewiesen worden[1]. Würde der Gesetzgeber unserem soeben formulierten Vorschlag folgen, würde sie um eine weitere Untersuchungsbefugnis erweitert. Dies erscheint zwar aus der Perspektive einer an rechtsstaatlichen Grundsätzen orientierten Konzeption des Strafprozesses zunächst begrüßenswert; dies zumal – und darauf wurde bereits mehrfach hingewiesen – es immer noch eher mit diesen Prinzipien vereinbar ist, aufgrund einer gesetzlichen Ermächtigungsgrundlage strafprozessuale Ermittlungseingriffe vorzunehmen als ohne eine solche. Übersehen würde eine derartige Sichtweise aber, dass gegen den immer weiter fortschreitenden Ausbau strafprozessualer Ermittlungsbefugnisse und ihre gleichsam inflationäre Vermehrung ganz grundlegende Einwände sprechen, die sich unmittelbar aus Sinn und Zweck eines rechtsstaatlichen Strafprozessrechts herleiten lassen. Denn Strafrecht und Strafprozessrecht – darauf wurde bereits im Rahmen der einleitenden Erwägungen aufmerksam gemacht – haben in den vergangenen Jahren und Jahrzehnten seit Beginn der 1970er Jahre einen massiven Paradigmenwechsel vollzogen: War man in den ersten gut 20 Jahren nach Gründung der Bundesrepublik, insbesondere unter dem Eindruck der Perversion des Strafrechts im sog. Dritten Reich, noch darum bemüht gewesen, die rechtsstaatlichen Elemente des Strafprozesses nach und nach zu stärken und insbesondere mit der Subjektstellung des Beschuldigten bzw. im weitesten Sinne von strafprozessualen Untersuchungsmaßnahmen Betroffenen tatsächlich ernst zu machen, infiltrierte insbesondere in der Folgezeit des Linksterrorismus der späten 1970er Jahre ein weitgehend diffuser „Sicherheitsgedanke" unser Rechtssystem insgesamt, ganz zentral und vor allem aber das Strafrecht und Strafprozessrecht[2]. Die Politik verlegte sich bis heute mehr und mehr darauf, „Innere Sicherheit" und ein rigides Strafrecht mehr oder weniger gleichzusetzen[3]. Das ging einher mit dem Bestreben, strafrechtliche Regelungen für immer neue Lebensbereiche fruchtbar zu machen und gesellschaftliche Ordnungssysteme entweder ganz neu zu errichten oder doch wenigstens aufrecht zu erhalten (vgl. dazu noch einmal die grundlegenden Überlegungen in der Einführung zu dieser Arbeit).

---

[1] Albrecht, StV 2001, S. 416 (416).

[2] Albrecht, a.a.O., S. 417; Hierzu Hassemer, Denninger-Symposium, S. 23 ff.

[3] Vgl. Albrecht, KritV 1993, S. 163 (163).

Nachdem wir nunmehr die Möglichkeiten des DNA-Reihentests unter vielfachen Gesichtspunkten reflektiert, seine beweisrechtliche Bedeutung im Strafprozess ausgelotet, uns mit dem Meinungsstand zu diesem Problemkreis in Rechtsprechung und Literatur auseinandergesetzt und schließlich eigene Lösungsansätze entwickelt haben, erscheint es sinnvoll, die in der Einleitung schon vorsichtig angedeuteten Positionen weiter zu vertiefen und vor dem Hintergrund der nunmehr gewonnen Erkenntnisse noch einmal etwas tiefer greifend zu reflektieren und sie in einen kriminalpolitischen Zusammenhang einzuordnen.

## *A. Sicherheitspolitische Tendenzen der Gegenwart*

### *I. Das Polizeirecht als Mittel zur allgemeinen Risikovorsorge*

Der von der Politik mit Nachdruck forcierte Sicherheitsgedanke fand – und dies ist kaum erstaunlich – zunächst Eingang in die jeweiligen Polizeigesetze der Bundesländer. Angeregt durch die sicherheitspolitische Auseinandersetzung in den 1970er Jahren verfiel man nämlich auf den Gedanken, nicht mehr (nur) die Gefahr als solche, also den klassischen Anknüpfungspunkt des Polizeirechts, mit ordnungsrechtlichen Mitteln abzuwehren. Vielmehr wurde die Präventionsaufgabe der Polizei nach und nach von der konkreten Gefahr abgelöst und in ihr Vorfeld gleichsam nach vorn verlagert[4]. Es sollten also bereits diejenigen Risiken bekämpft werden, die das Potenzial dazu boten, sich zu einem späteren Zeitpunkt zu einer konkreten Gefahr zu verdichten. Das ließ sich politisch auch gut hören, denn warum sollte man es darauf ankommen lassen, einen „Zustand, der jederzeit in einen Schaden umschlagen kann", überhaupt erst entstehen zu lassen? Denn die Wahrscheinlichkeit, dass ein Schaden eintritt, scheint bei unbefangener Betrachtung umso mehr abzunehmen, je früher der potenziell schadensursächliche Zustand beseitigt wird. Und das ganze Konzept gewinnt noch dadurch zusätzlich an Attraktivität, dass die gefahrenabwehrrechtlich zu bewältigenden Risiken immer bedeutsamer wurden, dass letztlich Schäden drohen, die schon allein deshalb abgewendet werden müssen, weil sich der vor ihrem Eintritt bestehende Zustand nicht mehr wiederherstellen ließe[5]; als Beispiele genannt seien insbesondere Umweltrisiken oder die mit neuen Technologien (Stichwort Atomenergie) verbundenen immensen Gefahren. Auf solchen Bereichen ist jedermann leicht verständlich zu machen, dass die Schadensabwehr, damit aber schon die Beseitigung der darauf zulaufenden Gefahr, oberstes Gebot sicherheitsbehördlichen Handelns sein muss, und dass es eigentlich keine

[4] Dazu prägnant Denninger, in: Lisken/ Denninger, Handbuch des Polizeirechts, Abschnitt E, Rn. 163.

[5] Dazu etwa Grimm, KritV 1986. S. 38 (48 f.).

Prinzipien geben kann, die sich gegenüber diesem Gefahrenabwehrzweck auf plausible Weise durchzusetzen vermögen[6].
Folge dieser Entwicklungen war die erhebliche Ausweitung polizei- bzw. ordnungsbehördlicher Ermittlungsbefugnisse in den Polizei- bzw. Gefahrenabwehrgesetzen der Bundesländer. Es wurden Rechtsgrundlagen geschaffen für die Datenerhebung durch den Einsatz verdeckter Ermittler (§ 20 NW PolG), durch polizeiliche Beobachtung (§ 21 NW PolG), durch Rasterfahndung (§ 31 NW PolG) oder durch Datenabgleich (§ 23 NW PolG)[7]. Auch der im Strafprozessrecht so heiß umkämpfte sog. große Lauschangriff wurde ohne größere öffentliche Diskussion in die Polizeigesetze aufgenommen und ist dort nun schon seit Jahren ein zu gefahrenabwehrrechtlichen Zwecken allseits als zulässig anerkanntes Einsatzmittel (§ 18 NW PolG).
Zeitgleich zu der Ausweitung polizeilicher Ermittlungsbefugnisse auf dem Feld des Gefahrenabwehrrechts i.e.S. gewinnt im Polizeirecht eine Diskussion an Bedeutung, die unter dem Stichwort „operative Beseitigung der Kriminalität" geführt wird[8]. Vonseiten der Sicherheitsbehörden wird mit Nachdruck eine Auseinandersetzung um die Frage geschürt, ob denn die klassische Trennung polizeilicher Tätigkeit in repressives und präventives Handeln überhaupt noch zeitgemäß ist und sinnvoll aufrecht erhalten werden kann. Die *Hilfskompetenz* der Polizei bei der Aufklärung von Straftaten gerät hier nach und nach in den Hintergrund; über den Umweg ihrer Präventionsaufgabe strebt die Polizei nach der Herrschaft über das Strafverfahren. Der äußere Erfolg dieser Bemühungen, der Zusammenführung von präventiver und repressiver Handlungskompetenz spiegelt sich am deutlichsten in der Anerkennung der Aufgabe der „vorbeugenden Bekämpfung von Straftaten" in den Polizeigesetzen[9]. Über diese Hilfskonstruktion gerät also die eigentliche Strafverfolgungstätigkeit als klassische Aufgabe einer Justizbehörde (Staatsanwaltschaft), die nach h.A. weder der Exekutive noch der Judikative eindeutig zuzuordnen ist[10], in den Hintergrund; die Straftatenbekämpfung i.w.S. wird zur Gefahrenabwehr erklärt mit der Folge, dass die Polizeibehörden insofern eine Primärkompetenz erlangen[11]. Die damit verbundenen Risiken liegen auf der Hand:

---

[6] Zu den problematischen Auswirkungen der Entkoppelung von konkreter Gefahr und polizeilicher Befugnis zum Einschreiten auf den Grundsatz der Verhältnismäßigkeit vgl. Grimm, a.a.O., S. 39 f.
[7] Albrecht, StV 2001, S. 416 (417).
[8] Dazu etwa Albrecht, a.a.O.; Lisken/ Denninger, in: dies., Handbuch des Polizeirechts, Abschnitt D, Rn. 25, 27; insb. Weßlau, Vorfeldermittlungen, S. 42 ff. m. umfass. Nachw.
[9] Hierzu insb. Rachor, in: Lisken/ Denninger, a.a.O., Anschnitt F, Rn. 90 ff.; Weßlau, a.a.O., S. 127 ff.; s. auch Naucke, KritV 1993, S. 135 (146).
[10] Roxin, Strafverfahrensrecht, § 10, Rn. 8.
[11] Rachor, a.a.O., Rn. 103 f.

Es kommt nicht nur zu einem - absehbaren - Durcheinander von gefahrenabwehrrechtlichen und strafprozessualen Ermittlungsbefugnissen[12], die die in Grenzbereichen immer schon schwierig zu treffende Unterscheidung von präventivem und repressivem Polizeihandeln noch zusätzlich erschwert, bzw. bei präziser Betrachtung gar unmöglich machen dürfte[13]. Vielmehr geraten auch die zugunsten des Beschuldigten vorgesehenen Schutzmechanismen der Strafprozessordnung vom Polizeirecht her in Gefahr: Wenn denn schon das Vorfeld der eigentlichen Tat (polizeirechtlich) ausermittelt werden darf, welchen Sinn hat dann noch der Anfangsverdacht als Voraussetzung strafprozessualer Zwangseingriffe[14]. Ein Ausweichen auf das Polizeirecht erscheint ohne weiteres möglich, dies zumal die Rechtsprechung des Bundesgerichtshofs es für möglich hält, mithilfe präventiv-polizeilich gewonnener Informationen auch den Schuldnachweis im Strafverfahren zu führen.
Diese von Lisken/ Denninger treffend gekennzeichnete „Gemengelage" von Prävention und Repression[15] bleibt offensichtlich nicht ohne Bedeutung für das Selbstverständnis der Polizeibehörden. Bei ihnen schaffen die gesetzlichen Aufgabenzuweisungen das Bewusstsein, für die Sicherheit schlechthin zuständig zu sein. Die Polizei gelangt zu einem verfassungsfernen Selbstverständnis, sich zu einem „Beratungs- und Konsultationsorgan für Politik und Gesetzgebung zu wandeln" und die öffentliche Sicherheit und Ordnung nicht nur – nach Maßgabe des Gesetzes – zu erhalten, sondern diese – maßgeblich – mitzugestalten[16].

### *II. Die Verpolizeilichung des Straf- und Strafverfahrensrechts – über „modernes" Strafrecht*

Gefahrenabwehrrechtliches Sicherheitsdenken vollzieht sich – zwangsläufig – nicht im rechtsfreien Raum, losgelöst von der (kriminal-) rechtspolitischen Diskussion im Übrigen. Schon allein angesichts des global formulierten „Sicherheitsauftrages" und der gefahrenabwehrrechtlichen Absorption der Straftatenbekämpfung musste es zu einer Beeinflussung auch des Straf- und Strafprozessrechts kommen[17]. Dies schon allein deshalb, weil sich nach Auffassung der herrschenden Straftheorie dessen Aufgabe nicht nur in der Vergeltung des Un-

---

[12] Hassemer, Denninger-Symposium, S. 23 (23).
[13] Vgl. auch Naucke, KritV 1993, S. 135 (146 f.).
[14] Dazu auch Denninger, in: Lisken/ Denninger, Handbuch des Polizeirechts, Abschnitt E, Rn. 163.
[15] Lisken/ Denniger, ebda., Abschnitt D, Rn. 26.
[16] Lisken/ Denninger, ebda.
[17] Vgl. Hassemer, Denninger-Symposium, S. 23 (23); dens., StV 1995, S. 483 (486). Vgl. auch Naucke, KritV 1993, S. 135 (147): „Theoretisch verwunderlich ist das nicht. Strafrecht und Polizeirecht dienen nach ihrem aktuellen Selbstverständnis dem gleichen Ziel, der Prävention der Gefahr, der Erhöhung der inneren Sicherheit."

rechts gegenüber dem konkreten Beschuldigten erschöpft, sondern darüber hinaus auch
generalpräventive Wirkungen entfalten und so die Gesellschaft insgesamt mit beeinflussen soll. Und so vermag es auch nicht mehr wirklich zu erstaunen, dass das „Vorfeld" auch als Anwendungsgebiet des Strafprozessrechts alsbald entdeckt und im Sinne der herrschenden Sicherheitsdoktrin fruchtbar gemacht werden sollte. Nahezu sämtliche Befugnisse, die das Polizeirecht seit den 1980er Jahren bereits kannte, wurden seit Beginn der 1990er Jahre auch in das Strafprozessrecht implantiert[18]. Der Anfangsverdacht als Einsatzschranke des Strafprozessrechts erhielt also fortan nicht nur Konkurrenz aus dem Polizeirecht, sondern auch aus der Strafprozessordnung höchst selbst. Verdeckte Ermittler, Schleppnetzfahndung, mittlerweile selbst das Abhören von Wohnungen ermöglichen es den Sicherheits-, genauer ausgedrückt Polizeibehörden, schon lange vor dem eigentlichen Anfangsverdacht tätig zu werden[19]. Dieser läuft Gefahr, seine begrenzende Funktion in derselben Weise zu verlieren, wie dies schon zuvor dem Gefahrenbegriff im Polizeirecht widerfahren ist. Damit geraten die Rechte des betroffenen Bürgers aber nicht nur durch die Eingriffsbefugnisse an sich ins Abseits; auch die schützenden Formen des Strafprozessrechts – darauf wurde im 6. Abschnitt schon hingewiesen – gehen allmählich verloren. Die als zu bürokratisch erachtete Kontrolle der Polizeitätigkeit durch Staatsanwaltschaft und Ermittlungsrichter gerät vermehrt ins Hintertreffen[20], zumal insbesondere die Staatsanwaltschaften mit der sächlich z.T. hervorragend ausgerüsteten Polizei nicht konkurrieren kann. Dass sie ihre Leitungsfunktion so nahezu zwangsläufig verlieren muss, liegt auf der Hand.
Ein solchermaßen präventiv ausgerichtetes Straf- und Strafverfahrensrecht hat mit seinen klassischen Aufgaben nun aber kaum mehr etwas gemein. Nun stellt zwar das klassische Strafrecht keinen Selbstzweck dar, an dem – ungeachtet eines tief veränderten gesellschaftlichen Umfeldes ohne nähere Reflexion auf die damit verbundenen Schwierigkeiten und um jeden Preis – festzuhalten wäre. Indes: Die „klassische" Aufgabe des Strafrechts, den Täter für den Übergriff in Rechtsgute seiner Mitbürger spezifischen Sanktionen zu unterwerfen, und die „klassische" Aufgabe des Strafprozesses, diese Sanktion (erst) als Folge eines rechtsstaatlichen Verfahrens zu verhängen, in dem die Belange des zunächst als unschuldig geltenden Beschuldigten Berücksichtigung finden, und in dem er sich angemessen verteidigen kann, in dem er also Subjekt, nicht Objekt eines investigativen Sicherheitsapparates ist, sind ja in Wahrheit weniger klassisch als vielmehr selbst modern. Der fragmentarische Charakter des Strafrechts und der rechtsstaatliche Strafprozess können gerade als Errungenschaften der Moderne,

---

[18] Albrecht, StV 2001, S. 416 (417); Hassemer, Denninger-Symposium, S. 25. Ausführlich dazu: Weßlau, Vorfeldermittlungen, S. 76 ff.
[19] Vgl. Hassemer, StV 1995, S. 483 (483); Schnorr, ZRP 2001, S. 291 (292).
[20] Albrecht, a.a.O., S. 418.

der Zeit der (Nach-) Aufklärung gelten. Darin verankert sind schließlich all jene Rechtsprinzipien, die nach heutigem common sense die Marksteine eines menschenwürdigen Strafverfahrens setzen[21]: Das Legalitätsprinzip, das den Staat dazu verpflichtet, interpersonale Rechtsverletzungen bei einem entsprechenden Tatverdacht aufzuklären, das begangene Unrecht transparent und öffentlich werden zu lassen und dies in einer den Rechtsfrieden wieder herstellenden Form zu verfolgen. Das nemo-tenetur-Prinzip, also die Garantie, dass der Beschuldigte zu den gegen ihn erhobenen Vorwürfen schweigen darf, was seinerseits voraussetzt, dass der Staat ihm mit offenem Visier entgegentritt. Die Unschuldsvermutung, die den Staat dazu zwingt, staatliche Eingriffe in die Freiheit des Bürgers durch enge Voraussetzungen zu begrenzen. Die fair-trial-Maxime, der zufolge die dem Staat zur Verfügung stehenden Mittel nicht beliebig sind und die garantiert, dass die Wahrheit eben nicht um jeden Preis ermittelt werden darf. Nicht von ungefähr, und insofern sei an die Ausführungen im 5. Abschnitt erinnert, wird der überwiegenden Mehrzahl dieser Grundsätze des Strafverfahrensrechts auch Verfassungskraft zuerkannt. Die persönliche Freiheit der Bürger – so lautet eine überhaupt nicht überholte, sondern hochaktuelle Erkenntnis des klassischen Straf- und Strafprozessrechts – kann nur dann gewährleistet werden, wenn staatliches Zwangsrecht formell an strenge Voraussetzungen gebunden ist und materiell fragmentarisch bleibt. Wollte man diese Grundüberlegung ernsthaft infrage stellen, müsste man zwangsläufig einem allgegenwärtigen Überwachungsstaat das Wort reden.

Ohne dies explizit zu tun, ebnen die Protagonisten des dem „klassischen" Strafprozessrecht geradezu diametral gegenüberstehenden „modernen" Straf(verfahrens-)rechts diesem Staatsverständnis, letztlich damit auch diesem Staat an sich den Weg. Gerade so wie das Gefahrenabwehrrecht – und schon insofern bestätigt sich der Gedanke der Infiltration des Straf(prozess-)rechts gerade von dieser Seite – soll das Strafrecht ein Mittel sein zur Erfüllung gesellschaftlicher Kontrollbedürfnisse und zur Verhinderung nahezu jedes Großrisikos[22]. Beredtes Zeugnis von dieser Entwicklung legt insbesondere die immer weitere Ausbreitung des abstrakten Gefährdungsdeliktes vor allem im Wirtschafts- und Umweltstrafrecht ab[23]. Weil man derartige Rechtsgüter eben nicht wie die klassischen Gegenstände des Strafrechts präzise erfassen kann, muss das Strafrecht zwangsläufig – so es denn überhaupt Wirksamkeit entfalten soll – schon im Vorfeld der eigentlichen Verletzung des Rechtsgutes ansetzen. Denn nur in diesem Vorfeld sind überhaupt zurechenbare Handlungen des potenziellen Beschuldigten sicher auszumachen, und nur dann, wenn der generalpräven-

[21] Hierzu und zum Folgenden Albrecht, a.a.O., S. 416 f.; s. auch Hassemer, KritV 1988, S. 336 (338); dens., KritV 1990, S. 260 (267 ff.).

[22] Dazu auch Grimm, KritV 1986, S. 38 ff.

[23] S. etwa Albrecht, KritV 1993, S. 163 (164); Albrecht, KritV 1988, S. 182 ff.; Hassemer, StV 1995, S. 483 (484); Naucke, KtitV 1993, S. 135 (145).

tive Effekt des Strafrechts schon in diesem Stadium greift, kann er – insofern gilt hier nichts anderes als im originären Gefahrenabwehrrecht, s. oben a) – überhaupt sinnvoll Wirkung entfalten[24]. Insofern vollzieht das materielle Strafrecht also nur das nach, was auch im Strafprozessrecht mittlerweile Allgemeingut ist: Es setzt schon im Vorfeld der (eigentlichen) Rechtsgutsverletzung an, so wie letzteres vermehrt schon im Vorfeld des Anfangsverdachtes effektiviert werden soll[25]. Wohin es führt, wenn man diese beiden Ansätze nun noch miteinander kombiniert, bedarf keiner weiteren Erläuterung.
Verfolgen nunmehr aber auch Straf- und Strafprozessrecht das Ziel, die allgemeine Sicherheit zu vergrößern, so kann es nicht erstaunen, dass es letztlich auch Inhalt und Strukturen des Gefahrenabwehrrechts absorbiert[26]. Ein Strafrecht, das schon präventiv, also im Vorfeld der eigentlichen Rechtsgutsverletzung wirkmächtig sein soll, verliert damit auch seinen ultima-ratio-Charakter, wird zum allseits tauglichen Mittel der staatlichen Risikovorsorge[27]. Der fragmentarische Charakter, der Gedanke, dass Strafrecht berufen ist, besonders massive Verletzungen der Freiheitssphären der Bürger zu sanktionieren, geht mehr und mehr verloren; nicht zu Unrecht meint Hassemer, das Strafrecht habe im Laufe der Zeit geradezu eine prima-ratio-Funktion erworben, stehe auf der Tagesordnung der Politiker also bei jedem neu auftauchenden Risiko ganz oben auf der Agenda des nunmehr zu Veranlassenden[28]. Anschaulich ist insofern auch die von Naucke wiedergegebene Überlegung, das Rauchen auf öffentlichen Straßen und Plätzen unter Strafe zu stellen[29]. Die Steuerungsfunktionen der allgemeinen Sozialkontrolle, aber auch anderer Rechtsbereiche (hier insbesondere der Gesundheitsfürsorge) geraten kaum mehr in den Blick der Verantwortlichen, das Vertrauen darauf, mithilfe des Strafrechts lasse sich nahezu jeder gesellschaftlich wünschenswerte Zustand absichern oder herbeiführen, erscheint quer durch alle politischen Lager ungebrochen. Dass solche (Über-) Forderungen des materiellen Strafrechts nicht ohne Rückwirkung auf das Strafprozessrecht bleiben können, wird man kaum bezweifeln können. Denn das Strafprozessrecht muss letztlich diejenigen Handlungsbefugnisse bereithalten, die eine Verwirklichung eines derart ausgestalteten materiellen Rechts überhaupt ermöglichen. Dabei ist es schon besorgniserregend genug, dass das effizienteste Mittel, das die StPO zur Bewältigung der modernen Gefährdungsdelikte bereit hält, § 153a ist, nämlich die möglichst geräuschlose Einstellung insbesondere der Umwelt- und Wirtschaftsstrafverfahren[30]. Aber auch aus der Per-

[24] Hierzu etwa Hassemer, NStZ 1989, S. 553 (558).
[25] Vgl. Naucke, KritV 1993, S. 135 (145).
[26] S. dazu auch Wolter, Meyer-GS, S. 493 (493).
[27] Albrecht, KritV 1993, S. 163 (164).
[28] Hassemer, KritV 1988, S. 336 (343); Hassemer, Roxin-FS, S. 1001 (1007).
[29] Naucke, KritV 1993, S. 135 (135 f.).
[30] Dazu allgemein: Hassemer, StV 1990, S. 260 (275).

spektive des materiellen Rechts ist es erforderlich, die strafprozessualen Ermittlungsbefugnisse immer weiter auszuweiten, auch insofern verläuft der Impuls parallel zu demjenigen aus dem Gefahrenabwehrrecht.
Mit einer derartigen Funktionalisierung des Strafverfahrens ist noch ein weiteres Merkmal nahezu untrennbar verbunden, auf das im Rahmen der Arbeit ebenfalls schon mehrfach mit Nachdruck aufmerksam gemacht worden ist: die Betonung des Effizienzgedankens[31]. Ein Strafverfahren, das derart viele Aufgaben zu bewältigen hat, das einerseits die Sicherheit und das Sicherheitsgefühl der Bevölkerung erhöhen soll, und das andererseits auch die Risiken der modernen Gesellschaft jedenfalls einigermaßen einzugrenzen helfen soll, kommt kaum umhin, die Rechte des Beschuldigten tendenziell eher hinten, und zwar weit hinten anzusiedeln – dies umso mehr, als die Justizministerien kaum Bereitschaft zeigen, angesichts der immer weiter vervielfachten Aufgaben der Strafjustiz die Personaldecke der Gerichte und Staatsanwaltschaften entsprechend anzupassen. Anstatt dies zu tun, werden die Verfahren verkürzt und vereinfacht, insbesondere die schützenden Formen zurückgenommen und die Beschuldigtenrechte eingeschränkt, um der Justizpraxis dies sodann mithilfe wohlklingender Gesetzesbezeichnungen noch als wichtigen Fortschritt zu verkaufen[32]. Die Devise lautet: Je schneller ein Verfahren abgearbeitet werden kann, je größer das Pensum ausfällt, das der einzelne Richter oder Staatsanwalt abzuarbeiten hat, umso moderner und effizienter ist die Strafrechtspflege ausgestaltet. Die damit verbundene, dem Ziel der Effizienzsteigerung geschuldete Informalisierung des Strafverfahrens schwächt auf breiter Front die Bindung der staatlichen Macht an das Recht[33].
Ein Ausfluss dieses Effizienzgedankens ist ein übersteigertes „Abwägungsdenken“[34]. Es scheint heute kaum mehr strafprozessuale Grundprinzipien zu geben, die nicht in irgendeiner Weise der Abwägung mit übergeordneten Interessen der Strafrechtspflege offen stehen, die – um auf wolkenreiche Umschreibungen wie „Funktionsfähigkeit der Strafrechtspflege“ und ähnliche Floskeln (bewusst) zu verzichten – letztlich nur der Steigerung eines subtilen Sicherheitsgefühls dienen. Dass damit die unverzichtbaren Merkmale eines rechtsstaatlichen Strafprozesses nahezu zwangsläufig auf der Verliererseite stehen, wurde im Verlaufe der Arbeit bereits mehrfach herausgearbeitet.
Die Konsequenzen des modernen und mit dem Gefahrenabwehrrecht in nahezu untrennbarer Verbindung stehenden Sicherheitsstrafrechts zeigen sich auf dem

---

[31] Hierzu: Albrecht, KritV 1993, S. 163 (165); Harzer, StV 1997, S. 230 (230 f.); Hassemer, Denninger-Symposium, S. 23 (24 f.); ders., KritV 1990, S. 260 (265 f.).
[32] S. etwa Albrecht, a.a.O., S. 163 f.; Hassemer, KritV 1988, S. 336 (339 ff.).
[33] Hierzu Naucke, KritV 1990, S. 244 ff.
[34] Grundlegend: Hassemer, StV 1982, S. 275 ff.; ders., KritV 1988, S. 336 (343); ders., Maihofer-FS, S. 183 (183 f.); ders., KritV 1990, S. 260 (270 f.); vgl. im Übrigen Albrecht, StV 1993, S. 163 (163); Grimm, KritV 1986, S. 38 (50 ff.).

hier relevanten Bereich also insbesondere in einer immer weiter voranschreitenden Verschärfung des strafprozessualen Eingriffsinstrumentariums und einer nahezu vollständigen Aufgabe der schützenden Formen des Strafprozesses.
Nun ist es aber mittlerweile ein Gemeinplatz, dass die entscheidenden Schlachten des gegenwärtigen Strafprozesses im Ermittlungsverfahren geschlagen werden[35], die Perspektive hat sich vollkommen verlagert von der Hauptverhandlung, die der Gesetzgeber ursprünglich vor allem im Auge hatte, hin zum Ermittlungsverfahren, in dem die entscheidenden Weichen für das spätere Hauptverfahren regelmäßig schon irreversibel gestellt werden[36]. Daraus aber ergibt sich, dass die Verteidigungsmöglichkeiten, die dem Beschuldigten bzw. dann Angeklagten im Hauptverfahren zustehen, weitgehend leer laufen können, wenn die Ermittlungen mit entsprechender Intensität betrieben werden – und dies alles weitgehend im Geheimen, ohne den (schützenden) Blick der Öffentlichkeit[37] und – angesichts des technologischen Vorsprunges der Polizeibehörden – auch ohne effiziente Kontrolle durch Staatsanwaltschaften und Gerichte. Dies wird dadurch noch bedenklicher, dass der naturwissenschaftlich-technische Sachverständigenbeweis unaufhaltsam im Vormarsch ist[38]. Welche Bedeutung haben schon klassische Verteidigungsstrategien oder etwa das Recht zur Aussageverweigerung noch, wenn das Gericht seine Überzeugung von der Täterschaft des Angeklagten mehr oder weniger ausschließlich auf die Gesichtspunkte stützt, die ihm aufgrund der Analyse naturwissenschaftlicher Phänomene von einem entsprechenden Sachverständigen präsentiert werden. Der diskursive Stil der Hauptverhandlung, in der der Angeklagte jedenfalls den Versuch unternehmen kann, das Gericht von seiner Unschuld – oder, präziser gesagt von der fehlenden Nachweisbarkeit seiner Schuld – zu überzeugen, geht nach und nach verloren. Dies zumal dann, worauf uns die Erkenntnisse im 3. Abschnitt gestoßen haben, wenn die Instanzgerichte bisweilen nahezu grenzenloses Vertrauen in den Beweiswert solcher Gutachten haben und anderen Gesichtspunkten kaum mehr mit dem gesetzlich gebotenen Nachdruck (vgl. § 244 StPO) nachgehen.
Im modernen Sicherheitsstrafrecht geht eine ungeschriebene Voraussetzung verloren, die der Gesellschaftsordnung der Nach-Aufklärung inhärent zu sein schien: Das grundsätzliche Vertrauen des Staates in die Rechtstreue seiner Bürger. Dieses Problem, das oben im 6. Abschnitt bereits angesprochen worden ist, findet sich nach wie vor am präzisesten zusammengefasst bei Weßlau: „In diesem Verbot von Ausforschungsermittlungen manifestiert sich die normativ begründete Vermutung der Rechtstreue des Bürgers, die den Rechtsstaat gegenüber dem ‚Polizeistaat' kennzeichnet. Diesem Prinzip kommt eine rechtsstaat-

---

35 Hassemer, Denninger-Symposium, S. 23 (24); ders., StV 1995, S. 483 (483).
36 Vgl. Naucke, KritV 1993, S. 135 (145).
37 Darauf macht insbesondere Denninger (in: Lisken/ Denninger, Handbuch des Polizeirechts, Abschnitt E, Rn. 163) aufmerksam.
38 Hierzu etwa Barton, StV 1988, S. 124 (124 f.).

lich bedeutsame Schutzfunktion für die Freiheitsrechte der Bürger zu[39]." Ein solcher Vertrauensverlust zulasten des Bürgers macht nun aber – aus polizeirechtlicher Perspektive – in der Tat eine totale Kontrollmöglichkeit gegenüber jedem Einzelnen erforderlich. Ein auf die Erforschung schon des Vorfeldes der eigentlichen Tat angelegtes Strafprozessrecht muss nun aber in derselben Weise darauf ausgerichtet sein, auch entsprechende Ermittlungen zu ermöglichen; schließlich erscheint jeder Bürger vornehmlich als potenzieller Rechtsbrecher, als mitunter gefährlicher Straftäter. Damit einher geht dann aber nicht nur ein Misstauen gegen die Bürger im Allgemeinen, sondern auch und vor allem gegenüber demjenigen der von seinem Freiheitsrechten Gebrauch macht[40], bergen diese doch fast zwangsläufig Risikopotenziale und damit auch den Boden für mögliche Straftaten – wie schnell gelingt es etwa den Teilnehmern einer Versammlung, die unter dem Schutz des Art. 8 GG steht, eine Nötigung zu begehen? Eine konsequente Überwachung des Vorfeldes lässt es – aus polizeirechtlicher Sicht - geboten erscheinen, bereits frühzeitig Ermittlungen einzuleiten.

Eines mögen diese Überlegungen verdeutlicht haben: mit dem klassischen Ziel des Straf(verfahrens-)rechts, Freiheitssphären zu schützen und nach bestimmten, feststehenden und justiziablen Kriterien voneinander abzugrenzen, hat ein solches Strafverfahren nichts mehr gemein, vielmehr wendet es sich gerade gegen die Freiheit. Insofern liegt es nahe, eine Parallele zum Verhältnis der Bürger untereinander zu ziehen. So ist es in Kaufhäusern üblich, Waren mit einem Etikett zu sichern, das dann, wenn jemand z.B. mit einem Kleidungsstück das Geschäft verlässt, ohne es zuvor bezahlt zu haben, an einer entsprechenden, häufig an den Ausgängen angebrachten Schranke, ein lautes Warnsignal erzeugt. Jeder Besucher des Hauses, egal ob er nun beabsichtigt, etwas zu entwenden, ob er etwas kaufen möchte, oder ob er sich nur umsehen möchte, muss nun aber diese Schranken passieren, die ihn als potenziellen Dieb von seinem Diebstahl abhalten sollen. Folge: Jedermann sieht sich zunächst pauschal dem Verdacht des Inhabers des Kaufhauses ausgesetzt, etwas stehlen zu wollen, und er kann das Haus nur dadurch verlassen, dass er eine entsprechende Schranke passiert, die diesen Verdacht kontrolliert.

Nun mag man darüber streiten, ob man diese Vorgehensweise des Inhabers des Kaufhauses gegenüber seinen Kunden für unangemessen und übertrieben hält, ob man es sich gefallen lassen muss, nur aufgrund seines Ansinnens, das Geschäft zu betreten und dort – was der Regelfall sein wird – etwas zu erwerben, als potenzieller Straftäter behandelt zu werden, oder ob man vielleicht ein legitimes Interesse daran anzuerkennen vermag, auf diese Weise wirtschaftlichen Schäden infolge Ladendiebstahls vorzubeugen. Bloß: Hier handelt es sich um ein Verhältnis zwischen Privatrechtssubjekten, die sich grds. aus dem Wege ge-

[39] Weßlau, Vorfeldermittlungen, S. 357; zustimmend: Lisken/ Denninger, in: dies., Handbuch des Polizeirechts, Abschnitt D, Rn. 27.

[40] Lisken/ Denninger, a.a.O., Rn. 10.

hen können, und zwischen denen es zunächst kein prinzipielles Verhältnis der Über-Unterordnung gibt. Überdies gilt es in diesem Zusammenhang zu beachten, dass jeder Kunde, dem diese Vorgehensweise nicht gefällt, - zumindest theoretisch - die Möglichkeit hat, von dem Kaufhaus fernzubleiben und anderswo einkaufen zu gehen.

Diese Möglichkeiten hat der Einzelne gegenüber dem Staat aber gerade nicht. Diesem kann er nicht aus dem Wege gehen, seinem Zwang sich nicht entziehen[41]. Vorbedingung für Bürgerfreiheit innerhalb eines ihm prinzipiell übergeordneten und ihm gegenüber übermächtigen Staates ist also, dass letzterer grds. auf seine Redlichkeit vertraut und daher auf ein solches Kontrollinstrumentarium wie der Kaufhausbetreiber verzichtet. Denn dieses lässt sich nur mithilfe strikter Überwachung verwirklichen, der der Einzelne eben nicht entgehen kann. Ein Sicherheitsstaat der seine Sicherheit mithilfe von Sicherheitsstrafrecht abzusichern sucht, wird zum allgegenwärtigen Polizeistaat, in dem die Freiheit und Unabhängigkeit des Einzelnen keinen Platz mehr finden können.

Reflektiert man vor diesem Hintergrund noch einmal die hier vorgeschlagene Lösung des Problems der DNA-Reihenuntersuchungen, also die Zulassung nur des kausalen Massentests und seine Ausgestaltung in einem neu einzufügenden § 81h StPO, dann bestätigt diese Regelung jedenfalls bei unbefangener, insbesondere isolierter Betrachtung solche Befürchtungen nicht. Es wurde insoweit der Versuch unternommen, die Eingriffsvoraussetzungen möglichst eng zu fassen, präzise zu umschreiben und verfahrensrechtlich mithilfe eines Umgehungsverbotes und eines Richtervorbehaltes abzusichern. Allerdings stellt sich bei einer Betrachtung der sicherheitspolitischen Entwicklung der vergangenen Jahre[42] die Frage, ob es – angesichts des schon bis über die Grenze des Tragbaren hinaus hochgerüsteten Kanons an strafprozessualen Ermittlungseingriffen – einer solchen zusätzlichen Befugnis tatsächlich bedarf, oder ob man den Polizeibehörden nicht zumuten kann, soll oder muss, mithilfe des status quo auch solche Taten aufzuklären, bei denen der kausale Massentest eine Erleichterung bringen könnte. Denn es ist letztlich nie ganz auszuschließen, dass die Ermittler vorschnell auf diese Ermittlungsmethode verfallen, obwohl es auch möglich wäre, mithilfe anderer Maßnahmen, die vielleicht einen größeren Aufwand für die Polizei bedeuten, zu demselben Ergebnis, bzw. Erfolg zu gelangen. Es ist zwar einzuräumen, dass man hätte versuchen können, dies durch eine Subsidiaritätsklausel, wie wir sie etwa von §§ 98a, 100a, 100c StPO kennen, zu verhindern. Nur auf eine solche wurde bei der vorgeschlagenen Regelung des § 81h StPO absichtlich verzichtet, weil die Subsidiaritätsklauseln ganz regelmäßig so vage gefasst sind, bzw. interpretiert werden, dass sie von den Sicherheitsbehör-

---

[41] Vgl. zu dem parallel angeordneten Problem verdachtsunabhängiger Kontrollen durch BGS-Beamte Harzer, KritV 1999, S. 114 (120).

[42] Hierzu etwa Harzer/ Vogt, StraFO 2000, S. 39 (48).

den nahezu beliebig ausfüllbar sind und damit als für die Praxis untauglich erscheinen. Es stellt sich also die Frage, ob nicht schon die Zulassung des kausalen Massentests dem Effizienzgedanken im Strafverfahrensrecht weiteren Vorschub leistet, und dies maßgeblich auf Kosten der Beschuldigten, von denen der ganz überwiegende Teil ja mit Sicherheit nicht der Täter ist. Würde man nicht Gefahr laufen, erneut einen Beitrag zur Verpolizeilichung des Strafprozesses zu leisten? Und wird damit nicht erneut ein Eingriffsinstitut nunmehr auf eine gesetzliche Grundlage gestellt, das wie kaum ein zweites Ausdruck des staatlichen Misstrauens in die Rechtschaffenheit seiner Bürger ist?

### *B. Die DNA-Analyse im Strafverfahren und das Grundrecht auf informationelle Selbstbestimmung*

Dass mit der Zulassung der DNA-Analyse im Strafverfahren ganz grundsätzliche Probleme verknüpft sind, ist oben insbesondere im 5. Abschnitt schon angedeutet worden. Insbesondere der Blick auf das informationelle Selbstbestimmungsrecht hat uns vor Augen geführt, dass mit der Auswertung derart sensibler Informationen über den Beschuldigten wie seinem DNA-Identifizierungscode, sehr weit reichende Gefahren insbesondere dann verbunden sind, wenn mit dem erlangten Datenmaterial Missbrauch getrieben wird. So war es auch erforderlich, bei dem Vorschlag zur gesetzlichen Ausgestaltung der Regelung für kausale Reihenuntersuchungen in einem § 81h StPO gerade den Anforderungen dieses Grundrechts gerecht zu werden.

Dies erscheint insbesondere auch deshalb vonnöten, weil die Umsetzung der Anforderungen, die das BVerfG in seinem Volkszählungsurteil vor nahezu 20 Jahren an jede staatliche Datenverwaltung gestellt hatte, im Strafprozessrecht noch sehr zögerlich verwirklicht worden ist. So erhebt das StVÄG 1999 zwar seiner Begründung zufolge den Anspruch, dem informationellen Selbstbestimmungsrecht angemessene Regelungen in der StPO verankert zu haben. Dass es sich dabei aber mehr um Lippenbekenntnisse des Gesetzgebers handelt, wird jedenfalls dann nur allzu rasch deutlich, wenn man den Blick von dem bloßen Umstand, dass nunmehr (überhaupt) eine gesetzliche Regelung vorhanden ist, auf deren Inhalt lenkt, und die einzelnen Bestimmungen nach ihrem materiellen Sinngehalt befragt. Dies wurde oben im 6. Abschnitt anhand des Beispieles der §§ 161, 163 StPO n.F. aufgezeigt. Der Sache nach wurde die Rechtsstellung der Betroffenen durch die Neuregelungen nämlich sicher nicht verbessert, vielmehr hat sich der Gesetzgeber darauf beschränkt, all das nunmehr mit einer längst überfälligen gesetzlichen Ermächtigungsgrundlage zu versehen, was die Polizei schon zuvor jahrzehntelang ohne eine solche getan hat. Insofern ist ein weiteres erschreckendes Kennzeichen der kriminalpolitischen Diskussion der vergangenen Jahre, dass der Strafgesetzgeber von einem geradezu blinden nacheilenden Gehorsam erfüllt ist und all den Forderungen nachkommt, die insbesondere vonseiten der Polizeibehörden an ihn herangetragen worden sind[43]. Selbstständige und in dem Sinne mutige Entscheidungen, dass rechtsstaatlich gebotene Schutzrechte auch einmal gegen die Begehrlichkeiten der Sicherheitsorgane durchgesetzt worden wären, sucht man vergebens. Stattdessen werden die verfassungsrechtlich verbürgten Schutzrechte de facto suspendiert – keine andere Entscheidung des BVerfG ist wohl je in so eklatanter Weise unterlaufen worden wie das Volkszählungsurteil und die daran entwickelten Anforderungen des Grundrechts auf informationelle Selbstbestimmung. Anstatt dessen wurden mit pseudo-rechtsstaatlichen, im Einzelnen kaum nachvollziehbaren Vorschriften in der StPO und in diversen Nebengesetzen Ermächtigungen geschaffen, die die nahezu unbegrenzte Datenerhebungs- und –sammelwut der Sicherheitsbehörden bewusst unterstützen. Beredtes Beispiel hierfür legen die Bestimmungen der §§ 474 ff. StPO über das sog. länderübergreifende staatsanwaltschaftliche Verfahrensregister ab oder die nach Auffassung von Literatur und Rechtsprechung nahezu unbegrenzte Datenspeicherungsmöglichkeit nach § 81g StPO/ § 2 DNA-IFG. Auf die entsprechenden Anmerkungen im 6. Abschnitt sei insofern verwiesen.

Angesichts dieser Verfahrensweise des Gesetzgebers, all das, was die Praxis an Ermittlungsbefugnissen zu brauchen glaubt, im Gesetz auch tatsächlich festzuschreiben, erscheint es fragwürdig, nun auch noch der Legalisierung des DNA-Massentests das Wort zu reden und damit eine weitere Eingriffsbefugnis in der StPO zu legitimieren, die in erheblichem Maße in die Grundrechte der Betroffenen einzugreifen in der Lage ist.

### *C. Das Spannungsfeld von Freiheit und Sicherheit – ein Grundproblem des Strafprozessrechts*

Damit sind wir nun bei dem Kernproblem einer Legalisierung der kausalen DNA-Reihenuntersuchungen angekommen: Es geht – und das wurde in diesem letzten Abschnitt ja schon mehrfach angedeutet – bei jeder gesetzlichen Ausgestaltung des rechtsstaatlichen Strafprozesses darum, die schwierige Balance zwischen dem staatlichen Schutz der Freiheit seiner Bürger durch Straf(prozess-)recht und dem Schutz der Bürger vor übermäßigem Straf(prozess-)recht zu wahren. Rechtsstaatliches Strafverfahrensrecht muss die Aufgabe bewältigen, den Bürger davor zu schützen, dass sich seine Mitbürger in der konkreten Situation der Straftat gleichsam über ihn erheben[44] und diese private Freiheitsverletzung zu ahnden, bzw. genauer zu ahnden helfen; zugleich darf es aber nicht durch übermäßiges Misstrauen gegen die Bürger von einem Mittel der Freiheitsgewährleistung zum Mittel der Freiheitsvernichtung degenerieren.

[43] Exemplarisch Stümper, Die Polizei 1987, S. 159 ff.

[44] Harzer, in: Institut für Kriminalwissenschaften, Vom unmöglichen Zustand des Strafrechts, S. 31 (43).

Ist insofern aber ein ganz grundsätzliches Problem des Straf- und Strafprozessrechts angesprochen, so rechtfertigt dies, gleichsam abschließend auch noch einmal ganz grundsätzliche Überlegungen anzustellen. Es ist der Frage nachzugehen, welche Aufgaben gerade das Strafprozessrecht in einem im eigentlichen Sinne liberalen Rechtsstaat zu erfüllen hat.

Schon in den einleitenden Bemerkungen zu dieser Arbeit waren wir auf das Problem der Diskrepanz von Freiheit und Sicherheit gestoßen, wir haben gesehen, dass „Sicherheit", was darunter im Einzelnen auch immer zu verstehen sein mag, eine ganz zentrale Bedeutung im Rahmen der rechtspolitischen Diskussion der vergangenen Jahre gewonnen hat. Im Laufe der Arbeit ist diese Problematik dann in unterschiedlicher Gestalt immer wieder aufgetreten; erinnert sei an dieser Stelle nur noch einmal an die Frage, ob sich dem Grundgesetz so etwas wie ein umfassendes (Grund-) Recht auf allgemeine Sicherheit entnehmen lässt. Wir sind insofern – vorläufig – zu dem Ergebnis gekommen, dass derartige „Rechte" mit einem freiheitlich strukturierten Gemeinwesen nicht vereinbar sind. Versucht man nunmehr, die an unterschiedlichen Stellen geäußerten Sorgen und Befürchtungen in Bezug auf die neuere kriminalpolitische Entwicklung zu bündeln, dann erscheint es ohne weiteres möglich, gleichsam abstrakt den „Zweckgedanken" als Kernproblem „modernen", vielleicht besser ausgedrückt aktuellen, Strafrechts anzusehen. Das Strafrecht unter Zugriff der aktuellen – oder, um es mit Albrecht auszudrücken populistischen – Politik wandelt sich zu einem Mittel vielfältiger darüber hinausreichender Zielsetzungen. Strafrecht dient vielen – worauf Naucke zutreffend hingewiesen hat – nur mehr als zweckmäßige Bekämpfung des Verbrechens, ohne dass es erforderlich schiene, nach einer tieferen Rechtfertigung des Strafrechts Ausschau zu halten[45]. Mittlerweile kann man sicher noch weiter gehen: Es geht schon nicht mehr um die Bekämpfung des Verbrechens in concreto, sondern um die Erhöhung der Sicherheit des Staates im Allgemeinen. Bei diesem Versuch der generellen – operativen – Verbrechensbekämpfung gerät die einzelne Straftat mitunter rasch aus dem Blick, sie hat für sich genommen keine Bedeutung sondern steht gleichsam im Dienst der Erweiterung staatlicher Ermittlungsbefugnisse[46]. Das klassische Beispiel dieser Entwicklung stammt aus den 1970er Jahren: Die Bestimmung des § 129a StGB dient nicht mehr eigentlich der Pönalisierung terroristischer Vereinigungen, sondern schafft dem Staat die Möglichkeit, wegen dieser Tat zu ermitteln. Und weil der Tatbestand denkbar unpräzise gefasst ist und demnach vielfach interpretierbar, bereitet er auch das Feld für vielfältige Ermittlungseingriffe. Dieser Trend hat sich in der Strafgesetzgebung der vergangenen Jahre weiter fortgesetzt (man denke nur an die Vorschrift des § 261 StGB) mit der Folge, dass es

---

[45] Naucke, KritV 1990, S. 135 (154): „Das Strafrecht ändert sich vom begrenzten Mittel zu einem absoluten Zweck der Freiheitssicherung zum unbegrenzten Mittel für jeden beliebigen politischen Zweck."

[46] Vgl. Albrecht, StV 2001, S. 416 (417).

den meisten Strafrechtspraktikern auch gar nicht mehr als großes Unglück erscheint, dass viele der neuen Straftatbestände völlig ineffizient sind – jedenfalls was die Zahl der tatsächlich auf ihrer Grundlage Verurteilten angeht. Auf diesem Feld sollen sie nämlich auch gar keine Effizienz mehr entfalten – wichtig ist, dass staatliche Ermittlungsbefugnisse darauf effizient gestützt werden können[47]. Folge: Das klassische Verhältnis von Straf- und Strafprozessrecht verkehrt sich. Es ist nicht mehr das Strafprozessrecht sozusagen Diener des Strafrechts in dem Sinne, dass es der Aufklärung des womöglich strafbaren Sachverhaltes dient und so die Anwendungsvoraussetzungen des materiellen Strafrechts erst schafft. Vielmehr liegt es so, dass unzählige neue Bestimmungen des materiellen Strafrechts (erst) die Gelegenheit schaffen, nach ihnen zu forschen, also einen Verdacht abzugeben, der dann strafprozessuale Eingriffshandlungen überhaupt erst ermöglicht. Auf diese Art und Weise hat das materielle Strafrecht ein ganz neues Ziel bekommen: Die Effektivierung der strafprozessualen Ermittlungen, die dem Staat bei vormals Unverdächtigen ein nahezu unbegrenztes Herumforschen ermöglicht, um dann in dem oben bereits angesprochenen „Dunkelfeld" präventiver und repressiver Polizeitätigkeit – angeblich - wirkmächtig zur Erhöhung der Sicherheit insgesamt beizutragen.

Dieser Erkenntnis lässt sich nun folgender, von Kunz präzise formulierter Einwand entgegenhalten: „Im Rechtsstaat ist die staatliche Schutzaufgabe nur akzeptabel, wenn sie als notwendiges Mittel zum Erhalt von Bürgerfreiheit verstanden wird. Sicherheit im liberalen Rechtsstaat meint nicht dass kollektive Anliegen des Ordnungserhalts, sondern dient als Menschenrecht dem Freiheitserhalt der Individuen. Innere Sicherheit ist nicht gleichbedeutend mit Ruhe und Ordnung. Das bloße Interesse am Bestandserhalt wird auch von despotischen Regimes verfolgt. Hingegen erträgt die offene Gesellschaft keine Friedhofsruhe. Der liberale Rechtsstaat schafft Sicherheit zur Gewährleistung individueller Freiheiten. Nicht Stabilisierung des sozialen Systems, sondern eine lebenswerte, individuelle Freiräume vermittelnde Gemeinschaft ist das Ziel. Die Innere Sicherheit soll den Bürgerinnen und Bürgern die Gewissheit vermitteln, an der Aushandlung des fragilen Gleichgewichts zwischen Gemeinwohl und individuellen Freiheiten als autonome und wehrhafte Subjekte teilnehmen zu können. Indem das Modell dem Staat abverlangt, dass er die Autonomie seiner Bürger respektiert und schützt, können sich diese im Gegenzug mit den rechtstragenden Prinzipien identifizieren[48]."

Dieses Zitat wurde nicht ohne Grund in dieser Ausführlichkeit wiedergegeben, lässt sich darin doch ein prägnant zugespitzter Gegenentwurf zu den zuvor dargelegten Bestrebungen des Sicherheitsstaates gewinnen, der zudem das eingangs gestellte Problem des Spannungsfeldes von Freiheit und Sicherheit wie-

---

[47] Vgl. nur Albrecht, KritV 1993, S. 163 (165, 170), dem zufolge Tatbestände wie § 264 StGB eine „flexible Ermittlungshilfe für die Strafverfolgungsbehörden darstellen.

[48] Kunz, in: ders., Bürgerfreiheit, S. 53 (56 f.).

der aufzugreifen sucht. Denn zwei ganz entscheidende Gedanken werden hier formuliert, die im Folgenden noch weiter analysiert werden sollen: Worin liegt der für einen Rechtsstaat charakteristische Zweck staatlichen Strafens? Und welche Konsequenzen sind daraus für ein rechtsstaatliches Strafprozessrecht zu ziehen (und damit auch für das Problem der Legalisierung des kausalen DNA-Reihentests)?

Sucht man nach einer Antwort auf erstere Frage, wird man um einen – hier selbstverständlich nur in sehr verkürzter Form möglichen – erneuten Blick auf die Rechtsphilosophie Kants nicht herumkommen[49]. Dabei erscheint es im hier relevanten Kontext besonders aufschlussreich, an die Begründung Kants für das von ihm so vehement verfochtene Vergeltungsstrafrecht anzuknüpfen[50]. Kant begründet das Vergeltungsstrafrecht zunächst unter Rückgriff auf seine Lehre von der unbedingten, von politischen Absichten nicht abhängigen Achtung der Menschenwürde. Die Menschenwürde gilt ihm als ein absolut abgesicherter, reiner und unpolitischer Zweck. Der Menschenwürde darf von vornherein keine Regel und damit auch keine Regel des Strafrechts widersprechen. Daraus folgt für Kant nun, dass nur ein vergeltendes Strafrecht diese Bedingung sicherstellen kann. Nur ein solches Strafrecht benutzt die Bestrafung eines Menschen nicht als Mittel zu den Zwecken anderer Menschen[51]. Nun liegt es aber so – und darauf weist z.B. Naucke nachdrücklich hin –, dass damit noch nicht gesagt ist, welchen Zielen Strafrecht verpflichtet sein darf[52]. Sucht man bei Kant nach einer solchen positiven Begründung des Strafrechts, kann man an einen Aspekt anknüpfen, auf den in dieser Arbeit oben bereits hingewiesen worden ist. Strafrecht dient – wie alles Recht – (ausschließlich) der Organisation kollidierender Freiheiten; das Strafrecht ist bei Kant und insofern übereinstimmend mit unserer eingangs formulierten Grundüberlegung ein Mittel zum Schutz der bürgerlichen Freiheit. Die Sicherung von Freiheit gegen Verletzungen durch andere bildet das wissenschaftliche, reine, notwendige, wahre Ziel des Rechts. Straftat ist bei Kant immer die Verletzung von Freiheit, damit Verletzung eines Wertes, der der Willkür eines anderen, seinem zweckmäßig privaten oder zweckmäßig politischen Kalkül niemals unterliegen kann. Verletzung von Freiheit erscheint als eine so absolut schwerwiegende Tat, dass auf sie nicht mit sozialer Hilfe, aber auch nicht mit brutal zweckmäßiger Abschreckung oder Erziehung, sondern nur mit ernster Vergeltung reagiert werden kann[53].

---

[49] Vgl. zur Bedeutung kantischer Rechtsphilosophie für die Bewältigung von „Alltagsproblemen" und gegen eine Überhöhung der kantischen Rechtslehre prononciert Naucke, in: Veröffentlichungen der Joachim-Jungius-Gesellschaft 87 (1999), S. 89 ff.

[50] Hierzu: Naucke, in: ders., Über die Zerbrechlichkeit, S. 61 (71 ff.) jew. m.w. Hinw. auf Kant.

[51] Naucke, a.a.O., S. 71.

[52] Naucke, a.a.O., S. 72.

[53] Naucke, a.a.O., S. 72.

Dieser für das - in seiner Reinheit und Konsequenz heute sicher nicht mehr zu befürwortende - Vergeltungsstrafrecht[54] entwickelte Ansatz lässt sich nunmehr zur Begründung des rechtsstaatlichen Strafrechts im Allgemeinen fruchtbar machen:
Er gründet zunächst auf der oben bereits begründeten Ablehnung einer vertragstheoretischen Herleitung des Strafrechts[55]. Diese betrachtet nämlich ihrerseits die Strafe gleichsam als Sanktion für das vertragliche Versagen des Täters; seine Tat wird als Verstoß gegen das pacta-sunt-servanda-Prinzip angesehen und die Strafe will dazu beitragen, einen künftigen Vertragsbruch zu unterbinden[56]. Mit anderen Worten, die Verhinderung des Vertragsbruches ist oberster Zweck des Strafrechts. Legte man einen solchen Standpunkt zugrunde, bräuchte man gegenüber der kriminalpolitischen Legitimationsfähigkeit der kausalen DNA-Reihenuntersuchung sicher keine Bedenken zu hegen. Denn sie bildet ein weiteres effizientes Mittel zur Bekämpfung des Vertragsbruches, und zwar nicht nur in dem Sinne, dass die einzelne Tat wirksam bekämpft werden könnte; überdies unterstreicht sie auch die weitere Verwissenschaftlichung des Strafprozesses, also jedenfalls den Glauben daran, Verbrechen mit wissenschaftlicher Präzision aufklären und verfolgen zu können. Auf diese Weise trägt sie sicher auch zur Hebung des allgemeinen Sicherheitsgefühls bei.
Mit Recht weist Harzer jedoch darauf hin, dass derartige Begründungen des Strafrechts reichlich „einfach strukturierte Selbsterhaltungstheorien[57]" darstellen, die dem von Kunz so prägnant umschriebenen auf das Wesen der Subjektivität aufgebauten Staat völlig entgegengesetzt sind. Es liegt daher näher, den kantischen Ansatz der Legitimation von Strafrecht aufzunehmen, und die vertragstheoretische Begründung des Strafrechts zu ersetzen durch eine „Straftheorie der Subjektivität", die die Selbstständigkeit des Einzelnen zum entscheidenden Parameter erhebt. Denn gründet – übereinstimmend mit dem Kantischen Ansatz – der Staat auf den einzelnen Selbstständigkeiten seiner Bürger, dann ist jeder Einzelne an der Erhaltung des gemeinschaftlichen Status' schon deshalb interessiert, weil er nur auf diese Weise seinen selbstständigen Status festigen kann. „Selbstständigkeit im Strafrecht zu denken beinhaltet somit die alte Forderung, den Einzelnen nicht unter die ‚Gegenstände des Sachenrecht' zu mengen und ihm als autonomer Person die Erhaltung des Wesens der Subjektivität zu garantieren[58]."
Diese Forderung kann durch die Straftheorie der Subjektivität eingelöst werden, weil Strafe dann (nur) dazu dient, die Selbstständigkeit des Einzelnen zu be-

[54] Naucke, a.a.O., S. 73.
[55] Harzer, Naturzustand, S. 89 f.
[56] Harzer, in: Institut für Kriminalwissenschaften, Vom unmöglichen Zustand des Strafrechts, S. 31 (42).
[57] Harzer, a.a.O., S. 42.
[58] Harzer, a.a.O., S. 32 f.

wahren, und zwar nicht um der Vertrags- oder Systemerhaltung willen, sondern – ausschließlich - zur Erhaltung seiner Subjektivität[59]. Leitlinie der Strafrechtsbegründung muss damit aber stets ihr ultima-ratio-Charakter sein. Grundsätzlich regeln die Menschen ihre Beziehungen untereinander in eigener Verantwortung. Das Strafrecht ist nur und erst dann gefragt, wenn der Einzelne sich auf Übergriffe in seine Rechtssphäre nicht aus eigener Kraft einzustellen vermag.

Dieser Gedanke lässt sich im Bereich des materiellen Strafrechts etwa am Beispiel des Betruges verdeutlichen: So stellt sich im Rahmen des gebotenen Kausalzusammenhanges von Täuschung und Irrtum immer wieder die Frage, ob dieser auch dann noch bejaht werden kann, wenn der Geschädigte besonders leichtgläubig auf eigentlich offensichtliche Täuschungsmanöver hereinfällt. Insofern formuliert Naucke zutreffend, das Strafrecht könne nicht die Aufgabe übernehmen, verbreitete Formen intellektueller Ungeübtheit und Unsicherheit ertragbarer zu machen durch Bestrafung desjenigen, der diese Ungeübtheit zu seinen Gunsten einsetzt. Zwar müsse das Strafrecht den Schutz der Törichten und Lebensfremden dann übernehmen, wenn Torheit und Lebensfremdheit im gegebenen Augenblick wie etwa bei Kindern nicht änderbar seien, oder wenn andere Mittel vom Zivilrecht bis zur gezielten sozialpolitischen Maßnahme versagt hätten. Jedoch dürfe das Strafrecht jedenfalls Torheit und Lebensfremdheit nicht noch fördern und mögliche Eigeninitiativen nicht abwerten; das Strafrecht solle eher Chancen zur Einübung von Eigeninitiative offen lassen, wo immer dies möglich sei[60].

Ein Strafprozessrecht, das einem in dieser Weise freiheitlichen, damit rechtsstaatlichen Strafrecht dienen soll, muss aber an diesem fragmentarischen Charakter gleichsam teilhaben. Schon beinahe klassisch ist mittlerweile die Formulierung, die der Bundesgerichtshof in der im 14. Band der amtlichen Sammlung veröffentlichten Entscheidung gefunden hat, der zufolge es keine Wahrheitserforschung um jeden Preis geben darf[61]. Insofern muss man den DNA-Reihentest auch und gerade im Kontext des Umbaus des Strafprozessrechts zu einem weitgehend allumfassenden Ausforschungsinstrumentarium beurteilen, eines Umbaus nämlich, der seit dem Beginn der 1990er Jahre auf breiter Front betrieben worden ist[62] und auch – wie bereits erwähnt – im materiellen Strafrecht die passenden Anknüpfungspunkte für die Ausweitung strafprozessualer Ermittlungen geschaffen hat. Angesichts der soeben gewonnenen Einsichten erscheint es daher naheliegend, nicht noch der Legalisierung eines weiteren einschneidenden Ermittlungsinstruments das Wort zu reden.

---

59 Harzer, a.a.O., S. 42 f.

60 Naucke, Peters-FS, S. 109 (117); s. auch dens., NJW 1994, S. 2809 ff.

61 BGHSt 14, S. 358.

62 Vgl. Harzer/ Vogt, StraFO 2000, S. 39 (48); Schnorr, ZRP 2001, S. 291 (292).

### *D. Grenzlinien des Verfassungsrechts oder: über die Aufgabe einer selbstständigen Kriminalpolitik*

Es ist (auch) in der Strafrechtswissenschaft üblich geworden, sich zur Begründung einer bestimmten These oder Auffassung der Rückendeckung des Verfassungsrechts zu versichern. Um eine verfassungsrechtliche Fundierung des eigenen Ansatzes kommt heute niemand mehr vorbei – die vorliegende Arbeit eingeschlossen. Das vermag auch nicht zu überraschen, hält man sich vor Augen, welch herausragende Bedeutung das Grundgesetz und insbesondere sein Grundrechtskatalog für das Rechtsleben im Nachkriegsdeutschland gewonnen haben. So stellt es auch eine nahezu zwangsläufige Entwicklung dar, dass es kaum eine Frage des materiellen Strafrechts oder des Strafprozessrechts gibt, zu der das BVerfG noch nicht Gelegenheit hatte, Stellung zu beziehen. Und bei einer sorgfältigen Durchsicht der vorhandenen Literatur zum Thema Verfassung und Strafrecht/ Strafprozessrecht ist Naucke auf eine kaum zu überschauende Zahl allein monografischer Abhandlungen zu diesem Problemkreis gestoßen[63]. Damit stellt sich nun allerdings die Frage, ob sich die kriminalpolitischen Überlegungen in diesem Abschnitt der Arbeit nicht von vornherein dadurch entbehrlich gemacht haben, dass oben im 5. Kapitel bereits ausführlich der Frage nachgegangen worden ist, inwieweit die DNA-Reihenuntersuchungen mit der Verfassung in Einklang stehen (können). Dabei hat sich herauskristallisiert, dass einem im Gesetz präzise geregelten kausalen DNA-Massentest jedenfalls keine durchgreifenden verfassungsrechtlichen Einwände entgegengehalten werden können. Können derartige Erwägungen angesichts dessen überhaupt noch eine selbstständige Bedeutung gewinnen?

Diese Frage zu stellen heißt selbstverständlich, sie zu bejahen. Diese Überlegung lässt sich leicht dadurch gewinnen, dass man die Frage nach der verfassungsrechtlichen Zulässigkeit um 180 Grad herumdreht und überlegt, ob die Einführung des kausalen DNA-Reihentests denn von Verfassungs wegen geboten sein kann. Diese Frage wird man nicht nur dann, wenn man der eigentümlichen Konstruktion von dem Verfassungswert der Effektivität der Strafrechtspflege kritisch gegenübersteht, kaum bejahen können. Bereits dieser Gedanke impliziert, dass man aus dem Grundgesetz sicher bestimmte – äußerste – Grenzlinien des Straf(prozess-)rechts wird ableiten können, dass es aber zur Lösung der überwiegenden Mehrzahl straf(prozess-)rechtlicher Problemfälle nicht taugt. Entsprechend gelangt Naucke zu folgender Einsicht: „Diese Bücher [gemeint sind solche zum Verhältnis Strafrecht – Strafprozessrecht, M.W.] und breit angelegte Abhandlungen über ‚Verfassungsrecht im Strafprozess- und Strafrechtssystem“ vermitteln tatsächlich den Eindruck, dass die Legitimation von Strafrecht nur über die Verfassung zu erreichen ist. Aber die Titel dieser Arbeiten sind weiter als ihre Argumentation wirklich reicht. Die Materialaus-

[63] Naucke, in: Lüderssen, Aufgeklärte Kriminalpolitik, S. 156 (157 ff) mit umfassenden Nachw.

wahl ist regelmäßig beschränkt auf wichtige Fragen des Allgemeinen und Besonderen Teils des Strafrechts und des Strafprozessrechts. Unauffällige, alltägliche Anwendungsprobleme des StGB, das Nebenstrafrecht, die Maßregeln und die Ordnungswidrigkeiten kommen kaum vor[64]".
Diese Erkenntnis vermag nun kaum zu überraschen, liegt es doch auf der Hand, dass sich mithilfe weit gefasster Verfassungsartikel kaum ein trennscharfes und dogmatisches Straf- oder Strafprozessrecht wird formulieren lassen. Man wird insofern einer Einsicht Denckers nur zustimmen können, die er im Zusammenhang mit der Frage gewonnen hat, ob und inwieweit es eine tragfähige Dogmatik der Verwertungs- und Verwendungsverbote im Strafprozess gibt und angesichts deren Fehlens er feststellen musste: „Daran änderte sich auch nichts grundsätzlich, als erste Versuche der Kolonisierung des Strafprozessrechts durch das allgemeine öffentliche Recht unternommen und von einigen Literaten Kategorien des allgemeinen Verwaltungs- und Verfassungsrechts zur Lösung bemüht wurden (ganz so, als ob sich aus den allgemeinsten Instituten die präzisesten Ableitungen in konkreten Regelungsbereichen ergäben)[65]."
Man muss also bei der Lösung kriminalpolitischer Probleme stets die sehr beschränkte Wirkkraft des Verfassungsrechts im Auge behalten – es erscheint kaum angängig, kriminalpolitisch alles zuzulassen, was verfassungsrechtlich möglich erscheint, gleichsam die Grenzen des verfassungsrechtlich Erlaubten bis ans Äußerste auszunutzen. Die Gefahren der rein verfassungsrechtlich motivierten Argumentation hat Naucke anhand der Rechtsprechung des BVerfG anschaulich dargestellt[66]:

- So lasse sich dem Grundgesetz entnehmen, dass das Strafrecht gerecht und human sein müsse. Das BVerfG begreift Gerechtigkeit als Element der Rechtsstaatlichkeit und meint, auf dem Gebiet der Strafrechtspflege würden höchste Anforderungen an die Gerechtigkeit gestellt. Insofern macht Naucke nun aber darauf aufmerksam, dass dies – in seiner Allgemeinheit – wohl niemand allen Ernstes bestreiten werde, dass damit also nicht das Entscheidende genannt sei. Denn auf ein Strafrecht des humanen Details komme es an, und dabei helfe das GG eben nicht sehr weit. Denn mithilfe grundgesetzlicher Prinzipien sei eine Entscheidung zwischen verschiedenen Straftheorien kaum zu finden und erst recht keine Antwort auf die Frage, in welchem Umfang die Bestrafung des Diebstahls richtig sei[67].
- Man könne aus dem Grundgesetz auch ablesen, dass das Strafrecht die Menschenwürde achten müsse, aber auch insofern sei es für Einzelheiten

[64] Naucke, a.a.O., S. 161
[65] Dencker, Meyer=Goßner-FS, S. 237 (239).
[66] Naucke, Strafrecht, Rn. 83 ff.
[67] Naucke, a.a.O., Rn. 91.

blind; selbst in Bezug auf die Diskussion um die lebenslange Freiheitsstrafe bleibe es letztlich neutral[68].

- Auch müsse ein Strafrecht im Anwendungsbereich des Grundgesetzes dem Grundsatz der Verhältnismäßigkeit entsprechen – doch auch hier liege das Problem eben im Detail. So denke ja niemand daran, den Diebstahl mit lebenslanger Freiheitsstrafe zu ahnden; die Frage jedoch, ob man bestimmte Formen der Bagatelldelinquenz überhaupt ahnden sollte, lasse es unbeantwortet[69].
- Das BVerfG entnehme dem Grundgesetz die Ausrichtung des Strafrechts am Schuldprinzip; doch wann jemand schuldig sei, das stehe nicht in der Verfassung. Für die Entwicklung der Schuldlehre bleibe man insofern auf Argumentationslinien angewiesen, die jedenfalls nicht Anwendung von Verfassungsvorschriften seien[70].

Hinzu komme, dass das BVerfG aus der Verfassung auch Gesichtspunkte ableite, die sich zulasten des potenziellen Täters auswirken müssten:

- So dürfe das Strafrecht besonders wichtige Rechtsgüter nicht aus seinen Schutzbemühungen ausnehmen. Diese Überlegung stehe nun aber diametral den bisherigen Überlegungen entgegen, die eher auf eine Eingrenzung, denn auf eine Ausweitung der staatlichen Strafgewalt zielten. Auch klare Anweisungen, wie der strafrechtliche Rechtsgüterschutz ausgestaltet sein müsse, seien der Verfassung nicht zu entnehmen[71].
- Die Strafrechtspflege soll funktionstüchtig sein, also wirksam dem Rechtsgüterschutz dienen. Auch derartige Formulierungen seien aber reichlich vage und zeigten keine sicheren Leitlinien für die Ausgestaltung und Fortentwicklung des Strafrechts. Insofern könne dem Grundgesetz also nicht allein die Einschränkung, sondern auch die Intensivierung des Strafrechts entnommen werden[72].

Zusammenfassend hebt Naucke hervor, das Grundgesetz löse die Schwierigkeit, das Strafrecht bis in seine Einzelheiten hinein aus der Allgemeinen Staatslehre zu verstehen, nicht. Es setze zwar Fixpunkte für die Argumentation in bestimmten Einzelheiten. Insgesamt aber enthalte es nicht die Wahrheit über das Strafrecht, und es schütze nicht vor schlimmen Irrtümern bei der Ausgestaltung und der Anwendung des Strafrechts[73]. Man könne aus dem Grundgesetz demnach ableiten,

- dass Strafe abzuschaffen ist,

---

[68] Naucke, a.a.O., Rn. 92.
[69] Naucke, a.a.O., Rn. 93.
[70] Naucke, a.a.O., Rn. 95.
[71] Naucke, a.a.O., Rn. 96.
[72] Naucke, a.a.O., Rn. 97.
[73] Naucke, a.a.O., Rn. 99.

- dass zum Zwecke flexibler strafender Reaktion Strafbarkeit und Bestrafung getrennt werden könnten und müssten (Diversion),

aber auch,

- dass der Staat seine Bürger, die ein „Grundrecht auf Sicherheit“ haben, mit allen Mitteln, also auch durch harte, kompromisslose Strafen, vor Angriffen auf die Menschenwürde, auf die Gesundheit, die Freiheit und das Vermögen zu schützen hat[74].

Auch wenn man – wie oben ausführlich dargelegt – berechtigte Zweifel daran haben kann, dass sich dem Grundgesetz ein „Grundrecht auf Sicherheit“ entnehmen lässt, belegen die Überlegungen Nauckes doch eindrucksvoll, dass sich ein klares Konzept zur Beurteilung dessen, was sinnvolles Strafrecht ist, aus dem Grundgesetz kaum wird entwickeln lassen. Dass dies für das Strafprozessrecht ebenso gilt wie für das materielle Strafrecht, liegt auf der Hand schon deshalb, weil nach zutreffender Auffassung das Strafprozessrecht stets im Dienste des materiellen Strafrechts steht und zu dessen – je nach Standpunkt – möglichst effizienter oder schonender Anwendung beitragen soll. Dies umso mehr, wenn man in Betracht zieht, dass gerade das Strafprozessrecht eine Vielzahl verschiedener Eingriffsmöglichkeiten bereit hält und insofern die Grenze zwischen der Behandlung des Betroffenen als Subjekt oder als Objekt immer besonders schmal verläuft. Insbesondere der auch von Naucke wieder zutreffend angesprochene vermeintliche Verfassungswert der „effizienten Strafrechtspflege“ trägt in nicht unerheblichem Maße dazu bei, die Wirkkraft des Grundgesetzes für ein gerechtes und richtiges Strafprozessrecht einzuschränken.
Daraus aber ergibt sich mit aller Deutlichkeit: Die in diesem Abschnitt aufgeworfenen kriminalpolitischen Bedenken gegenüber der ausdrücklichen Legalisierung der DNA-Reihenuntersuchungen lassen sich durch einen Verweis auf verfassungsrechtliche Erwägungen nicht entkräften, weil diese stets eine selbstständige Bedeutung behalten (müssen).

### *E. Ergebnis*

Aus kriminalpolitischer Perspektive erscheint es zweifelhaft, ob es sinnvoll ist, den – nach hier vertretener Auffassung verfassungsrechtlich allein legitimationsfähigen – kausalen DNA-Reihentest tatsächlich in den Kanon der zulässigen strafprozessualen Ermittlungsbefugnisse aufzunehmen. Denn damit würde letztlich ein weiterer Beitrag dazu geleistet, den in den vergangenen Jahren mit Nachdruck forcierten Umbau des Strafprozessrechts, das seiner eigentlichen Bedeutung gemäß nur der Aufklärung einer konkreten Straftat im Einzelfall dient[75], in ein allgemeines Sicherheitsrecht weiter voranzutreiben und weitere Grenzlinien zu überschreiten. Es sollte, auch wenn dies in der Vergangenheit

[74] Naucke, a.a.O., Rn. 100.
[75] Vgl. nur Harzer, StV 1996, S. 336 (342).

wenig Konjunktur hatte, daran festgehalten werden, dass Kennzeichen auch und gerade eines rechtsstaatlichen Strafprozessrechts sein fragmentarischer Charakter bleibt. Es kann und darf nach wie vor keine Wahrheitserforschung um jeden Preis geben, und es kann insofern nicht richtig sein, jedem von den Polizeibehörden geäußerten Begehren nach Ausweitung der Ermittlungsbefugnisse auch tatsächlich nachzugeben.

## *8. Abschnitt: Schluss*

Die vorstehenden Überlegungen haben gezeigt, dass es durchaus möglich erscheint, bestimmte Formen von DNA-Reihenuntersuchungen in rechtsstaatlich vertretbarer Weise in der StPO zu normieren. Dabei hat sich herausgestellt, dass die Unterscheidung der kausalen von den finalen Reihentests zwingende Voraussetzung jeder zulassungsfähigen Regelung ist. Die finalen Reihenuntersuchungen, bei denen keinerlei über bloß statistische Anhaltspunkte hinausgehenden Gesichtspunkte für die Täterschaft des Betroffenen sprechen, stellen eine in einem an rechtsstaatlichen Prinzipien orientierten Strafprozess schlechthin unzulässige Ermittlungsmethode dar. Kausale Reihenuntersuchungen, zu denen schon von vornherein nur durch bestimmte tatsächlich greifbare Anhaltspunkte „verdächtige" Personen herangezogen werden sollen, unterscheiden sich nicht so gravierend von den klassischen Untersuchungseingriffen der Strafprozessordnung, dass sie unter gar keinen Umständen erlaubt werden könnten.
Dieses Ergebnis lässt sich zunächst als Kernthese der vorliegenden Arbeit festhalten. Im Folgenden sollen nun noch einmal die wichtigsten weiteren Erkenntnisse, die im Verlauf der Untersuchung gewonnen werden konnten, bündig zusammengefasst werden. Dabei wird in knappen Sätzen der Weg zu unserem Ergebnis nachgezeichnet, um abschließend auch die Ergebnisse der im siebten Abschnitt vorgenommenen rechtspolitischen Würdigung für ein Gesamtergebnis zu berücksichtigen.

Im dritten Abschnitt sind wir der kriminalistisch-historischen Entwicklung der DNA-Analysemethode im Allgemeinen und des Massentests im Besonderen nachgegangen. Dabei sind wir zu dem Ergebnis gelangt, dass diese Untersuchungsmethode aufgrund ihrer – vermeintlichen – naturwissenschaftlichen Präzision auf Strafverfolger und Strafgerichte ganz offenbar eine gewisse Faszination ausübt. Man glaubte – insbesondere in der Frühphase der Entwicklung dieser Kriminaltechnik – eine Methode gefunden zu haben, mithilfe derer das seit den 1970er Jahren immer wieder propagierte polizeiliche Ziel der „strategischen Bekämpfung des Verbrechens" ein großes Stück näher gerückt zu sein schien. Dagegen bestehen jedoch erhebliche Einwände, wenn man das Postulat eines rechtsstaatlichen Strafverfahrens nicht aus den Augen verlieren will:

- Die vermeintliche Treffsicherheit des Analyseverfahrens veranlasst Polizeibehörden dazu, vorschnell auf DNA-Reihenuntersuchungen zurückzugreifen und die ihnen im Übrigen zur Verfügung stehenden kriminalistischen Methoden nicht in ausreichender Weise zu nutzen, um den Täter ausfindig zu machen. Der Reihentest droht von der „ultima ratio" jedenfalls bei schwerwiegenden Verbrechen zur „prima ratio" zu werden.
- Nicht selten dient die Durchführung gerade der DNA-Reihenuntersuchungen weniger dem Ziel der Ermittlung des Täters, als

vielmehr der Demonstration polizeilicher Aktivität. Es soll der Bevölkerung ein „Gefühl von Sicherheit“ vermittelt werden. Straf- und Strafprozessrecht laufen Gefahr, ihre klassische Aufgabe, nämlich die Abschirmung der bürgerlichen Freiheitssphären vor kriminellen Übergriffen, zugunsten des – im Einzelnen eher diffusen – Ziels einer Steigerung der allgemeinen „Sicherheit“ zu verlieren.

- Rechtsprechung und Literatur begegnen derartigen Bestrebungen einer weiteren Instrumentalisierung von Strafrecht und Strafprozessrecht teilweise mit besorgniserregender Bedenkenlosigkeit; insbesondere in der Frühphase des Einsatzes der DNA-Analyse im Strafverfahren drohten rechtsstaatliche Errungenschaften wie der Grundsatz der freien richterlichen Beweiswürdigung nahezu verloren zu gehen.

Im vierten Abschnitt wurden die rechtlichen Rahmenbedingungen des Einsatzes der DNA-Analyse und der entsprechenden Reihenuntersuchungen vor und nach Einfügung der §§ 81e f. in die StPO untersucht. Dabei bestätigte sich der im vorhergehenden Abschnitt gewonnene Eindruck weiter, wonach weite Teile von Literatur und Rechtsprechung gerade die mit den DNA-Massenuntersuchungen verbundenen Probleme kaum erkannt haben. So wurde und wird die – aufgrund ihrer unpräzisen Formulierung – ohnedies schon fragwürdige Bestimmung des § 81a StPO von vielen ohne weiteres auch als taugliche Ermächtigungsgrundlage für DNA-Analysen angesehen. Auch der Umstand, dass gerade die Massenanalysen – jedenfalls in bestimmten Erscheinungsformen – kaum mit den klassischen Untersuchungsmethoden der StPO vergleichbar sind, wurde so klar nur von wenigen erkannt. Folgende Erkenntnisse lassen sich insofern festhalten:

- Die Befürworter der DNA-Analyse im Strafverfahren sahen sich mithilfe unterschiedlicher Argumentationshilfen dazu in der Lage, die Vorschrift des § 81a StPO als Eingriffsbefugnis für nahezu sämtliche von der Polizeipraxis erwünschten Formen dieser Untersuchungsmethode fruchtbar zu machen.
- Gleichwohl gab es in der Literatur auch kritische Stimmen, die insbesondere darauf aufmerksam gemacht haben, dass es sich bei der DNA-Untersuchung um eine in ihren möglichen Konsequenzen mit den herkömmlichen Untersuchungsformen kaum vergleichbare Ermittlungsmaßnahme handelt.
- Noch vor 15 Jahren schieden Reihenuntersuchungen nach einhelliger Auffassung als überhaupt denkbare Ermittlungsmethode aus. Es erschien gleichsam als Selbstverständlichkeit, dass Untersuchungseingriffe nur gegen solche Personen zugelassen werden konnten, die zumindest im weitesten Sinne als Tatverdächtige bezeichnet werden konnten.

- Die Diskussion wandelte sich anschließend nahezu vollständig, als mit der DNA-Analyse eine Möglichkeit gefunden war, derartige Untersuchungen einer nahezu unbegrenzten Vielzahl von Personen sinnvoll überhaupt durchführen zu können. Zwar wurden insbesondere vonseiten der Literatur nach wie vor erhebliche Bedenken geäußert; im Großen und Ganzen verlief die Auseinandersetzung jedoch nach einem bereits hinlänglich bekannten Muster: Eingriffsbefugnisse, die die Strafverfolgungsorgane für erforderlich halten, werden früher oder später für zulässig erklärt, und zwar ohne dass Bedenken im Detail größere Aufmerksamkeit geschenkt würde.
- Durch das StVÄG 1997 wurden jedenfalls für die Reihenuntersuchungen keine rechtsstaatlich akzeptablen Befugnisnormen in die StPO eingestellt. Das Spektrum der dazu vertretenen Auffassungen in der Literatur ist sehr breit, ohne dass es mittlerweile gelungen wäre, einen tatsächlich tragfähigen Lösungsansatz herauszuarbeiten.

Im fünften Abschnitt der Arbeit ging es sodann darum, die verfassungsrechtlichen Rahmenbedingungen für den DNA-Massentest auszuloten. Dabei haben wir zunächst die durch derartige Maßnahmen betroffenen grundrechtlichen Positionen in den Blick genommen, und zwar die Garantie der Menschenwürde, das Grundrecht auf informationelle Selbstbestimmung, die Selbstbelastungsfreiheit, die Unschuldsvermutung, den fair-trial-Grundsatz und das Grundrecht auf körperliche Unversehrtheit. Dabei kristallisierte sich von Beginn an heraus, dass jedenfalls ein mit Zwang durchgeführter finaler DNA-Massentest unzulässig ist, weil er sich mit den Grundrechten potenziell Betroffener nicht vereinbaren lässt.
Auf der Suche nach einer möglichen verfassungsrechtlichen Rechtfertigung für freiwillige finale Massentests und die kausalen Massenuntersuchungen sind wir zu dem Ergebnis gelangt, dass sie aufgrund ihrer Grundrechtsrelevanz jedenfalls nur aufgrund einer ausdrücklichen, präzise gefassten gesetzlichen Ermächtigungsgrundlage zulassungsfähig sind. Dabei stellte sich schließlich heraus, dass aus verfassungsrechtlicher Perspektive allein der kausale Massentest einer solchen Voraussetzungen genügenden Ausgestaltung zugänglich ist. Zur Begründung sei noch einmal Folgendes hervorgehoben:
- Entgegen einer in der Literatur verbreiteten Auffassung ist es zwar grundsätzlich ohne weiteres möglich, auf grundrechtlich verbürgte Rechtspositionen im Einzelfall zu verzichten. Denn Grundrechte stellen keinen über das Individuum hinausreichenden Selbstzweck dar, sondern dienen ganz vorrangig der Absicherung personaler Autonomie. Dazu gehört es auch und gerade selbst zu bestimmen, was Freiheit meint. Würde man den Schutz einer „verobjektivierten“ Freiheit anerkennen, wären die

Grundrechtsgarantien letztlich staatliche Befugnisnormen zur Beschränkung der Autonomie des Einzelnen.

- Allerdings lässt sich gerade im Zusammenhang mit den DNA-Reihenuntersuchungen eine im eigentlichen Sinne „freiwillige" Entscheidung des Betroffenen nicht gewährleisten. Dies ließ sich mithilfe der parallelen Diskussionen um die Einwilligung in Untersuchungsmaßnahmen nach § 81g StPO/ § 2 DNA-IFG und in Polygrafenuntersuchungen herausarbeiten. Allein schon dadurch, dass der Staat an den Einzelnen mit der „Bitte" herantritt, sich an einer derartigen Untersuchung zu beteiligen, erscheint eine tatsächlich autonome Entscheidung über das „Ob" einer Beteiligung nahezu ausgeschlossen.
- Freiwillige Massentests kann es demnach nicht geben. Daraus aber ließ sich folgern, dass der finale Massentest stets unzulässig ist.
- Soweit es nunmehr um eine Rechtfertigung der (zwangsweisen) kausalen Reihenuntersuchungen geht, existieren keine selbstständigen Verfassungswerte wie ein „Grundrecht auf Sicherheit" oder der „Effektivität der Strafrechtspflege". Dabei handelt es sich um nahezu universell zur Einschränkung der Bürgerfreiheiten einsetzbare Leerformeln, die einer rechtsstaatlichen Verfahrensordnung nicht entsprechen. Einzig legitimer Zweck, den ein kausaler DNA-Massentest verfolgen kann, ist die Überführung eines spezifischen Verdächtigen.

Mit dieser Einsicht waren bereits wichtige Erkenntnisse für die Überlegungen zu einer rechtsstaatlich akzeptablen Ausgestaltung der kausalen DNA-Reihenuntersuchung in der StPO gewonnen. Der Vergleich mit der Rasterfahndung nach § 98a StPO und der Ermittlungsgeneralklausel nach §§ 161, 163 StPO n.F. führte uns im sechsten Abschnitt zu der Erkenntnis, dass der Gefahr der neueren Gesetzgebungstätigkeit zu widerstehen ist, mithilfe weit gefasster Generalklauseln den eigentlichen Schutzzweck der gesetzlichen Normierung einer Ermächtigungsgrundlage wieder zu unterlaufen. Es musste darum gehen, einen möglichst eng und präzise gefassten Eingriffstatbestand zu formulieren. Insofern waren folgende Gesichtspunkte zu berücksichtigen:

- Bei der Eingrenzung des möglichen Adressatenkreises eines DNA-Massentests sind wir zu dem Ergebnis gelangt, dass die Eigenschaft als Beschuldigter erste Voraussetzung für die Zulassung jener Ermittlungsmaßnahme sein muss. Dies zumal mithilfe des Begriffes des Beschuldigten auch eine tragfähige Grenzziehung zwischen kausalen und finalen Reihenuntersuchungen möglich erscheint. Denn gegen die potenziellen Teilnehmer des finalen Massentests besteht bereits kein Anfangsverdacht.
- Die Eingrenzung der möglichen Anlasstat kann nur mithilfe eines präzise gefassten Straftatenkataloges erfolgen. Schon aus Gründen rechtsstaatlich unerlässlicher Normenklarheit ist es nicht zulässig, auf inhaltlich kaum

fassbare Generalklauseln wie z.B. die „Straftat von erheblicher Bedeutung“ zurückzugreifen.
- Als weitere Möglichkeit zu einem verantwortungsvollen Umgang mit dieser Eingriffsbefugnis hat sich das von Arzt entwickelte sog. Rationierungsmodell erwiesen, mithilfe dessen sich die grundsätzliche Zahl derartiger Maßnahmen sinnvoll beschränken ließe. Auf diesem Wege könnte man gewissermaßen zu einer „Trendumkehr“ in dem Sinne gelangen, dass der Reihentest wieder zur „ultima ratio“ bei der Aufklärung auch und gerade schwerwiegender Verbrechen wird.
- Überdies erschien ein sinnvoll ausgestalteter Richtervorbehalt zur Absicherung der Voraussetzungen eines DNA-Reihentests unerlässlich.
- Schließlich war es erforderlich, abschließend noch ein Umgehungsverbot zu normieren, mithilfe dessen zu verhindern war, dass die hohen Voraussetzungen eines Massentests dadurch umgangen werden können, dass eine Vielzahl einzelner Untersuchungen nach Maßgabe der §§ 81a, 81e StPO angeordnet wird.

Im abschließenden siebten Abschnitt haben wir sodann versucht, den DNA-Reihentest in die kriminalpolitische Entwicklung der vergangenen Jahre einzuordnen. Dabei sind wir zu dem Ergebnis gelangt, dass über den Ausbau des Polizeirechts zu einem allgemeinen „Sicherheitsrecht“ und die Infiltrierung auch des Strafprozessrechts durch derart polizeiliches Gedankengut die klassische Aufgabe des Strafprozessrechts, nämlich die an rechtsstaatlichen Kriterien orientierte Ermittlung und Verurteilung eines (potenziellen) Straftäters, mehr und mehr in den Hintergrund der Diskussion gerät. Die innenpolitische Diskussion der vergangenen Jahre ist dadurch geprägt, das Straf- und Strafprozessrecht gleichsam zur Allzweckwaffe der Politik werden zu lassen, zur umfassenden Antwort auf nahezu jede neu auftretende Beeinträchtigung des allgemeinen Sicherheitsgefühls.
Auf dem Wege dieser Entwicklung erscheint der DNA-Massentest den Strafverfolgungsbehörden offenbar als ein nicht unerhebliches Mosaiksteinchen, das in einem übergreifenden Sicherheitskonzept einen kaum mehr wegzudenken Platz einnimmt. Diese Überlegung sieht sich bei einem Blick auf die politischen Kontroversen, wie sie im Anschluss an schwerwiegende (Sexual-)Verbrechen insbesondere an Kindern und Jugendlichen immer wieder an der Tagesordnung sind, nur allzu deutlich bestätigt; an dieser Stelle sei nur erinnert an den Vorschlag, alle deutschen Männer ohne Unterschied in einer riesigen DNA-Datei zu speichern. Angesichts dessen – und darauf wurde zu Abschluss unserer Überlegungen im siebten Abschnitt schon aufmerksam gemacht – erscheint es in der Tat als durchaus fragwürdig, mit der ausdrücklichen gesetzlichen Zulassung des DNA-Massentests gleichsam einen weiteren Beitrag zum Umbau unseres Strafprozessrechts zu einem Bestandteil eines übergreifenden Sicherheitsrechts zu

leisten, das die Stellung des einzelnen Bürgers in kaum mehr abzuschätzenden Ausmaß bedroht. Wäre es insofern nicht tatsächlich sinnvoll, (auch) auf den - von Verfassungs wegen zulassungsfähigen - kausalen DNA-Reihentest zu verzichten, damit Massenuntersuchungen als strafprozessuale Ermittlungsmethode generell zu untersagen?
Aus der Perspektive des in den letzten Jahren so sehr unter Beschuss geratenen liberalen Strafverfahrensrechts erschiene dies sicherlich wünschenswert. Allerdings sollte man den Blick vor den tatsächlichen Entwicklungen des Strafprozessrechts – nicht zuletzt im Gefolge der Ereignisse vom 11. September 2001 – nicht verstellen. Das im politischen Raum forcierte Bedürfnis nach „Sicherheit" – was auch immer darunter nun konkret zu verstehen sein mag – wächst unaufhörlich und erscheint mit jedem neuen schlimmen Verbrechen oder Terrorakt unabweisbarer. In Anbetracht dessen erschiene es illusorisch, gerade in der gegenwärtigen rechtspolitischen Diskussion einen Verzicht auf die vermeintlich so erfolgversprechenden DNA-Massentests zu postulieren. Will man den Kampf für ein liberales und rechtsstaatliches Strafprozessrecht gleichwohl nicht aufgeben, erschiene es allemal noch als beste Lösung, den hier im sechsten Abschnitt entwickelten Lösungsansatz zu realisieren, der sich bemüht, durch eine klare Formulierung und damit seine eindeutige Begrenzung rechtsstaatlichen Anforderungen an das Strafprozessrecht zu genügen.

Peter Rackow

# Das DNA-Identitätsfeststellungsgesetz und seine Probleme

Frankfurt/M., Berlin, Bern, Bruxelles, New York, Oxford, Wien, 2001. 230 S.
Schriften zum Strafrecht und Strafprozeßrecht.
Herausgegeben von Manfred Maiwald. Bd. 55
ISBN 3-631-38092-5 · br. € 43.–*

Die Gewinnung von „genetischen Fingerabdrücken" für Zwecke eines aktuellen Strafverfahrens wird auf § 81 e StPO gestützt. Die Regelungen des DNA-IFG ermöglichen nunmehr unter bestimmten Bedingungen die Erhebung von DNA-Identifizierungsmustern in solchen Fällen, in denen der Einsatz des „genetischen Fingerabdrucks" für ein aktuelles Verfahren gerade nicht erforderlich ist, zum Beispiel weil kein Spurenmaterial gesichert werden konnte. Durch das DNA-Identitätsfeststellungsgesetz wurde der Anwendungsbereich der forensischen DNA-Analyse insoweit erheblich ausgedehnt. Vor diesem Hintergrund sind die Voraussetzungen für die Erhebung von DNA-Identitizierungsmustern für zukünftige Verwendung ebenso im einzelnen auszuloten wie die Beschaffenheit der konkreten Verwendungsmöglichkeiten. Hierzu werden neben den Normen des DNA-Identitätsfeststellungsgesetzes insbesondere die Vorschrift des § 81 b StPO, welche den Einsatz „konventioneller" Fingerabdrücke trägt, sowie die Regelungen des Bundeskriminalamtgesetzes, die für den Betrieb der DNA-Analyse-Datei beim BKA maßgeblich sind, mit in den Blick genommen. Dabei stellt sich das DNA-IFG im Ergebnis als ein Gesetz dar, welches weitreichende Möglichkeiten für die Vorsorge für zukünftige Strafverfolgung bietet.

*Aus dem Inhalt*: Gesetzgebungszuständigkeit für das DNA-IFG · Körperzellentnahmen · Eingriff in die informationelle Selbstbestimmung · Straftat von erheblicher Bedeutung · Negativprognose des § 81 g StPO · Verhältnismäßigkeit der Datenerhebungen · Einwilligung in Datenerhebungen · Speicherung von DNA-Identifizierungsmustern in der DNA-Analyse-Datei des Bundeskriminalamts · Auskünfte aus der DNA-Analyse-Datei · Datenschutz

Frankfurt/M · Berlin · Bern · Bruxelles · New York · Oxford · Wien
Auslieferung: Verlag Peter Lang AG
Moosstr. 1, CH-2542 Pieterlen
Telefax 00 41 (0) 32 / 376 17 27

*inklusive der in Deutschland gültigen Mehrwertsteuer
Preisänderungen vorbehalten

**Homepage http://www.peterlang.de**

FSC
www.fsc.org
MIX
Papier | Fördert gute Waldnutzung
FSC® C083411

Kolibri 360 GmbH
Ferdinand-Jühlke-Straße 7
99095 Erfurt, Deutschland
produktsicherheit@kolibri360.de

Druck:
CPI Druckdienstleistungen GmbH
im Auftrag der
Kolibri 360 GmbH
Ferdinand-Jühlke-Str. 7
99095 Erfurt